2023年度版 地方上級 教養試験 過去問500

【試験ガイド】
①試験概要……………………………………❹
②出題分析……………………………………❼

【令和3年度試験出題例】

【地方上級〈教養試験〉過去問&解説No.1〜No.500】
政治………………………………………………2
経済………………………………………………30
社会………………………………………………54
日本史……………………………………………71
世界史……………………………………………93
地理………………………………………………119
思想………………………………………………142
文学・芸術………………………………………151
国語………………………………………………162
数学………………………………………………163
物理………………………………………………175
化学………………………………………………202
生物………………………………………………233
地学………………………………………………252
同和問題…………………………………………266
文章理解…………………………………………268
判断推理…………………………………………348
数的推理…………………………………………447
資料解釈…………………………………………506

◆本書は、平成5年度から令和3年度の過去問を収録しています。
◆各科目の問題数は、令和3年度試験の出題比率に基づいて配分しています。したがって、主要科目ほど掲載数が多くなっています。
◆法改正、制度変更などがあった分野の問題、またはデータが古くなった事情問題は、問題文を最新情報に基づいた記述に改めたうえで、〈改題〉表示をしています。
◆本書に掲載した過去問は、受験者から寄せられた情報をもとに実務教育出版が独自に復元したものです。したがって、必ずしも実際の試験問題と同一であるとは限りません。

資格試験研究会編
実務教育出版

技術系を受験する人へ

めざせ 技術系公務員 最優先30テーマの学び方

技術系公務員になりたい！でも「時間」も「情報」もない。そんなアナタに「短時間で」「効率よく」合格するためのコツを伝授！

丸山大介著●定価：1,650円

スピーディーに、確実に解ける！

公務員試験 文章理解すぐ解ける〈直感ルール〉ブック [改訂版]

公務員試験の合否を決める重要科目「文章理解」。最新問題を数多く集め、わかりやすく丁寧に解説した改訂版！

瀧口雅仁著●定価：1,980円

準備不足じゃ合格できない！

公務員試験 現職人事が書いた 2023年度版「自己PR・志望動機・提出書類」の本

戦略的に自分をアピールするための自己PR・志望動機の練り方、提出書類の書き方・見せ方について本音でアドバイス。

大賀英徳著●定価：1,320円

人物試験の極意を本音でアドバイス

公務員試験 現職人事が書いた「面接試験・官庁訪問」の本 2023年度版

面接試験や官庁訪問での問題意識のあり方や、よく聞かれる質問の答え方のポイントなどをしっかりおさえてアドバイス。

2022年4月刊行予定　大賀英徳著●定価：1,320円

教養一般知識分野の要点整理集はこれが定番！

上・中級公務員試験 新・光速マスターシリーズ

出題範囲の広い教養試験（基礎能力試験）の一般知識分野を効率的に学習するための要点整理集。

資格試験研究会編●定価：各1,320円

社会科学 [改訂第2版] [政治/経済/社会]
人文科学 [改訂第2版] [日本史/世界史/地理/思想/文学・芸術]
自然科学 [改訂第2版] [物理/化学/生物/地学/数学]

行政・法律のポイントを一気に学習！

公務員試験 行政5科目 まるごとパスワード neo2

政治学、行政学、国際関係、社会学、社会政策の頻出用語をコンパクトに凝縮した要点整理集。

高瀬淳一著
●定価：1,430円

公務員試験 行政5科目 まるごとインストール neo2

五肢択一式の例題をもとに、選択肢の正誤のポイントを読み解くコツを伝授。

高瀬淳一著
●定価：1,430円

公務員試験 法律5科目 まるごとエッセンス [改訂第4版]

試験に出るところに絞ったピンポイント要点整理集。

九条正臣著
●定価：1,430円

実務教育出版

地方上級
試験ガイド

① 試験概要

毎年，激戦が繰り広げられる地方上級試験。令和3年度の情報をもとに，試験の仕組みを紹介していこう。自治体ごとに大きく異なる点もあるので，十分に注意してほしい。

■地方上級試験とは

都道府県あるいは政令指定都市と特別区（東京23区）の上級係員，研究員として，事務，技術，研究などの仕事に携わる職員を採用するための試験を地方上級試験と呼んでいる。試験は，募集から採用まですべて各自治体ごとに行われている。

地方自治体の職員採用試験は各職種とも採用枠が少ないため全般的に競争率が高く，難関となっている。そのため，合格するには，試験の傾向を把握して，効率のよい学習をする必要がある。

■受験申込み

志望する自治体の人事委員会から申込用紙と受験案内を郵送で取り寄せる，直接取りに行くほか，ホームページから入手できる自治体も多い。申込用紙に必要事項を記入して各自治体の人事委員会に郵送するか，インターネットによって申し込む（近年，原則としてインターネット申込みのみという自治体が増えている）。

■試験の概要

地方上級の第1次試験は，一部の自治体を除いて同一日に実施されているが，申込受付期間などは各自治体によって若干異なっている。令和3年度のおおよその日程は次のとおり（当初予定）。

①申込受付／4月上旬〜6月上旬
②第1次試験／6月20日（6月下旬の日曜日に一斉に実施。東京都，特別区は5月2日，北海道，大阪府は5月16日に実施）
③第2次試験／7月中旬〜8月中旬
④最終合格発表／8月上旬〜9月上旬

■受験資格

採用の年の4月1日現在，22歳以上29歳までとする自治体が最も多い。また，22歳未満でも大学卒業者（卒業見込者を含む）は受験可能な自治体が増えている。政令指定都市では大学卒業者（卒業見込者を含む）に限るとするところもある。

■試験区分

自治体によって，実施される試験区分の名称，分け方は多少異なるが，おおむね次のような区分の募集が行われている。

行政（または事務。法律，経済など細かく区分される場合もある），学校事務，警察事務，機械，電気，土木，建築，農業，農業土木，農芸化学，林業，畜産，水産，造園，獣医師，薬剤師など。

これらの区分のうち，どれか1つを選んで受験することになる。年によって募集のある区分は異なるが，行政などの事務職は，都道府県や主要都市ではほぼ毎年採用がある。

■第1次試験の概要

第1次試験では，教養試験（択一式）もしくはそれと同等の試験が北海道，大阪府，大阪市を除く全自治体で，専門試験（択一式）がほとんどの自治体で実施される。そのほかに，教養試験（記述式），専門試験（記述式），論文試験，面接試験を行う自治体もある（試験内容については❼ページ以下を参照）。

試験の内容は，自治体によって異なるが，おおよそ次のとおりである。

●教養試験（択一式）／各自治体とも，全試験区分共通の問題が出される。政治・経済，社会，日本史，世界史，地理，思想，文学・芸術，数学，物理，化学，生物，地学といった知識分野問題のほか，文章理解，判断推理，数的推理，資料解釈など公務員試験独特の知能分野問題が出題される。

●専門試験（択一式）／試験区分ごとに問題が異なり，各職種の専門に関する問題が出される。行政などの事務職では，政治学，行政学，社会政策，国際関係，憲法，行政法，民法，刑法，労働法，経済原論，財政学，経済政策，経済史，経済学史，経済事情，経営学などが出題される。

●専門試験（記述式）／一部の自治体が実施してい

合格の500

る。政治学，憲法，行政法，民法，経済原論，財政学などの主要科目のうちからテーマが与えられ，1〜3題くらいを選択する。

●論文試験／行政や社会的な事象などに関する課題が与えられる。自分なりの意見をわかりやすく文章にまとめる力があるかどうかが試される。

■出題型の分析

地方上級試験の教養・専門の択一式試験については，いくつかの自治体ごとに同一の問題が出されていることがわかっている。小社では，出題内容が同じ自治体をまとめて，①全国型，②関東型，③中部・北陸型の3つに大別している。

全国型は，最も該当する自治体数が多い。そのうえ，関東型，中部・北陸型，後述の法律・経済専門タイプの出題を調べてみても，全国型と共通の問題はかなり多く，文字どおり地方上級試験のベースになっているといえる。

また，一般行政系職種に法律，経済の試験区分を設け，特にその専門科目にウエートを置いた専

令和3年度　地方上級試験実施結果（一般行政系）

自治体名	試験職種・区分	受験者数	合格者数	競争率	自治体名	試験職種・区分	受験者数	合格者数	競争率
北海道	一般行政A（第1回）	867	183	4.7	徳島県	行政事務	379	75	5.1
青森県	行政	227	80	2.8	香川県	一般行政事務A	263	67	3.9
岩手県	一般行政A	217	71	3.1	愛媛県	行政事務A	367	78	4.7
宮城県	行政	373	72	5.2	高知県	行政	243	54	4.5
秋田県	行政A	242	44	5.5	福岡県	行政	386	55	7.0
山形県	行政	277	72	3.8	佐賀県	行政	450	36	12.5
福島県	行政事務	366	95	3.9	長崎県	行政A（一般方式）	150	37	4.1
茨城県	事務（知事部局等）	437	87	5.0	熊本県	行政	354	60	5.9
栃木県	行政	212	61	3.5	大分県	行政	302	98	3.1
群馬県	行政事務	378	81	4.7	宮崎県	一般行政	176	59	3.0
埼玉県	一般行政	1,183	284	4.2	鹿児島県	行政	334	47	7.1
千葉県	一般行政A	699	129	5.4	沖縄県	行政I	787	90	8.7
東京都	行政（一般方式）	1,507	110	13.7	札幌市	一般事務（行政コース）	859	143	6.0
神奈川県	行政	873	159	5.5	仙台市	事務	579	100	5.8
山梨県	行政I	323	64	5.0	さいたま市	行政事務A	798	153	5.2
長野県	行政A（一般方式）	254	54	4.7	千葉市	事務（行政A）	515	72	7.2
新潟県	一般行政	292	52	5.6	特別区	事務	9,019	1,881	4.8
岐阜県	行政I	221	61	3.6	横浜市	事務	2,000	386	5.2
静岡県	行政I	325	94	3.5	川崎市	行政事務	836	251	3.3
愛知県	行政I	668	199	3.4	相模原市	行政	559	61	9.2
三重県	一般行政分野（行政I）	271	87	3.1	新潟市	一般行政A	136	10	13.6
富山県	総合行政	247	54	4.6	静岡市	事務（A）	401	97	4.1
石川県	行政	220	57	3.9		事務（B）	24	4	6.0
福井県	行政	165	57	2.9	浜松市	事務（行政A）	146	35	4.2
滋賀県	行政（専門試験型）	297	55	5.4	名古屋市	事務（行政A）	630	143	4.4
京都府	行政A	360	174	2.1		事務（行政B）	458	166	2.8
大阪府	行政	899	181	5.0	京都市	一般事務職（行政）（一般方式）	433	100	4.3
兵庫県	一般事務職	523	102	5.1	大阪市	事務行政（22-25）	1,195	302	4.0
奈良県	総合職（行政A）	186	79	2.4	堺市	事務	224	46	4.9
和歌山県	一般行政職（通常枠）	280	72	3.9	神戸市	総合事務	469	31	15.1
鳥取県	事務（一般コース）	104	33	3.2	岡山市	事務一般枠	199	54	3.7
島根県	行政A	115	53	2.2	広島市	行政事務（法律・経済・行政）	419	147	2.9
岡山県	行政	280	84	3.3	北九州市	一般事務員（行政IA）	174	28	6.2
広島県	行政（一般事務A）	414	98	4.2	福岡市	行政事務（行政一般）	495	53	9.3
山口県	行政	220	79	2.8	熊本市	事務職	325	52	6.3

注）一般行政系の試験区分のすべてを掲載してはいない。経験者採用，身体障害者採用，特別募集等は掲載していない。

受験者数＝第1次試験受験者数，合格者数＝最終合格者数，競争率＝最終倍率。

地方上級＜教養＞過去問500　❺

門試験を課している自治体を④法律・経済専門タイプに分類し，まったく独自の試験構成，科目，内容をとっている自治体の試験を⑤独自の出題タイプと総称している。

政令指定都市では，教養試験で札幌市，横浜市，川崎市，相模原市，名古屋市（行政B），京都市，大阪市，堺市，神戸市，岡山市が独自の出題。他は全国型である。専門試験は，いくつかの自治体で法律・経済専門タイプを導入しているが，多くは全国型。専門試験が出題されない自治体や試験もあり，特別区は教養試験，専門試験いずれも独自の出題（自治体ごとの詳細は❼ページの表を参照。出題型の詳しい分析は，小社発行の『受験ジャーナル』Vol. 3などを参照してほしい）。

■第2次試験の概要

第2次試験では，個別面接がすべての自治体で，その他，自治体によって，集団面接，集団討論，論文試験，身体検査，体力測定などが実施される。

●個別面接／3〜5人ほどの面接官によって，15〜30分行われるのが一般的である。志望動機，学校生活，ゼミ，卒論，友達，受験した自治体に関する知識などについて質問される。この中で志望動機は必ずといってよいほど質問される事項なので，明確に答えられるようにしておきたい。曖昧な応答については，かなり突っ込んだ質問もされるので，あらかじめ質問項目を想定して，答えを考えておいたほうがよい。

●集団面接／同時に数人の受験生に質問をする形式の面接。個人的な事柄に関してだけでなく，行政や社会的に問題となっている事柄に対する意見も求められる。他の受験生と一緒なので，いかに自分らしさをアピールするかがポイントである。

●集団討論／半数程度の自治体が実施している。行政の問題点や社会的に問題になっている事柄について課題が与えられ，それについて，受験生数人で議論する。課題を解決することより，それについて討論していく過程が重視されるので，積極的に発言しているか，問題を解決するための建設的な意見を述べているか，みんなの意見をまとめようとしているかなどが，評価の対象となる。

●適性検査／クレペリン検査やYG検査を行う自治体が多い。ほとんどの自治体で実施されており，面接試験の補助的要素として活用される。

■最終合格から採用まで

第1次試験の合格者に対して第2次試験が行われ，第2次試験に通ると最終合格となる（第3次試験まで行う自治体もある）。

試験の合否の決定の基準は自治体によって異なるが，多くの自治体では，教養試験と専門試験に基準点を設けており，どちらかがその基準点に満たない場合は，不合格となる。基準ラインは，満点の4割くらいと推測されている。

また，第1次試験で論文試験が行われる自治体でも，その評価は，第2次試験の時に反映される場合が多い。

第2次試験でどの程度不合格となるかは，自治体によってさまざまである。第1次試験合格者の過半数が最終合格になるところもあれば，2分の1〜3分の1の人数に絞り込むところもある。

最終合格から採用内定までの仕組みがどうなっているかは，自治体によって異なっている。最終合格者全員に内定通知が送られる自治体もあれば，最終合格発表後，採用面接が行われ，その自治体に来るかどうかの意思確認が行われたり，また，人事委員会の採用担当者のほかに各部局の担当者との面接が行われるところもある。

② 出題分析

3年度 地方上級一般行政系 択一式試験の概要

＊一般行政系試験のうち，各自治体で代表的な試験区分についてまとめた。
（細字部分は令和2年度以前の情報）
＊出題タイプ－**全**＝全国型　**関**＝関東型　**中・北**＝中部・北陸型
　　　　　　法・専＝法律専門タイプ　**経・専**＝経済専門タイプ

自治体	試験区分	専門選択分野等	教養 出題タイプ	時間(分)	出題数	専門 出題タイプ	時間(分)	出題数
北海道	一般行政A		職務基礎力試験（110分，60問）					
青森県	行　政		全	120	40	全	120	40
岩手県	一般行政A		全	120	50問中40問	全	120	50問中40問
宮城県	行　政		全	150	50	全	120	40
秋田県	行　政A		全	120	40	全	120	40
山形県	行　政		全	150	40	全	120	40
福島県	行政事務		全	120	40	その他	60	20
茨城県	事務(知事部局等)		関	120	50問中40問	関	120	50問中40問
栃木県	行　政		関	120	50問中40問	関	120	50問中40問
群馬県	行政事務		関	120	50問中40問	関	120	50問中40問
埼玉県	一般行政		関	120	50問中40問	関	120	50問中40問
千葉県	一般行政A		関	120	50問中40問	関	120	50問中40問
東京都	Ⅰ類B行政(一般方式)		独自	130	40	記　述　式		
神奈川県	行　政		関	120	50問中40問	その他	120	80問中40問
山梨県	行　政Ⅰ		関	120	50問中40問	関	120	50問中40問
長野県	行　政A		関	120	50問中40問	関	120	50問中40問
新潟県	一般行政		関	120	50問中40問	関	120	50問中40問
岐阜県	行　政Ⅰ		中・北	150	50	中・北	120	50問中40問
静岡県	行　政Ⅰ		関	120	50問中40問	関	120	55問中40問
愛知県	行　政Ⅰ		中・北	150	50	中・北	120	50問中40問
三重県	一般行政分野(一般)		中・北	150	50	中・北	120	50問中40問
富山県	総合行政		中・北	150	50	中・北	120	50問中40問
石川県	行　政		中・北	150	50	中・北	120	50問中40問
福井県	行　政		中・北	150	50	中・北	120	60問中40問
滋賀県	行政(専門試験型)		全	120	47問中40問	全	120	50問中40問
京都府	行政ⅠA	総合政策	その他	120	40	全	90	40
		法律	その他	120	40	法・専	90	40
		経済	その他	120	40	経・専	90	40
大阪府	行政(22-25)		SPI 3 (70分)					
兵庫県	一般事務職		全	150	55問中45問	全	120	65問中40問
奈良県	総合職(行政A)		全	105	50問中35問	全	90	55問中30問
和歌山県	一般行政職（通常枠）	法律	全	120	55問中40問	法・専	120	40
		経済	全	120	55問中40問	経・専	120	40
		総合A・B	全	120	55問中40問	その他	120	60問中40問
鳥取県	事務(一般コース)		全	150	50	全	120	40
島根県	行　政A		全	150	50	全	120	40
岡山県	行　政		全	150	50	全	120	40
広島県	行政(一般行政A)	行政	全	150	55問中45問	全	120	40
		法律	全	150	55問中45問	法・専	120	40
		経済	全	150	55問中45問	経・専	120	40

自治体	試験区分	専門選択分野等	教養 出題タイプ	時間(分)	出題数	専門 出題タイプ	時間(分)	出題数
山口県	行　政		全	150	50	全	120	40
徳島県	行政事務		全	150	50	その他	135	95問中45問
香川県	一般行政事務A		全	150	50	全	120	40
愛媛県	行政事務A		全	150	50	全	120	40
高知県	行　政		全	150	55問中45問	全	120	40
福岡県	行　政		全	150	50	全	120	40
佐賀県	行　政		全	150	50	全	120	40
長崎県	行　政A		全	150	50	全	120	40
熊本県	行　政		全	150	50問中40問	その他	120	80問中40問
大分県	行　政		全	150	50	全	120	40
宮崎県	一般行政		全	150	50	全	120	40
鹿児島県	行政(必須解答型)		全	150	50	全	120	40
沖縄県	行　政Ⅰ		全	150	50	全	120	40
札幌市	一般事務(行政コース)		筆記試験（120分，65問中40問）					
仙台市	事　務		全	150	45問中40問	全	120	56問中40問
さいたま市	行政事務A		全	150	50問中40問	全	120	50問中40問
千葉市	事務(行政A)		全	150	55問中45問	全	120	50問中40問
特別区	事　務		独自	120	48問中40問	独自	90	55問中40問
横浜市	事　務		その他	150	50	なし		
川崎市	行政事務		総合筆記試験（180分，60問）					
相模原市	行　政		その他	30		なし		
新潟市	一般行政A		全	120	40	全	120	40
静岡市	事　務A		全	150	55	なし		
	事　務B		なし			全	150	55
浜松市	事務(行政A)		筆記試験			筆記試験		
名古屋市	事　務	行政A	全	150	50	なし		
		行政B	その他	90	30	全	150	80問中40問
京都市	一般事務職(行政)		その他	90	30	全	90	40問中30問
大阪市	事務行政(22-25)	行政	適性試験(60分)			なし		
		法律	適性試験(60分)			法・専	90	30問中25問
堺市	事　務		その他	90	30	全	120	40
神戸市	総合事務		その他	150	45問中40問	その他	80	25問選択
岡山市	事務一般枠		全	120	40	全	120	40
広島市	行政事務	法律	全	150	55問中45問	法・専	120	40
		経済	全	150	55問中45問	経・専	120	40
		行政	全	150	55問中45問			
北九州市	一般事務員(行政ⅠA)		全	150	50	全	120	40
福岡市	行政事務(行政)		全	150	50	全	120	40
熊本市	事務職		全	150	50	全	120	40

※札幌市の解答時間は，教養系と専門系を合わせて120分。

3年度 出題内訳　地方上級 全国型　6月20日実施

関東型と共通………関，中部・北陸型と共通…中

No.	科　目	出　題　内　容	
1	政　治	日本の選挙制度（衆参，地方議員選，首長の多選制限，ネット選挙）	関中
2		性差の法的問題（ポジティブ・アクション，リプロダクティブ・ライツ）	関中
3	法　律	憲法69条に基づく内閣の衆議院解散権	関中
4		日本の財政（租税法律主義，予備費，決算の検査等）	関
5		独占市場と独占禁止法	関中
6	経　済	インフレーション（インフレターゲット，中央銀行の金融政策）	関中
7		格差と貧困問題（ジニ係数）	関
8		2012年以降の日本経済	関
9		日本の教育の現状（GIGAスクール，プログラミング教育，大学入試等）	
10	社　会	日本の人口の現状（出生数，少子高齢化，後期高齢者等）	関中
11		イギリスのEU離脱（国民投票，離脱交渉，北アイルランド等）	関中
12		2020年のアメリカ大統領選挙（仕組み，投票率，得票数，訴訟）	関中
13	地　理	中国（河川，民族，農業地域，経済特区，エネルギー構成）	関中
14		日本の農林水産業（各産業の年間産出額，米の輸出，減反，木材自給率，養殖）	関中
15	日 本 史	鎌倉時代（将軍と執権，守護と地頭，惣領制，宋銭の輸入，新仏教）	関中
16		明治時代の政策（屯田兵，西南戦争）	関
17	世 界 史	フランス革命（人権宣言，ロベスピエール，ナポレオン法典，メートル法）	関中
18		第二次世界大戦後の東南アジア（マレーシア，インドネシア，カンボジア，ベトナム，ミャンマー）	関中
19	数　学	関数とグラフ（直線とy軸で囲まれた三角形の面積）	関中
20	物　理	電流と磁界（電流とコイル，右ねじの法則，フレミング左手の法則）（空欄補充）	関中
21	化　学	中和反応（水溶液の性質，酸性，アルカリ性）（空欄補充）	関中
22		身近な化学物質（次亜塩素酸，シリカゲル，メタノール，セッケン，炭酸水素ナトリウム）	関中
23	生　物	有性生殖と無性生殖（植物，分裂と栄養生殖，減数分裂，クローン，好適な環境）	関中
24		呼吸（肺循環）	関中
25	地　学	地球の内部構造（大陸地殻，海洋地殻，鉄，マントル）（空欄補充）	関中
26		英文（内容把握，科学者の多数派）	関中
27		英文（要旨把握，親子と子育て）	関中
28		英文（要旨把握，南極旅行のボランティア）	関中
29		英文（要旨把握，農耕牧畜の出現）	関中
30	文章理解	英文（内容把握，熟練した脳神経外科医の手術と不安）（ヘンリーマーシュ）	関中
31		現代文（要旨把握，ベーコンの主張）	関中
32		現代文（要旨把握，歯がしみるという言葉の使い方）	関中
33		現代文（要旨把握，芸術と社会制度）	関中
34		論理（水族館へ行った人で映画館へ行かなかった人）	関中
35		順序関係（6人のうちの3人の背の高い順）	中
36		順序関係（4人が垂直に積んだ6種類の積み木の順番）	関中
37		対応関係（5人が青果店で買った野菜の組合せ）	関中
38	判断推理	数量推理（工程日数と人数が違う6種類の作業を7日で仕上げる組合せ）	関中
39		移動・回転・軌跡（円の周囲を回転する円に描かれた矢印の位置）	関中
40		移動・回転・軌跡（正三角形の内部に一端がある棒を動かせる範囲）	関中
41		折り紙と重ね合わせ（10×10の正方形をずらして重ねたときの順番）	中
42		空間図形（正四面体の2辺を切り開いて作った円柱でのもとの頂点の位置）	関中
43		正多面体（立方体と正八面体の各頂点を切断した立体の表面積比）	中
44		場合の数（3列のあみだくじの総数と当たる数）	関中
45		整数問題（整数$m+n$の値）	関中
46	数的推理	数量問題（2人でのコインのやり取り）	関中
47		比，割合（試験の合格者の男女比）	関中
48		仕事算（2匹のネコが同時にエサを食べる時間）	関中
49		流水算（船の速さと川の流れる速さの比）	中
50	資料解釈	資料解釈（2020年の新築マンション件数と前年比）	関中

※この出題内訳表は，受験者からの情報をもとに作成したものです。したがって，No.や出題内容が実際とは異なっている場合があります。

3年度 出題内訳　地方上級 関東型　6月20日実施

全国型と共通………全，中部・北陸型と共通…中

No.	科　目	出　題　内　容	
1	政　　治	日本の選挙制度（衆参，地方議員選，首長の多選制限，ネット選挙）	全中
2	法　　律	性差の法的問題（ポジティブ・アクション，リプロダクティブ・ライツ）	全中
3		憲法69条に基づく内閣の衆議院解散権	全中
4		日本の財政（租税法律主義，予備費，決算の検査等）	全
5	経　　済	独占市場と独占禁止法	全中
6		インフレーション（インフレターゲット，中央銀行の金融政策）	全中
7		格差と貧困問題（ジニ係数）	全
8		国債（発行額，日本国債の格付け）	中
9	社　　会	2012年以降の日本経済	全
10		日本の人口の現状（出生数，少子高齢化，後期高齢者等）	全中
11		イギリスのEU離脱（国民投票，離脱交渉，北アイルランド等）	全中
12		2020年のアメリカ大統領選挙（仕組み，投票率，得票数，訴訟）	全中
13		マイナンバー制度（対象者，マイナポイント事業，マイナンバーカード等）	中
14		核兵器禁止条約（オバマ大統領）	中
15	地　　理	中国（河川，民族，農業地域，経済特区，エネルギー構成）	全中
16		日本の農林水産業（各産業の年間産出額，米の輸出，減反，木材自給率，養殖）	全中
17		海岸の地形（海岸平野，フィヨルド，三角州，リアス海岸，サンゴ礁海岸）	全中
18	日 本 史	鎌倉時代（将軍と執権，守護と地頭，惣領制，宋銭の輸入，新仏教）	全中
19		明治時代の政策（屯田兵，西南戦争）	全
20		日本の戦後史（朝鮮戦争，日ソ共同宣言，安保闘争，日韓基本条約等）	中
21	世 界 史	フランス革命（人権宣言，ロベスピエール，ナポレオン法典，メートル法）	全中
22		19世紀後半における欧米列強の対外進出（米，英，独，仏，露）	中
23		第二次世界大戦後の東南アジア（マレーシア，インドネシア，カンボジア，ベトナム，ミャンマー）	全中
24	数　　学	関数とグラフ（直線とy軸で囲まれた三角形の面積）	全中
25	物　　理	電流と磁界（電流とコイル，右ねじの法則，フレミング左手の法則）（空欄補充）	全中
26	化　　学	中和反応（水溶液の性質，酸性，アルカリ性）（空欄補充）	全中
27		身近な化学物質（次亜塩素酸，シリカゲル，メタノール，セッケン，炭酸水素ナトリウム）	全中
28	生　　物	有性生殖と無性生殖（植物，分裂と栄養生殖，減数分裂，クローン，好適な環境）	全中
29		呼吸（肺循環）	全中
30	地　　学	地球の内部構造（大陸地殻，海洋地殻，鉄，マントル）（空欄補充）	全中
31	文章理解	英文（内容把握，科学者の多数派）	全中
32		英文（要旨把握，親子と子育て）	全中
33		英文（要旨把握，南極旅行のボランティア）	全中
34		英文（要旨把握，農耕牧畜の出現）	全中
35		英文（内容把握，熟練した脳神経外科医の手術と不安）（ヘンリーマーシュ）	全中
36		現代文（要旨把握，ベーコンの主張）	全中
37		現代文（要旨把握，歯がしみるという言葉の使い方）	全中
38		現代文（要旨把握，芸術と社会制度）	全中
39	判断推理	論理（水族館へ行った人で映画館へ行かなかった人）	全中
40		順序関係（4人が垂直に積んだ6種類の積み木の順番）	全中
41		対応関係（5人が青果店で買った野菜の組合せ）	全中
42		数量推理（工程日数と人数が違う6種類の作業を7日で仕上げる組合せ）	全中
43		移動・回転・軌跡（円の周囲を回転する円に描かれた矢印の位置）	全中
44		移動・回転・軌跡（正三角形の内部に一端がある棒を動かせる範囲）	全中
45		空間図形（正四面体の2辺を切り開いて作った円柱でのもとの頂点の位置）	全中
46	数的推理	場合の数（3列のあみだくじの総数と当たる数）	全中
47		整数問題（整数$m+n$の値）	全中
48		比，割合（試験の合格者の男女比）	全中
49		仕事算（2匹のネコが同時にエサを食べる時間）	全中
50	資料解釈	資料解釈（2020年の新築マンション件数と前年比）	全中

※この出題内訳表は，受験者からの情報をもとに作成したものです。したがって，No.や出題内容が実際とは異なっている場合があります。

地方上級＜教養＞過去問500　**9**

3年度 出題内訳　地方上級 中部・北陸型　6月20日実施

全国型と共通………全，関東型と共通………関

No.	科　目	出　題　内　容	
1	政　　治	日本の選挙制度（衆参，地方議員選，首長の多選制限，ネット選挙）	全関
2	法　　律	性差の法的問題（ポジティブ・アクション，リプロダクティブ・ライツ）	全関
3		憲法69条に基づく内閣の衆議院解散権	全関
4	経　　済	独占市場と独占禁止法	全関
5		インフレーション（インフレターゲット，中央銀行の金融政策）	全関
6		国債（発行額，日本国債の格付け）	関
7	社　　会	日本の人口の現状（出生数，少子高齢化，後期高齢者等）	全関
8		イギリスのEU離脱（国民投票，離脱交渉，北アイルランド等）	全関
9		2020年のアメリカ大統領選挙（仕組み，投票率，得票数，訴訟）	全関
10		マイナンバー制度（対象者，マイナポイント事業，マイナンバーカード等）	関
11	地　　理	中国（河川，民族，農業地域，経済特区，エネルギー構成）	全関
12		日本の農林水産業（各産業の年間産出額，米の輸出，減反，木材自給率，養殖）	全関
13		海岸の地形（海岸平野，フィヨルド，三角州，リアス海岸，サンゴ礁海岸）	関
14	日 本 史	鎌倉時代（将軍と執権，守護と地頭，惣領制，宋銭の輸入，新仏教）	全関
15		日本の戦後史（朝鮮戦争，日ソ共同宣言，安保闘争，日韓基本条約等）	関
16	世 界 史	フランス革命（人権宣言，ロベスピエール，ナポレオン法典，メートル法）	全関
17		19世紀後半における欧米列強の対外進出（米，英，独，仏，露）	関
18		第二次世界大戦後の東南アジア（マレーシア，インドネシア，カンボジア，ベトナム，ミャンマー）	全関
19	数　学	関数とグラフ（直線とy軸で囲まれた三角形の面積）	全関
20	物　理	電流と磁界（電流とコイル，右ねじの法則，フレミング左手の法則）（空欄補充）	全関
21	化　学	中和反応（水溶液の性質，酸性，アルカリ性）（空欄補充）	全関
22		身近な化学物質（次亜塩素酸，シリカゲル，メタノール，セッケン，炭酸水素ナトリウム）	全関
23	生　物	有性生殖と無性生殖（植物，分裂と栄養生殖，減数分裂，クローン，好適な環境）	全関
24		呼吸（肺循環）	全関
25	地　学	地球の内部構造（大陸地殻，海洋地殻，鉄，マントル）（空欄補充）	全関
26	文章理解	英文（内容把握，科学者の多数派）	全関
27		英文（要旨把握，親子と子育て）	全関
28		英文（要旨把握，南極旅行のボランティア）	全関
29		英文（要旨把握，農耕牧畜の出現）	全関
30		英文（内容把握，熟練した脳神経外科医の手術と不安）（ヘンリーマーシュ）	全関
31		現代文（要旨把握，ベーコンの主張）	全関
32		現代文（要旨把握，歯がしみるという言葉の使い方）	全関
33		現代文（要旨把握，芸術と社会制度）	全関
34	判断推理	論理（水族館へ行った人で映画館へ行かなかった人）	全関
35		順序関係（6人のうちの3人の背の高い順）	全
36		順序関係（4人が垂直に積んだ6種類の積み木の順番）	全関
37		対応関係（5人が青果店で買った野菜の組合せ）	全関
38		数量推理（工程日数と人数が違う6種類の作業を7日で仕上げる組合せ）	全関
39		移動・回転・軌跡（円の周囲を回転する円に描かれた矢印の位置）	全関
40		移動・回転・軌跡（正三角形の内部に一端がある棒を動かせる範囲）	全関
41		折り紙と重ね合わせ（10×10の正方形をずらして重ねたときの順番）	全
42		空間図形（正四面体の2辺を切り開いて作った円柱でのもとの頂点の位置）	全関
43	数的推理	正多面体（立方体と正八面体の各頂点を切断した立体の表面積比）	全
44		場合の数（3列のあみだくじの総数と当たる数）	全関
45		整数問題（整数$m+n$の値）	全関
46		数量問題（2人でのコインのやり取り）	全
47		比，割合（試験の合格者の男女比）	全関
48		仕事算（2匹のネコが同時にエサを食べる時間）	全関
49		流水算（船の速さと川の流れる速さの比）	全
50	資料解釈	資料解釈（2020年の新築マンション件数と前年比）	全関

※この出題内訳表は，受験者からの情報をもとに作成したものです。したがって，No.や出題内容が実際とは異なっている場合があります。

3年度 出題内訳	東京都Ⅰ類B [一般方式] 5月2日実施

No.	科 目		出 題 内 容（130分，40問必須解答）
1	文章理解（現代文）		内容把握（黒井千次『老いのゆくえ』）
2			空欄補充（作田啓一・井上俊『命題コレクション社会学』）
3			文章整序（野口悠紀雄『「超」文章法』）
4			空欄補充（石田英敬『現代思想の教科書』）
5	英文理解		内容把握（レストハウスを出発する旅行者）
6			内容把握（予想される地球の危機）
7			内容把握（ナショナリズムと愛国心の違い）
8			内容把握（先生の結婚と生徒たちの変化）
9	判断推理		集合（精肉店の客120人の牛肉，鶏肉，豚肉の購入状況）
10			順序関係（児童Aが連続した3日間で終えた宿題の科目）
11	数的処理		確率（高速道路のサービスエリア間で渋滞に巻き込まれる確率）
12			場合の数（平行な線を組み合わせてできる平行四辺形の総数）
13			素因数分解（自然数XとYのうち大きいほうの数）
14			素因数分解（自然数a～dを用いた計算）
15			図形（2つの正方形を重ねたときに太線で囲まれた部分の面積）
16			魔方陣（図のA～Ⅰに1～9の整数を入れるときに2が入る場所）
17	資料解釈		酒造好適米5銘柄の生産量の推移（実数値，グラフ）
18			日本における4か国からの水産物輸入額の対前年増加率の推移（増減率，グラフ）
19			日本における4か国からのナチュラルチーズ輸入量の構成比の推移（割合・構成比，グラフ）
20			富士山登山者数の状況（割合・構成比，増減率，グラフ）
21	空間概念		平面構成（上段，中段，下段に数字を描いた紙の切断と並べ替え）
22	数的処理		三角形（マス目上の点を結んだ2つの角の角度の和）
23	空間概念		投影図（立方体の積み木の数）
24			移動・回転・軌跡（回転する正三角形の頂点の軌跡の長さ）
25	人文科学	文化	小倉百人一首の和歌の枕詞（白妙の，あしびきの，ちはやぶる，ひさかたの）
26		歴史	明治時代の教育・文化（教育令，自然主義，岡倉天心・フェノロサ，教育勅語，絵画）
27			20世紀前半の民族運動（トルコ，エジプト，パレスチナ，インド，アフガニスタン）
28		地理	気候（気候の定義，年較差，貿易風，偏西風，年降水量）
29	社会科学	法律	障害者差別解消法（立法目的，社会的障壁，障害者への配慮，罰則）
30		政治	日本の選挙制度（選挙権年齢の引下げ，小選挙区制，一票の格差等）
31		経済	競争的な状態である市場（需要曲線，均衡価格，需給ギャップ等）
32	自然科学	物理	原子・分子の熱運動と温度（ブラウン運動，セ氏温度，絶対温度）
33		化学	酸化と還元（定義，酸化数，酸化還元反応，イオン化傾向と酸化）
34		生物	植物のつくりとはたらき（アブラナの花，受粉と受精，根，道管と師管，葉）
35		地学	低気圧（回転の向き，種類と特徴，台風のエネルギー源，台風の目）
36	社会事情		道路交通法の一部を改正する法律（妨害運転罪，高齢ドライバー等）
37			『情報通信白書』（世界のICT市場，ローカル5G，オープンデータ等）
38			菅内閣総理大臣所信表明演説（デジタル化，温暖化対策等）
39			『経済財政白書』（新型コロナウイルス感染症の影響，女性の就業率，IT人材等）
40			核軍縮等（核兵器不拡散条約，核兵器禁止条約，国連軍縮会議等）

※この出題内訳表は，公開問題をもとに作成したものです。

地方上級＜教養＞過去問500

| 3年度 出題内訳 | 特別区Ⅰ類 | | 5月2日実施 |

No.	科目		出題内容 （120分, No.1～No.28必須解答, No.29～No.48のうち12問選択解答）
1	文章理解	現代文	要旨把握（今井むつみ『学びとは何か』）
2			要旨把握（佐々木典士『ぼくたちに，もうモノは必要ない。増補版』）
3			要旨把握（岩崎武雄『哲学のすすめ』）
4			文章整序（藤井克彦『釣りに行こう』）
5			空欄補充（大庭健『いま，働くということ』）
6		英文	内容把握（外国人旅行者から見た日本人の礼儀正しさ）
7			内容把握（見栄張り男と王子さま〈星の王子さま〉）
8			空欄補充（地球の生命のリズムと子ども）
9			文章整序（産業界での素材の再利用とリサイクル）
10	判断推理		試合の勝敗（4チームによる野球の総当たり戦）
11			暗号（「◎C●H◎N●C●Be◎B◎H◎B」が表す暗号）
12			対応関係（4人が甘味屋で注文したあんみつのトッピング）
13			位置関係（8人が住む3階建てのアパートの部屋）
14			命題（あるグループにおける花の好み）
15	数的処理		約数・倍数（7，5，2の倍数の番号が付いたボールの取り出し）
16			三角形と面積（2つの正方形が重なり合ってできる斜線部の面積）
17			約数・倍数（4ケタの正の整数「abc6」のa＋b＋cの最大値）
18			速さ・距離・時間（家から駅までの移動時間）
19			確率（3色のコインを3枚取り出して2枚だけ同じ色になる確率）
20			1次方程式（マラソン大会での生徒の完走時間）
21	資料解釈		海面養殖業の収穫量の推移（実数値，数表）
22			自動車貨物の主要品目別輸送量の対前年度増加率の推移（指数・増減率，数表）
23			就業保健師等の年次推移（実数値，グラフ）
24			世界人口の構成比の推移（構成比・割合，グラフ）
25	空間把握		平面分割（円を9本の直線で分割してできる平面の最大数）
26			位相と経路（一筆書きができる図形）
27			正多面体（サイコロ4個を並べたとき床に接した4面の目の数の積）
28			移動・回転・軌跡（扇形を回転したときの図中の点の軌跡）
29	社会科学	法律	国会（不逮捕特権，臨時会と特別会，議院規則と懲罰，国政調査権）
30			日本の司法制度（裁判員制度，ADR，検察審査会制度等）
31		政治	第二次世界大戦後の地域紛争（中東戦争，ルワンダ内戦，チェチェン紛争等）
32		経済	日本の消費者問題（消費者の4つの権利，消費者保護基本法，PL法等）
33	人文科学	倫理・哲学	古代インドの思想（バラモン教，ウパニシャッド哲学，ジャイナ教）（空欄補充）
34		歴史	日清戦争と日露戦争（日清戦争，下関条約，三国干渉，日露戦争等）
35			ローマ帝国（アウグストゥス，ドミナトゥス，ミラノ勅令，帝国の分裂等）
36		地理	世界の地形（営力，プレート境界，新期造山帯，侵食平野，カルスト地形）
37	社会事情		2021年1月のアメリカ新政権発足（バイデン，ハリス，連邦上院選等）
38			グリーン成長戦略（数値目標，自動車，電力，カーボンプライシング等）
39			令和3年度税制改正大綱（子育て支援，中小企業の再編支援等）
40			2020年7月時点の都道府県地価（全用途平均基準地価，全国の平均等）
41	自然科学	物理	周期的な運動と慣性力（小球の等速円運動と糸の張力）（計算）
42			電気回路（変圧器における二次コイルに生じる電圧と電流）（計算）
43		化学	糖類（ガラクトース，グルコース，グリコーゲン，セルロース等）
44			金属結晶の構造（体心立方格子，面心立方格子，六方最密構造）（空欄補充）
45		生物	動物の発生（端黄卵，原腸胚期，外胚葉，誘導とアポトーシス）
46			植物ホルモン（エチレン，ジベレリン，オーキシン，フロリゲン等）
47		地学	宇宙の膨張（ハッブルの法則）（空欄補充）
48			海洋（塩類組成，海水温と水温躍層，海流，ラニーニャ現象等）

※この出題内訳表は，公開問題をもとに作成したものです。

2年度 出題内訳　地方上級 全国型　6月28日実施

関東型と共通………**関**，中部・北陸型と共通…**中**

No.	科　目	出　題　内　容	
1	政　治	各国の政治制度（アメリカ，イギリス，ドイツ，フランス，中国）	関中
2	法　律	憲法の私人間効力（直接適用説と間接適用説の根拠）	関中
3		刑事手続きにおける人権保障規定（現行犯逮捕，弁護人依頼権，一事不再理等）	関中
4	経　済	労働需給曲線	関
5		国税（所得税，法人税，消費税）	関
6		ヨーロッパ経済（失業率，消費者物価指数，イギリス，日EU・EPA等）	関中
7	社　会	日本の労働事情（女性就業者数，有効求人倍率，女性管理職割合，在留資格等）	関中
8		日本の電力事情（ベースロード電源，原子力規制委員会，発送電分離等）	関中
9		近年の環境問題（パリ協定，森林面積，森林火災，海洋プラスチックごみ等）	関中
10		日本の受動喫煙対策（受動喫煙のリスク，小規模飲食店，改正健康増進法等）	関
11		日本の都道府県別人口と経済（合計特殊出生率，産業別就業者割合等）	関中
12		自動車産業（国別生産台数，次世代自動車，自動運転システム等）	関中
13	地　理	世界の農産物（遺伝子組換え作物，バイオ燃料，米・大豆の生産量，TPP11等）	関中
14		大気と海水の循環（高気圧，低気圧，貿易風，偏西風，黒潮，親潮等）	関中
15	日本史	日清戦争と日露戦争（下関条約，三国干渉，日英同盟，南満州鉄道株式会社等）	関
16		第二次世界大戦後の日本の社会と経済（高度経済成長，3C，バブル経済等）	関中
17	世界史	第二次世界大戦後の米国大統領の政策（トルーマン，ニクソン，レーガン等）	関中
18		第二次世界大戦後の中国（国共内戦，朝鮮戦争，天安門事件，香港返還等）	関中
19	数　学	循環小数を既約分数で表したときの分母	関中
20	物　理	位置エネルギーと運動エネルギー（空欄補充）	関中
21	化　学	ある金属とその酸化物の質量の変化と組成式（グラフ）	関中
22		気体の性質（一酸化炭素，塩化水素，オゾン，窒素，二酸化硫黄）	関中
23	生　物	細胞呼吸（細胞小器官，タンパク質，ATP，有機物の分解，乳酸等）	関中
24		ヒトの感覚器（眼，耳，鼻，延髄等）	関中
25	地　学	惑星（公転周期，外惑星と内惑星，地球型惑星と木星型惑星，衛星等）	関中
26	文章理解	英文（要旨把握，宗教と社会との関係）	関中
27		英文（要旨把握，学術におけるアイディア）	関中
28		英文（要旨把握，E-mailの普及）	関中
29		英文（要旨把握，ホモ・サピエンス）	関中
30		英文（要旨把握，ロシアにおけるある作物の生産の増加）	関中
31		現代文（要旨把握，ネット社会における人々と音楽の関係）	関中
32		現代文（要旨把握，スペイン語とケチュア語）	関中
33		現代文（空欄補充，相対主義者と絶対主義者の立場の違い）	関中
34	判断推理	集合（3集合で真ん中の数量が決まる条件）	関中
35		試合の勝敗（7チームによるサッカーのトーナメント戦）	中
36		位置関係（4×4のマス目への16枚のタイルの置き方）	関中
37		数量条件からの推理（3人による4枚のカードを使ったゲーム）	中
38		対応関係（3人の回転寿司での寿司の取り方）	関中
39		投影図（1×1×2の直方体を積み上げた立体の側面図）	関中
40		展開図（正四面体の内部に小さい正四面体が入った立体の展開図）	関中
41		折り紙と重ね合わせ（正六角形の頂点を内部に折り曲げた部分の面積）	中
42		位相と経路（3×3の格子上を移動する経路の数）	中
43		数量条件からの推理（マラソン大会の5人の結果）	関中
44	数的推理	確率（赤1個，白3個の玉が入った袋から取り出すときの確率）	関中
45		覆面算（5つの数字の間に演算記号を入れてできる整数）	関中
46		方程式（3種類のセットの肉まんが売れた個数）	関中
47		平均（合格者，不合格者の平均点と合格率）	関中
48		速さ・距離・時間（2地点間を往復する2人が出会った時間）	関中
49		立体図形（立方体の辺の中点に接している球の表面の2点間の長さ）	中
50	資料解釈	グラフ（スーパーマーケットの10年間の売上高と床面積の推移）	関中

※この出題内訳表は，受験者からの情報をもとに作成したものです。したがって，No.や出題内容が実際とは異なっている場合があります。

地方上級＜教養＞過去問500　**13**

2年度 出題内訳 地方上級 関東型　6月28日実施

全国型と共通………全，中部・北陸型と共通…中

No.	科　目	出　題　内　容	
1	社　会	日本の電力事情（ベースロード電源，原子力規制委員会，発送電分離等）	全中
2		近年の環境問題（パリ協定，森林面積，森林火災，海洋プラスチックごみ等）	全中
3		日本の受動喫煙対策（受動喫煙のリスク，小規模飲食店，改正健康増進法等）	全
4		日本の観光事情（旅行者数，中国，韓国，旅行収支等）	
5	文章理解	英文（要旨把握，宗教と社会との関係）	全中
6		英文（要旨把握，学術におけるアイディア）	全中
7		英文（要旨把握，E-mailの普及）	全中
8		英文（要旨把握，ホモ・サピエンス）	全中
9		英文（要旨把握，ロシアにおけるある作物の生産の増加）	全中
10		現代文（要旨把握，ネット社会における人々と音楽の関係）	全中
11		現代文（要旨把握，スペイン語とケチュア語）	全中
12		現代文（空欄補充，相対主義者と絶対主義者の立場の違い）	全中
13	判断推理	集合（3集合で真ん中の数量が決まる条件）	全中
14		位置関係（4×4のマス目への16枚のタイルの置き方）	全中
15		試合の勝敗（2人が碁石を取るゲーム）	
16		対応関係（3人の回転寿司での寿司の取り方）	全中
17		投影図（1×1×2の直方体を積み上げた立体の側面図）	全中
18		展開図（正四面体の内部に小さい正四面体が入った立体の展開図）	全中
19		数量条件からの推理（マラソン大会の5人の結果）	全中
20	数的推理	確率（赤1個，白3個の玉が入った袋から取り出すときの確率）	全中
21		覆面算（5つの数字の間に演算記号を入れてできる整数）	全中
22		方程式（3種類のセットの肉まんが売れた個数）	全中
23		平均（合格者，不合格者の平均点と合格率）	全中
24		速さ・距離・時間（2地点間を往復する2人が出会った時間）	全中
25	資料解釈	グラフ（スーパーマーケットの10年間の売上高と床面積の推移）	全中
26	政　治	各国の政治制度（アメリカ，イギリス，ドイツ，フランス，中国）	全中
27	法　律	憲法の私人間効力（直接適用説と間接適用説の根拠）	全中
28		憲法改正（基本的人権等）	全中
29		刑事手続きにおける人権保障規定（現行犯逮捕，弁護人依頼権，一事不再理等）	全中
30	経　済	労働需給曲線	全
31		国税（所得税，法人税，消費税）	全
32		ヨーロッパ経済（失業率，消費者物価指数，イギリス，日EU・EPA等）	全中
33	社　会	日本の労働事情（女性就業者数，有効求人倍率，女性管理職割合，在留資格等）	全中
34		日本の都道府県別人口と経済（合計特殊出生率，産業別就業者割合等）	全中
35		自動車産業（国別生産台数，次世代自動車，自動運転システム等）	全中
36	地　理	世界の農産物（遺伝子組換え作物，バイオ燃料，米・大豆の生産量，TPP11等）	全中
37		大気と海水の循環（高気圧，低気圧，貿易風，偏西風，黒潮，親潮等）	全中
38	日　本　史	古代から近代の租税制度（奈良時代，鎌倉時代，室町時代，江戸時代，明治時代）	中
39		日清戦争と日露戦争（下関条約，三国干渉，日英同盟，南満州鉄道株式会社等）	全
40		第二次世界大戦後の日本の社会と経済（高度経済成長，3C，バブル経済等）	全中
41	世　界　史	近世ヨーロッパ諸国の絶対王政と海外進出（ポルトガル，スペイン，オランダ等）	中
42		第二次世界大戦後の米国大統領の政策（トルーマン，ニクソン，レーガン等）	全中
43		第二次世界大戦後の中国（国共内戦，朝鮮戦争，天安門事件，香港返還等）	全中
44	数　学	循環小数を既約分数で表したときの分母	全中
45	物　理	位置エネルギーと運動エネルギー（空欄補充）	全中
46	化　学	ある金属とその酸化物の質量の変化と組成式（グラフ）	全中
47		気体の性質（一酸化炭素，塩化水素，オゾン，窒素，二酸化硫黄）	全中
48	生　物	細胞呼吸（細胞小器官，タンパク質，ATP，有機物の分解，乳酸等）	全中
49		ヒトの感覚器（眼，耳，鼻，延髄等）	全中
50	地　学	惑星（公転周期，外惑星と内惑星，地球型惑星と木星型惑星，衛星等）	全中

※この出題内訳表は，受験者からの情報をもとに作成したものです。したがって，No.や出題内容が実際とは
　異なっている場合があります。

		2年度 **出題内訳**	**地方上級 中部・北陸型**	**6月28日実施**

全国型と共通………全, 関東型と共通………関

No.	科　目	出　題　内　容	
1	政　治	各国の政治制度（アメリカ，イギリス，ドイツ，フランス，中国）	全関
2	法　律	憲法の私人間効力（直接適用説と間接適用説の根拠）	全関
3		刑事手続きにおける人権保障規定（現行犯逮捕，弁護人依頼権，一事不再理等）	全関
4	経　済	日本の株式会社	
5		ヨーロッパ経済（失業率，消費者物価指数，イギリス，日EU・EPA等）	全関
6	社　会	日本の労働事情（女性就業者数，有効求人倍率，女性管理職割合，在留資格等）	全関
7		日本の電力事情（ベースロード電源，原子力規制委員会，発送電分離等）	全関
8		近年の環境問題（パリ協定，森林面積，森林火災，海洋プラスチックごみ等）	全関
9		2019年の参議院議員通常選挙	
10		日本の都道府県別人口と経済（合計特殊出生率，産業別就業者割合等）	
11		自動車産業（国別生産台数，次世代自動車，自動運転システム等）	
12	地　理	世界の農産物（遺伝子組換え作物，バイオ燃料，米・大豆の生産量，TPP11等）	全関
13		大気と海水の循環（高気圧，低気圧，貿易風，偏西風，黒潮，親潮等）	全関
14	日　本　史	古代から近代の租税制度（奈良時代，鎌倉時代，室町時代，江戸時代，明治時代）	関
15		第二次世界大戦後の日本の社会と経済（高度経済成長，3C，バブル経済等）	全関
16	世　界　史	近世ヨーロッパ諸国の絶対王政と海外進出（ポルトガル，スペイン，オランダ等）	関
17		第二次世界大戦後の米国大統領の政策（トルーマン，ニクソン，レーガン等）	全関
18		第二次世界大戦後の中国（国共内戦，朝鮮戦争，天安門事件，香港返還等）	全関
19	数　学	循環小数を既約分数で表したときの分母	全関
20	物　理	位置エネルギーと運動エネルギー（空欄補充）	全関
21	化　学	ある金属とその酸化物の質量の変化と組成式（グラフ）	全関
22		気体の性質（一酸化炭素，塩化水素，オゾン，窒素，二酸化硫黄）	全関
23	生　物	細胞呼吸（細胞小器官，タンパク質，ATP，有機物の分解，乳酸等）	全関
24		ヒトの感覚器（眼，耳，鼻，延髄等）	全関
25	地　学	惑星（公転周期，外惑星と内惑星，地球型惑星と木星型惑星，衛星等）	全関
26	文章理解	英文（要旨把握，宗教と社会との関係）	全関
27		英文（要旨把握，学術におけるアイディア）	全関
28		英文（要旨把握，E-mailの普及）	全関
29		英文（要旨把握，ホモ・サピエンス）	全関
30		英文（要旨把握，ロシアにおけるある作物の生産の増加）	全関
31		現代文（要旨把握，ネット社会における人々と音楽の関係）	全関
32		現代文（要旨把握，スペイン語とケチュア語）	全関
33		現代文（空欄補充，相対主義者と絶対主義者の立場の違い）	全関
34	判断推理	集合（3集合で真ん中の数量が決まる条件）	全関
35		試合の勝敗（7チームによるサッカーのトーナメント戦）	全
36		位置関係（4×4のマス目への16枚のタイルの置き方）	全関
37		数量条件からの推理（3人による4枚のカードを使ったゲーム）	全
38		対応関係（3人の回転寿司での寿司の取り方）	全関
39		投影図（1×1×2の直方体を積み上げた立体の側面図）	全関
40		展開図（正四面体の内部に小さい正四面体が入った立体の展開図）	全関
41		折り紙と重ね合わせ（正六角形の頂点を内部に折り曲げた部分の面積）	全
42		位相と経路（3×3の格子上を移動する経路の数）	全
43		数量条件からの推理（マラソン大会の5人の結果）	全関
44	数的推理	確率（赤1個，白3個の玉が入った袋から取り出すときの確率）	全関
45		覆面算（5つの数字の間に演算記号を入れてできる整数）	全関
46		方程式（3種類のセットの肉まんが売れた個数）	全関
47		平均（合格者，不合格者の平均点と合格率）	全関
48		速さ・距離・時間（2地点間を往復する2人が出会った時間）	全関
49		立体図形（立方体の辺の中点に接している球の表面の2点間の長さ）	全
50	資料解釈	グラフ（スーパーマーケットの10年間の売上高と床面積の推移）	全関

※この出題内訳表は，受験者からの情報をもとに作成したものです。したがって，No.や出題内容が実際とは
　異なっている場合があります。

地方上級＜教養＞過去問500

2年度出題内訳 東京都Ⅰ類B[一般方式] 7月26日実施

No.	科目		出題内容（130分，40問必須解答）
1	文章理解（現代文）		内容把握（芥川也寸志『音楽の基礎』）
2			内容把握（木田元『偶然性と運命』）
3			文章整序（港千尋『芸術回帰論 イメージは世界をつなぐ』）
4			空欄補充（白波瀬佐和子『行き方の平等——お互いさまの社会に向けて』）
5	英文理解		内容把握（用心深く周囲に目を配る家族のエピソード）
6			内容把握（気力をなくしぐっすり眠ることもできない主人公）
7			内容把握（メニューを決めるときに自分に課した6つのルール）
8			内容把握（小集団で役割が自発的に決まる理由）
9	判断推理		要素の個数（500人の会社員の住所と勤務地）
10			試合の勝敗（A～Fの6チームの野球のリーグ戦）
11	数的処理		確率（3本の当たりくじが入っている20本のくじ）
12	判断推理		操作の手順（ロープが燃える時間を計る）
13	数的処理		速さ・距離・時間（走行中のトラックを追い越すオートバイの時速）
14			平面図形（四角形ABCDを4分割してできた三角形BCEの面積）
15			平面図形（正方形中に描いた円の着色部分の面積）
16			平面図形（動点Pが進む距離）
17	資料解釈		日本におけるレトルト食品5品目の生産数量の推移（実数値，グラフ）
18			オリンピック大会における日本の参加者数の増減率の推移（指数・増減率，グラフ）
19			日本から4か国への自動車輸出額の構成比の推移（構成比・割合，グラフ）
20			日本におけるコーヒー生豆の輸入状況（指数・増減率，数表・グラフ）
21	空間概念		平面図形（直線による円の分割数）
22			展開図（正六面体の平行面）
23			空間図形（黒と赤に塗り分けた正八面体の種類）
24			平面図形（円の回転軌跡）
25	人文科学	文化	日本の作曲家（瀧廉太郎，岡野貞一，團伊玖磨）
26		歴史	第二次世界大戦直後の日本（極東委員会，農地改革，日本国憲法，六・三制等）
27			17世紀のイギリス（清教徒革命，王政復古，名誉革命，イングランド銀行等）
28		地理	ラテンアメリカ（地形，先住民の文明，パンパとセルバ，アシエンダ，鉱産資源）
29	社会科学	法律	労働法（労働基準法，労働三法，公務員の争議行為，労働関係調整法等）
30		政治	世界の政治体制（フランス，ロシア，イギリス，中国等）
31		経済	株式会社のしくみ（株主の議決権，所有と経営の分離等）
32	自然科学	物理	物体をばねばかりで3方向から引いたときの力のつり合い
33		化学	一酸化炭素2.8gを完全燃焼させるときに必要な酸素の質量
34		生物	両生類，は虫類，鳥類，哺乳類に属する動物の組合せ
35		地学	火山（火砕流，溶岩台地，ハワイ式噴火，成層火山，ホットスポット）
36	社会事情		『令和元年版 観光白書』（地方部を訪問する訪日外国人旅行者数等）
37			最近の欧州（オーストリア，スペイン，フィンランド，英国等）
38			2019年6月施行の刑事訴訟法等の改正（「検察の在り方検討会議」等）
39			『令和元年版 経済財政白書』（多様な人材が働ける環境の整備等）
40			「安心と成長の未来を拓く総合経済対策」（三本の柱，災害対策等）

※この出題内訳表は，公開問題をもとに作成したものです。

2年度出題内訳 特別区Ⅰ類 7月26日実施

No.	科目		出題内容（120分，No.1～No.28必須解答，No.29～No.48のうち12問選択解答）
1	文章理解	現代文	要旨把握（森有正『生きることと考えること』）
2			要旨把握（金田諦應『傾聴のコツ』）
3			要旨把握（酒井雄哉『続・一日一生』）
4			文章整序（渡辺佑基『進化の法則はサメが知っていた』）
5			空欄補充（梶谷真司『考えるとはどういうことか』）
6		英文	内容把握（東京のホテル）
7			内容把握（ダンスを学んで気づいたこと）
8			空欄補充（縄文土器と土偶の芸術性）
9			文章整序（老人の容貌の描写）
10	判断推理		試合の勝敗（A～Fの6チームによるサッカーのトーナメント戦）
11			暗号（「ヘコアユ」を表す暗号）
12			順序関係（6人によるマラソン競争の着順）
13			発言推理（ある競技の観戦チケットの当選者）
14			位置関係（円卓の座席配置）
15			対応関係（共同生活をする6人の朝食の準備状況）
16	数的処理		平面図形（三角形の角度，合同）
17			約数の個数
18			流水算（2地点の間を航行する2つの船）
19			仕事算（満水のタンクを空にするポンプの排水時間）
20			割合（博物館の割引券を使った2人の大学生の入館回数）
21	資料解釈		酒類の生産量の推移（実数値，数表）
22			用途別着工建築物床面積の対前年増加率の推移（指数・増減率，数表）
23			3自治体の食品の要因別苦情件数の推移（実数値，グラフ）
24			エネルギー源別一次エネルギー国内供給の構成比の推移（構成比・割合，グラフ）
25	空間把握		立方体の切断（体積計算からの推量）
26			平面構成（2種類のパネルの敷き詰め）
27			投影図（立体の表面積）
28			平面図形（図形の回転移動）
29	社会科学	法律	日本の裁判所・司法制度（裁判所の種類，最高裁判所の権限等）
30			法の下の平等（平等原則，婚外子の相続分に関する民法改正等）
31		政治	第二次世界大戦の終結と戦後の国際政治の動向（「平和10原則」等）
32		経済	国際経済体制の変遷（ブレトン・ウッズ体制，変動相場制等）
33	人文科学	倫理・思想	生命倫理（ベビーM事件，臓器移植法，クローン技術，ヒトゲノムの解析）
34		歴史	元禄文化（尾形光琳，燕子花図屏風，八橋蒔絵螺鈿硯箱）（空欄補充）
35			オスマン帝国（イェニチェリ，メフメト2世，プレヴェザの海戦）
36		地理	温帯の気候（風，農牧業地域，植生等）（空欄補充）
37	社会事情		日韓軍事情報包括保護協定（GSOMIA）（締結，破棄の通告）
38			2019年の消費税率の引上げ（2度の延期，軽減税率，ポイント還元等）
39			2019年の大阪サミット（「大阪ブルー・オーシャン・ビジョン」等）
40			2019年のノーベル化学賞（受賞者，授賞理由等）
41	自然科学	物理	観測者に電車が近づくときに観測される警笛音の振動数（計算）
42			可変抵抗器を接続した回路での抵抗値と電池の端子電圧（計算）
43		化学	アルコール（ヒドロキシ基，グリセリン，エチレングリコール等）
44			ボイル・シャルルの法則に基づき温度と体積を与えて圧力を計算
45		生物	DNAの構造（デオキシリボース，チミン，グアニン等）（空欄補充）
46			生態系の物質収支（生産者の成長量，消費者の同化量等）
47		地学	太陽系（地球型惑星，小惑星，衛星，彗星，太陽系外縁天体等）
48			地球の内部構造（地殻の構成岩石，マントル，核，プレート等）

※この出題内訳表は，公開問題をもとに作成したものです。

元年度 出題内訳　地方上級 全国型　6月23日実施

関東型と共通………関，中部・北陸型と共通…中

No.	科目	出題内容	
1	政　治	国際連合（安全保障理事会，PKO，国際司法裁判所，職員，分担金）	関中
2		幸福追求権の保障内容	関
3	法　律	日本国憲法における違憲立法審査権	関中
4		日本の地方自治（住民自治・団体自治，長および議員，条例による課税等）	関中
5		働き方改革関連法（時間外労働の上限，高度プロフェッショナル制度等）	関中
6	経　済	GDP（定義，日本の産業別割合，日・米・中の比較，GNI）	関中
7		日本の金融政策（政策金利・通貨量，日本銀行の総資産，マイナス金利等）	関中
8		2012〜2017年の日本経済（GDP成長率，就業者数，経常収支等）	関中
9		日本のエネルギー事情（一次エネルギー国内供給，電力消費量等）	関
10	社　会	日本の大学や企業における研究状況（研究費，大学等発ベンチャー等）	関
11		人間の国際移動（留学，外国人労働者，難民問題，外国人訪問者数）	中
12		2018年のアメリカ（中間選挙，米朝首脳会談等）	中
13	地　理	南アメリカ（気候，人種，鉱産資源，輸出作物，TPP）	関中
14		河川が作る地形（V字谷，扇状地，自然堤防，三角州）	関中
15	日本史	第一次世界大戦前後の日本（ドイツへの宣戦布告，米騒動，国際連盟等）	関中
16		高度経済成長期の日本（55年体制，三種の神器，四大公害，革新自治体等）	関中
17	世界史	19世紀のヨーロッパ（ウィーン体制，イギリス産業革命，ドイツ統一等）	関中
18		第二次世界大戦後の西アジア（パレスチナ問題，イラン革命，イラク戦争等）	関中
19	数　学	$x^2+y^2 \leqq 4$を満たすときの$x+y$の最大値	関中
20	物　理	波の重ね合わせ（空欄補充）	関中
21	化　学	金属の特徴・用途（アルミニウム，バリウム，カルシウム，チタン等）	関中
22		pH（塩酸，酢酸）（空欄補充）	関中
23	生　物	真核生物の細胞（細胞壁，染色体，ミトコンドリア，葉緑体，液胞）	関中
24		ヒトの血液（血しょう，赤血球，白血球，血小板）	関中
25	地　学	飽和した空気塊の上昇（空欄補充）	関中
26	文章理解	英文（要旨把握，女性の労働参加とGDPの関係）	関中
27		英文（内容把握，不況期における回転寿司の人気の理由）	関中
28		英文（要旨把握，オランウータン）	関中
29		英文（要旨把握，服の購入に関するアドバイス）	関中
30		英文（内容把握，楽しいときと退屈なときの疲労感の違い）	関中
31		現代文（要旨把握，自然科学の法則の反証）	関中
32		現代文（要旨把握，カントの翻訳）	関中
33		現代文（空欄補充，個人映画の評価）	関中
34	判断推理	発言推理（A〜Hの玉の色の真偽）	中
35		順序関係（モグラたたきのモグラの出る順番）	中
36		対応関係（月曜日〜金曜日のアルバイトの勤務状況）	関中
37		対応関係（A〜Fの6人のプレゼント交換）	関中
38		数量関係（36人のクラスでの順位の絞り込み）（空欄補充）	関中
39		平面構成（6×5に分割した平行四辺形の不要なタイル）	関中
40		軌跡（三角形を回転したときの角度）	関中
41		展開図（展開図の1つの辺に平行になる辺）	関中
42	数的推理	立体図形（球を切断したときの断面の半径）	中
43		立体図形（グラフより読み取れる柱体2個の底面積の差）	中
44		確率（10本中3本の当たりを4人目で引き終える確率）	関中
45		魔方陣（8分割の円の数字の和）	関中
46		商と余り（3つの数を2ケタの正の整数で割る）	関中
47		濃度（砂糖水を2つに分けて水で薄める）	関中
48		年齢算（2人の年齢の関係から現在の年齢を求める）	関中
49		速さ・時間・距離（歩幅の違う2人の追いかけ算）	関中
50	資料解釈	複合グラフ（販売額の棒グラフと逆輸入率の折れ線グラフ）	関中

※この出題内訳表は，受験者からの情報をもとに作成したものです。したがって，No.や出題内容が実際とは異なっている場合があります。

元年度 出題内訳　地方上級 関東型　6月23日実施

全国型と共通………全，中部・北陸型と共通…中

No.	科　目	出　題　内　容	
1		2012〜2017年の日本経済（GDP成長率，就業者数，経常収支等）	全中
2	社　会	日本のエネルギー事情（一次エネルギー国内供給，電力消費量等）	全
3		日本の大学や企業における研究状況（研究費，大学等発ベンチャー等）	全
4		近年の中国情勢（一帯一路，国防費，経済成長率，インターネット等）	中
5		英文（要旨把握，女性の労働参加とGDPの関係）	全中
6		英文（内容把握，不況期における回転寿司の人気の理由）	全中
7		英文（要旨把握，オランウータン）	全中
8	文章理解	英文（要旨把握，服の購入に関するアドバイス）	全中
9		英文（内容把握，楽しいときと退屈なときの疲労感の違い）	全中
10		現代文（要旨把握，自然科学の法則の反証）	全中
11		現代文（要旨把握，カントの翻訳）	全中
12		現代文（空欄補充，個人映画の評価）	全中
13		対応関係（月曜日〜金曜日のアルバイトの勤務状況）	全中
14		対応関係（A〜Fの6人のプレゼント交換）	全中
15	判断推理	数量関係（36人のクラスでの順位の絞り込み）（空欄補充）	全中
16		平面構成（6×5に分割した平行四辺形の不要なタイル）	全中
17		軌跡（三角形を回転したときの角度）	全中
18		展開図（展開図の1つの辺に平行になる辺）	全中
19		確率（10本中3本の当たりを4人目で引き終える確率）	全中
20		魔方陣（8分割の円の数字の和）	全中
21	数的推理	商と余り（3つの数を2ケタの正の整数で割る）	全中
22		濃度（砂糖水を2つに分けて水で薄める）	全中
23		年齢算（2人の年齢の関係から現在の年齢を求める）	全中
24		速さ・時間・距離（歩幅の違う2人の追いかけ算）	全中
25	資料解釈	複合グラフ（販売額の棒グラフと逆輸入率の折れ線グラフ）	全中
26	政　治	国際連合（安全保障理事会，PKO，国際司法裁判所，職員，分担金）	全中
27		幸福追求権の保障内容	全
28	法　律	日本国憲法における違憲立法審査権	全中
29		日本の地方自治（住民自治・団体自治，長および議員，条例による課税等）	全中
30		働き方改革関連法（時間外労働の上限，高度プロフェッショナル制度等）	全中
31	不明		
32		消費者の非競合性	
33	経　済	GDP（定義，日本の産業別割合，日・米・中の比較，GNI）	全中
34		日本の金融政策（政策金利・通貨量，日本銀行の総資産，マイナス金利等）	全中
35		南アメリカ（気候，人種，鉱産資源，輸出作物，TPP）	全中
36	地　理	各地域の宗教・宗派（東南アジア，南アジア，ヨーロッパ，アフリカ等）	中
37		河川が作る地形（V字谷，扇状地，自然堤防，三角州）	全中
38		幕末期の日本（日米修好通商条約，「ええじゃないか」踊り，戊辰戦争等）	中
39	日本史	第一次世界大戦前後の日本（ドイツへの宣戦布告，米騒動，国際連盟等）	全中
40		高度経済成長期の日本（55年体制，三種の神器，四大公害，革新自治体等）	全中
41		中国王朝史（唐，元，清，明）	
42	世界史	19世紀のヨーロッパ（ウィーン体制，イギリス産業革命，ドイツ統一等）	全中
43		第二次世界大戦後の西アジア（パレスチナ問題，イラン革命，イラク戦争等）	全中
44	数　学	$x^2+y^2 \leqq 4$を満たすときの$x+y$の最大値	全中
45	物　理	波の重ね合わせ（空欄補充）	全中
46	化　学	金属の特徴・用途（アルミニウム，バリウム，カルシウム，チタン等）	全中
47		pH（塩酸，酢酸）（空欄補充）	全中
48	生　物	真核生物の細胞（細胞壁，染色体，ミトコンドリア，葉緑体，液胞）	全中
49		ヒトの血液（血しょう，赤血球，白血球，血小板）	全中
50	地　学	飽和した空気塊の上昇（空欄補充）	全中

※この出題内訳表は，受験者からの情報をもとに作成したものです。したがって，No.や出題内容が実際とは異なっている場合があります。

	元年度 出題内訳	地方上級 中部・北陸型	6月23日実施

全国型と共通………全，関東型と共通………関

No.	科　目	出　題　内　容	
1	政　治	国際連合（安全保障理事会，PKO，国際司法裁判所，職員，分担金）	全関
2	法　律	日本国憲法における違憲立法審査権	全関
3		日本の地方自治（住民自治・団体自治，長および議員，条例による課税等）	全関
4		働き方改革関連法（時間外労働の上限，高度プロフェッショナル制度等）	全関
5	経　済	GDP（定義，日本の産業別割合，日・米・中の比較，GNI）	全関
6		日本の金融政策（政策金利・通貨量，日本銀行の総資産，マイナス金利等）	全関
7	社　会	2012〜2017年の日本経済（GDP成長率，就業者数，経常収支等）	全関
8		人間の国際移動（留学，外国人労働者，難民問題，外国人訪問者数）	全
9		近年の中国情勢（一帯一路，国防費，経済成長率，インターネット等）	関
10		2018年のアメリカ（中間選挙，米朝首脳会談等）	全
11	地　理	南アメリカ（気候，人種，鉱産資源，輸出作物，TPP）	全関
12		各地域の宗教・宗派（東南アジア，南アジア，ヨーロッパ，アフリカ等）	関
13		河川が作る地形（V字谷，扇状地，自然堤防，三角州）	全関
14	日本史	幕末期の日本（日米修好通商条約，「ええじゃないか」踊り，戊辰戦争等）	関
15		第一次世界大戦前後の日本（ドイツへの宣戦布告，米騒動，国際連盟等）	全関
16		高度経済成長期の日本（55年体制，三種の神器，四大公害，革新自治体等）	全関
17	世界史	19世紀のヨーロッパ（ウィーン体制，イギリス産業革命，ドイツ統一等）	全関
18		第二次世界大戦後の西アジア（パレスチナ問題，イラン革命，イラク戦争等）	全関
19	数　学	$x^2+y^2\leqq4$を満たすときの$x+y$の最大値	全関
20	物　理	波の重ね合わせ（空欄補充）	全関
21	化　学	金属の特徴・用途（アルミニウム，バリウム，カルシウム，チタン等）	全関
22		pH（塩酸，酢酸）（空欄補充）	全関
23	生　物	真核生物の細胞（細胞壁，染色体，ミトコンドリア，葉緑体，液胞）	全関
24		ヒトの血液（血しょう，赤血球，白血球，血小板）	全関
25	地　学	飽和した空気塊の上昇（空欄補充）	全関
26	文章理解	英文（要旨把握，女性の労働参加とGDPの関係）	全関
27		英文（内容把握，不況期における回転寿司の人気の理由）	全関
28		英文（要旨把握，オランウータン）	全関
29		英文（要旨把握，服の購入に関するアドバイス）	全関
30		英文（内容把握，楽しいときと退屈なときの疲労感の違い）	全関
31		現代文（要旨把握，自然科学の法則の反証）	全関
32		現代文（要旨把握，カントの翻訳）	全関
33		現代文（空欄補充，個人映画の評価）	全関
34	判断推理	発言推理（A〜Hの玉の色の真偽）	全
35		順序関係（モグラたたきのモグラの出る順番）	全
36		対応関係（月曜日〜金曜日のアルバイトの勤務状況）	全関
37		対応関係（A〜Fの6人のプレゼント交換）	全関
38		数量関係（36人のクラスでの順位の絞り込み）（空欄補充）	全関
39		平面構成（6×5に分割した平行四辺形の不要なタイル）	全関
40		軌跡（三角形を回転したときの角度）	全関
41		展開図（展開図の1つの辺に平行になる辺）	全関
42	数的推理	立体図形（球を切断したときの断面の半径）	全
43		立体図形（グラフより読み取れる柱体2個の底面積の差）	全
44		確率（10本中3本の当たりを4人目で引き終える確率）	全関
45		魔方陣（8分割の円の数字の和）	全関
46		商と余り（3つの数を2ケタの正の整数で割る）	全関
47		濃度（砂糖水を2つに分けて水で薄める）	全関
48		年齢算（2人の年齢の関係から現在の年齢を求める）	全関
49		速さ・時間・距離（歩幅の違う2人の追いかけ算）	全関
50	資料解釈	複合グラフ（販売額の棒グラフと逆輸入率の折れ線グラフ）	全関

※この出題内訳表は，受験者からの情報をもとに作成したものです。したがって，No.や出題内容が実際とは
　異なっている場合があります。

地方上級＜教養＞過去問500 **❶⓽**

元年度出題内訳 東京都Ⅰ類B［一般方式］ 5月5日実施

（130分，40問必須解答）

No.	科目		出題内容
1	文章理解（現代文）		内容把握（上田紀行『生きる意味』）
2			内容把握（野口恵子『かなり気がかりな日本語』）
3			文章整序（矢田部英正『たたずまいの美学　一日本人の身体技法』）
4			空欄補充（内田樹『寝ながら学べる構造主義』）
5	英文理解		内容把握（父親の秘密）
6			内容把握（罰金と料金）
7			内容把握（ドア・ツー・ドア・システム）
8			内容把握（息子との思い出）
9	判断推理		命題（好きな教科）
10			試合の勝敗（リーグ戦型）
11	数的処理		確率（2色の玉）
12	空間概念		位相（都市間をつなぐ高速バスの直行便）
13	数的処理		線形計画法（製品と電気使用量，ガス使用料，利益）
14			三角形の面積と線分比
15			数列（パスカルの三角形）
16			数の計算（単位分数の和）
17	資料解釈		5か国の製材品生産量の推移（グラフ）
18			4器具の生産数量の対前年増加率の推移（グラフ）
19			農林水産物の輸出額の構成比の推移（グラフ）
20			献血状況の対前年度増加率の推移，構成比の推移（グラフ×2）
21	空間概念		平面構成（図形の敷詰め）
22			立体の切断（切断面の面積）
23			軌跡（円盤の向き）
24			軌跡（軌跡の長さ）
25	人文科学	文化	日本の作家（武者小路実篤，谷崎潤一郎，芥川龍之介，志賀直哉，川端康成）
26		歴史	奈良時代の文化（古事記，懐風藻，国学・大学，仏像，正倉院宝庫）
27			第一次世界大戦後のヨーロッパ（ドイツ，イタリア，フランス，イギリス）
28		地理	各国の資源・エネルギー（鉄鉱石，レアアース，風力，バイオエタノール，地熱）
29	社会科学	法律	外国人の人権（不法滞在者，選挙権，入国の自由，政治活動の自由等）
30		政治	地域紛争（北アイルランド紛争，印パ戦争，チェチェン紛争等）
31		経済	日本の金融の仕組みと働き（直接金融，公開市場操作，国債等）
32	自然科学	物理	放射線（放射性崩壊，α線，β線，半減期，吸収線量）
33		化学	化学者（ドルトン，カロザース，プルースト，ハーバー，アボガドロ）
34		生物	酵素（カタラーゼ，アミラーゼ，リパーゼ，トリプトシン，制限酵素）
35		地学	岩石（深成岩，火山岩，火成岩とSiO₂量・色指数，変成作用）
36	社会事情		『子供・若者白書』（就労意識調査，若年無業者，ひとり親世帯，児童虐待等）
37			規制改革推進に関する第4次答申（携帯電話市場，株式・商品先物，遠隔教育等）
38			米国の中間選挙（空欄補充）
39			水道法の一部を改正する法律（基盤強化措置，水道施設の台帳，民間事業者の参入等）
40			G20ブエノスアイレス・サミットの首脳宣言（保護主義，低所得国，パリ協定等）

※この出題内訳表は，公開問題をもとに作成したものです。

元年度出題内訳 特別区Ⅰ類 5月5日実施

（120分，No.1～No.28必須解答，No.29～No.48のうち12問選択解答）

No.	科目		出題内容
1	文章理解	現代文	要旨把握（今道友信『美について』）
2			要旨把握（渋沢栄一『富と幸せを生む知恵』）
3			要旨把握（茂木健一郎『本番に強い脳をつくる』）
4			文章整序（齋藤孝『教育力』）
5			空欄補充（西垣通『集合知とは何か』）
6		英文	内容把握（日本人の貯蓄率）
7			内容把握（アインシュタインと数学）
8			空欄補充（日本文化における「義理」）
9			文章整序（多趣味は人生を幸福にする）
10	判断推理		対応関係（ホッケーの試合の勝敗）
11			暗号（「SHOP」を表す暗号）
12			対応関係（6人がランチで食べたもの）
13			数量相互の関係（金メダルの重さ）
14			集合（40人の児童が飼っているもの）
15			集合（サッカーの試合の観客407人の属性）
16	数的処理		三角形と面積（斜線部の面積の合計）
17			数の計算（整数の規則性）
18			速さ・距離・時間（X町からY町への移動時間）
19			組合せ（8文字の並べ方）
20			比，割合（3社の売上高）
21	資料解釈		パルプ，くず紙の輸入額の推移（実数値，数表）
22			自家用旅客自動車のガソリン燃料消費量の対前年増加率の推移（指数・増減率，数表）
23			23区における部門別二酸化炭素排出量の推移（実数値，棒グラフ）
24			住宅の所有の関係別住宅数の構成比の推移（構成比・割合，円グラフ）
25	空間把握		展開図（正八面体）
26			平面構成（型紙の敷詰め）
27			投影図（ある立方体の側面図）
28			軌跡（二等辺三角形の回転）
29	社会科学	法律	衆議院の優越（法律案および予算，条約の締結，内閣総理大臣の指名等）
30			天皇の国事行為（国会の召集，衆議院の解散等）
31		政治	モンテスキューの思想（「法の精神」）
32		経済	日本の消費者問題（消費者基本法，PL法，消費者契約法等）
33	人文科学	思想	実存主義の思想家（キルケゴール，サルトル，ハイデッガー）
34		歴史	鎌倉時代の仏教（浄土真宗，臨済宗，曹洞宗，時宗等）
35			スペイン内戦（人民戦線政府，フランス，イタリア，ソ連）（空欄補充）
36		地理	世界の人口問題（人口転換，自然増加・社会増加，人口ピラミッド等）
37	社会事情		国際捕鯨委員会（IWC）について
38			2018年の改正公職選挙法（参議院議員の定数，特定枠の制度等）
39			2018年の骨太の方針（消費税率，財政健全化目標，未来投資戦略等）
40			2018年の働き方改革関連法（残業時間の上限，同一労働同一賃金等）
41	自然科学	物理	力のつりあい（天井からつるされたおもりと糸の張力）
42			電流と磁場（ファラデーの電磁誘導の法則）
43		化学	アルミニウム（ボーキサイト，溶融塩電解，両性金属）（空欄補充）
44			結晶（金属結晶，共有結合の結晶，イオン結晶，分子結晶等）
45		生物	細胞の分化（ガードン，山中伸弥，iPS細胞）（空欄補充）
46			視覚器（角膜，網膜，虹彩，錐体細胞，桿体細胞，盲斑，黄斑）
47		地学	太陽系の惑星（金星，火星，木星，土星，天王星）
48			大気の大循環（貿易風，ハドレー循環，亜熱帯高圧帯）（空欄補充）

※この出題内訳表は，公開問題をもとに作成したものです。

令和3年度試験 出題例

地方上級

令和 **3** 年度

全国型，関東型，中部・北陸型

政治　　日本の選挙制度

わが国の選挙制度に関する次の記述のうち，妥当なものはどれか。

1　衆議院議員選挙における比例代表選挙は，全国1区で実施され，投票者は個人名または政党名を記入して投票することになっている。

2　参議院議員選挙では，東北，北陸，中国，四国，九州の5地方に，2県による合同選挙区が存在している。

3　地方公共団体の議会議員の選挙では，地方公共団体を複数の選挙区に分割し，1つの選挙区から1人の議員を選出することになっている。

4　地方公共団体の首長の多選は，法律では規制されていないが，首長の多選制限に関する条例を定めている地方公共団体がある。

5　SNSにおいて候補者や政党に対する誹謗中傷が激化し，選挙の公平性が損なわれるおそれがあることから，インターネットを用いた選挙運動は禁止されている。

解説

1．参議院議員選挙に関する記述。衆議院議員選挙における比例代表選挙は，全国を11のブロックに分けて実施されている。また，拘束名簿式が導入されており，投票者は政党名のみを記入して投票することになっている。

2．合同選挙区（合区）が導入されているのは，中国地方（島根県と鳥取県）と四国地方（徳島県と高知県）のみ。参議院議員選挙における選挙区選挙は，原則として都道府県を1つの選挙区として実施されているが，一票の格差是正のために，2県を1つの選挙区とした合同選挙区が導入されるに至っている。

3．多くの地方公共団体では，地方公共団体全体を1つの選挙区として全議員が選出されている。それに，複数の選挙区に分割して議員選挙を行う地方公共団体でも，多くの選挙区の定数は2人以上である。ちなみに，定数が1人のみの選挙制度を小選挙区制，2人以上の選挙制度を大選挙区制という。

4．妥当である。神奈川県は未施行ではあるものの，多選禁止条例を制定している。また，多選自粛条例を制定している地方公共団体もある。

5．インターネットを用いた選挙運動は，すでに解禁されている。なお，文中のSNSとはソーシャルネットワーキングサービスの略で，具体的にはフェイスブックやツイッターなどのことをいう。ちなみに，一般の有権者による電子メールを用いた選挙運動は禁止されているが，SNSを用いた選挙運動は認められている。

正答　**4**

地方上級 令和3年度

全国型，関東型，中部・北陸型

法律　性差の法的問題

性差についての法的問題に関する次の記述のうち，妥当なものはどれか。

1　ポジティブ・アクションとは，男女の性差を無視して同一の扱いをする措置である。

2　リプロダクティブ・ライツとは，性と生殖に関する権利の総称であり，国が人口計画を実施することを認めるものである。

3　刑法の強制性交等罪は，被害者が女性の場合にのみ成立し，男性は同罪の被害者とはならない。

4　職場でのセクシャルハラスメントに関して，事業主は，セクシャルハラスメントを防止するための法的義務までは負わない。

5　女性にのみ再婚禁止期間を定める民法規定の立法目的は，女性の再婚後に生まれた子につき父性の推定の重複を回避し，父子関係を巡る紛争の発生を未然に防ぐことであり，合理性がある。

解説

1．ポジティブ・アクションとは，女性・障がい者などに対する社会的差別を是正するために，雇用や高等教育などにおいて，それらの人々を積極的に登用・選抜することである。

2．リプロダクティブ・ライツとは，性と生殖に関する権利の総称であるが，国の人口計画実施を求めるものではなく，妊娠中絶・受胎調節などの性と生殖に関する女性の自己決定権である。

3．刑法の強制性交等罪は，被害者が男性の場合にも成立し，男性も同罪の被害者となりうる（刑法177条）。

4．職場でのセクシャルハラスメントに関して，事業主は，セクシャルハラスメントを防止するための法的義務を負う（男女雇用機会均等法11条1項）。

5．妥当である。判例は，本件規定の立法目的は，女性の再婚後に生まれた子につき父性の推定の重複を回避し，もって父子関係を巡る紛争の発生を未然に防ぐことにあると解するのが相当であり，父子関係が早期に明確となることの重要性に鑑みると，このような立法目的には合理性を認めることができるとしている（最大判平27・12・16）。

正答　5

地方上級＜教養＞過去問500　㉓

地方上級

令和3年度 全国型，関東型，中部・北陸型

法律 **衆議院解散権**

憲法69条に基づく内閣の衆議院解散について，A説とB説がある。次のうち，A説のみの根拠となるもののみを選んでいるのはどれか。

　　A説：内閣不信任の決議が行われた場合にのみ，内閣は衆議院を解散することができる。

　　B説：内閣はいつでも衆議院を解散することができる。

　ア　憲法69条以外に衆議院の解散を定めた規定は実質的には存在しない。

　イ　衆議院の解散は天皇の国事行為であるが，実質的な解散権は内閣にある。

　ウ　衆議院の解散は，立法権や司法権に属するものではないので，行政権に属する。

　エ　議院内閣制を採用している以上，いつでも民意を問えるほうがよい。

　オ　反対説によれば，党利党略のために，いつでも解散ができることになってしまう。

1 ア，ウ

2 ア，オ

3 イ，エ

4 イ，オ

5 ウ，エ

（参考）

憲法69条

　内閣は，衆議院で不信任の決議案を可決し，又は信任の決議案を否決したときは，10日以内に衆議院が解散されない限り，総辞職をしなければならない。

解説

衆議院の解散に関する学説のうち，A説は69条説，B説は69条非限定説である。

ア：69条以外に衆議院の解散を定めた規定は実質的には存在しないのであるから，A説の根拠となる。

イ：A説・B説のいずれも，衆議院の実質的な解散権は内閣にあるとしており，イは，いずれの説の根拠ともなりうる。

ウ：衆議院の解散は，立法権と司法権ではないので，行政権に属するのは，B説の中の65条説である。65条は，「行政権は，内閣に属する」とする規定である。

エ：議院内閣制を採用している以上，いつでも民意を問えるほうがよいとするのは，B説の中の制度説である。

オ：A説は，反対説（B説）に対する批判として，党利党略のためにいつでも解散ができることになってしまうとする。よって，A説の根拠となる。

　以上より，A説のみの根拠となるのはアとオであるので，正答は**2**である。

正答　2

地方上級 令和3年度

全国型，関東型，中部・北陸型

法律　　日本の財政

日本の財政に関する次の記述のうち，妥当なものはどれか。

1　租税法律主義の原則から，租税に関する事項の細目に至るまで，国会がすべて法律で定めなければならない。

2　国会における予算案の審議は，法律案と同様に，衆議院と参議院のいずれから始めてもよい。

3　予備費は，事前に国会の承諾を得ることなしに，内閣の責任でこれを支出することができる。

4　会計年度開始までに予算が成立しなかった場合には，内閣は，前年度の予算を施行することができる。

5　国の収入支出の決算は，すべて会計検査院が検査するので，内閣が，後に国会に提出する必要はない。

解説

1. 新たに租税を課し，または現行の租税を変更するには，法律または法律の定める条件によることを必要とする（憲法84条）。憲法は，本来「法律」で定めるべき事項について，「法律の定める条件」（条約・政令など）で定めることができるとしている。また，租税法の解釈は，税務通達に基づき決定され，租税に関する事項のすべてが，法律で定められなければならないわけではない。

2. 予算は，先に衆議院に提出しなければならない（憲法60条1項）ので，予算案の審議は，衆議院から始めなければならない。

3. 妥当である。予見し難い予算の不足に充てるため，国会の議決に基づいて予備費を設け，内閣の責任でこれを支出することができる。すべて予備費の支出については，内閣は，事後に国会の承諾を得なければならない（憲法87条）。

4. 大日本帝国憲法では，会計年度開始までに予算が成立しなかった場合には，内閣は，前年度の予算を施行することができた（同71条参照）。しかし，日本国憲法ではそのようなことはできず，暫定予算を組むことになる（財政法30条）。

5. 国の収入支出の決算は，すべて毎年会計検査院がこれを検査し，内閣は，次の年度に，その検査報告とともに，これを国会に提出しなければならない（憲法90条1項）。

正答　3

地方上級＜教養＞過去問500

地方上級 令和3年度

全国型，関東型，中部・北陸型

経済　独占市場

独占市場と日本の独占禁止法に関する次の記述のうち，妥当なものをすべて挙げているのはどれか。

ア　独占市場とは市場形態の一つであり，供給者と需要者のいずれか一方が1人である市場のことである。

イ　独占市場では独占企業が価格を決定するため，完全競争時に比べて価格が上昇し，生産量が増大する。

ウ　独占禁止法は，戦前の財閥の復活を防ぐために持株会社の設立を禁じる一方で，不況時にカルテルを形成することについては認めている。

エ　公正取引委員会は，一定の条件を満たす企業が合併等を行う場合の届出を受けており，生産量や価格をコントロールするような企業の合併を認めていない。

1　ア，イ
2　ア，ウ
3　ア，エ
4　イ，ウ
5　ウ，エ

解説

ア：妥当である。

イ：独占市場では一般に，完全競争時に比べて価格が上昇し，生産量が減少する。

ウ：1997年の独占禁止法改正で持株会社の設立は解禁された。また，不況時においてのみ認められる不況カルテルは，1953年の独占禁止法改正で合法化されたが，1999年に廃止された。

エ：妥当である。

　以上より，妥当なものはアとエであるので，正答は**3**である。

正答　3

地方上級＜教養＞過去問500

地方上級

令和3年度

全国型，関東型，中部・北陸型

経済　インフレーション

インフレーションに関する次の記述のうち，妥当なものはどれか。

1　インフレーションには需要の増大によるものとコストの増大によるものがあり，需要の増大によるインフレーションは悪いインフレーションで不景気をもたらす。

2　物価の上昇に合わせて賃金が上昇するとき，税の累進性を前提とすると，インフレーションは実質的に増税を招くことになる。

3　固定金利で金銭の貸借が行われた後に予期せぬインフレーションが生じると，借り手は損をする。

4　近い将来にインフレーションが生じるという予想が成立すると，投資や支出は減る傾向にある。

5　各国の中央銀行はインフレターゲットを設定しており，日本では物価上昇率を年０％とするインフレターゲットを設定している。

解説

1. 前半の記述は正しい。需要の増大によるインフレーションは不景気をもたらしうるが，それをもって悪いインフレーションとはいえない。

2. 妥当である。

3. 固定金利で金銭の貸借を行った場合，貨幣の価値を下げるインフレーションが生じても返済額は変化しないので，実質的な返済額が減少し，借り手は得をする。

4. 近い将来にインフレーションが生じることが予想されると，商品等の価格が上昇する前に購入する動機などが働き，投資や支出が増える傾向にある。

5. 前半の記述は正しい。日本銀行が掲げる目標は「物価上昇率を年０％とする」ではなく，「消費者物価の前年比上昇率で２％」である。

正答　2

地方上級＜教養＞過去問500　**27**

地方上級 令和3年度 関東型，中部・北陸型 経済 国債

国債に関する次の記述のうち，妥当なものをすべて挙げているのはどれか。

- ア　平成24年度以降，国債発行総額は減少傾向にあったが，2020年度は新型コロナウイルスの影響により，国債発行総額が大幅に増加した。
- イ　2000年に比べて日本の国債の格付けは引き上げられており，多くの主要格付会社がアメリカ，イギリス，ドイツより高い格付けを行っている。
- ウ　新規の国債発行額が国債償還費を上回る場合，財政収支としては赤字になるが，国の借金の残高は減少することになる。
- エ　国債発行による便益は主として国債発行世代が受けることになる一方で，その負担は将来世代へ残すことになりかねない。

1　ア，イ
2　ア，ウ
3　ア，エ
4　イ，ウ
5　イ，エ

解説

ア：妥当である。

イ：日本の国債の格付けは2000年に比べて引き下げられている。また，Moody's, S&P, Fitch, R&I などの格付けにおいて，日本はアメリカ，イギリス，ドイツより低い格付けとなっている。

ウ：新規の国債発行額が国債償還費を上回るとは，いわば新規借入額が返済額を上回ることを意味するので，国の借金の残高は増大する。

エ：妥当である。

　以上より，妥当なものはアとエであるので，正答は**3**である。

正答　3

（参考資料：『令和2年度版　図説日本の財政』「債務管理リポート2020」）

地方上級 令和3年度 全国型 社会 日本の教育の現状

わが国の教育の現状に関する次の記述のうち，妥当なものはどれか。

1 GIGAスクール構想とは，社会人でも必要に応じて再び学校教育を受けられるようにする構想のことである。

2 2019年度から，小中学校の児童・生徒全員にタブレット端末が配布されており，デジタル教科書による授業が始まっている。

3 小学校では，児童にプログラミング言語を早期に習得させることを目的として，プログラミング教育が実施されている。

4 2020年度から小学校での英語学習が必須化されたが，「外国語」を教科として学んでいるのは小学5，6年生である。

5 2021年に実施された大学入学共通テストでは，国語と数学の試験において，部分的に記述式の問題が出題された。

解説

1. GIGAスクール構想とは，全国の児童・生徒1人に1台のコンピュータと高速ネットワークを整備する取組みをいう。2019年に打ち出された。なお，社会人の学び直し教育のことを，リカレント教育という。

2. 教育用コンピュータの普及率は，2020年の時点で児童・生徒4.9人当たり1台となっている。それに，デジタル教科書は2019年から学校で用いることができるようになったが，授業はあくまでも従来の紙の教科書を中心として行うことになっている。ちなみに，デジタル教科書の普及率は，2020年の段階でも1割以下となっているが，政府は2025年までに100％とすることをめざしている。

3. プログラミング教育は，プログラミング体験を通して論理的思考力や問題解決能力を身につけることを目的として，実施されている。プログラミング言語とは，コンピュータプログラムの記述，編集に用いる人工言語のことだが，その早期習得を目的としているわけではない。

4. 妥当である。これまで，小学5，6年生を対象として実施されていた「外国語活動」は小学3，4年生を対象とし，小学5，6年生を対象とした新教科「外国語」が導入された。

5. 大学入学共通テストでは，国語・数学の試験の一部に記述式の問題が導入される予定だった。だが，採点の公平性などの問題が指摘され，見送られることになった。また，英語では民間団体による試験（英検やTOEFLなど）を活用する予定だったが，これも見送られた。そして，2021年7月にいずれの導入も正式に断念されるに至った。

正答 4

地方上級＜教養＞過去問500

地方上級 令和3年度

全国型，関東型，中部・北陸型

社会　日本の人口の現状

わが国の人口の現状に関する次の記述のうち，妥当なものの組合せはどれか。

ア　年間の出生数は，第二次世界大戦後から増加傾向が続いていたが，核家族化や結婚・出産に対する価値観の変化により，1990年代に減少傾向に転じた。

イ　少子高齢化に伴う人口変化を都道府県別に見ると，大都市圏では出生数が死亡数を上回る自然増加が続いているが，それ以外の地域では自然減少が続いている。

ウ　65歳未満の人口が減少する中，65歳以上の人口は増加を続けており，全人口に占める65歳以上人口の割合は世界最高となっている。

エ　後期高齢者医療制度における，医療費の窓口負担割合は，2020年に原則1割から原則2割に引き上げられた。

オ　少子化対策として，子育て支援のための施策が拡充されたことにより，全国の保育所待機児童は減少傾向にある。

1　ア，ウ
2　ア，エ
3　イ，エ
4　イ，オ
5　ウ，オ

解説

ア：年間出生数は，1940年代後半の第一次ベビーブームで約270万人に達した後は減少傾向にあり，1960年代から再び増加傾向に転じた。そして，1970年代前半の第二次ベビーブームで第2のピークとなる約210万人に達した後，再び減少傾向が続き，2020年には約84万人となった。

イ：人口が自然増加しているのは沖縄県のみ。他の46都道府県の人口は自然減少（死亡数が出生数を上回ること）している。なお，沖縄県だけでなく，東京都とその周辺の3県や愛知県の人口も増加傾向にあるが，これらの都県の人口増加は社会増加（他地域からの流入が他地域への流出を上回ること）によるものである。

ウ：妥当である。総人口に占める65歳以上人口の割合を高齢化率という。日本の高齢化率は急激に上昇し，今や世界最高となっている。2020年には28.7％に達した。

エ：2020年においても，後期高齢者の医療費の窓口負担割合は原則1割で，現役並み所得者は例外的に3割となっている。ただし，2022年10月から，一定の所得のある後期高齢者の自己負担割合が2割に引き上げられる予定である。なお，後期高齢者医療制度とは75歳以上の高齢者（後期高齢者）が加入する医療保険である。

オ：妥当である。2020年度までに保育所待機児童をゼロとする政府目標のもと，保育の受け皿づくりが進められたことで保育所待機児童は減少し，2020年4月には統計開始以来最少となる1万2,439人となった。

以上より，妥当なものはウとオであるので，正答は**5**である。

正答　**5**

地方上級

令和3年度

全国型，関東型，中部・北陸型

社会　イギリスのEU離脱

イギリスのEU離脱に関する次の記述のうち，妥当なものはどれか。

1 2016年に実施された，イギリスのEU離脱の是非に関する国民投票では，離脱に賛成する票が有効投票総数の約8割を占め，離脱賛成派が圧勝した。

2 国民投票の際，イギリスのEU離脱を支持していた人々は，EUの移民制限政策を批判し，イギリスの移民受入れ数の拡大を訴えた。

3 イギリスのEU離脱の是非に関する国民投票の後，メイ政権が成立したが，メイ首相はEUとの離脱交渉を開始できないまま，辞職した。

4 イギリスがEUから完全に離脱した後も，EU加盟国であるアイルランドとイギリス領である北アイルランドの間の自由な物流は認められた。

5 2020年末にイギリスのEU離脱が完了し，翌年よりイギリスとEUの間の貿易には関税が発生することになった。

解説

1. 国民投票では離脱派の得票率は約52%だった。なお，イングランドとウェールズでは離脱派が勝利したのに対し，スコットランドと北アイルランドでは残留派が勝利しており，国民投票を機にスコットランドの独立問題や北アイルランドのアイルランドとの統一問題が再燃した。

2. EU内では加盟国間での労働力の移動が自由化されており，移民の増加による社会保障支出の増加などに不満を持ち，移民を制限すべきと考えている人々がイギリスのEU離脱を支持した。また，EU法の下，自国のことを自国で決められないことなどへの不満も背景にあった。

3. メイ首相はEUとの離脱交渉に臨み，2019年には協定案の合意に至った。だが，イギリス議会が協定法案を否決し続け，膠着状態に陥ったため，辞任した。その後，成立したジョンソン内閣の下，2019年末に下院の解散総選挙が実施されたが，与党・保守党が勝利したため，議会で協定法案が可決。翌年1月のEU離脱に至った。

4. 妥当である。イギリスのEU完全離脱後も，北アイルランドはEUの関税同盟などに部分的にとどまることになった。ゆえに，グレートブリテン島と北アイルランドの間で通関業務が実施されることになった。

5. イギリスとEUの間で締結された自由貿易協定により，イギリスとEU間の貿易は引き続き，無関税が維持されることになった。ただし，輸出入の手続きにおける通関業務は復活した。また，EU以外の地域から調達した原材料の比率が大きい財の関税は復活した。

正答　4

地方上級＜教養＞過去問500　**31**

地方上級 令和3年度

全国型，関東型，中部・北陸型

社会　アメリカ大統領選挙

2020年11月に実施されたアメリカ大統領選挙に関する次の記述の下線部のうち，妥当なものの組合せはどれか。

アメリカ大統領選挙は間接選挙であり，一般の有権者は各州（ワシントンD.C.を含む）を代表する大統領選挙人を選出し，この大統領選挙人の投票によって大統領が選出される仕組みとなっている。ただし，大統領候補者は各州の_ア得票数に比例して自身に投票する大統領選挙人を獲得する。今回の選挙のアメリカ国民の関心は高く，投票率は1900年以降に実施された大統領選挙としては，_イ過去最高となった。選挙結果は，バイデン氏が_ウトランプ氏の2倍以上の得票で圧勝したものの，トランプ陣営は敗北を認めようとせず，開票に不正があったと主張し，連邦最高裁判所に_エ提訴した。

1　ア，イ
2　ア，ウ
3　ア，エ
4　イ，ウ
5　イ，エ

解説

ア：ほとんどの州では勝者総取り（ウィナー・テイク・オール）方式が採用されており，たとえ2位と1票差でも得票数が最も多かった大統領候補者が，その州のすべての大統領選挙人を獲得する。ゆえに，全国での得票数は僅差でも，大統領選挙人の獲得数は大差となることがある。なお，アメリカ大統領選挙は間接選挙であり，一般の有権者は各州を代表する大統領選挙人を選んでいる。そして，大統領選挙人の投票によって大統領が選出されている。

イ：妥当である。トランプ氏の政治理念や政治手法の是非などを巡り，特に若者や黒人を中心に選挙に対する関心が高まったことや，郵便投票が普及したことなどにより，2020年のアメリカ大統領選挙の投票率は66.7%で，120年ぶりの高水準となった。ちなみに，前回（2016年）の投票率は55.7%だった。

ウ：バイデン氏は約8,100万票，トランプ氏は約7,400万票を獲得し，接戦だった。また，獲得した大統領選挙人数は，バイデン氏が306人，トランプ氏が232人だった。

エ：妥当である。アメリカ大統領選挙では，勝者が勝利宣言をする一方で，敗者も敗北宣言をする慣例がある。だが，トランプ氏は「選挙が盗まれた」と主張して，自身の敗北をなかなか受け入れようとしなかった。トランプ陣営は激戦の末敗北したジョージア，ミシガン，ペンシルヴェニア，ウィスコンシンの4州で不正があったとして，提訴した。ただし，連邦最高裁判所はこの訴えを退けている。

以上より，妥当なものはイとエであるので，正答は**5**である。

正答　**5**

32　地方上級＜教養＞過去問500

地方上級

令和3年度

関東型，中部・北陸型

社会　マイナンバー制度

マイナンバーに関する次の記述のうち，妥当なものはどれか。

1 マイナンバーとは，希望した日本国内の居住者を対象に付番される，個人を識別する12ケタの番号のことである。

2 個人情報の流出を防止するため，マイナンバーは納税記録や年金加入記録などの情報にはひもづけられていない。

3 マイナンバーカードは取得していなくても，マイナンバーの入力ができれば，コンビニエンスストアなどで住民票の写しなどを入手することができる。

4 マイナンバーカードを取得し，かつキャッシュレス決済サービスを利用している人にポイントを還元する，マイナポイント事業が実施された。

5 2020年1月から，一部の医療機関や薬局などにおいて，マイナンバーカードを健康保険証として利用することが可能になった。

解説

1．マイナンバーは，外国籍の者を含め，日本国内に住民票を有するすべての者に付番されている（日本国籍でも外国に居住している人には付番されていない）。申請者に交付されるのは，マイナンバーなどの情報が記載されたマイナンバーカードである。

2．納税記録や年金加入記録などの情報とのひもづけも行われている。そもそも，マイナンバー制度は「社会保障・税番号制度」の通称であり，行政サービスの公平・公正な実施に必要となる所得や他の行政サービスの受給状況の把握などのために，個人を1つの番号で識別できるようにする制度である。

3．コンビニエンスストアなどに，住民票の写しなどの各種証明書を交付するマルチコピー機（キオスク端末）が設置されているが，マルチコピー機にマイナンバーカードを読み取らせなければ，これらの証明書は取得できない。

4．妥当である。マイナポイント事業とは，マイナンバーカードとキャッシュレス決済の普及のために実施された事業。期限までにマイナンバーカードを取得すれば，指定したキャッシュレス決済サービスで最高5,000円分のポイント還元を受けられるというものである。政府は2022年度末までに全住民へのマイナンバーカード普及をめざしているが，2021年5月時点での交付率は30％程度にとどまっている。

5．健康保険証としての利用は，2021年3月に本格運用の予定だったが，10月に延期となった。なお，10月20日から本格運用が開始されている。ちなみに，2024年度末をめどに，マイナンバーカードと運転免許証との一体化もなされる予定である。

正答　4

地方上級＜教養＞過去問500　**33**

地方上級

令和**3**年度

全国型，関東型，中部・北陸型

地理　　中国

中国に関する次の記述のうち，妥当なものはどれか。

1 国土の北部には長江，中部には黄河が流れ，黄河の三角州には中国第一の巨大都市，上海が位置している。

2 一次エネルギー消費量は2009年にアメリカを抜いて世界第1位となった。また，その内訳は石炭が90％以上を占めている。

3 国の東部を中心に農業が盛んで，北部では稲作，南部では畑作が行われている。

4 経済特区と呼ばれる地区が国土の内陸部に集中して設置され，多くの外国企業や合弁企業が進出し，急激な経済成長を実現した。

5 約9割を占める漢民族のほかに50を超える少数民族が存在し，一定の自治権が認められているが，チベット，ウイグル自治区などでの独立運動に対する弾圧が問題となっている。

解説

1. 北部に黄河，中部に長江が流れている。上海は長江の三角州に位置する都市である。

2. 一次エネルギー消費量が世界第1位となったことは正しく，また石炭の比率が高いことも確かである。しかし，その割合は2010年頃までは約7割を占めていたがその後は減少傾向に転じ，2018年には6割を下回っている。

3. 東部を中心に農業が盛んなのは正しい。しかし，チンリン山脈とホワイ川を結ぶ年降水量750～800mm（800～1,000mmとする説もある）の線を境に，北部は乾燥した畑作地帯，南部は湿潤な稲作地帯となっている。なお，西部内陸地域は乾燥地帯なので牧羊・オアシス農業などが行われている。

4. 経済特区はシェンチェン，チューハイ，スワトウ，アモイ，ハイナン島の5地域で，臨海部に集中している。それ以外の記述は正しい。

5. 妥当である。

正答　**5**

34　地方上級＜教養＞過去問500

地方上級

令和3年度

全国型，関東型，中部・北陸型

地理　日本の農林水産業

日本の農林水産業に関する次の記述のうち，妥当なものはどれか。

1 各産業の年間の産出額で比較すると，漁業が最も大きく，農業，林業がそれに続く。

2 戦後，農業生産額は年々増加している。特にコメの輸出が増えており，輸出先は欧米諸国が多い。

3 稲作については，1969年に始まった作付面積拡大政策に代わり，2018年から減反政策が開始された。

4 戦後，木材自給率は低下したが，近年林業が盛んになってきており，現在の自給率は70％を超えている。

5 漁船漁業生産量は年々減少しているが，養殖業の生産量は，技術の進歩も相まって，ほぼ同じ規模を維持している。

解説

1. 各産業の年間産出額は，農業92,742億円，林業2,699億円，漁業15,754億円（『日本国勢図会2019/20』，『日本国勢図会2020/2021』より）となっており，農業が最も大きく，漁業，林業がそれに続く。

2. 戦後，日本の農業生産は縮小している。米の輸出が増えていることは正しく，ここ13年連続で増え続けている。しかし，主な輸出国・地域は，香港，シンガポール，台湾，中国などのアジア諸国とアメリカ合衆国である。

3. 戦後は食糧の増産が重要課題であり，作付面積の拡大や大規模な機械化のために八郎潟の干拓まで行われたが，米の消費量の減退から生産過剰となり，1969年からは減反政策（生産調整）が行われてきた。しかし，高齢化により生産者が減少したことや，「農業の成長産業化」政策と相反することなどから，2018年に減反政策は廃止され，産地や農家が自主的な判断の下で，需要に見合った魅力あるコメの生産に取り組むよう政策が転換された。

4. 木材自給率が低下したことは正しい。1960年に89.2％だった木材自給率は2000年代初めには20％を割り込んだ。1950年代に始まった大規模な植林の結果，利用可能な人工林は増えたが，採算性の低さが課題となっている。それでも，2000年代後半からは国産材の生産が徐々に増えているが，2019年の木材自給率はまだ37.8％である。

5. 妥当である。漁船漁業とは，養殖や地引網等を除く漁船を使用して営む漁業のことである。

正答　**5**

地方上級＜教養＞過去問500　**35**

地方上級

令和3年度

全国型，関東型，中部・北陸型

日本史　　鎌倉時代

鎌倉時代に関する次のア～オの記述のうち，妥当なものの組合せはどれか。

ア　鎌倉時代初期は，執権が幕府の権力を握っていたが，のちに執権から将軍に実権が移った。

イ　諸国では，守護が荘園を維持管理し，地頭が広域の警察権を掌握した。

ウ　武士の社会は，本家の長である惣領が庶子（家督の相続人である嫡子以外の子）を率いる，血縁関係を土台とする惣領制の社会であり，戦いの際は，惣領が庶子を率いて戦いに参加した。

エ　鎌倉幕府は宋銭の輸入を停止し，金貨や銀貨の鋳造を開始した。

オ　浄土宗，浄土真宗，日蓮宗，臨済宗などの新しい宗教が生まれ，臨済宗は幕府の保護を受けた。

1　ア，ウ

2　ア，エ

3　イ，エ

4　イ，オ

5　ウ，オ

解説

ア：逆である。源頼朝が幕府を開いた当初は将軍が実権を握っていたが，源氏の将軍は3代で絶え，北条氏が他の有力武士を倒して幕府の実権を握り，北条氏による執権政治が確立した。以後は形式的な将軍は存在するが，鎌倉幕府は執権北条氏によって運営されるようになった。

イ：守護の任務は御家人の統率と広域の治安維持・警察，地頭の任務は土地管理，年貢の徴収・納税，荘園内の治安維持であった。

ウ：妥当である。

エ：中世の日本では貨幣の鋳造は行われず，宋銭が輸入されて国内通貨として流通していた。

オ：妥当である。

　以上より，妥当なものはウとオであるので，正答は**5**である。

正答　5

地方上級＜教養＞過去問500

地方上級

令和3年度 関東型，中部・北陸型

日本史 　**日本の戦後史**

日本の戦後史に関する次のア～オの記述のうち，妥当なものの組合せはどれか。

ア　1950年に朝鮮戦争が始まると警察予備隊が創設されたが，公職追放された職業軍人の起用はなかった。

イ　1951年に結ばれたサンフランシスコ平和条約により，沖縄と小笠原諸島の返還が実現した。

ウ　1956年の日ソ共同宣言調印により，ソ連の支持を得て，同年末に国際連合加盟を果たした。

エ　1960年に岸内閣が日米安全保障条約の締結を行うと，革新勢力や学生らから反対運動が起こり，衆議院で条約批准が強行採決されると安保闘争が激化し，岸内閣は総辞職した。

オ　1965年の日韓基本条約締結により，日韓の国交が正常化し，また，日本は，韓国政府を「朝鮮にある唯一の合法的な政府」とする政策を継続することとなった。

1　ア，ウ
2　ア，エ
3　イ，エ
4　イ，オ
5　ウ，オ

解説

ア：朝鮮戦争が始まると，吉田内閣はレッド＝パージ方針を閣議決定し，官公庁や重要産業部門から共産党員や労組指導者らが追放された。一方，公職追放されていた軍人や政治家の追放解除が行われ，旧軍人らは警察予備隊に多く採用された。

イ：サンフランシスコ平和条約は，その第3条で，沖縄・小笠原諸島を国連の信託統治制度に基づいてアメリカの施政権下に置くことを規定した。その後，小笠原諸島は1968年の小笠原返還協定調印を経て同年に返還され，沖縄は1971年の沖縄返還協定調印を経て，翌1972年，沖縄の施政権の日本復帰が実現した。

ウ：妥当である。

エ：日米安全保障条約は，1951年のサンフランシスコ平和条約とともに調印された条約である。岸内閣が締結したのは，それを改定した日米新安全保障条約（日米相互協力及び安全保障条約）である。条約名以外の記述は正しい。

オ：妥当である。

　以上より，妥当なものはウとオであるので，正答は**5**である。

正答　5

地方上級〈教養〉過去問500　**37**

地方上級 令和3年度 全国型，関東型，中部・北陸型

世界史　フランス革命

フランス革命期に関する次の記述のうち，妥当なものはどれか。

1 バスティーユ牢獄が襲撃されてフランス革命が勃発すると，国王ルイ16世は封建的特権の廃止を宣言し，ラ・ファイエットらが起草した人権宣言を発布した。

2 国王の処刑後，第1回対仏大同盟の結成など内外の危機を打開するため，急進派のジロンド派はジャコバン派議員を追放し，ロベスピエールらを指導者とするジロンド派の独裁が実現して恐怖政治が始まった。

3 恐怖政治への不満が高まり，ロベスピエールは反対派に捕えられ処刑された。これをブリュメール18日のクーデタという。この後総裁政府が成立したが政局は不安定で，国民は社会秩序の安定を切望した。

4 ナポレオン法典の制定により特権階級の特権は維持されることとなり，正統主義の原則に立つ保守反動の体制が作られることとなった。

5 フランス革命時代に度量衡の統一が進められ，パリを通る子午線の長さの4000分の1を1メートルとし，それを基準に容積・質量の単位も10進法で組織だてたメートル法が制定された。

解説

1. バスティーユ牢獄の襲撃でフランス革命が勃発したことは正しいが，封建的特権の廃止宣言や人権宣言の発布は国民議会が行った。ルイ16世は人権宣言を認めず，武力で国民議会と革命運動を抑えようとし，これに対してパリの民衆はヴェルサイユ宮殿にデモ行進し，国王をパリに連行し，議会もパリに移された。これをヴェルサイユ行進という。

2. ジャコバン派が急進派，ジロンド派が穏健派であり，ジャコバン派がジロンド派を追放して独裁化し，ロベスピエールらによる恐怖政治が始まったのである。

3. 反ロベスピエール派によるクーデタはテルミドール9日のクーデタである。それ以外の記述は正しく，そのような状況下でナポレオンが登場し，クーデタによって総裁政府を倒しナポレオンの時代となる。そのクーデタがブリュメール18日のクーデタである。

4. ナポレオン法典は，法の下の平等，個人の自由，私有財産の不可侵，契約の自由など，革命の成果を固め，革命で確立した近代市民社会の諸原理を内容とする近代民法の模範として，各国の民法典にも大きな影響を与えた。正統主義の原則に立つ保守反動体制はナポレオン後のウィーン体制である。

5. 妥当である。

正答　**5**

地方上級 令和3年度 全国型，関東型，中部・北陸型

世界史 第二次世界大戦後の東南アジア

第二次世界大戦後の東南アジア諸国に関する次の記述のうち，記述内容と国名の組合せが妥当なものはどれか。

1 第1次インドシナ戦争でフランスから独立を勝ち取ったものの南北に分断されて内戦となり，南を支援するアメリカの本格介入を受けて泥沼化したが，1973年に和平協定が結ばれて米軍が撤退し，76年に社会主義国家として統一を果たした。──インドネシア

2 1962年にクーデタで軍事政権が樹立され，その後も軍政が長く続いたが，2010年の総選挙で軍事政権が正式に解散し，文民政権が発足した。しかし，その後も軍は大きな影響力を持ち続け，2021年にクーデタを起こして政権を奪取し，現在国内では内戦状態が続いている。──マレーシア

3 1970年代後半に，急進左派のポル＝ポト政権による過激な共産制国家，民主カンプチアが樹立され，都市から農村への住民の大量移動，反対派の大量虐殺，通貨の廃止などが行われた。──カンボジア

4 1965年のクーデタで失脚したスカルノに代わって実権を握ったスハルトは，スカルノ独裁下で勢力を伸ばした共産党勢力を一掃し，親米反共路線をとって長期軍事政権を樹立し，開発独裁を行った。1997年のアジア通貨危機に対応できず辞任した。──ミャンマー

5 1965年に，中国系住民の多いシンガポールがマレー人優遇政策に不満を持ち分離・独立した。1981年に首相に就任したマハティール首相が，西欧ではなく，「東方」に位置する日本や韓国の労働倫理や高い勤労意欲などに発展モデルを求めたルックイースト政策を提唱して，経済発展を遂げた。──ベトナム

解説

1. ベトナムについての記述である。
2. ミャンマーについての記述である。
3. 妥当である。
4. インドネシアについての記述である。
5. マレーシアについての記述である。

正答 **3**

地方上級＜教養＞過去問500 **39**

地方上級 令和3年度 全国型，関東型，中部・北陸型 数学 関数とグラフ

x軸の正の方向と30°の角度を持ち，y軸と点（0，2）で交わる直線lがあり，lの方程式は $y=\frac{1}{\sqrt{3}}x+2$と表される。

直線lをある点を中心に，反時計回りに30°回転させたところ，原点を通る直線mになった。直線l，直線m，y軸で囲まれた三角形の面積はどれか。

1   $\frac{\sqrt{3}}{2}$

2   $\frac{1}{2}$

3   1

4   $\sqrt{3}$

5   2

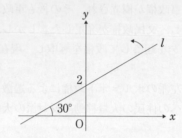

解説

mを図示すると次の図のようになる。求める三角形は斜線をつけた。y軸を底辺と見て面積を求める。このとき点線が高さとなる。まず図中のaの長さを求めるために点Aの座標を求める。これは，$y=\frac{1}{\sqrt{3}}x+2$とx軸（$y=0$）との交点なので，$y=0$を直線の式に代入して，

$$0=\frac{1}{\sqrt{3}}x+2$$

$$\frac{1}{\sqrt{3}}x=-2 \quad\quad \therefore x=-2\sqrt{3}$$

したがって，$a=2\sqrt{3}$である。次にmはlを30°反時計回りに回転させてできた直線なので，図のようにx軸の正方向とは60°の角度をなすので，打点の三角形が30°，60°，90°の直角三角形であることを利用すると，高さが，

$$a \times \frac{1}{2}=2\sqrt{3} \times \frac{1}{2}=\sqrt{3}$$

と計算できる。

したがって，求める直線l，直線m，y軸で囲まれた三角形（斜線部）の面積は，

$$\frac{1}{2} \times 2 \times \sqrt{3}=\sqrt{3}$$

となる。

よって，正答は**4**である。

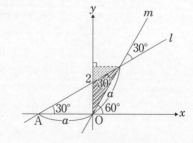

正答 4

物理 電流と磁界

電流と磁界に関する次の文章中の空欄ア，イ，ウ，エに当てはまる語句の組合せとして妥当なものはどれか。

図Ⅰのように直線上の導線PQと正方形のコイルABCDを同じ平面上に置いて，導線とコイルに電流を図Ⅰの向きに流すと，右ねじの法則によってコイルの位置では紙面の表から裏に向かう磁界が発生する。このとき，コイルを流れる電流には図Ⅱに示すフレミングの左手の法則に従う向きに磁界から力が働くので，ABの部分が受ける力F_1は［ ア ］向き，CDの部分が受ける力F_2は［ イ ］向きとなる。電流からの距離を考えると，F_1とF_2では［ ウ ］のほうが大きいので，コイルは磁界から［ エ ］向きに力を受ける。

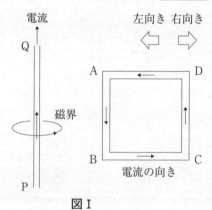

図Ⅰ

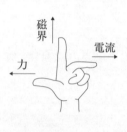

図Ⅱ

	ア	イ	ウ	エ
1	右	右	F_1	右
2	右	左	F_1	右
3	右	左	F_2	左
4	左	左	F_1	左
5	左	右	F_2	左

解説

問題の図Ⅱに従ってフレミングの左手の法則を使うと，ABの部分が受ける力F_1は右向き，CDの部分が受ける力F_2は左向きとなる。つまり，空欄アには「右」，空欄イには「左」が入る。電流が磁界から受ける力（フレミングの左手の法則で向きを確認した力）は，磁界の強さに比例するが，磁界の強さは磁界を作っている電流PQに近いほど大きくなるので，力はF_1のほうが大きい。つまり空欄ウには「F_1」が入る。F_1とF_2は逆向きであるが，F_1のほうが大きいので，コイル全体としてはF_1と同じ右向きの力を受ける。したがって，空欄エには「右」が入る。

よって，正答は**2**である。

正答 2

地方上級

令和**3**年度　全国型，関東型，中部・北陸型

化学　　中和反応

中和に関する次の文章中の空欄ア，イに当てはまる語句の組合せとして妥当なものはどれか。

酢酸 CH_3COOH は，酢酸水溶液中では酢酸イオン CH_3COO^- と水素イオン H^+ に電離している。0.1mol/L の酢酸水溶液10mL を0.2mol/L の水酸化ナトリウム $NaOH$ 水溶液で中和させるとき，必要な水酸化ナトリウム水溶液は（　ア　）mL である。中和してできた水溶液中では，酢酸イオンが水から水素イオンを奪って酢酸となるため，水溶液は（　イ　）を示す。

	ア	イ
1	5	酸性
2	5	中性
3	5	塩基性
4	20	酸性
5	20	塩基性

解説

　酢酸水溶液も水酸化ナトリウム水溶液も１価である。水酸化ナトリウム水溶液の濃度は酢酸水溶液の２倍なので，中和に必要な水酸化ナトリウム水溶液の体積は酢酸水溶液の半分の５mL となる。したがって，空欄アには「5」が入る。次に，中和してできた塩である酢酸ナトリウム CH_3COONa は水中では電離して，酢酸イオン CH_3COO^- とナトリウムイオン Na^+ になっているが，このうち酢酸イオンは，電離度が小さく，問題文中に書かれているとおり，水が電離してできた水素イオンと結合して酢酸 CH_3COOH になってしまう。水が電離するときには，

$$H_2O \rightarrow H^+ + OH^-$$

と水素イオンと水酸化物イオンに分かれるが，このうち水素イオンが酢酸イオンと結合するため，水酸化物イオン OH^- が残ることになる。したがって，この水溶液は塩基性を示す。これより，空欄イには「塩基性」が入る。

　よって，正答は**3**である。

正答　**3**

地方上級

令和3年度

全国型，関東型，中部・北陸型

化学 | **身近な化学物質**

身の回りの化学物質に関する次の記述のうち，妥当なものはどれか。

1 次亜塩素酸およびその塩は，強い酸化力を持ち，殺菌剤や漂白剤などに利用されている。

2 シリカゲルは，乾燥剤や吸着剤などに利用され，単体のケイ素を粉状にしたものである。

3 メタノールは，デンプンやグルコースの発酵でつくられ，飲料（酒類）や殺菌剤などに利用されている。

4 セッケンは水に溶け，その水溶液は強い酸性で，油汚れなどに強い洗浄作用を持つ。

5 炭酸水素ナトリウムは重曹とも呼ばれ，入浴剤などに利用されており，加熱すると気体のナトリウムが発生する。

解説

1. 妥当である。

2. シリカゲルはケイ素の単体ではなく，ケイ酸 H_2SiO_3 を加熱乾燥させたものである。乾燥剤，吸着剤として使われる点は正しい。

3. 問題文の説明に合うのはメタノールではなく，エタノールである。メタノールも発酵で作られるが，有毒であり，飲料や殺菌剤としては使われない。

4. セッケンは酸性ではなく弱塩基性（アルカリ性）である。水に溶けること，油汚れに対して洗浄作用を持つことは正しい。

5. 炭酸水素ナトリウムを加熱して発生するのは，二酸化炭素（と水と固体の炭酸ナトリウム）であり，単体のナトリウムではない。炭酸水素ナトリウムは重曹と呼ばれること，入浴剤などに利用されていることは正しい。

正答 **1**

地方上級 令和3年度

全国型，関東型，中部・北陸型

生物　有性生殖と無性生殖

生殖には2個の配偶子が合体して新しい個体がつくられる有性生殖と，配偶子によらない無性生殖がある。生殖に関する以下のア～オの記述のうち，妥当なものをすべて挙げているのはどれか。

ア　無性生殖は，大腸菌やゾウリムシなど構造が単純な生物のみが行い，動物や植物は有性生殖のみである。

イ　分裂は無性生殖，栄養生殖は有性生殖である。

ウ　有性生殖の配偶子は，染色体数が体細胞の半分で，減数分裂によってつくられる。

エ　無性生殖で生じた子は，親と遺伝子が同一のクローンである。

オ　無性生殖と有性生殖を比べると，好適な環境で個体数が急激に増加しやすいのは有性生殖である。

1　ア，ウ

2　ア，オ

3　イ，エ

4　イ，オ

5　ウ，エ

解説

ア：構造が複雑な生物も無性生殖を行う。たとえばイで述べられている栄養生殖とは，ジャガイモを植えると，イモから芽が出ることで，無性生殖の一つである。

イ：分裂も栄養生殖も無性生殖である。

ウ：妥当である。

エ：妥当である。

オ：好適な環境で数を急激に増加させやすいのは無性生殖である。無性生殖は，環境が好適ならそれだけで行うことができるが，有性生殖は配偶子どうしが出会う必要があり，そのぶんだけ効率が落ちる。

　以上から妥当なものはウ，エであるので，正答は**5**である。

正答　**5**

44　地方上級＜教養＞過去問500

地方上級 令和3年度

全国型，関東型，中部・北陸型

地学　地球の内部構造

地球の内部構造に関する次の文章中の空欄ア～エに当てはまる語句の組合せとして妥当なものはどれか。

地球の内部は，地殻，マントル，核の三層に分けられる。地殻は地球の表面の部分で，大陸と海洋で性質が異なる。（　ア　）は，厚さが30～50kmで上部は花こう岩，下部は玄武岩が中心となってできているが，（　イ　）は厚さが5～10kmでほぼ玄武岩である。マントルもほとんどが岩石でできている。火山の噴出で出てくるマグマは地殻やマントルの岩石が溶融してできたものである。核は（　ウ　）を主成分としている。3層の中で（　エ　）が容積の80％を占め，地球の内部の大部分を占めている。

	ア	イ	ウ	エ
1	大陸	海洋	鉄	マントル
2	大陸	海洋	ヘリウム	マントル
3	大陸	海洋	ヘリウム	核
4	海洋	大陸	鉄	核
5	海洋	大陸	ヘリウム	マントル

解説

地殻は大陸地殻と海洋地殻に分かれるが，厚さが薄いのは海洋地殻，厚いのが大陸地殻である。また，海洋地殻は玄武岩質であるが，大陸地殻は上部で花こう岩質，下部で玄武岩質になっている。したがって，空欄アには「大陸」，イには「海洋」が入る。次に，核の主成分は鉄であるので，空欄ウには「鉄」が入る。3層の中で容積が最も大きいのはマントルである。地球の半径は約6,400kmであるが，このうち中心の半分より少し大きい部分までが核である。

半径が半分なら容積は3乗の $\frac{1}{8}$ 程度にしかならないことに注意する。残りの部分がマントルで，地殻は表面のわずかな部分にすぎない。したがって空欄エには「マントル」が入る。

よって，正答は**1**である。

正答　**1**

地方上級＜教養＞過去問500　**45**

地方上級

令和3年度

全国型，関東型，中部・北陸型

判断推理　　論理

夏休みに行った場所について「水族館に行った人は映画館に行っていない」ということがわかっている。これを証明するには次のうち2つがいえればよい。その2つの組合せとして正しいものはどれか。

ア　水族館に行っていない人は美術館に行った。
イ　美術館に行った人は水族館に行っていない。
ウ　水族館に行った人は美術館に行った。
エ　美術館に行った人は映画館に行った。
オ　美術館に行っていない人は映画館に行っていない。

1　ア，エ
2　ア，オ
3　イ，エ
4　イ，オ
5　ウ，エ

解説

命題「水族館に行った人は映画館に行っていない」を論理式「水族館→映画館」のように表すことにする。水族館と映画館を含む命題以外に使われるのは，条件より，美術館を含む命題である。つまり，以下のような形になっている。

結論：水族館　―――――→　映画館
命題：水族館　→　○　→　映画館
※○には「美術館」か「美術館」が入る

つまり，「水族館→○」「○→映画館」があればよい。ア～オを論理式で表すと次のようになる。

ア　水族館→美術館
イ　美術館→水族館（対偶：水族館→美術館）
ウ　水族館→美術館
エ　美術館→映画館
オ　美術館→映画館

イの対偶とオをつなげると「水族館→美術館→映画館」となる。

よって，正答は**4**である。

正答　**4**

地方上級 令和3年度	全国型，中部・北陸型	
判断推理	**順序関係**	

A～Fの6人が，背の高い順に並んで奇数番目の人が手を挙げた。ABCDEの5人が並んだときはA，B，Dが手を挙げた。BCDEFの5人が並んだときはB，D，Fが手を挙げた。ABCDEFの6人が並んだときはA，B，Cが手を挙げた。このとき6人の順番に関する記述として正しいものはどれか。

1 Eの次にAが並んでいる。

2 Fの後ろにBが並んでいる。

3 Cは3番目に背が高い。

4 FとDの間には3人が並んでいる。

5 AはBより背が高い。

解説

ABCDEFの6人が並んだときはA，B，Cが手を挙げたので，A，B，Cが1，3，5番目のいずれかであることがわかる。これを図示すると●の箇所にA，B，Cが入ることになる。

```
1  2  3  4  5  6
●  ○  ●  ○  ●  ○
```

ここで，誰かが抜けると，その人以降の順番が変わることになる。Fを除いてABCDEの5人で並んだときは，A，B，Dが手を挙げたことより，Cの順番が変わった。つまり，抜けたFの前にA，Bがいてその直後にCがいる。そしてCの次にCの代わりに手を挙げたDが並んでいる。よって，全体の順番は次のようになる。

```
1  2  3  4  5  6
●  ○  ●  F  C  D
```

これより，2番目の○はEとなる。

```
1  2  3  4  5  6
●  E  ●  F  C  D
```

次に，Aが抜けてBCDEFの5人が並んだときは，B，D，Fが手を挙げているので，Aが抜けてもBの順番は変化がなかったことがわかる。つまりAより前にBがいる。これより，次のような順番に確定する。

```
1  2  3  4  5  6
B  E  A  F  C  D
```

よって，正答は**1**である。

正答 **1**

地方上級＜教養＞過去問500

地方上級 令和3年度 全国型, 関東型, 中部・北陸型

判断推理　　対応関係

A〜Eの5人はトマト, レタス, にんじん, セロリの4種類の野菜を買いに行った。買った野菜について次のことがわかっているとき, 確実にいえるのはどれか。

- Aは3種類の野菜を, BとCは2種類の野菜を買った。
- Cはにんじんを買い, Dはセロリを買った。
- にんじんとセロリの両方を買った人が1人いた。
- レタスを買ったのは2人で, トマトを買ったのはレタスを買った2人にEを加えた3人であった。

1 Aはセロリを買った。

2 Dはにんじんを買った。

3 AとDの買った野菜には同じ種類のものがあった。

4 セロリは3人が買った。

5 3種類を買ったのはAのみであった。

解説

条件を対応表にまとめる。まず, 1つ目と2つ目と4つ目の条件を表にまとめると表1のようになる。

4つ目の条件より, A〜Dに関して考えると, トマトとレタスは両方「○」か両方「×」のいずれかであり, 両方「○」は2人のみということがわかる。Aは両方「×」にすると野菜の合計数が3とならないので, 両方「○」となり, あと1つはにんじんかセロリのいずれかである。一方, Cは両方「○」にすると野菜の合計数が2を超えるので, 両方「×」となり, セロリは「○」となる (表2)。

これにより, 3つ目の条件にあるにんじんとセロリを買った1人はCと決まるので, Bは野菜の合計数を2にするためには, トマトとレタスを両方買ったことになる。これにより, トマトとレタスを両方買った人は確定するので, Dのトマトとレタスは「×」になり, Dのにんじんも3つ目の条件より「×」となる (表3)。

表1
	トマト	レタス	にんじん	セロリ	合計
A					3
B					2
C			○		2
D				○	
E	○	×			
合計	3	2			

表2
	トマト	レタス	にんじん	セロリ	合計
A	○	○	○/×	×/○	3
B					2
C	×	×	○	○	2
D				○	
E	○	×			
合計	3	2			

表3
	トマト	レタス	にんじん	セロリ	合計
A	○	○	○/×	×/○	3
B	○	○	×	×	2
C	×	×	○	○	2
D	×	×	×	○	1
E	○	×			
合計	3	2			

1, **3**, **4**は確実にはいえず, **2**は誤り (Dはセロリのみを買った)。**5**は確実にいえる。

正答 5

48　地方上級＜教養＞過去問500

地方上級
令和3年度
全国型，関東型，中部・北陸型
判断推理　　数量推理

7日間かけてA～Fの作業を5人の作業員が行った。作業が完了するまでの日数と各作業を行うのに1日に必要な作業員数，先行作業は表のようになっており，作業は一度開始すると，途中で中断することはできない。なお，先行作業とはその作業に取り掛かる前に終えていなければいけない作業のことをいう。このとき，確実にいえるのはどれか。

作業	作業日数	必要な作業員数	先行作業
A	1日	3人	
B	2日	2人	
C	3日	2人	
D	2日	4人	C
E	2日	3人	D
F	6日	1人	

1 1日の作業人数が3人の日があった。
2 Aの作業は7日目に行われた。
3 1つの作業のみの日があった。
4 Bの作業が終わった次の日にDの作業が開始した。
5 Cの作業の後にAの作業が行われた。

解説

7日間の間にどの作業が行われていたかを表でまとめる。

①まず，Eの先行作業にDがあって，Dの先行作業にCがあるので，CDEの順に作業が行われており，この3つの作業日数が合計で7日になるので，1日目からCが行われていたことがわかる。

②次に6日かかるFを考える。Fは1日目から6日目か2日目から7日目のいずれかであるが，1日目から6日目に当てはめると，各日の合計人数が3人を超えてしまい，Aが入らなくなる（1日の作業員数が5人を超えてしまう）。よって，Fは2日目から7日目となり，Aは1日目となる。

③最後にBの2人が入るところは，合計人数がここまでの段階で4人以上になっていないところなので，2日目と3日目に確定する。

	作業	1日目	2日目	3日目	4日目	5日目	6日目	7日目
①	C	2人	2人	2人				
	D				4人	4人		
	E						3人	3人
②	F		1人	1人	1人	1人	1人	1人
	A	3人						
③	B		2人	2人				

以上より，確実にいえるのは**4**である。

正答　**4**

地方上級＜教養＞過去問500　49

大きさの同じ円A，円B，円Cが図のように並んでいる。円Aには模様がついており，円Aが円B，円Cの円周上を滑ることなく矢印のほうに回転して動き，Dの位置まできた。このときAの模様の向きとして正しいものはどれか。

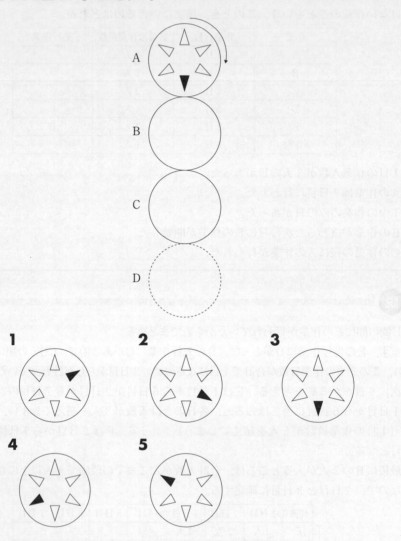

解説

円Aが円Bの円周上を通るときは次のようになる。

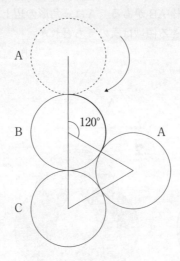

円Aと円Bは同じ大きさの円なので、円Aが円Bの円周を移動する際、1周する間に円Aは2回転する。円A、円B、円Cの中心を結ぶと正三角形ができるので、外角は120°となる。よって、円Aは円Bの中心角の120°の距離を移動したことになる。120°は$\frac{1}{3}$周なので、円の回数を計算すると、

$$2〔回転／周〕\times\frac{1}{3}〔周〕=\frac{2}{3}〔回転〕$$

となる。

円Aが円Cの円周上を回転するときも同様に、円Cの中心角の120°の距離を移動し、$\frac{2}{3}$〔回転〕する。

よって、Dまでには$\frac{2}{3}+\frac{2}{3}=1\frac{1}{3}$〔回転〕することになる。つまり、円Aは矢印の方向に1回転と$\frac{1}{3}$回転している。$\frac{1}{3}$回転は120°なので、円Aは**5**のようになる。

正答 5

地方上級 令和3年度　全国型，関東型，中部・北陸型
判断推理　移動・回転・軌跡

正三角形の一辺と同じ長さの棒ABがある。Aは三角形の辺上および内部を移動する。このとき棒の一端Bが通ることができる領域は次のうちどれか。

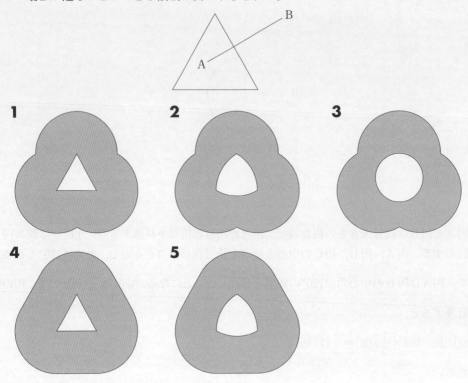

解説

　Bが動くことができる領域の輪郭線は，Aが正三角形の辺上にあるときに対応している。Aが頂点のときは，この輪郭線は図のようにAを中心とした円となる。これを3頂点で考える。このとき内側の輪郭線もこれに含まれることに注意。
　また，Aが頂点以外の辺上のときは図のようにこの輪郭線は直線となる。

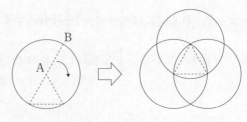

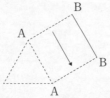

　よって，外側の輪郭線は円弧と直線からなり，内側の輪郭線は円弧となる。
　以上より，正答は**5**である。

正答　**5**

地方上級 令和3年度 全国型，中部・北陸型

判断推理　折り紙と重ね合わせ

1辺10cmの正方形の折り紙が図のように重なり合っている。このときAの紙は上から何枚目になるか。

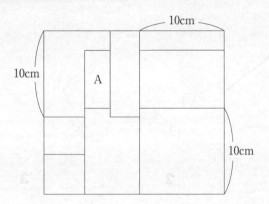

 4枚目
2 5枚目
3 6枚目
4 7枚目
5 8枚目

解説

10cm×10cmの正方形がどの正方形によって隠されているかを考える。

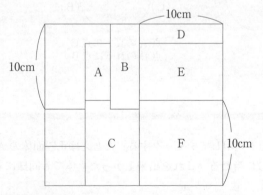

Aの下部がCに隠れているのでAの上にCがある。そのCの上部がBに隠れているので，Cの上にBがある。そのBはDFEの下にある。よって，上からFEDBCAの順ということがわかる。

よってAは上から6枚目なので，正答は**3**である。

正答　**3**

地方上級 令和3年度 判断推理 空間図形

全国型，関東型，中部・北陸型

正四面体ABCDがある。この正四面体の辺ADと辺BCに沿って切り開き，図のように円柱を作った。このとき，円柱を上から見たときの点Bと点Cの位置関係として正しいものはどれか。

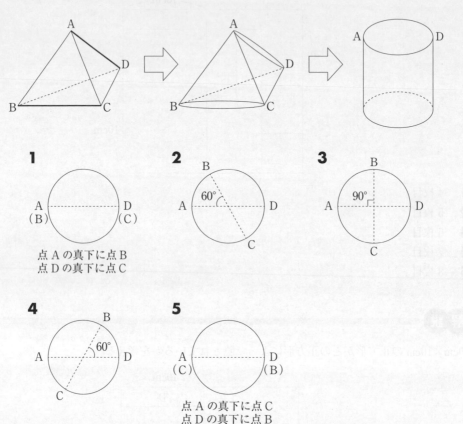

1 点Aの真下に点B 点Dの真下に点C

2

3

4

5 点Aの真下に点C 点Dの真下に点B

解説

客観的に判断できる点を利用してチェックする。たとえば正四面体のADの中点をEとすると，Eから垂線を引くとCに当たる。これを出来上がった立体でも同様に考える。

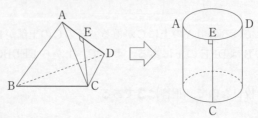

Bも同様の位置関係になる。よって，90°ねじれるので正答は**3**となる。

正答 **3**

数的推理　場合の数

A～Cの3人であみだくじをする。各段の点線に沿ってAB間またはBC間に1本ずつ，合計3本の実線を書き入れる。このときにできるあみだくじの総数とAが当たりになる線の引き方の数の組合せとして正しいものはどれか。

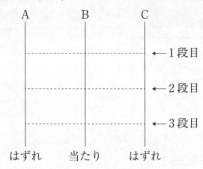

	総数	Aが当たり
1	7	2
2	8	2
3	8	3
4	9	3
5	9	4

1段目の線の引き方が2通り，2段目の線の引き方が2通り，3段目の線の引き方が2通りなので，全部で2×2×2＝8〔通り〕の引き方がある。

　これらを列挙すると次のようになる。

1段目	2段目	3段目	当たり
右	右	右	C
右	右	左	A
右	左	右	B
右	左	左	C
左	右	右	A
左	右	左	B
左	左	右	C
左	左	左	A

　表より，Aが当たるのは3通りとわかる。
　よって，正答は**3**である。

正答　**3**

一辺の長さが2の正六面体（Ⅰa）と正八面体（Ⅱa）がある。各頂点に集まってくる辺の中点を通る平面で切り落として，立体Ⅰbと立体Ⅱbを作った。このとき，ⅠbとⅡbの表面積をそれぞれX，Yとすると，XとYの比の組合せとして正しいものはどれか。

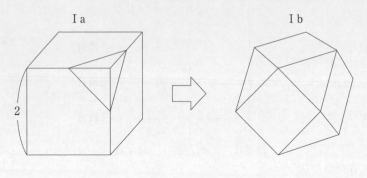

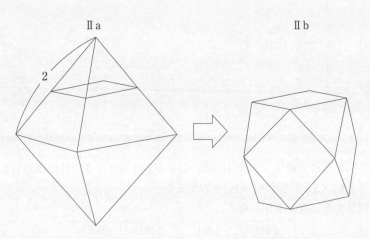

	X	:	Y
1	4	:	3
2	3	:	2
3	2	:	1
4	5	:	2
5	4	:	1

Ⅰbに一辺の長さを記入すると図のようになる。

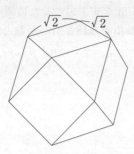

面積Xは一辺の長さが$\sqrt{2}$の正方形が6個と，一辺の長さが$\sqrt{2}$の正三角形8個の和になる。
よって，

$X = (\sqrt{2})^2 \times 6 + \sqrt{2} \times \dfrac{\sqrt{6}}{2} \times \dfrac{1}{2} \times 8$

$ = 12 + 4\sqrt{3}$

Ⅱbに一辺の長さを記入すると図のようになる。

面積Yは一辺の長さが1の正方形が6個と，一辺の長さが1の正三角形8個の和になる。

$Y = (1)^2 \times 6 + 1 \times \dfrac{\sqrt{3}}{2} \times \dfrac{1}{2} \times 8$

$ = 6 + 2\sqrt{3}$

以上より，面積比は，

$X : Y = (12 + 4\sqrt{3}) : (6 + 2\sqrt{3})$
$ = 2(6 + 2\sqrt{3}) : (6 + 2\sqrt{3})$
$ = 2 : 1$

となる。

よって，正答は**3**である。

正答 3

地方上級 令和3年度

全国型，関東型，中部・北陸型

数的推理　　　**整数問題**

1ケタの正の整数 m と n がある。m を中央値とした11個の整数（$m-5$，$m-4$，……，m，$m+1$，……，$m+4$，$m+5$）の和から18を引いた数と，n を中央値とした9個の整数（$n-4$，$n-3$，……，n，$n+1$，……，$n+3$，$n+4$）の和から11を引いた数は等しい。このとき $m+n$ の値はいくつか。

1　13
2　14
3　15
4　16
5　17

解説

m を中央値とした11個の整数の和から18を引いた数は $11m-18$ となり，n を中央値とした9個の整数の和から11を引いた数は $9n-11$ となる。この2つの数が等しいので，

$$11m-18=9n-11$$
$$11m=9n+7$$
$$m=\frac{9n+7}{11}$$

となる。m は1ケタの整数なので，右辺も整数でなければならない。そのためには $9n+7$ が11の倍数にならなければならない。n に1ケタの正の整数を代入すると次のようになる。

n	1	2	3	4	5	6	7	8	9
$9n+7$	16	25	34	43	52	61	70	79	88

表より，$9n+7$ が11の倍数になるときは，$n=9$ のときで，このとき，$m=8$ となる。これより $m+n=17$ となる。

よって，正答は**5**である。

正答　5

58　地方上級＜教養＞過去問500

地方上級

令和3年度 全国型，中部・北陸型

数的推理　　　　数量問題

AとBの2人がそれぞれコインを32枚持っている。じゃんけんを行って勝った人が負けた人の手持ちのコインの半分をもらうことにする。何回かじゃんけんを行った後，コインの枚数はAが15枚，Bが49枚となり，お互いに奇数となって半分を渡すことができなくなったのでゲームが終了した。ゲームが終了するまでにAが勝った回数は何回か。

1　1回
2　2回
3　3回
4　4回
5　5回

解説

　勝った人のコインの枚数は，負けた人のコインの枚数の半分と，もともと持っていた枚数の和になるので，勝った人のほうが負けた人より多くのコインを持っている。最後の状態がわかっているので，この状態から32枚ずつになるように戻していく。

　たとえば，最後はBが49枚とAよりも多いので，最後はBが勝ち，このときAは手持ちが15枚なので，BはAから15枚もらったことになる。つまり，最後の1回前はAが30枚，Bが34枚持っていたことがわかる。以降も同様に戻していくと以下のようになる。

	A	B	状況
最後	15枚	49枚	Bが勝ち，AはBに15枚渡した
1回前	30枚	34枚	Bが勝ち，AはBに30枚渡した
2回前	60枚	4枚	Aが勝ち，BはAに4枚渡した
3回前	56枚	8枚	Aが勝ち，BはAに8枚渡した
4回前	48枚	16枚	Aが勝ち，BはAに16枚渡した
最初	32枚	32枚	

以上よりじゃんけんは5回行ったことになり，そのうちAが3回勝っている。
よって，正答は**3**である。

正答　3

地方上級＜教養＞過去問500　59

地方上級 令和3年度 数的推理 比・割合

全国型，関東型，中部・北陸型

ある試験では，受験者の55%が男性で45%が女性であった。試験全体の合格率は75%で，不合格者のうち男性は60%であった。男性の合格者数が，男性の不合格者数より250人多いとき，女性の合格者数は何人か。

1　300人
2　350人
3　400人
4　450人
5　500人

解説

割合を比に置き換えて表でまとめる。「受験者の55%が男性で45%が女性」より，男性：女性＝11：9となる。また，「試験全体の合格率は75%」より，合格者：不合格者＝3：1となる。「不合格者の男性は60%」より，不合格者の男性：不合格者の女性＝3：2となる。

	合格者	不合格者	合計
男性		③	⑪
女性		②	⑨
合計	③	①	

不合格者の男性を$3a$人，不合格者の女性を$2a$人と置くと，不合格者の合計が$5a$人，合格者の合計が$15a$人となり，合計が$20a$人となる。これより男性の合計が$11a$人，女性の合計が$9a$人となる。性別の合計人数より，男性の合格者が$8a$人，女性の合格者が$7a$人となる。

	合格者	不合格者	合計
男性	$8a$	$3a$	$11a$
女性	$7a$	$2a$	$9a$
合計	$15a$	$5a$	$20a$

「男性の合格者数が，男性の不合格者数より250人多い」より，
　$8a-3a=250$
　　$a=50$
となる。

これより女性の合格者は$7\times50=350$〔人〕となり，正答は**2**である。

正答　2

地方上級 令和3年度	全国型, 関東型, 中部・北陸型	
数的推理	**仕事算**	

ある家ではタマとムギという2匹の猫を飼っている。2匹には毎日同じ量のえさを与えているが,タマは6分で,ムギは10分で食べ終わる。ある日,いつもと同じ量のえさをムギに与えて,食べ始めてから2分後にタマに同じ量のえさを与えすぐにタマは食べ始めた。タマが食べ始めてから何分後に残ったえさの量がムギと同じになるか。ただし,2匹は自分の皿の中のえさだけを食べるものとし,食べるペースも一定であるものとする。

1　2分
2　3分
3　4分
4　5分
5　6分

解　説

えさの量を1とすると,タマは1分当たりに $\frac{1}{6}$,ムギは1分当たりに $\frac{1}{10}$ の量を食べる。残ったえさの量が同じということは,食べたえさの量も同じである。タマが食べ始めてから t 分後に同じになるとすると,ムギは $(t+2)$ 分食べている。このときの食べた量が同じになるので,

$$\frac{1}{10}(t+2)=\frac{1}{6}t$$
$$t=3 〔分〕$$

となる。

　よって,正答は**2**である。

正答　**2**

地方上級＜教養＞過去問500　㉖

地方上級　令和3年度

全国型，中部・北陸型

数的推理　　　　　流水算

ある川の上流にあるP地点と下流にあるQ地点を船が往復している。この川をQからPへ上る時間は，PからQへ下る時間の5倍かかった。このとき，船の速さは川の流れる速さの何倍か。

1 1.5倍

2 2.0倍

3 2.5倍

4 3.0倍

5 3.5倍

解説

静水時での船の速さをx，川の流れの速さをyと置くと，下りの速さは$x+y$，上りの速さは$x-y$となる。

また，下りの時間をt，上りの時間を$5t$と置く。上りも下りもPQ間なので同じ距離である。よって，

$$t(x+y)=5t(x-y)$$
$$2x=3y$$
$$x=1.5y$$

となる。これより，船の速さxは，川の流れる速さyの1.5倍とわかる。

よって，正答は**1**である。

正答　**1**

62　地方上級＜教養＞過去問500

論（作）文 試 験

　3年度（2021年度）に論（作）文試験を実施した都道府県・政令指定都市等のうち，各人事委員会等の発表した公開問題，受験者からの情報に基づく課題例を掲載した（判明分のみ）。なお，公開問題は各自治体等の後に（公開）を，例題として公開された問題には各自治体等の後に（公開・例題）を付けており，それ以外は受験者からの情報による。

宮城県
　子どもの貧困。（120分・1,600字）

秋田県
　秋田県の重要課題を2つ挙げ，それぞれの解決に向け，県がいつまでに何をしていくべきか。（60分・800字）

茨城県
　さまざまな環境問題の解決に向けて，私たちがどのように行動すべきか。（80分・1,000字）

埼玉県
　デジタル社会について。

千葉県
　コロナ禍における新しい行政課題について，具体的な課題とそれに対する対策。（90分）

東京都Ⅰ類B（公開）
　(1)　別添の資料から，誰もが安心して働き続けられる東京を実現するために，あなたが重要であると考える課題を200字程度で簡潔に述べよ（資料省略）。
　(2)　(1)で述べた課題に対して，都はどのような取組を進めるべきか，あなたの考えを述べよ。
　　　なお，解答に当たっては，解答用紙に(1)，(2)を明記すること。（90分・1,000字以上1,500字程度）

神奈川県
　格差社会について，あなたが感じる最も強い格差とその対処について述べよ。（90分・1,200字）

滋賀県
　正規雇用の女性を増やすために行政はどのように対応すべきか。（90分）

山口県
　デジタル化を推進していくうえで県として必要な取組み。（60分）

長崎県
　長崎県総合計画のテーマに基づいて，県民が夢や希望を持つことができるように，行政としてどういったことを行っていけばよいか，長崎県の課題とともに論ぜよ。（90分・1,200字）

鹿児島県

地方回帰について。（90分・1,000字）

仙台市

防災・減災について。（120分・1,200字）

特別区Ⅰ類（公開）

〈保健師以外〉

2題中1題を選択すること。（80分・1,000字以上1,500字程度）

1　東京都では昨年，転出者数が転入者数を上回る月が続きました。転出超過等によって人口が減少すると，税収の減少や地域コミュニティの衰退など様々な問題をもたらします。

また一方で，特別区の抱える公共施設の多くが老朽化しており，人口減少がもたらす更なる社会変化に対応した，施設の企画・管理・利活用が求められています。

このような状況を踏まえ，区民ニーズに即した魅力的な公共施設のあり方について，特別区の職員としてどのように取り組むべきか，あなたの考えを論じなさい。

2　国際目標である「持続可能な開発目標（SDGs）」では，持続可能な生産消費形態を確保するため，天然資源の持続可能な管理や効率的な利用をめざすことが必要であると示されています。

特別区においてもその目標達成に向けた一層の取組が求められており，食品ロスや廃棄物の削減を進めていくことが重要です。

このような状況を踏まえ，ごみの縮減と資源リサイクルの推進について，特別区の職員としてどのように取り組むべきか，あなたの考えを論じなさい。

横浜市

横浜市の持続的な発展について。（60分・750字以内）

川崎市

市民アンケートの資料から「最幸のまちかわさき」にするために行うべきことは。（80分・1,000〜1,200字）

名古屋市第1類（公開）

〈全試験区分〉

市民の日常生活や企業の経済活動は，環境にさまざまな影響を与えることから，次世代にわたって本市が発展し続けていくためには，環境に配慮したまちづくりの推進が必要となります。

そこで，本市が具体的にどのような環境施策に取り組むべきか，あなたの考えを述べなさい。（60分）

警視庁警察行政職員Ⅰ類（公開）

生活様式や働き方が大きく変化する中で，警察行政職員が都民・国民から求められているものは何か。あなたの考えを述べた上で，それに対して具体的にどのように応えていくか述べなさい。（90分・1,000字以上1,500字程度）

東京消防庁職員Ⅰ類（公開）

公的機関が公平性のあるサービスを地域住民に提供するために必要なことは何か。あなたの考えを具体的に述べなさい。（90分・1,000字以上1,500字程度）

地方上級
教養試験

過去問 & 解説
No.1～No.500

地方上級 全国型，関東型

No. 1 政治 国家賠償法 平成22年度

国家賠償法第1条は公務員の不法行為に基づく国または公共団体の責任について定めているが，その責任の根拠については次の2つの説の対立がある。

A説：不法行為責任は，第一次的には公務員個人に帰属するが，それを国または公共団体が代位して負う。

B説：公務員は，国または公共団体の手足として行動したにすぎず，不法行為を行ったのは国または公共団体自身であり，損害賠償責任も第一次的に国または公共団体に帰属する。

次のア～ウの ┆┆ に入るA説およびB説の組合せとして妥当なものはどれか。

ア　国または公共団体の責任とは別に，被害者は公務員個人に対しても民法709条の規定に基づき損害賠償請求ができるという結論につながるのは $\left\{ \begin{array}{l} A説 \\ B説 \end{array} \right\}$ である。

イ　$\left\{ \begin{array}{l} A説 \\ B説 \end{array} \right\}$ を厳格に貫くと，公務員個人に故意・過失がない場合には，国または公共団体の国家賠償責任が認められなくなるという結論につながる。

ウ　国または公共団体が不法行為責任を負うためには，加害行為を行った公務員一人ひとりについて加害行為が特定されていなければならないと考えるのは $\left\{ \begin{array}{l} A説 \\ B説 \end{array} \right\}$ である。

	ア	イ	ウ		ア	イ	ウ
1	A	A	A	**2**	A	A	B
3	A	B	A	**4**	B	B	A
5	B	B	B				

解説

ア：A説が入る。A説によれば，不法行為責任が第一次的には公務員個人に帰属しているのであるから，被害者は国または公共団体の責任とは別に，公務員個人に対しても民法709条の規定に基づき損害賠償請求ができるという結論につながることとなる。これに対し，B説によれば，公務員個人に賠償責任はないことになるから，被害者は国家賠償請求とは別に公務員個人に対しては損害賠償を請求できないという結論につながる。

イ：A説が入る。公務員個人に不法行為責任の成立要件の一つである故意・過失がない場合には，この公務員には不法行為責任が成立せず，その結果，それを国または公共団体が代位するということはなくなるからである。これに対し，B説では，公務員個人に不法行為責任が成立することは不要であるから，この公務員個人の故意・過失の有無は問題とはならない。

ウ：A説が入る。A説は，不法行為責任は第一次的には公務員個人に帰属すると解する以上，国または公共団体が責任を負うためには，加害行為を行った公務員一人ひとりが特定されていなければならない。これに対し，B説によれば，不法行為を行ったのは国または公共団体自身であると解する以上，国または公共団体が責任を負うためには，公務員一人ひとりが特定されていることは不要となる。

よって，正答は**1**である。

正答　**1**

2●地方上級＜教養＞過去問500

地方上級　全国型，関東型

No.2　政治　権力分立　平成26年度

権力分立に関する次の記述のうち，国や時代が異なっても共通していえることとして，妥当でないものはどれか。

1 権力の濫用を防止するための制度である。

2 悲観的な人間観を思想的な出発点とする制度である。

3 権力の行使の効率性を高める方向に働く制度である。

4 君主制の下でも成立しうる制度である。

5 自由主義的な制度である。

解説

1. 正しい。権力分立は，権力が単一の機関に集中することによる権力の濫用を抑止するために，権力を区別・分離し，各権力相互間の抑制と均衡を図る制度である。

2. 正しい。権力分立の思想的な出発点は，国家権力およびそれを行使する人間に対する懐疑的・悲観的な見方，すなわち，権力は腐敗するし権力を持つ人間は権力を濫用しがちである，と考える点にあるとされる。

3. 妥当でない。権力分立は，権力相互の抑制と均衡を図るため効率性を犠牲にした制度であるといえる。これに対し，権力集中制では，権力相互の抑制と均衡は図られないため効率的な制度であるといえる。

4. 正しい。権力分立の原理を定式化したモンテスキューは，イギリスの制限君主制をモデルとするものであった。また，19世紀のヨーロッパ大陸の君主制諸国において，議院内閣制は，君主と議会という2つの異なる権力の間で，両者から信任を受けた内閣が両者の調停を行っていくという構造を特色としていた。

5. 正しい。権力分立制は，国家権力の濫用を防止することで国民の権利・自由を守るという自由主義的な制度である。

正答　**3**

地方上級＜教養＞過去問500●3

地方上級

No. 3 全国型，関東型，中部・北陸型

政治　　　　政党　　平成30年度

政党に関する次の記述のうち，妥当なもののみをすべて挙げているものはどれか。

ア　政党は，重要と思われる政治的争点について有権者に情報を提供する機能，有権者によって表出された利害を調整し政策をまとめ上げる機能，政治を担う人材を選抜し育てる機能などを営んでいる。

イ　政党制には，二大政党制や多党制などがある。このうち二大政党制とは，2つの有力な政党が交互に政権を担うシステムであり，その例としては，現在のドイツや55年体制下の日本などが挙げられる。

ウ　選挙制度は政党制に影響を与える。たとえば，小選挙区制の下では，第1党の議席獲得率が得票率を上回る場合があり，また，有権者は自分の票が死票になることを避けるため，小党分立に陥りやすい。

エ　現在の日本の政党は，党員からの献金や党費によってだけでは運営が厳しい状況にある。企業・団体からの献金には上限が設けられており制限があるが，政党に対しては政党助成法により国庫から政党交付金が交付されている。

オ　法律案の採決などに際して，各政党が所属議員に対して党の決定に従うように強制することを，党議拘束という。欧米の政党は所属議員に党議拘束をかけるのが一般的であるが，日本の政党は原則として党議拘束をかけない。

1　ア，ウ
2　ア，エ
3　イ，エ
4　イ，オ
5　ウ，オ

解説

ア：妥当である。本肢で述べられている政党の機能は，順に情報提供機能，利益集約機能，政治的リクルートメント機能などと呼ばれる。そのほか，政党は，有権者の潜在的利害を公の場で表明する利益表出機能なども営んでいる。

イ：現在のドイツは多党制であり，キリスト教民主・社会同盟，社会民主党，ドイツのための選択肢，自由民主党，左翼党，90年連合・緑の党などが下院に議席を確保している。また，55年体制下の日本は，多党制の一種である一党優位政党制に分類されており，自由民主党がほぼ一貫して過半数の議席を確保し，単独で政権を担ってきた。

ウ：小選挙区制の下では，有権者は自分の票が死票となることを避けるため，当選可能性の高い大政党の候補者に投票しがちである。そのため，小選挙区制では二大政党制が生まれやすい。これに対して，各政党に議席が分散して小党分立状況を生みやすいのは，有権者の意向を比例的に議席に反映させる比例代表制の場合である。

エ：妥当である。現在の日本では，1994年の政党助成法に基づいて，一定の要件を満たした政党に対して政党交付金が交付されている。その総額は，最近の国勢調査の人口に250円を乗じて得た額を基準として，国の予算で決められる。また，各政党に交付される政党交付金の額は，政党に所属する国会議員の数と，前回の衆議院議員総選挙，前回と前々回の参議院議員通常選挙の際の得票数によって決められる。

オ：党議拘束の説明は本肢のとおりであるが，アメリカの政党は所属議員に党議拘束をかけないのに対して，ヨーロッパ諸国や日本の政党は党議拘束をかけるのが一般的である。

以上より，正答は**2**である。

正答　**2**

地方上級 No. 4 特別区 政治 行政の民主化 平成16年度

我が国における行政の民主化に関する記述として，妥当なのはどれか。

1 行政委員会は，明治憲法下において行政権から独立した機関として設置され，日本国憲法下では，行政機関の政策立案に際して，関係者や有識者の意見を聞くために必ず開かれなくてはならないとされている。

2 国政調査権は，国会の両議院に認められた国政全般について調査する権限であり，両議院はそれぞれ証人の出頭及び証言並びに記録の提出を求めることができる。

3 行政手続法は，官僚制の肥大化をシビリアン・コントロールにより統制するために制定されたものであり，行政庁が行政指導によって企業や民間団体の活動を規制することを禁じている。

4 情報公開法は，国民の知る権利を実現するために，その請求に応じて行政機関に政策立案や実施に関する情報について，個人情報を除き一切の制約無く開示することを義務づけている。

5 オンブズマン制度とは，行政監察官が国民の要求に基づいて行政活動に関する調査及び改善勧告を行うもので，アメリカで創設され，我が国でも国と一部の自治体に導入されている。

解説

1. わが国の行政委員会は，第二次世界大戦後にアメリカの独立規制委員会をモデルとして設けられた。これに対して，行政機関の政策立案に際し，関係者や有識者の意見を聞くために開かれるのは審議会である。また，審議会の設置は一般に義務的なものではない。

2. 正しい。国会の両議院は国政調査権を有し，それぞれ証人の出頭，証言，記録の提出を求めることができる（憲法62条）。何人もこれに原則として応じなければならず（議院証言法1条），不出頭，偽証・証言拒絶，書類不提出の場合には罰則が科せられる（同6条，7条）。

3. 行政手続法は，「行政運営における公正の確保と透明性（中略）の向上を図り，もって国民の権利利益の保護に資することを目的とする」（行政手続法1条）ものである。したがって，官僚制の肥大化の抑制を目的とするものではないし，シビリアン・コントロール（＝文民が軍人を統制すること）とも無関係である。また，同法は行政庁による行政指導を認めており，その一般原則として，当該行政機関の任務または所掌事務の範囲を逸脱してはならないこと，あくまでも相手方の任意の協力によってのみ実現されるものであることに留意すべきこと，相手方が行政指導に従わなかったことを理由として不利益な取扱いをしてはならないこと，などを規定している（同32条）。

4. 情報公開法（行政機関の保有する情報の公開に関する法律）は一定の情報を不開示情報と定め，これを開示しないことを認めている。不開示情報は個人情報に限られるわけではなく，たとえば企業や個人事業に関する情報，安全保障・外交上の情報，公共秩序の維持に関する情報なども，一定の条件下で不開示情報とされている（情報公開法5条）。

5. オンブズマン制度は，1809年にスウェーデンで創設された。わが国でも川崎市など一部の自治体で導入されているが，国レベルでオンブズマンが設けられたことは一度もない。

正答 **2**

地方上級

No. 5 政治

全国型，関東型，中部・北陸型

結社の自由

平成 24年度

憲法に規定する結社の自由に関する次の記述のうち，妥当なものはどれか。

1 結社の自由の保障は，個人が団体を結成することについて公権力から干渉を受けない自由には及ぶが，個人が団体を結成しないことについて公権力から干渉を受けない自由には及ばない。

2 ある種の職業団体について強制加入を定めることは，憲法に違反する。

3 使用者が雇用する労働者のうち，労働組合に加入しない者および当該組合の組合員でなくなった者を解雇する義務を使用者に負わせる労働協約は，憲法に違反する。

4 結社の自由も一定の内在的制約に服するから，犯罪を行うことを目的とする結社を禁止することは，憲法に違反しない。

5 政党は，結社の自由に基づいて任意に結成される政治団体であり，議会制民主主義を支える極めて重要な存在であるため，政党に対して規制を加えることは，憲法に違反する。

解説

1．結社の自由の保障は，個人が団体を結成することについて公権力から干渉を受けない自由だけでなく，個人が団体を結成しないことについて公権力から干渉を受けない自由についても及ぶと解されている。

2．医師会や弁護士会などのように，その職業が持つ高度の専門技術性・公益性を維持確保する必要性があり，その団体の目的および活動範囲が厳格に限定されているのであれば，強制加入を定めることも憲法21条1項の結社の自由に違反しないと解されている。

3．本肢の使用者の義務は，ユニオン・ショップ協定に基づくものであり，一定の限度で有効，すなわち結社の自由の侵害には当たらないと解されている（労働組合法7条1号ただし書参照）。

4．正しい。本肢のように解されている。

5．政党は，結社の自由（憲法21条1項）で保障されるが，結社の自由は一定の内在的制約に服するから，たとえば政治資金規正法などによる規制は，憲法に違反しない。

正答 **4**

地方上級 関東型，中部・北陸型

No. 6 政治　社会契約論　平成29年度

社会契約論に関する次のア～オの記述のうち，妥当なものの組合せはどれか。

ア．ホッブズは，自然状態を一応の平和状態ととらえながらも，一部には自然権が脅される場合もあると主張した。

イ．ホッブズは，人民が自然権を譲渡することで統治者が誕生し，絶対的権力を持つ政府が樹立されると主張した。

ウ．ロックは，政府は人民の自然権を守るために絶対的権力を持つべきであるとして，人民の抵抗権を否定した。

エ．ルソーは，人民が自然権を譲渡して統治のための共同体を組織し，一般意志を実現することの重要性を主張した。

オ．ルソーは，民主主義を実現するうえで，必ずしも直接民主制は好ましいものではなく，議会制民主主義こそが必要であると主張した。

1　ア，エ
2　ア，オ
3　イ，ウ
4　イ，エ
5　ウ，オ

解説

ア：ロックに関する記述である。ホッブズは，自然状態を戦争状態ととらえた（「万人の万人に対する闘争」）。

イ：正しい。ホッブズは，人民が自然権を第三者に譲渡することで統治者が誕生すると考えた。そして，人民に抵抗権は留保されておらず，政府への抵抗は認められないと主張した。

ウ：ホッブズに関する記述である。ロックは，人民の抵抗権を認めており，イギリスの名誉革命を正当化した。

エ：正しい。ルソーは，人民は自然権を共同体に譲渡したうえで，特殊意志（＝私的利益を求める個人の意志）や全体意志（＝特殊意志の総和）を離れ，一般意志（＝公的利益をめざす全人民の意志）の実現を図るべきであると主張した。

オ：ルソーは，共同体において直接民主制を実践し，各人が自らの決定に自ら従っていくことを理想とした。

よって，イとエが正しいので，正答は**4**である。

正答　**4**

地方上級

No. 7 政治 — 全国型，関東型，中部・北陸型

国政調査権 平成26年度

国政調査権に関する次の記述のうち，妥当なものはどれか。

1 国政調査権は両各議院に与えられた権能であるため，委員会は国政調査権を行使することができない。

2 各議院は，国政調査権の行使として，証人の出頭および証言を要求することができるだけでなく，住居侵入，捜索，押収，逮捕のような刑事手続上の強制力が認められている。

3 確定した裁判の内容の当否を批判するためにも国政調査権を行使することができ，被告人等を国会に召集して，質疑することができる。

4 行政権も国政調査権の対象となるから，公務員が職務上知りえた事実について，本人または当該公務所から職務上の秘密に関するものであることを申し立てたときでも，当該公務所またはその監督庁の承認を得ることなく，証言を求めることができる。

5 国政調査権の行使に際して，基本的人権を侵害するような手段・方法をとることができないため，証人として喚問され，思想の露見を求めるような質問を受けた場合には，この証人は証言を拒絶することができる。

解説

1. 国政調査権は両議院に与えられた権能である（憲法62条参照）から，前半は正しい。しかし，国政調査権は，両議院の各委員会が調査を行うことが認められている（国会法104条1項，105条等参照）から，後半は誤りである。なお，実際には，議案審議についての委員会中心主義，また，委員会の持つ専門性・機動性から，委員会が国政調査権の行使の主な担い手になっている。

2. 前半は正しい（憲法62条）。しかし，住居侵入，捜索，押収，逮捕のような刑事手続上の強制力は認められていない（札幌高判昭30・8・23）と解されているから，後半は誤りである。

3. 司法権の独立との関係で，裁判官が他の国家機関から事実上重大な影響を受けることになる本肢のような国政調査権の行使は認められないと解されている。

4. 議院内閣制の下で国会による行政権に対する監督・統制権が認められていることなどから，行政権も国政調査権の対象となるとする本肢の前半は正しい。しかし，公務員が知りえた事実について，本人または当該公務所から職務上の秘密に関するものであることを申し立てたときは，当該公務所またはその監督庁の承認がなければ，証言または書類の提出を求めることができない（議院における証人の宣誓および証言等に関する法律5条1項）から，後半は誤りである。

5. 正しい。本肢のような質問に対しては，憲法38条の黙秘権や，議院証言法7条の「正当の理由」を根拠として証言を拒否できると解されている。

正答 **5**

8●地方上級＜教養＞過去問500

地方上級

No. 8 全国型，関東型，中部・北陸型，市役所Ａ日程

政治 **地方自治** 令和元年度

日本の地方自治に関する次のア～オの記述のうち，妥当なもののみを挙げているのはどれか。

ア 地方自治の本旨には，住民自治と団体自治の２つの要素がある。住民自治とは，地方公共団体の運営を住民の意思に基づいて行うことをいい，団体自治とは，地方公共団体が国から独立して，地方の事務を団体の意思と責任の下に処理することをいう。

イ 地方公共団体の長および議会の議員は，いずれも住民によって直接選挙されるが，住民は，地方公共団体の長についてのみ，解職を請求することができる。

ウ 憲法上の地方公共団体の住民とは，地方公共団体の区域内に住所を有する日本国民を意味し，そのため，永住者等の地方公共団体に定住する外国人に，法律で地方公共団体の選挙権を付与する措置をとることは，憲法上許されない。

エ 租税を課すには，国会が定めた法律によることが必要であるが，民主的な手続きによって定められた条例は法律に準ずるものと解されるため，地方公共団体は条例によって課税を行うことができる。

オ 法律の制定は国会の権能であるため，一の地方公共団体のみに適用される法律である地方特別法を制定する場合でも，当該地方公共団体の住民投票は不要である。

1 ア，エ **2** ア，オ **3** イ，ウ
4 イ，エ **5** ウ，オ

解説

ア：妥当である（憲法92条，地方自治法１条参照）。

イ：地方公共団体の長および議会の議員は，いずれも住民によって直接選挙される（憲法93条２項，地方自治法11条，17条）ので，前半は妥当である。しかし，後半が誤り。住民は，地方公共団体の長だけでなく，議会の議員についても解職を請求することができる（地方自治法80条，81条）。

ウ：憲法93条２項にいう住民とは，地方公共団体の区域内に住所を有する日本国民を意味するものであり，同条項は，わが国に在留する外国人に対して，地方公共団体の長，その議会の議員等の選挙の権利を保障したものということはできない。憲法93条２項は，わが国に在留する外国人に対して地方公共団体における選挙の権利を保障したものとはいえないが，わが国に在留する外国人のうちでも永住者等であってその居住する区域の地方公共団体と特段に緊密な関係を持つに至ったと認められるものについて，法律をもって，地方公共団体の長，その議会の議員等に対する選挙権を付与する措置を講ずることは，憲法上禁止されているものではないとするのが判例である（最判平７・２・28）。

エ：妥当である（憲法84条，地方自治法223条参照）。判例も，普通地方公共団体は，国とは別途に課税権の主体となることが憲法上予定されているとする（最判平25・２・21）。

オ：一の地方公共団体のみに適用される法律である地方特別法を制定する場合には，当該地方公共団体の住民投票が必要である（憲法95条，地方自治法261条）。

よって，妥当なものはアとエであるので，正答は**1**である。

正答 1

地方上級＜教養＞過去問500●9

地方上級
全国型，関東型，中部・北陸型

No. 9 政治　日本の地方自治　平成28年度

わが国の地方自治に関する次の記述のうち，妥当なものはどれか。

1 地方公共団体には，教育委員会や選挙管理委員会などの委員会が置かれているが，これは専門的な分野において，首長の指揮監督の下，政策について首長に助言することを目的とした機関である。

2 直接民主制的制度が設けられており，たとえば，選挙権を有する住民が一定数以上の署名をもって，首長に対して条例の制定を請求したときは，首長はこれを住民投票に付さなければならず，そこで過半数の賛成が得られたときには，当該条例案は条例となる。

3 地方税法には住民税や固定資産税などの税目が挙げられているが，地方公共団体が条例を制定し，地方税法に規定されていない新たな税目を独自に起こすことはできない。

4 地方交付税制度は，地方公共団体間の財政格差の是正を目的としており，財政状況の健全な地方公共団体から徴収された交付税を，財源不足に陥っている地方公共団体に配分している。

5 人口50万人以上の市が政令で指定され，政令指定都市になると，都道府県からその権限を大幅に移譲される。

解説

1. 委員会は，専門的な分野において，行政権の行使に当たる。これに対して，政策について首長に助言することを主な役割とするのは，審議会である。また，委員会は強い独立性を持って活動することが認められており，首長の指揮監督を受けることはない。

2. 条例制定の請求を受けて，首長は議会に議案を提出し，条例制定についての判断を求める。議会において出席議員の過半数の賛成があれば，当該条例案は条例となる。住民投票が実施されるのは，長・議員の解職請求や議会の解散請求の場合である。

3. 地方公共団体は，条例を制定し，地方税法に規定されていない新たな税目を起こすことができる。こうした税目は，一般に法定外税と呼ばれている。

4. 地方交付税交付金の財源とされているのは，財政状況の健全な地方公共団体から徴収された交付税ではなく，所得税・法人税・酒税・消費税の一定割合（税目ごとに定められている）および地方法人税の全額である。

5. 正しい。わが国では，一定規模以上の市を政令で指定して，都道府県からその権限の一部を移譲している。具体的には，政令指定都市（人口50万人以上）および中核市（人口20万人以上）という2つの制度が設けられている。

正答　**5**

地方上級 全国型, 関東型
No.10 政治 憲法の持つ意味 平成30年度

「憲法」という語には複数の意味がある。次のア～ウはそれぞれ「憲法」の異なる意味を示している。

ア　形式的意味：「憲法」という法形式として存在している成文法

イ　固有の意味：存在形式が成文か不文かを問わず，国家の構造・組織および作用の基本に関する規範

ウ　立憲的意味：存在形式が成文か不文かを問わず，国家権力を制限し権利を保障するという立憲主義の思想に基づく，国家の基礎法

次のⅠ～Ⅲにおいて用いられている「憲法」の語は，上記ア～ウのうちのいずれかの意味に対応しているが，その組合せとして妥当なものはどれか。

Ⅰ　イギリスに「憲法」は存在しない。

Ⅱ　権利の保障が定かでなく，権力の分立が定められていない社会は，「憲法」を持たない。

Ⅲ　およそ国家あるところに，必ず「憲法」がある。

	Ⅰ	Ⅱ	Ⅲ
1	ア	イ	ウ
2	ア	ウ	イ
3	イ	ア	ウ
4	イ	ウ	ア
5	ウ	イ	ア

解説

Ⅰ：イギリスには「憲法」という名の成文法は存在しない。したがって，Ⅰの「憲法」の語は，アの形式的意味に対応しているといえる。

Ⅱ：「権利の保障が定かでなく，権力の分立が定められていない社会は，憲法を持たない。」はフランス人権宣言第16条の内容であり，「憲法」であるためには，権利の保障と国家権力の制限という2つの要素が必要であるとするものである。したがって，Ⅱの「憲法」の語は，ウの立憲的意味に対応しているといえる。

Ⅲ：憲法は，国家の統治に関する基本的な事柄を定める法であり，国家であれば，必ず統治に関する国家の統治に関する基本的な事柄を定める法が存在する。したがって，Ⅲの「憲法」の語は，イの固有の意味に対応しているといえる。

以上より，Ⅰはア，Ⅱはウ，Ⅲはイに対応しているので，正答は**2**である。

正答　**2**

地方上級

全国型，関東型，中部・北陸型

No. 11 政治 議 会 平成25年度

議会は「変換型議会」と「アリーナ型議会」に類型化される。次のア～オの記述のうち，「アリーナ型議会」の説明として妥当なものの組合せはどれか。

- ア 議院内閣制を採用しているイギリスで典型的に見られる。
- イ 大統領制を採用しているアメリカで典型的に見られる。
- ウ わが国でも採用されている委員会制度を導入している。
- エ 議員立法を活性化するために政策担当秘書制度を導入している。
- オ 与野党の党首による党首討論制度を導入している。

1 ア，ウ
2 ア，オ
3 イ，ウ
4 イ，エ
5 イ，オ

解説

変換型議会とアリーナ型議会という類型は，N.ポルスビーによって示されたものである。

ア：妥当である。アリーナ型議会とは，与野党の激突の可視化を特徴とする議会のことであり，イギリス議会がその代表例とされている。イギリスでは議院内閣制が採用されているため，下院選挙で勝利した政党が内閣を組織し，これに対して野党が論戦を挑み，与野党の優劣を競うことになる。

イ：誤り。アメリカ議会は変換型議会の代表例である。アメリカでは政党の党規律が弱いため，各議員が選挙区民や支持団体の利益を法律内容に反映させるべく活動している。このように，国民の意見を法律に変換する役割を担っている議会を変換型議会という。

ウ：誤り。委員会制度は，法律案の審議を少数の議員で集中的に行おうとするもので，アメリカのような変換型議会で高度に発達してきた。ただし，現在では，イギリスなどのアリーナ型議会でも委員会制度は導入されている。

エ：誤り。政策担当秘書制度は議員の立法能力を高めるためのものであり，主にアメリカなどの変換型議会で導入されてきた。

オ：妥当である。党首討論制度は，与党の党首すなわち首相に対して，野党の党首が論戦を挑むためのものであり，アリーナ型議会を採用しているイギリスにおいて定着している。

以上より，アとオの記述が妥当であり，**2**が正答となる。

正答 **2**

地方上級

No. 12 全国型，関東型，中部・北陸型，市役所Ａ日程

政治　国会の機能と活動　平成**30**年度

日本の国会の機能と活動に関する次の記述のうち，妥当なものはどれか。

1　日本の国会は二院制を採用しており，参議院は，特定の地域や団体を代表するものとされている。

2　日本の国会は会期制を採用しており，会期中に採決されなかった案件は，当然に次の会期に引き継がれる。

3　臨時会の召集は，いずれかの議院の総議員の過半数の要求があったときは，内閣はその召集を決定しなければならない。

4　国会がその活動を開始するためには，開会式を開かなければならない。

5　衆議院が解散されたときは，参議院は，同時に閉会となる。ただし，内閣は，国に緊急の必要があるときは，参議院の緊急集会を求めることができる。

解　説

1．日本の国会は二院制を採用している（憲法42条）から前半は正しい。しかし，参議院は，衆議院と同様に，全国民を代表する選挙された議員で組織するとされており（同43条１項），特定の地域や団体を代表するものとはされていないから，後半は誤り。

2．日本の国会が会期制を採用しているとする部分は正しい（憲法52条，53条，54条１項，国会法10条，11条，12条）。しかし，会期中に議決に至らなかった案件は，後会に継続しない（国会法68条１項本文）から，後半は誤り。

3．臨時会の召集は，いずれかの議院の総議員の（過半数ではなく）４分の１以上の要求があったときは，内閣はその召集を決定しなければならない（憲法53条後段）。

4．大日本帝国憲法の時代における帝国議会の開会式（開院式）においては天皇が開会を命ずることによって活動を開始できるものとされていた（議院法５条）。これに対して，日本国憲法の下では，召集（憲法７条２号）によって集会した以上，国会は直ちに活動を開始することが可能であり，国会の開会式は，会期の始めにこれを行う（国会法８条）とされているが，これは単なる儀式にすぎず，国会がその活動を開始するために，開会式を開かなければならないわけではない。

5．妥当である（憲法54条２項）。

正答　5

地方上級

No. 13 全国型，関東型，中部・北陸型

政治 **国会議員の特権** 平成**25**年度

国会議員の特権に関する次の記述のうち，妥当なものはどれか。

1 国会議員は不逮捕特権を有しているため，国会の会期中は，たとえ院外における現行犯罪であっても，議院の許諾がなければ逮捕することができない。

2 国会の閉会中は，国会議員に不逮捕特権は認められないが，会期前に逮捕された議員は所属議院の要求があれば釈放される。

3 国会議員は免責特権を有しているため，院内における発言，表決，野次，暴力行為などで除名等の責任を問われることはない。

4 国会議員の免責特権により免責される責任の範囲は，民事責任・刑事責任のほかに所属政党や支持団体に対する責任も含まれると解されている。

5 国会議員の有する免責特権は，国会と同様に民主的基盤を有する地方議会の議員にも認められるとするのが判例である。

解説

1. 国会議員は不逮捕特権を有しているため，法律の定める場合を除いては，国会の会期中は逮捕されない（憲法50条前段）。そして，この法律の定める場合として，国会法33条は「院外における現行犯罪の場合を除いては，会期中その院の許諾がなければ逮捕されない」と規定しているから，国会の会期中でも，院外における現行犯罪であれば，議院の許諾がなくても逮捕することができる。

2. 妥当である（同50条後段）。

3. 国会議員は免責特権を有しているとする点は正しい（同51条）。しかし，免責特権の対象は，議院で行った演説，討論または表決についてであり（同条），野次，暴力事件行為はその対象に含まれないから，この点は誤りである。また，免責特権は，「院外」で責任を問われない制度であり（同条），両議院は，院内の秩序を乱した議員に対して除名等の懲罰をすることができ（同58条2項），院内では除名等の責任を問われることがあるから，この点も誤りである。

4. 国会議員の発言等の免責特権（同51条）によって免除される責任の範囲は，民事責任・刑事責任は含まれるが，所属政党や支持団体に対する責任は含まれないと解されている。

5. 判例は，地方議会の議員には，憲法51条の免責特権は保障されていない（最大判昭42・5・24）とする。

正答 2

地方上級

No. 14 政治 信教の自由と政教分離原則

全国型，関東型，横浜市

平成21年度

信教の自由および政教分離原則に関する次の記述のうち，妥当なものはどれか。

1 信教の自由の保障に基づき，加持祈祷の手段として殴打等の行為を行い，それが原因で祈祷を受けていた者が死亡したとしても，その行為は罪に問われない。

2 法律で宗教法人の解散命令の制度を設け，そこに規定された要件に適合した場合に国が当該宗教法人に対して解散を命じても，そのことが直ちに信教の自由を侵害することになるわけではない。

3 政教分離の原則は国家と宗教を厳格に分離することを要求しているので，国はいかなる形であっても宗教団体への関与をなすことができず，たとえば宗教団体が運営する私立学校に補助金を交付することも許されない。

4 憲法の政教分離に関する規定は，個々の国民に具体的権利を付与したものであって，この原則に違反するような国家の行為が行われた場合には，国民は訴えを提起してその中止や是正を求めることができる。

5 国が宗教に関する教育を行うことは政教分離原則に違反するので，国立大学が宗教の歴史等を学ぶための宗教学の講座を開設することは許されない。

解説

1. 判例は，「被告人の行為が宗教行為としてなされたものであったとしても，それが他人の生命，身体等に危害を及ぼす違法な有形力の行使に当るものであり，これにより被害者を死に致したものである以上，著しく反社会的なものであることは否定し得ないところであって，信教の自由の保障の限界を逸脱したものというほかはなく，これを処罰したことは，何ら憲法20条1項に反するものではない」とする（最大判昭38・5・15）。

2. 正しい。判例は，宗教法人法の解散命令の制度について，「専ら宗教法人の世俗的側面を対象とし，かつ，専ら世俗的目的によるものであって，宗教団体や信者の精神的・宗教的側面に容かいする意図によるものではない」ことなどを理由に合憲としている（最決平8・1・30）。

3. 判例は，憲法の政教分離原則は，「国家が宗教とのかかわり合いをもつことを全く許さないとするものではなく，宗教とのかかわり合いをもたらす行為の目的及び効果にかんがみ，そのかかわり合いがわが国の社会的・文化的諸条件に照らし信教の自由の保障の確保という制度の根本目的との関係で相当とされる限度を超えるものと認められる場合にこれを許さないとするものである」として，「行為の目的が宗教的意義をもち，その効果が宗教に対する援助，助長，促進又は圧迫，干渉等になるような行為」のみが禁止の対象となるとする（最大判昭52・7・13）。したがって，教育の一端を担う私立学校に補助金を交付しても，このような行為に該当しないので，政教分離原則に違反しない。

4. 判例・通説は，憲法の政教分離の規定について，個々の国民に具体的権利を付与したものではなく，制度的保障と考えている（最大判昭52・7・13）。そして，この見解によれば，訴えを提訴するには，自己の権利または法律上の利益が損害されることを必要とする（最判平18・6・23参照）。

5. このような講座の開設は，特定の宗教に対する援助，助長，促進または圧迫，干渉等になるような行為ではないので，政教分離原則に抵触しない。

正答 **2**

地方上級＜教養＞過去問500 ● **15**

地方上級

全国型，関東型，中部・北陸型，市役所Ａ日程

No. 15　政治　違憲立法審査権　令和元年度

違憲立法審査制に関する次の記述のうち，妥当なものはどれか。

1　憲法が裁判所に違憲立法審査権を付与した主な理由として，司法権が国政全般の動きに注意し，その円滑な運用を図るべき立場にあることが挙げられる。

2　違憲立法審査権は最高裁判所のみに付与されており，下級裁判所が違憲判決を下すことはできない。

3　具体的な権利または法律関係に関する訴訟において，法律の合憲性が争われた場合，裁判所は，当該法律の立法目的およびその達成手段の合理性を支える社会的，経済的，文化的な背景を必要に応じて検討する。

4　ある法律の条文の合憲性が疑われる場合に，条文の意味を憲法に適合するように解釈することで，違憲判断を回避する手法をとることは許されない。

5　ある法律を違憲とする最高裁判所の判決が確定した場合，憲法の最高法規性から，当該法律は国会の改廃手続きを経ることなく廃止される。

解説

1．憲法が裁判所に違憲立法審査権を付与した主な理由は，本肢のようなものではなく，憲法の最高法規性の確保と基本的人権の尊重が挙げられる。

2．違憲立法審査権は下級裁判所にも付与されており（最大判昭25・2・1），したがって，下級裁判所も違憲判決を下すことができる。

3．妥当である。薬事法違憲判決（最大判昭50・4・30）において，最高裁判所は，薬事法の立法目的と，立法目的を達成するための手段（適正配置規制）の合理性を支える社会的，経済的，文化的な背景（立法事案）を詳細に検討したうえで，法律を違憲としている。

4．ある法律の条文の合憲性が疑われる場合に，条文の意味を憲法に適合するように解釈することで，違憲判断を回避する手法をとることも許される（最大判昭37・5・2）。このような法解釈の手法を，合憲限定解釈という。

5．ある法律を違憲とする最高裁判所の判決が確定した場合であっても，当該法律が国会の改廃手続きを経ずに廃止されることはない。

正答　**3**

地方上級

No. 16 政治　経済的自由

全国型，関東型，中部・北陸型，市役所A日程

平成30年度

日本国憲法における経済的自由権に関する次の記述のうち，妥当なものはどれか。ただし，争いのあるものについては判例による。

1 経済的自由権は，近代社会において不可欠な構成要素である経済活動の自由を保障するものであるから，経済的自由権に対する規制では，精神的自由権に対する規制と同程度の基準を用いて憲法適合性が審査されなければならない。

2 職業選択の自由に対する規制の憲法適合性判断では，経済的に劣位にいる者を保護するための社会経済政策上の規制の場合には，国民の生命や健康に対する危険を防ぐための規制に比べて，立法者により広い裁量が与えられており，緩やかな基準によって判断される。

3 外国移住の自由には，外国への一時的な旅行の自由も含まれていることから，日本の利益や公安を害するおそれがあると認めるのに相当な理由がある日本国民に対しても，パスポートの発行を拒否できない。

4 国籍離脱の自由は，諸個人が自らの意思によって社会をとりまとめ，政治権力を設立するという個人主義的国家観から導き出されるものであり，自らの意思で無国籍となる自由も保障されている。

5 財産権は，フランス人権宣言などにおいて神聖不可侵の権利として保障されてきた。その性質を引き継ぐ日本国憲法では，たとえ正当な補償があったとしても財産権に対する制限は許されない。

解説

1. 前半の経済的自由権の内容については正しい。しかし，経済的自由権に対する規制では，精神的自由権に対する規制よりもより緩やかな基準（合理性の基準）を用いて憲法適合性が審査されなければならないと考えられている（二重の基準論）から，後半は誤り。

2. 妥当である。職業選択の自由の憲法適合性判断では，経済的自由権に対する規制を審査する基準である合理性の基準は，規制目的に応じて2つに分けた基準が用いられるべきであると考えられている。すなわち，経済的に劣位にいる者を保護するための社会経済政策上の規制（積極目的規制）の場合には，当該法的規制措置が著しく不合理であることの明白である場合に限って違憲とするとする「明白性の原則」が用いられるとされる。これに対して，国民の生命や健康に対する危険を防ぐための規制（消極目的規制）の場合には，規制の必要性・合理性およびより緩やかな規制手段で同じ目的を達成できるかを審査する「厳格な合理性の基準」が用いられるべきであるとされる（最大判昭47・11・22〈小売市場距離制限事件〉，最大判昭50・4・30〈薬局距離制限事件〉参照）。

3. 判例は，憲法22条2項が保障する外国に移住する自由には外国へ一時旅行する自由が含まれるが，外国旅行の自由といえども無制限のままに許されるものではなく，公共の福祉のために合理的な制限に服するとする（最大判昭33・9・10）。よって，日本の利益や公安を害するおそれがあると認めるのに相当な理由がある日本国民に対しては，パスポートの発行を拒否できる。

4. 憲法22条2項は，国籍離脱の自由を認めているが，これには無国籍になる自由は含まれていないと一般に解されている。

5. 前半は正しい（フランス人権宣言17条参照）。日本国憲法でも，「財産権は，これを侵してはならない」（日本国憲法29条1項）と規定されているが，他方で，「私有財産は，正当な補償の下に，これを公共のために用ひることができる」（同条3項）と規定されているから，後半は誤り。

正答 **2**

地方上級 全国型，関東型，中部・北陸型

No. 17 政治　社会権　平成29年度

社会権に関する次の記述のうち，妥当なものはどれか。

1 生存権は，その内容が抽象的であるため，生活保護法などその内容を具体化する法律が制定されて初めて具体的な権利となると解されている。

2 生存権の内容としては，良好な環境を享受する自由として環境権が含まれており，最高裁判所の判決でも明確に権利として認めているため，環境権は具体的権利と解されている。

3 子どもに対する教育は親や教師などの国民全体の責任であるため，教育の内容や方法についての決定は，現場の責任者である教職員にすべて委ねられ，国がその内容を具体的に実施することは許されない。

4 労働基本権は，労働者の生存を確保する権利であり，公務員も民間企業の労働者と同程度にその行使が認められている。

5 団結権は，使用者に対して労働者が対等な交渉力を持てるよう団結して労働組合を結成し，そこに加入する自由として保障されている。一方，「団結しない自由」も保障されているため，労働組合に加入することを強制することが認められる余地はない。

解説

1. 正しい。生存権の内容は抽象的で不明確なため，それを具体化する法律の制定を待って初めて具体的な権利となると解されている。

2. 環境権は，良好な環境を享受しうる権利であり，社会権的な性格を持つ新しい人権として主張されているものである。しかし，判例は，環境権を，その内容が不明確であるとして憲法上の権利として認めていない（最大判昭56・12・16）。

3. 判例は，国も国民も，ともに子どもの学習権を充足するためにそれぞれの役割を果たすべきであり，子どもが自由かつ独立な人格として成長することを妨げるような国家的介入は許されないが，国は子ども自身の利益のために必要かつ相当と認められる範囲において教育内容を決定する権能を有するとする（最大判昭51・5・21〈旭川学テ事件〉）。

4. 判例は，全体の奉仕者（憲法15条2項）としての公務員の地位や職務の公共性などに鑑み，民間企業の労働者とは異なる労働基本権の制約を認めている（最大判昭48・4・25〈全農林警職法事件〉）。

5. 団結は労働者にとってその経済的地位の向上のために不可欠の手段であり，すべての労働者の利益となるものであるため，団結強制（組合へ加入することの強制，ユニオン・ショップ協定）は組合に加入しない自由よりも優先すると解されており，組合への加入の強制は違法とはされていない。

正答　**1**

地方上級

No. 18 全国型，関東型，中部・北陸型，市役所Ａ日程

政治　憲法の私人間効力　令和２年度

憲法の人権保障の規定が私人間にどのように適用されるかについて，非適用説を除くと，次の
2つの見解がある。

　　A説：私人間にも直接適用される。

　　B説：民法の公序良俗違反などの解釈を通して間接的に適用される。

　次のうち，A説の根拠となるものの組合せとして，妥当なものはどれか。

　ア　私人間には私的自治の原則が妥当する。

　イ　人権保障の効力は全法領域において妥当する。

　ウ　人権は国家に対する権利を定めたものである。

　エ　憲法は，私人に対する国家権力の介入を禁止するものである。

　オ　「国家からの自由」以外にも人権規定は適用されるべきである。

1　ア，ウ

2　ア，エ

3　イ，エ

4　イ，オ

5　ウ，オ

解 説

A説は直接適用説，B説は間接適用説（通説・判例）である。

ア：B説の根拠である。私人間には私的自治の原則が妥当するから，憲法を直接適用すべきで
　はないとする。

イ：A説の根拠となる。A説は，人権保障の効力は，公法私法を問わず全法領域において妥当
　するから，私人間において直接人権を主張しうるとする。

ウ：B説の根拠である。人権は国家に対する権利を定めたものであるから，私人間に直接適用
　すべきではないとする。

エ：B説の根拠である。憲法は，私人に対する国家権力の介入を禁止するものであるから，私
　人間に直接適用すべきではないとする。

オ：A説の根拠である。人権規定は，元来，「国家からの自由」という対国家的なものであっ
　たが，現代においては，私人による人権侵害の危険性が増大していることを根拠にする。

　以上より，A説の根拠となるものの組合せとして妥当なものはイとオであるので，正答は**4**
である。

正答　4

地方上級＜教養＞過去問500●**19**

政治

経済

社会

日本史

世界史

地理

思想

文学・芸術

国語

地方上級
No. 19 政治 人権制約の性質

全国型，関東型，中部・北陸型
平成27年度

次の5つの記述のうち，人権の制約として他の4つとは異なる性質を持つものはどれか。

1 オートバイの運転手に対して，その道路走行上の安全のために，ヘルメットの着用を義務づけること。

2 自制心を抑えることのできない者のために，賭博を禁止すること。

3 青少年に対し，その健全な育成を図ることを目的として，有害な図書等を指定し，その販売を規制すること。

4 受動喫煙が，発がんリスク等健康に害を及ぼす可能性があることから，公共施設における喫煙を禁止すること。

5 健全な判断力を持たない未成年者が政治的抗争に巻き込まれることを防止するため，未成年者の選挙運動への参加を禁止すること。

解 説

本問は，人権の制約のうちの，いわゆるパターナリスティックな制約に関する理解を問うものである。本来，人権の制約は人権相互の矛盾・衝突を調整するために必要とされるものである。したがって，自分の不利になることや自己加害などについては，それが他者の人権との矛盾・衝突を生じない限り国家はそれに介入しないのが原則である。しかし，場合によっては，国家が後見的な立場から例外的に介入して，人権に対する必要最小限度の制約が認められると解されている。これが，パターナリスティックな制約である。

そこで本問を見てみると，**1**～**3**と**5**は，いずれも本人にとって不利にならないようにするための制約であり，パターナリスティックな制約に当たる。これに対して，**4**は他人の健康に害を及ぼす行為を制限するという意味で人権相互の矛盾・衝突を調整するための制約といえるため，パターナリスティックな制約ではない。

よって，正答は**4**である。

正答 **4**

地方上級 No.20 関東型，中部・北陸型

政治 日本国憲法における法の下の平等 平成28年度

日本国憲法における法の下の平等に関する次の記述のうち，妥当なものはどれか。

1 憲法上の平等については，従来は国民各人が法的な取扱いを受けることを保障するものであったが，今日では，社会的・経済的弱者を救済するために，結果の平等を追求するものとなってきている。したがって，従来の考え方は意味を失っている。

2 法の下の平等によって差別が禁止されるのは，人種，信条，性別，社会的身分または門地という憲法14条1項後段に列挙されている5つの事項に限られ，これ以外の事項による差別は憲法上許容される。

3 法の下とは，国民に法を平等に適用することを要請するものであり，法の内容自体が不平等である場合に，それが平等に適用されても平等は実現されないが，このことは憲法に違反しない。

4 法の下の平等は，法律などを国民に適用する際に，その取扱いにつき一切の区別をしてはならないことを意味するわけではなく，合理的な区別をすることは許される。

5 法の下の平等は，国民どうしにおいても実現されるべき基本原則であることから，国民どうしの差別の場合にも憲法14条1項の規定が直接適用される。

解説

1. 14条そのものは形式的平等に関する規定であって，実質的平等（結果の平等）まで積極的に保障しているわけではない。ただ，憲法は25条以下で実質的平等の要素を含むところの社会権保障規定を設けていることから，それとの関係で，14条は実質的平等を否定していないというにとどまる。

2. 14条1項後段の規定事項は，通常「異なる取扱いをすることに合理性が認められない」ことから列挙されたものである。それゆえ，不合理な差別が許されないのは列挙事項に限られない。

3. 法の内容が不平等なものであれば，法の適用が平等に行われても平等を実現したことにはならない。そのため，「法の下」の平等とは，法内容の平等までも含むものと解されている。

4. 正しい。各人には年齢や性別等による実質的差異があるので，この差異に着目して，異なる条件下で異なる扱いを許容する合理的な区別は許される。

5. 私的自治を尊重する見地から，憲法14条1項の規定は私人間の法律関係には直接適用されず，私法の一般条項を通じて間接的に適用される（最判昭56・3・24）。

正答 **4**

地方上級

No. 21 政治　刑事手続きにおける人権保障規定　令和2年度

全国型，関東型，中部・北陸型

刑事手続きにおける被疑者・被告人の人権を保障するための各種規定に関する次の記述のうち，妥当なものはどれか。

1 何人も，現行犯として逮捕される場合を除いては，検察官が発し，かつ理由となっている犯罪を明示する令状によらなければ，逮捕されない。

2 刑事被告人は，いかなる場合にも，資格を有する弁護人を依頼することができ，被告人が自らこれを依頼することができないときは，国でこれを付する。

3 新たな有罪の証拠が発見された場合には，無罪判決の確定後であっても，その証拠をもとに有罪とすることができる。

4 裁判所は，裁判官および訴訟関係人が証人を尋問するために在席する場所以外の場所に証人を在席させ，映像と音声の送受信により相手の状態を相互に認識しながら通話をすることができる方法によって，証人を尋問することはできない。

5 検察官は，ある事件についての取調べにおいて，被告人または弁護人が，その取調べの請求に関し，その承認が任意にされたものでない疑いがあることを理由として異議を述べたときは，常に，当該書面が作成された取調べにおける被告人の供述およびその状況を記録した記録媒体の取調べを請求しなければならない。

解説

1. 何人も，現行犯として逮捕される場合を除いては，権限を有する司法官憲が発し，かつ理由となっている犯罪を明示する令状によらなければ，逮捕されない（憲法33条）。ここでいう「司法官憲」は，検察官ではなく，裁判官である（刑事訴訟法199条）。

2. 妥当である（憲法37条3項，刑事訴訟法30条，36条など）。

3. 何人も，すでに無罪とされた行為については，刑事上の責任を問われない（憲法39条前段）。したがって，新たな有罪の証拠が発見された場合でも，無罪判決の確定後に有罪とすることはできない。

4. 裁判所は，一定の者を証人として尋問する場合において，相当と認めるときは，検察官および被告人または弁護人の意見を聴き，裁判官および訴訟関係人が証人を尋問するために在席する場所以外の場所であって，同一構内にあるものにその証人を在席させ，映像と音声の送受信により相手の状態を相互に認識しながら通話をすることができる方法によって，尋問することができる（刑事訴訟法157条の6第1項）。ビデオリンク方式による証人尋問である。

5. 一定の事件については，検察官は，証拠とすることができる書面であって，当該事件についての取調べにおいて，被告人または弁護人が，その取調べの請求に関し，その承認が任意にされたものでない疑いがあることを理由として異議を述べたときは，その承認が任意にされたものであることを証明するため，当該書面が作成された取調べにおける被告人の供述およびその状況を記録した記録媒体の取調べを請求しなければならない。ただし，所定の規定による記録が行われなかったことその他やむを得ない事情によって当該記録媒体が存在しないときは，この限りでない（刑事訴訟法301条の2第1項）。「常に」，が誤り。

正答　**2**

22●地方上級＜教養＞過去問500

地方上級
全国型，関東型，中部・北陸型

No. 22 **政治** **政教分離原則** 平成27年度

政教分離に関する次の記述のうち，妥当なものの組合せはどれか。

ア　政教分離は，国家と宗教との分離を要請するものであるが，両者の間の一切のかかわり合いを排除する趣旨である。

イ　政教分離は，国家の宗教的中立性を制度として保障したものであり，その核心的部分を侵害することができないと解されている。

ウ　宗教団体が政治上の権力を行使することは許されないので，宗教団体が政治活動を行うことも違憲である。

エ　政教分離は，公教育の中立性をも要請するものであるが，場合によっては，特定の宗教を信仰する者に対して一定の配慮をすることもできる。

1　ア，イ
2　ア，ウ
3　イ，ウ
4　イ，エ
5　ウ，エ

解説

ア：判例は，「国家は，社会生活に規制を加え，あるいは教育，福祉，文化などに関する助成，援助等の諸施策を実施するに当たって，宗教とのかかわり合いを生ずることを免れえない」ので，「現実の国家制度として，国家と宗教との完全な分離を実現することは，実際上不可能に近い」として，政教分離は，国家と宗教との完全な分離ではなく，相当とされる限度を超えると認められる場合にこれを許さないとする（最大判昭52・7・13）。

イ：正しい。政教分離原則は制度的保障であると解されており，これは憲法が人権と密接な関連を有する一定の制度を保障していると解することによって，立法によってもその制度の核心部分を侵害できないとするものである。

ウ：憲法は，宗教団体が政治上の権力を行使することは許されない旨を規定しているが（憲法20条1項後段），これは，国が独占すべき立法・行政等の統治的権力を，宗教団体が行使することを禁ずるものである。宗教団体の政治活動は，これに抵触しない限り違憲とはならない。

エ：正しい。判例は，他人と争うことを禁ずる宗教上の教義に基づいて剣道実技を拒否した公立学校の生徒に対して，学校長が必須科目である剣道を履修しなかったことを理由に留年・退学等の処分を行ったという事案で，教育目的の達成は他の体育科目の履修やレポートの提出などによっても代替可能であり，そのような措置をとらずに留年・退学等の重大な不利益を伴う処分を行ったことは裁量権の範囲を超える違法なものであるとした（最判平8・3・8）。

よって，正答は**4**である。

正答　**4**

地方上級

全国型，関東型，中部・北陸型

No. 23 政治 議院内閣制 平成22年度

議院内閣制に関する次の記述のうち，妥当なものはどれか。ただし，争いのあるものは判例・通説の見解による。

1 内閣は，行政権の行使について，国会に対し連帯して責任を負い，この責任は法的責任であると解されている。

2 内閣の不信任決議権を有するのは衆議院であるから，内閣は，行政権の行使について，衆議院に対してのみ連帯して責任を負っている。

3 国務大臣が，閣議で決定した方針と異なる意見を持つ場合には，その意見を外部に向かって表明することは許されず，閣議の方針に従って職務を遂行できないときには辞職すべきである。

4 内閣は，行政権の行使について，国会に対して連帯して責任を負うものであることから，内閣の構成員である個々の国務大臣が，いずれかの議院から個別に責任を問われることはない。

5 内閣提出の重要法案が参議院で否決された場合には，参議院によって内閣が不信任されたに等しいと考えられるとしても，この場合に内閣が衆議院を解散することは，筋違いであり認められない。

解説

1. 内閣は，行政権の行使について，国会に対し連帯して責任を負うとする部分は正しい（憲法66条3項）。しかし，この責任は，法的責任（同69条参照）ではなく，責任の取り方が総辞職などに限られない政治的責任であると解されている。

2. 確かに，内閣の不信任決議権を有するのは衆議院であるが（同69条），内閣は，行政権の行使について，国会に対し連帯して責任を負うから（同66条3項），衆議院に対してのみ責任を負うとする部分は誤りである。

3. 正しい。内閣が行政権の行使について国会に対して連帯責任を負っているから（同66条3項），内閣を組織する国務大臣は一体となって行動しなければならないと解されている。

4. 内閣が行政権の行使について国会に対して連帯責任を負う（同66条3項）とする点は正しい。しかし，個々の国務大臣が，いずれかの議院から個別に責任を問われることはありうる。もっとも，この責任は，憲法69条のような法的効力を伴わない。

5. 内閣には衆議院の解散についての無制限の実質的決定権が認められていると解するのが通説であり，また，本枝のような場合に衆議院を解散することは憲法上も特に禁止されていない。

正答 **3**

24●地方上級＜教養＞過去問500

地方上級

No. 24 政治　予算の法的性格

全国型，関東型，中部・北陸型

平成25年度

予算の法的性質に関しては，次の３つの考え方がある。

A説：予算は国会が政府に対して１年間の財政計画を承認する意思表示である（予算行政説）。

B説：予算に法的性格を認めるが，法律とは異なった国法の一形式である（予算法形式説）。

C説：予算は法律それ自体である（予算法律説）。

これらの説に関する次の記述のうち，妥当なものはどれか。

1　A説は，財政国会中心主義の原則を根拠とする立場である。

2　B説によれば，国会は予算を修正できないことになる。

3　C説は，予算は国を拘束するが国民を拘束するものではないことを自説の根拠とする。

4　B説によれば，予算と法律が矛盾するという問題が排除されることになる。

5　C説は，予算が法律それ自体であることの当然の結果として，国会が予算を自由に修正することができると解している。

解説

1．A説は，国会の権能を軽視しており，財政国会中心主義の原則（憲法83条）と矛盾するものであると批判されている。

2．国会による予算の減額修正については，A説・B説・C説のどの立場に立っても，財政国会中心主義の原則（同条）から認められている。また，B説の立場では，増額修正についても，その限界の有無については争いがあるものの，同じく財政国会中心主義の原則（同条）を根拠に認めている。

3．本肢の内容は，B説の根拠である。すなわち，予算は国を拘束するから，法規範であって単なる国会による承認ではなく（A説はとれない），また，予算は国民を拘束するものではないから，国民の行為を一般的に規律する法令とは区別される（C説はとれない），という点を挙げる。

4．B説によれば予算は法律とは異なった国法の一形式であると考えるのであるから，予算と法律が矛盾するという問題が生じうる。なお，本肢の内容はC説の根拠となっている。

5．妥当である。C説では，予算が法律それ自体であると解する以上，唯一の立法機関である国会（同41条）が，法律である予算を自由に修正することができると解することになる。

正答　5

地方上級＜教養＞過去問500●25

地方上級 全国型，関東型，中部・北陸型

No. 25 政治　罪刑法定主義　平成29年度

罪刑法定主義に関する次の記述のうち，妥当なものはどれか。

1 慣習法は，社会における慣習のうち，それが法的拘束力を持つと認識されるに至った法規範であり，慣習法によって，ある犯罪を定めて刑罰を科すことは許される。

2 実行時に違法ではなかった行為についても，社会的に重大な影響をもたらすものについては，事後に法律を制定して処罰することが許される。

3 無期懲役や無期禁錮のような終身刑は，拘禁する期間が具体的に定まっていないので，許されない。

4 犯罪の種類のみを定め，その犯罪を構成する具体的な内容を命令や規則に白紙委任することは許されない。

5 ある行為を処罰する規定がなくても，それと類似する行為を処罰する規定がある場合には，当該規定を類推して適用することで処罰することができる。

解説

1. 罪刑法定主義とは，いかなる行為が犯罪となり，それに対してどのような刑罰が科されるかについて，あらかじめ成文の法律をもって明確に規定しておくべきとする原則をいう。したがって，成文の法律ではない慣習法によって，ある犯罪を定めて刑罰を科すことは，この原則に違反するもので許されない。

2. 事後に法律を制定して処罰することは，国民の行動の自由を脅かすことになるので，罪刑法定主義の派生原則の一つである遡及処罰禁止の原則（憲法39条前段）によって禁止されている。

3. 無期懲役や無期禁錮は終身刑ではない。前2者では，10年経過後に仮釈放が認められる可能性があるが（刑法28条），終身刑では仮釈放がなく生涯を刑務所で過ごすことになる。なお，日本では終身刑は採用されていない。

4. 正しい。命令や規則への白紙委任は，犯罪と刑罰を法律で定めるべきとする罪刑法定主義に違反するので許されない。

5. このような類推解釈は，法律で規定されていない事項を処罰することになるため，国民の行動の予測可能性を奪うことになって罪刑法定主義に反し許されない。

正答　**4**

地方上級

No. 26 政治 働き方改革関連法

全国型，関東型，中部・北陸型

令和 元年度

2018年に「働き方改革関連法」が成立したが，労働基準法改正などに関する次の記述のうち，妥当なものはどれか。

1 労働基準法で労働時間の上限は1日7時間，週35時間を原則とする旨が定められたが，使用者が労働者に対して時間外労働をさせるためには，労使協定を締結する必要はない。

2 時間外労働について，1か月単位などで上限規制が設けられ，これに違反した場合には罰則が適用されることになった。

3 年次有給休暇の取得率の低さが問題となり，これまで時季ごとに使用者が労働者に取得させていたものを，労働者からの請求により取得することができるようになった。

4 高度プロフェッショナル制度が導入され，一定の年収を超えるすべての労働者は，労働基準法の労働時間規制の対象外となった。

5 同一労働同一賃金をめざすために，正規労働者と非正規労働者との間での不合理な待遇の格差は認められないこととなったが，施行時期は決まらなかった。

解説

1. 労働基準法では，労働時間の上限について1日8時間，週40時間を原則とする旨が定められている（労働基準法32条1項・2項）。また，使用者が労働者に対して時間外労働をさせるためには，労使協定を締結する必要がある（同36条）。

2. 妥当である（労働基準法36条6項2号・3号，119条1号）。

3. 年次有給休暇は，従来から，労働者からの請求により取得することができるものである（労働基準法39条5項）。

4. 高度プロフェッショナル制度では，高度の専門的知識等を有し，職務の範囲が明確で一定の年収要件を満たす労働者のみ，労働基準法の労働時間規制の対象外となった（労働基準法41条の2第1項）。

5. 同一労働同一賃金がめざされ，正規労働者と非正規労働者との間での不合理な待遇の格差は認められないこととなり，大企業では2020年4月，中小企業では2021年4月に施行された（パートタイム・有期雇用労働法など）。

正答 **2**

地方上級＜教養＞過去問500●27

地方上級

全国型，関東型，中部・北陸型

No.27 政治 **国際連合** 令和 元年度

国際連合に関する次の記述のうち，妥当なものはどれか。

1 国際連合の安全保障理事会は，侵略などの平和を脅かす行動をとった国に対する経済制裁の実施を決定できるが，そのような国に対する武力行使を認める決定をすることはできない。

2 国際連合の平和維持活動（PKO）の任務は，現に武力紛争が続いている地域で，武力紛争の両当事者を停戦へと導くことに限られており，停戦が成立した時点でPKOの部隊は撤収しなければならない。

3 国際司法裁判所は，国家間の紛争を国際法に基づいて解決することを目的とする機関であり，紛争の一方の当事国が国際司法裁判所に提訴すれば，提訴された相手国は出廷を義務づけられる。

4 国際連合の関係機関の職員は，G7諸国をはじめとする世界各国から採用されているが，国際連合の関係機関の職員数を出身国別に見ると，日本人は，アメリカ人，フランス人に次いで3番目に多い。

5 国際連合の活動は加盟国が拠出する分担金によって支えられているが，最高額の分担金を割り当てられているアメリカを含め，分担金を滞納している国があり，国際連合は財政難の状態にある。

解説

1. 国際連盟では経済制裁に限定されていたのに対し，国際連合では軍事的強制措置も実施できる。1990年のイラクによるクウェート侵攻に対し，安全保障理事会の決議に基づいて，その翌年に多国籍軍がイラクに武力行使をした。この湾岸戦争が，その例に挙げられる。

2. PKOとは，本来的には，再び武力紛争が勃発しないように，停戦合意後に紛争当事国の間に入って停戦や軍の撤退を監視する活動のことである。ちなみに，冷戦終結後には，内戦終結後の地域における選挙監視や文民警察，難民支援，復興開発など，その任務内容は多様化している。

3. 国際司法裁判所は，原則的に紛争当事国が付託に同意しない限り，裁判を行うことができない。すなわち，当事国の一方のみが提訴しても，裁判が行われることはない。

4. 国連関係機関の国別職員数（専門職以上）は，アメリカが最多で，フランスがそれに次ぐ。3番目はイギリスであり，日本は7番目（2016年12月末現在）。日本人職員数は，増加傾向にあるものの約800人であり，他のG7諸国が1,000人を超えているのに比べると，少ない。

5. 妥当である。2018年7月には，国連加盟国193か国のうち，分担金を滞納している国が81か国に上り，国連のグテーレス事務総長が現金不足を伝える文書を職員に送ったことが話題となった。

正答 **5**

地方上級

No. 28 政治　各国の政治制度

全国型，関東型，中部・北陸型，市役所Ａ日程

令和2年度

各国の政治制度に関する次の記述のうち，妥当なものはどれか。

1 アメリカの大統領は，議会に議席がなく，法案を提出することはできないが，連邦議会に教書を送付することはできるほか，成案に対する拒否権も持っている。

2 イギリスでは，議会下院の多数党の党首が国王によって首相に任命されている。首相は，自らが必要と認めるときには随意に下院を解散し，総選挙を行うことができる。

3 ドイツは半大統領制の国であり，国民の直接選挙によって選出された大統領が，首相や閣僚を任命している。また，大統領は主に外交を，首相は内政を担当している。

4 フランスは議院内閣制の国であり，大統領は国家元首であるものの儀礼的な役割しか果たさず，実際の政治は連邦議会から選出された首相が行っている。

5 中国では，厳格な三権分立制の下，国家主席は国民の直接選挙によって選出されている。また，全国人民代表大会は，立法権を有するほか，国務院総理の選出も行っている。

解　説

1．妥当である。アメリカの政治制度には厳格な三権分立が導入されており，立法権は連邦議会が独占している。大統領には（予算を含めて）法案を連邦議会に提出する権限がなく，教書を通じて立法を連邦議会に促すことしかできない。なお，大統領には連邦議会が可決した法案に対する署名拒否権があるが，大統領が署名拒否権を行使した場合でも連邦議会が上下両院の3分の2以上の多数で再可決すれば，大統領の署名がなくても法案は成立する。

2．後半が誤り。現在のイギリスでは，下院で内閣不信任決議が成立するか，下院の3分の2以上の議員が同意しない限り，下院の解散はない。

3．フランスに関する記述である。首相が率いる内閣は議会に責任を負う立場であるため，大統領と対立する党派に所属する者が首相を務めることもある。この状態を，フランスではコアビタシオンという。なお，半大統領制の国の例には，ロシアなどもある。

4．ドイツに関する記述である。ドイツの連邦大統領には実権がなく，連邦議会（下院）が選んだ連邦首相が連邦議会に責任を負って行政権を行使するから，ドイツの政治制度は議院内閣制に分類されている。なお，連邦大統領は，連邦議会と州議会の代表者で組織される連邦会議によって選出されている。

5．社会主義国では，政治制度に三権分立制は導入されていない。中国でも，一院制議会である全国人民代表大会（全人代）が最高権力機関とされている。このような体制を，権力集中制（民主集中制）という。また，国務院総理（首相）だけでなく，国家元首である主席も全国人民代表大会が選出している。

正答　**1**

地方上級 No.29 経済 上級財・下級財 平成19年度
全国型，関東型

ある消費者は所得すべてを X 財と Y 財の消費に費やす。下の図は，この消費者の予算線，無差別曲線および所得消費曲線を描いている。この図に関する次の記述中のアとイに当てはまる語句の組合せとして，妥当なものはどれか。

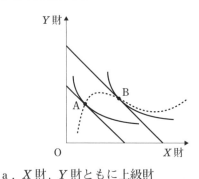

A点においては　ア　
- a．X 財，Y 財ともに上級財
- b．X 財は上級財だが，Y 財は下級財
- c．X 財，Y 財ともに下級財

であるが，

B点においては　イ
- a．X 財は上級財だが，Y 財は下級財
- b．X 財は下級財だが，Y 財は上級財
- c．X 財，Y 財ともに下級財

である。

	ア	イ
1	a	a
2	a	b
3	b	a
4	b	c
5	c	a

解説

所得・消費曲線から財の性質を読み取る問題である。所得が増加するにつれて，需要が増加する財を上級財，需要が減少する財を下級財という。所得・消費曲線とは所得の変化に伴う最適消費点の変化（無差別曲線と予算線の接点の軌跡）を描いたものであり，上方に位置する予算線（右下がり直線）ほど所得が高いことを意味するから，①両軸の財がともに上級財ならば所得・消費曲線は右上がりになり，②横軸の財は上級財だが縦軸の財は下級財ならば所得・消費曲線は右下がりになり，③横軸の財は下級財だが縦軸の財は上級財ならば所得・消費曲線は左上がりになる。

A点では所得・消費曲線が右上がりなので，X 財と Y 財ともに上級財である（アの答え）。また，B点では所得・消費曲線が右下がりなので，X 財は上級財だが Y 財は下級財である（イの答え）。よって，正答は **1** である。

正答 **1**

下の図に関する次の文の空欄ア〜エに当てはまる語句の組合せとして，妥当なものはどれか。

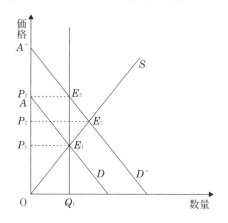

需要曲線が D，供給曲線が S で示されている状況では，供給量が Q_1 の水準となるように参入規制が行われている。この状況で，需要曲線が D から D' へ平行移動すると，均衡点は（ ア ）に移る。すると，（ イ ）の余剰が（ ウ ）だけ増加するが，参入規制が行われているため，経済全体では経済厚生が（ エ ）だけ損失することになる。

	ア	イ	ウ	エ
1	E_2	生産者	四角形 $P_1P_2E_2E_1$	三角形 $E_1E_3E_2$
2	E_2	消費者	四角形 $AA'E_2E_1$	三角形 $E_1E_3E_2$
3	E_3	消費者	四角形 $P_1P_2E_2E_1$	四角形 $P_1P_3E_3E_1$
4	E_3	生産者	四角形 $P_1P_3E_3E_1$	三角形 $E_1E_3E_2$
5	E_3	生産者	四角形 $P_1P_3E_3E_1$	四角形 $P_1P_2E_2E_1$

解説

供給量が Q_1 になるように参入規制されているので，供給曲線が S，需要曲線が D' であるときの均衡点は E_3 に移る（**1**，**2**は誤り）。

次に，消費者と生産者の余剰について考える。需要曲線が D のとき均衡点は E_1 なので，消費者余剰は $\triangle P_1AE_1$，生産者余剰は $\triangle OP_1E_1$ である。需要曲線が D' のとき均衡点は E_3 なので，消費者余剰は $\triangle P_3A'E_3$，生産者余剰は $\Box OP_3E_3E_1$ である。消費者余剰は，需要曲線 D と D' が平行なので $\triangle P_1AE_1 = \triangle P_3A'E_3$，すなわち変化しない（**2**，**3**は誤り）。一方，生産者余剰は $\Box OP_3E_3E_1 - \triangle OP_1E_1 = \Box P_1P_3E_3E_1$ だけ増大する（**1**，**2**，**3**は誤り）。

最後に，経済全体の経済厚生について考える。上述より，実現される経済全体の経済厚生は消費者余剰＋生産者余剰＝$\Box OA'E_3E_1$ である。参入規制が廃止されると均衡点は供給曲線 S と需要曲線 D' の交点 E_2 となるので，経済全体の経済厚生は消費者余剰＋生産者余剰＝$\triangle OA'E_2$ となる。よって，参入規制による経済全体の経済厚生の損失は，$\triangle OA'E_2 - \Box OA'E_3E_1 = \triangle E_1E_3E_2$ である（**3**，**5**は誤り）。

よって，正答は**4**である。

正答 **4**

地方上級 No. 31 経済　需要曲線と供給曲線　平成20年度
関東型，中部・北陸型，横浜市

次のグラフは野菜AとBの需要曲線と供給曲線を描いている。このグラフの説明として妥当なものはどれか。ただし，野菜AとBの当初の均衡における価格と数量は等しいものとする。

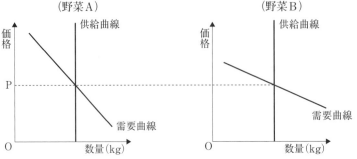

1　供給量が増加し，野菜AとBの価格がともに同額だけ上がるとき，野菜Aの売上げが増加するならば野菜Bの売上げも増加する。
2　供給量が減少し，野菜AとBの価格がともに同額だけ下がるとき，野菜Aの需要の増加は野菜Bの需要の増加より大きい。
3　供給量が増加し，野菜AとBの価格がともに同額だけ上がるとき，野菜Bで利益が生じるならば野菜Aでも利益が生じる。
4　供給量が減少し，野菜AとBの価格がともに同額だけ上がるとき，野菜Aの売上げが減少するならば野菜Bの売上げも減少する。
5　野菜AとBの当初の均衡における価格と取引量は等しいので，野菜Aと野菜Bの需要の価格弾力性は等しい。

解説

需要の価格弾力性についての問題である。需要の価格弾力性は，

$$需要の価格弾力性 = -\frac{元の価格}{元の需要量} \times \frac{需要量の変化分}{価格変化分} = -\frac{元の価格}{元の需要量} \times 需要曲線の傾きの逆数$$

で求めることができ，この値が1より大きい場合，価格の上昇は売上げの減少を招き，1より小さい場合，価格の上昇は売上げの増加を招き，1に等しい場合価格が上昇しても売上げは変化しない。

1．野菜Aの需要曲線の傾きは野菜Bの需要曲線の傾きより急であり，当初の均衡における価格と取引量(需要量)が等しいので，野菜Aの需要の価格弾力性は野菜Bの需要の価格弾力性より小さな値である。よって，野菜Aの売上げが増加したとしても(野菜Aの需要の価格弾力性が1より小さくても)野菜Bの売上げが増加する(野菜Bの価格弾力性はAより大きいため，1より小さい)とは限らない。
2．野菜Aの需要曲線の傾きは野菜Bの需要曲線の傾きより急なので，価格が同額だけ低下した場合，野菜Aの需要量の増加は野菜Bの需要量の増加より小さい。
3．利益は売上げから生産費用を差し引いたものである。与えられた図では生産費用の全体像がわからないので，判別できない。たとえば，野菜Aの生産には巨額の固定費用がかかるならば，野菜Bで正の利益が出ても，野菜Aの利益はマイナスになる。
4．正しい。
5．冒頭の定義式より，当初の均衡における価格と取引量が等しくても，需要の価格弾力性が等しいとは限らない。本問の場合，野菜Aの需要曲線の傾きは野菜Bの需要曲線の傾きより急なので，野菜Aの需要の価格弾力性は野菜Bの需要の価格弾力性より小さい。

正答　4

経済 ワインと小麦の2国間貿易

下図は，A国とB国のワインと小麦の生産に関する生産可能性曲線とそれぞれの国の無差別曲線について示したものである。これについて述べた以下の記述の空欄に入る正しい語句の組合せとして妥当なものはどれか。

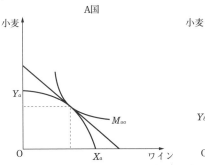
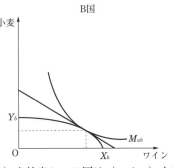

A国とB国が貿易を開始した場合，A国は（ ア ）を輸出し，B国は（ イ ）を輸出するようになる。このときA国では小麦の値段は（ ウ ）し，B国の小麦の値段は（ エ ）する。その結果，A国の効用水準は（ オ ）し，B国の効用水準は（ カ ）する。

	ア	イ	ウ	エ	オ	カ
1	小麦	ワイン	上昇	低下	上昇	低下
2	小麦	ワイン	低下	上昇	低下	上昇
3	小麦	ワイン	上昇	低下	上昇	上昇
4	ワイン	小麦	上昇	低下	上昇	上昇
5	ワイン	小麦	低下	上昇	低下	上昇

解説

生産可能性曲線と接する線の傾きは価格比として表すことができる。すなわち，A国において傾き $\frac{P_{A ワイン}}{P_{A 小麦}}$，B国においては $\frac{P_{B ワイン}}{P_{B 小麦}}$ である。A国のほうが明らかに傾きが大きいので，$\frac{P_{A ワイン}}{P_{A 小麦}} > \frac{P_{B ワイン}}{P_{B 小麦}}$ として表せる。すなわち相対価格で見たときのB国のワインのほうが安くなっている。これは同時にA国の小麦が相対的に安いということでもある。

A国とB国が貿易を開始すると，A国からは小麦が輸出され（ア），B国からはワインが輸出されるようになる（イ）。この貿易によってA国では小麦の生産の増加が小麦の価格を上昇させる（ウ）一方で，ワインの生産の減少はワインの価格を引き下げるので，$\frac{P_{A ワイン}(↓)}{P_{A 小麦}(↑)}$ となり，値を小さくしていく。B国ではワインの生産の増加でワインの価格は上昇し，小麦の生産の減少で小麦価格は低下するので（エ），$\frac{P_{B ワイン}(↑)}{P_{B 小麦}(↓)}$ となり，その値は大きくなる。かくして，交易条件が，

$$\frac{P_{A ワイン}}{P_{A 小麦}} = \frac{P_{B ワイン}}{P_{B 小麦}}$$

となるところまで，貿易，生産調整が行われる。その結果，A国でもB国でも，いずれも効用水準が上昇する（オ）（カ）。

以上より，正答は **3** である。

正答 3

地方上級 関東型 No.33 経済　絶対優位と比較優位　平成26年度

次のグラフは，A国とB国において与えられた労働量が同じであり，すべての労働量を投入したときに生産可能となる自動車と小麦の量の組合せを示したものである。このとき，次の文中の①～④に当てはまる語句の組合せとして妥当なものはどれか。

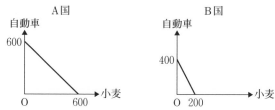

小麦を1単位生産する場合に必要な労働量が少ないのは①｛ア：A国，イ：B国｝であり，小麦を1単位増やすときに減らさなければならない自動車の生産量が少ないのは②｛ア：A国，イ：B国｝である。このとき，比較優位の原則に基づけば，③｛ア：A国は自動車に特化し，B国は小麦に特化する，イ：B国は自動車に特化し，A国は小麦に特化する｝ことになる。その理由は，④｛ア：小麦を1単位生産する場合の労働量の違い，イ：小麦を1単位増やすときに減らさなければならない自動車の生産量の違い｝にある。

	①	②	③	④
1	ア	ア	イ	イ
2	ア	イ	ア	イ
3	イ	ア	イ	ア
4	イ	ア	イ	ア
5	イ	イ	ア	ア

解説

まず，財を1単位生産する場合に必要な労働量とは，財1単位当たりの労働量のことであり，その数値が小さい国はその財の生産に絶対優位を持つといえる。また，ある財を1単位増やすときに減らさなければならないその他の財の生産量とは，ある財の生産に関する機会費用を表しており，その数値が小さい国はその財の生産に比較優位を持つといえる。問題文より，A国とB国で与えられている労働量は同じであるので，仮に400としておく。このとき，A国が小麦を1単位生産するときに必要な労働量は，

400÷600＝0.66…

B国が小麦を1単位生産するときに必要な労働量は，

400÷200＝2

となる。そのため，小麦を1単位生産するときに必要な労働量が少ないのはA国（①＝ア）であることがわかる。次に，A国が小麦を1単位増やすときに減らさなければならない自動車の生産量は，

600÷600＝1

B国が小麦を1単位増やすときに減らさなければならない自動車の生産量は，

400÷200＝2

となる。そのため，小麦を1単位増やすときに減らさなければならない自動車の生産量が少ないのはA国（②＝ア）であることがわかる。したがって，比較優位の原則に基づけば，B国は自動車に特化し，A国は小麦に特化する（③＝イ）ことになる。その理由としては，小麦を1単位増やす時に減らさなければならない自動車の生産量の違い（④＝イ）にあるといえる。

以上より，正答は**1**である。

正答　**1**

地方上級 No.34 経済 外部不経済の厚生損失 平成17年度
全国型，関東型，中部・北陸型

次の文は，外部不経済が生じている市場の余剰に関する記述であるが，文中のア〜エに該当する語句の組合せとして，妥当なものはどれか。

下の図は，縦軸に価格，横軸に数量をとり，右下がりの需要曲線，右上がりの社会的限界費用曲線と私的限界費用曲線を描いたものである。

この図において，外部不経済は市場を（　ア　）ので，市場メカニズムに任せると均衡数量は社会的最適な取引量を（　イ　）。そこで，政府が社会的最適な取引量を実現するために，（　ウ　）だけ課税すると，社会的余剰の大きさは（　エ　）の面積だけ大きくなる。

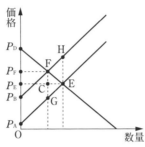

	ア	イ	ウ	エ
1	経由する	上回る	FC	四角形 $P_E P_F FC$
2	経由する	上回る	HE	四角形 $P_E P_F FC$
3	経由する	下回る	HE	三角形 HEF
4	経由しない	上回る	HE	三角形 HEF
5	経由しない	下回る	FC	四角形 $P_E P_F FC$

解説

外部不経済とは，個々の企業や家計の活動が，他の家計の効用を低下させたり，他の企業の生産費用を増加させたりする効果のことである。よって，2本の右上がりの直線のうち，下が私的限界費用曲線を，上が社会的限界費用曲線を表している。

外部不経済は市場を経由しない（アの答え）ため，市場メカニズムに任せた均衡（点E）での取引量は社会的最適な（点Fにおける）取引量をCEだけ上回り（イの答え），社会的余剰の大きさは三角形 $P_D E P_A$ －四角形 $P_B H E P_A$ ＝三角形 $P_D F P_B$ －三角形 HEF となる。

外部不経済が存在する場合，政府は社会的限界費用と私的限界費用の差額 HE（ウの答え）を課税することによって，社会的最適を実現できる。このとき，社会的余剰の大きさは三角形 $P_D F P_B$ となることから，社会的余剰は市場メカニズムに任せた場合より三角形 HEF だけ大きくなる（エの答え）。

よって，正答は **4** である。

正答　**4**

経済　総費用曲線　平成27年度

次の図は，ある企業の総費用曲線を描いたものである。この図の説明として妥当なものすべてを挙げた組合せはどれか。

ア　総費用に占める固定費用の割合は，生産量Aのほうが生産量Bより大きい。
イ　生産量Aのとき，限界費用と平均費用は一致する。
ウ　生産量がAからBに変化すると，限界費用は大きくなる。
エ　生産量がAより少ないとき，生産量が大きくなると平均費用が下がり規模の経済が働くが，Aより多いとき，規模の不経済が働く。
オ　生産量がAとBの間のとき，平均費用は限界費用を下回る。

1 ア，イ　**2** ア，ウ，エ　**3** イ，ウ，オ　**4** イ，エ　**5** ウ，エ，オ

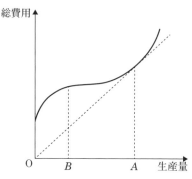

解説

一般に，総費用曲線が逆S字型をしているとき，その平均費用と限界費用は次図のように描ける。
平均費用は総費用曲線上の点と原点を結ぶ直線の傾き，たとえば生産量がAならば線分OCの傾きである。また，限界費用は総費用曲線上の点における接線の傾き，たとえば生産量がBならば点Dでの接線の傾きである。図が示すように，生産量がAのとき，点Cと原点を結ぶ線分は点Cでの接線と一致しているから，限界費用と平均費用は一致し，平均費用は最小になる。また，限界費用を最小にする生産量は生産量Oと生産量Aの間にある。

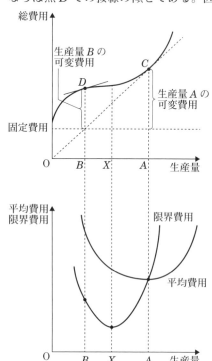

ア：総費用は生産量から独立な「固定費用」と生産量に応じて変化する「可変費用」に大別できるので，総費用に占める固定費用の割合は次式で与えられる。

$$\dfrac{\text{総費用に占める}}{\text{固定費用の割合}} = \dfrac{\text{固定費用}}{\text{総費用}} = \dfrac{\text{固定費用}}{\text{固定費用}+\text{可変費用}}$$

図が示すように，一般に生産量が増加すると可変費用だけが増加するので，生産量Aが生産量Bより多い場合，生産量Aでの総費用に占める固定費用の割合のほうが小さい。イ：正しい。ウ：生産量がAからBに変化するとき，平均費用は必ず大きくなるが，限界費用が大きくなるとは限らない。エ：正しい。オ：平均費用が限界費用を下回るのは，生産量が最小平均費用を実現するAより多いときである。
よって，正答は**4**である。

正答　4

ある国のマクロ経済を示した次の図に関する説明として、妥当なものはどれか。ただし、Y_F はこの国の完全雇用時の国民所得を表すものとする。

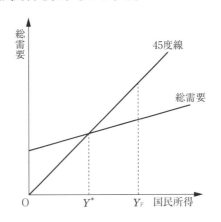

1 この国はデフレ・ギャップの状態にあり，完全雇用時の国民所得を実現するためには総需要を $Y_F - Y^*$ 増やさなければならない。
2 この国はデフレ・ギャップの状態にあり，完全雇用時の国民所得を実現するために必要な総需要の増加分は $Y_F - Y^*$ より少ない。
3 この国はデフレ・ギャップの状態にあり，完全雇用時の国民所得を実現するために必要な総需要の増加分は $Y_F - Y^*$ より多い。
4 この国はインフレ・ギャップの状態にあり，完全雇用時の国民所得を実現するためには総需要を $Y_F - Y^*$ 増やさなければならない。
5 この国はインフレ・ギャップの状態にあり，完全雇用時の国民所得を実現するために必要な総需要の増加分は $Y_F - Y^*$ より少ない。

解説

初めに，経済状態について考察する。完全雇用時の国民所得 Y_F における総需要が Y_F より少ないならばデフレ・ギャップが生じており，多ければインフレ・ギャップが生じている。本問の場合，Y_F における総需要曲線の高さは45度線の高さより低いので，デフレ・ギャップが生じている（**4**と**5**は誤り）。次に，完全雇用時の国民所得を実現するために必要な総需要について考察する。完全雇用時の国民所得を実現するために必要な総需要の調整分は，Y_F における総需要と Y_F の差分である（**1**は誤り）。総需要曲線の傾きは45度線の傾きより小さい（乗数効果が働く）ので，この差分は「完全雇用時の国民所得と実現している国民所得の差」すなわち $Y_F - Y^*$ より小さい（**3**は誤り）。

よって，正答は**2**である。

正答 **2**

地方上級

No. 37 全国型，関東型，中部・北陸型

経済 | **金融政策** | 令和 **元年度**

日本の金融政策に関する次の記述のうち，妥当なものはどれか。

1 日本の政策金利や通貨量の操作目標は，内閣総理大臣が主宰する閣議で決定し，国会の承認を経たうえで，日本銀行が金融調整を実施する。

2 日本銀行は，通貨価値を維持するため，銀行券発行可能額を金の保有量と結び付けており，無制限に通貨量を増やすことはできない。

3 日本銀行が，量的・質的金融緩和を導入し，長期国債や上場投資信託（ETF）などの金融資産の買入れを進めてきたことから，日本銀行の総資産は増加してきた。

4 日本銀行が導入したマイナス金利は，日本銀行が民間の金融機関に貸し出す際の金利をマイナスにすることで，金利全般をマイナスにする政策である。

5 日本銀行が金利を引き上げると，日本の金融市場で資産運用するほうが有利となり，外国から日本に資金が流入し，為替レートは円安方向に進む。

解説

1．日本の政策金利や通貨量の操作目標は，日本銀行の日本銀行政策委員会（金融政策決定会合）において決定され，国会の承認は不要である。

2．日本銀行は管理通貨制度を採用しており，金の保有量とは関係なく，必要に応じて不換紙幣を発行することができる。

3．妥当である。

4．日本銀行が導入したマイナス金利は，金融機関が日本銀行に預ける当座預金の一部に対する金利をマイナスにするものであり，金利全般をマイナスにする政策ではない。

5．前半の記述は妥当であるが，後半が誤り。日本で資金を運用するためには日本円が必要になる。すなわち，日本円に対する需要が増えるので，為替レートは円高方向に進む。

正答 **3**

地方上級

全国型，関東型，中部・北陸型

No. 38　経済　ケインズと古典派の比較　平成23年度

次の記述ア〜オについて，ケインズ経済学と古典派経済学の考え方に正しく分類しているものはどれか。

ア　需給バランスが崩れた際，価格は変化せず，供給が変化する。

イ　供給が新たな需要を生み出すとする「セイの法則」が成立する。

ウ　財政政策を実施しても，クラウディングアウトが完全に働き，国民所得は変化しない。

エ　名目賃金率が上昇しても，実質賃金が変化しなければ，労働供給は変化しない。

オ　金融緩和政策が実施されると，物価水準が上昇し，国民所得は増加する。

	ケインズ経済学	古典派経済学
1	ア，ウ，オ	イ，エ
2	ア，エ，オ	イ，ウ
3	ア，オ	イ，ウ，エ
4	イ，ウ	ア，エ，オ
5	イ，ウ，オ	ア，エ

解説

ケインズ経済学と古典派経済学の市場観，労働市場観および政策主張に関する問題である。

　初めに，市場観について考える。ケインズ経済学は，（新）古典派経済学が想定する市場メカニズムによる資源の最適配分は成立せず，需要の大きさで供給が決まると考えた。一方，古典派経済学は，市場メカニズムが完全に機能して資源の最適配分が常に成立し，「セイの法則」が成立すると考えた（アはケインズ経済学，イは古典派経済学）。

　次に，労働市場観について考える。ケインズ経済学は，労働供給は名目賃金の水準のみで決まるが，労働需要は実質賃金の水準で決まると考えた。一方，古典派経済学は，労働供給と労働需要ともに実質賃金の水準で決まると考えた（エは古典派経済学）。

　最後に，政策効果の主張について考える。財政政策について，ケインズ経済学は，経済が完全雇用を実現できず需要不足の状況にある場合，財政政策の発動などで需要を創出し，完全雇用を実現できるとした。一方，古典派経済学は，財政政策の発動で需要を増やしても，金利の上昇を通じてクラウディングアウトが完全に働くので，国民所得は変化しないとした（ウは古典派経済学）。また，金融緩和政策について，ケインズ経済学は物価の上昇を招くとともに，実質賃金の低下を通じて労働需要量が増えるので，国民所得が増えると考えた（オはケインズ経済学）。一方，古典派経済学は，金融緩和政策によって物価水準が上昇すると，短期的には実質賃金が低下して労働市場で超過需要が発生するが，いずれ労働者（労働供給側）は物価上昇と同じだけ名目賃金の上昇を要求し，そのため実質賃金はもとの水準まで上昇することになるので，雇用量は変化せず，長期的には物価水準の上昇を招くだけで，国民所得は変化しないと考えた。

　よって，正答は**3**である。

正答　**3**

次の図は，ある国の労働需要と労働供給を示している。下の文章中の空欄に当てはまる語句の組合せとして，妥当なものはどれか。

　最低賃金を定めていないこの国が最低賃金を W_F に定めると，労働の需要量は（　ア　）となり，労働市場は（　イ　）の状態になる。また，最低賃金の導入は，労働者全体が受け取る賃金の総額を（　ウ　）。

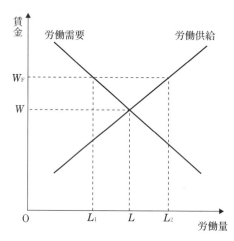

	ア	イ	ウ
1	L_1	超過需要	必ず増加させる
2	L_1	超過供給	必ず増加させる
3	L_1	超過供給	増加させるとは限らない
4	L_2	超過供給	増加させるとは限らない
5	L_2	超過需要	必ず増加させる

地方上級
全国型，関東型

No. 41 経済 消費者余剰 平成18年度

ある消費者がスーツを購入しようとしている。この消費者は，スーツは1着なら40,000円で買ってもよいと考えており，2着なら60,000円で買ってもよいと考えているとする。このとき，スーツの販売者は以下のa，またはbで販売しようとしている。

　　a　1着買おうが，2着買おうが，価格は変わらずに1着25,000円
　　b　1着目は35,000円だが，2着目は25,000円

の2つの場合の消費者余剰を比較した説明として正しいものはどれか。

1　a，bともに消費者余剰の大きさは同じである。

2　aのほうがbよりも消費者余剰が大きい。

3　bのほうがaよりも消費者余剰が大きい。

4　aの場合，1着目の消費者余剰はマイナスであるが，2着目の消費者余剰はプラスになる。

5　bの場合，1着目の消費者余剰はマイナスであるが，2着目の消費者余剰がプラスになる。

解説

離散型の余剰分析の問題である。消費者は1着ならば40,000円支払ってもよく，2着なら60,000円支払ってもよいということから，2着目それ自体に支払ってもよいと考える金額は20,000円である。

　　$(Q_1, P_1) = (1, 40,000)$
　　$(Q_2, P_2) = (2, 20,000)$

aの場合，1着買おうが2着買おうが価格は25,000円であり，また2着目までの合計が50,000円（＝25,000円×2）ということから2着購入する。よって，

　　1着目　40000－25000＝15000
　　2着目　20000－25000＝－5000

となり，消費者余剰の合計は15000－5000＝10000となる。

bの場合，1着目が35,000円，2着目が25,000円となっており，2着目までの合計が60,000円（＝35,000円＋25,000円）なので2着購入する。この場合，

　　1着目　40000－35000＝5000
　　2着目　20000－25000＝－5000

となり，消費者余剰の合計は5000－5000＝0となる。

よって，正答は**2**である。

正答　**2**

地方上級＜教養＞過去問500●43

地方上級 No.42 全国型，関東型，中部・北陸型

経済　日本の労働市場　平成27年度

日本の労働市場に関する次の記述のうち，下線部分が正しいものの組合せとして妥当なものはどれか。

ア　15歳以上人口は，労働力人口と非労働力人口に分けられる。失業率は労働力人口のうちの失業者の割合で表される。就職活動をあきらめる人が増えると，失業率が上昇する。

イ　求人数を求職者数で割った値が求人倍率である。求人倍率が1.0を下回っているとき，労働需要が労働供給を上回っており，労働力不足の状態にある。

ウ　失業には景気の悪化によるものと，求人と求職の条件のミスマッチによるものがある。衰退産業から成長産業への労働力移動がスムーズに行われない失業は，ミスマッチによる失業に含まれる。

エ　日本の失業率は1980年代から1990年代にかけて1～2％で推移してきた。しかし，2000年代に入り，景気の悪化により失業率が上昇し，アメリカやフランスに比べても高い水準である。

オ　近年，日本では非正規雇用労働者が増加している。日本で非正規雇用労働者が増加している背景には，企業による景気の調整弁や被雇用者側の意識の変化などが挙げられる。

1　ア，イ
2　ア，イ，オ
3　イ，ウ，エ
4　ウ，エ
5　ウ，オ

解説

ア：一定の期間に就職活動をしないと非労働力人口に含められるため，就職活動をあきらめる人が増えると失業率は低下することになる。

イ：いわば求人数が労働需要量，求職者数が労働供給量であるから，求人倍率が1.0を上回っているとき，労働需要が労働供給を上回っており，労働力不足の状態にある。

ウ：正しい。

エ：2000年代に入り，失業率は上昇したものの，アメリカやフランスに比べると低い水準である。

オ：正しい。

　よって，正答は**5**である。

（参考資料：『平成26年版労働経済の分析』『日本経済2014-2015』『通商白書2014』）

正答　**5**

44●地方上級＜教養＞過去問500

地方上級

No. 43 経済　金利

全国型，関東型，中部・北陸型

平成29年度

金利に関する次の記述ア～オの下線部について，妥当なものの組合せはどれか。

ア．金利は資金の需要と供給で決まる。景気の見通しが改善して資金需要が増加することは，金利が低下する要因となる。

イ．金利は資金の貸し手が，現在の資金を手放して消費を先延ばしすることの対価である。人々が将来の消費よりも現在の消費を重視する傾向が高まることは，金利が上昇する要因となる。

ウ．金利は金融取引きに伴うさまざまなリスクによって変化する。資金の借り手が返済できなくなるリスクが高まることは，金利が低下する要因となる。

エ．固定金利で資金を貸し借りする場合，資金が貸し付けられてから資金を返済するまでの間に物価が上昇すると，実質金利が上昇して資金の借り手は損失を被る。

オ．名目金利がマイナスである場合，貸した額より返済額（元利合計）のほうが小さいので，金利を負担するのは借り手ではなく貸し手である。

1 ア，ウ
2 ア，オ
3 イ，エ
4 イ，オ
5 ウ，エ

解説

ア：当初，資金の需要と供給が一致するように金利が定まっているものとする。景気の見通しが改善して資金需要が増加すると，資金市場では超過需要が発生するので金利は上昇する（アは誤り）。

イ：正しい。

ウ：返済が滞るリスクが存在するにもかかわらず「返済が滞るリスクがないときの金利」で金融取引きを行う状況を考えると，返済が滞ったときに貸付者は損をこうむる。よって，返済が滞るリスクがあるときの金利は「返済が滞るリスクがないときの金利」を上回り，返済が滞るリスクが高まるほどこのかい離幅（リスク・プレミアム）は大きくなる（ウは誤り）。

エ：実質金利＝名目金利÷物価であるから，物価が上昇すると実質金利は低下する。これは，資金の貸し手からすれば実質的に得られる金利収入が減ることを意味するので，貸し手が損失をこうむり，借り手は得をする（エは誤り）。

オ：正しい。

よって，イとオが正しいので，正答は**4**である。

正答　**4**

地方上級＜教養＞過去問500●45

地方上級

No. 44 経済 GDP

全国型，関東型，中部・北陸型，市役所Ａ日程 〈改題〉

令和元年度

GDP（国内総生産）に関する次のア～エの記述のうち，妥当なもののみを挙げているのはどれか。

ア GDPは一国の経済規模を測る指標として用いられており，一定期間における国内の総生産額から原材料などの中間生産物の額を差し引いたものである。

イ 2019年の日本のGDPを産業別で見ると，第１次産業，第２次産業，第３次産業のうち，第２次産業が最も大きく，次いで第３次産業が大きい。

ウ 2019年の日本，アメリカ，中国のGDPを比較すると，名目GDPではアメリカが最も大きく，次いで中国，日本の順である。また，３国の一人当たりGDPでは，アメリカが最も大きく，次いで日本，中国の順である。

エ GDPに海外からの所得の受取りを加えて，海外への支払いを差し引くと国内総所得（GNI）が得られる。日本企業が海外子会社から受け取る配当金は日本のGDPに含まれるが，日本のGNIには含まれない。

1 ア，ウ
2 ア，エ
3 イ，ウ
4 イ，エ
5 ウ，エ

解説

ア：妥当である。

イ：2019年の日本のGDPを見ると，約７割を占める第３次産業が最も大きく，次いで第２次産業，第１次産業の順に大きい。

ウ：妥当である。

エ：前半の記述は妥当であるが，後半が誤り。日本企業が海外子会社から受け取る配当金は，日本のGDPには含まれないが，日本のGNIには含まれる。

よって，妥当なものはアとウであるので，正答は**1**である。

正答 **1**

地方上級 全国型，関東型

No. 45 経済 国 税 令和2年度

国税に関する次の記述のうち，妥当なものはどれか。

1 国税には所得税，法人税，消費税があるが，税収全体に占める割合は所得税と法人税を合わせたものよりも消費税のほうが多い。

2 女性の社会進出を促す目的により，配偶者控除および配偶者特別控除については廃止された。

3 法人税については，経済活性化を目的として，G7において引下げが勧告され，40％台にまで引き下げられた。

4 2019年に消費税率は10％に引き上げられたが，これに伴う増収分については子ども・子育て，医療・介護，年金等に充てられることになっている。

5 消費税率の引上げに伴って食料品や生活必需品に対して軽減税率が適用されたが，ヨーロッパ諸国における付加価値税では，日本のような軽減税率は存在しない。

解説

1. 国税に所得税，法人税，消費税がある点は正しい。消費税が導入された平成元年度から令和2年度までの国税収入を見ると，所得税と法人税の合計額は消費税を上回っている。なお，令和2年度には税種別で消費税が初めて所得税を抜いて最大項目となった。

2. 平成30年分から，就業調整を意識しなくてすむ仕組みを構築する観点から，配偶者控除および配偶者特別控除について見直されたが，廃止されてはいない。

3. 2019年，法人税率の引下げ競争が起こっている状況に対して，フランスはこの競争を防ぐためにG7の最低法人税率導入を唱えるなどしている。また，日本の法人税率は平成2年度には37.5％となっており，その後も段階的に引き下げられ，平成30年度からは23.2％にまで低下している。

4. 妥当である。

5. ヨーロッパ諸国における付加価値税においても，軽減税率は存在する。

データ：『令和元年度版 図説 日本の税制』

正答 **4**

地方上級＜教養＞過去問500●47

地方上級
全国型，関東型，中部・北陸型

No. 46　経済　為替レート　平成28年度

為替レートに関する次の文中のア～オに当てはまる語句の組合せとして，妥当なのはどれか。

円を他の通貨に交換しようとする者が増えると，円の供給および他の通貨に対する需要が増加して円安要因となる。このような取引きが生じる例として，日本のア ｛a：輸出，b：輸入｝やイ ｛a：日本企業による外国企業の買収，b：外国投資家による日本株の購入｝ がある。

為替レートは，金融政策の動向からも影響を受ける。日本銀行のウ ｛a：金融緩和，b：金融引締め｝ は円安要因となる。円安が進行すると，製品価格や資産の評価額に影響を与える。たとえば，燃料や食料品の輸入品価格の変化を通じて日本の消費者物価はエ ｛a：下落，b：上昇｝ する。また，外国通貨建て資産を保有する日本の投資家は資産を購入した時点より円安になると，為替レートが変化していないときに比べて，円で評価した保有資産評価額がオ ｛a：増加，b：減少｝ する。

	ア	イ	ウ	エ	オ
1	a	a	a	a	a
2	a	b	b	b	b
3	b	a	a	b	a
4	b	a	a	b	b
5	b	b	b	a	b

解説

ア：日本の輸出では，清算のために，外国が他の通貨から円に交換しようとする。一方，日本の輸入では，清算のために，日本が円から他の通貨に交換しようとする（アはbなので，**1**と**2**は誤り）。

イ：日本企業が外国企業を買収する場合，清算のために，日本企業は円から他の通貨に交換しようとする。外国投資家が日本株を購入する場合，清算のために，外国投資家は他の通貨から円に交換しようとする（イはaなので，**2**と**5**は誤り）。

ウ：金融緩和政策の例として，貨幣供給量を増やす政策を考えればよい。日本銀行の金融緩和政策とは，円の供給を増やす政策である（ウはaなので，**2**と**5**は誤り）。

エ，オ：1ドル＝100円から1ドル＝120円のように為替レートが変化することを円安という。この数値例によれば，円安によって，1ドルの外国製品の円建て価格が100円から120円に上昇するので，日本の消費者物価は上昇する（エはbなので，**1**と**5**は誤り）。円安になれば，為替レートが変化していないときと比べて，円で評価した保有資産評価額は増加する（オはaなので，**2**，**4**，**5**は誤り）。

よって，アはb，イはa，ウはa，エはb，オはaなので，正答は**3**である。

正答　3

地方上級 全国型，関東型

No. 47　経済　企業の資金調達　平成28年度

企業の資金調達に関する次の記述のうち，妥当なものはどれか。

1　日本では，企業が外部から資金を調達する主な方法は銀行借り入れであったが，近年では株式・債券による資金調達が増加している。家計の金融資産の内訳を見ても，株式・債券が現金・預金よりも大きな割合を占めている。

2　企業の設備投資などの資金を銀行借り入れで調達する場合，小口で短期の資金を需要するため，銀行は大口で長期の資金を預金として集め，それを小口で短期の資金に変えて企業に貸し付けている。

3　企業の内部留保は資産運用に充てて利子収入を得たり，資金の調達などに充てられている。資金調達を銀行借り入れでなく内部留保で賄えば，利子率が上昇しても資金調達の機会費用は増加しない。

4　外部資金を供給する債権者と株主のうち，企業収益が債務の元利合計額を上回った場合に利益を得るのは債権者である。また，企業が倒産した場合には，債権者が負債の返済を受ける前に株主が出資金を回収できる。

5　資本市場を通じた資金調達には，経営者を規律づける役割がある。日本では株主への情報公開など，資本市場を通じたコーポレート・ガバナンス（企業統治）の強化が図られている。

解説

1．長期的には株式・債券による資金調達が増加しているが，2012年末からの景気持ち直し以降を見ると，特に量的・質的金融緩和導入後は銀行借り入れが最も大きく伸びている。また，日本銀行によれば，家計の金融資産の52.9％が現金・預金であり，株式・債券は11.1％である（2019年末）。

2．企業の設備投資などの資金を銀行借り入れで調達する場合，大口で長期の資金を需要するため，銀行は小口で短期の資金を預金として集め，それを大口で長期の資金に変えて企業に貸し付けている。

3．内部留保を資産運用すれば利益が得られる。利子率の上昇は資産運用による収益の増加を意味するので，利子率が上昇すれば内部留保の機会費用は上昇する。

4．企業収益が債務の元利合計額を上回った場合に利益を受けるのは債権者ではなく，配当を得る株主である。また，企業が倒産した場合に株主が出資金を回収できるのは，債権者が負債の返済を受けた後である。

5．正しい。

正答　5

地方上級

全国型，関東型，中部・北陸型，市役所A日程

No. 48　経済　ヨーロッパ経済　令和2年度

ヨーロッパ経済に関する次の記述のうち，妥当なものはどれか。

1　2008年の通貨危機以降，ヨーロッパ経済は停滞していたが，近年は改善している。失業率については，フランスとイタリアのほうがドイツとイギリスより高い。

2　EU域内の消費者の物価指数は毎年2％程度上昇し続けており，各国は金融の引締めを行っている。

3　イギリスのEU離脱協定案についての交渉が続けられているが，イギリスのヨーロッパ関税同盟への残留については決定した。

4　日本とEUの間ではEPA（経済連携協定）が締結されて，農産物に対する関税については全廃され，2019年の日本のヨーロッパからの輸入は前年比約1兆円増えた。

5　イギリスのEU離脱に備えて，イギリスに拠点を置く日系企業の撤退が相次いでおり，多くの企業が研究開発等の機能を縮小させようとしている。

解説

1．妥当である。ただし，新型コロナウイルス感染症の影響を受ける前の内容である。

2．EUでは，2017年から景気が緩やかな回復を見せて，消費者物価上昇率（HICP総合）も1％台半ばまで上昇し，2018年半ばには物価安定の目標である2％近辺で推移した。そうした中，欧州中央銀行は2018年12月には量的緩和政策を終了させ，金融政策の正常化の動きが進行したが，2019年3月には緩和的な金融政策を強化した。

3．イギリスは輸入額の87％相当の関税の一時的な撤廃を行う旨について発表していた。関税同盟からも離脱した。

4．日EU・EPAでは，農林水産品等においてほぼ全品目で関税撤廃となっているが，米などが除外されており，すべてではない。また，日本のEUからの輸入額が前年比で約1兆円増えたのは日EU・EPA発効前の2018年であり，発効した2019年は前年比で約37億円の増加であった。

5．イギリスのEU離脱に備えて，イギリスに拠点を置く日系企業の約6割が移転や撤退を実施あるいは検討している一方で，多くの企業が今後1～2年の間に，イギリスにおいて販売，生産，研究開発等の機能拡大を予定している。

参考資料：『通商白書2019』「財務省貿易統計」

正答　**1**

地方上級

No. 49 経済 経済学における費用

全国型，関東型，中部・北陸型 / 平成30年度

経済学における費用に関する次の記述のうち，妥当なもののみをすべて挙げているのはどれか。

ア　企業が他者のビルを賃貸してオフィスとして使用するのではなく，自社のビルをオフィスとして使用した場合には機会費用は発生しない。

イ　ある料理人は1時間当たり30皿の料理を作ることができ，1時間当たり150枚の皿を洗うこともできる。この料理人が1皿の料理を作るときの機会費用は，皿洗い0.2枚分である。

ウ　ディナー営業のみの飲食店がランチ営業をするか否かを決める際に，ランチ営業に伴う可変費用の増加分だけを収入の増加分と比べることが合理的であり，固定費用を考慮することは合理的でない。

エ　あるケーキ店では従業員の労働時間が長くなるにつれて生産量は増加するが，その増加分が小さくなるとき，この店の限界費用は生産量の増加に応じて減少する。

オ　開発などの固定費用を広告収入で回収するソフトウェアを消費者へダウンロード方式で販売する場合，限界費用がゼロなので，販売価格が低くなるほど，社会的余剰は大きくなる。

1　ア，エ
2　ア，オ
3　イ，ウ
4　イ，エ
5　ウ，オ

解説

ア：自社のビルを他者に貸せば賃貸料を得られるので，自社のビルをオフィスとして使用した場合にも機会費用は発生する。

イ：この料理人は1皿の料理を作ることをあきらめれば，150÷30＝5〔枚〕の皿を洗うことができる。よって，料理人が1皿の料理を作るときの機会費用は，皿洗い5枚分である。

ウ：妥当である。

エ：労働時間が長くなるにつれて生産量は増加するが，その増加分が小さくなるとき，生産量が多い状況で1単位増産するための労働時間の延長は，生産量が少ない状況で1単位増産するための労働時間の延長より長い。よって，生産量が多い状況での限界費用は，生産量が短い状況での限界費用より高くなるので，限界費用は生産量の増加に応じて増える。

オ：妥当である。

よって，妥当な記述はウ，オであるから，正答は**5**である。

正答　**5**

個人Aと個人Bからなる経済で，各個人が享受できる効用の組合せが次の図のように表されるとする。次の文中の空欄ア〜ウに当てはまる語句の組合せとして，妥当なのはどれか。

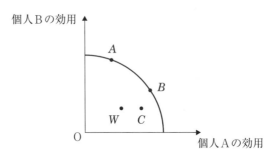

パレート効率的とは，他者の効用を下げることなく，ある個人の効用を高められないことをいう。この図において，パレート効率的な点は（　ア　）である。当初の状態が点Wであるとき，パレート改善な点は（　イ　）であり，パレート効率的な点は（　ウ　）である。

	ア	イ	ウ
1	AとB	Bのみ	Bのみ
2	AとB	BとC	Bのみ
3	AとB	BとC	Cのみ
4	BとC	Bのみ	Bのみ
5	BとC	BとC	Cのみ

解説

パレート効率的な状態は効用可能曲線上の点であるから，点Aと点Bがパレート効率的な点である（ア）。ただし，当初の状態が点Wである場合，下図が示すように，点Aは個人Aの効用を低下させているのでパレート効率的ではなくなり，点Bのみがパレート効率的となる（ウ）。さらに，当初の状態が点Wである場合，点Bと点Cはともに，誰の効用も下げることなく，少なくとも1人（個人A）の効用を高めているので，パレート改善な点である（イ）。

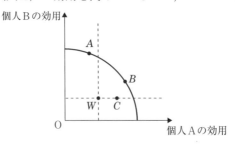

よって，正答は**2**である。

正答　**2**

地方上級
No. 51
全国型，関東型，市役所Ａ日程

経済 **所得再分配政策** 平成**30**年度

所得再分配政策に関する次の記述のうち，妥当なもののみをすべて挙げているのはどれか。

ア　租税負担には応能負担と応益負担の考え方があるが，所得再分配政策の財源としては応益負担のほうが応能負担より優れている。

イ　平等の実現に当たっては機会の平等と結果の平等という2つの考え方があり，相続税は機会の平等に寄与し，所得税は結果の平等に寄与する。

ウ　累進的な課税制度では，年によって所得が変化する人と，所得が変動しない人では，生涯所得が同じでも，生涯を通じた税負担額に差が生ずる。

エ　公的扶助の方法として現金給付と現物給付があるが，現金給付が不正受給を防止しやすいのに対して，現物給付は行政費用が低い。

オ　所得再分配政策を実施する根拠の一つとして，たとえば所得1万円の便益は，所得が少ない人よりも所得が多い人のほうが大きいことが挙げられる。

1　ア，エ
2　ア，オ
3　イ，ウ
4　イ，エ
5　ウ，オ

解　説

ア：応能負担とは各自の担税力に応じてその負担額を決定するという考え方であり，応益負担とは各自が受けたサービスの内容に応じて対価を支払うという考え方であるから，所得再分配政策の財源としては，応能負担が応益負担より優れている。

イ：妥当である。

ウ：妥当である。

エ：現金給付の場合，公的扶助の目的外に利用されることもありうるので，現金給付が現物給付より不正受給を防止しやすいとはいえない。現物給付の場合，行政が給付する現物を用意したり，管理したりするための費用がかかるので，現物給付にかかる行政費用が現金給付にかかる行政費用より低いとはいえない。

オ：たとえば高所得者の所得1万円の便益が低所得者の所得1万円の便益より大きいとする。この仮定の下で高所得者から低所得者へ1万円を移転させると，社会全体では高所得者の便益の減少分のほうが低所得者の便益の増加分より大きいので，社会全体の便益は小さくなると考えられ，所得再分配政策を実施する根拠の例とはならない。

よって，妥当な記述はイ，ウであるから，正答は**3**である。

正答　**3**

地方上級

全国型，関東型，中部・北陸型，市役所Ａ日程

No. 52　社会　日本の労働事情　令和2年度

日本の労働事情に関する次の記述のうち，妥当なものはどれか。

1　近年は，女性就業者数が増加しているが，その一方で，女性の非正規雇用者数は減少する傾向にある。

2　65歳以上の労働力人口は増加する傾向にあるが，その一方で，労働力人口に占める65歳以上の高齢者の比率は低下する傾向にある。

3　全国規模の有効求人倍率は，長期的に改善する傾向が続き，2019年には年間の平均値が27年ぶりに1.0倍を超えた。

4　民間企業で女性管理職が増加し，日本の管理的職業従事者に占める女性の割合は，今やスウェーデン，アメリカ，イギリスと互角の水準となっている。

5　在留資格として，新たに「特定技能」が設けられ，介護や清掃，製造業などにおける外国人労働者の受入れが進められることになった。

解説

1.『労働経済白書（令和元年版）』によると，リーマンショック後の2009年にはやや落ち込んだものの，2018年に至るまで，非正規雇用者は男女とも増加傾向が続いた。なお，2015～2018年には正規雇用者も増加傾向にあった。

2.『高齢社会白書（令和元年版）』によると，労働力人口に占める65歳以上の比率も上昇傾向にあり，2018年には12.8％に達している。

3.　有効求人倍率とは，有効求人数を有効求職者数で割った数値のこと。景気が上向けば，この数値も上昇する。労働力調査によると，全国の有効求人倍率（年平均）は，2014～2019年には1.0を超えて推移しており，2018年には1.61と極めて高い水準となった。それに，バブル景気（平成景気）後の1992～2013年にも，有効求人倍率（年平均）が1.0を超えたことはある。

4.『男女共同参画白書（令和元年版）』によると，2018年の日本における管理的職業従事者に占める女性の割合は，14.9％。約40％のスウェーデン，アメリカ，イギリスと比べ，著しく低い。ちなみに，日本政府は，2020年までに指導的地位に占める女性の割合を30％程度とする目標を掲げていた。

5.　妥当である。入管法が改正され，国内では十分に人材を確保できない14の「特定産業分野」における外国人就労を可能とするために，新たな在留資格として「特定技能」が創設された。この14分野には，介護業やビルクリーニング業，産業機械などの製造業も含まれている。

正答　5

54●地方上級＜教養＞過去問500

地方上級

No. 53

全国型，関東型，中部・北陸型，市役所Ａ日程

社会　都道府県別人口と経済 令和2年度

日本における都道府県別の人口と経済に関する次のア～オの記述のうち，妥当なもののみをすべて挙げているのはどれか。

ア　東京都や愛知県の人口は近年まで増加が続いていたが，現在ではこれらの都県でも減少に転じ，すべての都道府県で人口が減少するようになっている。

イ　各都道府県の人口に占める65歳以上の高齢者の割合を見てみると，秋田県や高知県は40％を超えているが，東京都や沖縄県は10％台前半にとどまっている。

ウ　特に合計特殊出生率が低い都道府県の例としては，東京都，神奈川県，大阪府などが挙げられる。

エ　東京都，愛知県，大阪府の県民所得は高いが，これらの都府県は，人口も多いため，一人当たりの県民所得は全国的に見て低い。

オ　産業別の就業者の割合について見てみると，青森県，高知県，宮崎県の就業者に占める第一次産業の就業者の割合は，全国平均を上回っている。

1 ア，ウ
2 ア，エ
3 イ，エ
4 イ，オ
5 ウ，オ

解説

ア：政府の人口推計によると，2019年には東京都や愛知県など，7都県は前年よりも人口が増加した。ただし，沖縄県を除く6都県の人口増加はいずれも社会増加（流入人口が流出人口を上回ること）によるものであり，自然減少（死亡数が出生数を上回ること）の状態にある。

イ：総人口に占める65歳以上人口の割合を高齢化率というが，『高齢社会白書（令和元年版）』によると，2018年の都道府県別高齢化率は，トップが36.4％の秋田県，次いで34.8％の高知県となっている。最下位は21.6％の沖縄県，次いで23.1％の東京都となっている。

ウ：妥当である。『少子化社会対策白書（令和元年版）』によると，2017年の合計特殊出生率は1.43で，都道府県別に見ると，東京都は最低の1.21。また，神奈川県など，東京の周辺の県も1.43を下回った。また，大阪府も1.43を下回った。

エ：内閣府が2019年に公表した2016年度の県民経済計算の資料によると，県民所得は東京都が最高であり，愛知県や大阪府も上位である。また，一人当たりの県民所得も，東京都が最高であり，愛知県や大阪府も上位に入っている。

オ：妥当である。第一次産業とは農林水産業のこと。2015年の国勢調査によると，全国の就業者に占める第一次産業の割合は4.0％だが，青森県，高知県，宮崎県はいずれも10％を超えている。

よって，妥当なものはウとオであるので，正答は**5**である。

正答　5

地方上級＜教養＞過去問500●55

地方上級
全国型
No. **54** **社会** **核軍縮** 平成**30**年度

核軍縮に関する次の記述のうち，下線部の内容が妥当なもののみをすべて挙げているものはどれか。

　核軍縮を目的として1968年に締結されたのが，核拡散防止条約である。同条約では，ァ「核保有国」をアメリカ，イギリス，フランス，ロシアの4か国に限定しており，ィそれ以外の国は核の製造や取得等が禁止されている。しかしながら，ゥインドやパキスタンなどの国々は，同条約の枠外で核開発を進め，事実上の核保有国となっている。

　2017年，ェ核兵器禁止条約が国連において採択されたが，核保有国はこれに反対票を投じた。ォ日本は，唯一の被爆国であることから条約締結を主導し，原加盟国の一つとなった。

1　ア，イ
2　ア，ウ
3　イ，ウ
4　ウ，エ
5　ウ，オ

解説

ア：核拡散防止条約（NPT）では，「核保有国」をアメリカ，イギリス，フランス，ロシア，中国の5か国に限定している。これらは，1967年1月1日以前に核兵器その他の核爆発装置を製造しかつ爆発させた国々である。

イ：妥当である。NPTの下で，「核保有国」以外の国（非核保有国）は，核の開発，実験，製造，備蓄，移譲，使用等がすべて禁止されている。また，非核保有国は，国際原子力機関（IAEA）と保障措置協定を締結し，核査察を受け入れる義務を負っている。

ウ：妥当である。インドやパキスタンなどの国々は，NPTを批准しておらず，NPTを順守する法的義務を負っていない。そのため，独自に核開発を進め，事実上の核保有国となっている。

エ：核兵器禁止条約の採択に当たり，核保有国は会議をボイコットし，投票に加わらなかった。なお，核兵器禁止条約では，核兵器やその他の核爆発装置の開発，実験，生産，製造，取得，保有または備蓄のほか，これらの兵器を使用したり，使用の脅しをかけたりすることを含め，あらゆる核兵器関連の活動が禁止されている。

オ：日本は唯一の被爆国ではあるが，アメリカの核の傘に守られているという現実がある。そこで，核兵器禁止条約の採択に当たり，日本は核保有国と同様，会議をボイコットし，投票に加わらなかった。

　以上より，正答は**3**である。

正答　**3**

地方上級
No. 55
全国型，関東型，市役所A日程　〈改題〉

社会　エネルギー事情　令和元年度

日本のエネルギー事情に関する次の記述のうち，妥当なものはどれか。

1　一次エネルギー国内供給に占める石油の比率は，原発再稼働によって低下する傾向にあり，2019年度には，東日本大震災前の2010年度を下回り，約50％となった。

2　これまで石油や天然ガスを中東諸国に依存してきたが，近年はアメリカからシェールガスやシェールオイルを輸入しているので，石油や天然ガスの中東依存度は低下した。

3　再生可能エネルギーを政府が買い取る固定価格買取制度が導入されたが，国民負担の増大や太陽光発電への偏りが問題となったため，買取価格が引き下げられた。

4　政府は，2030年までに全エネルギーの50％をCO_2を排出しない方法によって調達する目標を打ち出している。

5　産業部門，業務他部門，家庭部門に分けて電力消費量の推移を見てみると，産業部門の消費量が最も多いものの，1990年代以降は減少傾向にある。

解 説

1．一次エネルギーとは，電気やガソリンなどに加工される前のエネルギーのこと。これに対して，電気やガソリンなどに加工済のエネルギーを，二次エネルギーという。一次エネルギーに占める石油の割合は，2010年度には40.3％だった。東日本大震災後の2012年度には44.5％に上昇したが，その後は原発再稼働や再生可能エネルギーの導入が進んだことなどによって低下し，2019年度には37.2％となった。

2．2020年における石油の中東依存度は前年よりも上昇し，90.3％となっている。また，天然ガスの中東依存度はもともと低く，豪州，マレーシア，ロシアなど，中東以外からの輸入が8割近くを占めている。アメリカからのシェールガス輸入は2017年に開始されたが，現在のところ，全体に占める割合は微々たるものにとどまっている。

3．再生可能エネルギーの固定価格買取制度とは，再生可能エネルギーを用いて発電した電気を，政府が定めた価格で電力会社に一定期間買い取らせる制度である。政府が買い取る制度ではない。

4．このような目標は打ち出していない。なお，「エネルギー供給事業者による非化石エネルギー源の利用及び化石エネルギー原料の有効な利用の促進に関する法律」において，2030年度に販売電力の44％を非化石電源とすることが規定されている。

5．妥当である。産業部門の電力消費量は1990年が4,266億kWhだったのに対し，2016年には3,454億kWhとなっている。また，その割合も58％から36％に低下している。それに代わって，業務他部門（オフィスなど）や家庭部門の電力消費量が増えている。

正答　5

地方上級

No. 56 全国型，関東型，中部・北陸型

社会　近年の日本の人口　平成29年度

日本の人口動向（データは2015年国勢調査による）に関する次の記述のうち，妥当なものはどれか。

1 日本の総人口は減少傾向で推移しており，2015年には初めて1億2,000万人を下回った。

2 日本の人口を15歳未満，15～64歳，65歳以上の3区分に分類すると，15歳未満人口は減少しているが，15～64歳人口および65歳以上人口は増加している。

3 65歳以上人口の割合（高齢化率）を見ると，東京都・愛知県では10％未満と低い水準にあるが，福岡県・沖縄県では30％超と高い水準にある。

4 東京圏（東京都・神奈川県・埼玉県・千葉県）の人口は増加傾向で推移しており，日本の総人口の4分の1以上を占めている。

5 総世帯数は増加傾向で推移しているが，一般世帯数を世帯人員別に見ると，二人世帯，三人世帯，単独世帯の順に多い。

解説

1. 日本の総人口は減少傾向で推移しているが，2015年10月1日現在の総人口は1億2,709万4,745人で，1億2,000万人を上回っていた。

2. 15歳未満人口および15～64歳人口は減少しているが，65歳以上人口は増加している。なお，2015年10月1日現在の年齢3区分別人口の割合は，15歳未満が12.6％，15～64歳が60.7％，65歳以上が26.6％であった。

3. 65歳以上人口の割合（高齢化率）を見ると，東京都（22.7％）と愛知県（23.8％）はそれぞれ全国46位，45位という低い水準にあるが，それでも20％を上回っている。また，沖縄県（19.6％）は全国47位で最も低い水準にあり，全国で唯一10％台を記録している。なお，福岡県（25.9％）は全国38位であり，やはり下位グループに位置している。

4. 正しい。東京圏（東京都・神奈川県・埼玉県・千葉県）の人口は3,613万685人で，全国の4分の1以上（28.4％）を占めている。2010年と比べると，51万2,121人の増加である。

5. 総世帯数は増加傾向で推移しているが，一般世帯数を世帯人員別に見ると，単独世帯（34.5％），二人世帯（27.9％），三人世帯（17.6％）の順に多い。なお，世帯人員が2人以下の世帯はいずれも増加しているのに対し，3人以上の世帯はいずれも減少している。

正答　4

地方上級

No.57 社会 日本の電力事情

全国型，関東型，中部・北陸型，市役所Ａ日程

令和2年度

日本の電力事情に関する次の文中の下線部ア～オのうち，妥当なもののみをすべて挙げているものはどれか。

　　ベースロード電源…継続的な稼働が可能で，発電単価が安く，安定した電力供給が見込める電源のことであり，ア政府はその稼働を重視している。そのため，政府はイ石炭火力発電所の全廃を決めた。

　　原子力規制委員会…原子力利用における安全の確保に関して専門的知識および高い識見から原子力発電所の再稼働の可否について審査基準を定め，審査を行っている。これまでウ委員会の審査に合格した原子力発電所は存在しない。

　　固定価格買取制度…再生可能エネルギーで発電した電気を，電力会社が一定価格で一定期間買い取ることを政府が保証する制度であるが，近年，エ買取価格が上昇している。

　　発送電分離…………電力会社の発電事業と送電事業を分離することであり，電力事業の独占防止の観点から，オ発電事業者が送電事業を行うことが禁止された。

1 ア，イ 　　**2** ア，オ
3 イ，エ 　　**4** イ，オ
5 ウ，エ

解説

ア：妥当である。電源は，ベースロード電源，ピーク電源，ミドル電源の3種類に分類される。ベースロード電源は，石炭火力発電や一般水力発電，原子力発電などが該当する。これに対し，ピーク電源とは，発電コストが高く，昼間や真夏の電力需要が増加したときに電力を供給するための電源のこと。石油火力発電や太陽光発電，風力発電などが該当する。ミドル電源は，文字どおり両者の中間的な性質の電源。天然ガス火力発電が該当する。

イ：石炭火力発電は二酸化炭素排出量が多く，現在は「脱石炭」が国際社会の潮流。だが，日本政府は安定的で安価な電力供給のために，今後も石炭火力発電を維持していく方針である。ただし，2020年には，二酸化炭素排出量が多い旧式の石炭火力発電所を休廃止する方針を打ち出した。

ウ：鹿児島県の川内（せんだい）原発などが，原子力規制委員会による新規制基準適合性審査に合格し，稼働を再開した。ただし，2021年7月現在，合格した原子力発電所は少ない。

エ：買取価格は低下している。買取費用は，「再生可能エネルギー発電促進賦課金」として，電気を使用する各世帯が負担しているが，太陽光発電の普及に伴い，この賦課金は上昇している。

オ：妥当である。2016年に電力の小売全面自由化が実現し，現在は地域の電力会社以外のさまざまな企業が電力市場に参入しているが，電力の小売全面自由化以降も，送電網は地域の電力会社によって独占的に提供されていた。だが，2020年4月から発送電分離が実現し，地域の電力会社は別会社を設立して送配電事業を行うことになった。

　　よって，妥当なものはアとオであるので，正答は**2**である。

正答　**2**

地方上級 関東型, 中部・北陸型

No. 58 社会 中国の情勢 令和元年度

中国の情勢に関する次の記述のうち，妥当なものはどれか。

1 習近平政権は，汚職の撲滅やメディア規制の緩和などの改革を進めるとともに，個人への権力集中を防ぐために，国家主席の再選を禁止する旨の憲法改正を実施した。

2 「一帯一路」と呼ばれるシルクロード経済圏構想の実現を進めていたが，アメリカや日本，東南アジア諸国の反対に直面したため，この構想を撤回した。

3 アメリカとの対立を緩和するために，中国の国防費は減少傾向に転じており，中国による尖閣諸島周辺における挑発行為も，2017年を最後に行われなくなっている。

4 個人消費が堅調であるため，中国経済は依然として好調であり，中国の経済成長率は対前年比で10％を超える水準を維持している。

5 インターネットを活用した新サービスを提供する中国企業の中には，世界の時価総額ランキングの上位に名を連ねる企業もある。

解説

1. 習近平政権はメディア規制を進めている。それに，これまで国家主席の任期は2期10年までとされていたが，2018年に全国人民代表大会（全人代）で憲法改正案が採択され，国家主席の任期が撤廃された。

2. アメリカや日本，東南アジア諸国が「一帯一路」に表立って反対したという事実はないし，中国が構想を撤回したという事実もない。2019年4月には，第2回「一帯一路」国際協力サミットフォーラムが開催され，日本など多くの国が代表団を派遣した。

3. 中国は空母建設や新型弾道ミサイルの開発など，軍拡を進めており，国防費は拡大の一途にある。それに，中国公船の領海侵入は現在もなお続いている。2018年4月には，中国の無人偵察機（ドローン）が尖閣諸島周辺上空を飛行し，航空自衛隊が緊急発進（スクランブル）する事例も生じている。

4. 中国の実質経済成長率（対前年比）は，2011年以降，10％を下回る水準で推移している。2019年には6.1％であり，中国の経済成長は鈍化傾向にあったが，2020年にはコロナ禍の中で多くの国がマイナス成長を示したにもかかわらず，2.3％のプラス成長となった。

5. 妥当である。時価総額（株式時価総額）とは，ある企業の株価と発行済株式を掛け算した数値のこと。SNSなどを提供するテンセント・ホールディングスや電子決済事業などを営むアリババ・グループ・ホールディング（阿里巴巴集団）は今や，世界時価総額ランキングのトップ10に名を連ねる巨大企業である。

正答 **5**

地方上級 関東型

No. 59 社会 国際紛争 平成30年度

近年の国際紛争に関する次の記述のうち、妥当なもののみをすべて挙げているものはどれか。

ア 中国とフィリピンは南沙諸島の領有権を巡って激しく対立しており、常設仲裁裁判所が中国の主張を否定した後、フィリピンのドゥテルテ大統領は中国へ厳しい経済制裁を行った。

イ イラクとシリアでは、イスラム過激派のイスラム国（ISIL）が勢力を拡大しつつあり、主要都市を次々に占拠している。

ウ ミャンマー国内では少数派のロヒンギャへの弾圧が続いており、ミャンマー政府の掃討作戦によって多くのロヒンギャが難民化し、バングラデシュへ逃れている。

エ スペインのカタルーニャ州では、住民投票の結果を受けて州政府が独立宣言を行い、スペイン政府もこれを承認した。

オ コロンビアでは、政府と反政府ゲリラのコロンビア革命軍（FARC）の間で戦闘状態が続いていたが、2016年には両者の間で和平合意が成立した。

1 ア，イ
2 ア，ウ
3 イ，エ
4 ウ，オ
5 エ，オ

解説

ア：中国とフィリピンの間で南沙諸島の領有権を巡る紛争が生じているのは事実である。しかし、フィリピンのドゥテルテ大統領は、中国と激しく対立する道は選ばず、中国との交渉を通じて経済支援を引き出すなどの柔軟な姿勢を示している。

イ：イラクとシリアでは、イスラム国（ISIL）が勢力を衰退させつつある。2017年7月には、石油の生産地である同国北部のモスルもイラク軍に奪還され、退潮が顕著となった。

ウ：妥当である。ミャンマー政府は、ムスリム系少数派のロヒンギャをバングラデシュからの不法移民とみなして国籍を与えず、掃討作戦などの弾圧を行った。その結果、多くのロヒンギャが難民化し、バングラデシュに逃れた。2017年にはミャンマーとバングラデュの間でロヒンギャ帰還に関する合意書が署名されたものの、帰還はあまり進んでいない。

エ：スペインのカタルーニャ州では、2017年に独立の是非を問う住民投票が行われ、その結果に基づいて独立宣言がなされた。しかし、スペイン政府はこれを認めず、高等裁判所も独立宣言の無効を宣言した。カタルーニャを国家として承認した国も現れていない。

オ：妥当である。コロンビアでは、政府と反政府ゲリラのコロンビア革命軍（FARC）の間で、半世紀以上にわたり戦闘状態が続いていた。しかし、2016年には両者の間で和平合意が成立し、内戦は終結した。この和平合意を導いたサントス大統領（当時）は、2016年のノーベル平和賞を受賞した。

以上より、正答は**4**である。

正答 **4**

地方上級

No. 60 社会　自動車産業

全国型，関東型，中部・北陸型，市役所A日程

令和2年度

自動車産業に関する次のア～エの記述のうち，妥当なもののみをすべて挙げているのはどれか。

ア　世界の自動車生産台数を国別に比較してみると，2018年に自動車生産台数が世界1位だったのは中国であり，2位はアメリカだった。

イ　2018年において，日系の自動車メーカーによる海外の工場での自動車生産台数は，日本国内の工場での自動車生産台数を下回った。

ウ　次世代自動車の普及が進んでおり，2018年における日本国内の乗用車販売台数に占めるハイブリッド車の割合は，約75％に上った。

エ　自動運転システムの開発が進められているが，これには自動車メーカーだけでなく，IT企業が積極的に参加する傾向が見られる。

1　ア，イ
2　ア，ウ
3　ア，エ
4　イ，ウ
5　イ，エ

解説

ア：妥当である。(社) 日本自動車工業会の資料によると，2018年における中国の自動車生産台数は2,781万台で世界1位。大きく離されるが，2位はアメリカで1,131万台，3位は日本で973万台となっている。ただし，中国における自動車生産は，トヨタ自動車やゼネラルモーターズ，フォルクスワーゲンなど，国外メーカーとの合弁企業によるものが多い。

イ：(社) 日本自動車工業会の資料によると，日本の自動車メーカーは海外現地生産を増加させており，2018年には約1,997万台を海外で生産するに至っている。その半数以上をアジアでの生産が占めているが，アフリカや中東など，世界各地に生産拠点を有するに至っている。

ウ：(社) 日本自動車工業会の資料によると，日本で販売された次世代自動車の多くはハイブリッド車。だが，2018年における新車販売台数（乗用車）に占める次世代自動車の割合は約38％であり，75％には達していない。

エ：妥当である。現在，自動車メーカーが開発を進めている自動運転技術の進展には，IoT（モノのインターネット）が欠かせない技術で，コネクティッドサービスと呼ばれる，自動車を常時インターネットに接続し，安全運転のためにさまざまな情報を提供するサービスも行われるようになっている。ゆえに，現在，自動車メーカーはIT関連企業との連携を強めている。

　よって，妥当なものはアとエであるので，正答は**3**である。

正答　**3**

地方上級

No. 61 社会 公的年金制度

全国型，関東型，中部・北陸型 平成29年度

日本の公的年金制度に関する次の記述のうち，妥当なものはどれか。

1 日本では，高齢世代への年金給付を現役世代から集めた保険料で賄う方式がとられているが，高齢者の生活を守るため，現役世代の賃金が下落した場合でも，物価が上昇していれば高齢者への年金給付額は据え置かれている。

2 老齢年金を受給するためには，一定の加入期間（受給資格期間）が必要とされるが，公的年金の財源を安定したものとするために，近年の法改正で受給資格期間を10年以上から25年以上に延長することが決定された。

3 民間のサラリーマンと公務員は，もともと同一の被用者年金制度に加入していたが，近年の制度改革で公務員のみを対象とする共済年金制度が新設されることとなった。

4 2016年10月以降，厚生年金の加入対象が拡大され，従業員数が一定以上の企業で一定時間以上働く短時間労働者も，希望すれば厚生年金に加入することができるようになった。

5 徴収された年金保険料のうち，年金給付に充てられなかった部分は年金積立金として運用されるが，安全な資産運用という観点から，その投資先は国内債券に限られている。

解説

1. 正しい。ただし，2016年12月の改正国民年金法により，2021年4月以降，現役世代の賃金の下落と物価の上昇が同時に進んだ場合には，年金給付額は賃金の下落に合わせて引き下げられることになった。

2. 近年の法改正により，2017年8月以降，老齢年金を受給するために必要とされる加入期間（受給資格期間）が25年以上から10年以上に短縮された。これにより，無年金者の救済がある程度進むと期待されている。

3. 従来，民間のサラリーマンと公務員は，それぞれ厚生年金，共済年金という別個の被用者年金制度に加入していた。しかし，近年の制度改革で，2015年10月以降は共済年金が廃止され，公務員も厚生年金に加入することとなった。

4. 2016年10月以降，厚生年金の加入対象が拡大され，従業員数501人以上の企業で週20時間以上働く短時間労働者も，厚生年金の適用対象とされている。強制加入とされているので，「希望すれば加入することができるようになった」というわけではない。なお，2017年4月以降は，加入対象がさらに拡大されており，従業員数500人以下であっても，一定の条件を満たす企業等で働く短時間雇用者には，厚生年金が適用されている。

5. 年金積立金の運用方法は国内債券（わが国の国債・地方債・社債など）に限られているわけではなく，国内外の債券，株式等を一定割合組み入れた分散投資を行うこととされている。これは，年金財政上必要な利回りを最低限のリスクで確保するためである。

正答 **1**

地方上級＜教養＞過去問500●63

地方上級 全国型，関東型
No. 62 社会 日本の受動喫煙対策 令和2年度

日本の受動喫煙対策に関する次の文中の下線部ア～オのうち，妥当なもののみをすべて挙げているものはどれか。

ア受動喫煙によって，肺がんや心筋梗塞のリスクが高まる。ゆえに，2018年に改正健康増進法が制定され，イ屋内は全面的に禁煙となったが，屋外は喫煙可能であり，喫煙所の設置は不要である。また，法施行後も，ウ一定の基準を満たした小規模な飲食店においては，入口に喫煙可能であることを掲示すれば，店内での喫煙を可能とすることができる。ただし，東京オリンピック・パラリンピック競技大会の1年延期に伴い，エ改正健康増進法の全面施行も2020年4月から2021年4月に延期された。

なお，オ2020年7月現在，経済協力開発機構（OECD）の加盟国の中で受動喫煙対策のために法律を制定した国は，日本だけである。

1 ア，ウ
2 ア，オ
3 イ，ウ
4 イ，オ
5 ウ，エ

解説

ア：妥当である。喫煙の害は以前から指摘されていたが，受動喫煙が身体に及ぼす影響にも注目が集まるようになり，受動喫煙防止の取組みが世界規模で行われている。

イ：改正健康増進法（受動喫煙防止法）で第1種施設とされた学校や病院，行政機関の庁舎などは，屋外を含めて敷地内が禁煙となった（ただし，受動喫煙防止のために必要な措置がなされた「特定屋外喫煙場所」に限り，屋外での喫煙が認められる）。また，第2種施設とされた事務所やホテル，飲食店などは，屋内が原則禁煙となった。ただし，室外への煙の流出防止措置のある喫煙専用室では，喫煙可能とされている。

ウ：妥当である。個人や中小企業が経営する客席面積100㎡以下の既存の飲食店では，喫煙可能な場所であることを掲示すれば，例外的に店内での喫煙が可能とされた。

エ：当初の予定どおり，改正健康増進法は2020年4月から全面施行された。世界保健機関（WHO）や国際オリンピック委員会（IOC）は「たばこのないオリンピック」をめざしており，受動喫煙対策は，2020年開催予定だった東京オリンピック・パラリンピック大会が後世に遺すレガシーとして実施された。

オ：改正健康増進法施行以前の日本の受動喫煙対策は，世界保健機関（WHO）の基準では世界最低レベルとされていた。他の先進各国の取組みと比べて，日本の受動喫煙対策は緩いと考えられている。

よって，妥当なものはアとウであるので，正答は**1**である。

正答 **1**

地方上級
No. 63
全国型，関東型

社会　近年の宇宙開発　平成26年度

近年の宇宙開発に関する次の記述のうち，妥当なもののみをすべて挙げているのはどれか。

　　2010年　「はやぶさ」帰還
　　2011年　国際宇宙ステーション完成
　　2012年　ヒッグス粒子の発見
　　2013年　イプシロンロケット試験機の打上げ成功

ア　2010年6月，小惑星探査機「はやぶさ」が地球に帰還し，小惑星「イトカワ」から持ち帰った微粒子を搭載したカプセルをオーストラリアへ落下させ，その運用を終えた。

イ　2011年7月以降，ISS国際宇宙ステーションへの宇宙飛行士の輸送手段についてはアメリカが独占している。

ウ　2012年7月，半世紀前からその存在が予言されていた物質に質量を与える未知の素粒子である「ヒッグス粒子」が，世界最大の加速器LHCによる実験で発見された。

エ　2013年9月，試験機の打上げに成功したイプシロンロケットは，液体燃料を使用する大型ロケットであり，打上げのために高額な費用もかかるため，数多くの打上げには向いていない。

1　ア，イ
2　ア，ウ
3　ア，エ
4　イ，ウ
5　ウ，エ

解説

ア：正しい。

イ：2011年7月8日のアトランティスの打ち上げを最後に，アメリカ航空宇宙局（NASA）によるスペースシャトル計画は終了し，その後のISS国際宇宙ステーションへの宇宙飛行士の輸送手段は，ロシアのソユーズ宇宙船だけとなった。

ウ：正しい。

エ：イプシロンロケットは，液体燃料ではなく固体燃料を使用する小型ロケットであり，安価で小型の衛星を多数打ち上げるべきだという要請により開発された。

　　以上より，正答は**2**である。

正答　**2**

地方上級＜教養＞過去問500●**65**

地方上級
関東型

No. 64 社会 日本の自然災害 平成28年度

わが国の自然災害に関する次の記述のうち，妥当なものはどれか。

1 わが国は世界有数の火山大国であり，100山を超える活火山が存在している。そのうち24時間体制で常時監視・観測しているのは，富士山を含む10山程度にすぎない。

2 わが国近海の海底では，海洋プレートが大陸プレートの下に潜り込んでいるため，ひずみが蓄積して大地震が起こることがある。東日本大震災も，こうして起こったものである。

3 竜巻は，太陽熱によって暖められた平地から強風が吹き出し，これが山地に当たって流れが乱れることで生じる場合が多い。わが国でも，竜巻は平地よりも山間部で頻繁に起こっている。

4 わが国の天気予報は，最小でも一辺50キロメートルの正方形のマス目（メッシュ）を単位として行われているため，数キロメートル程度の範囲で起こる局地的大雨を予測することは困難である。

5 雪崩には，新雪が滑り落ちる表層雪崩と積雪面すべてが滑り落ちる全体雪崩がある。地面との摩擦が大きい全体雪崩のほうが，流下スピードが速く，被害の及ぶ範囲も広い。

解説

1. 24時間体制で常時監視・観測している活火山は，富士山を含む50山に上る。なお，日本の活火山数は111山（2020年2月現在）に上るが，これは世界の火山の7％に当たる。

2. 正しい。東日本大震災は，太平洋プレート（海洋プレート）と北米プレート（大陸プレート）の境界に当たる深い溝（海溝）で起きたプレート境界型地震（海溝型地震）であった。

3. 竜巻のメカニズムはまだ完全には解明されていないが，空気が暖められることで発生した積乱雲の影響であることは間違いないとされている。したがって，太陽熱によって暖められた平地において，強い上昇気流が生じて竜巻が発生しやすいといえる。

4. 気象庁の天気分布予報は，一辺20kmの正方形のマス目（メッシュ）を単位として行われている。また，民間の気象事業者では1kmメッシュ単位で予報を行うものもある。後者については，精度はともかく，局地的大雨（いわゆるゲリラ豪雨）を予測することも可能である。

5. 全体雪崩のほうが，積雪底面と地面との摩擦抵抗によって流下スピードが抑えられる。表層雪崩の場合，雪の上を雪が滑り落ちる形となるため，摩擦抵抗が小さく，流下スピードは速くなる。なお，被害の及ぶ範囲が広いのは，流下する雪の総量が多い全体雪崩の特徴である。

正答 **2**

地方上級

No. 65 全国型，関東型，市役所Ａ日程

社会 大学や企業における研究状況 令和元年度

日本の大学や企業における研究状況に関する次の記述のうち，妥当なものはどれか。

1 研究は，基礎研究，応用研究，開発研究に分類できるが，日本ではそのうち基礎研究を重視した研究費の配分がなされてきた。

2 近年は大学教員の負担を軽減し，研究時間を増やす取組みが行われているため，大学教員の研究時間は増加傾向にある。

3 大学等発ベンチャーには，学生や教員の研究成果に基づくものなどがあるが，その中には株式の上場に至った企業もある。

4 大学の論文ランキングによると，各分野における質の高い論文数において，日本はアメリカに次いで第2位となっている。

5 2010年以降，日本人は化学部門と物理学部門においてノーベル賞を受賞したが，生理学・医学部門では受賞していない。

解 説

1. 日本の性格別研究開発費割合の推移を見ると，6割台を「開発研究」が占め，「基礎研究」の割合は1割台半ばほどにすぎない。長期的に見て，この傾向に大きな変化はない。

2. 文部科学省の科学技術・学術政策研究所の資料によると，大学教員の研究時間や職務時間に占める研究時間の割合は減少傾向にある。その一方で，教育活動などの割合が高まっている。

3. 妥当である。経済産業省の資料によると，大学発ベンチャーの数は2,000を超え，そのうち株式市場に上場した企業は60社以上に上る。ちなみに，ベンチャー企業向けの株式市場としては，マザーズやJASDAQ（ジャスダック）がある。

4. 科学技術・学術政策研究所の資料によると，日本の論文数は減少傾向にあり，2014－2016年には世界4位となっている。また，被引用数の多い良質な論文だけを抽出して補正をかけたランキングでは，9位となっている。

5. 2012年にiPS細胞（人工多能性幹細胞）の作製で，山中伸弥氏がノーベル生理学・医学賞を受賞した。また，2015年には線虫の寄生による感染症に対する治療法で大村智氏，2016年にはオートファジーの解明で大隅良典氏が，同賞を受賞した。さらに，2018年には免疫チェックポイント阻害因子の発見とそのがん治療への応用で，本庶佑氏も受賞した。

正答 **3**

地方上級

No. **66**

全国型，関東型，中部・北陸型

社会 日本の海洋の利用 平成**30年度**

日本の海洋の利用に関する次の記述のうち，妥当なものはどれか。

1 日本の海上輸送の品目構成を見ると，エネルギーの輸送量が最も多く，総海上輸送量の約9割を占める。また，総輸出量が総輸入量を上回っている。

2 日本の海運会社は，人件費の高い日本人船員を多く雇用しており，また，税金の安い便宜置籍国を利用しないこともあって，国際競争力が低い。

3 日本国内の海上交通では，新造船による船舶の大型化や，船舶内部の施設の利便性の向上などにより，片道300km以上を運行する長距離フェリーの需要が伸びている。

4 近年，日本近海では乱獲や水域環境の変化などの影響で，漁獲量が急速に減少している。しかし，クロマグロやサンマの数は増加してきており，漁獲制限も解禁された。

5 日本近海にはメタンハイドレートと呼ばれる天然ガスが大量に埋蔵されているが，安定生産の目途は立っておらず，産出実験も行われていない。

解説

1. 日本の海上輸送の品目構成は，輸出量で見ると鉄鋼，機械類などの工業製品がその多くを占め，輸入量で見ると石炭・原油・鉄鉱石で約6割を占めている。エネルギー関連の輸入量に占める割合が大きいことは確かだが，総輸送量ではもちろん，輸入量でも9割を占める状態ではない。また，海上輸送の輸出額は約54兆円で，金額でも輸入額の約57兆円を下回っている。輸送量では輸出量よりも輸入量のほうがはるかに多い（データは2019年）。

2. 1970年以降，日本の海運会社は，人件費の安い外国人船員を雇用し，税金の安いリベリアやパナマなどの便宜置籍国に船籍を移すようになり，日本人船員と日本籍船の数は減少した。

3. 妥当である。近年の高速道路網の発達により，国内での海上輸送の役割は小さくなってきていたが，昨今の物流業界におけるトラックのドライバー不足の問題などからモーダル・シフト（輸送手段の転換）が図られ，長距離フェリーの需要が伸びてきている。

4. 近年，近海の漁獲量が減少していることは正しい。サンマの漁獲量も1980年の18万7,000トンから2019年の4万6,000トンと減少しており，1990年代後半からTAC（漁獲可能量）制度を導入している。太平洋のクロマグロの数も減少し，国際的に漁獲量が規制されるなど水産資源の管理が厳しくなっており，日本でもTAC制度の対象魚種となっている。

5. 日本近海にメタンハイドレートが埋蔵されていること，安定生産の目途は立っていないことは正しい。しかし，産出実験はすでに行われている。メタンハイドレートはメタンガスが低温・高圧の状態で固まったもので，「燃える氷」とも呼ばれ，分解すると天然ガスを得られる氷状の塊である。安定した産出や輸送の方法が確立した状態ではないが，産出実験は2013年に初めて行われ，2017年の愛知・三重県沖で実施された産出実験では，天然ガスの産出が確認された。

正答 **3**

地方上級 No.67

全国型，中部・北陸型，市役所A日程 〈改題〉

社会 **人間の国際移動** 令和元年度

人間の国際移動に関する次の記述のうち，妥当なもののみを挙げているのはどれか。

ア 日本でも高等教育機関の外国人留学生数を増やす取組みが進められており，とりわけ中国，ベトナムからの留学生が多くなっている。

イ 労働力不足を補うため外国人労働者の受入れが進められているが，アメリカや日本などは，自国民の雇用を守るために，ITなど一部の高度なスキルを要する職種における外国人労働者の受入れを認めていない。

ウ 難民問題が依然としてあるが，シリアからの難民を受け入れてきたドイツやイタリアでは，それに反発する排斥団体の勢力が伸長した。

エ ビジネスや観光を理由として海外に渡航する人々が急増しているが，2019年に外国人訪問者数が最も多かったのはアメリカであり，フランス，日本がそれに続いた。

1 ア，イ
2 ア，ウ
3 イ，ウ
4 イ，エ
5 ウ，エ

解説

ア：妥当である。独立行政法人日本学生支援機構（JASSO）の資料によると，外国人留学生は増加傾向にあったが，2020年にはコロナ禍で減少した。2020年5月現在，日本の高等教育機関（大学や大学院などのこと）の外国人留学生は約28万人。そのうちアジアからの留学生が9割以上を占める。さらに，出身国別に見ると，中国（43.6%）が最多で，次いでベトナム（22.3%），ネパール（8.6%）がそれに続く。

イ：日本ではこれまで，外国人労働者の受入れは，特に単純労働者において制約されてきた。それに，移民国家のアメリカが高度なスキルを持つ人材の受入れを拒絶しているという事実もない。ちなみに，日本ではIT分野で高度なスキルを持つ人材が不足しており，企業はこれを外国人労働者によって補ってきた側面もある。

ウ：妥当である。ドイツでは2017年の連邦議会（下院）総選挙で，反移民・反難民を唱える右派政党「ドイツのための選択肢」が第3党に躍進した。また，イタリアでは極右政党の「同盟」がポピュリスト政党の「五つ星運動」と連立して政権を獲得し，難民の受入れを拒絶するようになった。ただし，イタリアでは2019年9月に新政権が発足し，9月14日には難民の乗った救助船の上陸を認めた。

エ：国連世界観光機関（UNWTO）の資料によると，2019年に外国人訪問者数が最も多かったのはフランスで，スペイン，アメリカがこれに続く。訪日外国人数は約3,188万人に達したが，日本は12位である。

よって，妥当なものはアとウであるので，正答は**2**である。

正答 2

地方上級

No. 68 社会 環境問題 令和2年度

全国型，関東型，中部・北陸型，市役所A日程

近年の環境問題に関する次の記述のうち，妥当なものはどれか。

1 気候変動枠組条約第21回締約国会議（COP 21）において採択されたパリ協定では，世界の二酸化炭素排出量を2050年までに実質ゼロとする目標が明記されている。

2 トランプ政権によるパリ協定離脱表明に伴い，アメリカの二酸化炭素排出量は激増し，アメリカは中国を抜いて再び最大の二酸化炭素排出国となった。

3 2010年から2015年にかけて，世界の森林面積は減少し，特にアジア，北中米，南米，アフリカで，森林面積が大きく減少した。

4 2019年にはブラジルのアマゾン川流域やオーストラリアで大規模な森林火災が発生し，生態系が危機的な影響を受けた。

5 海洋プラスチックごみの排出量の多い国としては，日本，アメリカ，西ヨーロッパ諸国が挙げられる。

解 説

1. パリ協定では，世界共通の長期目標として，産業革命前からの地球の平均気温上昇を2℃より十分下方に抑えるとともに1.5℃に抑える努力を継続すること，21世紀後半には温室効果ガス排出量と吸収量のバランスをとることが目標とされた。ただし，2018年の「気候変動に関する政府間パネル（IPCC）」による「1.5℃特別報告書」では，平均気温上昇が1.5℃を大きく超えないためには，2050年頃には世界の二酸化炭素排出量を実質ゼロにしなければならないとしている。

2. 2017年にアメリカはパリ協定離脱を表明したのは事実だが，その後に米中の二酸化炭素排出量が逆転したという報告はない。なお，2016年の時点で，世界のエネルギー起源別二酸化炭素排出量のうち，世界最大の排出国である中国が占める割合は28.2％。対して，世界2位の排出国であるアメリカが占める割合は15.0％である。

3. アフリカや南米の熱帯雨林が大きく減少したが，アジアやヨーロッパ，北中米，オセアニアでは植林活動などにより，森林面積は増えた。なお，世界全体の森林面積は現在もなお減少の一途にある。

4. 妥当である。アマゾンの熱帯雨林では，焼畑農業などによって毎年火災が発生しているが，2019年に入ってその件数が急増した。国際社会が憂慮する一方で，ブラジルのボルソナロ大統領の環境軽視の姿勢が非難を浴びた。また，オーストラリアでも2019年9月から各地で森林火災が急増した。コアラなど，オーストラリアには数多くの固有種が生息するが，それらの絶滅が危惧される事態となっている。

5. 米豪の研究チームの推計によると，2010年の時点で，プラスチックごみの海洋流出量が最大だったのは，中国。次いでインドネシア，フィリピンの順となっている。また，アジア・アフリカ諸国が上位を占めており，アメリカは20位，日本は30位である。

正答 **4**

70●地方上級＜教養＞過去問500

地方上級

No. 69 日本史 近代以前の政治

関東型，中部・北陸型，市役所Ａ日程

平成30年度

近代以前の日本の政治に関する次の記述のうち，時代区分とその特徴の組合せとして妥当なものはどれか。

1 奈良時代：律令体制が確立した。その体制の特質は豪族による間接統治で，朝廷は土地や人民を直接支配することはせず，豪族が土地や人民を私有し，税を支払った。

2 平安時代：天皇を退いた上皇が，天皇の政治を代行，あるいは補佐する摂政や関白となって摂関政治を行い，後には，藤原氏が天皇の外戚として院政を行った。

3 鎌倉時代：将軍と御家人の主従関係に基づく御家人制を基礎に政治が行われた。蒙古襲来以降は，多くの御家人が窮乏する一方で，勢力を増した北条氏一門が専制を行い御家人らの反感を招いた。

4 室町時代：応仁の乱以前は，幕府の守護に対する統率が不十分で，守護たちはそれぞれの領国に住んだが，応仁の乱以降は幕府の守護に対する支配が確立し，守護たちは在京し，幕府に出仕するようになった。

5 江戸時代：幕府と藩が全国の土地と人民を支配する幕藩体制が確立し，老中などの主要な役職には，加賀藩などの石高の大きい外様藩の大名が就いた。

解説

1. 奈良時代に律令体制が確立したことは正しい。律令の内容は大宝律令（701年）や養老律令（718年）の制定により確定し，律令によって運営される律令体制は，奈良時代に確立・発展して平安時代初期まで機能した。しかし，律令体制の特質は，中央集権的古代天皇制や公地公民制などで，土地と人民は国家の直接支配とし，口分田の配給を受けた公民が，国家に対して納税の義務を負った。豪族による間接統治は，律令体制が導入される以前のヤマト政権の支配体制である。

2. 平安中期には，藤原氏が天皇の外戚として摂政・関白を独占して政治を行う摂関政治が行われ，平安後期には，天皇を退いた上皇や，上皇が出家した法皇が，天皇を後見する形で国政を主導する院政が行われた。

3. 妥当である。

4. 室町時代の守護は，鎌倉時代の守護が南北朝の内乱を通じて領国一円を支配する守護大名へと成長したものである。室町幕府の権威は，守護大名を抑えて全国支配を確立した3代将軍足利義満のときが最高で，それ以外の時期はあまり強くなく，有力守護大名による連合政権的性格のものだった。それでも応仁の乱までは守護在京の原則があり，守護は原則的に京都か鎌倉に駐留して実際の領国統治は守護代が執行した。しかし，京都が11年間主戦場となった応仁の乱が終わると，将軍の権威はまったく地に落ち，幕府は全国政権としての実質的な権力を失った。在京の守護大名も力を失い，その間に領国にいた守護代や国人が力を蓄えて戦国大名となり，下剋上の風潮が高まって戦国時代へと移行した。

5. 江戸時代に幕藩体制が確立したことは正しい。しかし，老中などの主要な役職には，三河以来の徳川氏の家臣である譜代大名が任命された。関ケ原の戦い以後に徳川氏に従った外様大名には大藩が多いが，幕府の要職には就けなかった。また，徳川氏一門の大名を親藩といい，その中の最高位である御三家（尾張家・紀伊家・水戸家）は将軍後嗣を出しうる家とされた。

正答 **3**

地方上級

全国型，関東型，中部・北陸型，横浜市

No. 70 日本史 平安末期の政治 平成20年度

文中の下線部ア～オに関する次の記述のうち，妥当なものはどれか。

　平安時代末期に荘園の整理が始まり，この動きを支持する勢力は_ア上皇の権力強化にも協力するようになった。この頃になると，貴族の俸禄支給が有名無実化されたため，_イ知行国の制度が運用され始め，新たな大荘園領主も誕生した。上皇と結び付いて勢力を伸ばしてきた_ウ武士団は_エ勢力争いを続け，やがて成立した_オ平氏政権は中国との貿易も促進した。

1　ア：白河天皇は外戚である摂関家の影響力を排除して荘園の整理を進めるため，後三条天皇に譲位し，最初の上皇となった。

2　イ：知行国とは国守が貴族で，実際に土地の管理を行うのは地頭という体制の荘園のことである。

3　ウ：武士団は豪族や有力農民が武装して誕生したものであるため，貴族社会とのつながりはなく，そこに目をつけた院が「西面の武士」を組織して統制するようになった。

4　エ：保元・平治の乱は朝廷内の争いに武家を参加させたもので，武士の影響力拡大の一因となり，平氏政権発足のきっかけをつくった。

5　オ：日宋貿易は宋に対する朝貢の形式をとったため，朝廷の反発を招き，宋船の来航は博多のみに限定された。

解説

1. 白河天皇は後三条天皇の皇子であるし，白河天皇以前にも天皇に譲位して上皇となった例はある。白河天皇が堀河天皇に譲位し，初めての本格的な院政を始めた。

2. 知行国とは，上級貴族を知行国主として支配権を与え，その国からの収益を取得させて経済的に奉仕させるもの。知行国主は子弟や近親者を国守に任じ，目代を派遣して国の支配を行った。

3. 武士団は成長するにつれ，貴族の血筋をひく者を棟梁にいただく傾向が強まり，源氏と平氏が勢力を伸ばした。院の警護に当たったのは「北面の武士」である。

4. 正しい。

5. 平清盛は摂津の大輪田泊を修築し，宋船が瀬戸内海を安全に航行できるようにして貿易を推進した。貿易は民間貿易の形態をとっていた。

正答　**4**

地方上級

No. 71 日本史 武家政権の対外交渉

全国型，関東型，中部・北陸型　平成13年度

武家政権の対外交渉に関する次の記述のうち，妥当なものはどれか。

1 平安時代は異国との交流は減ったが，平清盛は大輪田泊を改築して，宋と貿易をした。これは鎌倉時代になっても続き，大量の宋銭が輸入され，市場に流通した。

2 鎌倉時代には，中国との正式な国交は開かれていなかった。鎌倉幕府は元の属国となることを拒み，2度の元寇を体験したが，元寇の際，九州地方の御家人で組織する鎮西探題が大きな戦果を上げた。元寇後には，北条得宗家の権力が弱まることとなった。

3 室町時代には，足利義満によって明と対等の立場で日明貿易が行われ，明銭を輸入した。その後，次第に細川氏が日明貿易の実権を握るようになり，細川氏の滅亡とともに日明貿易は衰退した。

4 鉄砲伝来によって南蛮貿易が始まり，わが国における戦法などに影響を与えた。豊臣秀吉は倭寇を取り締まるとともに，東南アジアに貿易拠点をつくったが，倭寇取締りのために2度行われた朝鮮出兵は失敗に終わった。

5 江戸時代初期にはイギリスやオランダに使節を派遣し，積極的な貿易を展開したが，徳川家光の時代になると，鎖国に踏み切り，朱印船貿易以外の日本船の貿易を禁じた。

解説

1. 正しい。

2. 鎌倉幕府が博多に九州の統治機関として鎮西探題を設置したのは1293年のことであり，元寇後のことである。文永・弘安の役後の元軍の再来襲に備えて設置された。また，元寇後には，北条得宗家の権力が強化され，得宗専制政治が行われた。

3. 室町時代に足利義満によって行われた日明（勘合）貿易では日本が明の皇帝へ朝貢する朝貢貿易が行われたので，対等の貿易ではなかった。その後，日明貿易の実権は細川氏と大内氏に移ったが，最終的に大内氏が独占し，16世紀半ばには途絶えるようになった。

4. 豊臣秀吉は1588年に海賊取締令を出して，倭寇を取り締まり，京都・堺の豪商に東南アジアへの貿易を奨励した。2度行われた朝鮮出兵は倭寇取締りのためのものではなく，秀吉が朝鮮に日本への服属を求めたものである。

5. 江戸時代初期には，日本にやって来たイギリス人やオランダ人に通商許可を与え，平戸に商館が開かれた。徳川家康は積極的な貿易を展開した。徳川家光の時代には，1633年に奉書船以外の日本船の海外渡航が禁じられ，1639年には鎖国が完成した。

正答 1

地方上級＜教養＞過去問500●73

地方上級 全国型，関東型，中部・北陸型

No. 72 日本史　鎌倉時代　平成23年度

鎌倉時代に関する次の記述のうち，妥当なものはどれか。

1 頼朝の死後，貴族出身で頼朝側近だった大江広元や三善康信が頼家を立てて幕府政治を独裁したため，北条時政は，頼家を伊豆修禅寺に幽閉し，有力御家人の合議による政治を推進した。

2 承久の乱後，朝廷は院政や摂政・関白を廃止したりして幕府と協調する姿勢を示したので，幕府は没収した天皇領を朝廷に返した。

3 地頭と荘園領主との対立が激しくなり，荘園領主が地頭の非法を幕府に訴えたため，幕府は当事者間での和与を進めた結果，地頭の荘園侵略は抑制された。

4 定期市や遠隔地間の取引きが盛んになると，貨幣が現物の米に代わって多く用いられるようになり，中国から輸入された宋銭が使われた。

5 鎌倉時代には，加持祈禱によって災いを避けようとする天台・真言の宗教が盛んになったため，ひたすら念仏や題目を唱える厳しい修行を要求する鎌倉新仏教の勢力は衰退した。

解説

1. 貴族出身の頼朝側近だった大江広元，三善康信が頼家を立てて幕政を独裁した事実はない。頼朝の死後，頼家が後を継いだが，御家人たちは頼家が頼朝同様に強大な権力を握るのを歓迎せず，3か月後には頼家から裁判権を取り上げてしまい，宿老13人による合議制で政治を進めた。頼家を修禅寺に幽閉したのは北条時政である。

2. 承久の乱後も院政や摂政・関白は廃止されていない。院政は，天皇が譲位した後，上皇または法皇となって院庁を開き，天皇を後見しながら政治の実権を握る政治形態で，1086年の白河上皇から本格的に始まり，形式的には1840年の光格上皇まで，この間27人が院政を行った。摂政は天皇に代わって政務を執行する職で，律令制以前にも，厩戸皇子や中大兄皇子の例があり，人臣摂政としては，858年，藤原良房が幼少で即位した清和天皇の摂政となったのが最初である。関白は，天皇を補佐し政務を執行する職で，令外の官である。884年，光孝天皇が藤原基経を関白にしたのが最初である。摂政・関白とも1867年の王政復古の大号令で廃止されたが，摂政は旧皇室典範でも規定があり，1921年に皇太子裕仁親王（昭和天皇）が大正天皇の摂政となった例がある。なお，承久の乱で皇室領はいったん没収されたが，幕府に必要がある時は返すという条件つきで返却されたのは事実である。

3. 承久の乱後，荘園領主による地頭非法の訴えが多くなると，幕府は両者を公平に扱い，地頭側が敗訴することも多かった。しかし，現実には現地に根を下ろした地頭の行動を阻止することはできず，次第に荘園は，地頭請所となったり，下地中分されたりして，侵略されていった。

4. 正しい。

5. 鎌倉時代にも加持祈禱を通じて現世利益を求め，鎮護国家を祈る天台・真言の両宗は，貴族層の支持を得ていたが，現実の民衆の生活には関心がなく，苦しむ人々の救済をめざそうという意識はなかった。鎌倉新仏教は武士や庶民など広い階層を対象として，ただ選び取られた一つの方法（念仏系は「南無阿弥陀仏」，題目系は「南無妙法蓮華経」）を行うこと（＝易行）によってのみ救われると説いて，多くの信者を獲得していった。

正答　4

74●地方上級＜教養＞過去問500

地方上級 関東型，中部・北陸型

No. 73 日本史　戦国大名　平成24年度

戦国大名に関する次の記述のうち，妥当なものはどれか。

1 応仁の乱をきっかけに，各地で実力によって領国を支配する戦国大名が成長してきたが，その多くは，かつて室町幕府の下で守護を務めてきた大名であった。

2 戦国大名は領国支配の基本となる分国法を制定したが，その中には，家臣相互の紛争を大名の裁定にゆだねさせる喧嘩両成敗法が取り入れられた。

3 戦国大名は領国経済の中心である城下町を楽市とする一方，関所を設けて領内の商品流通を統制した。

4 戦国大名の領国支配に対して，領国内の国人たちは土一揆を，浄土真宗の門徒は法華一揆を結んで対抗したが，いずれも鎮圧された。

5 キリスト教の伝来に対して，戦国大名の中には貿易の利益を目的にキリスト教を保護する大名も現れ，大友義鎮は領内の長崎をイエズス会に寄進した。

解説

1. 有力な戦国大名には，織田氏（尾張国守護代），徳川氏（三河の国人），毛利氏（安芸の国人）などのように，守護代や国人などから成り上がってきた者が多い。守護大名が守護代や領国内の国人を抑えて戦国大名にまで成長したのは，甲斐の武田氏，駿河の今川氏，豊後の大友氏，薩摩の島津氏など少数である。

2. 正しい。

3. 戦国大名は関所を廃止するなどして領国内の商品流通を円滑化した。領国経済の中心として城下町を建設し，楽市として商業活動を活発化させたことは妥当である。

4. 国人たちの一揆は国人一揆，浄土真宗（一向宗）の門徒による一揆は一向一揆である。土一揆は，室町時代，近畿地方とその周辺部に成立した惣（惣村）の百姓らが幕府や荘園領主などに徳政や年貢の減免などを求めた実力行使をいう。また，法華一揆は，1532年，日蓮宗の信者が多い京都の商工業者の間で結ばれた一揆で，一向一揆と対立して町政を自治的に運営した。しかし1536年，延暦寺と対立して一時京都を追われ，一揆は終息した（天文法華の乱）。

5. 大友義鎮ではなく大村純忠である。大村純忠は，日本で最初のキリシタン大名であり，不安定な領国支配のために南蛮貿易に積極的で，1571年に領内の長崎を貿易港として開き，1580年にイエズス会に寄進した。このことが，1587年に豊臣秀吉がバテレン追放令を出すきっかけとなった。なお大友義鎮もキリシタン大名であり，豊後府内の大名である。

正答　**2**

地方上級＜教養＞過去問500●75

地方上級
No. 74　日本史　　室町時代

全国型，関東型，中部・北陸型　平成22年度

室町時代について述べた次の記述のうち，正しいものはどれか。

1 能・狂言・茶の湯・生け花などが愛好されたが，それは公家や一部の上層武士だけで,庶民にまでは広まらなかった。

2 惣と呼ばれる農民の自治的な村が各地に広がり，年貢の減免などを求めて一揆を結んで実力行使を行った。

3 各地で金山や銀山が開発され，幕府は金座や銀座を設けて金貨や銀貨を鋳造した。

4 将軍を補佐する職として管領が置かれ，細川氏が代々任命され，幕政を独占した。

5 畿内やその周辺では麦を裏作とする二毛作が始まり，刈敷や草木灰が肥料として使われるようになった。

解説

1. 室町時代は，能・狂言・茶の湯・生け花など，今日まで伝わる日本の伝統文化が形成された時代である。それらは，中央の公家や武士だけでなく，地方の庶民にまで広く愛好されるようになった。たとえば能・狂言は，いずれも平安時代の猿楽や田楽を源流とするが，能は上流社会で愛好される芸術性の高いものだけでなく，素朴で庶民的な能が，村の鎮守の祭礼で演じられるなど，庶民の間でももてはやされた。また，能の合間に演じられる狂言は，題材も庶民生活の中から取ったり，台詞も日常の話し言葉が使われるなど，当時の民衆世界を反映する芸能であった。

2. 正しい。惣（惣村）は，鎌倉時代の後期に生まれ，南北朝の動乱を通じて各地に広まった。惣は，名主層を中心に，新しく成長してきた小農民も構成員として，宮座などを中心に結合を強めていった。惣の農民は，しばしば，代官や荘官の罷免，年貢の減免などを求めて一揆を結び，荘園領主に訴えたりしたが（愁訴），聞き入れられなければ逃散や強訴など実力行使を行ったりした。

3. 金座・銀座は江戸幕府が設けた貨幣鋳造機関。室町幕府が貨幣を鋳造することはなかった。本朝十二銭以後，国内では貨幣を鋳造することはなく，中国からの輸入銭が使われた。室町時代も，鎌倉時代に引き続いて宋銭や，新たに洪武通宝・永楽通宝・宣徳通宝などの明銭が大量に輸入され，使用された。また，貨幣需要が増大すると，中国銭を模した私鋳銭も国内で鋳造されるようになった。

4. 管領には細川氏だけでなく，同じ足利氏一門の斯波，畠山の3氏が交代で任命された（三管領）。管領は将軍を補佐し，侍所・政所・問注所など中央の諸機関を統轄し，諸国の守護に将軍の命令を伝達するなど，幕府の中心的な職であった。

5. 鎌倉時代の記述である。室町時代になると，畿内周辺では，稲・麦・そばの三毛作が行われていた。肥料も刈敷・草木灰に加えて，下肥が広く使われるようになった。

正答　**2**

76●地方上級＜教養＞過去問500

地方上級 全国型，関東型，大阪府

No. 75 日本史 **鎌倉・室町時代の産業** 平成19年度

鎌倉・室町時代のわが国の産業に関する事項の組合せとして，妥当なものはどれか。

	鎌倉時代	室町時代
1	三斎市	株仲間
2	六斎市	地頭
3	惣村	五人組
4	問丸	座
5	土倉	札差

解説

1. 鎌倉時代になると一定の日に市が開かれるようになり，月に3回開かれる三斎市が成立した。株仲間は江戸時代に幕府や藩が公認したもので，商人間の競争を防止し，冥加金などを徴収した。

2. 月6回開かれる六斎市は室町時代になってから見られるようになった。地頭は鎌倉幕府が公領や荘園を管理するために設置した役職である。

3. 惣（惣村）は荘園の名主層を中心に成長した自治組織で，南北朝時代に近畿地方で見られるようになり，室町時代には土一揆の主体となった。五人組は江戸時代に幕府が整備したもので，年貢の連帯責任と犯罪の相互防止などが目的であった。

4. 正しい。問丸は荘園から徴収した年貢の保管や輸送を担当し，次第に専門の運送業・倉庫業者へと成長していった。座は奈良や京都で発達した商工業者の同業組合で，信長・秀吉の楽市楽座政策で廃止された。

5. 土倉は中世の金融業者のことで，室町時代に最も栄えた。札差は江戸時代に旗本や御家人の蔵米の受取りや売却を引き受けた商人のことである。

正答 4

地方上級＜教養＞過去問500●77

地方上級 No.76 日本史 江戸時代の学問

全国型，関東型，中部・北陸型　平成17年度

江戸時代の学問に関する次の記述のうち，妥当なものはどれか。

1 『古事記』や『日本書紀』を研究する国学は『古事記伝』を著した本居宣長によって始められた。本居宣長の影響を受けた平田篤胤は『大日本史』を著し，尊王攘夷運動に影響を与えた。

2 蘭学を学んだ前野良沢や杉田玄白らは『ターヘル＝アナトミア』を翻訳した『解体新書』を公刊し，伊能忠敬は幕府の命で正確な地図である『大日本沿海輿地全図』を作成した。

3 林子平はその著書『海国兵談』で鎖国を批判したため，幕府によって処罰された。この事件は蛮社の獄と呼ばれているが，学者の高野長英，渡辺崋山は鎖国を支持し，幕府に保護された。

4 鎌倉時代に上下の秩序を重視する朱子学が導入され，江戸幕府は禅僧の藤原惺窩に学んだ林羅山を登用することで，朱子学を発展させたが，朱子学は江戸末期には禁止された。

5 山鹿素行は朱子学を批判して日本陽明学を説き，伊藤仁斎は『論語』などの原典批判によって古典を学ぶ古義学を唱え，『聖教要録』を著した。荻生徂徠は古典に直接触れる古文辞学を提唱し，経世済民の重要性を説いた。

解説

1. 『古事記』や『日本書紀』を研究し日本古来の精神を解き明かす国学は，17世紀後半の荷田春満の頃に始められた。18世紀末には本居宣長が荷田春満に学んだ賀茂真淵の教えを受け，『古事記伝』を著した。本居宣長の影響を受けた平田篤胤は復古神道を大成し，『古道大意』を著した。『大日本史』は徳川光圀が編纂し，さらに水戸藩が編集を引き継いだ歴史書で，尊王攘夷思想に影響を与えた。

2. 正しい。

3. 林子平は1791年に刊行した『海国兵談』でロシアの南下への警戒と国防の必要性を説いたが，この書物は幕府によって没収された。蛮社の獄は，1839年に洋学者の高野長英と渡辺崋山がモリソン号（アメリカ船で1837年に漂流民返還と通商を求めて来航した）事件で幕府批判をしたことから処罰された事件である。

4. 鎌倉時代に禅僧から朱子学が導入され，江戸時代には禅僧の藤原惺窩に学んだ林羅山をはじめとする林家によって朱子学は幕府の重要な学問として発展した。寛政の改革では朱子学が官学化されるなど，より重要視されるようになった。

5. 山鹿素行は江戸時代初期の儒学者であるが，『聖教要録』を著し，朱子学を批判したため，流罪となった。日本陽明学を説いたのは中江藤樹である。伊藤仁斎は『論語』などの原典批判によって古典を学ぶ古義学を唱え，『童子問』『論語古義』を著した。荻生徂徠については正しい。

正答　2

地方上級

全国型，関東型，中部・北陸型，横浜市

No. 77 日本史 江戸時代初期の外交 平成21年度

江戸幕府初期の対外関係に関する次の記述のうち，妥当なものはどれか。

1 幕府が海外渡航を許可する朱印状を大名や豪商に与えて朱印船貿易を奨励した結果，海外に移住する日本人も増え，東南アジアの各地に自治制を敷いた日本町が作られた。

2 幕府は，オランダ船がもたらす生糸に対しては，糸割符仲間と呼ばれる特定の商人に一括して買い上げさせる糸割符制度を創設してこれを優遇したが，中国船やポルトガル船のもたらす生糸に対しては自由な取引きを認めていた。

3 朝鮮とは対馬藩主の尚氏を通じて貿易が行われたが，琉球は島津氏により征服された結果，これまでの琉球と中国との朝貢関係は断絶させられた。

4 幕府は当初キリスト教の布教を公認していたが，島原・天草一揆によって，信者が信仰によって団結する恐ろしさを実感して，直轄領に禁教令を出し信仰を禁止した。

5 中国との国交が回復し，中国商人は長崎市内で自由に取り引きすることが認められた結果，長崎には多くの中国船が来航するようになった。

解説

1. 正しい。

2. 糸割符制度は1604年に設けられたが，これはポルトガル商人がもたらす生糸（白糸）に対して，糸割符商人と呼ばれる特定の商人（当初は京都，堺，長崎，後に江戸，大坂の商人が加わり五ヶ所商人と呼ばれた）がまず値段を交渉し，決定した値段によって運んできた生糸を一括して買い取るという制度である。これによりポルトガル商人の利益独占を阻んだとされる。オランダ商人に対しては，当初，幕府は自由貿易を認めていたが，1641年から糸割符制度を適用するようになった。また，中国船に対しても1631年から適用された。

3. 対馬藩主は尚氏ではなく宗氏である。朝鮮とは講和が実現し，1609年に宗氏と朝鮮との間で己酉約条が結ばれ，宗氏による朝鮮貿易の独占が認められた。琉球王国は，1609年に島津家久によって征服されて以後，事実上島津氏の支配下に置かれ，幕府に従属する異国として位置づけられたが，中国とはこれまでどおり朝貢関係を維持させる両属関係が江戸時代を通じてとられた。

4. 幕府は当初キリスト教を黙認していたが，キリスト教の布教がポルトガル・スペインの侵略を招く恐れと，信徒が信仰によって団結して幕府に抵抗する恐れから，1612年に直轄領に禁教令を出し，翌年それを大名領にまで及ぼして，キリスト教の信仰を禁止した。しかし，貿易を奨励している以上，宣教師の潜入はやまず，キリスト教を根絶するには海外貿易の厳格な統制が必要となって，いわゆる鎖国という状態が作り出された。島原・天草一揆は1637～38年である。

5. 江戸時代を通じて中国との国交は回復していない。幕府は琉球や朝鮮を通じて国交回復を交渉したが，明からは拒否された。しかし，中国商人は盛んに長崎にやってきて私貿易を行っており，1688年に唐人屋敷を設け，それまで長崎市内に雑居していた中国商人の居住地を制限した。またこのとき，船数も年70隻に制限された。

正答 1

地方上級

No. 78 日本史 江戸時代の国内支配体制 平成27年度

全国型，関東型，中部・北陸型

江戸時代の国内支配体制に関する次の記述のうち，妥当なものはどれか。

1 大名に対しては，江戸時代の初期には，改易・減封・転封などをあまり行わなかったが，中後期になり江戸幕府の支配力が確立すると，積極的に改易・減封・転封が行われるようになった。

2 朝廷に対しては，禁中並公家諸法度を定め，政治活動を抑えるとともに，服装など生活にも詳細な規定を設けた。しかし，近畿一円を天皇領にするなど経済的には厚遇し，天皇領の石高は幕府の天領に次ぐ規模であった。

3 宗教に対しては，キリスト教を禁止するとともに，寺院と檀家の関係を固定化する寺請制度も廃止した。

4 士農工商という厳しい身分制度があり，職人（工）と商人（商）の間でも，職業や居住の移動の自由は認められなかった。

5 農民に対しては，名主などの有力農民に村ごとの年貢の納入を請け負わせた。農地については，田畑永代売買禁止令を出して田畑の売買を禁じた。

解説

1. 江戸時代初期の，家康から家光に至る3代は，関ヶ原の戦いからまもない幕府創業期であり，大名に対する武力的威圧が必要とされた。そのため，法度違反や世嗣断絶を理由に改易（領地没収）・減封（領地削減）・転封（国替）などの処分が頻繁に行われ，家康の代に92，秀忠の代に60，家光の代に67の大名が改易の処分を受けた。4代家綱の時代になると，すでに幕藩体制は整い，武力による幕府転覆のおそれがなくなったこと，改易などによって多くの浪人（牢人）が生じ社会問題化していたことなどから，幕府は武断政治を改め，法律・制度を整えることによって社会秩序を保ち，将軍の権威を高めようとする文治政治への転換を果たした。家綱の代には改易は31に減少した。

2. 皇室・公家の収入は幕府の認めた所領に限られ，天皇の領地（禁裏御料）も極めて少なかった。

3. 中世まで大きな勢力を持っていた寺社は，検地によって荘園を失い勢力が著しく衰えていた。江戸幕府はこれに朱印地などを与えて保護する一方，寺院法度を制定し，その活動を宗教面だけに限定し，幕府の支配機構の中に取り込んだ。また，島原の乱以後，キリシタン探索のため宗門改めを実施し，人々はすべていずれかの寺院の檀家となり，キリシタンでないことを寺院に証明してもらわなければならなかった。その証明書が宗門改帳（宗旨人別帳）であり，婚姻・奉公・旅行などの移動の際も必要とされた。

4. 「士農工商」は，職業区別を表すもので，身分制度ではない。江戸時代の身分制度は，豊臣秀吉が進めた兵農分離政策を強化したもので，武士を他の身分の上位に置き支配階級とした。その下に「百姓」と「町人」を並べ，またその下に「百姓・町人とは別に厳しく差別された人々」を置いた。「百姓」と「町人」の間に上下関係や身分制度は存在せず，職業移動は比較的容易であり，武士の下層との身分移動も見られた。

5. 正しい。名主（庄屋）が責任者となって租税を納入する制度を村請制という。田畑永代売買禁止令は年貢を確実に取るために農地の売買を禁止した法令で，本百姓の没落を防ぐ目的で1643年に出され，1872年の解禁まで続いた。

正答 **5**

地方上級
関東型，中部・北陸型

No. 79 日本史　　幕末期　　令和元年度

幕末期の日本に関する次の記述のうち，妥当なものはどれか。

1 幕府は，アメリカの通商条約締結要求に反対したが，朝廷が条約締結を求め，最終的に日米修好通商条約が結ばれることとなった。

2 開国後貿易が開始されたが，日本の主な輸出品は綿織物や毛織物で，主な輸入品は生糸だった。

3 開国による混乱の中で，会津藩を中心とする倒幕運動が急速に発展したが，長州藩は佐幕派の中心として幕府を支えた。

4 幕末の混乱に伴う社会不安の中で，世直し一揆や打ちこわしが頻発し，「ええじゃないか」踊りが爆発的に広まった。

5 討幕派が挙兵して戊辰戦争が起き，敗れた徳川慶喜は朝廷に大政奉還を申し出た。

解説

1．幕府は，アメリカ総領事ハリスに，英仏の中国侵略（アロー号事件）を背景に，アメリカと条約を結べば英仏の日本侵略を防ぐことができると条約締結を迫られ，攘夷派を抑えるために天皇の勅許を得ようとした。しかし条約締結の勅許は得られず，幕府は独断で日米修好通商条約に調印することとなった。

2．輸出品と輸入品が逆である。輸出品の約8割は生糸が占め，次いで茶・蚕卵紙などであった。輸入品の約7割は綿織物や毛織物などの繊維製品が占め，次いで鉄砲・艦船などの軍需品であった。

3．尊王攘夷運動の中心だった長州藩は，四国艦隊下関砲撃事件で攘夷の不可能を知り，また，幕府による長州征討を受けて，攘夷から倒幕へと藩論を転換した。薩摩藩もまた，薩英戦争により攘夷の不可能を知り，薩長連合を結んで公武合体から倒幕へと藩論を転換した。つまり，幕末の討幕派の中心は長州藩と薩摩藩である。会津藩は，藩主松平容保が京都守護職として活躍し，佐幕派の中心的存在として幕末の幕政を支え，戊辰戦争では奥羽列藩同盟の中心として官軍と戦い，降伏した。

4．妥当である。

5．大政奉還は戊辰戦争の前に行われていた。15代将軍徳川慶喜は，討幕派の矛先をかわすために名を捨てて実を取り，幕府をつぶして有力藩主らによる諸侯会議の中心になろうと考え，大政奉還の上表を提出し許可された。武力倒幕の大義名分を失った討幕派は王政復古のクーデタを行い，小御所会議において徳川慶喜の辞官納地を決定し，王政復古の大号令を発した。辞官納地の処分に憤慨した旧幕府側は，大坂から京都に進撃し，鳥羽・伏見の戦いから箱館戦争に至る戊辰戦争が始まった。

正答　**4**

政治　経済　社会　日本史　世界史　地理　思想　文学・芸術　国語

地方上級

No. 80 日本史　幕藩制の動揺

全国型，関東型，中部・北陸型

平成23年度

寛政の改革から幕末までに関する次の記述のうち，妥当なものはどれか。

1 ロシア使節のラクスマンやレザノフが通商を求めて相次いで来航すると，幕府は，清国・オランダを含めてすべての外国船を撃退すること命じた異国船打払令（無二念打払令）を出した。

2 寛政期には諸藩でも藩政改革が行われ，岡山藩の池田光政や加賀藩の前田綱紀など名君と呼ばれた藩主が出て，藩専売制の強化などに成果を上げた。

3 化政文化と呼ばれる江戸時代後期の文化は，江戸を中心とした町人文化が最盛期を迎え，井原西鶴の浮世草子や松尾芭蕉の『奥の細道』などが出版された。

4 天保の改革では断固たる倹約令が出され，高価な菓子や料理などは禁止され，江戸三座を浅草に移転させ，人情本作家の為永春水を処罰するなど厳しく取り締まった。

5 ペリーとの間に結んだ日米和親条約では，神奈川と箱館が開港されて，アメリカ船が要求する食料・薪水を商人から買うことが認められた。

解説

1. ラクスマン，レザノフの来航と異国船打払令の発令とは直接の関係はない。ラクスマンが根室に来航したのが1792年，レザノフが長崎に来航したのが1804年であり，この時，幕府は文化の薪水給与令（撫恤令）を出して，漂流船への薪水・食料を給与して穏便に帰帆させることを命じた。しかし，その後，頻繁に外国船が来航してくるのに対して，1825年に出されたのが異国船打払令である。異国船打払令では清国・朝鮮・琉球の船は打ち払いの対象外で，オランダ船は長崎以外に乗り寄せた場合には打ち払いの対象とされた。

2. 岡山藩の池田光政や加賀藩の前田綱紀は，江戸時代前期に藩政の刷新に当たって成果を上げ，名君と呼ばれた藩主である。寛政期に藩政改革に成果を上げた藩主としては，熊本藩の細川重賢，米沢藩の上杉治憲（鷹山）が名君として知られている。

3. 井原西鶴や松尾芭蕉は江戸時代前期の元禄文化を代表する文人である。

4. 正しい。

5. 日米和親条約で開港されたのは箱館と，神奈川ではなく下田である。また，アメリカ船が商人から薪水・食料・石炭，その他欠乏の品を買うことは認められていない。その地の役人が取り扱うことになっていた。

正答　**4**

地方上級

No. 81 日本史　大日本帝国憲法の制定から明治時代

全国型，関東型，中部・北陸型　平成28年度

大日本帝国憲法の制定から明治時代末までの日本に関する次の記述のうち，妥当なものはどれか。

1 近代的な立憲制度は整えられたが，開国当時に結ばれた不平等条約の改正交渉は進まず，領事裁判権の撤廃も関税自主権の回復も行われなかった。

2 八幡製鉄所が設立されるなど重工業部門も成長したが，工業の中心はまだ繊維工業などの軽工業部門であり，貿易の面でも繊維品の輸出が著しく増加した。

3 議院内閣制の規定が明治憲法に明記され，明治時代は，衆議院で第一党となった政党が内閣をつくる政党内閣が続いた。

4 憲法制定当初は，一定以上の納税額で一定以上の年齢の男性のみに選挙資格が与えられたが，普通選挙運動が行われた結果，明治時代末には納税額や性別の制限が撤廃された。

5 初等教育の義務教育化が行われなかったため，明治時代末になっても，初等学校の就学率は男女ともに非常に低いままであった。

解説

1. 条約改正の努力は，岩倉使節団の派遣に始まり明治の間を通して行われ，1894年に陸奥宗光が治外法権の撤廃に成功し，1911年に小村寿太郎が関税自主権の完全回復に成功した。

2. 正しい。日本の産業革命は日清戦争後に軽工業部門で，日露戦争後に重工業部門で行われたといわれるが，日露戦争後の重工業は官営工業の比重が高く，軽工業部門に比べてその発達は十分ではなかった。特に貿易では，紡績・綿織物工業や製糸工業が日露戦争後に著しく輸出を伸ばした。

3. 明治憲法には内閣の規定はなく，国務大臣が個別に天皇を輔弼し天皇に対して責任を負うと規定され，議会に対する責任の規定はなかった。内閣は議会とは無関係に藩閥で組織されることが多く，本格的政党内閣の誕生は米騒動で寺内正毅内閣が倒れた後の原敬内閣成立（1918年）まで待たなければならなかった。

4. 第1回衆議院議員総選挙は明治憲法制定の翌年の1890年に行われたが，そのときの選挙資格は直接国税15円以上を納める満25歳以上の男性であった。その後徐々に改善され，1925年の普通選挙法成立で財産上の制限がなくなり，第二次世界大戦後の1945年の選挙法改正で満20歳以上のすべての男女に選挙権が認められた。

5. 初等教育の義務教育化は1872年の学制公布以来，試行錯誤を経て行われ，就学率は次第に高まり，1902年には90％を超えた。

正答　**2**

地方上級
全国型，関東型，市役所Ａ日程

No. 82 日本史 日清戦争と日露戦争 令和2年度

日清戦争と日露戦争に関する次の文中の下線部ア～オのうち，妥当なもののみをすべて挙げているものはどれか。

朝鮮支配を巡る日本と清国の争いだった日清戦争は，近代化した日本軍が清国軍を圧倒して日本の勝利に終わった。下関条約により，日本は遼東半島や台湾の割譲を受けたが，ア賠償金を得ることはできなかった。またイロシアなどから遼東半島を清国に返還するよう三国干渉を受けたが，これには応じなかった。日本とロシアの対立が深まると，ウ対ロシアに関する利害が一致した日本とイギリスは日英同盟を結んだ。そして，日露戦争が開かれたが，エ日露戦争の死傷者数・戦費はいずれも日清戦争のそれより少なかった。日露戦争終了後に日本が設立したオ南満州鉄道株式会社は，鉄道経営のほかに鉱山経営なども行い，満州開発全般に携わった。

1　ア，イ
2　ア，エ
3　イ，オ
4　ウ，エ
5　ウ，オ

解説

ア：日本は2億両の賠償金を得て，さらに遼東半島還付の代償として3,000万両も加えられた。

イ：日本には，ロシア・フランス・ドイツの3国に対抗する力はなく，三国干渉に応じて遼東半島を清に返還した。

ウ：妥当である。

エ：日清戦争の死傷者数約1万7,000人に対し，日露戦争の死傷者数は約12万人，日清戦争の臨時軍事費約2億円に対し，日露戦争の臨時軍事費は約15億円だったといわれる（参謀本部編『明治27・28年日清戦史』ほか）。

オ：妥当である。

よって，妥当なものはウとオであるので，正答は**5**である。

正答　**5**

地方上級

No. 83 全国型，関東型

日本史　20世紀前半の情勢　平成18年度

20世紀前半の日本の情勢に関する次の記述のうち，妥当なものはどれか。

1　日本とロシアが戦った日露戦争後，樺太全部と千島列島をロシアは日本に譲渡し，日本がこれらを領有した。

2　日本は国際連盟を脱退した後，柳条湖事件をきっかけに満州事変に突入し，1932年には満州国を建国した。

3　第一次世界大戦後，欧米が金本位制に復帰したこともあり，貿易振興のため，高橋是清蔵相が金輸出解禁を実施した。

4　北一輝の影響を受けた統制派の青年将校たちが首相官邸を襲った二・二六事件後，軍部と官僚の挙国一致内閣が誕生した。

5　日中戦争が始まると国家総動員法が制定され，これに基づいて翌年には国民徴用令が出された。

解説

1．日露戦争（1904～05年）に勝利した日本は，北緯50度以南の樺太（サハリン）と付属する諸島をロシアから割譲された。千島列島は1875年の樺太千島交換条約で，日本が領有していた。

2．柳条湖事件は1931年のことで，これをきっかけに，同年満州事変に突入し，1932年には満州国を建国した。しかし，国際連盟は満州国を独立国として認めなかったため，日本は1933年に国際連盟を脱退した。

3．第一次世界大戦後，金輸出解禁を実施したのは浜口雄幸内閣の蔵相の井上準之助である。高橋是清は，犬養毅内閣の蔵相として金輸出再禁止を行った。

4．二・二六事件（1936年）は統制派ではなく，皇道派の青年将校たちが起こしたもので，事件後，皇道派を追いやった陸軍の統制派の発言力が拡大し，広田弘毅内閣は軍部の要求を受け入れ，軍部大臣現役武官制が復活した。

5．正しい。1937年に日中戦争が始まり，1938年には国家総動員法が制定され，この翌年には国民徴用令が出された。

正答　5

地方上級

全国型，関東型，中部・北陸型

No. 84 日本史 1880年代の政治状況 平成22年度

1880年代の政治状況について述べた文の組合せとして，次のうち正しいものはどれか。

ア　明治十四年の政変で10年後の国会開設が約束されると，急進的な自由主義を唱える自由党と，穏健な社会主義をめざす立憲改進党が結成された。

イ　松方財政による不況に苦しむ埼玉県の秩父地方の農民は，困民党を結成して負債の減免を求めて蜂起し，負債の帳消しに成功した。

ウ　国会開設が近づくと，民権派は大同団結を唱え，対等外交などを求める三大事件建白運動を起こした。

エ　1889年に発布された大日本帝国憲法は，天皇が定めた欽定憲法であるが，内閣は天皇の統帥権を補佐する権限が与えられていた。

オ　第一回帝国議会では，民党が衆議院の過半数を占め，「政費節減・民力休養」を主張して薩長藩閥政府と対立した。

1　ア，イ
2　ア，オ
3　イ，ウ
4　ウ，オ
5　エ，オ

解説

ア：明治十四年の政変で国会開設の時期が約束されると，民権派は政党の結成に向かった。1881（明治14）年，まず，国会期成同盟を母体にして自由党が，板垣退助を総理として結成された。自由党は立志社，愛国社の流れをくみ，地方の豪農層を基盤として，フランス流の急進的な自由主義を標榜した。翌82年には，大隈重信を総理とする立憲改進党が結成された。立憲改進党はイギリス流の穏健な立憲主義を標榜し，指導層には都市の知識人が多かった。日本で社会主義思想が登場するのは日清戦争後である。

イ：この事件は1884年に起きた秩父事件で，自由党急進派の影響を受けた農民が，借金の年賦返済，学校の一時停止などを求めて蜂起し，一時は秩父地方を支配下に置く勢いを示したが，政府は，軍隊・憲兵を出動させて事件を鎮圧した。

ウ：正しい。

エ：統帥権とは軍隊に対する指揮・命令権をいい，天皇大権の一つである（大日本帝国憲法11条）。統帥権は統帥機関（陸軍は参謀本部，海軍は軍令部）の補佐によって発動され，内閣や議会が介入できないものとされた（統帥権の独立）。しかし，軍の常備兵額の決定や編制（同12条）は内閣の輔弼事項とされ，軍の主張と対立した。

オ：正しい。

　よって，ウ，オの組合せである**4**が正答である。

正答　**4**

地方上級 No.85

全国型，関東型，中部・北陸型

日本史 明治時代の近代産業の発展 平成30年度

明治時代の近代産業の発展に関する次の記述のうち，妥当なもののみをすべて挙げているのはどれか。

ア 繊維工業では，生糸の生産拡大のために官営模範工場として富岡製糸場が開設され，ヨーロッパの進んだ技術や機械設備の導入と熟練した女工の養成が図られた。

イ 通信・運輸事業の整備が図られ，官営の郵便制度が発足した。鉄道事業はまず官営で着手され，民営鉄道も盛んになったが，明治後期になると，政府が主要幹線の民営鉄道を国有化した。

ウ 日清戦争が終わると，軍備拡張と製鋼業振興の必要から八幡製鉄所が設立された。原料の鉄鉱石の一部は国産で賄うことができたが，鉄鋼生産に必要な石炭は日本でほとんど産出されないため，その多くを輸入に頼らなければならなかった。

エ 軽工業も重工業も発達し，工業製品の輸出が増大したものの，明治の末になっても，輸出品のほとんどは，米・茶などの農産品が占めた。

1 ア，イ
2 ア，ウ
3 ア，エ
4 イ，ウ
5 イ，エ

解説

ア：妥当である。

イ：妥当である。

ウ：日清戦争の勝利後に八幡製鉄所が設立されたことは正しい。しかし，原燃料の調達については誤りで，八幡製鉄所は，中国の大冶鉄山の鉄鉱石と九州の筑豊炭田の石炭とを使用して製鉄を行った。

エ：軽工業も重工業も発達して工業製品の輸出が増大したことは正しい。しかし，輸出品の主力は幕末の開国当時から一貫して生糸だった。日清戦争前は，生糸に続いて，茶・水産物・米などの輸出が多かったが，日清戦争後は，生糸に続くものとして綿糸・絹織物などの輸出が伸び，茶などの農水産品の輸出は停滞した。日露戦争後も，綿糸・綿織物が中国に，生糸がアメリカを中心に輸出を伸ばした。なお，日露戦争後には重工業部門も成長したが，鉄・機械・汽船・兵器類などの重工業品はまだ輸入に頼る状態で，繊維品を輸出して得た外貨でそれらを賄っていたといえる。

以上より，正答は**1**である。

正答 1

地方上級＜教養＞過去問500●**87**

地方上級 No.86 日本史　昭和初期からアジア太平洋戦争

全国型，関東型，中部・北陸型　平成29年度

昭和初期からアジア太平洋戦争までの日本に関する次の記述のうち，妥当なものはどれか。

1　1920年代末にアメリカ発の世界恐慌が起きたが，欧米諸国との貿易量が少ない日本経済に与えた影響は小さく，1930年代の日本経済は好況が続いて，その影響は農村部にまでもたらされた。

2　日本は中国東北部に満州国を建国し実効支配していたが，その地域に中国軍が侵攻し満州事変が起こされた。それによって，日中両軍が戦闘状態となり，日中戦争へと発展した。

3　陸海軍の青年将校や右翼団体が五・一五事件や二・二六事件を起こし，首相や大臣の殺害を試みた。しかしその試みはすべて失敗し，これらの事件を契機に軍部の発言力が弱まった。

4　日中戦争が始まると，政府は国民に節約や貯蓄を奨励した。そして国家総動員法を制定し，戦争目的のために，政府はすべての人的・物的資源を議会の承認なしに無条件に動員できることとした。

5　日本は真珠湾を奇襲攻撃してアメリカに宣戦を布告し，また，ソ連にも宣戦を布告して広大なシベリアの領土を占領した。

解説

1．日本では，浜口内閣が金解禁実施の声明を出した直後に世界恐慌が波及し，昭和恐慌に陥った。農村ではアメリカの経済破綻から生糸の需要が激減して養蚕農家が大打撃を受け，さらに豊作飢饉によって米価が暴落して深刻な不況となった。

2．満州事変（1931年）は，関東軍が柳条湖で満鉄線路を爆破し，それを中国軍のしわざとして中国軍を攻撃し，満州を占領したものである。日中戦争は，満州事変から6年後の1937年，盧溝橋での日中両軍の小衝突（盧溝橋事件）が契機となった。

3．五・一五事件（1932年）では犬養毅首相が暗殺され，二・二六事件では高橋是清蔵相と斎藤実内大臣が殺害され，鈴木貫太郎侍従長が重傷を負った。これらの事件の結果，陸軍の統制派を中心に軍部の影響力が増大した。

4．正しい。国家総動員法は，日中戦争中の1938年に第一次近衛文麿内閣が制定した。前年に始められた国民精神総動員運動とこの国家総動員法によって戦時体制が確立された。

5．日本はソ連と日ソ中立条約（1941年4月）を結んでおり，ソ連には宣戦布告していない。ソ連はヤルタ会談で対日参戦を密約し，広島への原爆投下の2日後に対日宣戦を行い，満州へ進撃を開始して関東軍を壊滅させた。

正答　**4**

地方上級

No. 87 日本史　太平洋戦争開戦から終戦直後

全国型，関東型，中部・北陸型　平成27年度

太平洋戦争開戦から終戦直後までの日本に関する次の記述のうち，妥当なもののみをすべて挙げている組合せはどれか。

ア　満州事変以降中国への侵略を拡大し，さらに南方進出しようとする日本に対し，アメリカは経済制裁を行った。日本政府は南方進出を進めながらも，一方で対米開戦を避けるためにアメリカと交渉を続けたが，妥結しないまま戦争に突入することとなった。

イ　開戦直後，日本は資源を求めて東南アジア，オーストラリア，ニュージーランド一帯を占領した。特にオーストラリアの豊富な資源は，経済制裁を受けている日本に大きく寄与した。

ウ　戦争中，国内では物資の不足から食料品，医療品，その他の生活必需品が配給制となり，労働力も不足して，学生も兵力や労働力として徴用された。植民地の朝鮮や台湾でも物資の供出が強制されたが，植民地の人々が兵力や労働力として徴用されることはなかった。

エ　戦争末期，広島・長崎に原爆が投下され，アメリカ軍が本州に上陸して地上戦となった。そのような中でポツダム宣言が発表されると日本政府は即時受諾し，無条件降伏した。

オ　戦争末期にソ連は日ソ中立条約を破って満州へ攻め入った。終戦後ソ連に拘束された人々は主にシベリアに連行され，長期にわたり強制労働に従事させられた。

1　ア，エ
2　ア，オ
3　イ，ウ
4　イ，エ
5　ウ，オ

解説

ア：正しい。日中戦争（1937年〜）の中で日本が南進の方向を示すと，アメリカは日米通商航海条約の破棄を通告してきた（1939年）。日本は北方の安全を固め南進政策を進めるために日ソ中立条約を結んだが，一方で対米開戦を避けるために，アメリカ国務長官ハルと日米交渉を行った。しかし，日本が南部仏領インドシナに進駐するとアメリカの態度は硬化し，ABCD包囲陣と呼ばれる対日経済封鎖体制が整えられた。日米交渉も続けられたが，アメリカに事実上の最後通牒といわれるハル＝ノート（中国・仏領インドシナからの日本軍の即時撤兵などを内容とする）を突き付けられると，日本は真珠湾を奇襲攻撃し太平洋戦争が開始された。

イ：日本は緒戦に勝利を収め東南アジアと南太平洋一円にわたる地域を占領したが，オーストラリアやニュージーランドにまでは進軍していない。

ウ：朝鮮でも台湾でも徴兵制が実施された。また，日本へ強制連行して労働環境の悪い鉱山などで働かせた。

エ：地上戦が行われたのは沖縄だけで，本州は空襲のみだった。日本の無条件降伏を勧告するポツダム宣言は1945年7月に発表されたが，鈴木内閣は降伏拒否を表明した。同年8月6日の広島原爆投下，8月8日のソ連参戦，8月9日の長崎原爆投下を見て，日本はポツダム宣言を受諾し無条件降伏した。

オ：正しい。「ドイツ降伏後のソ連の対日戦争参加」はヤルタ協定の中の秘密協定だった。
　よって，正答は**2**である。

正答　2

地方上級
全国型，関東型，中部・北陸型，市役所A日程

No. 88 日本史 第二次世界大戦後の日本 令和2年度

第二次世界大戦後の日本の社会と経済に関する次の記述のうち，記述と年代の組合せが妥当なものはどれか。

1 東海道新幹線が開通し，名神・東名などの高速道路が開通するなど工業地帯・工業地域が連なる太平洋ベルトに沿った諸都市と東京都を効率的に結ぶ交通網の整備が進んだ。

――1950年代

2 第一次石油危機による石油不足・原油価格の高騰・狂乱物価などの影響で高度経済成長は終了した。企業は省エネルギーや人員削減などの減量経営に努めた。 ――1960年代

3 プラザ合意後に円高不況が深刻化したが，低金利政策により過剰となった資金で資産が買われて株価や地価が高騰し，その資産効果で消費景気が生まれ，一転して好況となった。

――1980年代

4 「新三種の神器」といわれたカラーテレビ・カー（乗用車）・クーラーの普及が進み，このうちカラーテレビの普及率が初めて90％を超えた。 ――1990年代

5 阪神・淡路大震災や地下鉄サリン事件が起こり，社会不安が広がった。 ――2000年代

解説

1. 東海道新幹線は，高度経済成長期のさなかに行われた東京オリンピック開催直前の1964年に，名神・東名高速道路は65年に開通した。本肢は1960年代についての記述である。

2. 第一次石油危機は1973年であり，本肢は1970年代についての記述である。

3. 妥当である。1987～91年頃の資産インフレによる好景気をバブル経済という。

4. 第一次高度成長期（1950年代後半～60年代半ば）には「三種の神器」といわれた電気洗濯機・白黒テレビ・電気冷蔵庫が著しく普及した。そして第二次高度成長期（1960年代後半～70年代初期）になると，「新三種の神器」または「3C」と呼ばれたカラーテレビ・カー（乗用車）・クーラーの普及が進み，1970年代半ばにはカラーテレビの普及率が90％を超えた。本肢は1970年代についての記述である。

5. 阪神・淡路大震災，地下鉄サリン事件とも，1995年に起こった。

正答 **3**

地方上級

No. 89 日本史 高度経済成長期

全国型，関東型，中部・北陸型，市役所Ａ日程

令和元年度

高度経済成長期の日本に関する次の記述のうち，妥当なものはどれか。

1 55年体制と呼ばれる政治体制が成立し，自民党と社会党との間で頻繁に政権交代が行われた。

2 この時期には，年功序列型ではなく成果主義による賃金体系や終身雇用制を特徴とする，いわゆる日本的経営方式が定着した。

3 国民の消費水準が高まり，特に耐久消費財の普及がめざましく，自動車・カラーテレビ・携帯電話は「三種の神器」と呼ばれた。

4 公害が深刻化し，水俣病などの四大公害裁判が起こされたが，いずれの裁判も原告である住民側が敗訴した。

5 高度経済成長によって深刻な環境破壊やさまざまな都市問題が発生する中，東京，大阪，横浜などの大都市圏を中心に革新自治体が誕生し，福祉・教育などの面で独自の政策を展開した。

解 説

1. 55年体制とは，1955年の社会党統一と保守合同以降続いた，衆議院の議席の３分の２を占める自民党が政権を保持し，３分の１を占める社会党を主要野党とする体制である。1993年までの38年間継続し，その間政権交代は行われていない。

2. 高度経済成長期に日本的経営方式が定着したことは正しいが，日本的経営方式の特徴である日本型雇用慣行は，一般的には年功序列型賃金・終身雇用制・企業別組合の３つをさす。成果主義の賃金体系などは，グローバル経済の進展や平成不況によって年功序列型賃金が崩れて出てきたものである。

3. 第一次高度成長期（1955～65年頃）に普及し「三種の神器」と呼ばれたのが電気洗濯機・白黒テレビ・電気冷蔵庫で，第二次高度成長期（1965～73年頃）に普及し「３Ｃ」と呼ばれたのがカラーテレビ・カー（自家用車）・クーラーである。

4. 四大公害裁判とは，水俣病・四日市ぜんそく・イタイイタイ病・新潟水俣病（第二水俣病）の４つである。それぞれ1971～73年に判決が出され，いずれも原告の被害者側（住民側）が勝訴している。

5. 妥当である。東京都の美濃部知事などがその例である。

正答 **5**

地方上級
関東型，中部・北陸型

No. 90 日本史 古代から近代の租税制度 令和2年度

古代から近代の日本の租税制度に関する次の記述のうち，妥当なものはどれか。

1 奈良時代は，律令制度の下で班田収授法が実施され，身分に関係なく平等に口分田が班給された。班給を受けた者は，国家に対して，租・庸・調・出挙・雑徭・兵役等々の負担を負わなければならなかった。

2 鎌倉時代は，荘園ごとに守護が設置され，年貢の徴収や土地の管理，荘園内の治安の維持管理などを行った。

3 室町時代は幕府の財政基盤が弱く，特に室町中期には，金融業者である土倉や酒屋を保護する代わりに徴収した倉役や酒屋役が，幕府財政の中で大きな比率を占めていた。

4 江戸時代になると，年貢納入などを共同責任で行う五人組の制度が廃止され，検地帳に耕作者として記載された者にその土地を保持する権利を保障するかわりに，年貢納入の責任を負わせた。

5 明治時代の初め，新政府は財政収入の安定のために地租改正を行い，課税対象を地価から収穫高に，納税者を土地所有者から耕作者へと改めた。

解説

1. 班田収授法により班給される口分田の面積は，身分や性別によって異なり，良民男性は2段，良民女性はその3分の2，男性の家人と私奴婢は良民男性の3分の1，女性の家人と私奴婢は良民女性の3分の1が班給された。

2. 荘園ごとに設置され，年貢の徴収等を行ったのは地頭である。守護は1国に1人有力御家人が任命され，大番催促・謀叛人逮捕・殺害人逮捕を内容とする大犯三箇条の権限を持った。

3. 妥当である。

4. 年貢納入や治安維持などで連帯責任を負わせる五人組の制度は，江戸時代の3代将軍家光の頃に整備された。後半の検地帳以降の記述は，豊臣秀吉の太閤検地の結果作られた制度である。

5. 前半は正しい。しかし，改正の方向性が逆で，課税対象は収穫高から地価に，納税者は耕作者から土地所有者へと改められた。

正答 **3**

地方上級

関東型

No. 91 世界史 古代オリエント 平成13年度

古代オリエントに関する記述中の，A～Eの（ ）内から妥当なものを選んだ組合せはどれか。

地中海東岸では，フェニキア人がA（アルファベット，アラビア文字）を発明し，アラム人がB（ダマスクス，シドン・ティルス）を拠点に中継貿易を行った。ヘブライ人はパレスチナからエジプトに移住したが，C（モーセ，ダヴィデ）に率いられ，パレスチナに脱出した。その後，ヘブライ人の国家は分裂した。D（イスラエル，ユダ）はバビロニア新王国に滅ぼされ，捕らわれた人々はバビロンに連れ去られ，50年後に帰国を許された。その後の彼らの信仰は天使・悪魔といったE（ゾロアスター教，パリサイ派）の影響が見られる。

	A	B	C	D	E
1	アルファベット	ダマスクス	ダヴィデ	イスラエル	ゾロアスター教
2	アラビア文字	ダマスクス	モーセ	イスラエル	パリサイ派
3	アルファベット	シドン・ティルス	モーセ	ユダ	パリサイ派
4	アラビア文字	シドン・ティルス	ダヴィデ	ユダ	パリサイ派
5	アルファベット	ダマスクス	モーセ	ユダ	ゾロアスター教

解説

A：アルファベットが当てはまる。フェニキア人は地中海貿易を独占し，さらにフェニキア文字をつくった。これがアルファベットの起源となった。

B：ダマスクスが当てはまる。アラム人はシリアのダマスクスを拠点に貿易活動を行った。シドン・ティルスなどの都市国家をつくり拠点としたのはフェニキア人である。

C：モーセが当てはまる。ヘブライ人はモーセに率いられて，エジプトからパレスチナに脱出した。

D：ユダが当てはまる。分裂したヘブライ人の国家のうち南部のユダはバビロニア新王国に征服された。捕らわれた人々はバビロンに連れ去られ（バビロン捕囚），50年後に帰国を許された。

E：ゾロアスター教が当てはまる。バビロン捕囚から帰国したユダヤ人は善悪二元論のゾロアスター教の影響を受け，ユダヤ教をつくった。パリサイ派は戒律を厳格に守るユダヤ教の一派のことである。

よって，正答は**5**である。

正答 5

地方上級＜教養＞過去問500●93

地方上級

全国型，関東型，中部・北陸型，横浜市

No. 92 世界史 **ルネサンス期の文化** 平成**20**年度

ルネサンス期の文化に関する次の記述のうち，妥当なものはどれか。

1 メディチ家の保護を受けていたエラスムスは，聖職者の道徳的な堕落を風刺する『愚神礼賛』を著して，ローマ法王に破門された。

2 フィレンツェ生まれの詩人であるダンテは，俗語であったイタリアのトスカナ語で『神曲』を著し，中世の神学の教えを描きながら，そこに描かれた人間への共感を示した。

3 マキァヴェリは『君主論』を著して，どこにもないあるべき理想社会を描いて現実の政治の不合理を分析してみせた。

4 ヴァチカンのサンタ＝マリア大聖堂はルネサンス様式最大の建築物で，画家でもあるラファエロが1人で設計した。

5 ルネサンスを代表する絵画であるレオナルド＝ダ＝ヴィンチの「最後の審判」は，初めて遠近法を取り入れた作品である。

解説

1. エラスムスはネーデルラントのロッテルダム出身のヒューマニストで，メディチ家とは無関係。

2. 正しい。ダンテはペトラルカとともにルネサンス的人間の先駆者とされている。

3. 「どこにもないあるべき理想社会」を描いて現実の不合理を指摘したのはトマス＝モアの『ユートピア』である。

4. ルネサンス最大の建築物はサン＝ピエトロ大聖堂であり，サンタ＝マリア大聖堂はフィレンツェにある。サン＝ピエトロ大聖堂は設計にはブラマンテ，ラファエロ，ミケランジェロがかかわっている。

5. ダ＝ヴィンチの作品は「最後の晩餐」であり，システィナ礼拝堂の正面を飾る「最後の審判」を描いたのはミケランジェロである。また遠近法はダ＝ヴィンチ以前のギベルティなども採用している。

正答 **2**

94●地方上級＜教養＞過去問500

地方上級

全国型，関東型，中部・北陸型

No.93 世界史 11～13世紀のヨーロッパ 平成24年度

11～13世紀のヨーロッパに関する次の記述のうち，妥当なものはどれか。

1 オスマン帝国が聖地イェルサレムを支配下に置き，キリスト教徒の巡礼を妨害したことから，聖地奪還を目的に十字軍が起こされた。

2 第3回十字軍では，アイユーブ朝のサラディーンを破ってイェルサレム王国を建てたが，すぐに奪還されたため，聖地回復の目的を達成できなかった。

3 第4回十字軍では，ヴェネツィア商人の要求によってコンスタンチノープルを占領してラテン帝国が建てられた。

4 イベリア半島では，キリスト教徒が国土回復運動を起こし，12世紀までに半島の北部にカスティリャ・アラゴン・スペインの3王国が建てられた。

5 十字軍によってギリシャの古典やヨーロッパの先進的な科学がイスラーム世界にもたらされ，その刺激を受けてアラビアで医学や天文学・数学などが発達した。

解説

1. 聖地イェルサレムを支配下に置いたのはオスマン帝国ではなくセルジューク朝である。オスマン帝国は，1299年，オスマン1世（1258～1326年）によってアナトリア半島（小アジア）西北部に建国された，イスラーム化したトルコ人の王朝で，十字軍（1096～1270年）とは時代が違う。セルジューク朝は，トゥグリル=ベク（1038～1194年）が，イスラーム化したトルコ人のセルジューク族を率いて，1038年に建国した。1055年にバグダードに入り，アッバース朝のカリフからスルタン（世俗の君主）の称号を授けられ，1071年にはビザンツ軍を破り，さらにシリアに進出した。セルジューク朝によって国境を侵害されたビザンツ皇帝が，イスラームの脅威を訴えてローマ教皇に救援を求め，これに答えて，ローマ教皇ウルバヌス2世が，聖地奪還の聖戦を提唱して起こされたのが十字軍である。

2. 第3回十字軍がアイユーブ朝のサラディーン（サラーフ=アッディーン）と戦ったのは事実であるが，イェルサレムを奪還できず，サラディーンと和議を結んで帰国した。またイェルサレム王国（1099～1291年）は，第1回十字軍（1096～99年）が，1099年，イェルサレムを占領して建てた封建国家であり，サラディーンによって，1187年に奪還された。これに対して起こされたのが第3回十字軍（1189～92年）である。なおイェルサレム王国は，1291年，マムルーク朝によって最後の拠点となったアッコンが滅ぼされて滅亡した。

3. 正しい。

4. 12世紀までにイベリア半島の北部に成立したキリスト教国はカスティリア・アラゴン・ポルトガルの3王国である。スペインは，アラゴン王フェルナンドとカスティリア女王イサベルの結婚によって，1479年に統合されて成立した王国である。

5. 十字軍によって先進的なイスラーム世界の文物がヨーロッパに流入したのであり，事実関係が逆である。十字軍によってビザンツ帝国やイスラーム圏からもたらされたギリシャ語古典がラテン語に翻訳され，それに刺激されて西ヨーロッパにおいて「12世紀ルネサンス」と呼ばれる知の復興運動が起こった。

正答 **3**

地方上級
全国型，関東型，中部・北陸型
No. 94　世界史　13~17世紀頃のユーラシア大陸　平成27年度

13~17世紀頃のユーラシア大陸について述べた次の記述について，下線部分が正しいものの組合せとして妥当なものはどれか。

　モンゴル帝国は，13世紀後半にはヨーロッパとアジアにまたがる史上最大の領域を形成した。そして，ァユーラシア大陸を支配下に収めたモンゴル族により陸海の交通路が整備され，東西交流が活発化したのである。しかし，ィムスリム商人たちは交易することを許されず，陸海交通路はモンゴル人たちが独占した。

　やがてモンゴルが衰えると各地に新しい勢力が成長したが，東西文化の交流は引き続き盛んになった。

　東アジアでは，14世紀後半に中国を統一した明が17世紀まで続いた。ゥヨーロッパから火薬や羅針盤が伝わり，中国からは当時世界で最も進んでいた天文学が西アジアに伝わった。

　南アジアでは，ェ15世紀に成立したマラッカ王国が海上貿易の中心として繁栄し，ムスリム商人たちが多く通商に訪れた。

　西アジアでは，オスマン＝トルコ帝国が成長し，14世紀にはヨーロッパへの進出も図った。ォしかし，ビザンツ帝国との戦いに敗れ，ヨーロッパへ領土を広げることはできなかった。

1　ア，エ
2　ア，オ
3　イ，ウ
4　イ，オ
5　ウ，エ

解説

ア：正しい。大都（現在の北京）を中心とする幹線道路に沿って約10里ごとに駅を置き，往来する官吏に駅の周辺の住民に馬・食糧などを提供させる駅伝制（ジャムチ）は，チンギス＝ハンが創設し，元代に完備された。また，元朝は新水路を開いて江南から大都に至る大運河を整備し，都市に市舶司を置いて海上交通路を掌握した。これらはモンゴル民族が商品の流通を重視したことを示しており，東西文化の交流にも大きな役割を果たした。

イ：チンギス＝ハンは，当時中央アジア一帯を商業圏として活躍していたムスリム商人と提携し，資金・物資の援助を得ていた。駅伝制によって帝国内の交通が便利・安全になるとムスリム商人による陸上交易が盛んになり，元代には，西アジアとの海上貿易も盛んで，ムスリム商人の往来も活発化した。

ウ：火薬・羅針盤・活版印刷術はルネサンスの三大発明といわれるが，火薬と羅針盤は中国から西方に伝わり，アラビア人によってヨーロッパにもたらされた。また天文学や医学などの自然科学では，イスラム文化がギリシャ文化以上の新生面を開拓し，それがヨーロッパや中国に流入した。

エ：正しい。イスラム教徒は商船貿易が盛んになるとともに東南アジアに進出した。マラッカ半島に成立したマラッカ王国は，改宗して東南アジア最初のイスラム国家となった。

オ：オスマン＝トルコ帝国は1453年にコンスタンティノープルを占領し，1000余年にわたって近東を支配したビザンツ帝国は滅亡した。その後16世紀半ばのスレイマン1世の下で最盛期を迎え，ウィーンを包囲し，プレヴェザの海戦に勝って地中海の制海権を握り，アジア・アフリカ・ヨーロッパにまたがる大帝国となり，東西貿易の要地を押さえてその利益を独占した。

　よって，正答は**1**である。

正答　**1**

地方上級

No. 95

全国型，関東型，横浜市

世界史　16，17世紀のヨーロッパ　平成13年度

16，17世紀のヨーロッパに関する次の記述のうち，妥当なものはどれか。

1　イギリスでは清教徒革命後，ジェームズ2世が専制政治をやめようとはしなかったため，皇太子誕生を契機に名誉革命が起こった。

2　フランスではコルベールが重商主義政策を実施したため，農民の生活が苦しくなり，コルベールに対する不満が募った結果，フランス革命が起こった。

3　プロイセンはハプスブルク家が支配していたが，マリア・テレジアの時代になると，七年戦争でナポレオン1世に敗れた。

4　オーストリアではフリードリヒ2世によって絶対主義が確立され，ヨーロッパの強国の地位が高められた。

5　ロシアでは，ピョートル1世がシベリア開発に力を注ぎ，独自路線で領内を東西に走るシベリア鉄道がつくられた。

解説

1．正しい。ジェームズ2世はカトリックを復活させ，専制政治を行った。1688年に議会が新教徒で国王の長女のメアリと夫のウィレムを招いたので，ジェームズ2世はフランスへ亡命した。

2．財務総監のコルベールが重商主義政策を実施したのはルイ14世の時代で，17世紀後半のフランス絶対王政全盛期のときである。フランス革命は1789年，ルイ16世時代に起こっている。

3．ハプスブルク家が支配していたのはオーストリアである。ハプスブルク家のマリア・テレジアが七年戦争（1757〜1763年）で戦い敗れたのはナポレオン1世ではなく，プロイセンのフリードリヒ2世である。

4．フリードリヒ2世はプロイセンの国王である。オーストリアはハプスブルク家が支配していた。

5．ピョートル1世は1682〜1725年の間，ロシア皇帝として即位し，シベリア経営を推し進めた。シベリア鉄道はフランス資本を導入して，1891年に着工し，1905年に完成した鉄道である。

正答　1

政治

経済

社会

日本史

世界史

地理

思想

文学・芸術

国語

地方上級＜教養＞過去問500●97

地方上級 関東型，中部・北陸型
No.96 世界史 ルネサンスと宗教改革 平成30年度

ルネサンスと宗教改革についての次の文中の下線部に関する記述として，妥当なものはどれか。

14～16世紀のヨーロッパでは，カトリック教会中心の中世的世界観が大きく揺らぎ，ルネサンスや宗教改革などの新しい動きが起こった。ルネサンスとは，現実や人間性を肯定し，個人の尊厳や合理的精神を尊重する文化の革新運動で，レオナルド・ダ・ヴィンチに代表される₁絵画や₂マキャヴェリらの思想のほか，学問，技術などの諸分野で運動が展開された。1517年には，ドイツの₃ルターが「95か条の論題」で教会や教皇を批判して宗教改革が始まった。スイスでは₄カルヴァンが改革を行った。これらに対し，旧教側にも₅反宗教改革の動きが見られた。

1 絵画の分野では，農民や民衆を中心にした題材が描かれ，宗教的な題材は描かれなくなった。

2 マキャヴェリはその主著『君主論』の中で，権謀術数的な政治を否定し，道徳と宗教による政治を理想とした。

3 ルターが「95か条の論題」で掲げた主張は，ルネサンス期に開発・改良された活版印刷術によって急速に広まった。

4 カルヴァンは，個人の救済は神によってあらかじめ決定されているものではなく，個人が生前に積んだ善行によって決定されるものであると説いた。

5 反宗教改革により教皇は教義に関する決定権を失って名目的存在となり，多様な教義解釈が認められるようになって，異端に対する宗教裁判は廃止された。

解説

1. 中世では教会建築の付属物であった絵画は，ルネサンス期には独立した美術部門として発達した。その特徴は，写実的・個性的表現，遠近法の完成，人体解剖学の摂取，油絵の具の使用などである。しかしその題材は宗教的なものが多く，三大巨匠といわれたダ・ヴィンチの「最後の晩餐」，ミケランジェロの「最後の審判」「天地創造」（システィナ礼拝堂天井画），ラファエロの数多くの聖母像などがその例である。「落ち穂拾い」「晩鐘」などで知られるミレーやクールベ，ドーミエらに代表され，農村や自然の風景，民衆や社会生活を客観的に描いた自然主義・写実主義の絵画は19世紀のフランスを中心に生まれた。

2. マキャヴェリは，当時のイタリアの外国勢力の侵攻による混乱状態を見て『君主論』を著し，君主が権力を維持するためには謀略や軍事力を用いてもよいとする宗教的・道徳的理想と政治を切り離す新しい政治理論を展開し，近代政治学の基礎を築いた。目的のためには謀略を用いてもよいとする権謀術数主義をマキャヴェリズムという。

3. 妥当である。

4. カルヴァンはキリスト教の教説である「予定説」を強調した。「予定説」とは，人間の救済は神によりあらかじめ定められたものであり，個人の善行や努力には左右されないとするものである。

5. 反宗教改革（対抗宗教改革）が始まる契機となったトリエント公会議（1545～63年）は，教皇至上権やカトリックの教義を確認し，宗教裁判の強化や禁書目録の設定などによる異端の取締り強化を決定している。宗教裁判は宗教改革期に新旧両派で強化され，火刑が行われるなど激化した。

正答 3

地方上級
No. 97　世界史　産業革命
全国型，関東型，横浜市　平成21年度

産業革命に関する次の記述のうち，妥当なものはどれか。

1 他国に先駆けてイギリスで産業革命が始まった理由の一つとして，広大な海外植民地から石炭・鉄などの工業資源や労働力を安価に輸入できたことがある。

2 イギリスの産業革命は，大西洋の三角貿易で綿布の需要が急増したことから，マンチェスター周辺の綿工業において技術革新が始まった。

3 産業革命の結果，大規模な機械制工場を経営する産業資本家が社会的地位を高め，選挙法の改正や穀物法・航海法の制定など，自由主義的政治改革や貿易政策がとられるようになった。

4 イギリスでは，資本主義の確立に対応して労働運動も発展し，労働者は人民憲章を掲げて普通選挙を要求するチャーティスト運動を展開した結果，21歳以上の男子による普通選挙権を獲得した。

5 フランス，ドイツ，アメリカでは20世紀に入って産業革命が本格化し，いずれも国家の保護を受けて重化学工業が発展し，イギリスの地位を脅かすようになった。

解説

1. イギリスで産業革命が他国に先駆けて始まった理由の一つとして，自国が石炭や鉄などの資源に恵まれていたことがある。また「農業革命」といわれる第2次囲い込みや新農法の導入による資本主義的農業生産が発展し，その結果として土地を失った農民が農業労働者や工業労働者として，産業革命に必要な労働力を提供したことも発展の要因となった。

2. 正しい。インド産の綿布はイギリスの三角貿易の重要な輸出品であったので，それを国内において，インドあるいはアメリカ産の綿花を原料に，国内向けだけでなく輸出品として製造することから産業革命が始まった。マンチェスター周辺で綿工業が起こったのも，奴隷貿易の中心であったリヴァプールに近いという立地条件も作用していた。

3. 穀物法・航海法の制定ではなく廃止である。穀物法は1815年に制定された地主保護法で，外国産穀物に高関税を課して輸入を制限し，国産の穀物価格の下落を阻止しようとした保護関税政策である。コブデン，ブライトらが反穀物法同盟を結成して廃止運動を展開した結果，1846年に廃止された。これは産業資本家の地主に対する勝利であった。航海法は1651年にクロムウェルの共和政政府によって制定され，商品輸送をイギリス船と相手国の船に限定した法律である。植民地貿易からオランダ船を締め出し，貿易独占をねらった法であったが，19世紀になると一部海運業者のみを利するという理由で1849年に廃止された。

4. チャーティスト運動では，労働者の選挙権は獲得できなかった。1832年の第一次選挙法改正で産業資本家たちは選挙権を獲得したが，依然として納税額で選挙権が制限されていた。1839年，労働者たちは男性普通選挙権など6か条の要求（人民憲章）を議会に提出して運動を展開した。運動はその後も，42年，48年と続けられたが，議会の拒否と指導部の内部分裂で挫折した。

5. フランス，ドイツ，アメリカの産業革命は20世紀ではなく19世紀である。1825年にイギリスが機械技術の輸出を解禁すると，1830年頃にベルギー，フランスで絹・木綿工業など繊維産業を中心に産業革命が起こった。ドイツは，プロイセンを中心とした関税同盟の成立（1833年）以後，1840年代にライン川流域で始まる。しかし，ドイツの場合は，1871年，普仏戦争に勝利してフランスからアルザス・ロレーヌを獲得して以後，国家保護によって重化学工業が急速に発展し，イギリスを脅かすに至ったところに特徴がある。アメリカは，米英戦争（1812～14年）によってイギリスとの貿易が断絶して経済的自立が始まり，1840年代から南北戦争前後にかけて産業革命が始まったとされる。アメリカの場合は，むしろ南北戦争後，国内市場の拡大を背景に工業の急速な進展が見られ，資本主義が高度化して独占体が形成され，ロックフェラー，カーネギー，モルガンなどの大財閥が政治・経済を支配するようになったところに特徴がある。

正答　**2**

地方上級

No.98 世界史 絶対王政と海外進出 令和2年度

関東型，中部・北陸型，市役所Ａ日程

近世ヨーロッパ諸国の絶対王政と海外進出に関する次の記述のうち，妥当なものはどれか。

1 15世紀末に喜望峰に到達したスペインは，16世紀にはインドのゴアを中心に貿易を発展させ，アジア貿易を独占した。

2 ポルトガルはアメリカ大陸への植民活動に専心し，中南米のほとんどの地域を占領して植民地経営を行った。そして，最も早く絶対主義を確立し，「太陽の没せぬ国」を現出した。

3 16世紀後半にスペインからの独立を宣言したオランダは，17世紀初めに東インド会社を設立し，ジャワ島のバタヴィアを中心に香辛料貿易を独占した。17世紀前半にはスペインに代わって世界の商業の中心として繁栄し，鎖国下の日本とも貿易を行った。

4 イギリスでは，17世紀後半に，太陽王といわれ，「朕は国家なり」の言葉で有名なルイ14世が親政を行って絶対王政の絶頂期を迎え，その時期にヨーロッパ第一の強国となった。しかし，18世紀後半になると革命が勃発して王権は停止され，ルイ16世は処刑された。

5 フランスでは，18世紀後半，フリードリヒ2世が典型的な啓蒙専制君主として教育の普及や産業の奨励を行い，国内の近代化を進めた。

解説

1. ポルトガルについての記述である。ポルトガルは15世紀初めからアフリカ西海岸の探検に乗り出し，1488年にバルトロメウ・ディアスが喜望峰に到達し，1598年にヴァスコ・ダ・ガマが喜望峰を回ってインド航路を開拓した。スペインは，女王イサベルが1492年のコロンブスのアメリカ大陸到達を援助し，カルロス1世の命で，マゼラン一行の世界周航（1519～22年）が行われた。大航海を通じて，通商・植民活動を進める両国の間で紛争が起こり，15世紀末に教皇が植民地分界線を定め，その結果，ポルトガルは主にアジア，スペインは主にアメリカ大陸に勢力を拡大し，世界商業の二大中心国となった。その後ポルトガルは1580年にスペインに併合された。

2. スペインについての記述である。

3. 妥当である。

4. フランスについての記述である。イギリスの絶対王政の絶頂期は16世紀後半のエリザベス女王の治世である。その後17世紀前半に清教徒革命が起こってチャールズ1世が処刑され，17世紀後半には名誉革命が起こって，イギリス立憲政治の基礎が固まった。

5. プロイセンの絶対王政についての記述である。

正答 **3**

地方上級
No. 99

全国型，関東型，中部・北陸型，市役所Ａ日程

世界史 **19世紀のヨーロッパ** 令和元年度

19世紀のヨーロッパに関する次の記述のうち，妥当なもののみを挙げているのはどれか。

ア　ナポレオンがヨーロッパ各地の戦いを制してヨーロッパ統一を成し遂げ，彼を中心とするウィーン体制を築いた。

イ　いち早く産業革命を成し遂げたイギリスは「世界の工場」と呼ばれ，広大な植民地を獲得し，大量生産による安価な商品で市場を占有して利益を上げた。

ウ　イタリアでは統一運動が盛り上がりをみせたものの，他国の介入もあり，19世紀の間は統一を果たせなかった。

エ　ドイツは35の領邦国家と４つの自由市の集合体にすぎなかったが，その中のプロイセンの主導で国家統一事業が進められ，1871年にドイツ帝国が成立し，統一が完成した。

オ　ロシアは南下政策を推進していたが，クリミア戦争の敗北によって挫折した。その後革命が起き，社会主義政権が樹立された。

1　ア，イ
2　ア，オ
3　イ，エ
4　ウ，エ
5　ウ，オ

解説

ア：19世紀初頭，ナポレオンは対外戦争などの勝利でヨーロッパのほとんどを支配下に置いたが，ロシア遠征に失敗した後ヨーロッパ諸国との戦いに敗れ，没落した。ウィーン体制とは，フランス革命とナポレオンによる一連の戦争後のヨーロッパ秩序再建のために開かれたウィーン会議において形成された，19世紀前半のヨーロッパの国際秩序である。

イ：妥当である。

ウ：イタリアの統一は，サルデーニャ王国のカヴールが中心となり，オーストリアに対して統一戦争を起こし，1861年にイタリア王国が成立し，1870年にローマを占領することにより完成した。

エ：妥当である。

オ：南下政策とは，18～19世紀に，不凍港や農産物の販路確保を目的にロシアが展開した，黒海の制海権を獲得して地中海への進出を図る政策である。クリミア戦争の際はロシアの敗北で阻止されたが，その後のロシア＝トルコ戦争（露土戦争）ではロシアがオスマン帝国を破り，サン＝ステファノ条約でブルガリアを保護国とし，バルカン半島での優位を得ることに成功した。

よって，妥当なものはイとエであるので，正答は**3**である。

正答　3

地方上級＜教養＞過去問500●**101**

地方上級
関東型，中部・北陸型

No. 100 **世界史** **17～19世紀のイギリス** 平成29年度

次の文は17世紀から19世紀にかけてのイギリスについて述べたものである。下線部ア～オについて，妥当なものの組合せはどれか。

百年戦争とばら戦争は，イギリスの諸侯・騎士の没落と王権の伸長を招き，ア17世紀後半には絶対王政が確立した。絶対王政の下では重商主義政策がとられ，激しい植民地獲得競争が行われた。18世紀には，イイギリス東インド会社軍がフランス・現地王侯連合軍を破ってインド支配を確立したが，北米ではウフランスに敗れ太平洋側以外の支配をフランスに譲渡した。大西洋を舞台に行われた三角貿易では，エヨーロッパからアフリカに武器や雑貨を送り，アフリカからアメリカへ砂糖や綿花を送り，アメリカからヨーロッパへは奴隷が送られた。この三角貿易でイギリスが得た富は産業革命を促し，イギリスはオ自国の製品を海外植民地で有利に販売するために自由貿易を発展させて「世界の工場」としての地位を占めた。

1 ア，イ
2 ア，ウ
3 イ，オ
4 ウ，エ
5 エ，オ

解　説

ア：イギリスの絶対王政は，ばら戦争を終結させテューダー朝を開いたヘンリ7世によって成立し，次のヘンリ8世が創立したイギリス国教会の発展とともに確立し，16世紀末に即位したエリザベス1世によって絶頂期を迎えた。17世紀後半は，名誉革命（1688年）が起こり権利章典（1689年）が発布されるなど絶対王政が打破された時代である。

イ：正しい。1757年のプラッシーの戦いで，イギリスはイギリス東インド会社クライヴの活躍でフランス・ベンガル地方王侯連合軍に圧勝し，フランス勢力をインドから駆逐した。

ウ：北米の支配を巡っても，1754年から63年にかけて英仏でフレンチ＝インディアン戦争が行われ，勝利をおさめたイギリスがカナダとミシシッピ川以東の地域を押さえ，北米のフランス勢力を一掃した。

エ：ヨーロッパからアフリカに武器や雑貨を送ったことは正しい。アフリカからアメリカへは奴隷を運び，アメリカからヨーロッパへは砂糖，綿花，タバコ，コーヒーなどを運んだ。

オ：正しい。

よって，正答は**3**である。

正答　**3**

102●地方上級＜教養＞過去問500

地方上級

No. 101 全国型，関東型，中部・北陸型

世界史 18世紀後半〜19世紀中頃の欧米諸国 平成28年度

18世紀後半から19世紀中頃の欧米諸国に関する次の記述のうち，妥当なものをすべて挙げた組合せはどれか。

ア　イギリスでは石炭を主なエネルギー源とする動力機械の発明が他国よりも早い時期に起こり，安価な綿織物を工場で大量生産できるようになった。その結果，産業資本家たちは社会的地位を高め，選挙法が改正されて選挙権を持つようになった。

イ　アメリカでは，イギリス領の13植民地が独立戦争を戦って勝利し独立を勝ち取った。独立後に制定された合衆国憲法には，立法権・行政権・司法権の三権を大統領に集中させることが明記された。

ウ　フランスではフランス革命によって君主制が崩壊したが，オーストリアなどの周辺諸国が干渉戦争を起こして革命政府を倒し，ナポレオンを皇帝に擁立した。ナポレオンが帝位にいる間は周辺大国の勢力が均衡し，平和が保たれた。

エ　思想面では合理性と普遍性を重視する啓蒙思想が普及し，フランス革命を支えた。一方，その潮流に抗して，各地域や各民族の固有の歴史や文化，または，個人の感情や想像力を重視するロマン主義が広まった。

1　ア，イ
2　ア，エ
3　イ，ウ
4　イ，エ
5　ウ，エ

解説

ア：正しい。

イ：1787年に制定された合衆国憲法は三権分立を特徴としており，それは現在のアメリカ合衆国の政治体制の特徴でもある。

ウ：ルイ16世の処刑（1793年）を口実にイギリスを中心とした周辺諸国による第1回対仏大同盟が組織されたが，革命末期から頭角を現した軍人ナポレオンにオーストリアが敗れ，第1回対仏大同盟は解体した。その後，ナポレオンはエジプト遠征でイギリス軍に敗れたものの，ブリュメール18日のクーデタで総裁政府を倒し統領政府を樹立して第一統領となった。その後，ナポレオンは1802年に終身統領，1804年に皇帝に即位し，相次ぐ征服戦争でヨーロッパのほとんどを支配下に置いたが，周辺各国の勢力均衡により平和が保たれたことはなかった。

エ：正しい。

よって，正答は**2**である。

正答　**2**

地方上級＜教養＞過去問500●**103**

地方上級
全国型，関東型，大阪府

No. 102　世界史　フランス革命とナポレオン　平成15年度

フランス革命とナポレオンに関する次の記述のうち，妥当なものはどれか。

1　フランス革命で，国民議会は封建的特権を廃止することを決定し，自由・平等に基づくフランス人権宣言を採択した。1791年には国民議会に代わって，立法議会が召集され，憲法が制定された。

2　1792年に男子普通選挙によって国民公会が召集されると，王政が廃止され，第一共和政が成立した。その翌年にルイ16世が処刑された。

3　立法議会の召集後，反革命を掲げたオーストリア・プロイセンの連合軍がフランスに侵入し，フランス側の義勇軍とヴァルミーで戦ったが，この戦いでフランス側は敗れた。

4　ナポレオンがイギリスに対して発した大陸封鎖令は，ヨーロッパ市場からのイギリス締め出しとヨーロッパ市場での自国産業の独占をめざしたものであったが，オーストリアがイギリスに穀物輸出を行うなど，徹底されない面があった。

5　ナポレオンによって大陸封鎖令が出されると，イギリス首相ピットがヨーロッパ諸国とともにフランスに対する第1回対仏大同盟を結成し，これに対抗した。

解 説 ━━━━━━━━━━━━━━━━━━━━━━━━━━━━━━━

1．1789年の8月4日に国民議会によって封建的特権の廃止が決定され，同月26日にはフランス人権宣言が採択されたが，1791年に憲法を制定したのも国民議会で，憲法制定後，国民議会が解散し，立法議会が召集された。

2．正しい。フランスで初めての男子普通選挙で国民公会が成立した。ジャコバン派主導の下で国王が処刑された。

3．1792年9月に反革命を掲げたオーストリア・プロイセン軍のフランス侵入に対し，フランス側は義勇軍を募り，パリ東部のヴァルミーの地で戦った。この戦いではフランス側が勝利している。

4．ナポレオンのイギリスに対する大陸封鎖令（1806年）に関する記述は正しいが，オーストリアではなくロシアがイギリスへ穀物輸出を行った。このため，1812年にはナポレオンがロシア遠征を行うことになる。

5．イギリス首相ピット（小ピット）がヨーロッパ諸国とともにフランスに対する第1回対仏大同盟を結成したのは，1793年のルイ16世の処刑が契機となっている。ナポレオンの大陸封鎖令を契機として対仏大同盟は結ばれていない。

正答　**2**

地方上級

No. 103

全国型，関東型，中部・北陸型，市役所Ａ日程

世界史 第二次世界大戦後の米国大統領 令和２年度

第二次世界大戦後のアメリカ合衆国大統領の主な施政と大統領名の組合せとして，妥当なものはどれか。

ア　東西冷戦が激化する中で，ソ連に対する封じ込め政策を実施してギリシア，トルコやその他西ヨーロッパ諸国を支援し，カナダ，西ヨーロッパ連合条約締結国などとともにNATOを設立した。

イ　「強いアメリカ」を求める世論を背景に当選し，当初は対ソ強硬策をとっていたが，のちに協調政策に転じた。しかし強硬策のための軍備増強で「双子の赤字」が深刻化し，新自由主義的な経済政策を行ったが成果は出なかった。

ウ　ドル防衛のために，金＝ドル交換停止を発表した。外交では，訪中を実現して事実上の相互承認を行い，ベトナム和平協定を結んで，ベトナムから米軍を撤退させた。

エ　ニューフロンティアをスローガンに掲げ，カトリック教徒として初めてアメリカ大統領となり，キューバ危機の回避に成功してからは平和共存政策を進めた。

	ア	イ	ウ	エ
1	レーガン	トルーマン	ニクソン	ケネディ
2	トルーマン	ニクソン	ケネディ	レーガン
3	トルーマン	レーガン	ニクソン	ケネディ
4	ニクソン	レーガン	ケネディ	トルーマン
5	レーガン	ニクソン	トルーマン	ケネディ

解説

ア：封じ込め政策とは，ソ連圏拡大阻止の外交政策のこと。トルーマン（第33代，在任1945～53年）は，1947年，ギリシアとトルコの共産主義化阻止のための軍事支出を内容とするトルーマン＝ドクトリンを発表し，同年に米国務長官マーシャルは，ヨーロッパ経済復興援助計画（マーシャル＝プラン）を発表した。また，1949年には，西側12か国による集団安全保障体制の中心となるNATO（北大西洋条約機構）が設立された。

イ：レーガン（第40代，在任1981～89年）は当初「強いアメリカ」を主張し，対ソ強硬姿勢をとったが，ソ連の指導者がゴルバチョフに代わると，中距離核戦力（INF）全廃条約の締結など協調政策に転じた。「双子の赤字」とは財政赤字と貿易赤字の２つの赤字のことである。

ウ：ニクソン（第37代，在任1969～74年）が1971年に行ったドル防衛のための金・ドルの交換停止はニクソン＝ショック（ドル＝ショック）と呼ばれ，IMF体制の基礎を揺るがせた。世界経済は大混乱に陥り，各国は73年に固定相場制から変動相場制に移行することとなった。

エ：ケネディ（第35代，在任1961～63年）は，公民権拡大などの実施に当たって，国民に新たな開拓者としての自覚を持って協力するニューフロンティア政策を掲げ，積極的な経済成長政策・福祉政策をとった。また，キューバ危機回避後は対ソ共存を推進し，1963年，部分的核実験禁止条約を成立させた。

以上より，正答は**3**である。

正答 3

政治　経済　社会　日本史　世界史　地理　思想　文学・芸術　国語

地方上級
No. 104 世界史 ソ連の歴史

全国型，関東型，中部・北陸型 | 平成28年度

ソヴィエト社会主義共和国連邦（ソ連）の歴史に関する次の記述のうち，妥当なものはどれか。

1 第一次世界大戦の前に革命が起こり，帝政が崩れてソヴィエト政権が成立した。大戦が始まるとソヴィエト政府はドイツの側に立ち，イギリス・フランスと戦った。

2 1920年代末の世界恐慌で，ソ連は他国以上に大きな打撃を受けた。それまで独裁体制を敷いていたスターリンは，その恐慌を乗り越えることができずに失脚した。

3 第二次世界大戦では，ソ連は人的・経済的被害をほとんど受けなかった。大戦が終わると，ソ連はハンガリーなどの東欧諸国をソ連邦に組み入れて超大国となった。

4 1960年代には米ソの対立が深刻化した。キューバ危機では米ソの全面戦争となって多大な犠牲が出たことから，米ソの緊張緩和の道が探られた。

5 1980年代にソ連でペレストロイカ（改革）が行われると，刺激を受けたソ連邦内の共和国では独立運動が盛んになり，1990年代初めにソ連は解体した。

解説

1. ロシア革命は第一次世界大戦（1914〜18年）中に起こった。ロシアは三国協商（英・仏・露）の一員としてイギリス・フランスとともに戦ったが，1917年にロシア革命が起きてソヴィエト政権が成立し，1918年にブレスト＝リトフスク条約でドイツと単独講和を結び戦線を離脱した。

2. ソ連では，世界恐慌の前年から社会主義の計画経済に基づく第一次五か年計画が進められており，1933年からは第二次五か年計画も始まり，恐慌の影響はほとんど受けなかった。レーニンの死後，ソ連の主導権を握っていたスターリンは独裁を強化し，社会主義国家体制を確立した。

3. 第二次世界大戦におけるソ連の死亡者数は1,800万人とも2,000万人ともいわれ，参加国の中で一番多い。ソ連の軍事力によってドイツから解放された東欧諸国（ユーゴスラヴィアはティトーの指導下でほぼ自力で解放を勝ち取った）は，ソ連の干渉を受け，実質的には共産党の一党独裁とほぼ変わりない人民民主主義国となってソ連の衛星国化が進んだ。しかし，ソ連邦に組み入れられることはなかった。

4. キューバ危機は，1962年にキューバでソ連の援助による核ミサイル基地の建設が発覚し，ケネディ米大統領がソ連の機材搬入を海上封鎖で阻止しようとしたことから米ソ間の緊張が高まった事件である。しかし，ソ連のフルシチョフ首相がミサイル撤去を発表し，戦争の危機は回避された。この事件を教訓に，米ソ首脳どうしのホットラインが引かれ，翌63年には米・英・ソ三国が部分的核実験禁止条約に調印するなど，平和共存路線が定着した。

5. 正しい。

正答 **5**

106●地方上級＜教養＞過去問500

地方上級 No.105 世界史 中国の歴代王朝

全国型，関東型，中部・北陸型

平成22年度

中国の歴代王朝における出来事とア〜オの王朝の組合せとして，正しいものはどれか。

(ア)							(イ)	(ウ)				(エ)	(オ)
秦	前漢	後漢	三国時代	西晋	東晋	南北朝	隋	唐	五代十国	北宋	南宋	元	明	清

1 一条鞭法が行われるようになった。────（オ）
2 科挙が行われるようになった。────（イ）
3 両税法が行われるようになった。────（エ）
4 鄭和が南海諸国に遠征した。────（ア）
5 郡県制を全国に施行した。────（ウ）

解説

1. （エ）の明の時代の出来事である。当時，日本や新大陸の銀（メキシコ銀）が大量に流入し，貨幣経済が進展するようになると，税も銀で代納するようになった。そこで，これまで唐代後期から行われていた両税法に代わって，土地税や徭役などさまざまな税を一本化して，すべて銀納としたのが一条鞭法である。

2. 正しい。これまで郷挙里選や九品中正といった官吏登用法があったが，いずれも推薦制を中心としていたため，官史や豪族の子弟に有利であり，結果的に高官や有力な豪族の子弟が高級官僚を独占し，門閥貴族が勢力をふるうようになった。そこで，隋では，門閥貴族を抑圧するため，学科試験によって官吏を登用する科挙を始めた。

3. （ウ）の唐の時代の出来事である。唐では安史の乱後，均田制・租庸調制は完全に崩壊し，780年に，徳宗の宰相だった楊炎により採用されたのが両税法である。両税法は各戸が所有する土地の多少に応じて課税するもので，毎年夏6月と秋11月に徴収した。これはこれまでの公地公民制を放棄し，農民の土地所有を認めた画期的な税制で，明が一条鞭法を採用するまで続いた。

4. （エ）の明の時代の出来事である。鄭和はイスラム教徒の宦官。1405年から33年までの間に7回にわたって南海遠征を行い，南海諸国の朝貢を促した。第4回以降の遠征では，ペルシャ湾，アラビア，アフリカ東海岸にまで達した。

5. （ア）の秦の時代の出来事である。秦の始皇帝は中国を統一すると，自国内で行っていた郡県制を全国に施行して，中央から派遣した官吏に直接統治させた。

正答 2

地方上級
特別区

No.
106 世界史 春秋戦国時代 平成13年度

春秋戦国時代に関する記述として，妥当なのはどれか。

1 春秋末期から戦国時代にかけて，諸子百家が現れ，孔子の思想は孟子と荀子に受け継がれた。

2 戦国時代には戦国の七雄と呼ばれる7つの国が残り争ったが，長江中流域の秦が中国を統一した。

3 戦国時代末期には，外交政策として6つの国が秦に連合しようという連衡策がとられた。

4 戦国時代末期には，外交政策として6つの国がそれぞれ単独で秦に対抗する合従策がとられた。

5 農業が発展し，青銅製の農具が使われるようになり，貝貨とともに鉄の貨幣も使われるようになった。

解説

1．正しい。孔子の思想を継承し，孟子は性善説を，荀子は性悪説を唱えた。

2．戦国の七雄（斉・楚・秦・燕・韓・魏・趙）のうち，秦は中国西部（現在の陝西省）に位置していた。長江中流域は楚が拠点としていた場所である。

3．張儀の唱えた連衡策は6国がそれぞれ単独に秦と同盟を結ぶ外交政策のことである。

4．蘇秦の唱えた合従策は斉・楚・燕・韓・魏・趙の6国が連合して強国の秦に対抗するものである。

5．春秋時代になると鉄製農具が現れ，戦国時代に普及した。また，農業や商工業の発展に伴って，貝貨（子安貝でできた貨幣）や青銅の貨幣が使用されるようになった。

正答 **1**

地方上級 関東型
No.107 世界史　唐　平成19年度

唐についての記述として妥当なものはどれか。

1 律令制度：北魏に始まる均田制に基づいて租庸調の税制が整備され，国家財政の安定が図られた。給田は必ずしも規定どおりに実施されず，税の負担が重かった。

2 儒教：経典の字句の解釈にとらわれた訓詁の学を朱熹が否定し，宇宙の原理について議論を深める「格物致知」を唱え，公認の学問となった。

3 外交：モンゴルの遊牧民である匈奴が頻繁に国内に侵入していたが，東西貿易が活発でマルコ=ポーロが長安を訪れ，長安は国際都市として栄えていた。

4 周辺諸国：新羅や日本は唐の律令体制や文化を積極的に採用し，国際色豊かな文化が栄えたが，それぞれの独特の伝統文化などは衰退した。

5 文化：詩の文化が衰退し，これに代わって小説の文化が生まれた。『西遊記』や『紅楼夢』などの名作が庶民の人気を獲得していった。

解説

1. 正しい。律は刑法，令は行政に関する規定で，追加規定が格，施行細則が式である。

2. 朱熹が格物致知を主張したのは宋の時代のこと。唐の時代は訓詁の学の整理統一が図られたものの，全般に儒教は停滞していた。

3. 唐は領土内の異民族に対して，それぞれに唐朝の官位を与えて間接的に諸部族を統治する政策をとり，これが破綻してからは節度使に強大な権限を委ねて辺境の防衛に当たらせていた。マルコ=ポーロが中国にやってきたのは元の時代であり，匈奴の侵入に苦しんだのは漢である。

4. 唐の成立間もない頃は周辺諸国も積極的に制度や文化をとり入れたが，唐の混乱が顕著になった9世紀頃からは，日本で国風文化が生まれるなど，それぞれの独自性が強まった。

5. 唐の時代は詩の文化が隆盛を極め，杜甫や李白などの大家が活躍した。小説が人気を博するようになったのは明代になってからである。

正答　**1**

政治　経済　社会　日本史　世界史　地理　思想　文学・芸術　国語

地方上級＜教養＞過去問500●**109**

地方上級
No. 108
全国型，中部・北陸型

世界史　　中国の王朝　　平成16年度

中国の王朝に関する次の記述のうち，妥当なものはどれか。

1 漢は朝鮮半島に楽浪郡を設置し，匈奴の対策に万里の長城を修築し，張騫を西域へ派遣した。儒学を官学化した。

2 唐は中央集権国家であり，郡国制を制度化した。三省六部などの新たな律令体制を整備し，北方の金に対しては銀を送るなどして融和策をとった。

3 宋は科挙制度を整え，文治主義の政治を行った。地方に節度使を設置して，地方を支配した。

4 元は前王朝から行っていた科挙を受け継いで，官僚が皇帝を支えた。駅伝制が施行され，東西交流が盛んになった。

5 明は日本と勘合貿易を行い，日本から遣明船が派遣された。13世紀には倭寇が出現したが，15世紀には鄭和の南海遠征が行われ，南海諸国の朝貢を受けた。

解説

1. 漢（前漢）代の武帝の時代には朝鮮半島北部に楽浪郡など4郡を設置し，張騫を西域へ派遣し，儒学を官学としたが，匈奴の対策に万里の長城を修築したのは秦の始皇帝の時代である。

2. 郡国制を制度化したのは前漢の創始者の劉邦である。三省六部などの新たな律令体制を整備したのは唐代のことであるが，北方の金に対しては銀を送るなどして融和策をとったのは南宋の政策である。

3. 北宋の時代は科挙制度が整えられ，最終試験の殿試が行われるようになった。また，文人官僚を中心にした文治主義の政治が行われたが，地方に節度使を設置して，地方を支配したのは北宋より前の唐代のことである。

4. 元はモンゴル人第一主義がとられていたので，役職はモンゴル人，色目人が独占し，科挙は中止されていた。

5. 正しい。

正答　5

地方上級

No. 109 世界史 第二次世界大戦後の中国 令和2年度

全国型，関東型，中部・北陸型

第二次世界大戦後の中華人民共和国に関する次の記述のうち，妥当なものはどれか。

1 1940年代後半，共産党と国民党の間で再び内戦となったが，両者の間で和平が結ばれ，両党が共同で中華人民共和国の成立を宣言した。

2 1950年代に戦われた朝鮮戦争では，中国は，アメリカとの対立の激化を恐れて中立の立場を守り，北朝鮮への軍事支援は行わなかった。

3 1960年代には，毛沢東が政治の実権回復を図ってプロレタリア文化大革命を始めた。この運動は経済の開放政策を推進するもので，中国経済に著しい発展をもたらした。

4 1980年代後半には，北京の天安門広場に集まって民主化を要求した学生や市民らを，政府が武力で弾圧した天安門事件が起こった。

5 1990年代にはイギリスから香港が返還された。返還後の香港では，イギリス植民地時代にとられていた自由主義的資本主義体制は廃止され，中国本土と同一の制度が適用された。

解説

1. 戦後再開された第2次国共内戦を通じて，国民党政府は，党内の腐敗や経済的混乱から国民の支持を失い，毛沢東指導下の共産党が，1949年に中国全土をほぼ支配し，毛沢東を首席，周恩来を首相とする中華人民共和国を樹立した。蒋介石を総統とする国民党政府は台湾に逃れ，中華民国政府を立てた。

2. 中国は北朝鮮に義勇軍を送っている。

3. 前半は正しい。しかし，10年に及ぶこの運動は，大躍進政策で失敗して実権を失っていた毛沢東が，実権奪取のために大衆運動を利用した権力闘争であり，共産党の統治機構は破壊され，全国的に社会機能が大混乱に陥った。党幹部や知識人も迫害され，数百万人の死傷者を出し，毛沢東の死後終息した。戦後の中国経済に著しい発展をもたらしたのは，1970年代後半からの鄧小平らによる改革・開放政策である。

4. 妥当である。経済面では改革・開放政策を推進して中国経済を発展させた鄧小平は，政治面の民主化要求に対しては，人民解放軍を投入して武力弾圧を行った。

5. 1997年にイギリスから返還された香港では，一国二制度の下，資本主義体制が返還後50年間続くことが保障されている。しかし，昨今の民主化運動に対し，中国政府は2020年に香港国家安全維持法（中華人民共和国香港特別行政区国家安全維持法）を制定するなどして，それを弾圧し，一国二制度を否定するかのような姿勢を見せており，このまま一国二制度が保障されるかどうかは，現在進行形で先行き不透明な状況となっている。

正答 **4**

地方上級

No. 110 全国型，関東型，市役所A日程

世界史　第一次世界大戦　平成**30**年度

第一次世界大戦に関する次の記述のうち，妥当なものはどれか。

1 第一次世界大戦は長期化し，戦場となったヨーロッパに大きな惨禍を残した。しかし，大戦中の兵器開発で飛行機の改良などの科学技術が発展したことから，大戦後はヨーロッパ経済が大きく成長した。

2 第一次世界大戦中，イギリスはアラブ人に対してはアラブ国家の独立を約束し，ユダヤ人に対してはアラブ人の住むパレスチナでのユダヤ人国家建設を認めることを約束した。その矛盾する政策が現在まで続くパレスチナ問題の原因となっている。

3 ロシアでは，大戦中のロシア革命によってソヴィエト政権が成立した。イギリス・フランス・日本は直ちに政権の支持を表明したが，ドイツは革命の波及を恐れ，対ソ干渉戦争を行った。

4 敗戦国となったドイツは，領土の一部や海外植民地を失ったが，イギリス・フランスが賠償請求権を放棄したため，賠償金の総額はわずかな額となり，戦後は早い時期での復興を果たすことができた。

5 アメリカはこの大戦に参戦せず，交戦国間の調停に努め，戦後に国際連盟が設立されると，その常任理事国となった。

解説

1. 総力戦で疲弊した大戦後のヨーロッパ諸国は，たとえ戦勝国であっても戦債などの負担が加わって経済の不振に苦しんだ。

2. 妥当である。アラブ人側と結んだ協定をフサイン・マクマホン協定，ユダヤ人側と約束した宣言をバルフォア宣言という。

3. ソヴィエト政府はドイツと講和会議を開き，ブレスト゠リトフスク条約（1918年）を結んで戦争を終えた。連合国側の英・米・仏・日は対ソ干渉戦争を起こしシベリアに出兵したが，ソヴィエトの反撃を受けて次第に撤退した。

4. ヴェルサイユ条約（1919年）は，対独報復的な性格が強く，ドイツにとって過酷な内容となった。すべての海外領土・植民地の放棄，アルザス・ロレーヌのフランスへの返還，ポーランド回廊のポーランドへの割譲等々のほか，巨額の賠償金が課せられ，戦後のドイツ経済は破綻し，のちのナチスの政権掌握の一因ともなった。

5. アメリカは1917年，ドイツに宣戦して戦局は一挙に連合国に有利となった。国際連盟は米大統領ウィルソンの提案によるものだったが，大戦後に「孤立主義」に復帰しつつあったアメリカでは，ヴェルサイユ条約の批准と国際連盟への加盟が議会によって拒否され，アメリカは国際連盟に不参加となった。

正答　**2**

112●地方上級＜教養＞過去問500

地方上級

No. 111 関東型，中部・北陸型

世界史 | **世界恐慌** | 平成**27年度**

各国が1929年から始まった世界恐慌にどう対応したかについて述べた次の記述のうち，妥当なものはどれか。

1 アメリカのフランクリン=ローズヴェルト大統領はニューディール政策を行い，従来の経済の自由放任主義をさらに徹底して規制緩和を行った。

2 イギリスはオタワ会議を開き，それまでの保護貿易主義を放棄し，高関税や輸入制限などを撤廃し貿易市場を広げることで恐慌の克服を図った。

3 フランスは，社会党・共産党を中心とした勢力による人民戦線内閣が計画経済に基づく五か年計画を進め，世界恐慌の影響をほぼ受けなかった。

4 ドイツは恐慌による経済的混乱の中からナチスが台頭し，政府に独裁的権限を認める全権委任法を成立させて独裁体制を確立し，ヴェルサイユ体制を破壊する侵略政策を進めた。

5 ソ連は恐慌の影響で社会主義が弱体化し，共産党の官僚化と腐敗，行政の非効率化を招いてスターリンの権威が低下した。

解説

1. 前半部分は正しい。政府が経済に大きく介入して景気対策を行うようになったのは世界恐慌が起こってからのことで，ニューディール政策はアダム=スミス以来の伝統的な自由放任政策からの転換を意味した。政策の主な内容は，テネシー川流域開発公社（TVA）による大規模公共事業や農業調整法による農産物価格の回復等々で，このような政府の経済介入によって資本主義を維持しようする考え方を修正資本主義とも呼ぶ。イギリスの経済学者ケインズはこのような経済政策を理論化し，後に有効需要政策と呼ばれるようになった。

2. オタワ会議を開いたのは正しいが，オタワ会議はイギリス連邦経済会議で，それまでの自由貿易主義を放棄し，ポンド=ブロックを形成する保護貿易主義的政策で経済の回復を図った。

3. フランスもフラン=ブロックを形成して経済の回復を図った。また，人民戦線内閣が成立した（1936年）ことは正しいが，文章後半は社会主義政策が行われていたソ連の状況である。

4. 正しい。

5. ソ連は社会主義の計画経済に基づく五か年計画を進め，世界恐慌の影響をほとんど受けなかった。共産党の官僚化や行政面の非効率化は見られたが，スターリンは反対派を粛清して独裁者になり，スターリン憲法を制定して社会主義国家体制を確立した。

正答 **4**

政治 経済 社会 日本史 世界史 地理 思想 文学・芸術 国語

地方上級〈教養〉過去問500●**113**

地方上級
全国型, 関東型, 中部・北陸型

No. 112　世界史　第二次世界大戦　平成26年度

第二次世界大戦に関する次の記述のうち，妥当なものはどれか。

1　第二次世界大戦は，日本の真珠湾攻撃により開始され，その後ドイツのポーランド侵入によって世界規模の大戦へと拡大した。

2　ドイツはフランス・イギリスに侵攻，占領したが，アメリカがイギリスを奪還すると，ドイツは敗戦を重ねることとなった。

3　中国では，国民党がすぐに降伏し，中国共産党も解散したため，中国全土が日本の支配下に入った。

4　日本は太平洋戦争の緒戦に勝利を収め，東南アジア・南太平洋地域を占領した。しかし，開戦から6か月後のミッドウェー海戦での敗退を機に戦局は変化し，敗戦を続けた。

5　ソ連は大戦中は中立の立場を守り，資源や武器を輸出して急激に経済成長を果たした。そして，独・日の降伏後に侵攻し，東欧や満州に支配の手を伸ばした。

解説

1. 第二次世界大戦は，1939年のドイツのポーランド侵攻で開戦となった。その後41年の日本の真珠湾攻撃で太平洋戦争が開始され，世界のほとんど全域を巻き込む世界戦争となった。

2. ドイツはフランスに侵攻しフランスを降伏させ，フランス北部を占領した。そしてイギリスを空襲したが，イギリスは屈服せず長期戦化した。ドイツがソ連に侵入し，ソ連がドイツ軍を降伏させると戦局は転換し，ノルマンディーに上陸した連合軍がパリを開放し，東西から挟撃されたドイツは総崩れとなり降伏した。

3. 中国では，西安事件を機に国民党と共産党の提携が進み，日中戦争勃発の翌日に第二次国共合作が発表され，抗日民族統一戦線が結成された。日本軍は重要都市を占領したが，抗日民族統一戦線を結成した中国側の抵抗は強く，アメリカ，イギリス，ソ連も中国を支援したため，いわゆる点と線の占領しかできないまま戦争は長期化した。

4. 正しい。

5. ソ連は，ドイツとは独ソ不可侵条約，日本とは日ソ中立条約を結んでいた。しかし，ドイツが不可侵条約を破ってソ連に侵入したために独ソ開戦となり，ソ連はドイツ軍を降伏させ，さらにドイツ領内に進撃した。日本に対しては，ヤルタ会談において，ドイツ降伏後のソ連の対日参戦が秘密協定として結ばれ，アメリカの広島への原爆投下後に対日戦に参戦した。

正答　4

地方上級

全国型，関東型，中部・北陸型，市役所Ａ日程

No. 113 世界史 第二次世界大戦後の西アジア 令和元年度

第二次世界大戦後の西アジアに関する次の記述のうち，妥当なものはどれか。

1 第二次世界大戦後の1948〜49年に起きたイスラエルとアラブ諸国との戦争は，イスラエルの敗北に終わり，イスラエルはその領土のほとんどを失った。

2 第４次中東戦争の際は，OAPEC（アラブ石油輸出国機構）が石油戦略を発動し，アメリカ合衆国はアラブ側を支援した。

3 イランでは，1970年代まで反米路線がとられていたが，イスラーム革命が起きてホメイニ氏が新政権を樹立し，親米路線に転換した。

4 1993年，イスラエルとパレスチナ解放機構（PLO）が相互承認を表明して，パレスチナ暫定自治協定が結ばれた。調印式はクリントン米大統領の仲介で行われ，94年にはパレスチナ暫定自治政府が成立し，自治が開始された。

5 2001年の同時多発テロ事件を契機にイラク戦争が開始された。戦争終了後，イラクでは大量破壊兵器が発見された。

解説

1．国連のパレスチナ分割案に基づいて建国したイスラエルと，建国を認めないアラブ諸国との間で，1948〜49年に行われた戦争はパレスチナ戦争（第１次中東戦争）である。この戦争でイスラエルはアラブ諸国を圧倒し，分割案の約1.5倍，パレスチナ全域の８割を領土とし，約100万人といわれるパレスチナ難民が発生した。

2．第４次中東戦争は，第３次中東戦争の失地回復をめざしたエジプト・シリア両軍の先制攻撃で始まったが，アメリカの武器援助を受けたイスラエルが戦況を逆転させて停戦となった。この戦争の際にOAPECが石油戦略を発動したことは正しい。それが第１次石油ショックを引き起こし，世界経済に打撃を与えた。

3．革命前が親米路線で，革命後が反米路線である。

4．妥当である。

5．同時多発テロ事件の後，事件の実行者とされるビン・ラーディンをかくまうターリバーン政権を崩壊させるためにアメリカ軍が行ったのは，イラク戦争ではなく，アフガニスタン空爆（2001年）である。イラク戦争は，2003年３月に，米・英軍を中心とする有志連合が，イラクが大量破壊兵器を所持しているとして始めた戦争である。５月にはブッシュ米大統領による戦闘終結宣言が出されたが，アメリカが主張した大量破壊兵器は発見されなかった。

正答 **4**

地方上級＜教養＞過去問500●**115**

地方上級

No. 114 世界史 第二次世界大戦後の東西対立

全国型，関東型，中部・北陸型，横浜市　平成21年度

第二次大戦後の東西対立に関する次の記述のうち，妥当なものの組合せはどれか。

ア　ソ連・東欧諸国は，各国共産党の情報交換機関としてコメコンを結成し，ソ連は東欧6か国との間でコミンフォルムを創設して社会主義諸国の結束を図った。

イ　アメリカは，ヨーロッパ諸国の経済的困窮が共産党の勢力拡大の原因と見て，マーシャル=プランを発表して，西ヨーロッパ諸国への援助を開始した。

ウ　東ヨーロッパ・バルカン地域では人民民主主義の名の下で，事実上共産党の一党独裁による政治形態がユーゴなど多くの国でとられたが，ポーランド，ハンガリーはソ連に対して自立的な姿勢をとった。

エ　大戦後の朝鮮半島では，大韓民国と朝鮮民主主義人民共和国が分立したが，1950年に朝鮮戦争が勃発し，北緯38度線を挟む停戦ラインで南北朝鮮の分断が固定化された。

1　ア，イ
2　ア，エ
3　イ，ウ
4　イ，エ
5　ウ，エ

解説

ア：コメコンとコミンフォルムが逆である。マーシャル=プランに対抗して結成されたのがコミンフォルム（共産党情報局）で，1947年，ソ連，フランス，イタリア，ハンガリー，ブルガリア，ルーマニア，チェコスロヴァキア，ポーランド，ユーゴスラビアの9か国共産党によって組織された。1956年に解散。コメコン（COMECON：経済相互援助会議）は，1949年，ソ連と東欧6か国が，マーシャル=プランに対抗するために結成した経済協力機構。結局，ソ連の利害に左右されて，加盟国の不満が高まり，1991年に解散した。

イ：正しい。マーシャル国務長官によるヨーロッパ経済復興援助計画である。西ヨーロッパ諸国はこれを受け入れたが，ソ連・東欧諸国はこれを拒否し，コミンフォルムを結成して対抗した。

ウ：ソ連に対して自立的な姿勢をとったのはポーランド，ハンガリーではなく，ティトー率いるユーゴスラビアである。ユーゴは対独戦に自力で勝利したことからソ連の意向に抵抗したため，コミンフォルムから除名され，労働者自主管理による独自の社会主義路線を追求した。ポーランド，ハンガリーは，当初は一党独裁の形をとらない，複数政党を認める社会主義国（＝人民民主主義）をめざしたが，その後，東欧諸国がソ連の衛星国化する中で，共産党の一党独裁のソ連型の政治形態をとるようになった。

エ：正しい。

以上より，正答は**4**である。

正答　**4**

下の図はユーラシア大陸の東経90度の南北の断面図である。これに関する記述のうち，妥当なものはどれか。

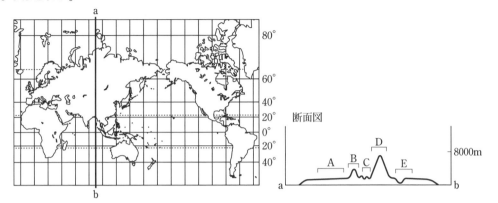

1 Aはシベリア平原で，洪積台地に属する。
2 Bはウラル山脈で，アパラチア山脈と同じ古期造山帯に属する。
3 Cはタリム盆地で，肥沃な土壌で，稲作が盛んである。
4 Dはヒマラヤ山脈で，ピレネー山脈と同じ造山帯に属する。
5 Eはガンジス川がベンガル湾に注ぐ三角州であり，インド，バングラデシュ，ミャンマーにまたがる。

解説

1．Aはシベリア平原（西シベリア低地）を通っているが，この平野はウラル山脈から中央シベリア高原にかけて広がる構造平野である。構造平野は古い地質時代に堆積した水平層からなる低地である。洪積台地は洪積（更新）世（約200万年〜1万年前）の堆積平野が離水して形成された台地である。
2．Bはウラル山脈を通っていない。西シベリアに連なるアルタイ山脈である。アルタイ山脈はウラル山脈や，アメリカ合衆国東部のアパラチア山脈と同様に古期造山帯に属する。
3．Cのタリム盆地はアルタイ山脈の南部，モンゴル西部に位置し，タクラマカン砂漠となっている。盆地の周辺では，稲作ではなく，オアシス農業が行われている。
4．正しい。Dのヒマラヤ山脈はピレネー山脈と同じ新期造山帯のアルプス=ヒマラヤ造山帯に属する。
5．Eはガンジス川がベンガル湾に注ぐ三角州であり，インド，バングラデシュにまたがるが，ミャンマーは該当しない。

正答 4

地方上級 No.118 地理 正距方位図法の特徴 平成15年度
全国型，中部・北陸型

航空機の航空路図には，正距方位図法が用いられている。この図法では，中心から任意の地点までの距離と方位が正しく描かれる。次の図では，東京を中心にしており，ニューヨークは東京の a { ア　北北東　／　イ　南南西 } の位置になる。

今，東京から真西に向かって再び東京に帰ってくるよう一周するとき，最初に赤道に接するのは b { ア　東経49°　／　イ　東経71° } の地点になる。

また，この図法では円の外周が，中心地からの対蹠点なので，この円の c { ア　直径　／　イ　半径 } がそのまま地球の外周40,000kmに等しくなっている。

a，b，cそれぞれ妥当なものを選んだ組合せは，次のうちどれか。

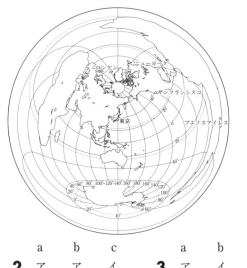

	a	b	c		a	b	c		a	b	c
1	ア	ア	ア	**2**	ア	ア	イ	**3**	ア	イ	イ
4	イ	イ	ア	**5**	イ	イ	イ

解説

正距方位図法は，図の中心から任意の点までの距離と方位が正しく，また，その間の直線は大圏コース（最短コース）を表すので，航空図に利用されている。

ニューヨーク「a」は東京の北北東に当たるので「ア」である。

「b」は中心の東京から真西（水平方向に左）に線を引き，赤道と交わる点を答える。したがって東経49°なので「ア」である。

「c」は円の外周が中心点からの対蹠点（地球の反対側の地点）なので，中心点からの半径は地球の外周の半分の長さである。したがって地球の外周40,000kmはこの円の直径になるので，「ア」である。

よって，正答は **1** である。

正答　**1**

地理 地中海沿岸の国 平成25年度

地方上級 No.119 全国型，関東型

地図のA～E5か国に関する記述として，妥当なものは次のうちどれか。

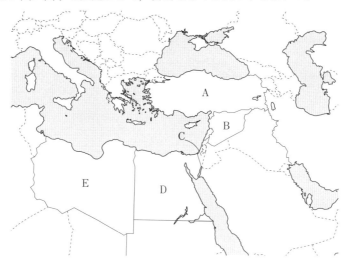

1 Aはトルコで，この5か国中でGDPが最も高い。
2 Dのエジプトの人口は，この5か国中で最も少ない。この理由は，砂漠が多く，ナイル川周辺しか住めないためである。また，ナイル川の氾濫を利用した農業が行われているが，他の産業は発達していない。
3 Cはシリアで，内戦が続いている。
4 Bはリビアである。
5 Eのイスラエルは，1,000年以上続くユダヤ人国家である。近年，周辺のイスラム諸国から人が流入し，問題となっている。

解説

地図のAはトルコ，Bはシリア，Cはイスラエル，Dはエジプト，Eはリビアである。

1．妥当である。名目GDP（国内総生産〈2019年：単位百万ドル〉）は，トルコ761,426，シリア20,379，イスラエル395,099，エジプト317,359，リビア32,600である。
2．A～E5か国の人口〈2020年：単位千人〉は，トルコ84,339，シリア17,501，イスラエル8,656，エジプト102,334，リビア6,871で，エジプトは5か国中で最も多い。また，最近は石油関連産業が発達している。
3．シリアはBであり，内戦は2011年1月より始まり，現在も続いている。
4．リビアはEである。
5．イスラエルはCで，1948年に独立国となったが，現在もパレスチナやイスラム諸国との争いが続いている。

データ出所：『世界国勢国会（2021/22年版）』

正答 1

次の略地図中のA～Eの地域の説明として妥当なものはどれか。

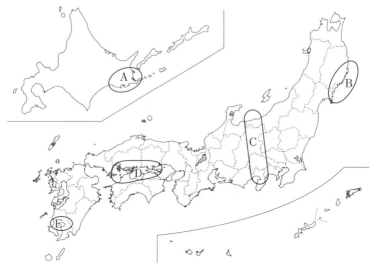

1 A地域は，山が海岸に迫り平地が少ない。夏でも気温が低く，冬の積雪は日本で最も多い。

2 B地域の海岸はのこぎりの歯のような屈曲を持つリアス式海岸で，波が穏やかなためワカメなどの養殖が盛んである。しかし，水深が浅いため港には適さない。

3 C地域の日本アルプスの近くにはフォッサマグナがあり，その以東は山地がほぼ南北にのび，その以西は山地がほぼ東西にのびている。

4 D地域の瀬戸内海は小さな島が点在する内海で，日本で最も降水量が多い地域である。温暖な気候を利用して果実の生産が盛んである。

5 E地域には桜島があり，今でも火山活動が活発である。周辺には火山灰や軽石などからなるシラス台地が広がり，稲作に適している。

解説

1．A地域には根釧台地が広がり，夏の気温が低いのは正しいが，太平洋岸の気候であるため冬の降水量は少ない。一般に，日本で最も積雪が多いのは，東北地方や北陸地方である。

2．B地域の三陸海岸はリアス式海岸で養殖が盛んであることは正しいが，天然の良港に恵まれており，沖合が世界的な好漁場であるため，漁港が集中している。

3．正しい。

4．D地域の瀬戸内海周辺は，中国・四国山地に挟まれ季節風の影響を受けにくいため，年間を通して降水量が少ない。果実の生産が盛んなのは正しい。気温の年較差が小さく冬でも温暖なので，みかん栽培などが盛んである。

5．E地域について，前半の「～シラス台地が広がり，」までの記述は正しいが，シラス台地は水もちが悪いため稲作には適さず，畑作に利用されて，サツマイモ，茶などが生産されている。

正答 **3**

地方上級

No. 121

全国型，関東型，中部・北陸型

地理　ケッペンの気候区分と植生　平成28年度

ケッペンの気候区分と植生に関する次の記述のうち，妥当なものをすべて挙げた組合せはどれか。

ア　熱帯雨林気候は赤道付近の低緯度地域に見られ，1年を通して高温で降水量も多い。非常に多くの種類の樹木が生育して腐植層が蓄えられ，肥沃な黒色土となっている。

イ　砂漠気候は降水量が極めて少なく気温の日較差が大きい。植生はほとんど見られない。灌漑の影響等を原因とする土壌の塩性化が見られる。

ウ　温暖湿潤気候は四季の変化が明瞭で，夏は高温になることもあり，シイ，カシなどの常緑広葉樹林が広く見られる。冬に低温になる所ではブナなどの落葉広葉樹林が見られる。

エ　南北両極の周辺は，非常に寒冷なツンドラ気候や氷雪気候になっている。ツンドラ気候では針葉樹林帯が広がり，氷雪気候では樹林は見られないが，短い夏に永久凍土の上にコケや草が生える。

1　ア，イ
2　ア，ウ
3　イ，ウ
4　イ，エ
5　ウ，エ

解説

ア：熱帯雨林気候の土壌はラトソルや赤色土である。腐植とは土壌中の有機物のことで，高温多湿な熱帯地方では，微生物等の働きが活発で有機物がすぐ分解されてしまい腐植が乏しいため，土壌はやせている。腐植を多く含む肥沃な黒色土としては，ステップ気候に分布するチェルノーゼム，温暖湿潤気候に分布するプレーリー土やパンパ土などが有名である。

イ：正しい。

ウ：正しい。

エ：ツンドラ気候では短い夏に地表の氷が溶けてコケ類や地衣類が生える。下層は永久凍土である。氷雪気候では年中氷雪に閉ざされ，植生は見られない。

　　よって，正答は**3**である。

正答　**3**

地方上級＜教養＞過去問500●**123**

地方上級

全国型，関東型，中部・北陸型

No. 122 地理 **世界の気候** 平成**21**年度

世界の気候に関する次の記述のうち，妥当なものはどれか。

1 北アフリカ一帯は，大部分が熱帯林である。

2 ユーラシア大陸西岸は，貿易風と北大西洋海流の影響で，夏は冷涼である。

3 地中海沿岸地域のほとんどは，夏は亜熱帯高圧帯の影響で雨が多く，冬は亜寒帯低圧帯の影響で少雨である。

4 北アメリカ東岸地域は，季節による気温の差が少ない。

5 ペルーやチリなどでは，海流の影響で海岸砂漠になっているところがある。

解 説

1．北アフリカ一帯は沿岸部が地中海性気候（Cs），その内陸部とエジプトやリビアでは砂漠気候（BW）が卓越するので，熱帯林は見られない。

2．偏西風と暖流の北大西洋海流の影響で，同緯度の東岸に比べ冬は暖かい。

3．地中海沿岸地域のほとんどは，夏は亜熱帯高圧帯の影響で乾燥し，冬は低気圧の影響で降雨がある。

4．北アメリカ東岸地域は，温暖湿潤気候（Cfa）なので，季節による気温の差が大きい。

5．正しい。

正答 **5**

地方上級

No. 123 関東型, 中部・北陸型

地理 | **海岸地形** | 平成 **25**年度

海岸地形に関する次の記述のうち，妥当なものはどれか。

1 海岸段丘は，海岸沿いの浅い海底堆積面が隆起または海面低下によって地表に現れたものである。

2 三角江は，河川によって河口付近まで運ばれた土砂が堆積してできた低平な土地である。

3 フィヨルドは，河川の河口部が沈水して生じたラッパ状の入り江である。

4 サンゴ礁は，サンゴ虫や有孔虫などの生物の分泌物や遺骸が集まってできた石灰質の岩礁である。熱帯・亜熱帯地域の濁度の高い大河川河口付近に発達している。

5 液状化現象は，湖沼や河道，海岸などの埋立地で，地震などの揺れで起こることがある。

解 説

1. 海岸段丘は，何回かにわたる離水と波の侵食作用によって形成された階段状の地形で，室戸岬が有名。本肢は海岸平野の説明である。

2. 本肢は三角州の説明である。**3**が三角江（エスチュアリ）の説明である。

3. フィヨルドは，氷食でできたU字谷に，海水が侵入してできた奥深い入り江である。

4. サンゴ礁が生成するには，高い水温，浅い水域，透明度が高い水域などが必要である。濁度の高い大河川の河口付近には発達しない。

5. 妥当である。

正答 **5**

地方上級＜教養＞過去問500●**125**

地方上級

No. 124 地理 プレートテクトニクス 平成30年度

全国型，関東型，中部・北陸型，市役所Ａ日程

プレートテクトニクスに関する次の記述について，下線部の内容が妥当なもののみをすべて挙げているのはどれか。

　プレートの境界には，プレートが互いにぶつかり合う狭まる境界と，プレートが互いに離れていく広がる境界があり，さらに狭まる境界には，２つのプレートがぶつかり合う衝突帯と，海洋プレートが別のプレートの下に潜り込む沈み込み帯がある。ア衝突帯の代表例は日本列島で，沈み込み帯の代表例はヒマラヤ山脈である。また，イ広がる境界の代表例は太平洋や大西洋の海嶺である。

　プレートと火山活動の関係について見ると，ウ広がる境界ではあまり火山活動や地震活動は起こらない。狭まる境界では火山活動も活発で，火山列も見られる。また，プレートの境界以外でも，マントルの深部から高温物質が上昇して火山活動が起こるホットスポットが見られる。それらはプレートが移動しても，ほとんど位置が変わらない。代表例はエハワイ諸島である。

1 ア，イ
2 ア，ウ
3 イ，ウ
4 イ，エ
5 ウ，エ

解説

ア：衝突帯の代表例はユーラシアプレートとインドプレートの境界で，その２つのプレートの衝突によってつくられたのがチベット高原やヒマラヤ山脈である。沈み込み帯の潜り込む部分の海底は海溝やトラフになり，これと並行して弧状列島や火山列が形成される。太平洋プレートとフィリピン海プレートが北アメリカプレートとユーラシアプレートの下に潜り込む形となり，弧状列島や日本海溝，南海トラフ，南西諸島海溝などの地形が形成されている日本列島付近がその例である。

イ：妥当である。

ウ：広がる境界の典型例は三大洋の海嶺（海底大山脈）で，大西洋中央海嶺とインド洋中央海嶺，東太平洋海嶺である。マントルからマグマが上昇して新たなプレートをつくり両側に広がっていくので，震源の浅い地震活動や玄武岩質のマグマによる割れ目噴火が活発である。広がる境界が地上に現れているアイスランドでは，割れ目が火山となって線状噴火が見られる。

エ：妥当である。

　以上より，正答は**4**である。

正答　**4**

126●地方上級＜教養＞過去問500

No.125 地理　世界の土壌

全国型，関東型，中部・北陸型　平成23年度

次のア～ウの記述と地図中の①～⑤の地域の組合せとして，妥当なものはどれか。

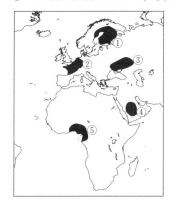

ア　ウクライナ地方から西シベリアにかけ分布する肥沃な黒色土が分布している。この土壌が分布している地帯は，世界有数の穀倉地帯で小麦などが栽培されている。

イ　北半球の針葉樹林帯に分布する酸性で灰白色の土壌であり，この土壌が分布する地帯は農業には不向きであるが，重要な林業地帯である。

ウ　熱帯地方に分布する鉄分やアルミ分を含んだ赤色の土壌であり，高温多湿のため有機物の分解が進みすぎ土壌はやせている。

	ア	イ	ウ
1	①	②	④
2	①	③	②
3	②	①	⑤
4	③	①	⑤
5	③	②	④

解説

地図①はフィンランド北部を中心とした地帯である。この地帯はポドゾルという灰白色のやせた土壌が分布しており，農業には不向きである。イに該当する。

地図②はフランス中央部である。この地帯は，肥沃で農業に適した褐色森林土が分布しており，主に混合農業が営まれている。

地図③はウクライナ地方である。チェルノーゼムという肥沃な黒色土が分布し，小麦を中心とした世界的な穀倉地帯を形成している。アに該当する。

地図④はサウジアラビアの砂漠で，塩性土壌の砂漠土が分布し，ほとんどが不毛の荒れ地である。

地図⑤はナイジェリア沿岸部を中心とした地帯である。熱帯雨林気候下で，鉄分やアルミ分を含んだ赤色の酸性土ラトソルが広く分布している。肥沃度は低い。ウに該当する。

よって，アは③，イは①，ウは⑤であるので，正答は**4**である。

正答　**4**

地方上級

No. 126 地理 世界の農産物

全国型，関東型，中部・北陸型，市役所Ａ日程　〈改題〉　令和2年度

世界の農産物に関する次の記述のうち，妥当なものはどれか。

1 遺伝子組換え作物については各国で厳しい規制が設けられており，アメリカ合衆国と日本ではその生産が禁止されている。

2 バイオ燃料は，その製造が技術的に難しいことから，生産国はアメリカのみである。

3 米の生産量については，近年インド・タイ・ベトナムが中国を抜いている。

4 大豆の生産量第1位はアメリカで，大豆の輸入量第1位は中国である。

5 11か国が参加する環太平洋パートナーシップに関する包括的および先進的な協定（CPTPP，通称TPP11）が2018年末に発効し，日本の農林水産品の関税撤廃率は約82％となった。

解 説

1. 遺伝子組換え作物は，2019年現在世界29か国で栽培されている。2018年ではアメリカ合衆国が最も多く，全体の39％を占めている。2〜5位は，ブラジル，アルゼンチン，カナダ，インドで，上位5か国で全体の91％を占めている。日本では，科学的な評価を行い，問題のないもののみを栽培や流通させることができる仕組みとなっており，2018年時点では，試験的な栽培以外の商業的な栽培が行われているのは，観賞用のバラのみである。しかし，輸入については，大豆やトウモロコシなどの穀物で，遺伝子組換え作物が多く輸入されている。

2. バイオ燃料とは，バイオマス（食品廃棄物や間伐材，畜産糞尿など生物起源エネルギーの総称）を起源とする輸送用燃料のことで，ガソリンにバイオマス起源のエタノールを混ぜたバイオエタノールはアメリカとブラジルで多く生産されている。

3. インド・タイ・ベトナムは米の輸出量上位3か国（2019年）である。米の生産量では中国は世界の27.7％（2019年）を占めて1位を維持しており，続いてインド，インドネシア，バングラデシュと人口の多い国が続く。世界最大の人口を抱える中国では米の生産量とともに，米の輸入量も他を引き離しての1位である（2019年はフィリピンが1位）。

4. 大豆の生産量はブラジルがアメリカを抜いて世界一（34.2％・2019年）になった。大豆の輸入量については中国が他を引き離しての第1位であり，正しい。

5. 妥当である。CPTPPは，将来的な関税の全面撤廃が原則である。日本も，米，麦，牛・豚肉，乳製品，砂糖の重要5項目を除き，農産物のほぼすべての品目でいずれ関税が撤廃されるので，それに備える対策が課題となっている。

正答 **5**

地方上級 No.127 全国型，関東型 〈改題〉

地理 世界の産油国 平成18年度

世界の主な産油国に関する次の記述のうち，妥当なものはどれか。

1 ロシアでは，西シベリアのチュメニ油田，バクー油田が主要な油田である。原油輸出量は世界第2位であり，近年の生産・輸出の増加，原油価格の高騰により，国内経済は好調である。

2 アメリカ合衆国は，カリフォルニアと五大湖沿岸に国内最大級の油田を持つが，それらの施設は精製施設の老朽化により生産が減少している。その一方で，原油の消費量は増加し，日本，ドイツに次いで多くなっている。

3 サウジアラビアは世界有数の産油国であり，その油田は紅海沿岸に集中している。OPEC，OAPEC に加盟しているが，その財政はメジャーによる多額の利権料によってまかなわれている。

4 中国は西部の油田開発によって，1990年代に自給を達成した。国内最大の油田である大慶油田は黄河上流にあり，北京までパイプラインで結ばれている。

5 イギリスはかつては北海大陸棚の海底油田を主としていたが，近年では生産が減少し，それに代わって，天然ガスの発掘が盛んになっている。西ヨーロッパではノルウェーに次ぐ原油産出国である。

解説

1. バクー油田はロシアではなくアゼルバイジャンの油田である。ロシアの主要な油田は西シベリアのチュメニ油田，ウラル・ボルガ油田である。原油輸出量はサウジアラビアに次いで世界第2位（2018年）となっている。

2. アメリカ合衆国の国内最大級の油田は，カリフォルニア油田とメキシコ湾岸油田である。産出量は世界第1位（2018年）であるが，生産量は減少傾向にある。一方，原油消費量は増加傾向にあり，2015年はアメリカ合衆国が世界第1位，中国が第2位である。

3. サウジアラビアは世界有数の産油国であるが，油田はペルシア湾沿岸に集中している。OPEC（石油輸出国機構），OAPEC（アラブ石油輸出国機構）に加盟しているが，近年ではメジャーの利権料のほかに，石油資源や原油価格の引上げにより，財政をまかなっている。

4. 中国は原油の輸入も多い。また，大慶（ターチン）油田は中国最大の油田であるが，北東部の黒龍江省に位置し，黄河上流にはない。

5. 正しい。

データ出所：『世界国勢図会（2021／22年版）』

正答 **5**

地方上級＜教養＞過去問500●**129**

地方上級

No. 128 全国型，関東型，中部・北陸型

地理　世界各地の伝統住居 平成25年度

世界各地の伝統住居の特徴に関する次の記述のうち，妥当なものはどれか。

1 東南アジアの高床式住居——木が腐るため，水辺には建てられない。

2 北アフリカ・西アジアの日干しレンガの家——寒暖の差が大きいため，壁は厚く，窓は小さい。

3 北ユーラシアの石造りの家——多くの光を取り入れるため窓がきわめて大きい。

4 モンゴル高原のゲル——夏は高温多湿になるので，風通しを重視している。

5 日本の白川郷の合掌造り——大家族制度の影響で床面積を多くとるため，屋根の傾斜は緩やかである。

解説

1. 高床式住居は，高温多湿な気候環境に適応するため，床下の通気をよくして，地面からの湿気や野獣，害虫の進入を防いでいる。水辺に建てられることも多い。

2. 妥当である。

3. ユーラシア大陸北部の住居は，イズバと呼ばれる丸太で作られた校倉式住居が代表例で，防寒のため窓は小さい。石造りの家は，地中海沿岸に多く，強い日差しを避けるため，窓は小さい。

4. ゲルは高原に住む遊牧民が使用している組み立て式の住居で，広大な草原を移動するのに適している。モンゴルの夏は乾燥しており，日中と夜間との温度差が激しい。

5. 白川郷の住居は，切妻合掌造りの民家で，主に豪雪対策のため屋根の傾斜がきわめて急である。床面積の大きさは，大家族制の名残りでもある。

正答　**2**

地方上級 No.129

関東型，中部・北陸型，横浜市

地理　世界および日本の森林　平成21年度

世界および日本の森林に関する次の記述のうち，妥当なものはどれか。

1　世界の森林面積は減少傾向にあるが，アマゾン川流域のセルバなど，熱帯雨林地域では近年の環境保護政策によりむしろ増加している。

2　日本の人工林の蓄積量は近年大幅に減少しており，全森林面積の2割以下になっている。このため資源価値は少ない。

3　世界では薪炭材が産業用材と同程度多く生産されているが，アジアやアフリカでは薪炭材のほうが多く生産されている。

4　日本の森林面積は，国有林が日本の全森林面積の2割以下と少なく，私有林が約7割を占めている。特に東日本では，私有林の割合が圧倒的に多い。

5　日本はかつて，北米や北欧などから木材を輸入していたが，近年は，そのほとんどを東南アジアから輸入している。

解説

1．世界の森林面積同様，セルバなどの熱帯雨林地域でも牧場開発，農場，鉱山開発などで森林が減少している。

2．日本の森林蓄積量は国内林業の不振などから近年増加している。また，植林が進み，蓄積量のうち人工林の占める割合も2017年3月現在約63％を占めている。

3．正しい。

4．日本の森林面積における国有林が占める割合は2017年3月現在約31％（私有林は約57％）である。私有林の割合が多いのは西日本である。

5．かつては，東南アジアからの輸入が多かったが，近年は，北米やロシアからの輸入が多い。

正答　**3**

地方上級＜教養＞過去問500●**131**

地方上級

No. 130 全国型，関東型，中部・北陸型

地理　インド亜大陸の地誌 平成**28年度**

インド亜大陸と，インド，パキスタン，バングラデシュに関する次の記述のうち，妥当なものはどれか。

1 急峻なヒマラヤ山脈がインド亜大陸を南北に走り，その山脈に源を発するインダス川とガンジス川はともに東に流れてベンガル湾に注ぐ。

2 インドではもともと多様な言語が使用されていたが，長く続いたイギリスの植民地時代に英語教育が行われ，現在はほとんどの人々が英語を母語としている。

3 インドではヒンズー教徒が最も多く，パキスタンとバングラデシュではムスリム（イスラム教徒）が最も多い。

4 インドとパキスタンでは綿花や茶などの商品作物の栽培が盛んだが，米や小麦などの主食用穀物の栽培はあまり行われず，現在も輸入に頼っている状態である。

5 インドでは衣料品や繊維品が輸出の中心だが，バングラデシュでは自動車や鉄鋼が輸出の中心であり，IT産業も盛んである。

解説

1．ヒマラヤ山脈はインド亜大陸北部のインド・中国の国境地帯を東西に走る大山脈である。インダス川はカラコルム山脈に源を発しアラビア海へ注ぐ。ガンジス川はヒマラヤ山脈に源を発してベンガル湾に注ぐ。

2．インドには，使用者が100万人以上の言語だけでも33以上ある。公用語はヒンディー語，準公用語は英語とされ，そのほかに22の州公用語がある。

3．正しい。

4．綿花や茶などの商品作物の栽培が盛んなことは正しいが，米や小麦などの主食用穀物の栽培も盛んである。インドでは1960年代後半から「緑の革命」による高収量品種が導入され，1970年代末に食糧自給を達成した。現在は米の生産量が中国に次いで世界第2位（2019年），輸出量では世界の約23%（2019年）を占め，2012年にタイを抜いて世界第1位（2016年は第2位）である。また，小麦の生産量も中国に次いで世界第2位（2019年）である。パキスタンも米の輸出量が世界第4位（2019年）で，小麦もパンジャブ地方などで多く生産され，生産量は世界第8位（2019年）である。

5．衣料品や繊維品が輸出の中心を占めるのはバングラデシュで，輸出の約8割が衣料品である。インドでも衣料品や繊維品の輸出は多いが，上位3品目は石油製品，機械類，ダイヤモンド（2019年）である。また，インド南部のバンガロールにはコンピュータ関連の企業が多く集まり，インドのシリコンバレーと呼ばれている。

正答　**3**

地方上級

全国型，関東型，中部・北陸型，市役所Ａ日程

No. 131 　地理　　アフリカ　　平成30年度

アフリカに関する次の記述のうち，妥当なものはどれか。

1 北岸部や南岸部には温帯気候が見られるが，その他の地域は，ほとんどがステップ気候や砂漠気候などの乾燥帯となっている。特に赤道付近は降水量が少なく，広大な砂漠が広がっている。

2 感染症の広がりや地域紛争の影響で人口増加が停滞しており，近年の人口増加率はヨーロッパ地域やアジア地域に比べて低くなっている。

3 北部地域は歴史的にヨーロッパの影響を受け，キリスト教徒が多い。一方，中・南部地域は歴史的にイスラム教の影響を受け，イスラム教徒が多い。

4 石油・金・ダイヤモンドなどの鉱産資源を産出する国が多く，それらの多くは西欧諸国や中国に輸出されている。近年，中国が鉱産資源の開発のために多くの投資や支援を行っている。

5 かつてはカカオ豆やコーヒーなどの商品作物を栽培する国が多かったが，近年ではそれらの栽培が行われなくなり，商品作物を輸出している国はほとんど見られない。

解説

1. 北岸部と南岸部に温帯気候が見られるのは正しい。しかし，その他の地域には乾燥帯気候だけでなく熱帯気候も多く見られる。赤道付近については，コンゴ盆地からギニア湾岸にかけて年中高温多雨の熱帯雨林気候，その周囲はサバナ気候となっており，インド洋沿岸にはステップ気候，赤道直下のケニアには高山気候も見られる。

2. 2010年から2020年にかけての世界の人口増加率は約12.0％である。これを地域別に見ると，アフリカ29.1％，アジア10.2％，ヨーロッパ1.6％となっており，アフリカは感染症や地域紛争等の深刻な問題を抱えているにもかかわらず，人口増加率が世界で最も高い地域である。

3. アラブ人が多い北アフリカは歴史的に西アジアとのつながりが深く，イスラム教の影響を受けアラビア語が普及した。サハラ以南のアフリカには黒人が部族ごとに住み，多くが伝統的な宗教やキリスト教を信仰している。

4. 妥当である。

5. アフリカ全体としては自給的農業が多く見られるが，植民地時代の名残から現在でも商品作物を栽培するプランテーション（輸出向け作物を栽培する大農園）農業が盛んである。商品作物とは商品として出荷するために栽培される農作物のことで，自給作物の対語である。コートジボワールやガーナはカカオ豆，ケニアは茶，エチオピアはコーヒー豆の輸出国である。

データ出所：『世界国勢図会（2021/22年版）』

正答　4

地方上級＜教養＞過去問500 ●133

地方上級 全国型，関東型，中部・北陸型

No. 132 地理 河川が作る地形 令和元年度

河川が作る地形に関する次の文中のア～エに当てはまる語句の組合せとして，妥当なものはどれか。

　山地では河川の流水による下方侵食によって，ア ｛a：Ｕ字谷，b：Ｖ字谷｝ がつくられる。谷の出口には，河川が運搬した砂れきが堆積して扇状地ができるが，扇端はイ ｛a：水無川，b：伏流水が再び地表面に出る湧水帯｝ となる。川沿いには，ウ ｛a：洪水堆積物からなる微高地，b：階段状に発達した地形の段丘面｝ である自然堤防が形成されることがある。河口付近では三角州が形成されることがあり，河川はエ ｛a：合流して一本になる，b：分流して複数の河川になる｝。

	ア	イ	ウ	エ
1	a	a	a	a
2	a	a	b	b
3	b	a	a	a
4	b	b	a	b
5	b	b	b	b

解説

ア：河川の下方侵食によってつくられた谷は，横断面がＶ字形となる深い谷になるので「Ｖ字谷」（b）である。Ｕ字谷は氷河の側方侵食によってつくられた，断面がＵの形となる谷である。

イ：扇央は，堆積物がれき質であるため透水性が大きく，河川が伏流して水無川となる。扇端は，扇状地の傾斜面が平坦な地形に移行する部分で，「伏流水が再び地表面に出る湧水帯」（b）である。

ウ：自然堤防は，「洪水堆積物からなる微高地」（a）である。河川の流路に沿って発達する階段状の地形は河岸段丘である。

エ：低平な三角州帯では，氾濫原と同様に，河川の分流や蛇行が見られるので，「分流して複数の河川になる」（b）である。

　よって，アはb，イはb，ウはa，エはbであるので，正答は**4**である。

正答 **4**

134●地方上級＜教養＞過去問500

地方上級
No. 133　全国型，関東型，中部・北陸型，市役所Ａ日程
地理　大気と海水の循環　令和2年度

大気と海水の循環に関する次の文中のア～オに当てはまる語句の組合せとして，妥当なものはどれか。

　大気と海水の大循環は，低緯度と高緯度の熱の不均衡を小さくするように働く。赤道付近は年間を通じて太陽の直射を受け，常に上昇気流を生じ，ア ｛A：高気圧，B：低気圧｝ となる。この気流は中緯度地域に向かい，緯度30度付近で再び下降し，イ ｛A：高気圧，B：低気圧｝をつくる。この下降気流は再び南北に分かれ，低緯度地域では，地球の自転によって，ウ ｛A：東よりの貿易風，B：西よりの偏西風｝ となる。海水も大気の影響を受け，北半球では，エ ｛A：時計回り，B：反時計回り｝ の海流となる。黒潮は暖流であり，オ ｛A：親潮は暖流，対馬海流は寒流，B：親潮は寒流，対馬海流は暖流｝ である。

	ア	イ	ウ	エ	オ
1	A	A	A	B	B
2	A	B	A	B	B
3	B	A	A	A	B
4	B	A	B	B	A
5	B	B	B	A	A

解説

ア：上昇気流が発達する場所は，気圧の低い低気圧となる（B）。

イ：下降気流が発達する場所は，気圧の高い高気圧となる（A）。

ウ：亜熱帯高圧帯から赤道低圧帯に向かって吹く卓越風（その地域で最も頻繁に吹く風）は貿易風である。地球が西から東へ自転しているので東風となる（A）。逆に，亜熱帯高圧帯から高緯度方向に流れて亜寒帯低圧帯に向かって吹く卓越風は，西風の偏西風となる。

エ：北緯45度付近では西から偏西風が吹き，北緯15度付近では東から貿易風が吹く。それに地球の自転の力が加わり，北半球では時計回りに海流が流れる（A）。南半球では反時計回りとなる。

オ：親潮とは千島海流のことで，千島列島・北海道・東北地方の太平洋岸を南下する寒流である。対馬海流は，沖縄付近で黒潮（日本海流）から分かれる暖流である（B）。

　以上より，正答は**3**である。

正答　3

政治　経済　社会　日本史　世界史　地理　思想　文学・芸術　国語

地方上級＜教養＞過去問500●**135**

地方上級

No. 134 地理 中国の少数民族

全国型，関東型，中部・北陸型

平成21年度

中国の少数民族に関する次の記述のうち，妥当なものはどれか。

1 十数族が存在し，漢民族と人口を二分している。

2 信仰の自由は認められていない。

3 学校では漢語（北京語）しか教えていないので，独自の言語は一部しか使われていない。

4 2008年，チベット自治区では，ダライ゠ラマ14世に対する不満から暴動が発生した。

5 2009年，シンチャン・ウイグル自治区では，ウイグル族と漢民族との間で騒乱が起こった。

解説

1. 中国の全人口の約91.6％は漢民族で，少数民族は公認されているだけでも55民族存在する（2010年現在）。

2. 憲法には信仰の自由が規定されている。

3. 少数民族の多くは，モンゴル語，チベット語などのように独自の言語や文字を用いる人もいる。北京語は共通語として教えられている。

4. チベット自治区では，チベットの漢民族化に反発，民族自立を要求し，衝突が起こった。

5. 正しい。

正答 **5**

136●地方上級＜教養＞過去問500

地方上級
No. 135

全国型，関東型，中部・北陸型

地理　　**東南アジアの地誌**　　平成14年度

東南アジアの国々に関する次の記述のうち，妥当なものはどれか。

1　マレーシアは公用語が英語で，マレー系住民，中国系住民，インド系住民からなる多民族国家で，マレー系住民が経済的に優位な位置を占めている。

2　シンガポールはマレーシアから独立した国家であるが，住民の大半はマレー系とインド系で占められている。

3　インドネシアはオランダから独立した国家で，国民の大半がマレー系住民で，インドネシア語が公用語であり，世界最大のイスラム教徒を抱えている。

4　フィリピンはかつてスペインの植民地であったことから，カトリック教徒が多い。エストラダ大統領に代わって，アロヨ大統領が就任したが，ヒンドゥー教徒のモロ族との間で民族紛争が起こっている。

5　東ティモールは16世紀以降インドネシアの植民地であったが，スハルト政権崩壊を機に，独立運動が激化し，2002年に独立を果たした。

解 説

1．マレーシアでは公用語はマレー語で，多民族国家であることから，英語，中国語，タミル語なども使われている。ブミプトラ政策でマレー系住民を優先する政策がとられ，政治的・経済的に実権を握っている華僑との対立も見られる。

2．シンガポールは1965年にマレーシアから独立した国家であるが，住民の大半は中国人で占められている。

3．正しい。

4．フィリピンでは，独立をめざすイスラム教徒のモロ族との間で闘争が続いている。現在の大統領はドゥテルテ。

5．東ティモールは16世紀以降ポルトガルの植民地であったが，1976年にインドネシアが領有を宣言したため，インドネシアの支配に対し，独立闘争が続いていた。

正答　**3**

地方上級＜教養＞過去問500●137

地方上級

全国型，関東型，中部・北陸型

No. 136 地理 近年の日本の食料と農業 平成29年度

近年の日本の食料と農業に関する次の記述のうち，妥当なものはどれか。

1 近年の品目別食料自給率を重量ベースで見ると，自給率の高い順に，米，小麦，野菜，肉となる。

2 主食米価格の低下を背景に，減反（生産調整）政策が強化され，米の生産を減らした農家に対する補助金の増額が行われた。

3 農産物輸出が促進され，日本の農産物輸出は増加傾向にある。相手国は中国，台湾などで，東南アジアにも輸出されている。

4 企業の農業参入要件が緩和され，耕地や耕作放棄地の借入れが増加した。それにより，耕作放棄地が大幅に減少し，耕地面積も増大している。

5 日本の農業就業人口は，40歳未満の新規農業人口が大幅に増加したことから，増加に転じている。

解説

1. 2019年の自給率を見ると小麦は16％で，大豆の6％，飼料用のトウモロコシの0％とともに非常に低い。それに対し，高関税で守られている米は97％で野菜も79％と比較的高くなっている。肉類は52％であり，この4品目を自給率の高い順に並べると，米，野菜，肉類，小麦となる。

2. 食糧管理特別会計の赤字と古米在庫量の減少を目的とした減反（生産調整）は，1969年から40年以上にわたって実施されてきたコメの生産制限政策だが，2013年に廃止方針が正式決定され，2018年度に，国による主食米の生産数量配分は廃止された。今後は農地集約と大規模化で農業の競争力強化をめざす方針である。

3. 正しい。日本の農産物は高価だが，安全で高品質なためブランド力があり，アジアを中心に輸出が増えている。輸出量が多い国・地域は，香港，台湾，中国，米国などで，タイ，ベトナムなどにも輸出されている。しかし，2019年の農産物輸出額は5,880億円であり，その額は少ないのが現状である。

4. 耕地面積は年々減少を続けており，その主な要因は耕作放棄地の増加である。一方で耕地の借り入れなどにより販売農家一戸当たりの経営耕地面積は徐々に増えているが，多くの農地所有者が農地の貸し出しに慎重なため，近年は借り入れが難しくなっている。

5. 新規就農者のうちの約半数が定年後の転職組である60歳以上であり，日本の農業における労働力の減少と高齢化は著しく，農業就業人口も減少が続いている。

正答 **3**

地方上級 No.137 地理 南アメリカ 令和元年度

全国型，関東型，中部・北陸型，市役所Ａ日程

南アメリカに関する次の記述のうち，妥当なものはどれか。

1 大陸の南端は温帯だが，それ以外の大陸のほとんどは熱帯であり，熱帯雨林が広がっている。

2 住民は，ヨーロッパ系，黒人，先住民，混血の人々などが入り混じっており，各国ごとの構成には，それぞれ特色がある。ペルーやボリビアにはヨーロッパ系が多く，アルゼンチンには先住民が多い。

3 アンデス山脈周辺は地下資源に恵まれており，石油や鉄鉱石の産出が多い。しかし，銅山や銀山は枯渇してきており，銅鉱や銀鉱はほとんど産出されていない。

4 コーヒー豆やバナナなどの商品作物が多く輸出されている。ブラジルでは大豆の生産が盛んで，ブラジルの輸出品の中で最も大きな割合を占めている。

5 チリはTPP（環太平洋経済連携協定）の原加盟国，ペルーは拡大交渉参加国だったが，2017年にアメリカ合衆国が脱退すると両国も離脱を表明し，TPP11にも不参加となった。

解説

1. 熱帯気候の地域は約6割で，そのうち熱帯雨林気候はアマゾン川流域に広がるが，ブラジル高原やオリノコ川流域などはサバナ気候となっている。大陸の南部には温帯や乾燥帯が分布し，アンデス山脈の高地には高山気候も見られる。

2. ペルーやボリビアには先住民（インディオ）が多く，アルゼンチンにはヨーロッパ系が多い。前半は正しい。

3. 銅鉱はチリ，ペルー，銀鉱はペルー，チリなどで多く生産されている。前半は正しい。

4. 妥当である。

5. アメリカ合衆国の離脱後は，米国以外の11か国（TPP11）で協定発効に向けた協議が行われ，2018年，チリのサンティアゴで「環太平洋パートナーシップに関する包括的及び先進的な協定（CPTPP）」が署名された。

正答 **4**

地方上級

No. 138 地理　北欧諸国

全国型，関東型，中部・北陸型　平成26年度

スウェーデン，ノルウェー，デンマークに関する次の記述のうち，妥当なものはどれか。

1 この3か国はいずれも高緯度で冷帯に属しており，スウェーデンでは，冬は海の水が凍って船の運航ができなくなる。

2 この3か国はいずれもカトリック系のゲルマン民族が多い。

3 この3か国はいずれも社会保障制度が充実しているが，1人当たりの国内総生産はドイツ，フランスよりも少ない。

4 この3か国はいずれもヨーロッパ統合に積極的で，EU加盟国であり，また共通通貨ユーロを導入している。

5 スウェーデンは自動車工業などの機械工業が，デンマークは酪農が盛んである。ノルウェーは水産業が盛んで，石油の産出・輸出量が多い。

解説

1. いずれの国も高緯度であることは正しく，ノルウェーの首都オスロやスウェーデンの首都ストックホルムは北緯約60度で，日本周辺ではカムチャツカ半島の付け根付近に当たる。デンマークの首都コペンハーゲンは北緯約56度で，日本周辺ではカムチャツカ半島中部に当たる。しかし，暖流の北大西洋海流と，その上を吹く偏西風のために，デンマーク全体と，スウェーデン，ノルウェー両国の南部は温帯の西岸海洋性気候となっている。スウェーデン北部では冬に海面が凍るため，キルナ・エリバレの鉄鉱石は不凍港のノルウェーのナルビクから積み出されていたが，現在は砕氷船が開発されている。

2. ゲルマン民族が多いことは正しいが，カトリック系ではなくプロテスタント系が多い。

3. 北欧諸国の社会保障制度が充実していることは正しい。国内総生産を比較すると，この3か国よりもドイツやフランスのほうがはるかに多いが，1人当たりの国内総生産で比較するといずれの国もドイツ，フランスより多くなっている。

4. ノルウェーはEUに加盟していない。また，スウェーデン，デンマークはEU加盟国だが，ユーロは導入していない。

5. 正しい。

正答　**5**

140●地方上級＜教養＞過去問500

地方上級 全国型，関東型，中部・北陸型

No. 139 地理 エルニーニョ現象 平成27年度

エルニーニョ現象に関する次の記述のうち，A～Cに入る語句の組合せとして妥当なものはどれか。

ペルー沖から東太平洋一帯の海水温が平年よりも上昇する現象をエルニーニョ現象という。エルニーニョ現象は大気と海洋の相互作用によるものである。

大気については，赤道付近の暖海水を西へ運ぶA $\begin{Bmatrix} ア：貿易風 \\ イ：偏西風 \end{Bmatrix}$ がなんらかの原因で弱まる

ことに起因する。海洋については，海洋の中層から湧き上がる冷たい海水である湧昇流が

B $\begin{Bmatrix} ア：強まる \\ イ：弱まる \end{Bmatrix}$ ことに起因する。

エルニーニョ現象が起きると世界的な異常気象が発生する。日本付近では，太平洋高気圧

（小笠原気団）の勢力がC $\begin{Bmatrix} ア：強く \\ イ：弱く \end{Bmatrix}$ なり，その結果，梅雨入り，梅雨明けがともに遅くな

り，冷夏になる傾向があるといわれている。

	A	B	C
1	ア	ア	ア
2	ア	イ	ア
3	ア	イ	イ
4	イ	ア	イ
5	イ	イ	ア

解説

貿易風は，亜熱帯高圧帯から赤道低圧帯に向けて吹く恒常風。地球の自転の影響で，南半球では南東風となる。通常時，南アメリカ大陸太平洋側のペルー沖では貿易風が表層の暖かい海水を西太平洋へ押し流し，それを補う形で海洋の中層から冷たい水が湧き上がってきている（湧昇流）。しかし，なんらかの原因で貿易風（A：ア）が弱まると，通常西太平洋に吹き寄せられていた暖水が東へ移動し，湧昇流も弱まって（B：イ），ペルー沖から東太平洋一帯で海水温が平年に比べて高い現象が続くことがある。これがエルニーニョ現象である。

エルニーニョ現象が起きると，太平洋高気圧（小笠原気団）の発達に必要な温水域が西から東に移動してしまうので，太平洋高気圧が日本列島から大きく東にずれて日本列島に対する太平洋高気圧の勢力が弱まり（C：イ），梅雨が長引いて冷夏になりやすくなる。逆に，貿易風が強まって西への暖水押し流し効果が強まり，湧昇流も強くなってペルー沖から東太平洋一帯の海水温が極端な低温になることをラニーニャ現象という。

よって，正答は**3**である。

正答 3

地方上級

No. 140 思想　古代ギリシア哲学

全国型，関東型，中部・北陸型

平成18年度

古代ギリシアの哲学に関する次の記述のうち，妥当なものはどれか。

1　プラトンは真実の存在であるイデアを理性でとらえるイデア論を展開し，「自然に従って生きる」ことの重要性を唱えた。

2　アリストテレスは物事を動かすのは神ではないと考え，現実主義の立場に立って最高善は幸福であると考えた。

3　ソクラテスは人間は真実を知ることができないと考え，弁論術を学ぶことが必要であることを説いた。

4　古代ギリシアの時代には詩人のホメロスやヘシオドスによって神話的な世界観がつくられ，哲学はすべて神話を題材にして発展した。

5　ストア派はゼノンによって創始された学派で，コスモポリタニズムを継承している。理想的な境地であるアパテイアに達するために快楽主義が重視されている。

解　説

1．プラトンはイデア（真実の存在）を理性でとらえるイデア論を展開したが，「自然に従って生きる」ことを信条としたのは禁欲主義を説いたストア派である。

2．正しい。

3．ソクラテスは真理の探究方法として対話を重視する問答法（助産術）をとった。弁論術を重視したのはギリシアの職業教師であるソフィストたちであり，ソフィストの中には詭弁家もいた。

4．古代ギリシアの時代には詩人のホメロスやヘシオドスによって神話的な世界観がつくられたが，古代ギリシアの哲学者たちは神から抜け出し，ロゴス（論理）を重視する立場に立った。

5．ストア派はコスモポリタニズム（世界市民主義）を継承し，情念のない理想的な境地であるアパテイアに達するためには，禁欲主義を重視した。快楽主義を重視したのは，エピクロス派である。

正答　2

政治　経済　社会　日本史　世界史　地理　思想　文学・芸術　国語

地方上級
No. 141 思想　世界観　平成10年度

全国型，関東型，中部・北陸型

世界観に関する次の記述のうち，下線部分が妥当なものはどれか。

1 古代世界で人類は<u>豊饒な森林において，人間を超える力の恵みを認識し，呪術や多神教を放棄して，一神教を成立させた。</u>

2 世界観には，世界が終末に向かって一直線に進んでいると考える直線的なものと，世界は始めも終わりもなく永遠に続くと考える円環的なものとの2つがある。仏教の世界観は<u>直線的世界観である。</u>

3 アジア東北部は儒教の文化圏である。儒教の宗教的世界観は「孝」によって見ることができ，具体的には祖先崇拝，すなわち生命の連続の思想を核としている。その背景には<u>現世を苦しみの世界と見，この世は仮の世で死もその過程にすぎないという認識がある。</u>

4 近代ヨーロッパは，唯一絶対的な存在は人間の自我にあるという認識に基づき，自然を人間が支配しようとする世界観を生み出した。この思想は<u>西欧思想の一派であるヘブライズムの世界観と相反しないものである。</u>

5 マルクス主義の歴史観は，歴史が一つの方向に向かって流れ，未来の一点にあらゆる対立の解消する理想があると考えるもので，<u>神の概念の脱落を抜きにしても，西欧のキリスト教的な世界観とは対立するものである。</u>

解説

1. 唯一絶対神を信仰するユダヤ教を成立させた古代ヘブライ人を見てみれば，パレスティナに定住するまで半遊牧民としてアラビアの砂漠を移動し，過酷な自然条件の中においても唯一絶対神を信仰している。彼らは豊饒な森林で人間の力を超える恵みを認識したわけではない。

2. 仏教では人間の存在する世界がすべて変化する「存在の法則」の下にあり，この法則に従って生きることによって涅槃に達することができるとされている。このように仏教の世界観は円環的なものである。

3. 儒教ではなく仏教の世界観。仏教では悟りのために四諦（苦諦・集諦・滅諦・道諦）を認識しなければならない。

4. 正しい。近代ヨーロッパでは自我確立が進んでいったが，その根底にはヘブライズム（古代イスラエル民族の思想に由来するキリスト教的世界観）が存在しているといえる。

5. マルクス主義はドイツ観念論哲学・イギリス古典経済学・フランス社会主義理論の3つの構成部分が総合されて体系化されたもので，キリスト教的な世界観が根底にあり，対立するものではない。

正答　4

地方上級

No. 142

東京都

思想　ロックの社会契約論　平成**13年度**

次の文中の**彼**に該当するのはどれか。

　彼は，人間の本性を理性的で社会的なものととらえた。**彼**によれば，自然状態は自然法の支配する自由・平等で平和な状態であるが，しかし，自然権を侵される可能性もあるので，自分たちの自然権をよりよく維持するために，各人は互いに契約を結んで国家を設立するのである。**彼**は，国民が政府に権力を委ねたのは自分の生命・自由・財産などの権利を保護するためであって，もし，政府が国民の自由・財産を侵害するならば，国民には信託した権利を政府から取り戻す抵抗権や政府に反乱をおこす革命権が認められるとする。

1　ロック

2　モンテスキュー

3　ルソー

4　ヒューム

5　ホッブズ

解　説

人民相互の契約に基づいて国家が成立したという主張は，社会契約論の論者たちによってなされたものである。

1．正しい。ロックは社会契約論の論者であり，自然状態が一応の平和状態であること，自然権の内容が生命・自由・財産に求められること，人民が相互に契約を結んで国家を設立したこと，人民が抵抗権を持つこと，などを主張した。

2．モンテスキューは三権分立論を説き，立法権・行政権・司法権の分離を主張した。社会契約論とは無関係である。

3．ルソーも社会契約論者であるが，自然状態が調和状態であること，人民が相互に契約を結んで自然権を共同体に譲渡したこと，などを主張した点で，ロックとは異なっている。また，人民の抵抗権を肯定しなかった点でも，ロックと異なっている。

4．ヒュームは理性への過信を批判するとともに，社会契約が歴史的事実ではないと指摘して，ロックの社会契約論を否定した。

5．ホッブズも社会契約論者であるが，自然状態が闘争状態であること，自然権の内容が自己保存に求められること，などを主張した点で，ロックとは異なっている。また，人民の抵抗権を肯定しなかった点でも，ロックと異なっている。

正答　1

地方上級

No. 143 全国型，関東型，中部・北陸型

思想　実存主義の思想家　平成16年度

実存主義の思想家に関する記述として，妥当なものは次のうちどれか。

1 キルケゴールは思想が行為のための道具であることを明らかにして，キリスト教的な価値が動揺して混乱する社会での生き方を見つけようとした。

2 ニーチェは「怨念」にとらわれてニヒリズムに陥っている人間を批判し，神と1対1で直接向かい合うことにより，ニヒリズムは克服できると主張した。

3 ヤスパースは社会現象にも生物進化論を応用できるとし，人間を理解するためには人間を取り巻く環境を科学的に分析することが必要だと主張した。

4 ハイデッガーは人間を「死」へ向かっている存在者であるとし，死と向かい合ってこそ本来的な存在である人間になれると主張した。

5 サルトルは「人間は自由の刑に処せられている」とし，社会に巻き込まれて自分で生き方を選ぶ余地のないことを明らかにした。

解　説

1. 思想が行為のための道具であると主張したのはデューイなどのプラグマティズムの思想家たちであり，キルケゴールは「絶望」を出発点として真のキリスト教徒となることをめざした。

2. 神と1対1で直接向かい合うことを主張したのはキルケゴール。ニーチェはキリスト教的な価値が崩壊した状態をニヒリズムとみなし，「力への意志」に従ってニヒリズムを積極的に転化することを主張した。

3. 社会現象に生物進化論を応用しようとしたのは，スペンサーなど社会ダーウィニズムの信奉者たちであり，人間を取り巻く環境の分析に重点を置いたのは構造主義の考え方である。ヤスパースは「限界状況」と向かい合うことで人間が自らの有限性の自覚を深めて超越者に向かって飛躍するということを主張した実存主義の思想家である。

4. 正しい。

5. 「人間は自由の刑に処せられている」はサルトルの言葉であるが，それは人間が自由そのものであり，自分のなすこと一切について責任を負っていることを表現したもので，自分で生き方を選ぶことができない状況とはむしろ正反対である。

正答　**4**

地方上級＜教養＞過去問500●**145**

政治　経済　社会　日本史　世界史　地理　思想　文学・芸術　国語

地方上級 全国型，関東型，中部・北陸型

No. 144 思想 明治・大正期の思想家 平成27年度

明治・大正期の思想家に関する次の記述のうち，妥当なものはどれか。

1 福沢諭吉は，『学問のすすめ』の中で，実用的な西洋の学問を学ぶことを推奨し，一方で，西洋に追いつくために，中国・朝鮮などのアジア諸国と協力する必要性を説いた。

2 中江兆民は，西洋由来の啓蒙思想や民権思想は日本の社会にそぐわないとし，儒教を中心とした日本独特の政治体制の構築を主張した。

3 新渡戸稲造は，『武士道』を著して日本人の精神を世界に紹介し，異文化の相互理解と国際平和のために献身した。

4 幸徳秋水は，労働者の連帯による社会主義思想を批判し，国粋主義思想による国家体制づくりを主張した。

5 吉野作造は，君主権の強い立憲君主制をよしとし，民主主義を求める大正デモクラシーや民衆の意向を重視する民本主義を批判した。

解説

1. 福沢諭吉が実用的な西洋の学問を学ぶことを推奨したことは正しい。しかし，欧米列強の進出から日本の民族的独立を守ることを第一の目的と考えた彼は，アジア的文明を野蛮とし，西欧的近代国家への脱皮を説く脱亜論を主張し，日清戦争のときには強硬な主戦論を展開した。

2. 中江兆民は明治時代の啓蒙思想家・政治家。ルソーの影響を受け，フランス流急進的民権論を説いた。ルソーの『社会契約論』の翻訳書である『民約訳解』を著し，自由民権運動の理論的指導者として活躍し，「東洋のルソー」と呼ばれた。

3. 正しい。新渡戸稲造は，内村鑑三らとともに札幌農学校で学び，キリスト教の洗礼を受けた。「太平洋の橋とならん」ことを志し，国際連盟事務局事務次長として国際親善に尽くした。

4. 幸徳秋水は明治期の社会主義者。中江兆民から自由民権思想を学び，後に社会主義思想に共鳴し，社会民主党結成に参加した。日露戦争には非戦論を唱え，開戦直前に平民社を組織し，「平民新聞」を発行して反戦運動を展開した。社会主義者に対する弾圧事件である大逆事件で処刑された。

5. 吉野作造の主張は民本主義と呼ばれ，大正デモクラシーの指導的理論であった。彼は，天皇主権は否定せず，主権の所在は天皇にあるが，その主権は一般民衆の幸福・福利を目的に運用されるべきという現実的な立場をとり，政党内閣制や普通選挙の実現に尽力した。

正答 3

地方上級 関東型，中部・北陸型

No. 145　思想　現象学　平成11年度

現代社会に影響を与えた思想のうち，フッサールやハイデッガーらによる現象学の特徴的な主張や考え方を述べたものとして妥当なものは，次のうちどれか。

1　伝統や権威，既成の言説や思い込みを捨てて事象そのものを見ることをモットーとし，事象そのものがおのずから現れ出るしかたを方法に生かして，事柄の真相をあらわにすることがこの学派の基本精神である。

2　概念は現象解明の手段として仮定・操作されるもので，必要に応じて代替される道具にすぎず，それらが実験的仮説として現象の解明に活用されたときに有用とされる。

3　分析と抽象によって個々の対象の本質をとらえるのではなく，ソシュールの言語理論の影響の下で諸現象を記号の体系としてとらえ，現象がどのような関係性のシステムにおいて成立しているかを理解しようとする。

4　科学は事実のデータの累積によって連続的に発展していくとは限らず，そのデータを成り立たせている考え方の枠組み（パラダイム）が変わると，科学全体の性格が大きく変わる。

5　1つの図形やメロディに見られるように，全体の性質は部分の性質の総和なのではなく，全体の配置が部分に特定の知覚を与えたり，部分が互いに相手の基盤となって意味を与え合う。

解説

1．正しい。現象学は意識的・直接的に与えられる現象を記述・分析する哲学で，現象そのものの本質に至るために，無反省な確信（「自然的態度」）から純粋な意識を志向し，事実に即して対象の本質をとらえようとした。

2．パース，ジェームズ，デューイらによって確立されたプラグマティズムの思想。

3．レヴィ=ストロースを代表とするフランスの構造主義の思想。構造やシステムの分析を重視した。

4．ポスト・モダンの思想。パラダイムはアメリカの科学史家クーンが用いた。

5．フランクフルト学派の思想。現代社会を批判し，それぞれの価値を洞察する理性を重視した。

正答　**1**

地方上級＜教養＞過去問500　**147**

地方上級
東京都
No.
146 思想 儒家と道家 平成9年度

儒家と道家に関する次の記述のうち，妥当なものはどれか。

1 孔子は，万物は一切の対立を超えて等しく同一のものであることを主張し，私心を離れて心をうつろにし，おのれを天地自然の道に一体化する境地に達した理想の人物を真人と呼んだ。

2 孟子は，性悪説を主張し，人間は生まれつきさまざまな欲望を持っており，自然のままであれば争乱が起こるので，社会の秩序を保つためには客観的な規範としての礼を定め，これを守らなければならないと説いた。

3 荀子は，性善説を主張し，人間はだれでも，苦しんでいる人を見て痛ましく思う惻隠の心，自分の不善を恥じ悪を憎む羞悪の心，譲り合う辞譲の心，善悪を判断する是非の心を持っていると考えた。

4 老子は，作為を労しないで一切を自然の成行きに任せる無為自然の道に従って人間は生きるべきであるとして，小国寡民という自給自足の社会を理想とした。

5 荘子は，仁を説き，仁は偽りのない誠実な心と他人への思いやりがあって成り立つものであるとし，仁を客観的な行動の基準としたものを礼として，仁と礼を兼ね備え道徳的に高い理想を持つ者を君子と呼んだ。

解説

1．おのれを天地自然の道に一体化する境地に達した理想像である真人は道家の荘子が説いた思想である。

2．儒家の孟子は人間の本性は善であり，それを伸ばしていくことを説く性善説を主張した。また，礼は孔子が重んじた。

3．儒家の荀子は人間の本性は悪であり，教育で矯正する必要があるという性悪説を主張した。本枝にいう四端を人間の本来的なものとして性善説を主張したのは孟子である。

4．正しい。道家の老子は無為自然を人間の理想の生き方であると説いた。

5．荘子ではなく，儒家の孔子の思想。孔子は徳治主義を重んじた。孟子，荀子にその思想は継承されていった。

正答 4

地方上級 特別区

No. 147 思想 江戸時代の思想家 平成13年度

江戸時代の思想家に関する次の記述のうち，妥当なものはどれか。

1 安藤昌益は孔子などの制度や法を研究し，中国古代の聖人がつくった制度に基づいて「経世済民」を説いた。

2 石田梅岩は士農工商は職分の相違であるとし，商人の営利は武士の禄に当たると考え，職分に励むべきであるとする商人の道を説いた。

3 荻生徂徠は江戸末期に農業指導家として農村の復興に努め，農業は「天道」と「人道」が相まって成立するとした。

4 本居宣長は，人倫の基本は孝であり，孝は愛敬の心に基づくものであるとし，門弟のみならず，地方の人々にも大きな影響を与えた。

5 佐久間象山は日本人の古来の精神にはまごころがあるとし，漢意を捨てて，惟神の道を尊ぶことを説いた。

解説

1．「経世済民」（世の中を治め，人民を救うこと）を説いたのは，古文辞学の創始者である荻生徂徠である。安藤昌益は，万人直耕の自然世を理想とした農本主義者である。

2． 正しい。石田梅岩の唱えた生活哲学は石門心学と呼ばれる。

3． 農業指導家として，「天道」（自然の営み）と「人道」（人間の働き）を説いたのは二宮尊徳である。

4． 人倫の基本としては孝と愛敬を説いたのは日本陽明学の祖とされる中江藤樹である。

5． 漢意を捨てて，惟神の道を尊ぶことを説いたのは，江戸時代中期の国学者の本居宣長である。佐久間象山は幕末の開明論者である。

正答 **2**

政治 経済 社会 日本史 世界史 地理 思想 文学・芸術 国語

地方上級＜教養＞過去問500●149

地方上級

No.148 全国型，関東型

思想　近代日本の政治思想の展開　平成19年度

近代の政治思想の展開に関する次の記述のうち，妥当なものはどれか。

1　福沢諭吉は西洋の科学技術を積極的にとり入れて国力を増強し，国家の体面を維持して外国を屈服させることを主張し，「東洋の道徳，西洋の芸術」という言葉を残した。

2　中村正直はドイツに留学し，ドイツの立憲制度のあり方を高く評価してわが国への移植に尽力し，明治憲法の起草にも参加した。

3　中江兆民はフランスに留学してルソーの『社会契約論』を翻訳し，天賦人権説を主張して自由民権運動を推進した。

4　徳富蘇峰は天賦人権思想をさらに徹底させた平民主義を主張し，水平社を創設して農民の啓蒙活動に尽力した。

5　内村鑑三は鹿鳴館に代表される政府の欧化政策に強く反対し，民友社を創立して国粋主義の普及に尽力した。

解説

1. 記述は幕末の洋学者佐久間象山に関するもの。福沢諭吉も文明による日本の独立という民族主義を主張していたが，日本がとり入れるべき学問は科学だけではなく，西洋思想や日常生活に必要な読み書きなども含めた幅広い「実学」であるとしていた。

2. 中村正直は幕府の留学生の取締役としてイギリスに渡り，J. S. ミルの著作を翻訳してわが国に功利主義を紹介した。明六社に参加して，功利主義的キリスト教の考えを主張した。

3. 正しい。中江兆民は「東洋のルソー」と呼ばれた。

4. 徳富蘇峰は雑誌『国民之友』を発行して，自由主義，平民主義，平和主義を主張したが，彼は平民主義と帝国主義を統一するものを皇室中心主義に見いだし，国権主義的な方向に進んだ。水平社は全国の被差別部落民の差別解消のために1922年に結成された団体で，蘇峰はこの運動に参加していない。

5. 内村鑑三はアメリカ留学の経験を持つキリスト教徒で，人道主義者として社会運動にも積極的だったが，国粋主義者ではなかった。民友社は徳富蘇峰らが創立した。

正答　**3**

地方上級 全国型，関東型，中部・北陸型

No. 149 文学・芸術 日本の伝統芸能 平成28年度

次のア〜エは，日本の伝統芸能である能，狂言，文楽，歌舞伎についてそれぞれ説明したものである。その組合せとして妥当なものはどれか。

ア　長唄が伴奏音楽として重要な役割を果たす。演技では，物語が重要な展開をするときや登場人物の気持ちが高まる場面で，いったん動きを止めて「見得を切る」演技が行われることがある。

イ　大夫による語りと三味線による音楽が一体となって展開する人形劇である。人形の多くは，3人の人形遣いによって操られる。

ウ　主役のシテと相手役のワキが中心となり，謡を担当する地謡と音楽を担当する囃子方によって進行する。その美的規範は幽玄で，神や幽霊が多く登場する。

エ　対話を中心としたせりふ劇である。題材は中世の庶民の生活からとられることが多く，人間の習性や本質が滑稽に描かれる。

	ア	イ	ウ	エ
1	歌舞伎	狂言	能	文楽
2	歌舞伎	文楽	狂言	能
3	歌舞伎	文楽	能	狂言
4	文楽	狂言	能	歌舞伎
5	文楽	狂言	歌舞伎	能

解説

ア：歌舞伎の説明である。歌舞伎は江戸時代初期の出雲の阿国のかぶき踊りが始まりとされ，大衆演劇として発展し，様式美による独特の演劇として大成した。

イ：文楽の説明である。文楽は，江戸時代初期に，人形芝居と三味線音楽と浄瑠璃（三味線伴奏による語り物）とが結びついて生まれた人形浄瑠璃のことで，人形遣いと三味線弾きと大夫の三者一体の至芸といわれる。

ウ：能の説明である。能は謡という声楽と囃子という楽器演奏に乗せて進められる歌舞劇。平安時代に生まれた猿楽が鎌倉時代に能と呼ばれるようになり，室町時代に足利義満の庇護の下で観阿弥・世阿弥父子によって大成された。

エ：狂言の説明である。狂言は能と同様に猿楽から発展したものである。能楽堂で共演され，能の幽玄美とは対照的に笑いを特徴とするせりふ劇である。

よって，正答は**3**である。

正答　**3**

政治　経済　社会　日本史　世界史　地理　思想　文学・芸術　国語

地方上級＜教養＞過去問500●151

地方上級 関東型，中部・北陸型

No. 150 文学・芸術 明治・大正時代の文学 平成10年度

作者とその説明に関する次の組合せのうち，妥当なものはどれか。

1 坪内逍遙──『小説神髄』による彼の写実主義宣言は，近代文学の行方をさし示した。何よりも文学を道徳や政治宣伝から解放し，文学独自の使命を明らかにした功績が大きかった。

2 樋口一葉──明治20年代後半に突如として現れた天才的女流作家である。『たけくらべ』，『みだれ髪』などの名作を生んだ。旧時代のしがらみの中で悲運に泣く女性を描いて傑出した才能を見せた。

3 森　鷗外──彼の作品には，オランダ留学を記念する『舞姫』『うたかたの記』などがある。原作以上の名訳とされるアンデルセンの『即興詩人』も有名で，彼の初期の作品は，耽美派の風潮をよく示すものであった。

4 島崎藤村──北村透谷らと『文学界』を起こして文筆活動に入り，最初は詩人として立った。代表作は『破戒』で，自然主義の息詰まるような作風に満足しえず，もっと余裕ある態度で人生を観照することを唱えた。

5 志賀直哉──強い倫理観と自我とで強烈な個性を生き，永井荷風や谷崎潤一郎とともに白樺派の中心人物となった。『城の崎にて』『小僧の神様』『暗夜行路』などの作品がある。

解説

1．正しい。明治初期から10年代にかけての日本文学は，江戸戯作文学（勧善懲悪主義）の継承，翻訳小説，政治小説（政治的宣伝が主）といったものであったが，明治18年，坪内逍遙は『小説神髄』を著して西洋の写実主義理論を紹介し，小説（文学）とは何かの方便に使われるべきものではないとして従来の勧善懲悪主義を打破し，心理の写実こそ小説のあるべき姿であるとした。近代的な小説の理論を示した意義は大きく，硯友社，自然主義などの文学に影響を与えた。

2．『みだれ髪』は与謝野晶子の歌集である。一葉の作品にはほかに『大つごもり』『にごりえ』『十三夜』などがある。

3．鷗外はオランダではなくドイツに留学した。初期の作風は「耽美派」ではなく「浪漫主義」である。後には漱石同様，当時の自然主義の流れに超然としてどの流派にも属さなかった。『青年』『雁』などの小説，『高瀬舟』『山椒太夫』などの歴史小説（"歴史離れ"の立場に立つ），『阿部一族』などの史伝（"歴史そのまま"の立場に立つ）を書いた。**1**の坪内逍遙との「没理想論争」でも知られる。

4．島崎藤村は初期には浪漫主義の詩人として『若菜集』などの詩集を出したが，後に自然主義の小説に転じ，『破戒』『春』『家』『新生』『夜明け前』などの作品を著した。選択枝の後半が誤っており，自然主義の流れの外に立って余裕ある態度で人生を観賞して，「余裕派」などといわれたのは夏目漱石である。

5．永井荷風や谷崎潤一郎は白樺派ではなく，耽美派である。白樺派は雑誌『白樺』の同人を中心に，自然主義や耽美派に対抗して人生を明るく肯定的にとらえ，自我や個性の尊重をめざし新しい理想を打ち立てようとした。武者小路実篤，有島武郎なども属す。　**正答　1**

No. 151 文学・芸術 日本の自然主義文学

地方上級 関東型 平成15年度

次の記述で説明される文学思潮に属する作家と作品の組合せとして，妥当なものはどれか。

　人間のあるがままの姿を客観的に描写する自然主義文学は明治40年代に一世を風靡した。自然主義文学運動の文学史的意義は大きく後の私小説に継承されていくことになる。

1 島崎藤村 ── 『門』

2 島崎藤村 ── 『雁』

3 島崎藤村 ── 『暗夜行路』

4 田山花袋 ── 『田舎教師』

5 田山花袋 ── 『春』

解説

自然主義の作家としての島崎藤村の代表作は『破戒』『春』『家』『新生』『夜明け前』である。田山花袋の代表作は『蒲団』『田舎教師』である。

1. 『門』は反自然主義の作家夏目漱石の作品である。明治43年に朝日新聞に連載された。

2. 『雁』は反自然主義の作家森鷗外の作品である。明治44年に雑誌『スバル』に連載された。

3. 『暗夜行路』は白樺派の作家志賀直哉の作品である。大正10年から雑誌『改造』に連載された。

4. 正しい。『田舎教師』は日露戦争中に病死した青年の日記をもとにした作品である。

5. 『春』は島崎藤村の自伝小説である。北村透谷などとの交友が記されている。

正答 **4**

地方上級

関東型，中部・北陸型

No. 152 文学・芸術　17〜18世紀のヨーロッパ文化　平成22年度

17〜18世紀のヨーロッパの文化に関する次の記述のうち，下線部A〜Dの内容が妥当なものの組合せはどれか。

17〜18世紀のヨーロッパでは，芸術の分野では，A16世紀末から17世紀に繊細優美なルネサンス様式が現れ，18世紀に入ると豪華絢爛なバロック様式が広まった。音楽では，B古典派の作曲家ベートーヴェンが「楽聖」と呼ばれ，多くの交響曲を作曲した。同時代のロマン派のシューベルトは「歌曲の王」と呼ばれ，「魔王」を作曲した。建築ではCヴェルサイユ宮殿がルイ14世時代に完成し，宮殿の窓はステンドグラスで装飾され，尖塔アーチを特色とする塔が多用された。美術ではDイタリアでは「ヴィーナスの誕生」や「春」を描いたボッティチェリや「最後の審判」を描いたラファエロが現れた。また，スペインからの独立を達成したオランダでは，E「夜警」を描いたレンブラントや「デルフトの眺望」を描いたフェルメールが現れた。

1　A，B
2　A，C
3　B，E
4　C，D
5　D，E

解説

A：ヨーロッパでは，16世紀末〜17世紀に豪華絢爛なバロック様式が広まり，18世紀に繊細優美なロココ様式が現れた。ルネサンス様式は古代建築を手本として造られた大ドームを特色とする14〜16世紀の様式である。

B：妥当である。

C：ルイ14世時代に完成したヴェルサイユ宮殿はバロック様式を代表する建造物である。ステンドグラスの窓で装飾され，高い尖塔が多用されたのは12世紀中頃にフランスで起こり，ヨーロッパ中に広がった建築様式のゴシック様式である。

D：イタリアでボッティチェリ（1444頃〜1510年）やラファエロ（1483〜1520年）が活躍した時代はルネサンス期であり，「最後の審判」はイタリア・ルネサンスを代表する文化人であるミケランジェロ（1475〜1564年）の作品である。

E：妥当である。

　　よって，B，Eの組合せである**3**が正答である。

正答　**3**

地方上級

No.153 大阪府 文学・芸術 **現代文学の作家と作品** 平成8年度

作品群とその著者の組合せとして誤っているものは，次のうちどれか。

1 三島由紀夫——『仮面の告白』『潮騒』『金閣寺』

2 安部公房——『壁—S・カルマ氏の犯罪』『砂の女』『燃えつきた地図』

3 大江健三郎——『万延元年のフットボール』『海と毒薬』『沈黙』

4 井上靖——『闘牛』『楼蘭』『敦煌』

5 吉行淳之介——『驟雨』『原色の街』『砂の上の植物群』

解説

1．正しい。小説家・劇作家の三島由紀夫（1925〜70年）は，昭和24年『仮面の告白』で文壇デビュー。個性的文学，芸術至上主義文学的美を追求した。作品にはほかに『潮騒』『金閣寺』などがある。

2．正しい。小説家・劇作家の安部公房（1924〜93年）は第2次戦後派といわれる。昭和26年『壁—S・カルマ氏の犯罪』で芥川賞を受賞した。作品には『砂の女』『燃えつきた地図』などの小説のほかに戯曲『幽霊はここにいる』などがある。

3．誤り。小説家大江健三郎（1935年〜）は，昭和33年『飼育』で芥川賞を受賞した。長編作品に『万延元年のフットボール』などがあり，94年にはノーベル文学賞を受賞している。『海と毒薬』（戦時中の生体解剖事件を取り扱った作品），『沈黙』は大江の作品ではなく，キリスト教作家でもある遠藤周作（1923〜96年）の作品。なお，遠藤は昭和30年『白い人』で芥川賞を受賞した。

4．正しい。小説家井上靖（1907〜91年）は昭和25年『闘牛』で芥川賞を受賞した。『楼蘭』『敦煌』は中国大陸を舞台にした歴史小説。

5．正しい。吉行淳之介（1924〜94年）は昭和29年『驟雨』で芥川賞を受賞した。ほかに『原色の街』『砂の上の植物群』などの作品がある。

正答 **3**

地方上級＜教養＞過去問500●**155**

地方上級

No. 154 関東型，中部・北陸型

文学・芸術 　　**児童文学作者** 　　平成**29年度**

世界の子どもたちに大きな影響を与えた児童文学作者に関する次の記述のうち，妥当なものはどれか。

1 ミヒャエル=エンデは，フランスの作家・飛行士である。代表作の『星の王子さま』は児童文学でありながら，現代社会への批判や子どもの心を失ってしまった大人に向けての示唆に満ちた作品であるといわれている。

2 サン=テグジュペリは，ドイツの児童文学作家である。代表作に，時間どろぼうと盗まれた時間を人間に返してくれる少女の物語『モモ』や児童向けファンタジー小説の『はてしない物語』がある。

3 モンゴメリはアメリカの作家で，『トム・ソーヤーの冒険』や『ハックルベリー・フィンの冒険』など，少年たちがさまざまな冒険を繰り広げる少年・少女向け小説を著して人気を博した。後者は人種問題や奴隷制をも描いた作品といわれている。

4 マーク=トウェインはカナダの小説家である。著者の生地でもあるプリンス・エドワード島の美しい自然や主人公アンの魅力で世界的な人気となった『赤毛のアン』をはじめとする『赤毛のアン』シリーズを著した。

5 ルイス=キャロルはイギリスの数学者・論理学者・作家である。幼い少女アリスが白うさぎを追いかけて不思議の国に迷い込みその世界を冒険する『不思議の国のアリス』にはたくさんの言葉遊び，詩や童謡が挿入され，続編の『鏡の国のアリス』とともに彼の代表作となっている。

解 説

1．サン=テグジュペリについての記述である。サン=テグジュペリには，『星の王子さま』のほか『夜間飛行』『人間の土地』などの作品がある。

2．ミヒャエル=エンデについての記述である。

3．マーク=トウェインについての記述である。

4．モンゴメリについての記述である。

5．正しい。

正答 **5**

地方上級 関東型

No. 155 文学・芸術　フランス文学　平成16年度

フランス文学に関する次のA～Cの記述に当てはまる作家の組合せとして，妥当なものはどれか。

（　A　）は，情熱的かつ迫力ある文体によって，神や信仰に対する人々の無関心さを批判する作品を書いた。

（　B　）は，登場人物の細かい心の動きをとらえた喜劇を数多く著した。『人間嫌い』『守銭奴』が代表作である。

（　C　）は，写実的な短編小説形式の完成者であり，フランス自然主義文学を代表する作家である。最初の作品は『脂肪の塊』である。

	A	B	C
1	パスカル	モリエール	スタンダール
2	パスカル	モリエール	モーパッサン
3	パスカル	ユーゴー	モーパッサン
4	モリエール	ユーゴー	スタンダール
5	モリエール	ユーゴー	モーパッサン

解説

A：パスカルが当てはまる。パスカルはパスカルの原理を発見するなど物理，数学の分野で有名であるが，キリスト教の厳格派の立場を支持し，イエズス会を批判した。人間を「考える葦」とたとえた『パンセ』が代表作である。

B：モリエールが当てはまる。舞台役者としての経歴を持ち，晩年は17世紀を代表する劇作家として大成し，フランス社会を風刺する作品を書いた。

C：モーパッサンが当てはまる。フロベールに学び，普仏戦争の体験を『脂肪の塊』に著した。他の作品に『女の一生』がある。

なお，ユーゴーは19世紀フランスを代表する作家で，人道主義に基づいた『レ＝ミゼラブル』が有名である。スタンダールは19世紀前半のフランスの作家で，フランス近代小説の創始者とされる。『赤と黒』『パルムの僧院』が代表作である。

以上より，正答は**2**である。

正答　**2**

地方上級 全国型 No.156 文学・芸術 西洋美術 平成15年度

西洋美術に関する次の記述のうち、下線部が妥当なものの組合せはどれか。

ア：ボッティチェリは「サン＝シストの聖母」など聖母子像を中心に描いたルネサンスの画家であるが、他の作品に「アテネの学堂」がある。

イ：レオナルド＝ダ＝ヴィンチは遠近法をとり入れ、「モナリザ」「最後の晩餐」を描いただけでなく、人体解剖学から天文学、機械、物理、数学など多才な才能を発揮した。

ウ：北欧の画家のブリューゲルやレンブラントらは宗教画を多く描いた。ブリューゲルの代表作は「四使徒」、レンブラントの代表作は「夜警」である。

エ：コロー、ミレーらバルビゾン派は自然の中の風景を中心に描いた。コローの代表作は「田園のコンサート」、ミレーの代表作は「晩鐘」である。

オ：1870年代以降に起こった印象派にはマネ、ミロ、ダリがいる。マネは「草上の昼食」、ミロは「アルルカンの謝肉祭」、ダリは「記憶の固執（柔らかい時計）」が代表作である。

1 ア，イ
2 ア，ウ
3 イ，ウ
4 イ，エ
5 エ，オ

解説

ア：ルネサンス期の画家ラファエロに関する記述である。ルネサンス期の画家ボッティチェリは「ヴィーナスの誕生」「春」などを描いた。

イ：正しい。レオナルド＝ダ＝ヴィンチはルネサンスの万能人とされている。

ウ：フランドルの画家ブリューゲルには宗教画ではなく農民を描いた作品が多い。「四使徒（四人の使徒）」はルネサンス期ドイツの画家のデューラーの作品である。レンブラントはオランダの画家で、聖書を題材にした宗教画のみならず、自画像や近親の人々の肖像も描いた画家である。レンブラントの代表作は「夜警」で正しい。

エ：正しい。コローとミレーはフランスの自然主義の画家でパリ郊外のバルビゾン村に住んで活動したことからバルビゾン派の画家と呼ばれている。

オ：マネについては正しいが、ミロはスペインの画家で幻想的な世界を描いた画家であり、印象派ではない。さらに、スペインの画家ダリも印象派ではなく、シュルレアリスム（超現実主義）の画家である。なお、ミロ、ダリの代表作は正しい。

よって、正答は**4**である。

正答　**4**

158●地方上級＜教養＞過去問500

地方上級

No. 157 東京都 文学・芸術 明治以降の画家 平成10年度

わが国の画家に関する次の記述のうち，妥当なものはどれか。

1 黒田清輝はコランに師事し，絵画の道を歩むこととなり，その画風は，当時の日本の批評界から「新派」と呼ばれ，代表作に『湖畔』がある。

2 岸田劉生は，ルノアールに師事し，『首飾り』などの作品を生み，後に桃山美術などの日本の伝統美術からも学び，明快で，豪華な絵画様式を展開した。

3 梅原竜三郎は岡倉天心の感化を受け『屈原』などの作品を生み，後に色彩の華麗なものから，次第に水墨風に移り，代表作に『生生流転』がある。

4 青木繁はデューラー風の神秘感のある細密描写による内なる美を追求し，代表作として『麗子微笑』など多くの麗子像を描き独自の画境を開いた。

5 横山大観は，ラファエル前派に引かれて独自のロマン主義的画風を形成し，代表作に『海の幸』や『わだつみのいろこの宮』がある。

解説

1. 正しい。黒田清輝は，フランスで外光派のラファエル・コランに師事し，帰国後，陰の部分にも明るい紫を用いるなど印象主義の影響を受けた明るい外光による色彩描写を駆使したので，「外光派」「紫派」「新派」などと呼ばれた。黒田はさらに白馬会を組織し，東京美術学校の教授になるなどさまざまな活躍をした。外光派は明治中期以降の洋画界の主流となる。ほかに『読書』『舞妓』などの作品がある。

2. 記述は，梅原竜三郎に当てはまるもの。岸田劉生については**4**の記述が当てはまる。

3. 記述は横山大観に当てはまるもの。梅原竜三郎については**2**を参照。

4. 記述は岸田劉生に当てはまるもの。青木繁については**5**の説明を参照。彼は明治30年代～末にかけて活動した浪漫主義の代表的油彩画家である。人物の描き方には19世紀後半のイギリスのラファエル前派の影響も見られる。

5. 記述は青木繁に関するもの。横山大観については**3**を参照。横山は東京美術学校の出身で，菱田春草とともに近代日本画の創造に尽くした。代表作『生々流転』は水が生々流転して零によるさまを描いた長さ40ｍの超大作。他に『無我』などの作品がある。

正答 1

地方上級

No. 158 文学・芸術　漢　詩

全国型，関東型，中部・北陸型，横浜市

平成20年度

次の文中の下線部ア～オのうち，正しいものの組合せはどれか。

　漢詩は_ア唐の時代に最盛期を迎え，科挙試験でも必須科目とされていた。「国破れて山河あり」という詩句で有名な_イ『春望』は李白の作品であり，安禄山の乱が原因で幽閉されていたときに作られた。李白と並ぶ二大詩人として「詩聖」と称された_ウ杜甫は感傷詩に優れ，『長恨歌』を作った。_エ日本でも奈良時代から平安時代にかけて漢詩が流行し，『凌雲集』などの勅撰漢詩集も作られた。漢詩は女性たちの間でも人気を博し，_オ室町時代に雪舟が女流作家の作品を『本朝文粋』にまとめた。

1　ア，ウ
2　ア，エ
3　イ，エ
4　イ，オ
5　ウ，オ

解説

ア：正しい。唐の時代の中国では，詩人が天下国家に責任を持つといわれ，省試の進士では詩賦が最も重要な科目とされた。

イ：『春望』は杜甫の作品で，杜甫は有力者のつてで官職を得ようとしたがうまくゆかず，下級の職を得ても長続きしなかった。

ウ：『長恨歌』は白居易の作品。平易な作品が多く，技巧を得意とした同時代の韓愈とは対照的であった。

エ：正しい。勅撰漢詩集は『凌雲集』『文華秀麗集』『経国集』の3つが編集された。

オ：かな文字が発達するにつれて漢詩の人気は衰え，女性たちは教養として『白氏文集』などを読んだ。公式の記録としては漢文が重んじられたので，男性は漢文を重んじていた。『本朝文粋』は藤原明衡が11世紀中頃に編集したもの。雪舟は，室町時代の水墨画家である。

以上から，正答はアとエを挙げた**2**である。

正答　**2**

地方上級

No. 159 文学・芸術 ミュージカル

関東型，中部・北陸型，市役所Ａ日程

平成 **30**年度

ミュージカル作品に関する次の記述のうち，作品名と作品の概要の組合せとして妥当なものはどれか。

1 「ウエスト・サイド物語」――「ロミオとジュリエット」を下敷きにして，1950年代のニューヨークの下町を舞台に，敵対する若者グループの抗争と，それに翻弄される恋人たちの生きざまを描いた作品である。

2 「サウンド・オブ・ミュージック」――20世紀初頭のロンドンを舞台に，貴族階級の言語学者が，貧しい花売り娘の発音を矯正することで彼女を淑女に仕立て上げるストーリーで，言語学者の女性に対する認識の変化と女性の自立について描いている。

3 「マイ・フェア・レディ」――第二次世界大戦直前のオーストリアを舞台に，妻に先立たれた大佐の家に派遣された家庭教師が，その家の子どもたちと交流を深め，大佐と結婚し，ナチスの弾圧を逃れてスイスに亡命する物語である。

4 「コーラス・ライン」――19世紀のフランスを舞台に，貧しさからわずかなパンを盗んで長い間投獄された男が，出獄後名前を変え，工場経営者，市長と上りつめ，彼の正体を知る警部に執拗に追いかけられながらも人間らしく生きていこうとする物語である。

5 「レ・ミゼラブル」――ニューヨークのブロードウェイを舞台に，オーディションに挑戦しミュージカルに青春をかける若者たちの希望や不安，生活環境や苦悩を描き出している。

解説

1. 妥当である。

2. 「マイ・フェア・レディ」についての記述である。「マイ・フェア・レディ」は1956年から62年までブロードウェイで公演されロングラン公演となった。原作はジョージ・バーナード・ショーの戯曲『ピグマリオン』で，公演成功後にオードリー・ヘプバーン主演で映画化もされた。

3. 「サウンド・オブ・ミュージック」についての記述である。ナチスドイツの迫害を逃れ，オーストリアからスイスに亡命したトラップ大佐一家の実話に基づく作品で，「ドレミの歌」「エーデルワイス」などの歌で有名。ジュリー・アンドリュース主演で映画化もされた。

4. 「レ・ミゼラブル」についての記述である。ヴィクトル・ユゴーの同名小説を原作としたミュージカルで，1980年代にロンドンで初演され，以後ブロードウェイを含む世界各地でロングラン公演されている。ヒュー・ジャックマン主演で映画化もされている。

5. 「コーラス・ライン」についての記述である。1975年の初演から1990年までのロングラン公演となった。コーラス・ラインとは，稽古の際に舞台上に引かれるラインのことで，メインキャストとコーラス，つまり役名のないキャスト達を隔てる象徴ともなっている。マイケル・ダグラス主演で映画化もされた。

正答 **1**

地方上級＜教養＞過去問500●**161**

地方上級

No. 160 特別区 **国語** **ことわざの用法** 平成13年度

ことわざの用法として妥当なものは次のうちどれか。

1 やっぱり君の息子を見ていると，かえるの子はかえるだと思う。

2 九牛の一毛のように大切であったものをなくしてしまった。

3 情けは人のためならずだから，情けをかけるのはその人のためにならない。

4 全員が一生懸命取り組んだので，そのプロジェクトは焼け石に水となった。

5 船頭多くして船山に登るのように，一致団結することが必要だ。

解説

1．正しい。子供はたいてい親に似ること。

2．「九牛の一毛」はたくさんの中のごく少ない部分，また，非常に少なくてとるに足りないことのたとえであるから，大切なものを表すのには当てはまらない。

3．「情けは人のためならず」は人に情けをかければ巡り巡って自分によい報いがあるという意味である。

4．「焼け石に水」は努力のしかたや援助が足りなくて，効果が上がらないことであるから，ここでは当てはまらない。

5．「船頭多くして船山に登る」は指し図する者が多くて統一がとれず，ものごとが順調に進まないことのたとえであるから，ここでは当てはまらない。

正答 1

No. 161 数学 一次関数のグラフと長方形の面積 平成28年度

地方上級　全国型，関東型，中部・北陸型

次の図のような，x軸，$y=x$，$y=-\frac{1}{2}x+6$に内接する長方形PQRSの面積を最大にする問題は，以下の記述のような手順で解くことができる。空欄ア，イに当てはまる式，数の組合せとして妥当なものはどれか。ただし，辺QRはx軸上にあるものとする。

点Q$(q, 0)$と置くと，点P，R，Sの座標もqを使って表すことができ，QRの長さは ア となる。したがって，長方形PQRSの面積もqを使って表すことができ，$q=$ イ のときに面積が最大となる。

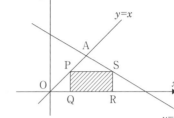

	ア	イ
1	$-\frac{3}{2}q+6$	2
2	$-\frac{3}{2}q+6$	3
3	$-q+12$	3
4	$-3q+12$	2
5	$-3q+12$	3

解説

まず，Rの座標を求める。そのために，P，S，Rの順に座標を求める。P，Qのx座標はqであり，Pは$y=x$上にあるため，Pの座標は(q, q)となる。次に，SはPとy座標が等しくqであり，直線$y=-\frac{1}{2}x+6$上にあるので，そのx座標は，

$$q=-\frac{1}{2}x+6$$
$$x=-2q+12$$

となる。最後にRのx座標はSと同じなので，$-2q+12$である。したがって，QRの長さは，Rのx座標のほうが大きいことから，

$$(-2q+12)-q=-3q+12$$

となる。これが空欄アに入る。次に，長方形の高さはPのy座標のqなので，長方形の面積は，

$$q(-3q+12)=-3q^2+12q$$

である。これを平方完成すると，

$$-3q^2+12q=-3(q^2-4q)$$
$$=-3(q-2)^2+12$$

したがって，面積が最大となるのは$q=2$のときであり，空欄イにはこれが入る。

よって，正答は**4**である。

正答　**4**

地方上級

No. 162 数学 整数解を持つ2次方程式 平成27年度

全国型, 関東型, 中部・北陸型

p, q をともに素数とし, x の2次方程式 $2px^2+(10-6p)x-30-pq=0$ の2つの解の一方が正の整数であるとき, p, q を求めるための文中の空欄ア〜ウに当てはまる数, 記号の組合せとして妥当なものはどれか。ただし, 素数とは, 2以上の整数で, 1とその数自身以外に約数を持たない数のことをいう。

　正の整数解を α と置くと, 2次方程式に代入して $2p\alpha^2+(10-6p)\alpha-30-pq=0$ となるが, この左辺は $2(p\alpha+5)(\alpha-3)-pq$ と変形できるため,

　　$pq=2(p\alpha+5)(\alpha-3)$ ……①

が成り立つ。ここで, ①式の左辺 pq は正の整数であり, 右辺の2, $p\alpha+5$ も正の整数であるため, $\alpha-3$ も正の整数である。また, 左辺の pq は2つの素数の積であるため, $p\alpha+5$, $\alpha-3$ のいずれか一方は素数で, 他方は ア である。ここで, $p\alpha+5$ は ア よりも大きいため, $\alpha-3$ が ア に等しく, α の値が求まる。これを①式に代入して, 右辺と左辺を見比べると, p, q のいずれかが イ であることがわかる。したがって,

　　(i) $p=$ イ

　　(ii) $q=$ イ

の両方の場合を調べると, ウ の場合だけが p, q の両方が素数となるので, p と q の値が求められる。

	ア	イ	ウ
1	1	2	(i)
2	1	2	(ii)
3	1	5	(ii)
4	2	2	(ii)
5	2	5	(i)

解説

①式を見ると, 左辺は2つの素数の積となっているが, 右辺は2, $p\alpha+5$, $\alpha-3$ の3つの正の整数の積で表されているため, 右辺のいずれか1つは1 (ア) でなければならない。こうなる可能性があるのは $\alpha-3$ しかないので, $\alpha-3=1$, つまり $\alpha=4$ とわかる。これを①に代入すると,

　　$pq=2(4p+5)$ ……①′

となる。ここからは, $p=2$, $q=2$ のいずれかだとわかる (イ)。$p=2$ のときには, ①′式から,

　　$q=4p+5=4\times2+5=13$

となり, q も素数になる。一方, $q=2$ のときには, ①′式から,

　　$p=4p+5$

となり, $p=-\dfrac{5}{3}$ となるため, 素数にならない。

つまり, (i)の場合が条件を満たしている (ウ)。

　　よって, 正答は**1**である

正答　**1**

164●地方上級＜教養＞過去問500

地方上級

No. **163** 全国型，関東型，中部・北陸型

数学 | **因数定理** | 平成 **17**年度

ある素数 A は，自然数 m，n を用いて $A=m^3-n^3$ と表すことができる。このとき，A は m のみを用いて表すこともできるが，その式は次のうちどれか。

1 m^2-3m+1

2 m^2-3m-1

3 $3m^2+3m+1$

4 $3m^2-3m+1$

5 $3m^2-3m-1$

解説

$A=m^3-n^3=(m-n)(m^2+mn+n^2)$ と因数分解できることに着目する。素数とは，1以外の数で，1とそれ自身以外に約数を持たない自然数である。したがって，A が素数であるとき，

$m-n=1$ …①

$m^2+mn+n^2=A$ …②

となることは明らかである。そこで，①より $n=m-1$，これを②に代入して，

$A=m^2+mn+n^2$

$=m^2+m(m-1)+(m-1)^2$

$=m^2+m^2-m+m^2-2m+1$

$=3m^2-3m+1$

となる。

　したがって，正答は**4**である。

正答　**4**

地方上級＜教養＞過去問500●**165**

No.164 数学 直線と原点の距離 平成23年度

地方上級 全国型，関東型，中部・北陸型

xy平面上の直線$ax-y+2a-1=0$と原点Oとの距離をdとし，dの値が最大になるときと最小になるときを考える。

直線の式を変形すると$y+1=a(x+2)$となるので，aの値にかかわらずこの直線はある定点を通る。このことから，$a=$（ ア ）のときdは最小値$d=0$をとり，$a=$（ イ ）のときdは最大値$d=$（ ウ ）をとることがわかる。

上文中の空欄ア～ウに入る数値の組合せとして正しいのは，次のうちどれか。

	ア	イ	ウ
1	2	$-\frac{1}{2}$	$\sqrt{5}$
2	2	$-\frac{1}{2}$	$\sqrt{3}$
3	2	-2	$\sqrt{5}$
4	$\frac{1}{2}$	-2	$\sqrt{5}$
5	$\frac{1}{2}$	-2	$\sqrt{3}$

解説

方程式$y+1=a(x+2)$は，aの値が何であっても連立方程式$y+1=0$，$x+2=0$の解$x=-2$，$y=-1$によって満たされる。すなわち，直線は定点C$(-2, -1)$を通る。そこで，点Cの周りに直線を回転させて考えると，l_1の位置のとき（原点Oを通るとき）dの値は最小値$d=0$をとり，l_1と直交するl_2の位置のときdの値は最大値$d=CO=\sqrt{1^2+2^2}=\sqrt{5}$をとることがわかる。また，$a$は直線の傾きを表しているので，$l_1$のとき$a=\frac{1}{2}$，$l_2$のとき$a=-2$となっている。

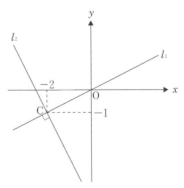

ここで，直交条件より，傾きの積$\frac{1}{2}\times(-2)=-1$が成り立っていることに注意する。

よって，ア$=\frac{1}{2}$，イ$=-2$，ウ$=\sqrt{5}$であるので，正答は**4**である。

正答 4

地方上級
No. 165
全国型，関東型，中部・北陸型，市役所Ａ日程

数学 | **循環小数** | 令和 **2年度**

小数のうち，小数部分が無限に続くものを無限小数といい，そのうち，ある数字の配列が繰り返されるものを循環小数という。循環小数 $0.\dot{3}$ （$=0.333\cdots$）を分数で表すためには，たとえば，$x=0.\dot{3}$ と置いて，次の計算をする。

$$10x = 3.333\cdots$$
$$-)\quad x = 0.333\cdots$$
$$\overline{\quad 9x = 3 \quad}$$

よって，$x=\dfrac{3}{9}=\dfrac{1}{3}$

循環小数 $4.\dot{3}\dot{6}=4.363636\cdots$ を既約分数（これ以上約分できない分数）で表したときの分母として正しいのはどれか。

1 3
2 11
3 33
4 90
5 99

解説

整数部分の 4 を無視して小数部分だけで考えても分数の分母は変わらない。問題文のヒントのとおり，$x=0.363636\cdots$ と置くと，$100x=36.363636\cdots$ となる。x と $100x$ の小数部分は同じなので，引き算すれば小数部分は消えてしまう。つまり，

$$100x-x=99x=36.363636\cdots-0.363636\cdots=36$$

となる。これより，

$$x=\frac{36}{99}=\frac{4}{11}$$

よって，正答は**2**である。

なお，整数部分を考慮しても，

$$4\frac{4}{11}=\frac{48}{11}$$

となるので分母は変わらない。

正答 **2**

地方上級＜教養＞過去問500 ● **167**

地方上級

全国型，関東型，中部・北陸型，大阪府

No.168　数学　二項定理の応用　平成15年度

展開式 $(a+b)^n = \sum_{r=0}^{n} {}_nC_r a^{n-r} b^r$

$$= {}_nC_0 a^n + {}_nC_1 a^{n-1}b + {}_nC_2 a^{n-2}b^2 + \cdots\cdots + {}_nC_{n-1}ab^{n-1} + {}_nC_n b^n$$

を利用して，8^{50} を 7 で割ったときの余りを求めよ。

1　1
2　2
3　3
4　4
5　5

解説

8^{50} を 7 で割ったときの余りを求めるのだから，$8=7+1$ と書き直して，$8^{50}=(7+1)^{50}$ とし，これを二項定理の展開式に当てはめればよい。

$$(a+b)^n = {}_nC_0 a^n + {}_nC_1 a^{n-1}b + \cdots\cdots + {}_nC_{n-1}ab^{n-1} + {}_nC_n b^n$$

において，$a=7$，$b=1$，$n=50$ と置くと，

$$8^{50}=(7+1)^{50} = {}_{50}C_0 7^{50} + {}_{50}C_1 7^{49} \times 1 + \cdots\cdots + {}_{50}C_{49}7 \times 1^{49} + {}_{50}C_{50}1^{50}$$

$$= 7({}_{50}C_0 7^{49} + {}_{50}C_1 7^{48} + \cdots\cdots + {}_{50}C_{49}) + {}_{50}C_{50}$$

$$= 7k + {}_{50}C_{50}$$

ただし，$k = {}_{50}C_0 7^{49} + {}_{50}C_1 7^{48} + \cdots\cdots + {}_{50}C_{49}$ と置いた。また，一般に，${}_nC_n=1$ であるから，${}_{50}C_{50}=1$。よって，

$$8^{50}=(7+1)^{50}=7k+1 \quad (k \text{ は整数})$$

の形に書くことができる。ゆえに，8^{50} を 7 で割ったときの余りは 1 となる。

よって，正答は**1**である。

正答　1

(注)　二項定理の展開式で現れる係数 ${}_nC_r$ を二項係数という。${}_nC_r$ は，n 個の異なるものから r 個を選ぶ組合せの数に等しく，一般に，

$$
{}_nC_r = \frac{n!}{(n-r)!\,r!}
$$

$$
= \frac{n(n-1)(n-2)\cdots\cdots(n-r+1)}{r(r-1)\cdots\cdots 3 \cdot 2 \cdot 1}
$$

で求められる。特に，

$${}_nC_n=1, \quad {}_nC_1=n, \quad {}_nC_0=1$$

が成り立つ。

本問では，$(7+1)^{50}$ を展開したときに出てくる51個の項のうち，初めから50項まではすべて 7 で割り切れるので，その合計を $7k$（k は整数）と置くことができたわけであり，残りの ${}_{50}C_{50}$ を 7 で割った余りを求めればよいことになる。ところが，n のいかんによらず，${}_nC_n=1$（このことは，「n 個のものからすべてを取る」という場合も 1 つの場合と考え，その場合の数が 1 であることを意味する）となるから，結局余りは ${}_nC_n=1$ となる。このことに気がつけば，本問はほとんど暗算で処理することもできたはずである。

170●地方上級＜教養＞過去問500

地方上級

No. 169　全国型，関東型，中部・北陸型

数学　双曲線 $y=\dfrac{1}{x}$ の平行移動　平成29年度

座標平面上で，双曲線 $y=\dfrac{1}{x}$ の平行移動について考える。たとえば，$y=\dfrac{x}{x-1}$ は，$\dfrac{x}{x-1}=\dfrac{1}{x-1}+1$ と変形できるので，$y=\dfrac{1}{x}$ を x 軸方向に $+1$，y 軸方向に $+1$ だけそれぞれ平行移動したものだとわかる。では，$y=\dfrac{-4x-7}{x+2}$ は，$y=\dfrac{1}{x}$ を x 軸方向，y 軸方向にそれぞれどれだけ平行移動したものか。

	x 軸方向	y 軸方向
1	-2	$+1$
2	-2	-4
3	-2	-7
4	-4	-2
5	-4	-7

解説

一般に，$y=f(x)$ のグラフを x 軸正方向に a，y 軸正方向に b だけ平行移動したグラフは，$y=f(x-a)+b$ の関数で表される。言い換えれば，x を $x-a$ に置き換えて，b を（右辺に）加えれば，x 軸正方向に a，y 軸正方向に b だけ平行移動したグラフとなる。今考える関数は，

$$y=\frac{-4x-7}{x+2}=\frac{-4(x+2)+1}{x+2}=\frac{1}{x+2}-4$$

と変形できる。これは $y=\dfrac{1}{x}$ の式の x を $x+2$ に置き換えて，-4 を加えたものであるので，x 軸方向に -2，y 軸方向に -4 平行移動したグラフになる。

　よって，正答は **2** である。

正答　**2**

地方上級＜教養＞過去問500●**171**

No.170 数学　直線の傾き　仙台市　平成20年度

座標平面上の3点を A(0, 5)，B(−2, 0)，C(4, 0) とする。このとき，原点 O(0, 0) を通り △ABC の面積を2等分する直線の傾きは次のうちどれか。

1　2
2　$\dfrac{5}{2}$
3　3
4　$\dfrac{15}{4}$
5　5

解説

次の図に示したように，題意の直線が△ABCの辺 AC 上の点を通ることは明らかであるから，その点を P(x, y) とすると，面積に関して，

$$\triangle ABC = \{4-(-2)\} \times 5 \times \dfrac{1}{2} = 15$$

$$\triangle POC = 4 \times y \times \dfrac{1}{2} = 2y$$

題意の条件より，

$$2y = 15 \times \dfrac{1}{2}$$

$$\therefore\ y = \dfrac{15}{4} \quad \cdots\cdots ①$$

一方，直線 AC の方程式は，

$$\dfrac{x}{4} + \dfrac{y}{5} = 1 \quad \cdots\cdots ②$$

となるので，①を②に代入して，$x=1$ を得る。

したがって，直線 OP の傾きは $\dfrac{15/4}{1} = \dfrac{15}{4}$ となることがわかる。

よって，**4**が正しい。

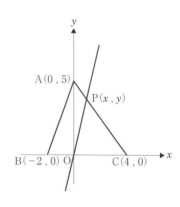

正答　4

地方上級 No.171 数学　4次関数の増減　平成19年度

全国型，関東型，大阪府

関数 $f(x)$ について，ある区間の任意の x_1, x_2 に対して，$x_1<x_2$ のとき $f(x_1)<f(x_2)$ ならば $f(x)$ はこの区間で増加し，$x_1<x_2$ のとき $f(x_1)>f(x_2)$ ならば $f(x)$ はこの区間で減少するという。いま，$f(x)=\{(x-p)^2-q\}^2$ とするとき，この関数の増減に関して，以下の文中の空欄ア～エに入る字句の組合せとして正しいものはどれか。ただし p, q は自然数とする。

「$y=(x-p)^2-q$ のグラフは $x=$（　ア　）に関して対称であるから，$y=f(x)$ のグラフも $x=$（　ア　）に関して対称である。また，$f(x)$ は常に $f(x)≧0$ であり，$f(x)=0$ となるのは $x=$（　イ　）のときである（ただし，$p<$（　イ　）とする）。よって，（　ア　）$<x<$（　イ　）の区間において $f(x)$ は（　ウ　）し，（　イ　）$<x$ の区間において $f(x)$ は（　エ　）する」

	ア	イ	ウ	エ
1	p	$p+\sqrt{q}$	減少	増加
2	p	$p+\sqrt{q}$	増加	増加
3	p	$p+\dfrac{\sqrt{q}}{2}$	減少	増加
4	q	$p+\sqrt{q}$	増加	減少
5	q	$p+\dfrac{\sqrt{q}}{2}$	減少	増加

解説

$y=(x-p)^2-q$ のグラフは $y=x^2$ のグラフを x 軸方向に p，y 軸方向に $-q$ だけ平行移動した放物線であり，頂点は $(p, -q)$，軸は $x=p$ となっている。したがって，$x=p$〔ア〕がグラフの対称軸である。$f(x)=\{(x-p)^2-q\}^2$ において，$f(x)=0$ となるのは $(x-p)^2-q=0$ すなわち，$x=p±\sqrt{q}$ のときであるが，$p>p-\sqrt{q}$ であるから，条件を満たすのは $x=p+\sqrt{q}$ だけである〔イ〕。区間 $p<x<p+\sqrt{q}$ において，$(x-p)^2-q$ の絶対値は x が大きいほど小さくなるので，この区間において $f(x)=\{(x-p)^2-q\}^2$ は減少する〔ウ〕。一方，区間 $x>p+\sqrt{q}$ においては，$(x-p)^2-q$ の絶対値は x が大きいほど大きくなるので，この区間において $f(x)=\{(x-p)^2-q\}^2$ は増加する〔エ〕。

よって，正答は **1** である。

正答　1

No.172 数学 円柱の体積の最大値 [地方上級 関東型 平成15年度]

底面の直径と高さの和が24cmの円柱がある。この円柱の体積が最大となるときの高さは，次のうちどれか。

1. 4 cm　2. 6 cm　3. 8 cm　4. 10cm　5. 12cm

解説

まず，問題に与えられた条件を式で表してみよう。
「直径と高さの和が24cm」という条件は，右の図のように円柱の底面の半径を r，円柱の高さを h として，

$2r+h=24$ ……①

と表すことができる。また，円柱の体積を V とすると，

$V=$（底面積）×（高さ）$=\pi r^2 h$ ……②

となる。ここで，①を用いて r または h の一方を消去すれば，変数を1つにすることができる。求めたいのが「高さ」なのだから，r を消去して V を h で表せばよいではないか，と考える人もいるかもしれないが，実際に①から r を消去してみると，$r=\dfrac{24-h}{2}$ を②に代入して，$V=\pi\left(\dfrac{24-h}{2}\right)^2 h$ となり，式の形が少し複雑になってしまう。円柱や円すいの体積・表面積を式で表すとき，高さではなく底面の半径を変数にとるほうが，一般的に式の形が簡単になることが多い。本問でも①より，

$h=24-2r$ ……③

これを②の右辺に代入して，

$V=\pi r^2(24-2r)=2\pi r^2(12-r)$ ……④

ただし，変数 r の取りうる値の範囲（関数の定義域）をあらかじめしっかり押さえておく。$0<h$ であるから③より，$24-2r>0$。よって，$r<12$。もちろん，$r>0$ なので，r の満たすべき条件は，

$0<r<12$ ……⑤

また，④で，$f(r)=r^2(12-r)=12r^2-r^3$ と置いてみよう。このように，なるべく係数のついていない形で関数を表しておくほうが，取扱いが簡単になる。体積 V は，$V=2\pi f(r)$ と表されることになる。こうすれば，本問は「⑤の変域の下で，関数 $f(r)=12r^2-r^3$ を最大とする r はいくらか？」という問いと本質的に同じものとなる。$f(r)$ の増減を調べるために r で微分して，

$f'(r)=24r-3r^2=3r(8-r)$

ゆえに⑤の範囲で $r=8$ のとき $f'(r)=0$ となるから，$f(r)$ の増減表は右のようになる。

r	0	…	8	…	12
$f'(r)$		+	0	−	
$f(r)$		↗	256	↘	

よって，$f(r)$ を最大にする r は，

$r=8$ ……⑥

このとき，③に⑥を代入して，

$h=24-2\times 8=8$〔cm〕　よって，正答は **3** である。

正答 3

（注）本問の $f(r)$ は，r の3次関数である。本問を解くうえでグラフを描く必要はないが，増減表は必ず書いて，グラフがどんな形になるかのイメージができるようにしておこう。$f(r)=12r^2-r^3$ のグラフの概形は右の図のようになる（$0<r<12$ の範囲を実線で，ほかは点線で示す）。

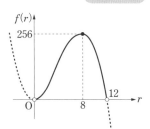

地方上級 No.173 物理 力のつりあい 平成30年度

全国型, 関東型, 中部・北陸型, 市役所A日程

図Ⅰのように三角柱と木片をはかりに載せると, はかりの目盛りは三角柱と木片の質量の和となるが, 三角柱の上に木片を載せると, はかりの目盛りは三角柱と木片の質量の和とならない。このことを説明した次の文章中の空欄ア, イに当てはまるものの組合せとして妥当なのはどれか。ただし, 重力加速度を g とし, 三角柱と木片の間に摩擦はない。

　はかりの目盛りは, はかりに垂直な方向（鉛直方向）に加わる力の大きさに対応している。図Ⅰの場合には木片の質量を m とすると, 木片の重力 mg は鉛直方向に働いており, はかりにそのまま加わっている。次に, 図Ⅱのように三角柱をはかりに載せて, 三角柱の上に木片を載せる場合を考える。この場合, 木片の重力 mg を斜面に垂直な方向と平行な方向に分けると, 三角柱に加わる力は垂直な方向の力 $\frac{\sqrt{3}}{2}mg$ のみである。この力のうち, はかりによって測定されるのは鉛直方向の力のみであるので, さらにこの力を分けると, はかりで測定される力の大きさは ア であるとわかる。同じようにして図Ⅲの場合も力を分けて考えることができる。したがって, はかりの目盛りの大きさは イ となる。

	ア	イ
1	$\frac{3}{4}mg$	図Ⅰ＞図Ⅱ＝図Ⅲ
2	$\frac{3}{4}mg$	図Ⅰ＞図Ⅱ＞図Ⅲ
3	$\frac{3}{4}mg$	図Ⅱ＞図Ⅲ＞図Ⅰ
4	mg	図Ⅰ＞図Ⅱ＞図Ⅲ
5	mg	図Ⅱ＞図Ⅲ＞図Ⅰ

図Ⅰ　図Ⅱ　図Ⅲ

解説

木片の重力 mg のうち, 三角柱に加わる力は $\frac{\sqrt{3}}{2}mg$ のみである。このうち, はかりに加わるのは, さらにこの力を水平方向と鉛直方向に分けたときの鉛直方向の力のみである。これは右の図の三角形の辺の長さの比から, $\frac{\sqrt{3}}{2}mg \times \frac{\sqrt{3}}{2} = \frac{3}{4}mg$ と計算できる。これが空欄アに入る。

　はかりによって三角柱と木片は鉛直方向に支えられている。したがって, はかりが支える力が小さいほど, 三角柱と木片を支えていないことになり, 木片が落下する（下向きの）加速度が大きくなるはずである。図Ⅰでは木片は完全に支えられて静止している。図Ⅱ, 図Ⅲでは, どちらも木片が落下しているため, はかりが支える力は図Ⅰより小さいが, 図Ⅲのほうが傾きが大きいぶん, 木片が落下する加速度が大きいため, はかりが支えている力は小さい。したがって, 図Ⅰ＞図Ⅱ＞図Ⅲとなる。これが空欄イに入る。

　よって, 正答は **2** である。

正答　**2**

地方上級 No.174 物理 力学的エネルギー 令和2年度

全国型，関東型，中部・北陸型，市役所A日程

力学的エネルギーに関する次の文中の空欄ア～ウに入る語句の組合せとして，妥当なものはどれか。

十分に長い糸の片方におもりをつけ，他端を天井に固定する。固定した点の真下の点Aには釘が打たれている。図1のように糸を張った状態の点Bからそっとおもりを離すと，位置エネルギーと運動エネルギーは変化するが，その和である力学的エネルギーは変化しない。そのため，おもりは，最下点では位置エネルギーは最も小さくなるが，運動エネルギーは最も大きくなり，その後，糸が点Aの釘にからまった後，（ ア ）高さまで運動する。

次に図2は，おもりを最初の位置Bに戻し，そっとおもりを離したところ，おもりが最下点を通過した後に少し上がったところで，急に糸から離れた場合である。このときおもりが運動する最も高い点で運動エネルギーが（ イ ）ので，最も高い点の高さは，おもりが糸から離れない場合と比べて（ ウ ）。ただし，おもりが糸から離れるときには，おもりには糸から力が働かないとする。

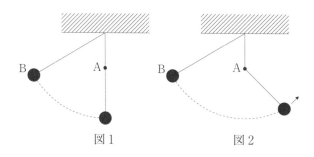

図1　　　　図2

	ア	イ	ウ
1	Aと同じ	0にならない	低くなる
2	Aと同じ	0になる	変わらない
3	Aと同じ	0にならない	変わらない
4	Bと同じ	0になる	変わらない
5	Bと同じ	0にならない	低くなる

解説

運動している間，位置エネルギーと運動エネルギーの合計である力学的エネルギーは変わらない。おもりが糸から離れない場合には，おもりは反対側の最も高い位置で一度静止してから元に戻る。つまり，最高点では静止して運動エネルギーが0になり，力学的エネルギーはすべて位置エネルギーになる。これは点Bと同じ状態であるので，おもりは点Bと同じ高さまで上がる（ア）。

次に図2のように，おもりが糸から離れる場合には，離れた後は重力を受けながら，図の右方向に放物運動を行う。おもりは常に右水平方向に等速直線運動を行うため，最高点でも速さは0にはならず（イ），そのぶんの運動エネルギーを持っている。力学的エネルギーは変わらないので，この運動エネルギーのぶんだけ，最高点でも点Bより低い（ウ）位置を運動する。

よって，正答は**5**である。

正答　5

地方上級
全国型，関東型，中部・北陸型

No. 175　物理　浮力と重力　平成26年度

質量1.6kgの巨大な風船がある。この中に密度1.0kg/m³の気体Aを5.0m³入れた。これに関する次の文中のア～オの ｜ ｜ 内から，正しいものを選んだ組合せはどれか。なお，風船の体積は気体Aの体積とみなせるものとし，風船の周りの空気の密度は1.2kg/m³，重力加速度の大きさはg〔m/s²〕とする。

「図において，風船には重力と浮力が働いている。このとき，風船の質量と気体Aの質量の合計は（ア）｜6.6，7.6｜ kgであり，これに重力加速度を掛けた（イ）｜6.6g，7.6g｜ Nが風船に働く重力の大きさである。一方，風船に働く浮力の大きさは，風船と同体積の空気に働く重力の大きさに等しいので，（ウ）｜5.0g，6.0g｜ Nとなる。図の状態では，重力の大きさのほうが浮力の大きさよりも大きいため風船は宙に浮かない。しかし，気体Aの温度を上げると気体は膨張し，体積が大きくなって（エ）｜浮力は変わらず重力が小さく，重力は変わらず浮力が大きく｜ なるため，やがて風船は宙に浮く。このとき，気体Aの体積が（オ）｜5.5，6.0｜ m³を超えた時点で風船は宙に浮く。」

周囲の空気
密度 1.2kg/m³

気体A
密度 1.0kg/m³
体積 5.0m³

風船の質量
1.6kg

	ア	イ	ウ	エ	オ
1	6.6	6.6g	5.0g	重力は変わらず浮力が大きく	6.0
2	6.6	6.6g	6.0g	重力は変わらず浮力が大きく	5.5
3	6.6	6.6g	6.0g	浮力は変わらず重力が小さく	6.0
4	7.6	7.6g	5.0g	浮力は変わらず重力が小さく	5.5
5	7.6	7.6g	6.0g	重力は変わらず浮力が大きく	6.0

解説

気体Aの質量は，体積が5.0m³で，密度が1.0kg/m³なので，5.0×1.0＝5.0〔kg〕である。これに風船の質量1.6kgを加えれば，合計は6.6kgとなる（ア）。したがって，風船に働く重力は，6.6gNとなる（イ）。次に，風船に働く浮力は，風船の体積は5.0m³，周囲の空気の密度は1.2kg/m³であるので，風船の体積と同体積の空気の質量は，5.0×1.2＝6.0〔kg〕であるので，重力は6.0gNとなる（ウ）。この後風船が熱せられて体積が大きくなっても，質量は変わることはないが，問題文にあるように，浮力は風船の体積と同体積の空気に働く重力の大きさなので，体積が大きくなれば浮力は大きくなる（エ）。風船が宙に浮くときの体積は，密度が1.2kg/m³で，質量が6.6kgとなる体積なので，6.6÷1.2＝5.5〔m³〕となる（オ）。

　以上より，正答は**2**である。

正答　**2**

地方上級＜教養＞過去問500●**177**

地方上級 No.176 物理 月面での振り子の運動 平成15年度

全国型，関東型，中部・北陸型，大阪府

次の図のように軽くて伸び縮みしない長さ l の糸に，質量 m のおもりを鉛直につるし，おもりを水平方向にはじいて初速度を与えて振り子の実験をした。地球上でこの実験をしたところ，振り子は鉛直線と角 α をなす高さまで上昇し，その後は周期 T で往復運動をした。なお，地球上での重力加速度が g の地点で，角 α が十分小さい範囲にあるならば，$T=2\pi\sqrt{\dfrac{l}{g}}$ で与えられる。

この振り子をそのまま月面に持っていき，同じ実験を行ったとしよう。ただし，振り子の最下点でおもりに与える初速度は同じであるとし，空気の抵抗は無視できるとする。次の文章中の空欄ア〜エに当てはまる語句を正しく選んだものの組合せはどれか。

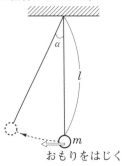

月面上では，地球上に比べて重力の大きさは $\dfrac{1}{6}$ であるとする。おもりの質量 m と糸の長さ l を変えずに月面上で同じ実験をすると，振り子のおもりが最も上昇したときの鉛直線とのなす角度は ア 。振り子の往復運動の周期は イ 。次に，糸の長さは l のままで，おもりの質量を6倍にすると，振り子の周期は ウ 。また，おもりの質量は m のままで，糸の長さを $\dfrac{1}{6}$ 倍にすると，振り子の周期は エ 。

	ア	イ	ウ	エ
1	α より大きい	T より大きい	T より大きい	T より小さい
2	α より小さい	T より小さい	T と等しい	T より大きい
3	α と等しい	T と等しい	T より小さい	T より小さい
4	α より大きい	T より大きい	T より大きい	T と等しい
5	α より小さい	T より小さい	T より小さい	T より大きい

解説

ガリレオ・ガリレイによる歴史的な研究によって，同じ地点で振り子を振らせると，振れ幅がごく小さい範囲内では，振り子の周期はおもりの質量や振幅に無関係であり，この性質を振り子の等時性という。

本問ではさらに，重力加速度の小さい月面で振らせた場合と地球上で振らせた場合を比較させている。「月面では重さが6分の1になる」とよく言われるが，物体の質量そのものが変わるわけではなく，重力の大きさが6分の1になるわけで，その原因は重力加速度の大きさが地球上の $\dfrac{1}{6}$ になることによる。

地球上と月面の重力加速度をそれぞれ g，g' とし，振り子のおもりの質量を m としよう。地球上での重力の大きさ（重さ）は mg，月面での重力の大きさは mg' で，ここに $g'=\dfrac{1}{6}g$ である。

ア：空気抵抗を無視しているので，振り子のおもりの運動に関して力学的エネルギー保存の法則が成り立つ。おもりを水平方向にはじいたときの初速度の大きさを v_0 とし，おもりが達する最高点の高さを h とすると，初めの運動エネルギーが最高点ではすべて位置エネルギーに変わるから，

$$\frac{1}{2}mv_0^2 = mgh \quad \cdots\cdots ①$$

よって，

$$h = \frac{v_0^2}{2g} \quad \cdots\cdots ②$$

となり，最高点の高さは重力加速度 g に反比例することがわかる。したがって重力加速度が g' の月面で，同じ初速度 v_0 で振り子をはじくと，おもりが達する最高点の高さ h' は，②で g を g' で置き換えて，

$$h' = \frac{v_0^2}{2g'} = 6h$$

となり，おもりは地球上より高くはね上がる。よって，おもりが最高点に達したときの鉛直線との角を α' とすると，図より明らかに $\alpha' > \alpha$ となる。

よって，「α より大きい」が正しい。なお，図より $h = l(1-\cos\alpha)$，$h' = l(1-\cos\alpha')$ となるから，$h' > h$ より $\cos\alpha > \cos\alpha'$。これより，$\alpha < \alpha'$ と数学的に導くこともできる。

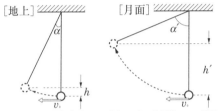

イ：角 α が十分小さい範囲にあるとき，地球上での振り子の周期 T は問題文に与えられたように，

$$T = 2\pi\sqrt{\frac{l}{g}} \quad \cdots\cdots ③$$

となり，糸の長さ l の平方根に比例し，重力加速度 g の平方根に反比例する。α が十分小さいとき，T は α には無関係（振り子の等時性）で，また α が十分小さければ α' も十分に小さいとみなせるから，月面でも周期は α' に無関係である。ただし，重力加速度が g' になるので，周期を T' とすると，③式の g を g' で置き換えて，

$$T' = 2\pi\sqrt{\frac{l}{g'}} = 2\pi\sqrt{\frac{l}{g/6}}$$
$$= \sqrt{6} \cdot 2\pi\sqrt{\frac{l}{g}}$$
$$= \sqrt{6}\,T \quad \cdots\cdots ④$$

となり，地球上で振らせたときの2倍以上も大きい。

よって，「T より大きい」が正しい。

ウ：振り子の周期（地球上では T，月面では T'）はおもりの質量には無関係であるから，月面でおもりの質量を6倍にして振らせてもその周期はイの場合（④式）と同じ T' である。$T' > T$ であるから，当然，「T より大きい」が当てはまる。

エ：周期は $\sqrt{l}$ に比例する。③式で l の代わりに $\frac{1}{6}l$，g の代わりに $g' = \frac{1}{6}g$ と置いて，周期を T'' とすると，

$$T'' = 2\pi\sqrt{\frac{l/6}{g/6}} = 2\pi\sqrt{\frac{l}{g}} = T$$

よって，T と等しい周期で振れる。

以上より，ア：α より大きい，イ：T より大きい，ウ：T より大きい，エ：T と等しい，という組合せを選べばよい。

よって，正答は **4** である。

地方上級 No.177 物理 光の屈折 平成27年度
全国型，関東型，中部・北陸型

光の屈折に関する次の文中の空欄ア，イに当てはまる記号の組合せとして，妥当なものはどれか。

光が図Ⅰのように空気中からガラスの中に進むときには，入射角p＞屈折角qであり，図Ⅱのようにガラスの中から空気中に進むときには，屈折角s＞入射角rとなる。

今，図Ⅲのように観測者の目の前に直方体のガラスを斜めに置き，その向こう側にある水平な棒を観察する。観測者がガラスを通して棒を観測するとき，光の進み方は図Ⅳの　ア　のようになる。しかし，観測者には，光が直進してきたかのように認識されるため，観測者から見た棒は，図Ⅴの　イ　のようになる。

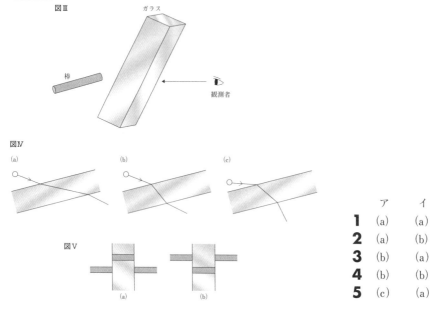

	ア	イ
1	(a)	(a)
2	(a)	(b)
3	(b)	(a)
4	(b)	(b)
5	(c)	(a)

解説

図Ⅰ，図Ⅱの入射角，屈折角の関係と矛盾しないのは，図Ⅳの (b) である（ア）。(a) は入射角と屈折角の大小関係がいずれも逆になっており，(c) はガラスから空気中に出るときに，屈折角が入射角よりも小さくなっていて，冒頭の文章と矛盾している。なお，直方体の場合，空気中に出た光は，ガラスに入る前の光と平行になるが，(b) はこれとも矛盾しない。

次に，観測者は，図の点線のように棒の位置を認識するため，ガラスを通すと，図Ⅴの (b) のように下側に棒が移動して見えることになる。

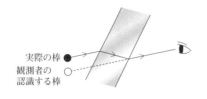

よって，正答は **4** である。

正答　**4**

No.178 物理 斜面上の物体の落下速度 平成13年度

地方上級 東京都

下図のように，水平面と30°の角をなすなめらかな斜面に質量 m の物体Aを置き，糸でなめらかにまわる軽い滑車を経て質量 $3m$ の物体Bをつり下げる。重力加速度を g としたとき，Bが下降するときの加速度の大きさとして，正しいのはどれか。

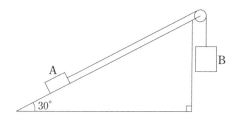

1 $\dfrac{3}{4}g$

2 $\dfrac{5}{8}g$

3 $\dfrac{1}{2}g$

4 $\dfrac{3}{8}g$

5 $\dfrac{1}{4}g$

物体Aを斜面左方に引く力は，

$$mg \sin 30° = \dfrac{1}{2}mg$$

物体Bを下方に引く力は $3mg$ であるから，求める加速度を a とすると運動方程式は次のようになる。

$$(m+3m)a = 3mg - \dfrac{1}{2}mg$$

したがって，$a = \dfrac{5}{8}g$ とわかる。

よって，正答は **2** である。

正答　2

No.179 物理 円板にかかる水圧 平成12年度

地方上級 関東型

図1のような円筒と円板があり，Bの断面積はAの半分，Qの断面積はPの半分である。今，図2のように，円筒Aの一方を円板Pで塞いで，深さhまで沈め，上から力を加えていったところ，力の大きさがFになったとき円板が離れた。図3のように，3種類の円筒と円板の組合せを水に沈め，図1と同じFの力を加えたとき，円板が離れるものの組合せとして妥当なものはどれか。

図1 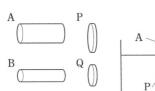 図2・図3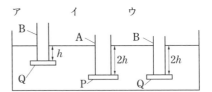

1 アのみ
2 ウのみ
3 アとウ
4 イとウ
5 アとイとウ

解説

円筒A，Bの断面積をS_A，S_B，円板P，Qの断面積をS_P，S_Qとし，深さhにおける水圧を$p(h)$とすると，図2の円板に働く力fは，①のようになり，FとS_Aの関係が②のように求まる。ここで，fは下向きを正とし，$f \geqq 0$のときに円板が離れるものとする。

$f = F - S_P p(h) + (S_P - S_A) p(h) = F - S_A p(h)$ …①
$F = S_A p(h)$ …②

同様にして，図3のア〜ウにおいて，円板に働く力は③〜⑤のようになる。

ア：$f = F - S_Q p(h) + (S_Q - S_B) p(h) = F - S_B p(h)$ …③
イ：$f = F - S_P p(2h) + (S_P - S_A) p(2h) = F - S_A p(2h)$ …④
ウ：$f = F - S_Q p(2h) + (S_Q - S_B) p(2h) = F - S_B p(2h)$ …⑤

ここで，$S_B = \frac{1}{2} S_A$，$p(2h) = 2p(h)$を代入し，②を考慮すると，円板に働く力の向きが求まる。

ア：$f = F - \frac{1}{2} S_A p(h) > 0$

イ：$f = F - 2 S_A p(h) < 0$

ウ：$f = F - S_A p(h) = 0$

したがって，円板が離れるのは$f \geqq 0$となるアとウの場合である。
よって，正答は**3**である。

正答 **3**

地方上級
市役所A日程

No. **180** 物理 | 浮 力 | 令和 元年度

浮力に関する次の文章中の ｜ ｜ から正しいものを組み合わせたものとして，妥当なものはどれか。

　同じ重さのおもりA，Bがある。この2つのおもりを水の入ったビーカーの中に入れたところ，Aはビーカーの底に沈み，Bは水面に浮いた。このとき，Aのほうがア $\left\{ \begin{array}{l} \text{a 浮力が大きい} \\ \text{b 浮力が小さい} \end{array} \right\}$ 。

したがって，密度はBのほうがイ $\left\{ \begin{array}{l} \text{a 大きく} \\ \text{b 小さく} \end{array} \right\}$ ，体積はウ $\left\{ \begin{array}{l} \text{a Aのほうが} \\ \text{b Bのほうが} \end{array} \right\}$ 大きい。

	ア	イ	ウ
1	a	a	a
2	a	b	a
3	b	a	a
4	b	b	a
5	b	b	b

解説

ア：Aはビーカーの底に沈んだので，Aの重さと比べて浮力が小さかったことになるが，Bは水面に浮いたので，Bの重さと等しい浮力が加わってつりあったことになる。AとBの重さは等しいので，Aのほうが浮力は小さい。したがって，アはbである。

イとウ：アルキメデスの原理から，浮力は沈んだ部分の体積に比例する。Bのほうが浮力が大きかったので，沈んだ部分の体積が大きかったことになる。Aは全体が沈んだにもかかわらず，沈んだ部分の体積はBのほうが大きかったので，おもりの体積はAと比べ，Bのほうが大きく，同じ重さで体積はBのほうが大きいので，BはAよりも密度が小さい。したがって，イはb，ウはbが正しい。

よって，正答は**5**である。

なお，イについては，水に沈む物体は，水よりも密度が大きく，水面に浮く物体は水よりも密度が小さいため，BはAよりも密度が小さいと判断してもよい。

正答 **5**

地方上級 No.181 物理 電気回路と電圧・抵抗 平成17年度
全国型, 関東型, 中部・北陸型

図1のように内部抵抗10Ω, 起電力6Vの電池に電球を接続した。この電球にある電圧をかけたとき流れる電流は図2の特性曲線のようになる。この回路に関する次の文中の空欄ア～エに入るものの正しい組合せはどれか。

電球にかかる電圧をV〔V〕, 電球を流れる電流をI〔A〕とする。電池の内部抵抗により降下する電圧は$10I$〔V〕なので, (ア)より, (イ)という式が得られる。この式のグラフを図2の特性曲線のグラフ上に重ねて描くと, その交点から, $V=$(ウ), $I=$(エ)であることがわかる。

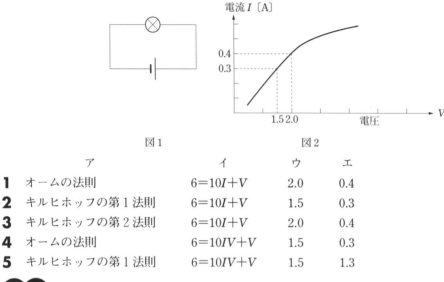

図1　　　　　図2

	ア	イ	ウ	エ
1	オームの法則	$6=10I+V$	2.0	0.4
2	キルヒホッフの第1法則	$6=10I+V$	1.5	0.3
3	キルヒホッフの第2法則	$6=10I+V$	2.0	0.4
4	オームの法則	$6=10IV+V$	1.5	0.3
5	キルヒホッフの第1法則	$6=10IV+V$	1.5	1.3

解説

オームの法則は内部抵抗による電圧降下が$10I$〔V〕であることで使っている。キルヒホッフの第1法則は回路の分岐で流入する電流の和と流出する電流の和が等しいという法則で, この回路に分岐はないから, 必要ない。キルヒホッフの第2法則は回路を1周すると電位がもとに戻るという法則である。これを回路に適用し, 電池の負極側から反時計回りに1周すると, 電池の起電力で6V上昇し, 電池の内部抵抗で$10I$〔V〕, 電球でV〔V〕降下する。したがって, $6=10I+V$という式が得られる。図2に重ねてこの式のグラフを描くと$(0, 0.6)$と$(6, 0)$を通る直線となる。交点は$(V, I)=(2, 0.4)$である。

正答　3

地方上級

No. 182 関東型 物理 ボートの速さ 平成13年度

静かな水面をボートが惰性によって4.0m/sの速さで動いている。ボートに乗っていた体重40kgの人が進行方向とは逆向きにボートに対して6.0m/sの速さで水平に跳んだとき，ボートの速さはいくらになるか。ただし，ボートの質量は120kgとする。

1 4.0m/s

2 4.5m/s

3 5.0m/s

4 5.5m/s

5 6.0m/s

解説

人が跳んだ後の，人の速度をv，ボートの速度をVとすると，運動量保存則より①が成り立つ。また，人が6.0 m/sで跳んだことは②のように表せる。

$(120+40) \times 4.0 = 120V + 40v$ ……①

$V - v = 6.0$ ……②

したがって，これらを連立方程式として解けば，$V = 5.5$〔m/s〕，$v = -0.5$〔m/s〕とわかる。

よって，正答は**4**である。

正答 **4**

地方上級＜教養＞過去問500●185

地方上級
大阪府

No. **183** | 物理 | 運動エネルギー | 平成17年度

質量100gのボールが時速36kmで運動しているとき，このボールの持つ運動エネルギーはいくらか。

1 約65,000J

2 約13,000J

3 約100J

4 約65J

5 約5J

解説

質量 m の物体が速度 v で運動するとき，この物体の運動エネルギーは $\frac{1}{2}mv^2$ と表される。

エネルギーの単位は J（ジュール）であるが，質量の単位は kg，速度の単位は m/s に合わせる必要がある。ボールの質量は0.1kg，速度は36000÷(60×60)＝10〔m/s〕なので，運動エネルギーは，

$$\frac{1}{2}\times0.1\times10^2=5 \ 〔J〕$$

となる。

正答 **5**

186●地方上級＜教養＞過去問500

地方上級 No.184 物理 小球の投げ上げ運動 平成28年度

全国型，関東型，中部・北陸型

次の図のように，水平面上で，小球を初速度25m/s（鉛直方向の速度成分が20m/s，水平方向の速度成分が15m/s）で投げ上げたときに，地面に到達するまでに飛んだ距離lを求めたい。これに関する次の記述中の空欄ア〜ウに当てはまる数値の組合せとして妥当なものはどれか。ただし，重力加速度を10m/s^{2}とし，空気抵抗は考えないものとする。

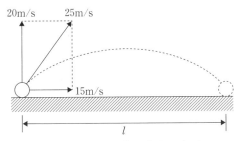

小球の運動を水平方向と鉛直方向に分けると次のようになる。

鉛直方向：
　鉛直上向きに，初速度20m/s，加速度−10m/s^{2}で等加速度直線運動をする。
水平方向：
　水平方向には力は加わらないため，初速度15m/sで等速直線運動を行う。

そこでまず，小球が最も高い位置にあるときを考えると，このときの鉛直方向の速度成分は，上向きを正とすると ア である。したがって，投げ上げてから最も高い位置に来るまでの時間は イ である。このことから，投げ上げてから地面に落下するまでの時間がわかるため，落下するまでに飛ぶ距離lは ウ である。

	ア	イ	ウ
1	0 m/s	2秒	60m
2	0 m/s	4秒	30m
3	0 m/s	4秒	60m
4	−20m/s	2秒	60m
5	−20m/s	4秒	30m

解説

鉛直方向の速度成分が正だと上昇中であり，負だと下降中になる。したがって，最も高い位置にあるときには0となる。よって，空欄アには0 m/sが入る。次に，鉛直方向は，初速度が上向きに20m/sで，加速度が下向きに10m/s^{2}なので，20÷10＝2〔秒〕で鉛直方向成分が0となって，最も高い位置に来る。したがって，空欄イには2秒が入る。また，投げ上げてから最高点に達するまでの時間と，最高点から落下点に達するまでの時間は等しいので，投げ上げてから落下するまでの時間は2×2＝4〔秒〕となる。最後に，水平方向は等速直線運動であるので，

　　$l=15×4=60$〔m〕

したがって，空欄ウには60mが入る。
よって，正答は**1**である。

正答 **1**

No.185 物理　自由落下と斜面上落下の比較　平成19年度

同じ大きさ，質量の小球A，Bがある。いま，これらの小球を初速度 0 m/s で同時に放し，Aは垂直に自由落下させ，Bは地面と30°をなす斜面に沿って下向きに転がす。このときの小球A，Bの運動について，ア～ウの記述の正誤の組合せが正しいものはどれか。ただし，摩擦等は無視し，重力の加速度は10m/s² とする。

ア　動き始めてから 2 秒後のBの速さは10m/s である。
イ　動き始めてから 3 秒後に，Aの速さとBの速さの差は20m/s となっている。
ウ　動き始めてから 4 秒後までのAの移動距離とBの移動距離の差は50m である。

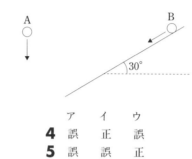

	ア	イ	ウ			ア	イ	ウ
1	正	正	誤		**4**	誤	正	誤
2	正	誤	正		**5**	誤	誤	正
3	正	誤	誤					

解説

等加速度直線運動において初速度が 0 である場合，経過時間を t，加速度を a，速度を v，移動距離を d とすると，

$$v = at, \quad d = \frac{1}{2}at^2$$

が成り立つ。

小球Aの場合は，a は重力の加速度に等しいので $a = 10 \text{[m/s}^2\text{]}$，したがって，

3秒後の速さ：$10 \times 3 = 30 \text{[m/s]}$

4秒後までの移動距離：$\frac{1}{2} \times 10 \times 4^2 = 80 \text{[m]}$ となる。

小球Bの場合，運動に寄与する力は重力の斜面方向の成分だけであり，小球の質量を m，重力の加速度を g とすると，これは $mg\sin30°$ となる。

そこで，$mg\sin30° = ma$ より，

$a = g\sin30° = 10 \times \frac{1}{2} = 5 \text{[m/s}^2\text{]}$ となる。したがって，

2秒後の速さ：$5 \times 2 = 10 \text{[m/s]}$
3秒後の速さ：$5 \times 3 = 15 \text{[m/s]}$
4秒後までの移動距離：$\frac{1}{2} \times 5 \times 4^2 = 40 \text{[m]}$ となる。

以上より，小球A，Bの 3 秒後における速さの差は $30 - 15 = 15 \text{[m/s]}$，4 秒後までの移動距離の差は $80 - 40 = 40 \text{[m]}$ となる。

よって，正答は **3** である。

正答　**3**

物理 等加速度運動 平成15年度

直線状の道路上を，初め10m/sの速さで走っていた自動車がある。今，運転手がアクセルを踏んで，3m/s²の加速度で加速したところ，自動車の速さは40m/sに達した。アクセルを踏んでから40m/sの速さになるまでに自動車が走った距離として正しいものは次のうちどれか。

1　100m
2　150m
3　200m
4　250m
5　300m

解説

物体の加速度をa〔m/s²〕，初速度をv_0〔m/s〕とし，時刻t〔s〕における速度をv〔m/s〕，変位をx〔m〕とすると，次の①～③の3式が成り立つ。

$v = v_0 + at$ ……①
$x = v_0 t + \dfrac{1}{2}at^2$ ……②
$v^2 - v_0^2 = 2ax$ ……③

本問では，$v_0 = 10$〔m/s〕と，$a = 3$〔m/s²〕が与えられていて，何秒間運動したかはわからない（つまりtはわかっていない）が，$v = 40$〔m/s〕となったことはわかっている。つまり，「v_0とvとaがわかっていて，xはいくらか？」と聞いているのだから，ここは迷わず③式を使いたい。求める走行距離をx〔m〕とすると，

$40^2 - 10^2 = 2 \times 3 \times x$
$1500 = 6x$
$x = 250$〔m〕

よって，正答は **4** である。

正答　4

（別解）「二度手間」にはなるが，①，②の2式から次のようにして求めてもよい。速さが10m/sから40m/sになるまでの時間がt〔s〕であったとすると，①式より，

$40 = 10 + 3t$
$t = \dfrac{30}{3} = 10$〔s〕

②に代入して，

$x = 10 \times 10 + \dfrac{1}{2} \times 3 \times 10^2 = 100 + 150 = 250$〔m〕

あるいは，v-tグラフとt軸が囲む部分の面積が移動距離xに等しいことを利用してもよい。右の図の斜線部分は，上底が10，下底が40，高さが10の台形であるから，

$x = \dfrac{10 + 40}{2} \times 10 = 250$〔m〕

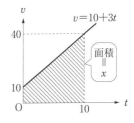

No.187 物理 氷が解けた後の水位 平成13年度

地方上級 全国型, 関東型, 中部・北陸型, 横浜市

A〜Cの容器に, 同量の氷を入れ, 比重の異なる3種類の液体を液面の高さが H になるまで入れたところ, 次の図のようになった。氷が解けた後の液面の高さを h_A, h_B, h_C としたとき, これらの関係として正しいものはどれか。ただし, A〜Cの比重は $d_A < d_B < d_C$ であり, Bには水を入れるものとする。また, 解けた氷と溶液は混じり合わないものとする。

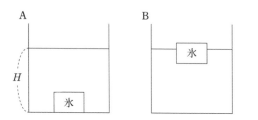

1　$H < h_A < h_B < h_C$
2　$H = h_A < h_B < h_C$
3　$h_A < H < h_B < h_C$
4　$H < h_A < h_B = h_C$
5　$h_A < H = h_B < h_C$

解説

Bのように氷が水に浮くのは, 氷のほうが水よりも単位質量当たりの体積が大きいためであり, 水面上に浮いている部分が体積の増加分に相当する。したがって, 氷が解けても液面は変化しない。すなわち, $H = h_B$ である。

一方, Cの氷は液面より上の部分がBの氷よりも大きいので, この氷が解けることにより, 液面はBより高くなる。すなわち, $H < h_C$ である。

Aでは液面下にある氷が解けるので, 氷が水になることによる体積の減少分だけ液面が下がる。すなわち, $h_A < H$ である。

したがって, 氷が解けた後の液面の高さは, $h_A < H = h_B < h_C$ となる。

よって, 正答は **5** である。

正答　5

地方上級 No.188 物理 円錐振り子 平成25年度
全国型，関東型，中部・北陸型

長さ l の糸の先に質量 m のおもりをつけ，糸が鉛直線に対して常に60°の角度をなすように，おもりを水平面内で等速円運動させる。このとき，おもりの速さとして妥当なのは次のうちどれか。ただし，重力加速度を g とする。

1. $\sqrt{\dfrac{gl}{2}}$
2. $\sqrt{gl}$
3. $\sqrt{\dfrac{3gl}{2}}$
4. $\sqrt{2gl}$
5. $\sqrt{\dfrac{5gl}{2}}$

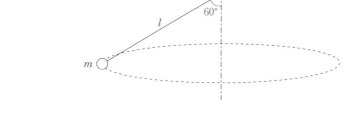

解説

おもりに働いている力は糸の張力 S と重力 mg である。また，この円運動の半径を r とする。

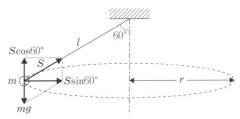

S を水平方向と鉛直方向に分解して考えると，水平成分 $S\sin60°$ がこの円運動の向心力になっている。また，鉛直成分 $S\cos60°$ は重力 mg とつり合っている。したがって，おもりの速さを v とすると，

$\sin60°=\dfrac{\sqrt{3}}{2}$, $\cos60°=\dfrac{1}{2}$ であるから，

$\dfrac{\sqrt{3}}{2}S=\dfrac{mv^2}{r}$ ……①

$\dfrac{1}{2}S=mg$ ……②

$r=l\sin60°=\dfrac{\sqrt{3}}{2}l$ ……③

①，②，③より，

$v^2=\dfrac{3}{2}gl$ ∴ $v=\sqrt{\dfrac{3gl}{2}}$

よって，正答は **3** である。

正答 **3**

地方上級

No. 189 東京都 物理 音のドップラー効果 平成13年度

線路のわきに立っている人の前を，電車が900Hz の警笛を鳴らしながら，秒速20m で通り過ぎた。電車が通過する前と後で，人が聞いた音の振動数の組合せとして，妥当なのはどれか。ただし，音速は秒速340m とし，音の振動数は小数第1位を四捨五入する。

	前	後
1	956Hz	850Hz
2	914Hz	820Hz
3	890Hz	992Hz
4	850Hz	956Hz
5	820Hz	914Hz

解説

振動数 f_0 の音を発する物体が速度 v で通過するとき，観測される振動数は，$f = f_0 \times \dfrac{V}{V-v}$ で表される。ここで V は音速であり，v の符号は観測者に近づくときに正とする。したがって，本問では，通過前は，$f = 900 \times \dfrac{340}{340-20} ≒ 956$〔Hz〕

通過後は，$f = 900 \times \dfrac{340}{340+20} = 850$〔Hz〕

よって，正答は**1**である。

正答　1

192●地方上級＜教養＞過去問500

地方上級

No. 190 特別区 **物理** **クーロンの法則** 平成10年度

次の文章は，クーロンの法則に関する記述であるが，文中の空欄A，Bに該当する語句の組合せとして，妥当なものはどれか。

2個の点電荷の間に作用する静電気力は，それらの点電荷を結ぶ直線に沿って働き，その大きさは，それぞれの電気量の積に $\boxed{\text{A}}$ し，それらの間の $\boxed{\text{B}}$ する。これをクーロンの法則という。

	A	B
1	比例	距離に反比例
2	比例	距離の2乗に反比例
3	反比例	距離に比例
4	反比例	距離の2乗に反比例
5	反比例	距離の2乗に比例

解説

クーロンの法則は，2個の点電荷の電気量を q，点電荷間の距離を r，比例定数を k とすると，電気力 F は，$F=\dfrac{kqq'}{r^2}$ で表せる。よって，静電気力 F〔N〕は，電気量 q〔C〕の積に比例し，それらの間の距離の2乗に反比例する。よって，正答は**2**である。

正答 **2**

地方上級＜教養＞過去問500●**193**

No.191 物理 ヒートポンプの仕組み 平成21年度

地方上級 全国型, 関東型, 中部・北陸型, 横浜市

ヒートポンプの仕組みに関する次の文中の（ア）～（カ）に入る語句の組合せとして，正しいものはどれか。

まず，気体の冷媒が圧縮機によって圧縮される。このとき，冷媒の温度は（ア）。この冷媒が熱交換器Aを通ると液体となる。その際，冷媒は熱を（イ）する。その後，液体の冷媒が膨張弁を通ると膨張する。このとき，冷媒の温度は（ウ）。この冷媒が熱交換器Bを通ると再び気体となる。その際，冷媒は熱を（エ）する。このサイクルを繰り返して，熱を低温物体から高温物体へと移動させることを可能にするのがヒートポンプである。これを暖房用に利用する場合は熱交換器（オ）を部屋の中に入れ，冷房用に利用する場合は熱交換器（カ）を部屋の中に入れる。

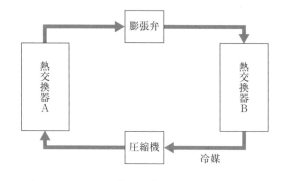

	ア	イ	ウ	エ	オ	カ
1	上がる	放出	下がる	吸収	A	B
2	上がる	吸収	下がる	放出	B	A
3	上がる	吸収	上がる	放出	B	A
4	下がる	放出	上がる	吸収	A	B
5	下がる	吸収	下がる	放出	B	A

解説

熱は，自然には低温物体から高温物体へとは移動しない。しかし，二酸化炭素などの冷媒を利用し，外部から仕事を加えれば，これを可能にすることができる。このような機能を持った装置をヒートポンプという。冷蔵庫やエアコンなどは，ヒートポンプの応用例である。

物質には，圧縮すると温度が上がり，膨張させると温度が下がるという性質がある。ヒートポンプはこの性質を利用して実現されており，冷媒を圧縮するために圧縮機が，膨張させるために膨張弁が組み込まれている。図において，熱交換器Bから出てきた低圧・低温の冷媒（気体）は圧縮機を通ると高圧・高温の冷媒（気体）になり，これが熱交換器Aを通るときに熱を放出して高圧・高温の冷媒（液体）となって出ていく（ア，イ）。したがって，熱交換器Aを室内に置けば暖房機として使える（オ）。また，熱交換器Aから出てきた高圧・高温の冷媒（液体）は膨張弁を通ると低圧・低温の冷媒（液体）になり，これが熱交換器Bを通るときに熱を吸収して低圧・低温の冷媒（気体）となって出ていく（ウ，エ）。したがって，熱交換器Bを室内に置けば冷房機として使える（カ）。

ヒートポンプでは，電力を熱源としては使わず，圧縮機や膨張弁などを動作させるための動力源としてのみ使っていることに注意。このため，消費電力の数倍の熱を取り出すことができ，近年，省エネルギー技術として注目されている。

以上より，正答は **1** である。

正答 **1**

No.192 物理　波の重ね合わせ

地方上級　全国型，関東型，中部・北陸型　令和元年度

波の重ね合わせに関する次の文章中の空欄ア，イに当てはまるものの組合せとして，妥当なものはどれか。

　水面上の8cm離れた2点A，Bが振動して，図Iのような波長4cm，振幅1cmの波が起きている。この波の速さは1cm/秒で，波の減衰は考えないものとする。

　図IIはある瞬間の波の山（実線）と谷（破線）を示している。点Aからの波と点Bからの波の山と山，谷と谷が重なり合う場所では波と波が強め合い，水面の変位は＋2cm，－2cmとなる。波の山と谷が重なり合う場所では波と波が弱め合い，水面の変位は0cmとなる。

　図IIにおいて線分AB間にあり，点Aから3cm離れた点Pでは，図IIの瞬間の水面の変位は0cmとなっている。図IIの2秒後（2つの波が2cm進んだ状態）の点Pの変位は（　ア　）であり，3秒後の点Pの変位は（　イ　）である。

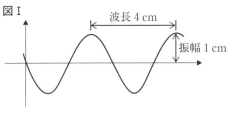

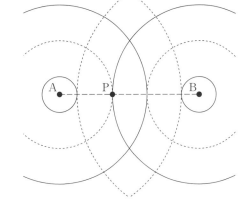

	ア	イ
1	0 cm	－2 cm
2	0 cm	0 cm
3	0 cm	＋1 cm
4	＋2 cm	－1 cm
5	＋2 cm	＋2 cm

解説

　波は1秒に1cm進むので，2秒では2cm進む。波の波長が4cmなので，山と谷の距離は2cmである。したがって，2秒後は，山だったところが谷になり，谷だったところが山になっている。この様子を図にすると左下図のようになる。

　ここからわかるとおり，点Pでは山と谷が重なっているので（山と谷は逆になっているが），変位は0cmである。したがって，空欄アには0cmが入る。

　次に，3秒後について考える。この様子を右下図に示す。この場合，点Pはいずれの波にとってもちょうど山と谷の中間になる。問題文の図Iのグラフから，山と谷の中間の変位は0cmである。0cmと0cmの波が重なった場合の変位は0cmである。したがって，空欄イには0cmが入る。

　よって，正答は**2**である。

正答　**2**

No. 193 物理 はく検電器の変化 平成20年度

地方上級　全国型，関東型，中部・北陸型，横浜市

帯電していないはく検電器の金属板に負に帯電した帯電体を近づけると，はくは（　ア　）に帯電して開く。次に，帯電体を近づけたまま金属板に指を触れると，はくは閉じる。その後，帯電体を金属板に近づけたまま指を離し，さらに帯電体を金属板から遠ざけると，はくは（　イ　）に帯電して再び開く。最後に，この帯電体を再び金属板に近づけていくと，はくの開きが（　ウ　）する。

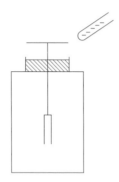

上文中の空欄ア～ウに該当する語句の正しい組合せは，次のうちどれか。

	ア	イ	ウ
1	正	正	増加
2	負	正	減少
3	正	正	減少
4	負	正	増加
5	負	負	減少

解説

帯電していないはく検電器の金属板に負に帯電した帯電体を近づけると，導体部分に静電誘導が起こり，金属板の上面には正の電荷が，反対側のはくには負の電荷が現れる。このとき2枚のはくはどちらも負の電荷を帯びるため，斥力によってはくが開く（ア）。

次に，帯電体を近づけたまま金属板に指を触れると，金属板の正の電荷は帯電体に引きつけられたままで残り，はくの負の電荷だけが大地に逃げていくためはくは閉じる。その後，帯電体を金属板に近づけたままで指を離し，さらに帯電体を金属板から遠ざけると，金属板の正の電荷は導体部分全体に広がる。このため，はくは正に帯電して再び開く（イ）。

最後に，この帯電体を再び金属板に近づけていくと，はくの正の電荷が金属板側に移動するため，はくの開きは減少する（ウ）。

よって，**2**が正しい。

正答　**2**

No.194 物理 電気回路での電力と電圧・電流の関係 平成24年度

図のような電気回路において，電源の電圧をV，抵抗をR，電流をIとすると，オームの法則により，抵抗における電圧降下は（　ア　）であるから，電球に加わる電圧は（　イ　）となる。ここで，電力＝電圧×電流であるから，電球部分における電力は（　ウ　）となる。したがって，電源から供給される電力が一定である場合には，電球部分における電力を上げるには，Vを（　エ　）して，Iを（　オ　）すればよい。

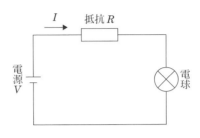

	ア	イ	ウ	エ	オ
1	RI	$V-RI$	$VI-RI^2$	大きく	小さく
2	RI	$V-RI$	$VI-RI^2$	小さく	大きく
3	$-RI$	$V+RI$	$VI+RI^2$	大きく	小さく
4	$-RI$	$V+RI$	$VI+RI^2$	小さく	大きく
5	$-RI$	$V-RI$	$VI-RI^2$	小さく	大きく

解説

ア：オームの法則より，抵抗部分での電圧降下はRIとなる。

イ：$V=RI+$（電球部分での電圧降下）であるから，電球に加わる電圧は$V-RI$となる。

ウ：電力＝電圧×電流より，電球部分における電力は，$(V-RI)\times I = VI-RI^2$となる。

エ：電源から供給される電力を一定Pとすると，$P=IV$であるから，電球部分における電力は，
$VI-RI^2 = P-R\left(\dfrac{P}{V}\right)^2$と表されるので，$V$が大きいほど大きくなる。

オ：電源から供給される電力を一定Pとすると，$P=IV$であるから，電球部分における電力は，$VI-RI^2 = P-RI^2$と表されるので，Iが小さいほど大きくなる。

よって，正答は**1**である。

正答　**1**

No.195 物理 電気回路 平成16年度

下図のように，起電力がいずれも10Vの電池E_1，E_2と，抵抗値がいずれも5Ωの抵抗R_1，R_2，R_3を接続した電気回路がある。電池の内部抵抗が無視できるとき，次のア〜オのうち，この電気回路に関する記述として，妥当なものの組合せはどれか。

ア　R_1の両端の電圧は，20Vである。
イ　R_2には，電流は流れない。
ウ　R_3で消費される電力は，2Wである。
エ　R_3に流れる電流の大きさは，R_1に流れる電流の大きさの2倍である。
オ　AC間の電位差は，BC間の電位差の2倍である。

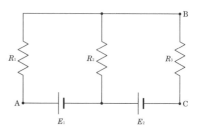

1　ア，ウ
2　ア，エ
3　イ，エ
4　イ，オ
5　ウ，オ

解説

次の図のように電流i_1, i_2, i_3および回路a, bを設定すると，キルヒホッフの法則より，①〜③の式が成り立つ。

$i_1 = i_2 + i_3$ ……①
回路a：$10 - 5i_1 - 5i_2 = 0$ ……②
回路b：$10 + 5i_2 - 5i_3 = 0$ ……③

②より，
$2 - i_1 - i_2 = 0$
∴ $i_1 + i_2 = 2$ ……②'

③より，
$2 + i_2 - i_3 = 0$
∴ $i_3 - i_2 = 2$ ……③'

①を②'に代入し，
$(i_2 + i_3) + i_2 = 2$
∴ $2i_2 + i_3 = 2$ ……④

④−③'より，
$3i_2 = 0$
∴ $i_2 = 0$

よって，$i_1 = i_3 = 2$

以上を踏まえてそれぞれの選択枝について検討する。
ア：R_1は5Ωの抵抗で2Aの電流が流れているから，両端の電圧は$2 \times 5 = 10$〔V〕である。
イ：正しい。
ウ：R_3は5Ωの抵抗で2Aの電流が流れているから，消費電力は$2^2 \times 5 = 20$〔W〕。
エ：R_3に流れる電流の大きさは，R_1に流れる電流の大きさと等しい。
オ：正しい。AC間の電圧は$10 + 10 = 20$〔V〕，BC間は$2 \times 5 = 10$〔V〕である。

よって，正答は**4**である。

正答　4

物理 放射線

地方上級 関東型 No.196 平成7年度

天然に存在する放射性元素から放射される放射線には3種類がある。

　α線は，高速の（　A　）の原子核の流れであり，（　B　）の電荷を持つ。

　β線は，原子核の中の中性子が陽子と電子とに変わり，高速の（　C　）が放出されたもので，（　D　）の電荷を持つ。

　γ線は，波長の非常に短い（　E　）である。

上文の空欄 A～E に入る語句の組合せとして正しいものはどれか。

	A	B	C	D	E
1	ラジウム	$+2e$〔C〕	陽子	$-e$〔C〕	電子波
2	ラジウム	$+2e$〔C〕	電子	$-e$〔C〕	電磁波
3	ラジウム	$-e$〔C〕	電子	$+2e$〔C〕	電子波
4	ヘリウム	$-e$〔C〕	陽子	$+2e$〔C〕	電磁波
5	ヘリウム	$+2e$〔C〕	電子	$-e$〔C〕	電磁波

解説

α線は高速のヘリウム原子核の流れであり，$+2e$ の電荷を持つ。β線は光速に近い速さで飛んでいる電子の流れである（電荷は$-e$）。γ線は電荷を持たない波長の短い電磁波である。

　よって，正答は **5** である。

正答 5

No. 197 物理 電球の接続方法と明るさ 平成13年度

次の図1は，100V用40Wの電球及び100V用20Wの電球を直列に接続し，100Vの電圧を加えたものであり，図2は，100V用40Wの電球及び100V用20Wの電球を並列に接続し，100Vの電圧を加えたものである。電球の明るさに関する記述として，妥当なのはどれか。

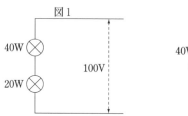
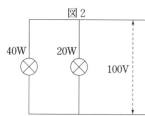

1 直列接続では，40Wの電球は20Wの電球に比べて明るく，並列接続では，40Wの電球は20Wの電球に比べて明るい。

2 直列接続では，40Wの電球は20Wの電球に比べて明るく，並列接続では，40Wの電球及び20Wの電球の明るさは同じである。

3 直列接続では，40Wの電球は20Wの電球に比べて明るく，並列接続では，20Wの電球は40Wの電球に比べて明るい。

4 直列接続では，40Wの電球及び20Wの電球の明るさは同じであり，並列接続では，40Wの電球は20Wの電球に比べて明るい。

5 直列接続では，20Wの電球は40Wの電球に比べて明るく，並列接続では，40Wの電球は20Wの電球に比べて明るい。

解説

電球の明るさは消費電力に比例すると考えられる。そして，ある電球の消費電力 P〔W〕は，その電球を流れる電流を I〔A〕，その電球に加わる電圧を V〔V〕，その電球の抵抗を R〔W〕とすると，$P=IV=I^2R=V^2/R$ と表される。

「100V用40Wの電球」「100V用20Wの電球」とは，100Vの電圧を加えたときに，40〔W〕あるいは20〔W〕が消費されることを意味しており，$P=V^2/R$ に代入すると，100V用40Wの電球では $40=100^2/R$，100V用20Wの電球では $20=100^2/R$ となるので，100V用20Wの電球のほうが100V用40Wの電球よりも抵抗が大きいことがわかる。

したがって，図1のような直列接続の場合，2つの電球を流れる電流が等しいことに注目すると，$P=I^2R$ より，抵抗の大きい100V用20Wの電球のほうが消費電力が大きく，明るいことがわかる。

一方，図2のような並列接続の場合，2つの電球に加わる電圧が等しいことに注目すると，$P=V^2/R$ より，抵抗の小さい100V用40Wの電球のほうが消費電力が大きく，明るいことがわかる。

よって，正答は**5**である。

正答 **5**

可変抵抗のある直流回路 平成14年度

電球と定電圧電源があり，図1の両端に電源を接続すると電球の明るさは L，図2の両端に電源を接続すると明るさは $\frac{1}{2}L$ となる。下記の回路のうち，可変抵抗 R の値を0にしたときに電球の明るさが L になり，R の値を ∞（無限大）にしたときに電球の明るさが $\frac{1}{2}L$ になるものはどれか。

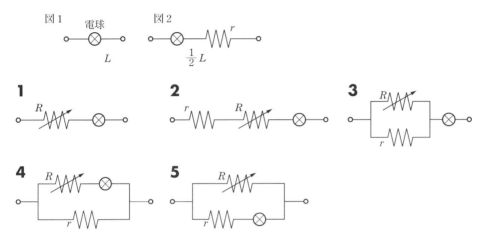

解説

1. $R=0$ のとき，図1と等価になるので，明るさは L である。$R=\infty$ のとき，電流$=0$ なので，明るさは0である。

2. $R=0$ のとき，図2と等価になるので，明るさは $\frac{1}{2}L$，$R=\infty$ のとき，電流$=0$ なので，明るさは0となる。

3. 正しい。$R=0$ のとき，合成抵抗の値は0になるので，この回路は図1と等価になり，電球の明るさは L となる。$R=\infty$ のとき，合成抵抗は r となるので，この回路は図2と等価になり，明るさは $\frac{1}{2}L$ となる。

4. 電球と抵抗 r は並列に接続されているので，電球の明るさは r に無関係であり（並列部分にはそれぞれ同じ電圧がかかる），電球と可変抵抗の関係は **1** と同様である。

5. 電球と可変抵抗 R は並列に接続されているので，電球の明るさは R とは無関係であり，図2と同様に常に $\frac{1}{2}L$ となる。

正答 **3**

地方上級 全国型，関東型，中部・北陸型

No. 199　化学　水の性質　平成 26 年度

水に関する次の記述のうち，妥当なものはどれか。

1 水素原子は負に，酸素原子は正に強く帯電しているため，強い静電気力が加わる。そのため同程度の分子量を持つほかの物質より，分子間の結合が強く，沸点は低い。

2 水を電離すると水素イオンが生じる。水溶液の水素イオンの濃度は pH という指標で表され，純水で 0，酸性溶液で正，アルカリ性溶液で負である。

3 寒冷地では，水が凍り水道管が破裂することがある。これは，水が液体の場合，密度が高く詰まっているが，固体になると，隙き間が多くなり，体積が増えるためである。

4 水素分子と酸素分子から水を生じる反応は吸熱反応であり，この熱を電気エネルギーに変換する装置が燃料電池である。燃料電池は水しか排出しないためクリーンな装置であるが，水素分子と酸素分子は室温で爆発的に反応するため注意を要する。

5 水分子しか通さない半透明な膜で，容器内を海水と純水に仕切り，液面の高さを同じにして放置すると，圧力を加えていなくても海水中の水分子だけが純水のほうへ移動する。このため水不足が問題となっている地域で話題となっている。

解説

1．水分子の中では水素原子は正の，酸素原子は負の電気的な偏りを持っている。このような分子は極性分子と呼ばれている。しかし，全体としては電気力はつりあっており，静電気力を持っているわけではない。また，水分子間の結合は水素結合によって強くなるが，これによって沸点は高くなる。

2．pH は純水で 7，酸性溶液で 7 未満，アルカリ性溶液で 7 より大きくなる。

3．正しい。固体の氷は液体の水よりも密度が小さく，体積は大きくなる。

4．水素分子と酸素分子から水を生じる反応は発熱反応である。また，水素分子と酸素分子は室温で爆発的には反応しない。

5．純水と海水を半透膜で隔てて圧力を加えずに放置すると，純水が海水のほうに移動する。海水から純水を得るためには，海水の側に圧力を加えなければならない。

正答　**3**

地方上級
No. 200 化学　融点・沸点の異なる物質　平成13年度

全国型，関東型，中部・北陸型

次の表のa～dはメタン，エタノール，水銀，塩化ナトリウムのいずれかである。a～dに関する記述として，妥当なものはどれか。

	融点（℃）	沸点（℃）
a	−184	−164
b	−114.15	78.3
c	−38.8	356.7
d	800	1440

1　aは常温で液体である。
2　aの原子どうしの結合力はbのそれよりも強い。
3　bの固体は分子性の結晶である。
4　cの固体はイオン性の結晶である。
5　dの固体は金属性の結晶である。

解　説

常温（普通25℃のことをいう）において，メタンは気体，エタノールと水銀は液体，塩化ナトリウムは固体である。

1．aは沸点が−164℃であるから，常温では気体であり，メタンとわかる。
2．融点，沸点ともaのほうがbよりも低いので，aのほうが原子間の結合力は小さいと考えられる。
3．正しい。bは常温で液体であり78.3℃で気化することからエタノールとわかる。エタノールは分子であるから，固体は分子性結晶である。
4．cは常温で液体であり，bのエタノールでないことから，水銀である。水銀は金属元素であるから，固体は金属性の結晶である。
5．dは常温において固体であるから，塩化ナトリウムとわかる。塩化ナトリウムはイオン性の結晶である。

正答　**3**

地方上級＜教養＞過去問500●203

地方上級

全国型，関東型，中部・北陸型，市役所A日程

No. 201 化学 **身近な材料** 平成30年度

身近な材料に関する次の記述のうち，最も妥当なのはどれか。

1 プラスチックは，石油などに含まれる有機物を原材料として作られる高分子化合物であり，成形や加工が容易なため，身の回りで多用されている。炭素繊維強化プラスチックは，軽くて丈夫なため，航空機の主要構造材料として使われている。

2 アルミニウムは，鉄と比べると重い金属であるが，さびにくく加工しやすいため，建材などに用いられている。ボーキサイトを溶鉱炉でコークスとともに加熱して得られる。

3 セラミックスは，無機材料を加熱することなく高圧で圧縮成形して作られる。柔軟性に富み，金属よりも衝撃に強いため，刃物や人工骨などに用いられる。

4 半導体は，銀や銅よりも導電性が高い物質であり，集積回路の導線として使われている。代表的な半導体にはシリコンやゲルマニウムがあり，柔軟性が高いため，送電線などへの利用も進んでいる。

5 水銀や鉛は，ほかの金属より融点が低く，めっきやはんだに用いられる。スズや亜鉛などの人体に有害な物質の規制が強化されたため，それらの代替材としての利用が増えている。

解 説

1. 妥当である。

2. アルミニウムの密度は鉄の$\frac{1}{3}$程度であるので，アルミニウムは鉄より軽い金属である。また，アルミニウムは，ボーキサイトから得られるアルミナを電解炉で電気分解して得られる。このときに多量の電力を必要とする。この過程で石炭を加熱して作られたコークスは使われない。

3. セラミックスは，非金属の無機物質を熱処理して作られる材料である。たとえば，ガラス，陶磁器などもこれに含まれる。セラミックスは一般に非常に硬いが，金属と比べると柔軟性に欠け，衝撃に弱い。セラミックスが刃物や人工骨に用いられるのは正しい。

4. 半導体は，熱などのエネルギーを与えることによって導電性を持たせることができる物質であり，銀や銅よりは導電性は低い。さまざまな電子部品に使われているが，導線には用いられない。同様に送電線にも使用されてはない。これらには銅などの金属が使われる。半導体の例としてシリコン，ゲルマニウムがあがっていることは正しい。

5. めっきは表面に金属の膜を張ることで，水銀や鉛の使用は一般的ではない。はんだは，スズと鉛の合金で，水銀は使われない。また，人体に有害な物質として規制が強化されたのは，水銀，鉛であるため，これらがスズや亜鉛の代替材として利用が増えているという事実はない。水銀や鉛が他の金属より融点が低いとするのは正しい。

正答 **1**

地方上級 全国型，関東型，中部・北陸型

No. 202 化学 気体 平成29年度

気体に関する次の記述のうち，妥当なものはどれか。

1 水素は無色無臭の気体であり，水に溶けやすく，水溶液は弱酸性を示す。常温では他の物質と反応しやすいため，酸化剤として利用されている。

2 ヘリウムは無色無臭で他の物質と反応しにくい。気球用ガスとして用いられるほか，低温を作り出すのにも使われる。

3 オゾンは無色無臭で無毒な気体である。化学的に安定で，食品の酸化を防ぐため，食品の包装容器に充填される。

4 アンモニアは刺激臭を持つ気体である。大気に放出されると雨水に溶け，その雨水が酸性を示すため，酸性雨の原因となる。

5 メタンは特異な臭いを持ち有毒で，燃えにくい。温室効果ガスの一つで，赤外線を吸収するはたらきがある。

解説

1. 水素はほとんど水に溶けず，常温で他の物質と反応しにくい（不活性）性質を持つ。また，酸化剤ではなく主に還元剤としてはたらく。

2. 正しい。ヘリウムは希ガスであり，他の物質とほとんど反応しない。

3. オゾンは淡青色で有毒である。化学的に不安定で，他の物質を酸化させる能力が高く，水道水の殺菌などに使われる。

4. アンモニアは水によく溶けるが，その水溶液はアルカリ性である。そのため，酸性雨の原因にはならない。

5. メタンは無色・無臭の気体で毒性はない。また，引火性がある気体である。温室効果ガスの一種であることは正しい。

正答 **2**

地方上級＜教養＞過去問500●205

地方上級
全国型，関東型，中部・北陸型，市役所Ａ日程

No. 203　化学　　気体の性質　　令和2年度

さまざまな気体に関する次の記述のうち，妥当なものはどれか。

1　一酸化炭素CO は，刺激臭を持つ淡青色の気体であり，炭素化合物の不完全燃焼などで発生する。人体に極めて有毒で，血液中のヘモグロビンを分解する。

2　塩化水素HCl は，無色無臭で水に溶けにくい。毒性が強く，皮膚や粘膜を侵すだけでなく，金属を腐食させる。

3　オゾンO_3は酸化作用が強く，水道の殺菌などに使われる。分解されにくく大気上層でオゾン層を作るが，これが有害な紫外線を透過させるために問題視されている。

4　窒素N_2は，常温で他の物質と化学反応しやすい。酸素と化学反応してできる窒素化合物は大気汚染の原因となる。

5　二酸化硫黄SO_2は刺激臭のある気体である。大気中に放出されると酸性雨の原因となる。

解説

1. 一酸化炭素は無色無臭である。また，有毒であることは正しいが，ヘモグロビンを分解するのではなく，ヘモグロビンと結合する。

2. 塩化水素は無色ではあるが無臭ではなく，強い刺激臭を持つ。また，水に溶けやすい。後半は正しい。

3. 前半は正しい。オゾン層は有害な紫外線を吸収する働きを持つ。これがフロンガスによって破壊されると，地表に届く紫外線量が増えることが問題視されている。

4. 窒素は常温で他の物質と反応しにくい。後半は正しい。

5. 妥当である。

正答　**5**

地方上級

全国型，関東型，中部・北陸型

No. 204 化学 混合気体の化学反応 平成17年度

窒素，酸素，水素の混合気体が標準状態で33.6L存在している。今，酸素と水素を反応させたところ，酸素がすべて消費され，水7.20g が生成した。水を除去し，残った水素と窒素を反応させたところ，8.96Lのアンモニアが生成し，水素が残った。残った水素の量は何Lか。ただし，気体は標準状態で 1 mol＝22.4Lとし，水は 1 mol＝18.0g とする。

1 1.12L

2 2.24L

3 3.36L

4 4.48L

5 5.60L

解説

生成した水7.2g は7.2÷18.0＝0.40〔mol〕。水が生成する反応は，

$$2H_2＋O_2→2H_2O$$

なので，水素は0.40mol 消費され，酸素は最初0.20mol あった。生成したアンモニア8.96Lは8.96÷22.4＝0.40〔mol〕。アンモニアが生成する反応は，

$$N_2＋3H_2→2NH_3$$

なので，水素はさらに0.60mol 消費され，窒素は最初0.20mol あった。最初の混合気体33.6Lは33.6÷22.4＝1.50〔mol〕なので，最初に水素は，

$$1.50－0.20－0.20＝1.10〔mol〕$$

あった。そして残った水素は，

$$1.10－0.40－0.60＝0.10〔mol〕$$

なので，これは2.24Lである。

正答 **2**

地方上級＜教養＞過去問500●207

地方上級
No. 205 化学 pH
全国型，関東型，中部・北陸型　　令和元年度

pH に関する次の文章中の空欄ア～ウに当てはまるものの組合せとして，妥当なものはどれか。

　塩化水素 HCl や酢酸 CH_3COOH といった酸は水溶液中で水素イオン H^+ を放出する。pH は水素イオン濃度 $[H^+]$ の大きさを示す指標であり，$[H^+] = 1.0 \times 10^{-x}$ [mol/L] のとき，pH は x となる。

　塩酸（塩化水素の水溶液）の水素イオン濃度が $[H^+] = 1.0 \times 10^{-2}$ [mol/L] のとき，pH は 2 である。これを水で 10 分の 1 に薄めた場合の水溶液の pH は（　ア　）となる。

　また，酢酸の電離度（CH_3COOH が水溶液中で CH_3COO^- と H^+ に電離する割合）は塩酸より（　イ　）ため，pH は塩酸よりも（　ウ　）。

	ア	イ	ウ
1	1	小さい	小さい
2	1	大きい	大きい
3	3	大きい	小さい
4	3	小さい	大きい
5	3	小さい	小さい

解説

$10^{-x} = \dfrac{1}{10^x}$ であることに気をつける。空欄アについて，$[H^+] = 1.0 \times 10^{-2} = \dfrac{1}{10^2}$ の塩酸を水で 10 分の 1 に希釈すると，その濃度は，

$$\frac{1}{10^2} \times \frac{1}{10} = \frac{1}{10^3} = 1.0 \times 10^{-3}$$

になる。したがって，pH は 3 となり，「3」が空欄アに入る。

　また，酢酸は弱酸であるので，強酸である塩酸と比べると電離度が小さい。したがって，空欄イには「小さい」が入る。空欄アで，水で薄めると pH が 2 から 3 に大きくなったことからわかるとおり，水素イオン濃度が小さいと pH は大きくなる。したがって，空欄ウには「大きい」が入る。

　よって，正答は **4** である。

正答　**4**

地方上級
全国型，関東型

No. 206　化学　熱化学方程式　平成12年度

熱化学方程式に関する次の文中の空欄ア，イに当てはまる語句の組合せとして，妥当なものはどれか。

H_2 分子，F_2 分子，HF 分子が，それぞれ原子に分かれるときの熱化学方程式は次のとおりである。

$H_2 = 2H - 436\,kJ$

$F_2 = 2F - 148\,kJ$

$HF = H + F - 563\,kJ$

これらの反応はすべて（　ア　）反応であり，これらの式より，H_2 と F_2 から HF ができるときの熱化学方程式は，$H_2 + F_2 = 2HF + （　イ　）\,kJ$ とわかる。

	ア	イ
1	吸熱	+21
2	吸熱	+542
3	吸熱	-542
4	発熱	+542
5	発熱	-21

解説

ア：各反応とも，熱量の符号が負であるから，反応の進行に伴って熱を吸収する吸熱反応である。

イ：与えられた熱化学方程式は次のとおりである。

$H_2 = 2H - 436\,kJ \cdots$①

$F_2 = 2F - 148\,kJ \cdots$②

$HF = H + F - 563\,kJ \quad \cdots$③

ここで，①と②を加えると④となり，③を2倍すると⑤となる。

$H_2 + F_2 = 2H + 2F - (436 + 148)\,kJ \quad \cdots$④

$2HF = 2H + 2F - (563 \times 2)\,kJ \qquad \cdots$⑤

さらに，④から⑤を引いて整理すると⑥のような熱化学方程式が得られる。

$H_2 + F_2 - 2HF = (563 \times 2 - 436 - 148)\,kJ$

$H_2 + F_2 \qquad = 2HF + 542\,kJ \quad \cdots$⑥

よって，正答は**2**である。

正答　2

地方上級

No. 207 東京都 **化学** **化学結合の種類** 平成10年度

化学結合に関する次の記述のうち，妥当なものはどれか。

1 イオン結合は，電気的引力によりイオンどうしが結合したもので，化学結合の中で最も結合の強さが大きく，この結合による物質としてベンゼンやメタンがある。

2 イオン結晶は，陽イオンと陰イオンからなる化合物の結晶で，安定性が高く，イオンが電荷を持っているため，結晶の状態で電気を導く。

3 金属結合とは，原子の間を自由に動き回る自由電子による原子間の結合であり，金属の結晶構造には体心立方格子，面心立方格子，六方最密構造がある。

4 共有結合からなる分子には，極性分子と無極性分子があり，H_2O や CO_2 は立体構造が直線形で無極性分子に分類される。

5 電気陰性度とは，共有結合を作っている原子が電子を引きつける強さの尺度であり，電気陰性度の大きさは，水素原子のほうが塩素原子より大きい。

解説

1. 化学結合の中で最も結合の強さが大きいのは共有結合である。ベンゼンやメタンは共有結合。

2. イオン結晶は結晶の状態では電気を導かない。液体になるとイオンが自由に動き回ることができるので，電気を導く。

3. 正しい。

4. H_2O は極性分子である。

5. 電気陰性度は，水素が 2.1に対し，塩素は3.0である。

正答 3

210●地方上級＜教養＞過去問500

地方上級

No.
208

全国型，関東型，中部・北陸型，横浜市

化学　酸素と二酸化炭素の体積比　平成 9 年度

エタン（C_2H_6）を完全燃焼させたところ，二酸化炭素（CO_2）と水蒸気（H_2O）が生じた。このとき，反応した酸素（O_2）と生成した二酸化炭素（CO_2）の体積比は同温同圧でいくらか。

$O_2 : CO_2$

1　1：2
2　1：1
3　5：2
4　5：4
5　7：4

解　説

この反応の化学式は，

$$2C_2H_6 + 7O_2 \rightarrow 4CO_2 + 6H_2O \quad \therefore \ O_2 : CO_2 = 7 : 4$$

よって，正答は**5**である。

正答　**5**

数学

物理

化学

生物

地学

同和問題

文章理解

判断推理

数的推理

資料解釈

地方上級＜教養＞過去問500●211

地方上級 全国型，関東型，中部・北陸型
No. 209　化学　アンモニアの生成　平成23年度

水素 H_2 と窒素 N_2 が同体積ずつあり，それらをどちらかが完全に無くなるまで反応させたところ，アンモニア NH_3 が6L生成された。このとき，余った気体とその体積の組合せとして正しいのは，次のうちどれか。ただし，気体の体積は同温・同圧下で計量するものとする。

	気体	体積
1	窒素	2L
2	窒素	4L
3	窒素	6L
4	水素	2L
5	水素	4L

解説

この反応の化学反応式は，

$$3H_2 + N_2 \longrightarrow 2NH_3$$

となる。これから，体積に関して，3L の H_2 と1L の N_2 が反応して2L の NH_3 が生成されるという量的関係があることがわかる。これは，「気体は種類に関係なく，同温・同圧の下で，一定体積中に同数個の気体分子を含む」という**アボガドロの法則**に基づいている。この量的関係から，NH_3 が6L生成されるには，最初に少なくとも H_2 が9L，N_2 が3L存在しなければならないことがわかる。題意より，最初は H_2，N_2 がともに9Lずつ存在していたことがわかる。

したがって，余ったのは窒素であり，その体積は，

$$9 - 3 = 6 (L)$$

となる。

よって，正答は**3**である。

正答　**3**

212●地方上級＜教養＞過去問500

地方上級

No. 210 化学　酸化還元の反応式と定量

全国型，関東型，中部・北陸型

平成20年度

濃度0.20mol/L の塩化スズ（Ⅱ）水溶液24mL に，濃度不明の塩化鉄（Ⅲ）水溶液をよく振り混ぜながら少しずつ加えていったところ以下のような反応が起こり，塩化鉄（Ⅲ）水溶液を12mL 加えたところで過不足なく完全に反応した。

$$SnCl_2 + 2FeCl_3 \longrightarrow SnCl_4 + 2FeCl_2$$

　このときの塩化鉄（Ⅲ）水溶液のモル濃度は次のうちどれか。

1　0.72mol/L

2　0.74mol/L

3　0.76mol/L

4　0.78mol/L

5　0.80mol/L

解説

この反応では，塩化スズ（Ⅱ）$SnCl_2$ は還元剤として，塩化鉄（Ⅲ）$FeCl_3$ は酸化剤として働いている。すなわち，$SnCl_2$ の中の Sn は $Sn^{2+} \longrightarrow Sn^{4+} + 2e^-$ というように電子を放出し，$FeCl_3$ の中の Fe は $Fe^{3+} + e^- \longrightarrow Fe^{2+}$ というように電子を受け取っている。

　反応式が与えられているので，塩化鉄（Ⅲ）の濃度を求めるのは簡単である。

　塩化スズ（Ⅱ）水溶液の濃度は 0.20mol/L で，反応した量は 24mL であるから，反応した塩化スズ（Ⅱ）の物質量は，

$$0.20 \times \frac{24}{1000} \text{〔mol〕}$$ となる。

　一方，反応式より塩化スズ（Ⅱ）1 mol に対して塩化鉄（Ⅲ）2 mol という割合で反応し，反応した塩化鉄（Ⅲ）水溶液の量は12mL であるから，その濃度は，

$$0.20 \times \frac{24}{1000} \times \frac{2}{1} \times \frac{1000}{12} = 0.80 \text{〔mol/L〕}$$

となる。

　よって，**5** が正しい。

正答　**5**

地方上級＜教養＞過去問500●213

地方上級
全国型，中部・北陸型
No. 211　化学　硫酸などの分類　平成12年度

次のア～エは硫酸，塩酸，炭酸，硝酸のいずれかである。組合せとして，妥当なものはどれか。

Ⅰ　亜鉛片（Zn）を入れるとア，イ，ウは気体を発生しながら溶けたが，エは溶けたかどうかわからない程度だった。

Ⅱ　銅片（Cu）を入れるとイのみ褐色の気体が発生して溶けた。

Ⅲ　水酸化バリウム水溶液（$Ba(OH)_2$）を加えるとアのみ白色沈殿が生じた。

Ⅳ　ウの濃厚溶液にアンモニアを近づけると白煙が上がった。

	ア	イ	ウ	エ
1	炭酸	硫酸	塩酸	硝酸
2	硝酸	塩酸	硫酸	炭酸
3	塩酸	硫酸	炭酸	硝酸
4	塩酸	硝酸	炭酸	硫酸
5	硫酸	硝酸	塩酸	炭酸

解説

Ⅰ：Znはイオン化傾向がHより大きいので，ほとんどの酸に溶けるが，溶けにくいものを1つ選ぶとすれば，弱酸である炭酸となる。すなわち，エは炭酸である。

Ⅱ：Cuはイオン化傾向がHより小さいので，希硝酸，濃硝酸，熱濃硫酸などの酸化力のある酸にのみ溶ける。このとき，一酸化窒素（無色），二酸化窒素（褐色），二酸化硫黄（無色）がそれぞれ生じる。したがって，イは硝酸である。

Ⅲ：Baの塩化物，硝酸塩は水に溶けるが，炭酸塩（$BaCO_3$），硫酸塩（$BaSO_4$）は水に溶けにくい。したがって，アは，炭酸と硫酸の両方がありうるが，炭酸の場合にはHCO_3^-イオンが多く，CO_3^{2-}イオンはわずかなので，硫酸よりも沈殿を生じにくい。したがって，アとして1つだけ選ぶとすれば，硫酸となる。すなわち，アは硫酸である。

Ⅳ：これは一般的な塩酸の検出方法であり，$HCl+NH_3 \rightarrow NH_4Cl$のように塩化アンモニウムの微結晶（白煙）が生じることを利用したものである。すなわち，ウは塩酸である。

よって，正答は**5**である。

正答　5

地方上級

全国型，関東型，中部・北陸型

No. 212 化学 混合水溶液の滴定 平成25年度

水酸化ナトリウムと炭酸ナトリウムの混合水溶液がある。この混合水溶液20mLに0.10mol/Lの希塩酸を少しずつ加えていき中和滴定を行う。この場合，以下のように（Ⅰ）～（Ⅲ）の反応が順番に起こり，（Ⅰ），（Ⅱ）の反応が終了した時点で第1中和点，（Ⅲ）の反応が終了した時点で第2中和点に達する。

$$NaOH + HCl \rightarrow NaCl + H_2O \qquad \cdots（Ⅰ）$$
$$Na_2CO_3 + HCl \rightarrow NaHCO_3 + NaCl \qquad \cdots（Ⅱ）$$
$$NaHCO_3 + HCl \rightarrow NaCl + H_2O + CO_2 \qquad \cdots（Ⅲ）$$

今，滴定開始から第1中和点までに加えた塩酸が30mL，第1中和点から第2中和点までに加えた塩酸が10mLだったとすると，混合水溶液中に含まれていた水酸化ナトリウムと炭酸ナトリウムのモル濃度として妥当なものは，次のうちどれか。

	水酸化ナトリウム	炭酸ナトリウム
1	0.10 mol/L	0.050 mol/L
2	0.10 mol/L	0.060 mol/L
3	0.10 mol/L	0.080 mol/L
4	0.20 mol/L	0.050 mol/L
5	0.20 mol/L	0.080 mol/L

解説

混合水溶液中のNaOHのモル濃度をx〔mol/L〕，Na_2CO_3のモル濃度をy〔mol/L〕とする。滴定開始から第1中和点まではNaOHとNa_2CO_3が中和されるので，

$$x \times \frac{20}{1000} + y \times \frac{20}{1000} = 0.10 \times \frac{30}{1000} \quad \cdots\cdots①$$

第1中和点から第2中和点までは$NaHCO_3$が中和され，（Ⅱ）の式の係数比よりNa_2CO_3と$NaHCO_3$の物質量は等しいので，

$$y \times \frac{20}{1000} = 0.10 \times \frac{10}{1000} \quad \cdots\cdots②$$

②より$y=0.050$〔mol/L〕，さらにこれを①に代入して$x=0.10$〔mol/L〕を得る。
よって，正答は**1**である。

正答 **1**

地方上級 神奈川県

No. 213 化学　混合溶液の中和　平成16年度

濃度不明の NaOH 水溶液が20mLあり，これを中和しようとして，誤って2.0mol/Lの Ba(OH)$_2$ 水溶液を20mL加えてしまった。この混合溶液を中和するのに1.0mol/Lの H$_2$SO$_4$ を50mL要したとすると，初めの NaOH 水溶液20mLには何gの NaOH が溶けていたか。ただし，原子量は H＝1，O＝16，Na＝23 とする。

1　0.4g

2　0.8g

3　1.6g

4　2.0g

5　4.0g

解説

中和の条件は，

　　H$^+$ の個数〔mol〕＝OH$^-$ の個数〔mol〕

である。左辺は H$_2$SO$_4$ が2価であることに注意して，

　　1.0×0.05×2＝0.1〔mol〕

となる。右辺のうち，誤って加えた Ba(OH)$_2$ 水溶液に含まれる OH$^-$ は，

　　2.0×0.02×2＝0.08〔mol〕

であるから，初めの NaOH 水溶液中に存在する OH$^-$ の個数を $y$mol とすると，中和の条件は，

　　0.1＝0.08＋y

となる。したがって，y＝0.02mol であり，NaOH の式量は，23＋16＋1＝40 であるから，質量は，

　　0.02×40＝0.8〔g〕

となる。

正答　**2**

216●地方上級＜教養＞過去問500

地方上級 No.214 化学　ある金属の酸化　令和2年度

全国型，関東型，中部・北陸型

ある金属Mは，酸素と一定の割合で結合し酸化物となり，このときの金属Mの質量と，できた酸化物の質量の関係は次のグラフのようになる。金属Mの原子量が48，酸素の原子量が16のとき，この酸化物の組成式として正しいのはどれか。

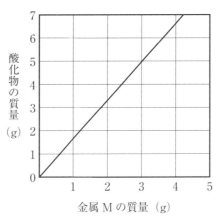

1　MO
2　MO$_2$
3　M$_2$O
4　M$_2$O$_3$
5　M$_3$O$_2$

解説

与えられたグラフから，金属Mの3gから酸化物5gができるので，金属Mの3gに酸素2gが結合することがわかる。つまり，金属Mと酸素は3：2の質量比で反応することがわかる。組成式をM$_x$O$_y$とすると，酸化物はM原子がx個に対し酸素原子y個が結合してできることになる。Mの原子量が48，酸素の原子量が16なので，このときに反応する質量比は，$48x:16y=3x:y=3:2$となる。したがって，内項の積と外項の積が等しいので，$3y=3x\times2=6x$となり，$y=2x$とわかる。選択肢に与えられた組成式の中でこれを満たすのは，$x=1$，$y=2$の場合に相当するMO$_2$のみである。

　よって，正答は**2**である。

正答　2

鉛蓄電池の両極での反応は次のようになっている。

（Ⅰ）$Pb + SO_4^{2-} \rightarrow PbSO_4 + 2e^-$
（Ⅱ）$PbO_2 + 4H^+ + SO_4^{2-} + 2e^- \rightarrow PbSO_4 + 2H_2O$

したがって，極Ⅰが負極，極Ⅱが正極であることがわかる。
この電池について述べた次の記述の下線部の正誤の組合せとして正しいものはどれか。

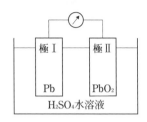

鉛蓄電池では，電子が1 mol 流れると，(ア)水が0.5mol 生成される。上記の反応式から，電流が流れると，(イ)両極に PbSO₄ が析出することがわかる。放電し続けると電池の起電力が落ちるため，充電する必要がある。充電の際は，(ウ)極Ⅰを外部電源の負極に，極Ⅱを正極につなげばよい。

	ア	イ	ウ
1	正	正	誤
2	正	誤	正
3	誤	正	正
4	誤	正	誤
5	誤	誤	誤

解説

ア：誤り。極Ⅰでの反応式より，電子が2 mol 流れると，極Ⅱでの反応式より，H₂O が2 mol 生成されることがわかる。すなわち，電子が1 mol 流れると水が1 mol 生成される。

イ：正しい。放電して電流が流れると極Ⅰで（Ⅰ）の反応，極Ⅱで（Ⅱ）の反応が進むので，PbSO₄ が析出する。

ウ：正しい。充電するときには，電源の負極と電池の負極（極Ⅰ）を，電源の正極と電池の正極（極Ⅱ）をつなげばよい。すると，放電しているときの反応とは逆向きの反応，すなわち（Ⅰ），（Ⅱ）の反応で矢印を左向きにした反応が起こり，極ⅠのPbSO₄ は還元されて放電前の Pb に戻り，極Ⅱの PbSO₄ は酸化されて放電前の PbO₂ に戻る。

よって，正答は**3**である。

正答　3

地方上級 特別区

No. 216 化学 塩化銅(Ⅱ)水溶液の電気分解 平成16年度

$CuCl_2$ の水溶液を，4 Aの電流で1520秒間電気分解したとき，陰極に析出する Cu の質量として妥当なのはどれか。ただし，ファラデー定数を 9.65×10^4 C/mol，Cu の原子量を63.5とする。

1 1 g

2 2 g

3 3 g

4 4 g

5 5 g

解説

ファラデーの法則より，電気分解に必要な電子の物質量は，

$$\frac{4 \times 1520}{9.65 \times 10^4} \text{〔mol〕}$$

と表される。

$$Cu^{2+} + 2e^- \rightarrow Cu$$

より，Cu 1 molが析出するのに電子 2 molが必要であるから，析出する Cu の質量は，

$$\frac{1}{2} \times 63.5 \times \frac{4 \times 1520}{9.65 \times 10^4} \fallingdotseq 2.0 \text{〔g〕}$$

よって，正答は**2**である。

正答 2

地方上級＜教養＞過去問500●**219**

地方上級
全国型，関東型，横浜市

No. 217 化学 元素の単体の性質 平成11年度

5つの元素N，C，S，Na，Neの単体の性質に関する次の記述のうち，誤っているものはどれか。

1 N ——通常無色無臭の2原子分子の気体で反応性が高い。エネルギーを得ると有色刺激臭の3原子分子になる。後者は特に反応性が高い。

2 C ——2種類の共有結合の結晶を作る。一方は比較的軟らかく，電気を通すが，他方にはこの性質はない。どちらも燃焼すると無色無臭の気体となり，それを水に溶かすと弱酸性を示す。

3 S ——分子結晶で電気を通さずもろい。燃焼すると刺激臭のある気体となり，それを水に溶かすと弱い酸性を示す。

4 Na——自由電子を持つ固体で電気を通す。水に浮き，冷水に入れると激しく反応して溶ける。

5 Ne——単原子分子の気体である。電子配置が安定していてほとんど反応を起こさない。

解説

1. 誤り。本枝の記述に当てはまるのはO（酸素）である。窒素分子N_2は反応性が低く，また通常3原子分子にはならない。

2. 正しい。ダイヤモンドと黒鉛はともにC（炭素）の共有結合の結晶であるが，結晶構造が異なるため，ダイヤモンドが硬く電気を通さないのに対して，黒鉛は軟らかく電気を通す。また，燃焼してできるCO_2は，水に溶けるとH_2CO_3（炭酸）を生じ，弱酸性を示す。
$$CO_2 + H_2O \rightleftarrows H_2CO_3 \rightleftarrows H^+ + HCO_3^+$$

3. 正しい。S（硫黄）は分子式S_8の分子による分子結晶をつくる。燃焼してできるSO_2は水に溶けてH_2SO_3（亜硫酸）を生じ，弱酸性を示す。

4. 正しい。Na（ナトリウム）はアルカリ金属に属し，水と激しく反応してNaOH（水酸化ナトリウム）を生ずる。

5. 正しい。Ne（ネオン）は，希ガスに属し，反応性は極めて低い。
　よって，正答は**1**である。

正答　**1**

地方上級

No. 218

全国型，関東型，中部・北陸型

化学　　有機化合物の組成式　平成27年度

炭素 C，水素 H，酸素 O の 3 種類の元素のみからなる有機化合物44gを元素分析するために，酸素を送り完全燃焼させたところ，二酸化炭素 CO_2 が88g，水 H_2O が36g 発生した。このとき，この有機化合物の組成式は以下のように求められる。文中の空欄ア～エに当てはまる数の組合せとして妥当なものはどれか。ただし，原子量は H＝1，C＝12，O＝16とする。

二酸化炭素 CO_2 の分子量は，12＋16×2＝44と計算できる。したがって，発生した CO_2 88g は，物質量で　ア　mol である。この C 原子は有機化合物に含まれていたものなので，有機化合物44g の中に C 原子は　イ　mol 含まれている。同様に，H_2O の分子量を計算すると，H_2O 1 分子の中に H 原子が 2 個含まれていることに注意して，有機化合物44g の中に H 原子が　ウ　mol 含まれていることがわかる。ここから，有機化合物の質量の44g から，含まれている C 原子の質量と H 原子の質量を引き算すると，含まれている O 原子の物質量が　エ　mol とわかり，C，H，O の物質量の比から，有機化合物の組成式が求められる。

	ア	イ	ウ	エ
1	0.5	0.5	2.0	2.5
2	0.5	0.5	6.0	2.0
3	2.0	2.0	2.0	1.5
4	2.0	2.0	4.0	0.5
5	2.0	2.0	4.0	1.0

解説

CO_2 ＝44が88g あるので，二酸化炭素は2.0mol（ア）あることになる（分子量は，物質 1 mol 当たりの質量である）。したがって，炭素 C 原子も2.0mol（イ）あることになる。同じように，H_2O の分子量は，1×2＋16＝18と計算でき，これが36g 発生したので，水分子は $\frac{36}{18}$ ＝2.0mol あることになる。そして，水 1 分子には水素 H 原子が 2 つ含まれているため，水素原子は4.0mol（ウ）あることになる。したがって，有機化合物44g の中には，炭素 C 原子が24g（＝12×2），水素 H 原子が 4 g（＝1×4）あることがわかるので，酸素 O 原子は引き算して44－24－4＝16〔g〕あることになるが，酸素の原子量は16なので，酸素原子は1.0mol（エ）含まれていることがわかる。なお，組成式は C_2H_4O とわかる。

よって，正答は**5**である。

正答　**5**

地方上級＜教養＞過去問500●**221**

地方上級

全国型，関東型，横浜市

No. 219 化学 **塩化ナトリウム** 平成9年度

塩化ナトリウム NaCl に関する次の記述のうち，誤っているものはどれか。

1 NaCl の結晶は NaCl 分子が弱い分子間力で結合した分子結晶である。

2 NaCl の結晶は電気を通さない。

3 NaCl は NaOH と HCl の反応によっても生じる。

4 NaCl の水溶液では Na^+ イオンと Cl^- イオンに分かれていて電気を通す。

5 NaCl の水溶液は中性である。

解説

1．誤り。塩化ナトリウムの結晶は，ナトリウムイオン Na^+（陽イオン）と塩化物イオン Cl^-（陰イオン）がクーロン力で結合したイオン結晶である。

2．正しい。固体状態では安定していて電気を通さない。

3．正しい。酸と塩基の中和反応によって生じる塩である。

4．正しい。水溶液中では電離するので電気を通す。

5．正しい。強酸と強塩基の中和で生成した塩なので中性である。

よって，正答は**1**である。

正答 **1**

222●地方上級＜教養＞過去問500

地方上級

全国型，関東型，中部・北陸型

No. 220　化学　資源の再利用　平成25年度

わが国における資源の再利用に関する次の記述のうち，妥当なものはどれか。

1　紙の原料は主として石油由来のナフサであるが，最近では古紙の再利用が進んでいる。日本の古紙再生率は先進国の中でも高いほうである。

2　鉄は鉱石を電気分解することで得られ，アルミニウムは鉱石を還元することで得られる。アルミ缶・スチール缶の再利用はかなり進んでいる。

3　プラスチックは基本的に自然界では分解されず，またダイオキシンなどの有害物質の発生源になりうる。プラスチックは種類別に回収されており，たとえばPETは溶解して再利用される。

4　携帯電話など家電製品の内部にはレアメタルが使われており，使用済みの家電製品は都市鉱山と呼ばれている。金やレアメタルは酸に溶けやすいという性質を利用して回収されて再利用される。

5　普通のガラス（ソーダガラス）は二酸化ケイ素，石灰石，塩化ナトリウムを混合して溶かし合わせて作られる。ガラスびんの再利用はかなり進んでいる。

解説

1．紙の原料は現在ではほとんどが木材と古紙である。ナフサは粗製ガソリンとも呼ばれ，ガソリンの原料や化学工業の原料である。

2．鉄の製錬では，鉄鉱石を還元して銑鉄とスラブ（不純物）を得る。アルミニウムの製錬では，ボーキサイトから酸化アルミニウム（アルミナ）を作り，これを電解製錬してアルミニウムを得る。

3．妥当である。なお，PET（ポリエチレンテレフタラート）はポリエステルの一種で，ペットボトルから繊維へといったリサイクルも行われている。

4．金やレアメタルには酸に溶けにくいものも少なくない。

5．ソーダガラスは二酸化ケイ素，石灰石，炭酸カルシウムを混合して溶かし合わせて作られる。

正答　**3**

数学　物理　化学　生物　地学　同和問題　文章理解　判断推理　数的推理　資料解釈

地方上級
全国型，関東型，中部・北陸型，市役所A日程

No. 221 化学　　　金 属　　　令和元年度

次の記述は，アルミニウム，バリウム，カルシウム，リチウム，チタンのいずれかの金属に関するものである。記述と金属名の組合せとして，妥当なものはどれか。

1 この金属の炭酸塩は石灰石や大理石の主成分であり，セメントの原料として多量に使われている。　　　　　　　　　　　　　　　　　　　　　　　　　——アルミニウム

2 この金属を正極に用いた蓄電池は，携帯電話や電気自動車に用いられている。
　　　　　　　　　　　　　　　　　　　　　　　　　　　　　　　　——バリウム

3 ルビーやサファイヤはこの金属の酸化物の結晶である。ミョウバンはこの金属の硫酸塩の化合物を含んでおり，着色や食品添加物に使われる。　　　　　　——カルシウム

4 この金属の硫酸塩はX線を吸収するため，消化管のX線撮影の造影剤として使われる。
　　　　　　　　　　　　　　　　　　　　　　　　　　　　　　　　——リチウム

5 この金属の酸化物は光触媒として使われ，光が当たると油汚れを分解するため，ビルの外壁に用いられる。　　　　　　　　　　　　　　　　　　　　　　　　——チタン

解説

1. 石灰石や大理石の主成分は炭酸カルシウムである。また，セメントの原料もカルシウムである。

2. 携帯電話や電気自動車の蓄電池に使われるのは，リチウムイオン電池である。リチウムイオン電池の正極に使われている金属は，本問で出てくる金属の中ではリチウムである。

3. ルビーやサファイヤは酸化アルミニウムの結晶である。ミョウバンにもアルミニウムが含まれる。

4. X線撮影の造影剤として使われるのは硫酸バリウムである。

5. 妥当である。光触媒として使われているのは，酸化チタンである。酸化チタンに光を当てると，光エネルギーによって，強い酸化還元作用を示して有機化合物（油汚れ）を酸化して分解する。この作用はビルの外壁や自動車のドアミラーなどに汚れが付着しにくくなるように使われている。

正答　**5**

224●地方上級＜教養＞過去問500

地方上級

No. 222 全国型，関東型，中部・北陸型

化学 **周期表** 平成22年度

下表は元素の周期表の一部である。この表の中の金属元素に関するア〜オの記述の中で，正しいものをすべて挙げているのは，次のうちどれか。

周期＼族	1	2	3	4	5	6	7	8	9	10	11	12	13	14	15	16	17	18
2	Li	Be											B	C	N	O	F	Ne
3	Na	Mg											Al	Si	P	S	Cl	Ar
4	K	Ca	Sc	Ti	V	Cr	Mn	Fe	Co	Ni	Cu	Zn	Ga	Ge	As	Se	Br	Kr
5	Rb	Sr	Y	Zr	Nb	Mo	Tc	Ru	Rh	Pd	Ag	Cd	In	Sn	Sb	Te	I	Xe
6	Cs	Ba	★	Hr	Ta	W	Re	Os	Ir	Pt	Au	Hg	Ti	Pb	Bi	Po	At	Rn

★ランタノイド

ア　1族のLi，Na，Kなどは，イオン化傾向が小さく，常温では酸素や水と反応しない。

イ　11族のCu，Ag，Auは，酸に弱く，展性・延性に乏しく，電気伝導性が小さい。

ウ　3族のSc，Yおよびランタノイドは希土類と呼ばれ，ハイテクノロジーで利用されるが，世界の産出量の90％以上を中国が占めている。

エ　12〜14族のZn，Al，Snは両性元素で，酸と強塩基のいずれの水溶液とも反応して溶ける。

オ　第4周期のCr，Niはいずれも単体で自動車や航空機の部品として使われる。

1　ア，オ
2　イ，エ
3　イ，オ
4　ウ，エ
5　ウ，オ

解説

ア：これらの元素はアルカリ金属元素と呼ばれ，イオン化傾向が大きく，常温で酸素や水と反応する。

イ：これらの元素は酸に強く，展性・延性に富み，電気や熱の伝導性が大きい。

ウ：正しい。Sc（スカンジウム），Y（イットリウム）にランタノイドの15元素を加えた全部で17元素は希土類（レアアース）と呼ばれるが，現状では世界の産出量の90％以上を中国が占めている。

エ：正しい。たとえば，Zn（亜鉛）はHCl（塩酸），NaOH（水酸化ナトリウム）と次のように反応して水素を発生する。

$$Zn + 2HCl \rightarrow ZnCl_2 + H_2$$
$$Zn + 2NaOH + 2H_2O \rightarrow Na_2[Zn(OH)_4] + H_2$$

オ：Cr，Niが単体で自動車や航空機の部品として使われることはない。Fe（鉄），Ni（ニッケル），Cr（クロム）の合金であるステンレス鋼には，重工業製品から台所用品まで幅広い用途がある。また，Cr，Niはメッキにも使われる。

よって，ウ，エの組合せである**4**が正答である。

正答　4

地方上級〈教養〉過去問500●225

地方上級

No. 223

全国型，関東型，中部・北陸型，横浜市

化学 **有機化合物** 平成**20年度**

分子式中の炭素原子の数が2つである有機化合物について，説明文と物質名の組合せが妥当であるものはどれか。

1 植物ホルモンの一種で，果実の成熟を促進する。──エチレン

2 無色の有毒な液体で，主に燃料として用いられる。──アセチレン

3 無色で刺激臭のある液体で，防腐剤として用いられる。──エタノール

4 この物質の重合体は，シート，水道管，電線の被覆等に用いられる。──アセトアルデヒド

5 シックハウス症候群の原因物質の一つである。──塩化ビニル

解説

1. 正しい。熟したリンゴからはエチレンが放出されるので，他の果実を一緒にビニール袋に入れておくと，その果実の成熟が促進される。

2. アセチレンは炭化カルシウム（CaC_2）に水を作用させると生成し，無色で可燃性の気体であり，金属の溶接や切断用の燃料として用いられる。有毒ではない。

3. エタノールは酒精，エチルアルコールとも呼ばれ，芳香のある無色の液体である。アルコール性飲料，溶媒，殺菌剤などとして用いられる。

4. アセトアルデヒドは刺激臭のある無色の液体で，エタノールの酸化で得られ，多くの有機工業原料として重要である。

5. シックハウス症候群の原因物質として問題視されているのはホルムアルデヒドである。塩化ビニルの重合体であるポリ塩化ビニルは，合成樹脂としてシート，水道管，容器，電線の被覆などに用いられる。

正答 **1**

226●地方上級＜教養＞過去問500

地方上級

全国型，関東型，中部・北陸型

No. 224　化学　　過酸化水素水の濃度　　平成22年度

ある濃度の過酸化水素 H_2O_2 の水溶液 100g に触媒として酸化マンガン（Ⅳ）MnO_2 を加えて反応させたところ，H_2O_2 が分解して水 H_2O と酸素 O_2 が得られた。このとき，水溶液の量が16g 減ったとすれば，最初の過酸化水素水の濃度はいくらか。ただし，原子量は $H = 1$，$O = 16$ とする。

1　18%

2　22%

3　26%

4　30%

5　34%

解説

このときの反応式は，$2H_2O_2 \rightarrow 2H_2O + O_2$ となる。

　この反応は自己酸化還元反応と呼ばれるもので，H_2O_2 は酸化剤と還元剤の両方の働きをしている。この反応式の右辺では気体である O_2 が生じているので，反応が完了した時点で水溶液の量は減っている。すなわち，問題文中の 16g とは発生した酸素の量である。

　1mol の O_2 は $16 \times 2 = 32$〔g〕であるから，題意の反応では $16 \div 32 = 0.5$〔mol〕の O_2 が発生していることになるので，最初の過酸化水素水に含まれていた H_2O_2 の量は $0.5 \times 2 = 1$〔mol〕である。1mol の H_2O_2 は $1 \times 2 + 16 \times 2 = 34$〔g〕であるから，最初の過酸化水素水の濃度は $34 \div 100 = 0.34$ より，34%であることがわかる。よって，正答は**5**である。

正答　**5**

地方上級 全国型，関東型

No. 225 化学 有機化合物の分離操作 平成18年度

フェノール（C_6H_5OH），安息香酸（C_6H_5COOH），トルエン（$C_6H_5CH_3$）の混合物を含むエーテル溶液がある。この溶液を分液ロートに入れ，次の抽出操作によってこれら3種の化合物を分離した。

まず，このエーテル溶液に炭酸水素ナトリウム（$NaHCO_3$）水溶液を加えてよく振り，水層とエーテル層に分離した後，水層に濃塩酸（HCl）を加えると（　ア　）が抽出される。次に，水層を除いた後，エーテル層に水酸化ナトリウム（$NaOH$）水溶液を加えてよく振り，水層とエーテル層に分離した後，水層に二酸化炭素（CO_2）ガスを通じると（　イ　）が抽出される。最後に，エーテル層のエーテルを蒸発させると（　ウ　）が抽出される。

空欄ア～ウに入る化合物名の組合せとして正しいものは次のうちどれか。ただし，酸に関する次の性質を考慮すること。

① 弱酸の塩に強酸を加えると，強酸の塩が生成され弱酸が遊離する。

② フェノールと安息香酸は酸性，トルエンは中性である。

③ 酸性の強さは，安息香酸＞炭酸＞フェノールの順となっている。

	ア	イ	ウ
1	安息香酸	トルエン	フェノール
2	安息香酸	フェノール	トルエン
3	フェノール	安息香酸	トルエン
4	フェノール	トルエン	安息香酸
5	トルエン	安息香酸	フェノール

解説

まず，このエーテル溶液に炭酸水素ナトリウム水溶液を加えると，安息香酸のほうが炭酸（H_2CO_3）より酸性が強いので，次のように反応して，安息香酸のナトリウム塩 C_6H_5COONa ができ，これが水層に移る。

$NaHCO_3+C_6H_5COOH→C_6H_5COONa+H_2O+CO_2$

さらにこの水層に塩酸を加えると，塩酸のほうが安息香酸より酸性が強いので，次のように反応して安息香酸が遊離する（ア）。

$C_6H_5COONa+HCl→NaCl+C_6H_5COOH$

次に，エーテル層に水酸化ナトリウム水溶液を加えると，フェノールと水酸化ナトリウムの間に中和反応が起こって，フェノールのナトリウム塩 C_6H_5ONa ができ，これが水層に移る。

$C_6H_5OH+NaOH→C_6H_5ONa+H_2O$

さらにこの水層に二酸化炭素ガスを通じる（炭酸を加えたのと同じ）と，炭酸はフェノールより酸性が強いので，次のように反応してフェノールが遊離する（イ）。

$C_6H_5ONa+CO_2+H_2O→NaHCO_3+C_6H_5OH$

最後に，エーテル層のエーテルを蒸発させれば，残りのトルエンが抽出される（ウ）。

なお，安息香酸，フェノール，トルエンはいずれも水に溶けにくくエーテルに溶けやすいが，安息香酸とフェノールは塩をつくると，水に溶けやすくエーテルに溶けにくくなることに注意する。

よって，正答は**2**である。

正答　**2**

地方上級

No. 226

全国型，関東型，中部・北陸型，大阪府

化学 **2種類の炭化水素の燃焼** 平成15年度

炭化水素 A，B がそれぞれ 1L ずつある。これらを完全燃焼させたところ，A からは 1L，B からは 2L の二酸化炭素が生成された。また，生成された水の量はどちらも同じであった。このとき，B の化学式として，妥当なものは次のうちどれか。

1 CH_4

2 C_2H_2

3 C_2H_4

4 C_2H_6

5 C_3H_6

解説

同温・同圧では気体の体積とモル数は比例するので，題意より A，B が完全燃焼するときの化学反応式は次のように表すことができる。

A の場合：

$$CH_x + \left(1 + \frac{x}{4}\right)O_2 \longrightarrow CO_2 + \frac{x}{2}H_2O$$

B の場合：

$$C_2H_{x'} + \left(2 + \frac{x'}{4}\right)O_2 \longrightarrow 2CO_2 + \frac{x'}{2}H_2O$$

ここで，$x = x' = 4$ のみが題意に適し，このとき A は CH_4（メタン），B は C_2H_4（エチレン）となる。

よって，正答は**3**である。

正答 **3**

数学

物理

化学

生物

地学

同和問題

文章理解

判断推理

数的推理

資料解釈

地方上級＜教養＞過去問500●**229**

地方上級

No. 227　化学　熱化学方程式と結合エネルギー

全国型，関東型，中部・北陸型

平成24年度

酸素と水素が反応して水ができる反応の熱化学方程式は次のようになっている。

$$H_2[気体]+\frac{1}{2}O_2[気体]=H_2O[気体]+240kJ$$

H−H 結合の結合エネルギーが430kJ/mol，O=O 結合の結合エネルギーが500kJ/mol であるとき，H−O 結合の結合エネルギーはいくらか。

1　200kJ/mol

2　330kJ/mol

3　460kJ/mol

4　590kJ/mol

5　720kJ/mol

解説

与えられた熱化学方程式の左辺では 1 mol の H−H 結合と $\frac{1}{2}$ mol の O=O 結合の切断があり，右辺では 2 mol の H−O 結合の生成がある。結合の切断では結合エネルギー相当の吸熱があり，結合の生成では結合エネルギー相当の発熱があるので，H−O 結合の結合エネルギーを x kJ/mol とすると，熱量に関して次の式が成り立つ。

$$-\left(430\times1+500\times\frac{1}{2}\right)+x\times2=240$$

上式を解いて $x=460$〔kJ/mol〕を得る。

　よって，正答は**3**である。

正答　**3**

アンモニアの生成反応に関する次の文章中の空欄ア～エに当てはまる語句の組合せとして，妥当なものはどれか。

次の図は水素と窒素が反応してアンモニアが生成するときの反応経路とエネルギーの関係を示したものである。ここで反応物質のエネルギーを示しているのは ア ，反応熱に相当するのは イ であるから，この反応は ウ 反応である。また，鉄を主体とした触媒を用いると， エ を下げることができる。

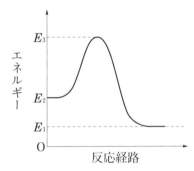

	ア	イ	ウ	エ
1	E_2	E_2-E_1	吸熱	E_2
2	E_2	E_3-E_1	発熱	E_3
3	E_2	E_2-E_1	発熱	E_3
4	E_3	E_2-E_1	発熱	E_2
5	E_3	E_3-E_1	吸熱	E_1

解説

一般に化学反応の進行過程においては，反応物質がいったん高いエネルギー状態（活性化状態）になり，その後安定な生成物質ができるときにエネルギーを放出または吸収する。

問題の図においては，E_2 が反応物質のエネルギー，E_1 が生成物質のエネルギー，E_3 が活性化状態のエネルギーを表し，E_3-E_2 が活性化エネルギーに相当する。この場合，E_2-E_1 に相当するエネルギーしか外部には現れず，これが反応熱である（この場合は発熱反応）。

水素と窒素からアンモニアを生成する反応では鉄を主体とする触媒を用いることにより活性化状態のエネルギーを小さくすることができる。

よって，正答は **3** である。

正答 **3**

地方上級

No. 229 化学 レアメタルやレアアース 平成24年度

全国型，関東型，中部・北陸型

10種類のレアメタルやレアアースについて，同じような用途で用いられるものを2つずつ組み合わせてA〜Eのように分類した。A〜Eとその説明の組合せが正しいのは次のうちどれか。

- A　ネオジム，ジスプロシウム
- B　パラジウム，プラチナ
- C　ガリウム，インジウム
- D　ニッケル，クロム
- E　リチウム，コバルト

1 鉄とともにステンレス鋼の原料となり，またメッキにも用いられる。――B
2 磁石・磁性体材料であり，強力な磁石をつくることができる。――C
3 1990年代に日本を中心に実用化された二次電池の電極材料である。――E
4 自動車の排気ガス浄化用の触媒であり，また貴金属として装飾品に用いられる。――D
5 半導体の材料であり，発光ダイオードや透明電極の材料として重要である。――A

解説

A：ネオジム Nd とジスプロシウム Dy はレアアース（希土類元素）であり，いずれも磁石・磁性体材料として重要である。

B：パラジウム Pd，プラチナ Pt はいずれも触媒としての活性が高く，特に自動車の排気ガス浄化用の触媒として大量に用いられている。また，貴金属として宝飾品にも用いられている。

C：ガリウム Ga，インジウム In はいずれも半導体の材料として用いられ，特にガリウムは発光ダイオードの材料として，インジウムは液晶ディスプレイなどの透明電極の材料として重要である。

D：ニッケル Ni，クロム Cr はいずれも耐食性が高いことからメッキに用いられる。ステンレス鋼は鉄，ニッケル，クロムからなる合金であり，錆びにくいため錆を防ぐためのメッキや塗装の必要がない。

E：リチウム Li，コバルト Co はリチウムイオン二次電池の正極の材料として重要。リチウムイオン二次電池の開発は主として日本で進められ，1990年代に実用化された。リチウムイオン二次電池は携帯電話，スマートフォン，ノートパソコン，デジタルカメラなど幅広い電子・電気機器に搭載され，携帯用 IT 機器の利便性に大きく貢献している。

以上より，正答は**3**である。

正答　**3**

地方上級

No. 230 全国型，関東型，中部・北陸型

生物　DNA の半保存的複製　平成20年度

DNA は二重らせん構造を持ち，その複製は半保存的に行われる。メセルソンとスタールは1958年に以下のような巧妙な実験によってこのことを初めて証明した。

普通の窒素 ^{14}N の同位体である ^{15}N（^{14}N よりも重い）のみを含む培地で大腸菌を何代にもわたって培養すると，DNA の窒素がすべて ^{15}N である大腸菌が得られる。この大腸菌の DNA を重い DNA（$^{15}N-^{15}N-DNA$）と呼ぶことにする。この重い DNA を持つ大腸菌を ^{14}N だけを含む普通の培地に移して培養し，各代ごとに DNA の重さの分布を調べたところ，1代目と2代目は次のような結果となった。ここで，^{14}N と ^{15}N を持つ DNA を中間の重さの DNA（$^{14}N-^{15}N-DNA$），^{14}N のみを持つ DNA を軽い DNA（$^{14}N-^{14}N-DNA$）と呼ぶことにする。

①　1代目（1回分裂後）：
　　ア　すべて中間の重さの DNA となった。
　　イ　重い DNA と中間の重さの DNA の比が1：1となった。
②　2代目：
　　ア　すべて中間の重さの DNA となった。
　　イ　重い DNA と中間の重さの DNA の比が1：1となった。
　　ウ　中間の重さの DNA と軽い DNA の比が1：1となった。

上記の①，②に対応する DNA の重さの分布ア～ウの正しい組合せは，次のうちどれか。

	①	②
1	ア	ア
2	ア	イ
3	ア	ウ
4	イ	ア
5	イ	ウ

解説

DNA 分子が複製されるときには，もともとあった2本のヌクレオチド鎖のうち1本と新たに合成されたヌクレオチド鎖1本とからなる二重らせん構造の DNA 分子が2分子できる。このとき，もともとのヌクレオチド鎖は新たにできた DNA 分子の二重らせんの片方のヌクレオチド鎖としてそのまま残っている。これを半保存的複製という。

1代目では，^{14}N 培地の中で重い DNA（$^{15}N-^{15}N-DNA$）から複製ができるので，もとになるヌクレオチド鎖は2本とも ^{15}N ヌクレオチド鎖で，新たに合成されるヌクレオチド鎖は2本とも ^{14}N ヌクレオチド鎖である。したがって，これらが結びついてできる DNA はすべて中間の重さの DNA（$^{14}N-^{15}N-DNA$）となる。

2代目では，^{14}N 培地の中で中間の重さの DNA（$^{14}N-^{15}N-DNA$）だけから複製ができるので，もとになるヌクレオチド鎖の1本は ^{14}N ヌクレオチド鎖，もう1本は ^{15}N ヌクレオチド鎖で，新たに合成されるヌクレオチド鎖は2本とも ^{14}N ヌクレオチド鎖である。したがって，これらが結びついてできる DNA は，半分が中間の重さの DNA（$^{14}N-^{15}N-DNA$），残りの半分が軽い DNA（$^{14}N-^{14}N-DNA$）となる。

よって，**3**が正しい。

正答　**3**

地方上級

全国型，関東型，中部・北陸型，横浜市

No. 231　生物　生物の5大要素　平成13年度

生物の体内には水，タンパク質，脂質，炭水化物，核酸，無機塩類などの物質が含まれるが，これらのうち最も多い水（70%程度を占める）以外の5大要素に関する次の記述のうち，妥当なものはどれか。

1　タンパク質は多数のピルビン酸がペプチド結合で結合した構造の物質で，酵素の本体として物質交代を推進したり，脂質と結合して生体膜を構成したりしている。

2　脂質はグリセリンと脂肪酸だけからなる物質で，C，H，OのほかにPやNを含み，細胞の原形質内では生体膜の成分として重要である。

3　炭水化物はC，H，OとSからなり，細胞の原形質の成分としてよりはエネルギー源としての役割が重要である。炭水化物の代表的なものとしては糖類が挙げられる。

4　核酸は遺伝やタンパク質合成を支配している重要な物質で，DNAとRNAの2種類があるが，RNAは特徴的な二重らせん構造をしている。

5　無機塩類はタンパク質や骨の成分，ヘモグロビンの成分，クロロフィルの成分などとして重要であると同時に，浸透圧やpHの調節，酵素の補助因子などとしても働いている。

解説

1．タンパク質は多数のアミノ酸がペプチド結合で結合した構造をしている。

2．脂質には，グリセリンと脂肪酸だけからなる単純脂質と，それ以外の複合脂質がある。後者の例としてはリン脂質，ステロイド，カロテノイドなどがある。

3．炭水化物の成分はC，H，Oだけであり，Sは含まれない。

4．二重らせん構造をしているのはDNAのほうである。

5．正しい。

正答　**5**

地方上級

No. 232

全国型，関東型，中部・北陸型，市役所Ａ日程

生物 **免 疫** 平成 **30**年度

ヒトの免疫に関する次の記述のうち，妥当なものはどれか。

1 抗体による免疫反応の原因となる物質は抗原と呼ばれる。抗原は主に無機物質からなり，タンパク質や糖は抗原にはなりえない。

2 ある物質に対するアレルギーを発症すると，その物質に対する免疫反応が起こらなくなり，その物質が体内に侵入しても除去できなくなり，特有の症状が現れる。

3 エイズを発症すると，免疫機能が促進され，ヒトに無害なカビや細菌などにも強い免疫反応が起こり，さまざまな症状が起こる。

4 生体に他人の臓器を移植すると，その臓器組織が異物と認識され，リンパ球の攻撃を受け拒絶反応が起こるため，免疫を抑制する薬剤の投与が必要である。

5 感染症の予防には，その病原体をワクチンとして接種し，免疫を獲得する方法が効果的である。そのときに接種される病原体の毒性は高められている。

解 説

1. 有機物も抗原になりえる。実際にアレルギー反応を起こす花粉や各種細菌なども，物質として見れば有機物である。

2. アレルギーは免疫機構の過剰反応である。したがって，アレルギーを発症すると，その物質が体内に侵入したときに過剰な免疫反応が起きて，特有の症状が現れる。

3. エイズを発症すると，免疫反応が起こりにくくなり，通常では感染しない病原菌に感染して，さまざまな症状が起こる。

4. 妥当である。

5. ワクチンとして接種される病原体の毒性は弱められている。ワクチンが感染症の予防に有効であることは正しい。

正答 **4**

地方上級＜教養＞過去問500●**235**

地方上級

全国型, 関東型, 中部・北陸型, 市役所A日程

No. 233 **生物** **真核生物の細胞** 令和 **元年度**

真核生物の細胞に関する次の記述のうち, 妥当なものはどれか。

1 細胞膜は細胞を内外に分ける膜である。水, 無機イオン, 糖はいずれも細胞膜を通過するため, 細胞内の無機イオン, 糖の濃度は一定に保たれる。

2 細胞には核などの構造体が含まれ, その間を細胞質基質が満たしている。細胞質基質には, 染色体が分散して存在している。

3 ミトコンドリアは植物細胞にも動物細胞にもある。ミトコンドリアには, 酸素を使って有機物を分解し, 有機物からエネルギーを取り出す働きがある。

4 葉緑体は光合成の場である。光合成は光エネルギーを用いて, 水と二酸化炭素からタンパク質を合成する働きである。

5 液胞は膜で覆われ, その中に成長に必要な物質が包まれている。若い植物では大きく発達しているが, 成熟した植物細胞では見られないこともある。

解 説

1. 細胞膜は特定の物質のみを通す半透性の膜であり, すべての無機イオン, 糖を通すわけではない。

2. 染色体は, 真核細胞では核の中に存在し, 細胞質基質に分散してはいない。

3. 妥当である。

4. 光合成で合成されるのはタンパク質ではなく糖やデンプンである。

5. 液胞には, 水や老廃物などが貯蔵され, 主に成熟した植物細胞で大きく発達する。そのため, 液胞が成長に必要な物質を貯蔵するために特化した器官とはいえない。

正答 **3**

地方上級

No. 234

全国型，関東型，中部・北陸型，市役所Ａ日程

生物 **細胞呼吸** 令和2年度

細胞内で酸素を用いて有機物を分解してATPを合成する働きを呼吸（細胞呼吸）という。呼吸に関する次の記述のうち，妥当なものはどれか。

1 呼吸を担う細胞小器官は，動物ではミトコンドリア，植物では葉緑体である。

2 呼吸に使われる有機物は主にタンパク質であり，タンパク質を使い切った後，炭水化物や脂肪が使われる。

3 呼吸で合成されたATPは，生命活動のエネルギー源として使われる。

4 呼吸に使われた有機物は，最終的に窒素と酸素に分解される。

5 激しい運動をしている筋肉組織では，酸素の代わりに乳酸が用いられる。

解説

1. 呼吸を担う細胞小器官は，植物細胞でもミトコンドリアである。葉緑体は，光合成を担う細胞小器官である。

2. 呼吸で主に使われる有機物は炭水化物である。炭水化物の後にタンパク質や脂肪が使われる。

3. 妥当である。

4. 呼吸で使われた有機物は，最終的に二酸化炭素と水に分解される。

5. 激しい運動時には，ATP生成に解糖が利用される。この際は酸素が用いられず乳酸が作られる。したがって，酸素の代わりに乳酸が使われるわけではない。

正答 **3**

地方上級＜教養＞過去問500●**237**

生物　光合成曲線

下図は，2種類の植物A，Bについて光－光合成曲線を示したものである。これに関するア，イ，ウの記述の正誤の組合せとして，妥当なものはどれか。

　ア　光の強さが十分なとき，Aの光合成速度は呼吸速度のおよそ3倍である。
　イ　林の中では，補償点，光飽和点がともに低いBのほうが有利である。
　ウ　光の強さが弱いとき，温度が上昇すると光合成速度は大きくなる。

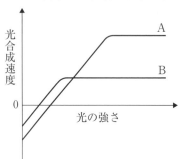

	ア	イ	ウ
1	正	正	正
2	正	誤	正
3	正	正	誤
4	誤	正	誤
5	誤	誤	誤

解説

ア：正しい。光の強さが十分なとき（光飽和点での光の強さを上回っているとき），Aの光合成速度は呼吸速度のおよそ3倍になっている。

イ：正しい。Bは陰性植物，Aは陽性植物である。陰性植物は陽性植物に比べて補償点，光飽和点ともに低くなっている。陰性植物では，最大光合成量は小さいが，呼吸量も小さく，日陰においても光合成速度が呼吸速度を上回るため，林の中では陽性植物より有利である。

ウ：誤り。光の強さが弱いとき，光合成速度は温度の影響をほとんど受けない。光の強さが強いときは，0～30℃ぐらいまでは温度が高くなるほど光合成速度も大きくなる。

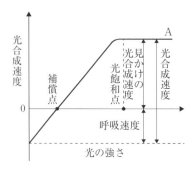

よって，正答は**3**である。

正答　**3**

地方上級 全国型, 関東型, 中部・北陸型

No. 236 生物 ヒトの肝臓の働きと性質 平成26年度

ヒトの肝臓に関する次の記述の下線部ア～オのうち, 妥当なもののみをすべて挙げているのはどれか。

　　肝臓は人体中で_ア心臓に次いで2番目に大きい臓器で, 横隔膜の直下に位置する。肝臓は血糖値の調節に関与しており, たとえば, _イ血糖値が低いときにはグルコースからグリコーゲンを合成して肝臓に蓄える。また, 不要となったタンパク質やアミノ酸の分解を行っており, _ウ分解に伴って生じた有毒なアンモニアを毒性の少ない尿素に作り変える働きもある。そのほかにアルコールの分解や古くなった赤血球の破壊など, 血液中の物質を処理することで血液の状態を安定に保っている。

　　肝臓病の主な原因はウイルスとアルコールであり, 日本ではウイルス性肝炎が多い。肝炎ウイルスはA型, B型, C型があり, _エA型は血液, 体液を介して, B型・C型は水や食べ物を介して感染する。重度の肝臓病に対しては肝移植を行う場合があるが, 肝臓は一部を切除しても再生するので, _オ脳死または心停止した人だけでなく, 生体からも臓器提供が行われている。

1　ア, ウ
2　ア, エ
3　イ, エ
4　イ, オ
5　ウ, オ

解説

ア：肝臓は心臓より大きく, 人体では最も大きい臓器である。

イ：血糖値が低い時には, 血糖量を増加させるために, グリコーゲンを分解してグルコースにする。

ウ：正しい。肝臓は, アミノ酸の分解で生じた有毒なアンモニアを毒性の低い尿素に変える働きを持っている。

エ：A型肝炎は経口感染で, 食べ物や飲み物から感染するが, B型肝炎とC型肝炎は, 血液, 体液を介した感染である。

オ：正しい。現在は生体肝移植も行われている。

　　以上より, 正答は**5**である。

正答　**5**

地方上級
全国型，関東型，中部・北陸型

No. 237　生物　ヒトの細胞の核と染色体　平成24年度

ヒトの細胞の核と染色体に関する記述ア〜オのうち，正しいものだけをすべて挙げているのはどれか。

ア　核内の染色体は DNA とタンパク質からなる構造体で，光学顕微鏡で観察できるのは細胞周期の分裂期だけである。

イ　DNA では塩基・糖・リン酸からなるヌクレオチドと呼ばれる単位が鎖状に長くつながっており，さらにこの鎖2本が互いのリン酸どうしで結合してらせん状に巻いている。

ウ　核内の DNA の複製は細胞周期の間期に行われ，この間に DNA 量は2倍になり，次の分裂期に備える。

エ　性別を決定する染色体には X と Y があるが，体細胞の核内に女性は X 染色体を2つ持ち，男性は Y 染色体を2つ持っている。

オ　ヒトの色覚異常や血友病の遺伝に見られる伴性遺伝は，劣性の遺伝子が X 染色体にのみ存在し，Y 染色体に対立遺伝子が存在しないために起こる。

1　ア，イ
2　ア，ウ
3　イ，エ
4　イ，オ
5　ウ，オ

解説

ア：細胞周期の分裂期において染色体は最も凝縮して太い棒状になるため光学顕微鏡で容易に観察できる。しかし，間期の核内においてのび広がった状態の染色体（染色糸）も光学顕微鏡で観察可能である。

イ：DNA では，2本のヌクレオチド鎖が互いの塩基どうしで結合してらせん状に巻いており，これを二重らせん構造という。

ウ：正しい。

エ：体細胞の核内に，女性は X 染色体をホモで（XX 型），男性は X 染色体と Y 染色体をヘテロで（XY 型）持っている。このため，卵子はすべて X 型であるが，精子には X 型と Y 型があり，生まれてくる子の性を決定するのは精子である。

オ：正しい。この場合，X 染色体にある遺伝子はそれが劣性であっても，男性には表現型として現れる。

よって，正答は**5**である。

正答　**5**

240●地方上級＜教養＞過去問500

地方上級

全国型，関東型，中部・北陸型

No. 238　生物　ヒトの器官の働き　平成17年度

ヒトの臓器の機能に関する次の文章のうち，正しいものはどれか。

1　血液は心臓から肺に，また，全身に送られるが，4つの心房・心室の中で左心室の筋肉が最も厚い。

2　肺は心臓と同じ種類の筋肉でできており，自ら伸縮を繰り返す。

3　たんぱく質や脂肪は胃でアミラーゼや脂肪酸に分解され，小腸の柔毛で吸収される。

4　リパーゼというホルモンは胆のうから分泌され，脂肪の分解を促す。

5　膀胱は尿のろ過を行い，体に必要な糖やアミノ酸を再吸収する。

解　説

1. 正しい。血液は全身→大静脈→右心房→右心室→肺動脈→肺→肺静脈→左心房→左心室→大動脈→全身と巡る。大動脈を通じて全身に血液を送る左心室の筋肉が最も発達している。

2. 肺は筋肉からできているわけではなく，横隔膜や肋間筋によって外から膨らまされている。

3. 胃ではペプシンによってたんぱく質がアミノ酸に分解され，小腸ではリパーゼによって脂肪はグリセリンと脂肪酸に分解される。

4. リパーゼはすい臓から分泌される。胆のうから分泌されるのは胆汁で，脂肪を乳化することで脂肪を分解するリパーゼの働きを助ける。

5. 腎臓が血液の血しょうから尿をろ過し，また，必要な糖や無機塩類を再吸収する。膀胱は腎臓が排出した尿をためておく機能を持つ。

正答　1

地方上級＜教養＞過去問500●241

地方上級
No. 239 生物 ヒトに必要な栄養素

全国型，関東型，中部・北陸型　平成21年度

ヒトが必要とする栄養素についての以下の文章中の下線部分に関する記述として正しいのは，次のうちどれか。

ヒトが必要とする栄養素のうち，特に大量に摂取する必要のあるタンパク質・脂肪・炭水化物を三大栄養素という。三大栄養素は人体の_ア構成物質や_イエネルギー源として使われるが，そのまま使われるのではなく，消化という働きによって分解・吸収されたのち，_ウ呼吸のための原料や_エ人体を構成する材料となる。また，少量の摂取で足りるが体の調節作用と関係の深い_オ無機塩類とビタミンを副栄養素という。

1　ア：三大栄養素のうち，人体の構成物質として最も多いのは炭水化物である。

2　イ：三大栄養素のうち，同質量で最も多くのエネルギーを取り出せるのは炭水化物である。

3　ウ：呼吸の原料であるグルコースは水と二酸化炭素に分解されるが，その過程でエネルギーがATPの形で取り出される。

4　エ：三大栄養素は最終的には無機物質に分解されたのち，有機物質につくり変えられて人体を構成する材料になる。

5　オ：無機塩類のうち，鉄とリンはイオンとして体液中に存在し，カリウムとナトリウムは人体の体液以外部分の構成成分として存在する。

解説

ア：人体の構成物質として最も多いのはタンパク質である。タンパク質は，細胞の構成成分として，また酵素の主成分として重要である。

イ：同質量で最も多くのエネルギーを取り出すことができるのは脂肪である。また，貯蔵できるエネルギー源として重要である。

ウ：正しい。細胞内の好気呼吸では呼吸基質（呼吸の原料）として炭水化物，脂肪，タンパク質のいずれもが使われるが，最も重要なのは炭水化物の一種のグルコース（ブドウ糖）である。

エ：すべてが無機物質に分解されてから使用されるわけではない。たとえば，人体を構成するタンパク質の原料となるアミノ酸の中には，体内では作り変えができないため食物として取り込む必要があるものもある（必須アミノ酸）。

オ：鉄は赤血球に含まれるヘモグロビンの構成要素である。また，リンは核酸，ATP，骨，神経，筋肉などに広く存在している。一方，カリウムとナトリウムは主として体液中にイオンとして存在している。

よって，正答は**3**である。

正答　**3**

地方上級
全国型，関東型，中部・北陸型

No.
240 　生物　　　ヒトの神経系　　平成23年度

ヒトの神経系に関する次の記述A〜Eのうち，正しいもののみをすべて挙げているのはどれか。

A　ニューロン（神経単位）は，細胞体，樹状突起，軸索とからなり，刺激の大きさに比例して興奮の大きさが変わる。

B　ニューロン内ではアセチルコリンという神経伝達物質によって興奮が伝わり，ニューロン間では電流が流れることによって興奮が伝わる。

C　人間の脳では大脳と小脳が大きな役割を担っており，大脳には感覚や随意運動などの中枢があり，小脳には記憶・思考・理解などの中枢がある。

D　人間の体内は自律神経によってバランスが保たれており，自律神経系の中枢は間脳の視床下部にある。

E　呼吸運動，心臓の拍動，消化管の運動などの中枢は，延髄にある。

1　A，B
2　A，C
3　B，D
4　C，E
5　D，E

解説

A：ニューロンの興奮はある刺激の大きさ（閾値という）以下では起こらない。また，刺激の大きさが閾値を超えると，刺激の大きさに関係なく同じ大きさの興奮が起こる。

B：ニューロン内では，興奮は刺激によって生じた活動電流によって伝わる。ニューロン間では，興奮は神経伝達物質によって化学的に他のニューロンへと伝わる。なお，アセチルコリンは運動神経と副交感神経で分泌される神経伝達物質である。

C：感覚，随意運動，記憶・思考・理解などの中枢はいずれも大脳にある。小脳には，随意運動を調節する中枢や体の平衡を保つ中枢がある。

D：正しい。

E：正しい。

　よって，正答は**5**である。

正答　**5**

数学　物理　化学　生物　地学　同和問題　文章理解　判断推理　数的推理　資料解釈

地方上級＜教養＞過去問500●**243**

地方上級
横浜市

No. 241 | 生物 | **動物の行動** | 平成 **17**年度

動物の行動に関する次の記述のうち，正しいものはどれか。

1 ヒトはこう彩の収縮により目に入る光の量を瞬時に調節する。この瞳孔反射の中枢は中脳にある。

2 春，産卵場所に移動中のヒキガエルの雄はあらゆる物体に抱きつこうとする。この行動は脊髄反射である。

3 ヒトはひざ頭の下をたたくと足が跳ね上がる。このしつがい腱反射は本能行動である。

4 目的地にえさを置いた迷路に入れられたネズミが，何回か繰り返すうちに正しい道を記憶してしまう行動は条件反射による本能行動である。

5 カモやキジなどの雛は孵化後，最初に出会った動く物体について歩く習性を持つ。これは刷込みによる学習で，本能行動ではない。

解説

1. 正しい。

2. 性行動のような複雑な行動は，多数の走性や反射が一定の順序で次々と組み合わされて起こる本能行動である。

3. しつがい腱反射は脊髄反射である。

4. 条件反射は後天的に獲得されるもので，生まれつきの反射や本能行動ではない。この例は試行錯誤による学習行動である。

5. 孵化後，雛が最初に出会った動く物体を親鳥として認識する行動は刷込みによる学習行動であるが，親鳥の後をついて行く行動は本能行動である。

正答 **1**

地方上級

全国型，関東型，中部・北陸型，市役所A日程

No. 242　生物　ヒトの血液　令和元年度

血液に関する記述ア〜オのうち，妥当なもののみを挙げているのはどれか。

ア　液体成分である血しょうには，さまざまな物質を運搬する働きがある。たとえば，肺で取り込んだ酸素の大部分は血しょうに溶け込み，各組織に運ばれる。

イ　固体成分である赤血球，白血球，血小板は，いずれも造血幹細胞から分化し，主に心臓で作られる。

ウ　固体成分の中で数が最も多いのは赤血球，最も少ないのは白血球である。

エ　血小板は不定形の細胞で，体内に侵入した病原体などの異物を細胞中に取り込んで分解する働きがある。

オ　別々の人から採った血液を混ぜると，赤血球の凝集が起こる場合があり，凝集の有無で血液型が分類される。この凝集は抗原抗体反応によるものである。

1　ア，イ
2　ア，オ
3　イ，エ
4　ウ，エ
5　ウ，オ

解説

ア：血しょうがさまざまな成分を運搬することは正しいが，酸素の運搬は赤血球が担うため，肺で取り込んだ酸素の大部分が血しょうに溶け込むという記述は誤りである。

イ：赤血球，白血球，血小板が造血幹細胞から作られることは正しいが，心臓ではなく，主に骨髄で作られる。

ウ：妥当である。

エ：体内に侵入した病原体などの異物を取り込んで分解する働きを持つのは血小板ではなく白血球である。

オ：妥当である。

　よって，妥当なものはウ，オであるので，正答は**5**である。

正答　**5**

地方上級

No. 243 生物 ヒトの感覚器

全国型，関東型，中部・北陸型，市役所Ａ日程

令和 2 年度

ヒトの感覚器に関する次のア～エの記述のうち，妥当なものをすべて挙げているものはどれか。

ア 眼は視覚の感覚器であり，水晶体がレンズの働きをする。水晶体の前方にある虹彩が伸縮し，瞳孔の大きさを変化させることで焦点を合わせる調節をする。

イ 耳は聴覚の感覚器のみならず平衡覚の感覚器でもあり，体の回転や傾きの刺激の受容に関与する。

ウ 鼻の嗅細胞や舌の味細胞は化学物質を刺激として感じる感覚器であり，化学物質と結合する受容器を持つ。

エ 眼や耳で受け取った刺激は，感覚神経を通じて感覚の中枢である延髄に伝えられ，刺激が感覚として受け取られる。

1 ア，イ
2 ア，ウ
3 ア，エ
4 イ，ウ
5 イ，エ

解説

ア：前半は正しい。瞳孔の大きさによって変化するのは光の量であって，焦点ではない。焦点の調節は，毛様体筋が水晶体の厚さを変化させ行う。

イ：妥当である。

ウ：妥当である。

エ：刺激の中枢は延髄ではなく大脳である。

　以上より，妥当なものはイ，ウであるので，正答は**4**である。

正答 **4**

地方上級

特別区

No. 244 **生物** **生物の密度効果** **平成16年度**

次の文は，生物の密度効果に関する記述であるが，文中の空所 A～C に該当する語の組合せとして，妥当なのはどれか。

トノサマバッタは，低い個体群密度では│　A　│と呼ばれる通常の個体になるが，幼虫の時に高い密度で成長した場合は，体色が黒く，長いはねを持ち，後あしが短くて飛ぶ能力が高いなどの特徴を持つ│　B　│と呼ばれる個体になる。このように，個体群密度が個体の形質に影響を及ぼす現象を│　C　│という。

	A	B	C
1	単相	複相	相変異
2	単相	群生相	相変異
3	単相	群生相	遷移
4	孤独相	複相	遷移
5	孤独相	群生相	相変異

解説

本問で問題とされている相変異などの用語は比較的最近になって高校生物で取り上げられるようになったものであり，公務員試験ではこれまでほとんど出題されていない。

トノサマバッタには，体色が緑色ではねが短くあしの長いもの（孤独相）と，体色が黒くてはねが長くあしの短いもの（群生相）がある。孤独相（A）が通常の個体であるが，大発生して幼虫が高い個体群密度で成長した場合には群生相（B）の個体になる。このように，個体群密度が個体の形質に影響を及ぼす現象を相変異（C）という。これは，密度効果によって幼虫の内分泌活動に変化が起こり，体色・はねの長さ・胸部形態などに変化が起こるためと考えられている。トノサマバッタなどバッタ類で群生相の個体が大発生すると，群をなして空を飛んで移動し，作物に壊滅的な被害を与えることがあり，昔から蝗害として恐れられている。

したがって，正答は**5**である。

正答 5

数学

物理

化学

生物

地学

同和問題

文章理解

判断推理

数的推理

資料解釈

地方上級＜教養＞過去問500●**247**

No.245 生物 河川の自然浄化 平成24年度

地方上級 全国型，関東型，中部・北陸型

ア〜オのグラフは，有機物を含んだ生活排水が河川に流入した後の自然浄化の様子を，細菌類，藻類の個体数および溶存酸素量の推移で示したものである。正しいグラフの組合せは次のうちどれか。

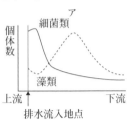
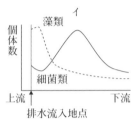
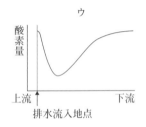
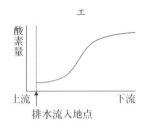
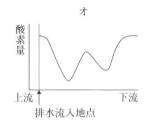

1 ア，ウ
2 ア，エ
3 ア，オ
4 イ，エ
5 イ，オ

解説

排水流入地点付近の下流では，流入直後は有機物の増加によって有機物を分解する細菌類が増加する。このため，呼吸によって大量に酸素が消費され，溶存酸素量が減少する。しかし，さらに下流では，細菌類を捕食する原生動物が増加して細菌類は減少していく。そして，そのさらに下流では，タンパク質の分解によって生じる無機塩類の増加によって藻類が増加し，光合成によって酸素が放出されるので溶存酸素量は増加する。そして，そのさらに下流では，無機塩類も減少して藻類も減少する。このようにして，河川の自然浄化が進む。

以上の自然浄化のプロセスに合致しているグラフはアとウである。よって，正答は**1**である。

正答 **1**

産経公務員模擬テスト

※本模擬試験は「実務教育出版」の公開模試とは異なりますのでご注意ください。

2022年度　産経公務員模擬テスト　実施日程・受験料

本年度は《自宅受験》のみの実施となります。《会場受験》は全て中止とします。

回	試験の種類	申込締切日	問題発送日	自宅受験		受験料	
				返送締切日	結果発送日	教養＋専門	教養のみ
1	地方上級／市役所上級／大卒警察官・消防官 （本試験重要テーマ攻略）	10/29 （金）	11/5 （金）	11/19 （金）	12/10 （金）	6,600円	4,400円
2	国家一般職大卒 （本試験重要テーマ攻略）	1/21 （金）	1/28 （金）	2/10 （木）	3/7 （月）	6,600円	4,400円
3	地方上級／市役所／大卒警察官・消防官 （本試験予想）	2/4 （金）	2/10 （木）	2/25 （金）	3/18 （金）	6,600円	4,400円
4	国家一般職大卒 （本試験予想）	2/25 （金）	3/4 （金）	3/18 （金）	4/8 （金）	6,600円	4,400円
5	地方上級／市役所上級／大卒消防官 （本試験直前予想）	3/11 （金）	3/18 （金）	4/1 （金）	4/22 （金）	6,600円	4,400円

問題・結果発送日は発送予定日です。到着はこの日以降となります。　［受験料は消費税込み］

産經公務員模擬テスト

15,600人の受験者数を誇る全国レベルの模擬試験!

- 「自宅受験」として全国規模で実施。都合の良い日時に受験が可能。
- 問題は出題傾向を徹底的に分析した本試験予想問題。
- 本試験に準拠した試験形式を採用。
- 答案はマークシートを使用、コンピュータで採点。
- 全国レベルでの実力を判定。
- 信頼性の高い合格可能度を提供。
- 全問にポイントを押さえた解説付き。
- 「論文試験」添削指導(別途有料)が受験可能。

詳しい内容・お申込みは下記ホームページで!!
www.sankei-koumuin.jp

※右のQRコードをご利用いただくか、インターネットで《公務員テスト》を検索!

(お問い合わせ先・事務局) 産經公務員テスト機構
〒100-8079 東京都千代田区大手町1-7-2 産經新聞社 コンベンション事業部内
電話:03-3241-4977 (土日祝日を除く 10:00〜17:30)
E-mail:koumuin@sankei.co.jp

主催=産經新聞社・実務教育出版

地方上級

全国型，関東型，中部・北陸型，横浜市

No. 246 　生物　　ハツカネズミの毛の色の遺伝　　平成21年度

ハツカネズミの毛の色の決定には，4つの遺伝子B，b，G，g（bはBに対して，gはGに対してそれぞれ劣性）が関係していて，遺伝子の表現型が〔BG〕である場合に灰色，〔Bg〕である場合に黒色，他の場合は白色になる。いま，灰色の個体Aと遺伝子型bbggの個体とを交配したところ，生まれた子ネズミはすべて灰色であった。この場合，個体Aと子ネズミの遺伝子型の組合せとして正しいのは，次のうちどれか。

	A	子ネズミ
1	BBGG	BbGg
2	BBGg	BbGG
3	BbGG	BbGg
4	BbGg	BbGG
5	bbGG	BBGG

解説

遺伝子型がbbggである個体からできる配偶子の型はbgのみである。また，子ネズミはすべて灰色だったのだから，子ネズミの遺伝子型はB－G－という型になっている必要がある。したがって，個体Aからできる配偶子はB，Gの両方を持っている必要があるから，その配偶子の型はBGのみである。よって，個体Aの遺伝子型はBBGGであることがわかる。このとき，子ネズミの遺伝子型はBbGgとなる。

なお，ここでの遺伝子Gは遺伝子Bの存在下で相互作用によって新しい形質（灰色）を出現させている。このGのような遺伝子を条件遺伝子という。

以上より，正答は**1**である。

正答　**1**

数学　物理　化学　生物　地学　同和問題　文章理解　判断推理　数的推理　資料解釈

地方上級
全国型，関東型，中部・北陸型
No. 247 生物 細 菌 平成25年度

細菌に関するア～エの記述のうち，妥当なもののみをすべて挙げているのは，次のうちどれか。

ア　細菌の中には病原菌となるものが少なくない。肺炎やインフルエンザは細菌によって引き起こされる病気である。

イ　細菌の細胞は細胞膜がなく細胞質がむき出しになっているため，細菌は極端に低温な場所や高温な場所では生息できない。

ウ　炭酸同化を行う細菌には，光をエネルギー源として利用するタイプと，エネルギー源を化学エネルギーのみに依存するタイプがある。

エ　細菌は人体とのかかわりが深い。人体の常在菌は病原菌の繁殖を抑制したり食物の分解を手助けしたりするが，体の抵抗力が落ちると病気を引き起こすこともある。

1　ア，イ
2　ア，ウ
3　イ，ウ
4　イ，エ
5　ウ，エ

解説

ア：肺炎の中には細菌性のものがあるが，インフルエンザはウイルス性の病気である。

イ：細菌は生物分類上は原核生物に属し，核膜がなく，核と細胞質の分化が不明確である。しかし，細胞膜と細胞壁はあるので，極端に低温な場所（南極の氷床など）や高温な場所（海底火山の火口付近など）でも生息できる細菌が存在する。

ウ：妥当である。光合成細菌（紅色硫黄細菌など）は光をエネルギー源として利用できる。化学合成細菌（硝化細菌，硫黄細菌，水素細菌など）は無機物を酸化する際に生じる化学エネルギーをエネルギー源として利用している。

エ：妥当である。常在菌は基本的には人の健康に影響を与えず共生関係にあるが，免疫力の低下によって日和見感染を起こす場合もある。

よって，正答は**5**である。

正答　**5**

250●地方上級＜教養＞過去問500

地方上級
No. 248 生物 生物の化石と現生の生物の比較
全国型，関東型 平成19年度

生物の化石と現生の生物の特徴を比較すると，生物の進化の証明となる事象がいろいろと見られる。これに関する次の記述のうち妥当なものはどれか。

1 古い地層から見つかった植物の化石から，植物の進化はシダ植物→被子植物→裸子植物の順に進んだことがわかる。

2 始祖鳥は両生類と鳥類の特徴を兼ね備えているので，両生類と鳥類をつなぐ中間的な存在である。

3 盲腸は肉食動物にのみ必要な器官であるため，草食動物では退化してしまっている。

4 ヒトの腕，ニワトリの翼，クジラの胸びれなどは，働きや外形は異なっているが内部構造は基本的に同じである。

5 コアラ，カンガルーなどの有袋類は，現生のツパイによく似た原始食虫類から進化したものである。

解 説

1. 被子植物の出現は裸子植物より後である。

2. 始祖鳥はハ虫類と鳥類をつなぐ中間的存在であり，解剖学的にはハ虫類の特徴を持っているが，体表に羽毛があり，翼を持っているので原始的な鳥類といえる。なお，両生類はハ虫類よりも前に出現している。

3. ホ乳類の盲腸はウマ，ウサギなどの草食性の動物で発達しているが，イヌ，ヒトのような食肉性の強い動物では退化している。

4. 正しい。いずれも脊ツイ動物の前肢が進化したもので，それぞれの生物が環境に適応するように進化した結果と考えられている（適応放散）。

5. 原始食虫類は有胎盤類から進化し，全世界で繁栄している多くのホ乳類の先祖と考えられている。有袋類は，まだ有胎盤類が進化していない時期にパンゲア大陸から分離して孤立した現在のオーストラリア大陸などで独自に進化していったと考えられている。

正答 **4**

地方上級

No. 249 全国型，関東型，中部・北陸型

地学　　地球の歴史　　平成22年度

地球の歴史は，主に動物界の変遷を基準にして先カンブリア時代，古生代，中生代，新生代に区分されている。これらの年代区分に関する次の記述のうち，正しいものはどれか。

1　先カンブリア時代は地球の歴史の約9割を占め，この時代の化石として有名なものにストロマトライトがある。これはラン藻類（シアノバクテリア）が形成した堆積構造の石灰岩である。

2　古生代のカンブリア紀とオルドビス紀の地層から発見される化石は，すべて無セキツイ動物や藻類のもので，三葉虫やアンモナイトがこの時期に出現して栄えた無セキツイ動物の代表である。

3　古生代の石炭紀にはリンボクなどシダ植物の大森林が形成され，フデイシが栄える一方で三葉虫は衰微していった。また，ハ虫類が出現したのもこの時期である。

4　中生代はハ虫類の時代であり，特にジュラ紀や白亜紀には大型恐竜が栄えた。しかし，中生代末期になると気候が次第に温暖化し，その影響を受けて恐竜は絶滅した。

5　新生代の第三紀にはホ乳類や鳥類が出現し，またカヘイ石などの高等な有孔虫類が栄えた。新生代の第四紀にはナウマンゾウやマンモスが出現した。

解説

1. 正しい。ストロマトライトは光合成を行うラン藻類のコロニーで，ラン藻類と堆積物とが何層にも積み重なって形成されたものである。オーストラリアのシャーク湾などには現生のストロマトライトが見られる。

2. アンモナイトは古生代の末期に出現したが，最も栄えたのは中生代である。

3. フデイシが栄えたのは古生代のオルドビス紀であり，デボン紀には絶滅した。石炭紀に栄えたのは有孔虫類のフズリナ（紡錘虫）である。

4. 恐竜絶滅の原因は，中生代末期（約6,500万年前）に起こった巨大隕石の衝突による地球環境の激変とされている。

5. ホ乳類は中生代のトリアス紀に，鳥類は中生代のジュラ紀に出現した。

正答　**1**

252●地方上級＜教養＞過去問500

地方上級 関東型
No. 250 地学 内惑星の性質 平成14年度

太陽系の惑星のうち，内惑星のみが持つ性質をすべて挙げているものはどれか。

- ア 衛星を持たない。
- イ 大気が存在し，主成分は水素とヘリウムである。
- ウ 輪がない。
- エ 逆行する。

1 ア
2 ア，イ
3 イ，ウ
4 イ，エ
5 イ，ウ，エ

解説

ア：衛星を持たないのは水星と金星のみで，他の惑星には衛星が確認されている。この2つはたまたま内惑星である。

イ：大気が存在し，その主成分が水素とヘリウムであるのは木星型惑星の特徴である。

ウ：輪があるのは木星型惑星に見られる特徴である。火星は外惑星だが輪を持たない。内惑星のみが持つ性質とはいえない。

エ：逆行するのは外惑星の特徴である。

よって，アのみが内惑星の特徴となり，正答は**1**である。

正答 **1**

地方上級＜教養＞過去問500●**253**

地方上級

No. 251 全国型，関東型，中部・北陸型，市役所Ａ日程

地学　飽和した空気塊の上昇　令和元年度

飽和した空気塊に関する次の文章中の ｜ ｜ から正しいものを組み合わせたものとして，妥当なのはどれか。ただし，空気塊と周囲の空気の間に熱のやり取りはないものとする。

　水蒸気が飽和していない空気塊が大気中を上昇すると，上昇するにつれてア $\left\{\begin{array}{l}\text{a 気圧が小さく}\\\text{b 気圧が大きく}\end{array}\right\}$

なるため，空気塊はイ $\left\{\begin{array}{l}\text{a 膨張し}\\\text{b 収縮し}\end{array}\right\}$，温度が低下する。この状態の空気塊の温度が低下する割合は一定で，高度100mにつき約1.0℃である。温度が低下するにつれて，空気塊が含むことのできる水蒸気の量が減少するため，やがて飽和し，水蒸気は凝結して水滴となる。このときウ $\left\{\begin{array}{l}\text{a 空気塊から熱を吸収する}\\\text{b 熱を放出して，空気塊を暖める}\end{array}\right\}$ ため，温度が低下する割合はエ $\left\{\begin{array}{l}\text{a 大きく}\\\text{b 小さく}\end{array}\right\}$ なる。

	ア	イ	ウ	エ
1	a	a	b	b
2	a	b	a	a
3	b	a	a	a
4	b	a	b	b
5	b	b	a	a

解説

ア：気圧の原因は主にその地点よりも上側にある空気の重さである。したがって，上空に行くほど，上に乗っている空気の量が減少するため，気圧も小さくなる。したがって，アはaである。

イ：空気塊は気圧によって周囲から押されている。したがって，気圧が小さくなると膨張する。よって，イはaである。

ウ：水蒸気と水滴では，水蒸気のほうがエネルギーが大きく，凝結して水滴になるときに，過剰なエネルギーを熱として放出し，周囲の空気塊を暖める。したがって，ウはbである。

エ：凝結熱で空気が暖められるため，温度が低下する割合は小さくなる。したがって，エはbである。

　よって，正答は**1**である。

正答　1

254●地方上級＜教養＞過去問500

地方上級 No.252 地学 潮の干満と月・太陽の起潮力 平成24年度

全国型，関東型，中部・北陸型

次の文中のA～Cの｜ ｜内のa，bについて，妥当なものの組合せはどれか。

　海岸での潮の干満を引き起こす力を起潮力という。図Ⅰにおいて，月による引力は常に地球から月に向かう向きにはたらき，その大きさはA｜a．アの位置で最大　b．イの位置で最大｜となっている。一方，月による起潮力は アとイの位置でB｜a．反対向きに　b．同じ向きに｜はたらき，最も大きくなる。次に，太陽による起潮力も考慮すると，地表における潮の干満の差は，図Ⅱにおいて月がC｜a．イとエの位置にある　b．アとウの位置にある｜ときに最大となる。これが大潮である。

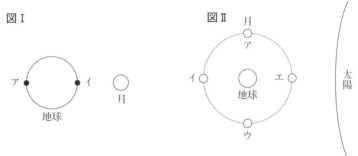

	A	B	C
1	a	a	b
2	a	b	a
3	b	a	a
4	b	b	a
5	b	b	b

解説

A：月による引力は，常に地球から月に向かう向きにはたらき，その大きさは距離の2乗に反比例するので，図Ⅰにおいて月に最も近いイの位置で最大，月から最も離れているアの位置で最小となっている（b）。

B：一方，起潮力は，月と地球がその共通重心の周りに公転していることによる（地球にはたらく）遠心力と（月による）引力の合力である。この遠心力は地表のどこでも等しく常に月から地球に向かう向きにはたらいている。そして図Ⅰのアの位置では遠心力＞引力となっていて，起潮力は月から地球に向かう向きにはたらく。イの位置では遠心力＜引力となっていて，起潮力は地球から月に向かう向きにはたらく。すなわち，起潮力はアの位置とイの位置では反対向きにはたらき，いずれの場合も海水面を上昇させるようにはたらく（a）。このとき満潮が起こる。

C：図Ⅱにおいて，イとエの位置（満月と新月のとき）では，月，地球，太陽が一直線上に並んでいるため，月と太陽の起潮力が互いに強めあい，干満の差が最大になる。これが大潮である（a）。

　よって，正答は **3** である。

正答　3

地方上級

No. 253 地学 地球を取り巻く環境 平成21年度

全国型，関東型，中部・北陸型，横浜市

地球を取り巻く環境についての以下の記述のうち，正しいのはどれか。

1 地球は北極をS極，南極をN極とする巨大な磁石であり，これが地球外からの荷電粒子の侵入を防いでいる。

2 地球の大気には，太陽放射の大部分を遮り，地表からの地球放射（赤外線）を通す働きがある。このため，地表の温度は低温に保たれている。

3 海の表層は風があるため循環しているが，深層は循環しない。このため，深層水に含まれる成分は地域によって大きく異なる。

4 プレートテクトニクスの理論によれば，プレートが生まれるところではヒマラヤのような大山脈が，プレートが地下に沈み込むところでは海嶺や海溝ができる。

5 地球の核は，マントルの下に位置し主に炭素によって構成されているが，常に高温であるため内核，外核ともに液体である。

解説

1. 正しい。方位磁石のN極が北を向くことからわかるように，地磁気のS極は地球の北極付近にある。なお，地磁気によって捉えられた荷電粒子は，地球を取り巻くドーナツ状の領域内を高速で飛び回っている。これをバンアレン帯という。

2. 大気は太陽放射のうち20％を吸収し，31％を反射するので，残りの49％は地表に達する。また，大気は地表からの地球放射（赤外線）の約9割を吸収する。これは，大気中に含まれる温室効果ガス（水蒸気，二酸化炭素，メタンガス等）の働きによる。大気によって吸収された赤外線の地球放射は，その約6割が再び地表に放射されて地表を暖めるので，大気がないと仮定した場合よりも地表の温度は高く保たれている。

3. 水温や塩分濃度の違いによる海水の密度の差が原因となって，海洋の海水は鉛直方向にも循環する。したがって，深層水も循環するが，その循環速度はきわめて遅い（一巡するのに1000～2000年程度と推定されている）。

4. プレートが生まれるところで海嶺ができる。海洋プレートが他のプレートの下に沈み込むところで海溝ができる。2つの大陸プレートが衝突しているところで大山脈ができる。

5. 地球の核の主成分は鉄であり，地震波の伝わり方から，外核は液体であるが，内核は固体であることがわかっている。

正答 **1**

地方上級

全国型，関東型，中部・北陸型

No. 254　地学　気圧と気象　平成28年度

気圧と気象に関する次の記述のうち，妥当なものはどれか。

1 気圧は，海面上では平均すると約900hPaとなり，高度が高くなるほど気圧は高くなる。

2 風は気圧の高い所から低い所に向かって吹き，等圧線の間隔が広い所ほど強く吹く。

3 上昇気流が発生すると，空気が膨張して温度が下がり雲ができる。そのため，低気圧が近づくと雲が発生し雨が降る。

4 気圧の低い所では海面が押されて低下し，気圧の高い所では海面が吸い上げられて上昇する。そのため強い高気圧が近づくと海面が上昇し，高潮と呼ばれる。

5 日本付近は季節によって気圧配置が変化する。たとえば，夏になると中国大陸の高気圧が発達して西高東低の気圧配置となり，冬になるとオホーツク海の低気圧が発達して南高北低の気圧配置となる。

解説

1. 地球の海面上の平均気圧は約1,013hPaである。また，気圧は標高の高い所ほど低くなる。

2. 一般に，風は気圧の高い所から低い所に向かって吹くので前半は正しいが，等圧線の間隔が狭い所ほど気圧の差が大きいため，風は強くなる。

3. 正しい。上昇気流が発生すると気圧が低下するため，空気が膨張し温度が低下する。これによって水蒸気が凝結し，やがて雲が発生するため，天気が悪くなる。

4. 気圧の低い所では海面が吸い上げられ，逆に気圧の高い所では海面が押し下げられる。気圧が1hPa下がると，約1cm海面が吸い上げられるため，台風のように気圧の低い低気圧が近づくと，潮位が異常に高くなる場合がある。これを高潮という。

5. 夏は日本付近では太平洋高気圧が強まることで南高北低の気圧配置となり，冬はオホーツク海の低気圧が発達することで西高東低の気圧配置となる。

正答　**3**

地方上級＜教養＞過去問500●257

地方上級 No.255 特別区 地学 フェーン現象 平成14年度

次の文章中の空欄①，②に当てはまる語句の組合せとして，妥当なものはどれか。

フェーン現象では，AB間では断熱膨張により気温が下がるが，さらに上昇すると水蒸気が雲になり，それが山に当たると雨や雪が降る。このときには凝結熱が発生するので，BC間の気温の下がり方はAB間に比べて ① 。また，山を越えるときには雲はなくなり，断熱圧縮によって気温は上昇する。この気温の変化をグラフにすると ② のようになる。

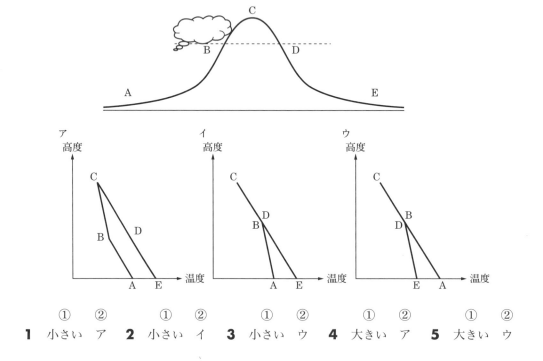

	①	②
1	小さい	ア
2	小さい	イ
3	小さい	ウ
4	大きい	ア
5	大きい	ウ

解説

空気の塊が上昇（下降）すると，断熱変化によってその温度が下降（上昇）する。温度の変化の割合を100mにつき何℃変化するかで表し，これを断熱減率と呼ぶ。断熱減率は乾燥断熱減率と湿潤断熱減率がある。

水蒸気が不飽和の場合，上昇しようと下降しようと空気塊は約1℃/100mの割合で変化するが，上昇している空気塊が水蒸気で飽和している場合，水蒸気が凝結する際に凝結熱を放出して空気塊を暖め，断熱減率は乾燥の場合より小さくなる。この問題の場合，BC間以外の傾きはすべて乾燥断熱減率の逆数の傾きで，平行となる。BC間の傾きは断熱減率が小さいので，傾きは大きくなる。よって，正答は**1**である。

正答 1

地学 太陽系 （平成30年度・地方上級 No.256 全国型，関東型，中部・北陸型）

火星を地球の観測者から見たときの見え方についての次の文中の｛｝から，正しいものを組み合わせたものとして，妥当なのはどれか。

次の図Ⅰは太陽と地球と火星の位置関係を模式的に表したものである。火星が①の位置にあるとき，地球上の観測者が夕方に火星を観測する場合，つまり，図Ⅱのような太陽，観測者，火星の位置関係になったとき，観測者から火星はア｛a 満月のように欠けることなく／b 半月のように半分が欠けて｝見える。またこの日，火星は観測者からはイ｛a 一晩中／b 夕方のみ｝見える。

次に，火星が②の位置にあるときは，火星は明け方にウ｛a 東の空／b 西の空｝に見える。

	ア	イ	ウ
1	a	a	a
2	a	a	b
3	a	b	b
4	b	a	a
5	b	b	a

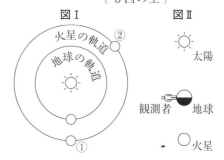

解説

アについて，図Ⅱの火星に太陽の光の当たっている部分は明るく見える。これを地球上の人から見ると，地球からはほぼ火星の明るい部分しか見えていないため，aの「満月のように欠けることなく」見えることになる。

次に，イについて，地球上の人から見た地平線を記入して，地平線より上に火星があるかどうかを確かめる。次図から，一晩中火星を見ることができる。したがって，イはa「一晩中」が正しい。

最後にウについて，イのときと同様に地平線を記入して考えると，火星は太陽と同じ方向図（やや南寄り）に見える。したがって，a「東の空」が正しい。

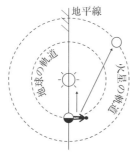

以上より，正答は **1** である。

正答 **1**

地方上級

全国型，関東型，中部・北陸型

No. 257 　**地学**　　　**日本の火山**　　　平成**29**年度

日本の火山に関する次の記述のうち，妥当なものはどれか。

1 　日本には100余りの活火山があり，すべて気象庁によって24時間常時監視・観測が行われ，そのすべてが気象庁による噴火速報の発表の対象となっている。

2 　火山活動の状況に応じて，警戒すべき範囲と住民等のとるべき防災対応を区分した噴火警戒レベルが発表されている。噴火が確認され，入山が規制されると，5年間は噴火警戒レベルは引き下げられないことになっている。

3 　火山防災体制の充実によって，噴火が確認されると，周辺住民に避難指示・避難勧告が出されるが，噴火を予知して，噴火の前に周辺住民に避難指示が出された例はまだない。

4 　富士山は有史以来何度も噴火しているが，過去300年間にわたって噴火しておらず，今後も噴火はしないと考えられるため，観光資源としての開発が進められている。

5 　火山の周辺では，地熱を利用した発電が行われている。地熱発電は他の再生可能エネルギーと比べ，気象条件によらずに安定した発電ができるが，日本の電力発電量に占める割合は1％に満たない。

解 説

1．日本に100余りの活火山があることは正しい。しかし，そのすべてが常時観測の対象となっているわけではない。また，噴火速報の対象となっているのも，常時観測の対象となっている活火山のみである。

2．1文目は正しい。ただし，2文目について，噴火警戒レベルの判定は火山ごとに決められており，引下げについても火山ごとに状況の変化に応じて決められている。入山規制の後，5年間は引き下げられないといった運用はされていない。

3．2000年の有珠山の噴火では，火山性地震の状況から噴火前に避難指示が出され，その後噴火が起こっている。

4．富士山は江戸時代の宝永の噴火（1707年）以降静かな状態が続いているが，地下では火山活動が続いており，気象庁の常時観測火山に指定されている。したがって，今後も噴火しないと考えられているという記述は誤りである。

5．正しい。

正答　**5**

地方上級

No. 258 関東型，茨城県，新潟県，静岡県

地学 **地球の重力** 平成 **8** 年度

地球の重力に関する次の記述のうち，妥当なものはどれか。

1 重力は地球の質量による引力（万有引力）によるものである。

2 ジオイドは地球の重力に対して垂直な面とされるため，地球の平均海水面の測定に利用される。

3 地殻が厚い地域ではブーゲー異常（重力異常）は正となり，地殻の薄い地域では負となる。

4 海上におけるブーゲー異常は，深さに比例して大きく正となる。

5 地球は赤道半径が極半径より短いだ円形のため，重力は赤道の近くになるほど大きくなる。

解説

1．重力は引力と遠心力の合力である。

2．正しい。

3．地殻が厚い地域では，一般に，マントルは深く押しのけられていると考えられている。マントルは地殻より高密度であるから，そうしたところでは全体として見れば密度はより低くなる。ブーゲー異常は地下の密度が高ければ正，低ければ負だから，地殻が厚い地域では一般に負，薄い地域では正になる。

4．ブーゲー異常は，一般に海上では正の値をとり，多くの場合深さに比例して大きな値をとる。しかし，たとえば日本海溝は深いことで有名であるが，そこでのブーゲー異常は絶対値の大きな負である。

5．地球は赤道半径のほうが極半径より長いだ円形である。

正答 2

数学 | 物理 | 化学 | 生物 | 地学 | 同和問題 | 文章理解 | 判断推理 | 数的推理 | 資料解釈

地方上級

No. 259　地学　惑星

全国型，関東型，中部・北陸型，市役所Ａ日程

令和2年度

惑星に関する次の記述のうち，妥当なものはどれか。

1　太陽系の惑星は，太陽からの平均距離に関係なく，公転周期が等しい。

2　太陽系の惑星のうち，地球より外側の軌道を持つものを外惑星，内側の軌道を持つものを内惑星という。内惑星は，水星，金星および火星である。

3　惑星は，地球型惑星と木星型惑星に分けられ，地球型惑星のほうが半径も密度も小さい。

4　惑星の中には衛星を持つものもあり，なかには木星のように10個以上の衛星を持つものもある。

5　惑星は恒星とは異なり自ら光を発しないため，地球から遠く離れた太陽系外の惑星を発見することは困難であり，太陽系外の惑星は見つかっていない。

解説

1. 太陽からの平均距離が大きいほど，公転周期も大きい。

2. 前半の説明は正しい。内惑星は水星，金星のみで，火星は外惑星である。

3. 地球型惑星は，木星型惑星より半径が小さいことは正しいが，密度は大きい。

4. 妥当である。木星には70個以上の衛星が見つかっている。水星と金星には衛星がない。

5. 太陽系外の惑星の発見は長い間困難であったが，1995年にペガスス座51番星ｂと呼ばれる太陽系外惑星が，主系列星の惑星としては初めて見つかって以降，現在では，太陽系外の惑星も数多く見つかっている。

正答　**4**

地方上級

全国型，関東型，中部・北陸型

No. 260 地学　岩石の風化　平成18年度

岩石は大気や水に長い間さらされていると，変質したり細かく砕かれたりする。これを風化作用というが，風化作用には機械的風化作用と化学的風化作用がある。これらに関する次の記述のうち，正しいものはどれか。

1 花こう岩の主成分である石英は雨水に溶けやすい性質があるため，花こう岩が長い間風雨にさらされると機械的風化作用によって泥岩ができる。

2 石灰岩地域では雨水に溶けている O_2 の作用で岩石の主成分である $CaCO_3$ が溶かされ，化学的風化作用によってカルスト地形や鍾乳洞などの特異な地形が形成される。

3 熱帯多雨地方では機械的風化作用が著しく，風化されにくい部分が地表に残ってボーキサイトなどの残留鉱床をつくることが多い。

4 黒雲母を多く含んだ岩石では，CO_2 を含んだ水によって黒雲母が変質し，化学的風化作用によってカオリンなどの粘土鉱物に変わる。

5 岩石を構成するさまざまな鉱物の熱膨張率は種類ごとに異なるため，気温の変化を繰り返すうちに岩石内部に透き間を生じ，機械的風化作用によって岩石は崩壊していく。

解説

1. 石英は化学的に安定なので水には溶けない。花こう岩を構成する他の鉱物（長石類や黒雲母）は化学的風化作用により変質して水に流されてしまうが石英は最後まで残るので，花こう岩地域では石英の白砂海岸や河原ができることが多い。

2. 石灰岩の主成分である炭酸カルシウム（$CaCO_3$）は，O_2 ではなく CO_2 を含んだ水と反応し，炭酸水素カルシウム（$Ca(HCO_3)_2$）となって水に溶ける。

3. 熱帯多雨地方では化学的風化作用が著しいが，それによって溶けて失われることの少ない元素だけが地表に濃縮されることがある。ボーキサイトはこのようにしてアルミニウムが濃縮されて残留鉱床となったものである。

4. 黒雲母ではなく長石類についての記述である。長石類は化学的風化作用によってカオリン（白陶土）などの粘土鉱物に変わる。

5. 正しい。

正答　**5**

地方上級＜教養＞過去問500●**263**

地方上級

No. 261

全国型，関東型，中部・北陸型

地学　地球に見られる均衡　平成17年度

地球における均衡に関する次の文中ア～ウの語群の中から正しいものを選択している組合せはどれか。

地殻がマントルの浮力に支えられ，均衡を保っている状態をアイソスタシーという。スカンジナビア半島など氷河期の氷が解けている地域ではこの均衡を保とうとして土地の

(ア) $\begin{cases} \text{A.　隆起} \\ \text{B.　沈降} \end{cases}$ が続いている。

潮の干満は月や太陽の引力によって起こり，地球・月・太陽が一直線に並ぶ満月・新月のときに，潮の高さは1年で (イ) $\begin{cases} \text{A.　最大} \\ \text{B.　最小} \end{cases}$ になる。また，上弦・下弦の月となるときに，

(ウ) $\begin{cases} \text{A.　最大} \\ \text{B.　最小} \end{cases}$ になる。

	(ア)	(イ)	(ウ)
1	A	A	B
2	B	A	B
3	A	B	A
4	B	B	A
5	A	B	B

解説

ア：Aの隆起。地殻の下にはマントルがあり，密度の小さい地殻は密度の大きな流動性のあるマントルの上に，浮くように支えられ，つりあいを保っていると考えられており，この現象をアイソスタシーという。氷河の重さによってマントル中に沈んでいた陸塊は氷河が溶けていくとつりあいを保とうとして浮き上がり，土地は隆起することになる。

イ：Aの最大。地球の海洋は月や太陽の引力によって月や太陽の方向に引かれて膨らみ，その反対方向は遠心力によってやはり膨らむ。月や太陽の方向で膨らんだ2部分は満潮となり，それに垂直な方向では干潮となる。したがって，月と太陽が直線上にあるとき，両天体が同じ方向に海洋を膨らませ，潮の高さは最大となり，これを大潮という。

ウ：Bの最小。上弦・下弦の月のときは月と太陽が90度の位置にあり，膨らむ方向が90度異なり，潮は最小となる。

正答 **1**

地学　地震波と地球の内部構造

地震波に関する次の記述について，空欄ア～エに当てはまる語句の組合せとして妥当なものはどれか。

　地震が起きるとP波とS波が発生し，地球内部を伝わる。P波は進行方向に振動する縦波で，固体，液体，気体中を伝わり，S波は進行方向とは直角方向に振動する横波で，[ア]のみを伝わる。P波とS波で，伝わる速さが速いのは[イ]である。図1のように震央と観測地点と地球の中心を結んでできた中心角を角距離という。P波は角距離103°から143°の間に伝わらない部分がある。S波は角距離103°以遠で伝わらない。図2は，P波の伝わり方を描写した図である。③が示すようにマントルと外核の境界面で曲がり，伝わらない部分が生じる。曲がるのはマントルと外核で波の伝わる速さが異なるためである。一般に速い層から遅い層に波が伝わる場合，波は進行方向に対して遠ざかる方向に伝わる。したがって，③においてはマントルより外核のほうがP波の速さは[ウ]なる。以上より，マントルは[ア]，外核は[エ]である。

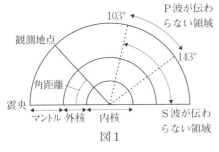
図1

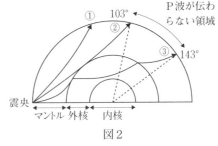
図2

	ア	イ	ウ	エ
1	液体	P波	遅く	固体
2	液体	S波	速く	固体
3	固体	P波	速く	液体
4	固体	P波	遅く	液体
5	固体	S波	遅く	液体

解説

横波のS波は固体のみを伝わり，液体，気体中は伝わらないので，アには「固体」が入る。P波とS波ではP波のほうが速いので，イには「P波」が入る。図2の③の地震波について，マントルと外核の境界面での地震波の伝わり方を見ると，マントル内よりも外核内で境界面に垂直に近くなっている。つまり，外核のほうがP波が遅くなるので，ウには「遅く」が入る。S波はP波の中で外核を通る部分の角距離に地震波が伝わっていない。つまり，S波は外核に伝わっていないので，外核は液体であり，エには「液体」が入る。

　以上より，正答は**4**である。

正答　4

地方上級 大阪府
No.263 同和問題 同和問題の現状と課題 平成9年度

同和問題に関する次の記述のうち，誤っているものはどれか。

1 同和問題は憲法が保障する基本的人権の侵害に係る深刻かつ重大な問題である。

2 同和問題の解決に向けた今後の主要な課題は，依然として存在している差別意識の解消，人権侵害による被害者の救済等の対応，教育，就労，産業等の面でなお存在している格差の是正，差別意識を生む新たな要因を克服するための施策の適正化であると考えられる。

3 府民の同和問題に対する基本理解や認識は深まり，人権意識は全体として高まってきている。しかし結婚問題を中心に差別意識は根強く残っていると考えられる。

4 明治4年に公布された太政官布告により同和地区住民は制度上の身分差別から解放され，その後日本国憲法の下で基本的人権が保障され，民主主義が進展した現在では同和問題は完全に解消された。

5 昭和44年に同和対策事業特別措置法が制定され四半世紀にわたって特別対策が総合的に実施された結果，生活環境面などの物的な基盤整備が急速に進展するなど大きな成果を上げたが，心理的差別の解決の面では大きな課題が残っている。

解説

1．正しい。同和問題は部落差別にかかわる問題であり，明治時代の身分解放令にもかかわらず，依然として存在し続けている問題である。部落解放運動は差別に対し自由権，社会権の保障など基本的人権の確立をめざす運動である。

2．正しい。昭和44年（1969年）に同和対策事業特別措置法が制定され，行政による同和対策が実施されるようになったが，教育，就職，結婚などで解決しなければならない課題は多い。

3．正しい。結婚に際して，身元調査が行われ，プライバシーを侵害するような事件も起こっている。

4．誤り。太政官布告は身分解放令であり，法的には部落差別がなくなってはいるが，結婚や教育の機会均等，環境問題に関して部落差別は現在完全に解消されたとはいえない。

5．正しい。同和対策事業特別措置法は，同和行政が部落の人々の自由権，社会権を確立するための保障的措置であることを明記し，環境改善などある程度の進展は見られたが，差別意識など心理面で解決しなければならない課題は多い。

以上から，正答は**4**である。

正答 **4**

266●地方上級＜教養＞過去問500

地方上級

No. 264 福岡県 **同和問題 地域改善対策協議会** 平成**10年度**

次の文章は地域改善対策協議会意見具申の一部である。空欄A～Cに入る語句の組合せとして，妥当なものはどれか。

　同和問題が（　A　）であるという趣旨は，一人ひとりが本問題に主体的に取り組むことによって初めてその最終的な解決が可能となるということであり，その意味においては，最終的な（　B　）の主体は国民であるといえる。実際には,（　C　）が中心となって率先して（　B　）を推進し，本問題の解決に取り組むにしても，最終的には国民が主体となるための条件整備を（　C　）が行うという認識に立った施策でなければならない。また，国民の各界，各層における幅広い（　B　）を進めるためには，学校，事業所等に期待されるものも大きい。

	A	B	C
1	社会的課題	啓蒙	行政
2	国民的課題	啓発	行政
3	地域的課題	教育	自治体
4	国民的課題	教育	国
5	社会的課題	啓発	行政

解説

A：国民的課題。昭和59年（1984年）の「地域改善対策協議会意見具申」では，啓発の実施主体の役割について述べられており，同和問題が国民的課題であると明言されている。

B：啓発。今日では，人権に対する知識や自覚を促す意味で啓発活動が重視されている。

C：行政。同和問題に対して生活環境の改善や社会福祉の増進，教育の充実など行政が果たす役割は大きく，答申でも行政の役割が述べられている。

　よって，**2**が正答である。

　なお，同和問題に対する国の取組みは以下のようになる。昭和40年（1965年）に「同和対策審議会答申」が内閣総理大臣に提出され，国民的課題であることが明らかにされた。この答申を具体的に進めるに当たって，昭和44年（1969年）に「同和対策特別措置法」が制定された。その後，「同和対策特別措置法」は廃止され，昭和57年（1982年）に「地域改善対策特別措置法」が成立し施行され，昭和59年（1984年）に「地域改善対策協議会意見具申」（「今後における啓発活動のあり方について」）が内閣総理大臣に提出された。近年の同和問題に関する法律には「地域改善対策特定事業に係る国の財政上の特別措置に関する法律の一部を改正する法律」があり，平成9年（1997年）に施行された。本法は平成14年（2002年）3月末をもって失効し，国においては同和対策はすべて一般対策の中で実施されることになる。

正答　2

地方上級＜教養＞過去問500●**267**

地方上級 全国型, 関東型, 横浜市
No. 265 文章理解　現代文（要旨把握）　平成11年度

ア～オのうち次の文の筆者の考えと一致する記述を選んだ組合せとして，妥当なものはどれか。

　アレゴリーとシンボルという対比において，近代では，いうまでもなく，アレゴリーの評判は悪い。近代文学が前提としているのは，特殊なものが普遍的なものを「象徴」するという一つの信念なのである。今日においても，言い方はちがっても，この「象徴（シンボル）」という考えは文学者のなかで有力である。たとえば，特殊な個別的表出が，当の作者自身「それと知らずに」，時代状況の本質を表出しているといった批評が今なおくりかえされているのである。こうした批評において評判の悪いのは，いわばすでにそれ自体が「普遍を考え指示している」ようなタイプの作品である。それらは寓意（アレゴリー）的な作品として，あるいは「主題の積極性」として斥けられる。

　ところで，私の関心は，近代以前の文学にではなく，シンボル的思考の自明性が確立したあとにのみ出現するようなアレゴリー的作家にある。

　アレゴリー的な作品が評判が悪いのは，自分の特殊的な事実を棚に上げて，一般的なものを語ろうとしているようにみえるからである。しかし，アレゴリー的作家が個別性にこだわっていないというのは誤りである。むしろその逆なのだ。シンボル的小説において，特殊（個別）なものが一般的でありうるというのは，あるいは，他人のことが「自分のこと」のように共感されうるというのは，一つの装置でしかない。ここでは，けっして一般性（類）に入らないような個別性（単独性）が切り捨てられている。個物を深く探っていくと一般的なものが見いだされるというのは，すでに個物が一般性に属しているということにほかならないからだ。また，ここでは，固有名は，その前に存在する実体としての個に付せられた任意の記号でしかない。しかし，固有名はけっして一般性や集合に帰属しないようなある単独性を指示するものだ。

　単独性にこだわる者は，こうした個-類という回路に入ることができないだろう。したがって，彼らは近代小説の装置としての固有名を用いることができない。カフカが一例である。カフカは幻想的ではなくきわめて写実的でありながら，固有名を欠いている。そのために，リアリズムではなく寓話のようになる。だが，それは固有名の排除ではなくて，固有名が与えている錯覚の排除であり，それは逆に固有名へのこだわりである。この点で，彼はいわゆる寓話作家とは根本的に異なるのである。

　ア　アレゴリー的思考は，普遍的なものがまず存在し，それゆえに普遍が特殊に先行すると考えるが，そのためにアレゴリー的作品は世間に評判が悪い。

　イ　アレゴリー的思考は，まず特殊をとらえることによって，それと知らずに，普遍を同時にとらえうると考える。

　ウ　特殊にこだわるシンボル的思考は，個々の特殊が普遍的な意味を担っていることを前提としているのだから，実は個別性は切り捨てられている。

　エ　シンボル的思考は，固有名は任意の記号にすぎないのではなく，一回性・特異性を持つものであるという視点に立脚している。

　オ　カフカは固有名を用いないが，それは，個物は常に一般性に帰属しているので，固有名を用いることに意味がないと考えるからである。

1　ア，ウ

2　ア，オ

268●地方上級＜教養＞過去問500

3 イ，エ
4 イ，オ
5 ウ，エ

解説

出典は柄谷行人『終焉をめぐって』。

ア：正しい。本文では，アレゴリー的作品の評判が悪いのは，「自分の特殊的な事実を棚に上げて，一般的なものを語ろうとしている」からと記述されているが，この一般的なものとは，この選択枝中の「普遍的」なものである。

イ：この選択枝は，シンボル的思考についての記述である。

ウ：正しい。本文に「ここ（シンボル的小説）では，けっして一般性（類）に入らないような個別性（単独性）が切り捨てられている」とある。

エ：本文に「ここ（シンボル的小説・思考）では，固有名は，その前に存在する実体としての個に付せられた任意の記号でしかない」とあり，その理由として「すでに個物が一般性に属している」から，と述べられている。

オ：シンボル的思考は，個別なものを語りながら，それが「一般性」に属していることを前提としている。近代小説の装置である「固有名」をカフカが避けているのは，普遍的なもののシンボルとなる固有名を使うことで，単独性と固有性が失われるからである。「固有名を用いることに意味がない」というよりも，固有名を用いることで失われるものをこそカフカが大切にしているというのが筆者の主張である。

したがって，正答はアとウを含む **1** である。

正答 **1**

地方上級＜教養＞過去問500●**269**

No.266 文章理解 現代文（要旨把握）

地方上級 関東型 平成11年度

次の文の要旨として，妥当なものはどれか。

　何を描いているか解らぬくらい離れて絵を見給え。たちまちドラクロアの色彩の魔術というものが諸君の眼に明らかになるだろう。この場合諸君の眼に映じた純粋な色彩の魅力は，絵の主題の面白さと全くその源泉を異にしたものであって，絵に近寄って見て，絵の主題が了解出来ても，主題はこの色彩の魅力に何物も加えず，また，この魅力から何ものをも奪う事が出来ぬ，と諸君は感ずるであろう。この主題と無関係な色彩の調和こそ，画家の思想の精髄なのである。思想といっても，これはもちろん常識的な意味でのあれこれの思想をいうのではない。諸君を夢みさせ，考えさせる色彩の力をいうのである。ドラクロアは情熱を情熱的に愛すると言った性質の画家であるが，それにもかかわらずドラクロアのパレットほど細心に微妙に整頓されたパレットを自分は，他の画家に見た事がない。まるで花束のように配置された彼のパレット上の色を眺めながら，自分は考える，この画家は，これらの様々な色彩の一つ一つの言わば感情値というものに関して，どんなに鋭い自覚を持っているだろう。これらの色彩を細心に組み合わせて，統一ある大きな調和を創り出すこの画家の仕事には，音楽家や数学者の手順に大変よく似たものがあるのではなかろうか。この普段の練習と計量とによって，ある名状し難い確実さを与えられた画家の感情が現れる，それが彼の思想である。ドラクロアは，自然は一冊の辞書だと言っていたが，彼は自然を辞書の様に引くのであって，自然の模倣などをしているのではない。彼の内に燃え上がる着想に適応する諸要素を自然のうちから探り出し，これに全く新しい相貌を付与する。画家にとって，自然とは，これと全く異なる絵画という一秩序を創り出す様に促す機縁，素材の統一ない累積なのである。徹底的に考えれば，自然のうちには線も色もない。線も色も画家が創り出すものだ。

1 ドラクロアの絵は主題とまったく無関係な思想が色彩の魅力と調和によって描かれており，自然は色彩の組合せからその調和をつくり出すための自己の着想に必要なものを探り出す素材の累積であった。

2 ドラクロアの絵から主題は読み取れないが色彩の魅力を感じることができ，色彩を細心に組み合わせて調和をつくり出すという手順から画家の感情が現れ，自然から絵の素材を探り出していた。

3 ドラクロアの絵の魅力は，色彩で表現されたその思想であり，情熱的な色彩を駆使して表現するとともに，自然を一冊の辞書のように引くことで自然の新しい相貌をつくり出した。

4 ドラクロアは色彩の感情値を計量して一つ一つの色彩を細心に組み合わせた絵によって思想を表現し，絵画という一秩序をつくり出すための新しい着想を探し出す辞書として自然を考えていた。

5 ドラクロアの色彩の魅力は，画家の思想の精髄を色彩の調和によって表現している点にあり，自然に対してはその秩序ある素材の累積から一冊の辞書としての役割を見いだしていた。

「ドラクロアの色彩の魅力」と作者のいう意味での「ドラクロアの思想」との関係を正確にとらえること。本文中の「主題と無関係な色彩の調和こそ，画家の思想の精髄なのである」という内容の理解，そして，「自然」をドラクロアがどのように利用しているかを正確に読み取ることがポイントである。

1．正しい。「主題と無関係な色彩の調和こそ，画家の思想の精髄」から「思想」が「主題と無関係」であることを読み取る。後半は，本文「彼（ドラクロア）の内に燃え上がる着想に適応する諸要素を自然のうちから探り出」すという表現に相応している。

2．「ドラクロアの絵から主題は読み取れない」という表現は本文の「絵の主題が了解出来」るという表現に反する。色彩の魅力についての記述が多いが，「主題」がないとはいっていない。

3．「ドラクロアの絵の魅力は，色彩で表現されたその思想であ」るという「思想」に重きを置いている記述は不適切。「色彩」そのものがドラクロアの絵の魅力であり，この色彩こそが思想なのである。

4．「一つ一つの色彩を細心に組み合わせた絵によって」表すのは「画家の感情」である。また，自然から得るのは，「着想」そのものではなく，本文にあるように「着想に適応する諸要素」である。

5．「自然に対してはその秩序ある素材の累積から」という表現が不適切。本文には「自然とは（中略）素材の統一ない累積」とある。

正答　1

地方上級 関東型 No.267 文章理解 現代文（要旨把握） 平成11年度

次の文の内容に合致するものとして，妥当なものはどれか。

　明治初年，啓蒙思想家としての福沢をいわば代表する著書『文明論之概略』においても，彼は，「文明とは人の身を安楽にして心を高尚にするを云ふなり，衣食を饒にして人品を貴くするを云ふなり」と述べている。ここでは人間の安楽や衣食の豊かさという物質的価値の問題と，精神や道徳の問題とが相互に並行して語られている点に注目すればよい。しかし，福沢においてはいわゆる物質文明の問題も，究極においてはそれを生み出す精神のあり方の問題として論じられている点を見落とすことは許されないだろう。だから彼は，「文明」を論ずるにあたって，その外形のみを採り上げ，その精神を捨てて顧みない傾向について，つねに批判的な態度をとった。彼が『文明論之概略』の緒言で「文明論とは人の精神発達の議論なり」と述べたのも，彼が文明の問題を基本的には精神のあり方の問題としたことを端的に示している。

　このように福沢は，文明を人の「精神」あるいは「智徳」の問題と考えたけれども，それならば彼の言う「精神」や「智徳」とは何であったのだろうか。その場合，第一に注意しなければならないのは，彼の言う「精神」や「智徳」とは，決して特定の内容や形態によってワクづけられた知識や道徳を意味するのではなかった点である。それどころか逆にそれは，過去の習慣や所与の規範に無自覚に依存したり拘泥したりすることのない，自由で合理的な思考や精神活動を意味しており，いわば「智力」の同義語として用いられていた。福沢が「古習の惑溺」と「文明の精神」とを対置し，人民の「智力」を進める第一の急務として「古風束縛」の精神の一掃を説いたのはそのためである。

1 福沢諭吉は文明の問題について，衣食を豊かにして初めて人品を貴くすることができると考え，物質文明を重視した。

2 福沢諭吉は古いワクのままの智徳に無自覚に依存してはならず，文明の発展，発達が急務であると述べた。

3 福沢諭吉は決して物質の価値を軽視していなかったが，世間の人々が物質による安楽だけを求めることを批判的に考えていた。

4 福沢諭吉は文明の問題は精神こそが重要であり，物質文明は補助的な役割であり，ときには無視してもよいと述べた。

5 福沢諭吉は文明の基本は合理精神や智力であり，それを進めるために，まず因習的な精神をより理解すべきであると主張した。

解説

福沢諭吉は文明を論じて，人間の安楽や衣食の豊かさという物質的価値と精神や道徳の問題とを並行して考えているが，究極においては精神のあり方を重視している。福沢のいう精神や智徳は，特定の内容や形態によって型にはめられた知識や道徳ではなく，自由で合理的な思考や精神活動を意味している，という内容。

1．福沢は物質的価値と精神のあり方とを並行して考えていたのだから，「物質文明を重視」では偏っていて誤り。

2．本文に人民の「智力」（知恵のはたらき）を進めるための「急務」として，「古風束縛」の精神の一掃を説いた，とある。「文明の発展，発達が急務」という表現は，文明の中身について述べた本文の内容をぼかしてしまう。

3．正しい。

4．「物質文明は……無視してもよい」とは述べていないので，誤り。

5．「因習的な精神をより理解すべきである」の部分が不適切。

正答 3

272●地方上級＜教養＞過去問500

地方上級 東京都

No. 268 文章理解　現代文（要旨把握）　平成11年度

次の文の要旨として，妥当なものはどれか。

　人間は「早産動物」だといわれる。あと一年は，母親の胎内にいてもよかったのではないかということであろうか。他の動物の子どもにくらべて，人間の赤ん坊はあまりにも未熟でか弱く，無力なまま生まれてきたように見える。

　このことは，生物学や進化論の立場から興味ぶかい問題をはらんでいるが，ここでそれに立ちいる余裕はないし，また人間の新生児が果して無力なのかについての論議も，いまはひかえておこう。ここではつぎのことをいっておきたい。生物としてのか弱いままの出生ということを一応認めた上で，それを逆から考えるなら，人間という種は，その出生の直後から，おとなたちの手厚いはたらきかけと庇護のあることを前提とし，その約束のもとに生み落されてくると考えられるのである。

　言いまわしをもてあそぶようだが，人間は生まれる瞬間から，周囲とのあつい人間関係にたよることを前提としている動物なのである。まさに，その意味で人間は最初から社会的動物というべきなのであろう。はじめは一人ぼっちで非社会的であった赤ん坊が，徐々に周囲の人と交渉を重ねることにより，最後にようやく社会的存在にたどりつくという考え方が一般に常識化しているが，人間は生まれたときから（あるいは生まれる前からという方が正しいかもしれないが），何よりも社会的動物なのである。このことは，くりかえし確認しておいていいと思う。人間の子どもは「かれを大切に」愛さざるをえないでいる人びとのなかへ，そして自分もそれに十分応えうる存在として生まれ出てくる。最初から「人間の絆」を，生きるため，発達するための必須の条件として生まれてくる動物なのである。

1　人間は「早産動物」であり，あと１年は母親の胎内にいてもよかったと思われ，このことは，生物学や進化論の立場から興味深い。

2　人間は，生まれる瞬間から周囲との厚い人間関係に頼ることを前提としている社会的動物である。

3　人間の赤ん坊は，最初は非社会的であり，徐々に周囲の人と交渉を重ね，ようやく社会的存在となる。

4　人間の子供は「かれを大切に」愛さざるをえないでいる人々の中へ生まれ出るが，子供自身はそれを意識していない。

5　人間は，生物としてか弱く出生するが，人間の新生児が果たして無力なのかどうかは一概には言えない。

解説

人間の赤ん坊は未熟でか弱く，無力なまま生まれてくる。出生直後から，大人たちの手厚い働きかけと庇護を受けて育つのであるが，これを言い換えれば，人間は生まれる瞬間から周囲との厚い人間関係に頼ることを前提としている社会的動物であるということができる，と述べた文章。

1．確かにそのとおりなのだが，書き出しの部分の内容のみなので，主旨とはいえない。

2．正しい。

3．「人間の赤ん坊は，最初は非社交的で……」ということは，一般に常識化しているが，筆者は最初から社会的動物だと考えるのであるから，誤り。

4．「子供自身はそれを意識していない」とは本文で述べていないので，妥当ではない。

5．人間の新生児が無力なのかどうかについての論議は控えておこう，と筆者は書いている。「一概には言えない」かどうかは，本文の範囲ではわからない。

正答　2

地方上級＜教養＞過去問500●273

地方上級 東京都 No. 269 文章理解 現代文（要旨把握） 平成11年度

次の文の要旨として，妥当なものはどれか。

　森敦の『われ逝くもののごとく』に描かれている庄内平野の人々の生と死には「世間」の一つの典型を見ることができる。人々が「世間」の中で生き，そして死んでゆくその流れは庄内平野を貫く盆字川のさざ波の一つとなって途絶えることがない。「世間」の中で人は人と結ばれ，争い，そして死んでゆく。そこには制度の力の及ばない何かがある。それは「世間」の力であり，人々の力でもある。「世間」は制度になりえなかったために，人と人が結びあう具体的な場となり，その中では制度の中枢にいる権威も大きな力を振るうことはできなかった。

「世間」は長い間現状を良しとしてきた。変革は望まれなかった。「世間」の現状がどのようなものであるかさえ問われなかった。それは人々の身体に付着していたからである。しかし「世間」が対象化され，客観的に分析しうるようになるとすれば，「世間」を変え，それを通して社会や制度を変えて行く道は開けてくるであろう。「世間」は柔らかな構造をもっているからである。そこでは「棒打たれのソルステイン」の話に見られるように何らかの制度ではなく，人間の質が最も重要な意味をもっているからである。

　教養があるということは最終的にはこのような「世間」の中で「世間」を変えてゆく位置にたち，何らかの制度や権威によることなく，自らの生き方を通じて周囲の人に自然に働きかけてゆくことができる人のことをいう。これまでの教養は個人単位であり，個人が自己の完成を願うという形になっていた。しかし「世間」の中では個人一人の完成はあり得ないのである。個人は学を修め，社会の中での自己の位置を知り，その上で「世間」の中で自分の役割をもたなければならないのである。そのときはじめてフーゴーのいう靴直しや陶工として働くことができるのであろう。

1　「世間」は人々の身体に付着し変革は難しいと思われてきたが，実は柔らかな構造を持っており，高い教養を持つ人々は「世間」を支配することができる。

2　これまで「世間」の現状が問われることはなかったが，今後は，「世間」を客観的に分析し，変革することを通して社会や制度を変えていく必要がある。

3　「世間」には制度や権威の力の及ばない何かがあり，人々は権威に頼ることなく，自ら教養を備え，人間関係を良好に保っていくことが必要である。

4　人間にとって最も重要なのは教養であるが，教養とは学を修めることにより個人が自己の完成を願うことであり，人間は教養を身につけることによって初めて「世間」と交わることが可能になる。

5　「世間」を変えていくうえで最も重要なのは人間の質であり，人々は教養を備え，自らの生き方を通じて「世間」に働きかけ，「世間」の中で自分の役割を果たしていく必要がある。

解説

　これまでの「世間」は，制度の力も及ばず，現状をよしとして変革を望まれない状況で，人と人が結び合っている具体的な場であった。しかし，「世間」が対象化され，客観的に分析できるようになると，「世間」を変え，それを通して社会や制度を変えていく道も開けてくる。人は教養を身につけ，自らの生き方を通じて周囲の人々に働きかけ，「世間」の中で自分の役割を果たしていくうちに，「世間」を変えていくことができる，と述べている。

1．「『世間』を支配することができる」という表現は妥当でない。

2．第三段落の内容，「教養」と人の「『世間』の中で」の「自分の役割」に触れていないので，主旨としては不十分である。

3．「『世間』には制度や権威の力の及ばない何かがあり」とあるが，それはこれまでの「世間」であり，本文では，「『世間』を変え」，「社会や制度を変えて行く道は開けてくるであろう」と述べているので，本文の主旨とずれる。

4．「教養とは……個人が自己の完成を願うこと」とあるが，これは「これまでの教養」である。筆者は，個人は「世間」に働きかけて生きていくものであり，「『世間』の中では個人一人の完成はあり得ない」と述べているので誤り。

5．正しい。

正答　**5**

地方上級
全国型，関東型，大阪府，横浜市
No. 270 文章理解　現代文（要旨把握）　平成11年度

次の文はある本の書評の一部である。評者のこの本のとらえ方として，妥当なものはどれか。

　この本は読み終えるということのできない本である。頁の最後までくってみても読み終わったことにはならない本である。読む者をしていたるところで停滞させ，停滞させた点で読者の力量に応じて大なり小なりの円をえがかせ，その円が渦をまいて考えこませてしまうという，そういう性質の本である。

　著者自身が，ここで「宗教とは何か」と問うている。いま，ここの時点で，それを問うている。現在という時点で，そこに生きる一人として，みずからそれを問うている。だから，この「何か」という問は，たとえば「原子力とは何か」という場合のそれとは全く違っている。原子力というものが，いかにむずかしいものであっても，それに対する答は既に出来上がってしまっている。その答にいたる手続を，素人にもわかるように説明し解説することが，「何か」という問の形の中にあらかじめ要請されている。

　ところで著者の「何か」という問は，問の上に更に問をかさねてゆくという方法である。いままでの答の中に，あるいは答の底の方に，さらに問を起こし，その問を起こす「地平」を新たに検討し，そこに展開される新しい世界を問うてゆく。「恐らくそうであろう。併しそれは果たしてそういうものであろうか」という言い方もそこから当然に出てくるのである。「問うものと問われるものが別々である立場を超えて，問うものも問われるものも一つの問に化し，そこにただ一個の大きな問のみが現前するというような，いわゆる大疑現前ともいうべき場にまで下る」とも言っている。さらにそこをも超えて，問うものと問われるものという対立の初めからないところ，思惟や判断を超えたところ，そのものがそのものの本来の面目を赤裸々に示している世界，喫茶喫飯も山川草木もそのままにリアリティーという世界が語られている。これが「空の立場」，ひろくいえば禅である。著者はそこに立っている。

1　著者自身が答を持たないまま著作しているため，読む者は著者と一緒に何度も混乱するが，読み終えたときには深く考えるようになっている。

2　著者が答を持たないまま著作を開始し，悪戦苦闘しながら「空の立場」を獲得していく姿がよく表れていて，読みごたえがある。

3　もともと答のない問に対してさらに問を重ねていくというこの著者の手法は難解なので，読む者の力量に応じて理解の深さが異なる。

4　著者は問を発し続けることで思索を深めているため，読む者はいくら熟読しても答を得られないが，読む者の力量に応じて深く考えさせてくれるものである。

5　読む者は，問を発し続ける著者とともに考えることによって，読み終えたときには出発点より高次の世界へ到達している。

解　説

この本で著者は，「宗教とは何か」と問うているが，この問について，いわゆる「答」は出来上がってはいないので，この本の内容については常に考え続けなければならない。著者は問の上にさらに問を重ねていく方法で考え続けるが，最後には，思惟や判断を超えたところ，そのものがそのものの面目を赤裸々に示している世界，つまり「空の立場」に立っている，という内容。

1．本文の最初に「読み終えるということのできない本」とあるので，「読み終えたとき」という表現は適当ではない。

2．著者は一貫して「空の立場」に立っていると考えられているので，「獲得していく」は不適当。

3．本文には「いままでの答の中に」とあり，「もともと答のない問」では矛盾する。

4．正しい。

5．**1**とほぼ同じ内容。「高次の世界」も本文の内容を語っているとはいえないので不適切。

正答　**4**

276●地方上級＜教養＞過去問500

地方上級

No. 271 文章理解 現代文（要旨把握）

全国型，関東型，中部・北陸型，大阪府，横浜市

平成9年度

次の文の要旨として妥当なものはどれか。

いわゆる日本的なものの概念の中で，日本に固有な美的範疇は，およそ江戸時代に固定したと見ることができるだろう。その内容は，もののあわれやわび・さび・枯淡というような言葉によって示されるものである。これらの言葉が全体としてさし示す方向を日本的性格とすれば，その起源は，江戸時代以前，いわゆる中世にあるだろう。また，普通教育を通して国民の間に広く浸透したのは，明治以後である。しかし，いわゆる日本的なものの概念の内容が，意識的に検討され，固定されたのは，主として江戸時代においてであり，おそらくそれは偏見であったが，偏見の成り立つための条件がその時代に備わっていたのである。

条件の第一は，国学であろう。国学は，おそらく日本の最初の学問的自覚であり，さらにこまかく言えば，日本文芸・思想史学の最初の方法的自覚である。むろんその功績は大きかった。しかし周知のように，国学は，仏教および儒教の圧倒的影響に対する反撥として起ったものである。日本文化の雑種的性格は，今に始まったことではない。すでに早く飛鳥から江戸時代まで，明治以後よりも以前に，さらに徹底した形で存在したのである。雑種文化は，いつの時代にも常に日本の現実であった。その現実から外来の要素を排除して，純粋に日本的なものの概念を求めるのは，常に日本の願望であったと言えるだろう。国学とは，その願望の最初の大規模な表現に他ならない。国学者の説いた日本的なものは，圧倒的な外国の影響の下に発達した文化の中から，比較的その影響の少ないものを拾い出し，整理することによってつくりあげた概念的産物である。

1 いわゆる日本的なものの概念は，江戸時代に仏教や儒教に対する偏見から生まれたものであり，これを国学者が固定し，明治以後に広く浸透させた。

2 いわゆる日本的なものは，江戸時代に国学者が意識的に作り上げた概念的産物であり，このとき，日本で初めて学問的自覚に立った検討がなされた。

3 江戸時代に成立した国学は，現実の雑種文化から外来の要素を排除し，純粋に日本的なものを拾い出して整理したいという日本人の願望を初めて実現した。

4 いわゆる日本的なものの概念の内容は日本文化の全体を表すものではなく，ほぼ江戸時代に固定したもので，純粋に日本的なものを求めた国学に負っている。

5 日本文化の雑種的性格は飛鳥時代から現在まで厳然と存在しており，もののあわれなどで示される日本的性格だけで日本文化を表現したり評価したりすることはできない。

解説

1段落は，一般的にいわれている日本的なものの概念の内容は，主として江戸時代に意識的に検討され，固定されたが，それは偏見，偏ったものの見方・考え方であったと思われる，と述べている。2段落は，偏見が成り立つための条件の第一は，仏教・儒教の圧倒的影響に対する反発から起こった国学で，雑種的性格を持つ日本文化から，外来の要素を排除して，純粋に日本的なものの概念を求めたのだった，と述べている。全体の要旨は，1・2段落の内容を合わせて，まとめる。

1．「仏教や儒教に対する偏見」ではない。また，「国学者が……浸透させた」のではなく，「普通教育を通して国民の間に広く浸透した」のである。

2．「概念的産物」の内容（日本文化の雑種性，純粋に日本的なものを求めるという願望）に触れていない。

3．2段落の内容のみで，1段落の内容を欠いている点で，要旨としては不適切。また，「日本的なものを拾い出して整理した」のは国学者たちであり，「……拾い出して整理したいという日本人の願望」という表現も適切ではない。

4．正しい。

5．江戸時代に，国学が，いわゆる日本的なものの概念を固定させた，ということに触れていないので，要旨として不適切。

正答 4

地方上級＜教養＞過去問500●277

地方上級 全国型，関東型，大阪府，横浜市
No.272 文章理解 現代文（要旨把握） 平成9年度

次の文の要旨として妥当なものはどれか。

　コペルニクス的地動説の理解に関して，私どもの地動説とコペルニクスの地動説との間に，その二つを繋ぐべき一本の糸を張ってしまうと，私どもは，つい歴史を逆に見がちになる。つまり，今日の私どもの地動説とコペルニクスの地動説を繋ぐ糸の過去への延長上に，コペルニクス説成立の素因や条件や先駆を探してしまう。私どもの科学が実験と経験的データによって出来上っているから，コペルニクスの地動説も実験と経験的データによって造られたに違いないとか，私どもの科学的理論は「合理的」なものに支えられているのだから，コペルニクス的地動説の成立にも「合理的」な要素が働いたに違いないとか，「非合理的」なものが働いたはずはない，とかいった類の前提に立って，コペルニクス説の成立を論じ，コペルニクスの地動説を理解しようとする類の議論がそれに当るだろう。

　この点での禁欲主義は，あるいは，歴史の細分化主義だという批判があるかもしれない。つまり，ちょうど，現代文化人類学が，文化どうしを比較するための，超文化的な絶対的尺度基準を捨て，各文化のなかで起る現象は，あくまでも，当該の文化のネット・ワークのなかに位置付けて理解しようとすることを，当面の目標として掲げているように，歴史もまた，時代と社会に分断され，細分化され，他との脈絡ぬきに，その時代，その社会，その理論のネット・ワークのなかだけで理解しようとすることになりはしないか。

　この批判に対する私の答えは，イエスである。それで差し当り何が悪いかと問い返そう。いやむしろ，少くとも，今まで，とりわけ科学史の世界では，そうした意味での禁欲主義が，どれほど実験されたであろうか，と問うてみよう。

1 過去の学説の理解には，現在の科学を用いて歴史をさかのぼる方法がよくとられるが，これでは学問は禁欲的であるべきという批判に耐えられない。

2 過去の学説の理解には，実験や経験的データに基づく合理的理論を基礎に据えた学問的な禁欲主義が要求される。

3 過去の学説を理解するとき，現代の科学的・合理的手段も必要だが，それが成立した時代の中で考えてみようとする態度も要求される。

4 過去の学説の検討は，現在と切り離してそれが成立した時代の中だけで行われるべきだが，その場合は常に細分化の危険がつきまとう。

5 過去の学説を理解するとき，現在の科学を絶対とする立場で吟味することをやめ，ひとまずは対象を現在から分断させ，それが成立した社会の中だけで考えてみることが必要だ。

解説

1段落は，現在の科学が実験と経験的データによる「合理的」理論に支えられているから，過去の学説（たとえば，コペルニクスの地動説）を理解しようとするときも，その学説成立の素因や条件や先駆を探して，その学説が「合理的」理論に支えられていることを証明しようとするのが，よくある理解の方法だ，と述べている。2段落は，絶対的尺度基準を設けたくなる心を抑えて，同じネット・ワークの中に位置づけ，比較し，間違いのない範囲内で確実に決めていこうとする学問的な禁欲主義は，歴史の細分化主義だという批判があるかもしれない，と述べ，3段落で，細分化であってもよい。特に科学史の世界では，そのような禁欲主義がこれまで実験されてこなかったとしている。

1.「学問は禁欲的であるべきという批判」は文中にはない。「禁欲的」な方法を提示しているのである。

2.「実験や経験的データに基づく合理的理論を基礎に据え」るのは「私どもの科学」であり，「禁欲主義」とは反対の立場である。

3.「現在の科学的・合理的手段も必要」とは述べていない。

4.「細分化の危険がつきまとう」のではなく，まさに「細分化」して理解しようとするのが「禁欲主義」である。

5. 正しい。

正答 **5**

地方上級
横浜市
No.
273 文章理解 現代文（要旨把握） 平成10年度

次の文の要旨として，妥当なものはどれか。

　人生の道を歩きつつひとは信念あるいは信仰の必要が強調される場面によく出会う。事実の状況いかに酷薄の逆境を示そうとも，千万人といえども我ゆかんの信念の前には，いわば全世界，全事実界は虚無の軽みに化するのみ，との場面である。しかし，信念がただ信念であるがゆえに強調され，固執されるとき，空虚化するのは現実ではなく，信念自体の側であろう。その場合信念は現実の前に必敗する。信念は彩色された絶望であるその正体を露呈する。なぜならそこでは信念は，現実の根底へのあくなき追究の放棄であり，その意味での思考の停止以外のものではないからである。

1 信念というものは信仰と同じくその実態は空虚なものである。
2 信念は現実の前には必ず崩れ去ってしまうもろいものである。
3 信念を追究していくと最終的には必ず絶望に突き当たる。
4 信念は往々にして思考の停止になってしまうことがある。
5 信念こそが全世界，全事実界を制する力の根元である。

解説

人生の逆境においては，信念あるいは信仰が必要とされることが多いが，信念が現実とかかわることなく，頑固に強調され，固執されると，空虚なものとなり，思考の停止となってしまう，と述べている。

1．すべての信念・信仰が空虚なのではない。
2．「必ず崩れ去ってしまうもろいもの」かどうかは本文の内容とまったく関係ない。
3．強調され，固執されるときに「彩色された絶望」という正体を露呈するのである。
4．正しい。「信念がただ信念であるがゆえに強調され，固執される」ときは，往々にしてあり，信念は空虚にも絶望にも，思考の停止にもつながってしまう。
5．信念が全世界を制するといったことは書かれていない。

正答 **4**

地方上級＜教養＞過去問500●279

No. 274 文章理解　現代文（要旨把握）　平成13年度

次の文章の要旨として，妥当なものはどれか。

　外国人や子供に教えるということは，いいかえれば，共通の規則（コード）をもたない者に教えるということである。逆に，共通の規則をもたない他者とのコミュニケーション（交換）は，必ず「教える—学ぶ」あるいは「売る—買う」関係になるだろう。通例のコミュニケーション論では，共通の規則が前提されている。だが，外国人や子供，あるいは精神病者との対話においては，そのような規則はさしあたって成立していないか，または成立することが困難である。これは，特異なケースだろうか。

　われわれが誰でも子供として生まれ，親から言語を習得してきたということは，けっして特異なケースではなく，一般的な条件である。また，われわれが他者との対話において，いつもどこかで通じ合わない領域をもつことは，一般的にいえることだ。その場合，よりよく互いに理解しようとするならば，相手に問いたださねばならず，あるいは相手に教えなければならない。いいかえると，それは「教える—学ぶ」関係に立つということである。共通の規則があるとしたら，それは「教える—学ぶ」関係のあとにしかない。

「教える—学ぶ」という非対称的な関係が，コミュニケーションの基礎的事態である。これはけっしてアブノーマルではない。ノーマル（規範的）なケース，すなわち同一の規則をもつような対話の方が，例外的なのである。だが，それが例外的にみえないのは，そのような対話が，自分と同一の他者との対話，すなわち自己対話（モノローグ）を規範として考えられているからである。

　しかし，私は，自己対話，あるいは自分と同じ規則を共有する者との対話を，対話とはよばないことにする。対話は，言語ゲームを共有しない者との間にのみある。そして，他者とは，自分と言語ゲームを共有しない者のことでなければならない。そのような他者との関係は非対称的である。「教える」立場に立つということは，いいかえれば，他者を，あるいは他者の他者性を前提することである。

1　コミュニケーションを成立させるためには，まず相手と自分の間で共通の規則を持たなければならない。

2　われわれが他者との対話で，いつもどこかで通じ合わない領域を持つことはしかたがないことである。

3　対話は自分と同じ規則を共有しない者との間で，「教える—学ぶ」という非対称的な関係から始まる。

4　自己対話は他者との対話の前に必ず存在する段階であり，自分と他者の関係がノーマルかアブノーマルかを判断する規範となる。

5　われわれはだれでも親から言語を習得し，自己対話を通じて他者とのコミュニケーションの共通の規則を獲得する。

解説

出典は柄谷行人『探究Ⅰ』。他者とのコミュニケーションの基礎的事態を解明した文章。

1. 「通例のコミュニケーション論では，共通の規則が前提されている」が，「同一の規則をもつような対話の方が，例外的」だとしているので，「共通の規則」を構築することを要求する文章ではない。

2. 「通じ合わない領域」を克服するため，「非対称的な関係」を経験して「共通の規則」に到達するのであるから，通じ合わないのはしかたがないとあきらめたようなまとめ方は誤り。

3. 正しい。

4. 「私は，自己対話，あるいは自分と同じ規則を共有する者との対話を，対話とはよばないことにする」と宣言している著者の立場に矛盾するまとめ方である。

5. 「他者とは，自分と言語ゲームを共有しない者のことでなければならない」のだから，親や自己との対話では「コミュニケーションの基礎的事態」である「非対称的な関係」が成立しない。

正答 3

地方上級＜教養＞過去問500●**281**

地方上級 No.275 横浜市 文章理解 現代文（要旨把握） 平成9年度

次の文の要旨として妥当なものはどれか。

　ある外国文学者で外国で学位を取り本を何冊も書いて，得意満面の男が私の知っている知人の中にいる。彼は苦労して大学教授になり，そのためか学者の仲間入りを果たしたことがともかくうれしくてたまらない。色々な会合によく顔を出し，学会の理事になりたがり，ペンクラブとかどことかでスピーチをするとなると大騒ぎで触れ回り，名刺の肩書を多数すり込んでは会う人ごとに手渡している。実に稚気満々で微笑ましくあるから，私は別段腹も立たないが，会って話をすれば五分とたたぬ内にこちらが退屈する。

　この人物に学問がないのではない。専門家としての知識は十分に積んでいる。否，ある面では大きな博識さえ持っている。

　ある時私は，彼にしては珍しいことなのだが，音楽会に彼が出かけるのに出会ったことがある。音楽の話を暫くしていて大変驚いた。彼は何かの知識を仕入れるためにわざわざコンサート会場に出向いたのだった。世界の演奏家に関する新しい情報に通じていないでは文化や芸術を語る知識人の名に恥じ，同僚仲間から馬鹿にされると思いこんでいる。かくて，学習意識を持って音楽会の切符を買い，多忙な時間を割いて音楽を聴きながら，他の仕事と同じようにやはり多忙に過ごそうという心算なのであった。

　私はここでもキルケゴールの次の言葉を思い出す。「世には倦むことのない活動と言うものがあって，人間を精神世界からしめ出して，本能的に常に運動してなくてはいられない動物と同じ部類に入れるのである。何でもかんでも仕事に変化させて全生活を仕事にしてしまう異常な天賦を備えた人間が存在し，彼は事務所で働くときと同じ仕事熱を持って恋愛をし，結婚をし，機知に耳を傾け，芸術に感嘆するのである。」

　現代人の生態の一面を何という正確な深い洞察力を持って見抜いている言葉であろう。そして，これこそまた退屈な人間とは何かを定義する決定的な言葉と言ってよいであろう。

1　自ら退屈しない人間は他人を退屈させる。
2　優れた人間の唯一の欠点は自ら退屈することを知らないことである。
3　退屈とは勤勉の究極の姿である。
4　本業を外れた学者ほど退屈なものはない。
5　退屈とは自ら努力して手に入れるものである。

　1・2段落で語られる1人の学者は，学位を取り，本を出し，大学教授になり，学会の理事になりたがる，など大変に刻苦精励する人物である。音楽会に出かけることでさえ，知識（情報）を仕入れるためであるから，彼にとって，音楽鑑賞は多忙な仕事の一つであって，決して楽しみではない。こういう人物は，相手にとって実に退屈だ，と筆者はいう。3・4段落では，キルケゴールの言葉で，1・2段落に語られた学者について一般化し，筆者は，本能的にいつも動いているしかない諸動物と同じ部類に入るような，うむことのない活動に没入している人々について現代人のありのままの姿の一面だといい，これこそ退屈な人間だ，と結んでいる。普通には，閑暇は退屈なもの，と考えられがちだが，キルケゴールや本文の筆者は，閑暇は楽しまなければならない，と考え，閑暇を勤労のみで埋め尽くすことは楽しみを知らないゆえに，このうえなく退屈だとしている。

1．「自ら退屈しない」という形容は，本文で問題にしている「勤勉」と関連させた説明がないので，趣旨としては不十分。
2．「優れた人間」については触れていない。
3．正しい。
4．「本業を外れた学者」は「退屈な人間」の例にすぎない。
5．「退屈」は「努力して手に入れるもの」とあるが，そのようなことは述べていない。

正答　3

地方上級

No. 276 札幌市，横浜市

文章理解　現代文（要旨把握）　平成7年度

次の文の要旨として妥当なものはどれか。

　人間は生活を論理で修正する唯一の動物だから，自己保存のために，秩序を意識して保ち，それを改善し，合理的に発展させようとする。しかし生命は原始的な衝動に即して動かないと，充足できない最初の欲求を持っている。それは生命の根本にあると共に，論理的に分割され整理されたすべての思考につきまとっている。その部分において，すなわち自己を欺いて整理されている人間の生活のすべての部分において，原衝動は満足させられることを求める。それが真の生命の声であり，それを満足させることが芸術であるらしい。現実と類似の，しかし仮定の約束によって，秩序を制限し，条件の数を少なくし，または範囲を定めた装置を作る。その中に生命を放置して見ること——抵抗は退き，生命は現実よりも膨張する。その装置は，形象でも色彩でも音でも仮りの生活でも作り話でもよい。

1　生命の原始的な衝動は，論理化された世界にも絶えずつきまとい，生命の膨張を求め，論理化を遅らせる。

2　生命の原始的な衝動を満足させる装置は何であってもよい。装置が優れていれば，論理化された世界も豊かになるのである。

3　人間は生活を論理化する一方，生命の原始的な衝動を満足させる装置で，論理化を弱めようとするものである。

4　生命の原始的な衝動を満足させる装置は何であってもよい。ただし，論理化された世界に背くものであってはならない。

5　人間は生活を論理化する一方，生命の原始的な衝動を満足させる装置を作るものである。

解説

人間は現実を論理によって秩序立てる一方で，そこでは抑圧される生命の発動，膨張を擬似現実としての装置（芸術）の中で求めるものであることを述べた文章。その前後者の関係は，ただ後者が前者にも「つきまと」うとあるだけで，**1**の「論理化を遅らせる」や**3**の「論理化を弱めようとする」かどうか，あるいはその反対に**2**の「論理化された世界も豊かになる」かどうか，といった判断を，本文から下すことはできない。**4**．「論理化された世界に背くものであってはならない」は，「現実と類似の」以下の本文に即しているかに見えやすいが，類似しているのはあくまでも「現実」であって，「現実」を「論理で修正」したところの「論理化された世界」ではない。芸術がしばしばアンモラルな作品を生むことを考え合わせるべき。**5**．正しい。

正答　5

地方上級＜教養＞過去問500●**283**

地方上級 特別区

No. 277 文章理解　現代文（要旨把握）　平成16年度

次の文の主旨として，最も妥当なのはどれか。

　日本人は常に外国の文化を尊敬と親愛をもって，自国に取り入れ，時には自国の民族性を見失うように見える時期もありますが，それを消化吸収して，日本独自のものを生み出して来ていることは皆様も認めておられると思います。

　丁度，今，日本の昔の書の展覧会がケルンで催されていますが，中国の漢字を基にしながら，千年も前に，すでに仮名という日本独特の文字を造り出しているのを御覧になったでしょう。仮名の美，あるいは，漢字と仮名の調和の美は，日本民族が生み出したものであります。

　美術の分野でも千年も前から漢絵──中国の絵画または中国風な絵──と，大和絵──日本の民族的な好みによって生まれた絵画形式──との二つが行われて来ました。また，明治期以後，西洋からの油絵と，日本の伝統的な画風の日本画との二つが現在まで続いています。

　こうして，外国からの影響を受けながら，やはり，外国には無い日本の美を創造して来たのです。それは，日本の自然環境と，民族の歴史によるものと思います。

　即ち，極東の島国である日本は，古い時代から，流れ込んで来た外来の文化が，日本を通って，次にどこへ行くという道は無かったのであります。そして，この国の温和な自然の中で，徐々に民族性によって純化され，日本独特の美の姿に変貌して行く運命を持っていたと言えるでしょう。

　島国という閉鎖的な壺の中で，早い時期から統一国家であった日本は，民族的な精神基盤を失うことなく，しかも，外来文化の注入によって生まれる刺戟と緊張によって，新しいエネルギーを生み出し，老化を防いで来たと言えるでしょう。

(東山魁夷「日本の美を求めて」による)

1　日本人は常に外国の文化を尊敬と親愛をもって，自国に取り入れ，時には自国の民族性を見失うように見える時期もあるが，それを消化吸収して，日本独自のものを生み出して来た。

2　仮名の美，あるいは，漢字と仮名の調和の美は，日本民族が生み出したものである。

3　極東の島国である日本は，古い時代から，流れ込んで来た外来の文化が，日本を通って，次にどこへ行くという道は無かった。

4　流れ込んで来た外来の文化は，温和な自然の中で，徐々に民族性によって純化され，日本独特の美の姿に変貌して行く運命を持っていた。

5　島国という閉鎖的な壺の中で，早い時期から統一国家であった日本は，民族的な精神基盤を失うことなく，しかも，外来文化の注入によって生まれる刺戟と緊張によって，新しいエネルギーを生み出し，老化を防いで来た。

解説

日本独自の美と外来文化の関係を，島国という地理的条件と民族性から説明した文章。

1.「流れ込んで来た外来の文化が」「次にどこへ行くという道は無かった」という視点への言及がない。

2. 仮名や絵画形式は「日本の美」の例にすぎず，それらがどのように生み出されたのかを明らかにするところに主旨があるので，例を挙げるだけでは不十分である。

3. 外来の文化を「徐々に民族性によって純化」するという点が落ちている。

4.「島国という閉鎖的な壺」について触れていないし，「日本人」が外国の文化を「消化吸収して，日本独自のものを生み出して来ている」という，日本人の主体性にも触れていない。

5. 正しい。

正答　**5**

地方上級

No. 278 文章理解　現代文（要旨把握）

全国型, 関東型, 中部・北陸型, 茨城県, 静岡県, 大阪府, 札幌市, 仙台市, 京都市

平成8年度

次の文の要旨として妥当なものはどれか。

　正しい，そして深い経験から出て来る言葉は，形容するのがむつかしい一種の重みをもっている。それは，あるものを表現する言葉の本当の説明は事柄そのものの中に在るからである。こういう表現の正しい使用は決して容易ではないし，また即席に生れてくるものでもない。ものについてしか思索しない，というアランの信条はこのことを言っているのだとしか思えない。

　言葉には，それぞれ，それが本当の言葉となるための不可欠の条件がある。それを充たすものは，その条件に対応する経験である。ただ現実にはこの条件を最小限度にも充たしていない言葉の使用が横行するのである。経験とは，ある点から見れば，ものと自己との間に起る障害意識と抵抗との歴史である。そこから出て来ない言葉は安易であり，またある意味でわかりやすい。社会の福祉を論ずるにしても，平和を論ずるにしても，その根底となる経験がどれだけ苦渋に充ちたものでなければならないかに想到するならば，またどれだけの自己放棄を要請しているかに思いを致すならば，世上に横行する名論卓説は，実際は，分析でも論議でもなく，筆者の甘い気分と世渡りと虚栄心とに過ぎないのである。どんなに論理の精緻明快を工夫してみたところで，それは一文の足しにもならないのである。僕は一種のモラリスムから体験主義を礼讃しているのではない。僕のいう経験はいわゆる体験とは似ても似つかないものなのである。体験主義は一種の安易な主観主義に堕しやすいものであり，またそれに止まる場合がほとんどつねである。

1　単なる体験主義ではなく，ものと自己との間に起こる障害意識と抵抗との歴史ともいえる経験に根ざして，初めてものに即した本当の言葉が生まれる。

2　ものそのものを本当の言葉で正しく表現するためには，自己犠牲を伴う苦渋に充ちた経験が必要である。

3　正しく深い経験は一種の重みをもつ言葉を生むが，自己の主観にとどまる体験は安易で過剰な言葉しか生まない。

4　現実の言葉の多くは，ものとの安易な妥協から生まれた単なる観念の遊戯にすぎず，事柄そのものを表現できていない。

5　社会の福祉や平和を論ずるときには，ものと自己との間に起こる障害意識と抵抗とを通じて習得される一種の重みをもつ言葉を使用すべきである。

解説

1．正しい。「経験とは，…ものと自己との間に起る障害意識と抵抗との歴史」とあり，文末では，経験と体験が異なるものだと述べている。

2．自己犠牲ではなく，自分の主観にとらわれる主観主義を排除し，自己放棄をすることが必要不可欠になると述べているので，誤り。

3．体験主義は安易な主観主義に陥りやすいが，「過剰な言葉しか生まない」と述べる文章ではないので，誤り。

4．ものとの安易な妥協から生ずる観念の遊戯には言及していないので，誤り。

5．社会の福祉や平和を論ずるときには，重みをもつ言葉を使うべきだとはしていないので，誤り。

正答　**1**

地方上級＜教養＞過去問500●285

地方上級

No. 279 文章理解　現代文（要旨把握）

全国型，関東型，中部・北陸型　平成10年度

次の文の要旨として，妥当なものはどれか。

　私たちにとって経験とは，ただなにかの出来事に出会うことでもなければ，ただ意志的，能動的に振る舞うだけでも足りない。身体をそなえた主体として，パトス的つまり情念的・受苦的なものに脅かされるという状態，一見意志的な能動性とは正反対なような状態に身を委ねることも，欠いてはならないわけだ。この状態を欠くとき，せっかくの能動性も明快であるかわりに，抽象的であるにとどまり，空転するのである。それに，身体をそなえた主体として，私たちが情念的・受苦的なものに脅かされる状態に身を委ねるということは，私（われ）をただ自立しているものとしてだけ考えないということでもある。だから，私たちが情念的・受苦的なものからの脅かしを試煉としつつそれに耐えるならば，経験を成り立たせる私たちの能動性は，まさに肉体をもった具体的なものとして強化されるだけではなく，世界や他者との関係性の観点をも含みうるものにもなるのである。そして，世界や他者との関係性ということがはっきり組みこまれるとき，身体をそなえた主体として私たちの一人一人は，いっそう深く現実とかかわるようになる。そこで，そのような関係性の結節点である矛盾や障碍にたじろぐことなく生きていくことが，私たちが現実と深くかかわり，経験を成り立たすために必要になったのである。

1 私たちは身体を備えた主体であり，世界や他者との関係性において生きているのであるから，能動的・主体的な存在であるだけでなく，情念的・受苦的な存在でもある。

2 経験は私たちと現実との関係性であるから，私たちは，能動的に振る舞うだけでなく世界や他者にぶつかりそれらを身をもって受け止めることで，現実とのかかわりを深め，経験を成り立たせることができる。

3 私たちは現実に対して能動的に振る舞うだけではなく，矛盾や障碍を拒否せず受け入れることによって，経験の根源である私と他者との関係性を正しく認識できる。

4 経験とは自らの意志による能動的な出会いだけではなく，情念的・受苦的なものからの脅かしに身をゆだねることでもあり，外部との関係性の中で生きることによって私の自立が達成される。

5 私たちは何かに出会ったとき，他者からの脅かしに受動的に耐えなければならないが，能動的・主体的に対することで，それらを経験として自らのものとすることができる。

解　説

出典は，中村雄二郎『哲学の現在』〈Ⅳさまざまな知　経験の構造と常識の両義性〉

　精神だけでなく「身体をそなえた主体として」ある私たちは，どうしても情念的・受苦的な存在となる。現実の矛盾の中で苦しんで，あちらこちらにぶつかりながら生きざるをえなくなる。それでも苦しみを受けとめ，たじろがずに生きていくとき，私たちの能動性は強化され，現実と深くかかわるようになり，経験を成り立たせることができる，と述べている。

1．「経験」ということを中心にまとめていない点で，妥当ではない。

2．筆者のいう「経験」の説明になっているので，正しい。

3．「矛盾や障碍を拒否せず受け入れる」は少々ずれた表現なので，誤り。本文に「矛盾や障碍にたじろぐことなく生きていく」とある。また，「経験」を中心にまとめておらず，「経験の根源である…」以下も本文には書かれていない。

4．「私の自立が達成される」が，妥当ではない。

5．「他者からの脅かしに……」以降が不適当。

正答　**2**

地方上級

No. 280 文章理解　現代文（要旨把握）

全国型，関東型，中部・北陸型，大阪府，横浜市　平成7年度

次の文の要旨として妥当なものはどれか。

　文士もまた通常の生活者であるときは，生の実相を，社会や家庭の中で他人との接触，交渉，比較などの中で見いだすのが常である。それ故普通の生活を営んでいる文士にとっては，生命感は，対人交渉の中で味わわれ，そのようなものとして表現される。動かし難いものと意識される秩序の中に生きている人間は，善と悪や美と醜の判断を明確に持っていて，その善の標準から自他の人間の行為や容姿を判断し，その区別感覚で人間たちを輪郭づける。しかし秩序が動揺しているか，自己のその秩序についての判断が動揺している時は，その区別感覚の輪郭の線がぼんやりし判断は曖昧になる。

　しかもなお，そのような人間関係の中に，普通の生活者は，実利と社会通念による虚栄の満足感とをしか見ようとしないが，文士は人間性全体の相互関係にある力の働き合いや争いや調和の根本形を見ようとする。生活者にとっては多くの場合意味を持たないと思われるものに文士は生命の表現の意味を見て，そういうものの組み合わせの図式を考える。しかしそういう人間のエゴの組み合わせは悲しい，または醜い，または残酷な印象に集中される。生命が拡大しようとして他のエゴや権力に抑止されるときに，初めて生命の存在感は現れる。抵抗感が生命の実在を認識させるのである。それ故現世的なまたは社会的関連性において人間を描いた文芸作品の中に現れる生命の相は，一般に否定的である。悲哀，苦痛，倦怠，羨望，不安，憎悪等の感情をもって初めて描き出されるのが常である。

1　文士は対人関係の中に生の真の姿を見いだそうとするが，人間の争いの中に生命の存在が現れるので，作品に描かれる生命の相は否定的になりやすい。

2　文士は社会生活の中で生じる人間相互の争いの元となるエゴを表現しようと試みるが，文士自身が通常の生活者の立場にいる限りは人間のエゴを見極めることは困難である。

3　日常生活における人間関係は実利と虚栄に満ちたものであるから，文士がこのような社会を描こうとするとどうしても否定的な表現になってしまう。

4　生命の実相を見いだすのは難しいが，文士は実利と虚栄を捨てることによって生命感を見いだし，生活者にとっては意味がないと思われるものでそれを表現しようとする。

5　普通の生活者は人間関係の中に実利と虚栄を追求するが，文士は人間のエゴを超越した世界に生命の実相を求める。

解説

1．正しい。

2．本文で「生命の表現」の「組み合わせの図式」が「人間のエゴの組み合わせ」と置き換えられている以上，「エゴを表現しようと試みる」とも言いうるが，本文の要旨としては「生命」であるべき。また前後半のアクセントの置き方が本文とは反対で不適。

3．「否定的な表現にな」ることの理由は「実利と虚栄に満ちたものであるから」ではない。それ「しか見ようとしない」「普通の生活者」に対して，文士はそれ以上のものを見るのであるから，不適切。

4．「捨てることによって」も誤り。

5．「他のエゴや権力に抑止されるとき」の「抵抗感」が「生命の実在を認識させる」のであって，「エゴを超越した世界に生命の実相を求め」ているわけではない。

正答　**1**

地方上級＜教養＞過去問500●**287**

No. 281 文章理解 現代文（要旨把握）

地方上級 神戸市 平成5年度

感性は知性との強固な結合によって，世界を深く認識する機能を発揮するが，そこまでの深みを持つに至らない大きな理由の一つは子供たちの密室文化が開花し，物との対話に耽溺する日常にあるようだ。テレビにしろオーディオセットにしろコミュニケーションは受信だけの一方向で，自分からの発信を必要としない。感じとったものを言葉や態度で表してこそ，感性は広がり深まりをもつのに言葉の貧弱な若者が増えてきたと思う。

私がことあるごとに自然に親しもうと呼び掛けてきたのは，密室から出て物との対話から離れ，命あるものとの対話の日常を楽しむようにしないと感性は潤いを失って無機的になりやがて萎縮してしまうのを恐れるからである。

われわれが住んでいる地球という星が三十六億年もの悠久の時間をかけて，創りだしたさまざまないのち，道端の雑草も木々も小鳥もそれぞれが想像もできない遠い昔の歴史を担って，今目の前にあるのである。そして，その中に自分の存在を位置づけて考えるときいのちの不思議と畏敬の念が呼び起こされるであろう。

永遠のいのちの祖にふれること，そんな機会を子供時代にぜひ持ちたい。

上文の要旨として適切なものは次のうちどれか。

1 人は感性を広げ深めるため，命あるものとの対話を楽しみ，世界を深く認識することが必要である。

2 人は深く広がりのある感性を身につけ，自然の中に自分の存在を位置づけて考える能力を養うことが必要である。

3 人は感性を広げ深めるため，知性を深めて感じ取ったものを自分の言葉や態度で表せるようになることが大切である。

4 人は深く広がりのある感性を身につけ，自然に親しみ，さまざまな命を育んできた地球に畏敬の念を抱くことが必要である。

5 人は感性を深め広げるため子供時代に自然と親しみ，命あるものと対話する機会を持つことが必要である。

解説

感性と知性の結合によって深い世界認識を行うためには物ではなく自然との対話を積み重ねておくことが重要であることを説いた文章。

1．「感性を広げ深めるため」ではなくて，感性と知性の結合によって世界の認識が可能になると述べられている。

2．「自然の中に自分の存在を位置づけて考える能力を養うこと」が必要とされているのではない。自然の中に自分を位置づけることにより命の不思議さとそれに対する畏敬の念が呼び起こされるだけである。

3．感じ取ったものを自分の言葉や態度で表現することが重要であることは正しいが，自然との交流の大切さに触れられていない。

4．地球に対する畏敬の念を持つことが目的とされているのではない。

5．正しい。

正答 5

地方上級

全国型，関東型，横浜市

No. 282 文章理解 現代文（要旨把握） 平成5年度

下文の要旨として適切なものはどれか。

　批評文を書いた経験のある人たちならだれでも，悪口をいう退屈を，非難否定の働きの非生産性をよく承知しているはずなのだ。承知していながら一向やめないのは，自分の主張というものがあるからだろう。主張するためには，非難もやむを得ないというわけだろう。文学界でも，論戦は相変わらず盛んだが，大体において，非難的主張あるいは主張的非難の形をとっているのが普通である。そういうものがみな無意味だというのではないが，論戦の成り行きは，必ずしも批評精神の旺盛を証するものではない。むしろその混乱を証する，という点に注意したいまでだ。

　論戦に誘い込まれる批評家は，非難は非生産的な働きだろうが，主張することは生産することだという独断に知らず識らずの中に誘われているものだ。しかし，もし批評精神を純粋な形で考えるなら，それは自己主張はおろか，どんな立場からの主張も極度に抑制する精神であるはずである。そこに批評的作品が現われ，批評的生産が行なわれるのは，主張の断念という果敢な精神の活動によるのである。これは，頭で考えず実行してみれば，誰にも合点がいくきわめて自然な批評道である。論戦は，批評的表現のほんの一形式にすぎず，しかも批評的生産に関しては，ほとんど偶然を頼むほかはないほど困難な形式である。

1 批評という行為はとかく非難や否定になりがちだが，もっと生産的，肯定的な側面に重点を置いた批評がされるべきである。

2 批評家がしばしば誘い込まれる論戦は，主張という形態をとりながら非難しているにすぎず，批評精神の表れということはできない。

3 批評では，主張するという行為を避けて通れないが，有意義な主張をすることは難しい。

4 盛んな論戦は必ずしも批評精神の隆盛を表してはおらず，真に望まれるのは精神活動の活発化を促す質の高い論戦である。

5 自分の主張を掲げて論戦することは批評にとってはほとんど意味がなく，批評はあらゆる主張を極度に抑制して行うべきである。

解説

しばしば非難，論戦という形に陥りがちな批評の不毛性を説き，真に生産的な批評のあるべき姿を述べた文章。

1．批評が生産的，肯定的側面により重点を置くべきことは正しいものの，そのしかたについて適切に触れられていない。

2．批評家が論戦に陥りがちな傾向を持つことをついている点は正しいが，真にあるべき批評の姿について触れていない。

3．真にあるべき批評の姿に触れていないという点で**2**と同じ欠陥を持つし，「有意義な主張をすることは難しい」というだけではあまりに一般的にすぎる要約である。

4．「精神活動の活発化を促す質の高い論戦」という点は文脈上至当であるが，そうした批評を可能とする方法について触れていない。

5．正しい。

正答 5

地方上級＜教養＞過去問500●289

地方上級 横浜市
No. 283 文章理解 現代文（要旨把握） 平成13年度

次の文章の要旨として，妥当なものはどれか。

　キリスト教系の文化を持つ国においての人間と人間との触れ合いの道徳的な整理の仕方には，ほぼ定型となっている共通の型がある。各民族の習慣や宗派等で違うが，我々がヨーロッパ的道徳と一括して考えているものであり，キリスト教の人間認識に基づいている。他者を自己と同様の欲求を持つものとして考えて愛せ，という意味のその黄金律から来ているように思う。「人にかくせられんと思うことを人に為せ」というような言葉でそれは『バイブル』の中で表現されている。その考え方は，他人を自己と同様のものと考えるという意味で個人尊重の考え方を生み，更にそのような独立した他者に，愛という形で働きかける組み合せ，交際，協力などを尊重する考え方を生み，市民社会というものを形成する原則の一つをなしている。それは儒教の仁という考え方と似ている。また仏教の慈悲という考え方とも似ている。そういう他者への愛や憐れみというようなものなしに社会というもの，人と人との秩序ある組み合せというものは成立しないから，人間と人間のあいだの秩序が考えられる所にはきっと，他者への愛や他者の認識があることになる。しかし，西洋と東洋の考え方には，かすかな違いがあり，やがてその違いが文化の総和においての大きな違いとなっているらしい。

　この西洋と東洋とにおける他者と自己の関連の考え方の違いについて，その本質を学問的に決定することは私などの任ではない。しかし私は日本人として西洋の文学や思想に慣れ親しんだので，その違いを考える機会を多く持った。私は漠然と，西洋の考え方では，他者との組み合せの関係が安定した時に心の平安を見いだす傾向が強いこと，東洋の考え方では，他者との全き平等の結びつきについて何かの躊いが残されていることを，その差異として感じている。我々日本人は特に，他者に害を及ぼさない状態をもって，心の平安を得る形と考えているようである。「仁」とか「慈悲」という考え方には，他者を自己と全く同じには愛し得ないが故に，憐れみの気持をもって他者をいたわり，他者に対して本来自己が抱く冷酷さを緩和する，という傾向が漂っている。だから私は，孔子の「己の欲せざる所を人に施すことなかれ」という言葉を，他者に対する東洋人の最も賢い触れ方であるように感ずる。他者を自己のように愛することはできない。我等の為し得る最善のことは，他者に対する冷酷さを抑制することである，と。

1 東洋人は「己の欲する所を人にせよ」，西洋人は「己の欲せざる所を人に施すことなかれ」の精神を持っている。

2 東洋人は「己の欲せざる所を人に施すことなかれ」，西洋人は「己の欲する所を人にせよ」の精神を持っている。

3 東洋人の教えとは，自分の欲求に正直になり，他者の犠牲に無関心になるという冷酷さを抑制するものである。

4 西洋人は他者との対等な結びつきから心の平安を見いだし，東洋人は他者に害を及ぼさない状態に心の平安を見いだす。

5 西洋人はその考え方が市民社会を形成する原則になっているが，東洋人はその考え方で封建社会を形成する。

出典は伊藤整『近代日本における「愛」の虚偽』。「西洋と東洋とにおける他者と自己の関連の考え方の違いについて」，著者なりの説明を試みた文章。

1．東洋人が「己の欲せざる所を人に施すことなかれ」で，西洋人は「人にかくせられんと思うことを人に為せ」であるから，記述が逆である。
2．正しい。
3．東洋人，特に日本人は「他者を自己と全く同じには愛し得ないが故に，憐れみの気持をもって他者をいたわり，他者に対して本来自己が抱く冷酷さを緩和する」のであるから，「他者の犠牲に無関心になるという冷酷さを抑制」することとは別である。
4．西洋人が心の平安を見いだすのは「他者との組み合せの関係が安定した時」であり，それが「他者との対等な結びつき」であるという定義づけはなされていない。
5．東洋の考え方が封建社会と結びついたものであるかどうかは本文の範囲内で決められないし，儒教の仁と仏教の慈悲を似通ったものとして扱っている点を見ると，封建社会という枠組みを設けることは不適切である。

正答　2

地方上級
全国型，関東型，大阪府，横浜市
No. 284 文章理解　現代文（要旨把握）　平成7年度

次の文の筆者の主張として妥当なものはどれか。

　思想的混乱とは，実際上言葉の混乱にほかならない。言葉の混乱に足をすくわれたとき，われわれはなんらかの解決を外に，あるいは他の言語体系（理論）に探しもとめるかわりに，ただ単純に，言葉をその動的な在り方において考えてみればよい。「ことをわる」という行動をおいて，世界に理はない。世界を説明する原理があるかないかは，まったく空疎な問題である。どんな論理も，レゲイン（ロゴスを働かせること），すなわち多様な事物を，「集め，比量し，秩序立てる」という行為をおいて存在するのではない。つまり，そういう実践的な在り方から遊離した論理は，いかに論理的であっても，言葉というイドラのなかで空転しているにすぎないのである。

　自然という概念は，おそらく最も多義的な概念である。したがって，これほどあいまいに用いられている言葉もない。しかも，この多義性はたんにそれだけにとどまらず，たとえば人間の本性 nature に対する見方の対立としても，なおわれわれの思弁的問題の根幹を占めている。しかし，そのように対立した自然観は，まず「自然とは何であるか」という一層根本的な問いをおきざりにしたところで成立しているので，結局のところ独断的なものたらざるをえないのである。一方は「自然へ帰れ」といい，他方は「自然を支配せよ」という。たとえば，ルソーやホッブズには，それぞれの根拠がある。だが，そのレベルで考えているかぎり，われわれは堂々めぐりをするほかはない。それゆえに，このような混乱に対してなすべきことは，自然をその動詞形において考えてみることである。

1 ある概念を表す言葉は時代とともに語義が増加し，使われ方も変化するもので，自然という概念の場合も，本来の動詞的用法から派生的に生まれた名詞的意味のほうが一般的になっている。

2 自然という言葉は多義的であるので，個々の文脈の中でその意味が把握されなければならず，実践的な在り方から切り離されて議論される限り無意味である。

3 多くの思想家は世界を説明する原理を求めてさまざまな試みをしてきたが，そのようなものが存在する道理はなく，もっと個々の問題を具体的に考えて結論を出してゆくほうが実践的である。

4 人間の自然状態をルソーは平等で調和的であると考え「自然へ帰れ」と言ったが，ホッブズは人間の闘争の場であると考えていたために「自然を支配せよ」と言ったのであり，思想的混乱は多くの場合，認識の違いに由来する。

5 ある概念を表す言葉の本当の意味を理解するためには，静的で固定した面のみでとらえるのではなく，その言葉を動詞形に戻し，その動的な原義を蘇生させることである。

解説

1．「言葉をその動的な在り方において考え」るのであって，言葉の「動詞的用法」を「本来の」ものと考えるのは誤り。

2の「個々の文脈のなかでその意味」を「把握」することや，**3**の「個々の問題を具体的に考え」るといった，一般論的な理解は，本文のいう「実践的な在り方」から遠い。

3．「そのようなものが存在する道理はなく」とあるのは，本文は，その「実践的な在り方」をおいては「空疎」だとしているのであり，誤り。

4．「思想的混乱とは，実際上言葉の混乱にほかならない」と本文冒頭にあり，「認識の違いに由来する」と一般論化するのは誤り。

5．正しい。

正答　**5**

292●地方上級＜教養＞過去問500

地方上級 大阪府
No. 285 文章理解 現代文（内容把握） 平成22年度

次の文章で述べられていることとして，最も妥当なのはどれか。

中教審の審議のまとめ「新しい時代における教養教育の在り方について」（2000年12月25日）を読む機会があった。中央教育審議会（当時・根本二郎会長）のまとめの文書としては非常にユニークな出来映えだと思う。それは，教養という観念を生涯にわたるものとしてとらえ，大人もつねに教養を高めるために学ぶ意義を強調するなど，教育の危機を大人と子どもが一体となって乗り切ろうとする熱意が伝わってくるからだ。

子どもたちに対して，努力する大人の姿を見せることは重要である。子どもだけに学習を要求しておいて，自らは向上心を放棄した教師。学生だけに予習や勉強を過度に期待しておきながら，自分は満足に研究しない大学教授。これらの身勝手な姿はすでに珍しくなく，ことさら驚くに値しないのかもしれない。

しかし，子どもに学ぶ意欲をおこさせるには，彼らに大人社会が努力の結晶の評価される場所であり，夢や希望をもてる空間であることを教えなくてはならない。それをいくら理屈や押しつけで語っても仕方がない。必要なのは，大人が真摯に学ぶ姿を観察する機会をつくることだという中教審のまとめは間違っていない。「大人が真摯に努力し，苦労し，そして充実感を味わっている姿を子どもたちに見せ，話し，伝えていく努力を行わなければならない」。小中学校に大人がIT技術を学びに来るのも，子どもたちが大人の真摯な努力を身近に見る機会になるというのだ。

たしかに，テレビやインターネットに氾濫する風俗や芸能情報を見ると，どの地域の少年少女であっても，真面目に働くのが馬鹿馬鹿しくなるほど安易に生活の糧を得られそうに思えるのかもしれない。しかも，芸能タレントや低俗な評論家たちが面白おかしく政治家や官僚を茶化すのを眺めると，社会事象をきちんと理解しようという気分も若い時分から失せてしまうのだろう。

だからこそ，大人が学問や技芸を生涯かけて学び，良い意味で教養を楽しむことを21世紀の子どもたちに示す必要があるのだ。今こそ大人は，子どもたちがめざすべき目標となる魅力ある社会をつくらなくてはならない。

（山内昌之「歴史と政治の間」による）

1 大人が教養を高める努力をすれば大人の教育の危機については解決することになるが，子どもの教育の危機の解決にはつながらないというのが，中教審の審議のまとめの考え方である。

2 子どもだけが学習を要求されたり，学生だけが過度の予習や勉強を期待されたりするのは，教師や大学教授が教育に情熱を傾け，熱心に取り組んでいるからである。

3 大人は，子どものときから学習してきたので，子どもと違って真摯に努力し，苦労し，充実感を味わったりする必要はないが，努力する大人の姿を子どもに見せることは重要である。

4 子どもが社会事象をきちんと理解しようという気持ちが失せてしまうのは，小中学校に大人がIT技術を学びに来るのを見て，安易に生活の糧が得られる世の中であることを知ってしまったからである。

5 大人社会が夢や希望をもてる空間ではないと，子どもたちが思わないように，大人が学問や技芸を生涯かけて学び，良い意味で教養を楽しむことを子どもたちに示す必要がある。

解説

1. 中教審の審議のまとめは「教育の危機を大人と子どもが一体となって乗り切ろうとする熱意が伝わってくる」と述べられているので，「子どもの教育の危機の解決にはつながらない」は誤り。

2. 「自らは向上心を放棄した教師」「自らは満足に研究しない大学教授」とあり，選択枝の「教師や大学教授が教育に情熱を傾け，熱心に取り組んでいる」は誤り。

3. 第三段落第一文より，選択枝の「子どもと違って真摯に努力し，苦労し，充実感を味わったりする必要はない」は誤り。

4. 「小中学校に大人がIT技術を学びに来るのも，子どもたちが大人の真摯な努力を身近に見る機会になる」とあるので，「安易に生活の糧が得られる世の中であることを知ってしまった」は誤り。

5. 正しい。

正答 **5**

地方上級＜教養＞過去問500●293

地方上級 横浜市
No. 286 文章理解　現代文（内容把握）　平成10年度

次の文の筆者の主張と最もよく合致するものはどれか。

　ヨーロッパの政治学の概論の一見抽象的な記述の背後には，いわば数百年にわたる欧州政治の歴史的展開が横たわつている。只一つの命題でもそうした現実の波動のなかで鍛えられつつ形成されなかつたものはない。だからそうした範疇なり命題なりをときほぐして行けば，結局ヨーロッパの生きた政治的現実にまで具体化されるのである。ところが日本の政治となると，根本の国家構造と歴史がすでに同じでない上に，立憲制のようにある程度まで彼我共通している政治制度も，それを現実に動かしている精神がまるでちがうために，そうした抽象的概論は現実の政治の動きを理解し分析するには殆ど役にたたない。だから現にそうした概論や方法的論議を得意とする政治学者がひとたび日々の現実政治の問題を論ずるとなると，そうした「政治学」的教養をすこしも持たぬ政治記者と殆どかわらない，常識的な見解を示すにとどまつてしまう。これはその学者の能力の問題というよりむしろ，根本的には日本の政治の動きかたそのものの非合理性に帰着するのである。すなわち，前述の様に政治的統合が選挙とか一般投票とか公開の討議による決定とかいう合理的な，いいかえるならば，可測的な過程を通じてでなく，もつとプリミティヴな原理，たとえば元老・重臣等の「側近者」の威圧とか，派閥間の勢力関係の移動とか，「黒幕」や「顔役」の間の取引とかいつた全く偶然的な人間関係を通じて行われることが多いために，通常の目的合理的な組織化過程を前提とした政治学的認識はその場合殆ど用をなさないわけである。従って我国の現実政治を理解するには，百巻の政治学概論を読むよりも，政治的支配層の内部の人的連鎖関係に通ずることがより大事なことと考えられたし，又事実その通りであった。ありあまる政治学的教養を身につけた大学教授よりも一新聞記者の見透しがしばしば適中した所似である。

1　わが国の政治学において，学問とその現実的対象との分裂は極めて深刻である。
2　ヨーロッパに比べて，わが国の政治学者の学問的な怠慢は目を覆うばかりである。
3　現実の政治過程の洞察においては，新聞記者の直感力には目を見張るものがある。
4　わが国の政治構造はヨーロッパのそれに比較して，数十年の遅れを示している。
5　現実政治を理解するために，真により所となりえるのは的確な歴史認識である。

解説

初めから，「……具体化されるのである」までは，ヨーロッパの政治学の命題は数百年の欧州政治の歴史的展開の中から形成されたものである，と述べている。「ところが……」以降は，日本の政治の動き方が非合理的であるため，政治学の抽象的概論は日本の現実の政治の動きを理解し分析するのにほとんど役に立たない，と述べている。

1．正しい。
2．「政治学者の学問的な怠慢」などは本文で述べていない。
3．新聞記者の直感力によるのではなく，政治的支配層の内部の人間連鎖関係に通じているからである。
4．「数十年の遅れを示している」とは本文で述べていない。
5．ヨーロッパについては正しいかもしれないが，日本に関しては歴史についてまったく触れていない。

正答　1

294●地方上級＜教養＞過去問500

地方上級
東京都

No. 287 文章理解　現代文（空欄補充）　平成11年度

次の文中の空欄A〜Cに当てはまる語句の組合せとして，妥当なものはどれか。

　知性とは，何が自分に可能なのかを具体的に想像する者が，その実現に向けて演じてみせる身振りのうちに露呈される力にほかなりません。それは，蓄積されることのない力であり，有効に機能する瞬間にのみ威力を発揮するものなのです。その点で，知性は，蓄積され，構造化されうる知識や情報とは大きく異なります。構造的に蓄積された知識はともすれば変化を恐れますが，知性は，（　Ａ　）に萌芽としてあるものを（　Ｂ　）せしめるものだという意味で，本質的に変化を誘発する運動なのです。そして，知性は，いまが変化に対して大胆であることを各自に要請している時代であることを察知しているはずなのです。もちろん，変化とは，すべてをご破算にして初めからやりなおすことを意味してはおりません。だいいち，そんなことは抽象的な発想にすぎず，いささかも（　Ｃ　）ではありません。知性は，ある対象を構成する要素のうちで何が可変的であり，何が不変的であるかを識別し，変化にふさわしい組み合わせを予測する力なのです。

	A	B	C
1	潜在的	顕在化	現実的
2	部分的	沈静化	本質的
3	部分的	全体化	観念的
4	内在的	沈静化	現実的
5	内在的	顕在化	観念的

解説

全文を読解して，特に最初の部分から，「知性は自分に可能なものの実現に向けて働く力である」ということを確認する。そのうえで空欄を含む部分について考えると，「（　Ａ　）に萌芽としてあるもの」は，自分に可能なものであり，「（　Ｂ　）せしめる」ことは，実現に向けて働くということである。Ｂの選択枝の中で「実現」の意味を持たせられるのは，「顕在化」しかないといえる。ここで「顕在（物事がはっきりと形に現れて存在すること）」と「潜在（表面に現れず，内部に隠れ潜んでいること）」とが対義語であることに注目する。空欄Ｃは，直前の「抽象的な発想」と対極にある語を選ぶ。またＣの前後の内容から考えて，すべてをご破算にするのではなく，「可変的」な部分を識別して，「変化」にふさわしいやり方で自分を誘導する，ということは非常に「現実的」であるといえる。

　よって，**1**が正しい。

正答　**1**

地方上級＜教養＞過去問500●**295**

地方上級 名古屋市

No. 288 文章理解 現代文（空欄補充） 平成10年度

次の文のA～Dに妥当な語を一つずつ当てはめるとき，どれにも当てはまらないものは，次のうちどれか。

　私はいつも学問の性格についての両極端の例として数学と医学とをあげることにしている。今日でも数学者，（　A　）純粋数学の研究者は，社会的責任など考えなくてもよいかもしれない。これに反して医学者になると，ヒポクラテスの昔から人間の生命を尊重し，健康を護ることが第一義であった。現代の基礎医学といえども，その点に変わりのあろうはずはない。そこでは真理の探求とヒューマニズムとが一つに結びついている。学問のいろいろな分野は大体この両極端の中間のどこかに入れてよかったわけであろう。たとえば物理学は数学の方に近いと見てよかった。（　B　）物理学者がヒューマニストであることは，大変いいことにちがいないが，物理学の研究とヒューマニズムを結びつける必然性あるいは必要性は少ないと考えられていた。（　C　）反対に真理のために真理を探求するという純粋な気持で研究するのがよろしい，ほかのことは忘れて研究に専念するのがよいという考え方の方が，物理学者の間では支配的であった。この点は今日でも，また今後も，ある意味では正しいと思う。私たちが研究に熱中している時に，雑念が入ってはいけないからである。

　（　D　），もう一つ別の意味では，考え方を変えざるを得なくなった。どこが変わったかというと，物理学とヒューマニズムとが切りはなされた別々のものでなくなってきた点である。物理学はその本来の性格においては数学に近いかもしれないが，物理学の成果が人間社会で利用あるいは悪用されるという道筋を通じて，ヒューマニズムとより密接につながらざるを得なくなったのである。このつながりが実際あるのに，目をつぶって知らん顔はできなくなってきた。

1 むしろ
2 しかし
3 そして
4 特に
5 必ずしも

解説

学問には，数学のように純粋な研究のみでヒューマニズムを結びつける必要のないものと，医学のように真理の探求とヒューマニズムとが一つに結びついたものとの二極がある。物理学は本来の性格においては数学に近いかもしれないが，物理学の成果が現代の人間社会に利用あるいは悪用されるという道筋から考えれば，ヒューマニズムと密接につながらざるをえなくなった，と述べている。原爆の使用という不幸な形で第二次世界大戦が終わったことを考えれば，この文章の内容は明快である。

　空欄Aは，「数学者」の中でもさらに狭い範囲を限定しようとしているので**4**の「特に」が当てはまる。空欄Bの前部の「物理学は数学の方に近い」と後部の「物理学の研究とヒューマニズムを結びつける必然性あるいは必要性は少ない」とは，順接の関係なので，**3**の「そして」が当てはまる。空欄Cについては，前部の「物理学の研究とヒューマニズムを結びつける」ことと後部の「真理のために真理を探求する」（ヒューマニズムは忘れて研究に専念する）こととが「反対」なのであり，どちらかといえば後の考え方のほうが支配的であった，という文脈だから，**1**の「むしろ」が当てはまる。空欄Dについては，前部では「物理学の研究とヒューマニズムを結びつける必要はないという考え方の方が強かった」と述べているのに対して，後部では物理学とヒューマニズムは「密接につながらざるを得なくなった」と述べているので，逆接の関係である。空欄Dには**2**の「しかし」が入る。

　どれにも当てはまらないのは**5**の「必ずしも」である。

正答　5

地方上級

京都市
No. 289 文章理解 現代文（空欄補充） 平成8年度

次の文の空欄A〜Dのいずれにも入らない語はどれか。

　ある人がなし得るところを，ある人はなし得ない。ある人が到達し得るところに，ある人は到達し得ない。　A　　ある事をなし得るか得ないか，ある点に到達し得るか得ないかを主要問題とする時，各個人の天分は，その性質について問題となるのみならず，またその大小強弱について問題となる。この方面から見れば，各個人の価値は，ほとんど宿命的として決定されていることは否むことはできない。　B　　観察の視点を，外面的比較的の立脚地より，内面的絶対的の立脚地に移し，成果たる事業の重視より，追求の努力の誠実の上に移し，天分の問題より，意思の問題に移すとき，吾人の眼前には，忽然として新たなる視野が展開する。　C　　いかんともすべからざる対象として厳存せしものは容易に融和する。　D　　一切の精神的存在は同胞となって相くつろぐ。この世界においては，各の個人が，その与えられたる天分に従って，それぞれ，かれ自身の価値を創造するのである。

1 しかし
2 従来
3 そうして
4 故に
5 むしろ

解説

Aは，前の文章の内容を受けて，その内容を用いて後の文章において1つの結論を示しているので，**4**の「故に」が入る。Bでは，Aの後の文章で示された1つの結論には別の見方があり，その見方によれば，まったく別の結論も存在することになっているので，逆接の「しかし」が入る。CはBの後の内容を受け，その新しい結論はいままでの「いかんともすべからざる」ものを実際に容易に可能なものにできることを述べた文章なので，「従来」が入る。Dは前の文章を受けているので順接の「そうして」が入る。

　よって，**5**の「むしろ」がどの空欄にも入らない。

正答 **5**

地方上級＜教養＞過去問500●297

地方上級 全国型
No. 290 文章理解 現代文（空欄補充） 令和2年度

次の文の空欄A～Dに当てはまる語句の組合せとして，妥当なものはどれか。

相対主義を否定するという選択肢を，相対主義者として，とりうるのだろうか。不可能だろう。もちろん相対主義者が相対主義を捨てることには矛盾はない。それは単なる転身である。しかし，相対主義であり続けつつ，なお同時に相対主義を捨てるというのは，あからさまに矛盾している。

立場αでは相対主義が正しく，立場βでは絶対主義が正しいとしよう。そのとき，（　A　）主義者は立場βを選択するという可能性を本気で引き受けることができるのだろうか。あくまでも相対主義者として立場βを選ぶということは，「私は立場βを選んだので絶対主義を主張するが，選択肢としては立場αもありえたのだ」と考えることにほかならない。しかし絶対主義はまさに自分の立場を絶対的と考えるのであるから，絶対主義に立つや否や，立場βを絶対に正しいものとし，立場αを絶対に誤っているものとして切り捨てるだろう。絶対主義は立場の複数性を否定する。他の立場の可能性を選択肢として残しつつ（　B　）主義になるなどということは，ありえないのである。

だとすれば，相対主義をとり続けようとする者にとっては，立場βはとりえない選択肢でしかない。「相対主義者として一貫するために相対主義者自身も（　C　）化する」という言葉は，なんとなく気分は分からないでもないが，つまりは「相対主義者であり続けるために相対主義を捨てることも辞さない」ということであり，単純に意味不明である。

かくして，相対主義それ自身はなんらかの（　D　）性をもたねばならない。そう結論したい。「すべての主張の正しさは立場に相対的である」という相対主義の主張Rを，R自身に適用することはできないのである。とはいえそれは，RをR自身に対する例外とみなすことではない。そうではなく，Rはそもそも主張ではないと言いたい。Rは主張ではない。だから，Rが言う「すべての主張」の中には含まれない。

	A	B	C	D
1	相対	絶対	絶対	絶対
2	相対	絶対	相対	絶対
3	相対	相対	相対	絶対
4	絶対	絶対	相対	相対
5	絶対	相対	絶対	相対

解説

出典は，野矢茂樹著『語りえぬものを語る』。

相対主義自体を相対化し，絶対主義を引き受けるということは不可能である。相対主義それ自身はそもそも主張ではないととらえ直すことで，なんらかの絶対性を持たなければならないという文章。

A：「相対」。「（A）主義者は立場βを選択する」の後文「あくまでも相対主義として立場βを選ぶ」は，同じ仮定を言い換えているので，Aには「相対」が入る。

B：「絶対」。「他の立場の可能性を選択肢として残しつつ（B）主義者になる」ことは否定されており，前文の「絶対主義は立場の複数性を否定する」より，「絶対」が入る。

C：「相対」。Cを含む文の言い換えである「つまりは『相対主義であり続けるために相対主義を捨てることも辞さない』」より，相対主義という主張自身も「相対化」し，「立場の複数性を否定する」絶対主義も引き受けることになる。

D：「絶対」。相対主義を相対化することは不可能であるため，「なんらかの（D）」を持つ必要がある。空欄のある段落は，相対主義は「そもそも主張ではな」く，「すべての主張」の中には含まれないので，「すべての主張の正しさは立場に相対的である」ことを絶対化することができるとしている。

正答 **2**

地方上級
大阪府
No.**291** 文章理解 **現代文（文章整序）** 平成**22**年度

次の文につながるようＡ～Ｆを並べかえて一つのまとまった文章にする場合の順序として，最も妥当なのはどれか。

改革とはそれが何に関するものでも大変にむずかしい。

Ａ　また，政治上の改革が大変な難事である理由の第二には，次のこともあるのではないかと思う。

現体制下で甘い汁を吸ってきた人びとが改革に反対するのは，誰にでも予想可能だ。自分の損になることには誰だって反対する。しかし，改革によって損をする人たちがいれば，トクをする人びともいなくてはおかしい。そして，そのトクをする人びとが改革を支持するというのが，論理的に考えれば帰着する結論である。

Ｂ　ところが実際には，なかなかこうはことが運ばない。支持してくれたとしても，生ぬるい支持しか期待できないのが現実である。

Ｃ　小さな組織にちょっとした手を入れることでさえも難事なのに，それが政治改革という国の体制を動かす改革となると，むずかしいのが当たり前と思ったほうが現実的だ。

Ｄ　原因の第二は，異例に新しきことへの，ほとんど本能的といってもよい恐怖にあると思う。これも人情だから，捨てよと言って解決する問題ではない。

Ｅ　なぜなら，改革する側もされる側も同一人である，という事情によるからだろう。刃も自らに向けるとなると，切っ先も鈍ってしまうのは人情である。それがために，たとえ改革が実現しても，改革と呼ぶのが恥ずかしい程度のもので終わることが多いのである。

Ｆ　生ぬるさの原因の第一は，改革によってなぜトクになるかについての明確な情報を与えられていないことだろう。ために，情報がなければ振るいようもないのが判断力であるのに，それを発揮しようがないのだ。　　　　（塩野七生「再び男たちへ」による）

1　Ｃ─Ａ─Ｂ─Ｅ─Ｆ─Ｄ
2　Ｃ─Ｂ─Ｆ─Ｄ─Ｅ─Ａ
3　Ｃ─Ｅ─Ａ─Ｂ─Ｆ─Ｄ
4　Ｅ─Ａ─Ｂ─Ｆ─Ｃ─Ｄ
5　Ｅ─Ｂ─Ｆ─Ｄ─Ｃ─Ａ

解説

Ｂで「生ぬるい支持しか期待できないのが現実である」の文章の後に，Ｆの「生ぬるさの原因の第一は」とある文章が続き，その後に，Ｄの「原因の第二は」が来ることが判断できるので，Ｂ─Ｆ─Ｄの順番になる。この段階で，選択枝は**2**，**3**，**5**に絞られる。また，冒頭の文章が「改革とは，～大変にむずかしい。」とあり，Ｃの「小さな組織にちょっとした手を入れることでさえも難事なのに～むずかしいのが当たり前」，Ｅの「なぜなら，～」と続くＣ─Ｅの順番が改革に焦点を当てているので内容的に続く文章で，Ａの「また，政治上の改革が大変な難事である理由の第二には」の文章に続いていることが推測できるので，Ｃ─Ｅ─Ａの順となる。さらに，Ｂの「ところが実際には，なかなかこうはことが運ばない」の「こうは」がＡの内容をさすため，Ａ─Ｂも確実につながっている内容なので，全体としてはＣ─Ｅ─Ａ─Ｂ─Ｆ─Ｄの**3**が最適な順序となる。

正答　**3**

No. 292 文章理解　現代文（文章整序）

地方上級　関東型　平成10年度

次の文にA～Eの文を並べ替えて続け，文章を完成させたい。並べ替えたA～Eの順序のうち3番目になるものはどれか。

　我々は日本の庭園において自然の美の醇化・理想化を見いだす。ヨーロッパ人はこれをヨーロッパにおける自然庭園と同一様式であると解するが，しかし近代イギリスの庭園あるいは自然庭園なるものは，ただ自然のままの風景を一定のわくに入れたものにほかならぬ。

　A　かくて人は無秩序な荒れた自然のうちに自然の純粋な姿を探り求めた。そうしてそれを庭園に再現したのである。

　B　それは自然の美を活かす点において人工庭園にはるかに優るものであるが，しかしそこに加わる芸術的創作力はきわめて弱い。我々はミュンヘンの自然公園の美しさを正直に承認する。しかしそれが美しいのは南ドイツの田舎の牧場や落葉樹や小川が美しいのと同じであって，それが芸術的に作られているからではない。

　C　人工は自然を看護することによって，かえって自然を内から従わしめる。雑草を，あるいは一般にさえぎるもの，むだなるものを取り除くことによって，自然はそれ自身のまとまりをあらわにする。

　D　しかるに日本の庭園は決して自然のままではないのである。ヨーロッパの自然が自然のままであっても決して荒れた感じにならないのに対して，日本の自然は自然のままの形においては実に雑然と不規則に荒れ果てた感じになる。だからヨーロッパにおいて自然のままの風景を一定のわくにはめることによって得られるほどの効果を得るためにも，日本においては数十倍の人間の努力を必要とする。

　E　かくのごとく無秩序な荒れた自然のうちから秩序やまとまりを作り出すという努力が，日本人をして造園術についての全然異なった原理を見いださしめた。自然を人工的に秩序立たしめるためには，自然に人工的なるものをかぶせるのではなく，人工を自然に従わしめねばならぬ。

1　A
2　B
3　C
4　D
5　E

解説

出典は，和辻哲郎『風土』〈第4章　芸術の風土的性格〉。

　近代ヨーロッパの自然庭園は，自然そのものが自然としての美しさを示していて，芸術的に造られたものではない。それに対して日本の庭園は，自然そのものではなく，自然がそれ自身の本質的な美を表すように，人工的な秩序を与えて造ったものである。これは自然の中の雑然と荒れた感じのもの，不要なものを取り除いて純粋なものにすること——それは醇化であり，理想化である，という内容。

　まず全文をそのままの順で通読し，内容を大づかみに把握する。次にA〜Eの各文の内容を吟味し，文頭の接続詞や指示語，語句の関連などに注意して，つながりを作っていく。Bの「それは」がさすものは，冒頭の文の「自然のままの風景を一定のわくに入れた」近代イギリスの庭園あるいは自然庭園と考えられる。そこで冒頭の文の後にBを置く。残る各文は日本の庭園について述べているが，近代イギリスの庭園に対して，性格の異なる日本の庭園についての説明をつなぐために，D「しかるに」（この場合は，ところで，それに対して，の意）に注目し，Bの次にDを置く。Dの「雑然と不規則に荒れ果てた」とEの「かくのごとく無秩序な荒れた自然」という語句の関連からD—E，Eの文末，「人工を自然に従わしめねばならぬ」を言い替え，説明したものとしてC「人工は自然を看護することによって……」を選び，Eの次にCを置く。Aの「かくて」はここまでの日本庭園の再現方式をまとめたものなので，Cの後で締めくくる。こうしてB—D—E—C—Aの順ができる。3番目になるのはEなので，正答は**5**である。

　　　　　　　　　　　　　　　　　　　　　　　　　　　　　　　正答　5

地方上級

No. 293 文章理解 現代文（文章整序）

全国型，関東型，茨城県，新潟県，静岡県，大阪府，札幌市，仙台市，横浜市

平成8年度

下文を読んで次の問に答えよ。

　おそらく最初の芸術は，横溢する内部の充実感から生まれたのではなく，反対に，人間と現実との埋めがたい距離の実感から生まれたものと考えられる。原始の現実は人間にとって不可知の暗黒であり，深い溝をへだてて人間の手のとどかないかなたに拡がっていた。□□□□—□□□□—□□□□—□□□□

ア　手仕事のパラドクスはあらためて確認され，「自己」の外界への拡張は，たぶんそれ以上に人力の限界の厳しさとして自覚された。そして，手仕事が「道具」の明解さから「芸術」の複雑さに向かったのは，まさに人間がみずからの手の短さを痛切に自覚したときではなかったであろうか。

イ　やがてその手を使って，人類はさまざまな役に立つものを作り始めた。現実のなかで役に立つものを作れば，当然それにつれて現実についての情報量もふえて来る。手を有効に使うことによって，人間は現実との溝を埋め始めたと考えられている。けれどもそうした手仕事の発展が，もっぱら人間の現実にたいする自信につながったと考えるのは，あるいは近代思想の幻想ではなかったのだろうか。たしかに，手は肉体のなかで外界に突出した器官であり，さらにそれをわれわれの先祖は道具によって延長した。けれどもそれを一定量延長した瞬間，人間はかえって，なお達せられぬ現実の深さをあらためて発見したとも考えられるのである。

ウ　明解に外界へ延びて行く道具とは反対に，芸術は複雑に凝縮して，人間の手もとで無限の外界を予感させる象徴となった。手仕事の現実的な効果ではなく，そのプロセスそのものが，一タッチ一タッチの痕跡を積みあげて小宇宙をつくった。外界とは相対的に独立して，芸術はそれ自体の内部に自立し得る小世界を作った。外界がどこまでも見とどけ得ない暗闇であるとするならば，人間はせめて掌のなかに，すみずみまで見つくすことのできる完結した世界を必要としたのである。

エ　そしてその事実のあたえる無力感と，溝を越えたいという切実な願望とが，原始の人類にいわゆる呪術的な造形を教えたのにちがいない。したがって人類最初の手仕事は，人間の外界への拡張と，その限界の自覚との奇妙にパラドクシカルな混合体であったといえるだろう。

　前文の空欄にア～エの文を並べ換えて入れ文章を完成させたい。組合せとして妥当なものはどれか。

1　アーウーエーイ
2　イーアーエーウ
3　イーウーアーエ
4　エーアーウーイ
5　エーイーアーウ

最初の文章から2行目以降の「原始の現実は…人間の手のとどかないかなたに拡がっていた」という内容に注意すると，イの「やがて…手を有効に使うことによって，人間は現実との溝を埋め始めた」という手仕事の発展についての内容が続くのが自然である。そして，アの「手仕事が…『芸術』の複雑さに向かったのは，まさに人間がみずからの手の短さを痛切に自覚したときではなかったであろうか」という手仕事の限界を述べた文章が次に続くことがわかる。その次に，手仕事の限界を自覚した人間は芸術を求めるようになること，つまり，手仕事と芸術のパラドクスについて述べているエの「人類最初の手仕事は，人間の外界への拡張と，その限界の自覚との奇妙にパラドクシカルな混合体であった」という文章が内容的に当てはまる。最後に，ウの「明解に外界へ延びて行く道具とは反対に，芸術は…無限の外界を予感させる象徴とな」り，人間は，芸術という「掌のなかに，すみずみまで見つくすことのできる完結した世界を必要としたのである」と結ぶ順序になる。

　以上より，正答は**2**である。

正答　**2**

地方上級
全国型，関東型，中部・北陸型

No. 294 文章理解　古文（内容把握）　平成14年度

次の古文の内容に合致するものはどれか。

名利につかはれて，閑かなるいとまなく，一生を苦しむるこそ愚かなれ。財多ければ身を守るにまどし。害を買ひ累を招くなかだちなり。身の後には金をして北斗を支ふとも，人のためにぞ煩はるべき。愚かなる人の目を喜ばしむる楽しみ，またあぢきなし。大いなる車，肥えたる馬，金玉の飾も，心あらん人は，うたておろかなりとぞ見るべき。金は山に捨て，玉は淵に投ぐべし。利に惑ふは，すぐれて愚かなる人なり。

埋もれぬ名を長き世に残さんこそ，あらまほしかるべけれ。位高く，やん事なきをしもすぐれたる人とやはいふべき。愚かに，拙き人も，家に生まれ時にあへば，高き位にのぼり，奢を極むるもあり。いみじかりし賢人聖人，みづから賤しき位に居り，時にあはずしてやみぬる，また多し。ひとへに高きつかさ位を望むも次に愚かなり。智恵と心とこそ，世にすぐれたる誉も残さまほしきを，つらつら思へば，誉を愛するは，人の聞を喜ぶなり。ほむる人そしる人，共に世にとどまらず。伝へ聞かん人，又々速かに去るべし。誰をか恥ぢ，誰にか知られん事を願はん。誉は又毀の本なり。身の後の名残りて更に益なし。是れを願ふも次に愚かなり。

ただし，しひて智を求め，賢を願ふ人のために言はば，智恵出でては偽あり。才能は煩悩の増長せるなり。伝へて聞き，学びて知るは誠の智にあらず。いかなるをか智といふべき。可不可は一条なり。いかなるをか善といふ。まことの人は，智もなく徳もなく，功もなく名もなし。誰か知り誰か伝へん。是れ徳を隠し愚を守るにはあらず。本より賢愚得失のさかひに居らざればなり。まよひの心をもちて名利の要を求むるにかくのごとし。万事は皆非なり。いふにたらず。願ふにたらず。

1 名誉を求めるのは結局は無意味なことであり，そのことを知っている本物の人間なら，世間の評判なども気にせず，超然としていられる。

2 せっかくこの世に生まれたのだから，高い位や長く人々に伝えられるような名声を求めて努力してみるべきである。

3 身分が高く，勢いのある家に生まれた人は，努力しなくても豪華な生活を送ることができ，優れた人物になることが多い。

4 どんなに貧しくても，一生懸命勉学に励み，正しい生き方を続けていれば，やがて世間の評判も高くなるものである。

5 本物の賢人や聖人であるかどうかは，その人が亡くなった後に世間の評判がどれくらい続くかをみれば，すぐに判別できる。

304●地方上級＜教養＞過去問500

出典は『徒然草』38段。
全訳〈名誉や利欲に使役され，心が穏やかになる暇もなく，一生を苦しめることこそ，ばからしい。財産が多いと，自分の身を守るうえで難しくなる。財産は危害を招き，面倒を招く媒介物である。たとえ死後に黄金を積み上げて大空の北斗星を支えようとしても，子孫にとってもやっかいの種となるだろう。愚かな人の目を喜ばせる楽しみも，また無益なものである。大きな車とか，太った馬，黄金や玉の飾りなども，道理のわかっている人にはばからしく見えるはずだ。黄金は山に捨て，玉は淵に投げるのがよい。利欲に心が迷うのは，極めて愚かな人である。

不朽の名声を長く世に残すことは望ましいことだ。位が高く，身分の尊い人がただちに優秀な人ということができようか，いやできまい。愚かで劣等な人でも門閥の家に生まれ，時運に巡り会えば高い位に上り，このうえない豪華な生活をするものもある。非常に優れている賢人や聖人で，自分で求めて低い地位におり，時運に巡り会わずに終わる人も多い。いちずに高い位を望むことも，次に愚かなことだ。智恵と心が世間に卓越しているという名誉も，後世に残したいが，よくよく考えてみると，名誉を愛するのは世人の評判を喜ぶことだ。誉める人も悪口を言う人も，ともにこの世に長く生き残ってはいない。そういう話を伝え聞いた人々も，たちまちのうちにこの世を去るだろう。だれに対して恥じ，だれに知ってもらおうと願うのだろう。誉められるということは悪口を言われることの原因でもある。死後に名誉が残ったところで，いっこうに役立たない。こういう名誉を願うことも次に愚かなことである。

ただし，無理に智恵に優れていようと求め，賢くあろうと願う人のために言うなら，智恵が世に出るようになって偽りが生じた。才能は世俗の欲望や苦悩が積み重なったものである。人から伝え聞いたり，先生から習って知ったことは真実の智ではない。どういうものを智というべきか。可と言ったり，不可と言うのは同じものだ。どういうものを善というのか。真の人は智もなく徳もなく，功績や名誉もない。だれがその人を知っていて，だれが伝えるというのか（そんな人たちはいない）。こうであるのは，徳をかくして愚かなようにふるまっているのではない。元来，賢いとか愚かだとか，損得ずくの境地にいないだけのことだ。迷う心を持って名誉や利欲を要求するとこういうことになる。すべてのことは皆，非存在である。言うだけの値打もなく，願うだけの価値もない。〉

1．正しい。
2．名誉や利欲を追求することの無意味さを述べた文章であり，努力してそれらを得るよう勧めてはいない。
3．身分が高いからといって，優れた人物といえるわけではないと否定している。
4．受身で学んだことは本当の知識とはいえないとあり，世間の評判を気にするような態度が「正しい生き方」といえるわけでもない。
5．「まことの人」は世間の評判などから超然としているので，死後の評価を判断基準とするという記述は誤り。

正答 **1**

地方上級

No. 295 全国型，関東型，中部・北陸型，市役所Ａ日程

文章理解 **古文（内容把握）** 平成**30年度**

次の文章の内容として，最も妥当なものはどれか。

同じ帝，狩いとかしこく好みたまひけり。陸奥国，磐手の郡よりたてまつれる御鷹，よになくかしこかりければ，になうおぼして，御手鷹にしたまひけり。名を磐手となむつけたまへりける。それをかの道に心ありて，預り仕り給ひける大納言にあづけたまへりける。夜昼これをあづかりて，とりかひ給ふほどに，いかがしたまひけむ，そらしたまひてけり。心肝をまどはしてもとむるに，さらにえ見出ず。山々に人をやりつつもとめさすれど，さらになし。自らもふかき山にいりて，まどひありきたまへどかひもなし。このことを奏せでしばしもあるべけれど，二三日にあげず御覧ぜぬ日なし。いかがせむとて，内裏にまいりて，御鷹の失せたるよしを奏したまふ時に，帝物も宣はず。きこしめしつけぬにやあらむとて又奏したまふに，面をのみまもらせ給うて物も宣はず。たいだいしとおぼしたるなりけりと，われにもあらぬ心ちしてかしこまりていますかりて，「この御鷹の，求むるに侍らぬことを，いかさまにかし侍らむ。などか仰せごともたまはぬ」と奏したまふに，帝，「いはでおもふぞいふにまされる」と宣ひけり。かくのみ宣はせて，異事も宣はざりけり。御心にいといふかひなく惜しくおぼさるるになむありける。これをなむ，世の中の人，本をばとかくつける。もとはかくのみなむありける。

1 大納言は帝の鷹を逃がしてしまったことを隠そうとしたが，二，三日たって怪しまれたので，しかたなく報告した。

2 大納言は帝の鷹を逃してしまったことを帝に報告すると，「あれほどの優れた鷹はいなかった」と激しく非難された。

3 大納言は帝の鷹を逃してしまったが，二，三日したら帝の下に鷹は帰ってきた。

4 大納言は帝の鷹を逃してしまったことを素直に報告したところ，帝にほめられた。

5 大納言は帝の鷹を逃してしまったことを報告したが，あまりの悲しさに帝は何も言えなかった。

解説

出典は『大和物語』第152段。現代語訳は以下のとおり。

〈同じ帝が，狩りをとてもお好みになった。陸奥の国の磐手の郡から献上された御鷹が，世にまたとなく賢かったので，このうえもなく大事にお思いになって，ご愛用の鷹になさった。名を磐手とおつけになった。それを鷹狩りの道に心得があって，鷹を預かって面倒を見ることを役目としていた大納言にお預けになった。夜も昼もこの鷹を預かって飼育なさるうちに，どうなさったのであろうか，逃がしておしまいになった。うろたえ慌てて探すのだが，まったく見つけることができない。山々に人をやり探させるけれど，見つからない。自らも深い山奥に分け入って，探し回りなさるが，そのかいもない。このことを帝に申し上げずに，しばらくの間はそのままでいられるであろうが，二，三日ご覧にならない日はない。どうしたらよいだろうと思って，宮中に参って，御鷹がいなくなったということを申し上げなさると，帝は何も仰せにならない。お耳に達しないのだろうかと思って，また申し上げなさると，帝は大納言の顔ばかりをじっと見守りあそばして，ものも仰せにならない。不届きなとお思いになっているのだと思うと，気の遠くなる心地がして，恐れ入って控えておいでになり，「この御鷹が，探しましたけれど，おりませんでしたが，どのようにしたらよいでしょう。どうして何も仰せにならないのですか？」と申し上げなさると，帝は，「心で思っているほうが，口に出して言うより一層つらいのだ」と仰せになられた。このようにだけ仰せになられて，ほかのことは仰せにならなかった。ご心中では大層残念で惜しいと思いになっているのだった。これに世間の人は，上の句をあれこれとつけた。もともとはこれだけお詠みになったのだった〉

1．怪しまれたから報告したのではなく，二，三日置きにご覧になるので，黙っているわけにはいかないと思い報告したのである。

2．帝は非難などせず，何も仰せにならないほど鷹を失ったつらさを感じていた。

3．鷹はいくら探しても見つからず，帝のもとには帰ってきていない。

4．帝は何も仰せにならなかったが，ほめてはいない。

5．妥当である。

正答 5

地方上級

No. 296 文章理解　古文（内容把握）

全国型，関東型，中部・北陸型　　平成16年度

次の古文の内容に合致するものはどれか。

　音曲・舞・はたらき足りぬれば，上手と申すなり。達者になければ不足なること，是非なけれども，それにはよらず，上手はまた別にあるものなり。そのゆゑは，声よく，舞・はたらき足りぬれども，名人にならぬ為手あり。声悪く，二曲さのみの達者になけれども，上手の覚え，天下にあるものあり。これすなはち，舞・はたらきは態なり，主になるものは心なり。また正位なり。

　さるほどに面白き味はひを知りて，心にてする能は，さのみのたっしゃになけれども，上手の名を取るなり。しかればまことの上手に名を得ること，舞・はたらきの達者にはよるべからず。これはただ為手の正位心にて，瑞風より出づる感かと覚えたり。この分け目を心得ること，上手なり。

　しかれば十分に窮めたる為手も，面白きところのなきもあり。初心より面白きところのあるものあり。しかれば初心より七・八分，十分になりめれば。次第次第に上手の位に至れども，面白きと思ふは，また別なり。

1　上手であるという評判をとりたければ，ひたすら舞やしぐさのわざを磨かなければならない。

2　声の善し悪し，舞やしぐさの善し悪しは生まれついた才能で決まるものである。

3　声，舞，しぐさなどのうち，どれか1つでも上手であるという評判をとれれば，役者としての地位は安泰のものとなる。

4　悟りの位である正位に達した役者ならば，舞やしぐさの技術とは別に上手と呼ばれるようになる。

5　能の面白さを理解できるようになるには，十分な訓練が必要であり，それは役者も観客も同じである。

解説

出典は世阿弥『花鏡』。

　全訳〈謡や舞，その他のしぐさが十分にできることを普通上手と呼んでいる。したがって達者にできないと芸に不足があるのは当然だが，それではそういう人を上手と呼べないのかというと，必ずしもそうではない。達者とは無関係に上手と呼ばれる人もいる。声もよく，舞，その他のしぐさも十分にできるのに名人と呼ばれない役者がいる。声が悪く，二曲（歌・舞）もそれほど達者というわけでもないのに，上手という評判が芸壇に高い役者もある，という事実があるからだ。これというのも，舞やしぐさは単なる身体の動きにすぎず，主体となるのは実は心だからである。言い換えれば正位（悟りの位）に達した心である。

　それで能のおもしろさを理解して心で演じる能は，さほどの達者でなくても上手の評判をとる。だから，本当の上手という評判をとるのは，舞やしぐさが達者であるかどうかで決まるのではない。これはもっぱら役者の心が正位に達し，それに基づくすぐれた芸風（瑞風）のもたらす感銘によるかどうかで決まると思われる。この区別をわきまえられる人が，上手である。

　したがって，十分に鍛錬を積んだ役者であっても，おもしろいところがない人もいる。始めたばかりの頃からおもしろいところのある役者もいる。だから初心者から七・八分，十分に舞やしぐさのわざが進歩しても，おもしろくなれるかどうかは別の話である〉

1. 身体の動きである舞やしぐさと役者の心は別であり，本当の上手なのかどうかはむしろ心のほうで決まるとしている。

2. 生来の才能で謡や舞，しぐさのうまい・へたが決まるという考え方は文中に出てこない。

3. 心で演じる能であれば，それほどうまくなくても上手の評判をとれるとしており，身体の動きなどのどれか1つに秀でているかどうかという条件は示されていない。

4. 正しい。

5. 観客の訓練などには触れていないし，役者におもしろ味があるかどうかという話であって，能のおもしろさの理解とは別である。

正答　**4**

地方上級　全国型，関東型，中部・北陸型

No. 297　文章理解　古文（内容把握）　平成15年度

次の古文の内容に合致するものはどれか。

　船の路。日のいとうららかなるに，海の面のいみじうのどかに，浅緑の擣ちたるを引きわたしたるやうにて，いささか恐ろしき気色もなきに，若き女などの，衵・袴など着たる，侍の者の，若やかなるなど，櫓といふもの押して，歌をいみじう唄ひたるは，いとをかしう，やむごとなき人などにも見せたてまつらまほしう思ひいくに，風いたう吹き，海の面ただ悪しに悪しうなるに，ものもおぼえず，泊るべきところに漕ぎ着くるほどに，船に浪のかけたるさまなど，片時に，さばかり和かりつる海とも見えずかし。

（中略）

「海はなほ，いとゆゆし」と思ふに，まいて，蜑の潜きしに入るは，憂きわざなり。腰に着きたる緒の絶えもしなば，「いかにせむ」とならむ。男だにせましかば，さてもありぬべきを，女はなほ，おぼろけの心ならじ。舟に男は乗りて，歌などうち唄ひて，この栲縄を海に浮けて歩く，危ふく，後めたくはあらぬにやあらむ。「のぼらむ」とて，その縄をなむ引くとか。まどひ繰り入るるさまぞ，ことわりなるや。舟の端をおさへて放ちたる呼吸などこそ，まことに，ただ見る人だにしほたるるに，落し入れてただよひ歩く男は，目もあやに，あさましかし。

1　海は穏やかで，貴人に見せたいほど美しく，無事に港に着くことができた。

2　船頭のまねをして自分も櫓というものを押してみたが，重くて少しも動かなかった。

3　海が荒れているのにもかかわらず潜って働く海女の姿に，涙が出るほど感動した。

4　海女を潜らせて，男は船の上で歌を歌っているだけなのにはあきれてしまった。

5　海から上がった海女は，怠け者の男の姿を見て深いため息をついていた。

解 説 ━━━━━━━━━━━━━━━━━━━━━━━━━━━━━━━━━━

出典は『枕草子』第286段。

全訳〈船の旅。天候が非常にうららかで、海面もとてものどかで、浅緑の絹布の艶出しした
ものを引き伸ばしたように見えて、少しも恐ろしい様子もないときに、若い女性が袙や袴など
を着ているのや、侍の者で若々しい人が櫓というものを押して、盛んに歌を歌っているのは、
大変楽しく、高貴な人にもお見せしたいと思いながら行くと、にわかに風がひどく吹き、海上
がどんどん荒れてくるので、無我夢中で、船を停泊させる予定の港に漕ぎ着けるまでの間、船
に波がかぶさってくる様子など、しばらく前まであれほど穏やかだった海とも思われないほど
だ。(中略)

「海はやはり非常に恐ろしい」と思うにつけ、なおのこと海女が潜るために海に入るのはつら
い仕事である。腰に着けた綱が切れでもしたらどうしようというのだろう。せめて男がこの仕
事をするのなら、それもよいだろうが、女は一層、並たいていの気持ちではないだろう。男が
船に乗って歌などを歌い、女の着けた腰の縄を海に浮かべて漕ぎまわる。危険で、心配にはな
らないのだろうか。海女が海面へ浮き上がろうとするときには、その縄を引っ張るそうだ。そ
れを男が慌ててたぐり入れる様子は、もっともなことだ。海女が船の端を押さえて息を吐き出
しているのはまことに哀切で、傍で見るだけの者だって泣けてくるのに、その海女を海に放り
込んで、海の上をぶらぶら漕ぎまわる男は、見ていられぬほどあきれた情け知らずだ〉

1. 穏やかだった海が荒れてきて、無我夢中で船を漕いで港に着いたとあるので、穏やかなま
   ま港に着いてはいない。
2. 櫓を押したのは「侍の者の、若やかなる」であり、作者ではない。
3. 海女が作業中の海が荒れていたのかどうかはわからない。
4. 正しい。
5. 海女が「放ちたる呼吸」はため息ではなく、潜水後の呼吸法の一つである。男の姿を見て
   呼吸しているのではない。

正答　**4**

地方上級 全国型，関東型，中部・北陸型
No.298 文章理解 古文（内容把握） 平成24年度

次の文章の内容に合致するものとして，最も妥当なものはどれか。

　さて又初学の輩，わがをしへにしたがひて，古風後世風ともによまんとせんに，まづいづれを先キにすべきぞといふに，万の事，本をまづよくして後に，末に及ぶべきは勿論のことなれども，又末よりさかのぼりて，本にいたるがよき事もある物にて，よく思ふに，歌も，まず後世風より入て，そを大抵得て後に，古風にかゝりてよき子細もあり，その子細を一ツ二ツいはば，後世風をまづよみならひて，その法度のくはしきをしるときは，古風をよむにも，その心得有て，つゝしむ故に，あまりみだりなることはよまず，又古風は時代遠ければ，今の世の人，いかによくまなぶといへども，なほ今の世の人なれば，その心全く古人の情のごとくには，変化しがたければ，よみ出る歌，古風とおもへども，猶やゝもすれば，近き後世の意詞のまじりやすきもの也，すべて歌も文も，古風と後世とは，全体その差別なくてはかなはざるに，今の人の歌文は，とかく古と後と，混雑することをまぬかれざるを，後世風をまづよくしるときは，是は後世ぞといふことを，わきまへしる故に，その誤りすくなし，後世風をしらざれば，そのわきまへなき故に，返て後世に落ることおほきなり，すべて古風家，後世風をば，いみしく嫌ひながら，みづから後世風の混雑することをえしらざるは，をかしきこと也，古風をよむひとも，まづ後世風を学びて益あること，猶此外にも有也，古と後との差別をだによくわきまふるときは，後世風をよむも，害あることなし，にくむべきことにあらず，たゞ古と後と混雑するをこそ，きらふべきものなれ，これはたゞ歌文のうへのみにもあらず，古の道をあきらむる学問にも，此わきまへなくしては，おぼえず後世意にも漢意にも，落入ルこと有べし，古意と後世意と漢意とを，よくわきまふること，古学の肝要なり，

1 古風の和歌は理解するのが容易でないため，先に簡単な後世風の和歌を詠むべきである。

2 古風の和歌は昔の人と同じ心情で詠むことはできないので詠む意味がないため，後世風の和歌を詠むべきである。

3 古風の和歌は，詠む際に今の人の心情や言葉の意味が入ってしまうので，先に後世風を理解してから，後世風と区別しながら詠むべきである。

4 古風の和歌は難しいので，先に詠んでおけば，自ずと後世風の和歌も楽に詠めるようになるので，先に古風の和歌を詠むべきである。

5 古風の和歌は難しいが，物事は根本をしっかりとしてから，瑣末なことに至るのがよいので，先に古風の和歌を詠むべきである。

解説

出典は本居宣長『うひ山ぶみ』。

1. 古風と後世風の違いはそれ自体の難易度にあるわけではなく，両者をはっきり区別して詠むために，先に時代の近いほうを深く理解することが大事だと述べられている。

2. 「詠む意味がない」とは述べられていない。

3. 正しい。

4. 古風の和歌を先に詠んでも，後世の意味や言葉が混じりやすく，古風と後世風を混同しやすいため，後世風を先に詠むべきと述べられている。また「自ずと楽に詠めるようになる」という記述はない。

5. 和歌の場合は，「瑣末なことからさかのぼって根本に至るほうがよい」という記述がある。

正答 **3**

地方上級
No. 299 文章理解　英文（内容把握）

全国型，関東型，横浜市　　平成11年度

次の英文の内容と合致するものとして，妥当なものはどれか。

Darwin himself could scarcely have found a better example of the operation of natural selection than is provided by the way the mechanism of resistance operates. Out of an insect population, the members of which vary greatly in qualities of structure, behaviour, or physiology, it is the 'tough' insects that survive chemical attack. Spraying kills off the weaklings. The only survivors are insects that have some inherent quality that allows them to escape harm. These are the parents of the new generation, which possesses all the qualities of 'toughness' inherent in its forebears. After a few generations, instead of a mixed population of strong and weak insects, there results a population consisting entirely of tough, resistant insects.

population：個体群

spraying：化学薬品の噴霧

1　ダーウィンは昆虫が殺虫剤に対する抵抗性を獲得することを予言していた。

2　昆虫が殺虫剤に対する抵抗性を発達させる過程はまさに自然選択の例である。

3　殺虫剤の散布によって昆虫の個体群は代を重ねるごとに変容を遂げ，種が多様になった。

4　殺虫剤の登場によって昆虫には自然選択説の例外が見られるようになった。

5　昆虫は少量の殺虫剤を少しずつ浴びると抵抗力がつき，その個体は強くなる。

解説

全訳〈ダーウィン自身は，抵抗力の作用の仕組みによるものよりもよい自然選択の働きの例を見つけることはまずできなかったであろう。身体の構造や行動，生理機能などの質に大きな変異のある成員からなるある虫の個体群の中で，化学薬品による攻撃を受けても生き残るのは「タフ」な虫である。化学薬品の噴霧は虚弱なものを全滅させる。生き残るのは，害を免れるようななんらかの遺伝的形質を持った虫のみである。これらが新しい世代の親となり，その世代は祖先の持っていた「タフ」な遺伝的形質をすべて受け継ぐことになる。数世代経つと，強い虫と弱い虫が入り交じっていた個体群がすべてタフで抵抗力を持った虫ばかりの個体群になってしまう〉

1．ダーウィンが「昆虫が殺虫剤に対する抵抗性を獲得することを予言していた」とはいっていない。

2．正しい。全体の内容をまとめている。

3．「種が多様になった」のではなく，タフで抵抗力を持った虫ばかりになったのであり，多様性という点では減少したことになる。また，生物学的にいうと，同じ虫の個体群の話であるから，いずれにしても「種」としては同じということになる。

4．殺虫剤の登場によって自然選択説の例外が見られるようになったのではなく，自然選択のよい例が見られるのである。

5．殺虫剤の量については述べられていない。ある個体に抵抗力がつくのではなく，殺虫剤によって弱いものが死滅し，強いものが生き残る結果，全体として強い個体群になるのである。

正答　2

地方上級＜教養＞過去問500●311

地方上級 全国型，関東型，横浜市
No. 300 文章理解 英文（内容把握） 平成11年度

次の英文の内容と合致するものとして，妥当なものはどれか。

It is a mistake to speak of Europe "a mere geographical expression." Maybe Europe is just a geographical expression, but at the very least it is quite an old one. Europeans have been conscious of their part of the world for a long time—its boundaries, topography, languages and ideas have been recognized and debated for at least 1,200 years. More than any other continent, Europe has been obsessed with its own self-definition, with ascertaining just what it is that binds "Europeans" together and distinguishes them from their neighbors.

These claims—based on the obvious features of Europe : Christianity, the heritage of the Roman Empire, various natural boundaries—provide the backdrop to the modern drive to unity, European Union. But on closer inspection, the picture blurs. European civilization, for example, has had a checkered past. In the 12th century Renaissance which saw the birth of universities and city-states, throughout the Enlightenment and again since World War II, it was common practice to talk—and think—European. But in other times, much more attention was paid to local interests and parochial conflicts. And even when Europeans did invoke the idea of Europe, they frequently had very different things in mind.

　　blur：不鮮明になる

　　parochial：教区の

1 ヨーロッパの人々はヨーロッパの境界を地理的なものにではなく，キリスト教やローマ帝国の遺産など文化的なものに置いている。

2 ヨーロッパの人々は1,200年以上にわたってヨーロッパとは何であるかにこだわってきた。

3 ヨーロッパはルネサンス以降今日に至るまで一貫して統合をめざしてきた。

4 12世紀に初めて大学や都市国家が誕生したが，この頃は地方的関心が強く，ヨーロッパという認識はなかった。

5 啓蒙主義の時代と第二次世界大戦後の時代には，ヨーロッパの人々の関心はむしろ自分の属する地域にあった。

312●地方上級＜教養＞過去問500

解説

全訳〈ヨーロッパのことを単なる地理上の名称と考えて話すのは間違いである。ヨーロッパは地理上の名称ではあろうが，少なくともそれはまったく時代がかったものである。ヨーロッパ人は長い間世界における自分たちの位置を意識してきた。少なくとも1,200年の間，境界や地形，言語や思想について認識し，議論を重ねてきたのである。世界でヨーロッパほど自らの定義にこだわってきた者はなく，彼らは自分たちを「ヨーロッパ人」として一つにまとめ，隣接諸国と区別しているのは何なのかを突きとめようとしてきた。

ヨーロッパの明らかな特徴であるキリスト教，ローマ帝国の遺産，さまざまな自然の境界などに基づく主張は，現代のEUという統合を推進する背景となっている。しかし，より厳密にいうと実態はとらえにくい。たとえば，ヨーロッパ文明は変化に富んだ過去を持っている。大学や都市国家を生んだ12世紀のルネサンスにおいて，啓蒙主義の時代を通して，また第二次世界大戦以後，ヨーロッパ人として話し，そして考えることが普通の習慣となった。しかしそれ以外の時代は，自国の利益や教区の争いのほうに強い関心が向けられていた。そして，ヨーロッパという概念を持ち出すときでさえ，ヨーロッパ人が思い浮かべることは，人によって別々であることが多かった〉

1．第2パラグラフの最初の文で，キリスト教やローマ帝国の遺産は「さまざまな自然の境界」と並列させて，EUへ向けての統合化推進の背景として述べられている。

2．正しい。第1パラグラフの第3文，第4文の内容と合う。

3．「一貫して」ではなく，12世紀ルネッサンスの時代や啓蒙主義の時代，第二次世界大戦以後を除くと他のことに関心が向けられていたとある。

4．**3**からもわかるようにこの時代は人々のヨーロッパについての認識が高められた時代である。

5．**3**，**4**を参照。

正答　**2**

地方上級＜教養＞過去問500●**313**

地方上級 全国型，関東型，横浜市
No. 301 文章理解 英文（内容把握） 平成11年度

次の英文の内容と合致するものとして，妥当なものはどれか。

Sweden is a country made of over 100,000 lakes. It's sparsely populated, and most of the people live close to the urban or in the urban areas, and about 70% of the land is technically covered by forest. And, of course, the trees grow rather slowly. It takes about 70 years in the south and about 100 years in the north for a tree to grow full size. And since forests have been always a very important part of the Sweden development, we started very early managing forestry, because you have to always provide for regrowth, and since things are slow.

The Swedish people have been environmentally conscious, way before environmentalism and ecology has been a household word. The very closeness to nature that has been part of our past naturally has stimulated a keen interest in preserving the environment as much as possible. Of course, we have had difficulties, though it's getting better now, because the pollution that we are suffering comes from the rest of Europe. It is transmitted through the air, and lots of our woods, particularly in the western and southern parts, are polluted by sulfur that comes through the rain. And this affects not only the woods but particularly the lakes. Many lakes have been dying, that is dying, no fish in them, and thanks to this kind of transmittal from other industries. But we're getting a hold of that. We are now members of the European Union. We have lots of possibilities of discussing.

sulfur：硫黄

1 スウェーデンでは森林が国の発展に大きな位置を占めており，70％の人がなんらかの形で林業や木材関連の仕事に携わっている。

2 スウェーデンの発展にとって森林資源は重要であり，樹木の成長がここでは遅いこともあって，森林管理は早くから行われていた。

3 環境保護やエコロジーが聞き慣れた言葉になってから，スウェーデンでも自然保護への関心が高まった。

4 スウェーデンの西部と南部の地域の森林汚染は，汚染源が他のヨーロッパ諸国である関係から年々悪化し，解決の兆しは見られない。

5 近年スウェーデンでは都市の工業化が進み，そのため森林ばかりでなく湖も魚が生息できないほどに汚染されている。

314●地方上級＜教養＞過去問500

解説

全訳〈スウェーデンには10万余りもの湖がある。人口は希薄で，多くの人々は都市かその近郊に住んでいて，厳密にいえば国土の70%は人工林で覆われている。いうまでもなく，木の成長は（この北国では）いくぶん遅い。木が十分成長するには，南部で70年，北部で100年ほどかかるのである。森林はスウェーデンの発展に対して常に極めて重要な役割を果たしてきたので，われわれは非常に早くから森林地の管理を始めた。それは，いつも再生に備えていなければならず，それには時間がかかるからである。

　スウェーデンの人々は，環境保護主義やエコロジーという言葉が一般化するはるか以前から，環境保護を意識してきた。これまで自然はごく普通にわれわれの生活の一部となってきて非常に身近な存在であったために，できるだけ環境を保護しようという関心が強まったのである。今は事態がよくなりつつあるものの，もちろん困難はあった。ヨーロッパの他の地域から私たちを悩ませる汚染物質が来るからである。それは空気によって伝播され，西部や南部を中心にわが国の多くの森林が，雨に含まれる硫黄に汚染されている。汚染の被害は森林のみにとどまらず，特に湖にも及んでいる。多くの湖が死にかけてきた。つまり，死にかけているとは，湖に魚がまったくいないわけで，これはそのような他の工業国から伝播してきた汚染物質のせいである。しかし解決の手がかりは得られそうである。われわれは今やEUのメンバーであり，十分討論し合うことができるのである〉

1．70%というのは人口についてではなく，森林について述べられたものである。

2．正しい。第4文〜第7文で述べられている内容と合う。

3．そのはるか以前から環境保護への関心が高かったとある。

4．「年々悪化し，解決の兆しは見られない」とは述べられていない。ラストの部分では解決への兆しが述べられている。

5．スウェーデンで都市の工業化が進んでいるとは述べられていない。汚染物質は他の工業国から来るのである。

正答　**2**

地方上級＜教養＞過去問500●**315**

地方上級
No.
302 文章理解 東京都 英文（内容把握） 平成11年度

次の英文の内容と合致するものとして，妥当なものはどれか。

With regard to NGOs' relationships with governments, in several North European nations, problems related to development, human rights, the environment, and so on are actually considered the primary responsibility of NGOs, rather than that of the government. Consequently, individuals who do research in these areas tend to congregate in NGOs, and it is easy for these groups to raise funds.

Japanese NGOs, on the other hand, share the ideal of wanting to provide assistance, but it is often said that from an international perspective they do not translate this desire into specific action. While European governments and NGOs have their respective roles in international conferences, in the case of Japan, the government tends to assume responsibility for all the expected roles.

1 北欧諸国では，開発，人権，環境などの問題を解決することは，NGO には責任が重すぎるため，もっぱら資金力のある政府の仕事とされている。

2 北欧諸国では，開発，人権，環境などの課題は，政府より NGO が第一に取り組むものであり，政府は人材や資金の提供を NGO に行うこととされている。

3 日本の NGO は，自らの要求を行動に移すときに国際的な展望には欠けるが，理想的な援助精神は持っている。

4 日本の NGO は，援助したいという思いはあっても，国際的視野から見れば，具体的な行動に移していないといわれている。

5 日本の政府は，国際会議においてヨーロッパの政府と NGO が互いに役割を果たしているのに比べ，政府に期待される任務から責任を回避する傾向がある。

解説

全訳〈北欧数か国では，NGO と政府との関係については，政府よりもむしろまず NGO のほうが開発や人権，環境等の問題の責任を担っていると実際に考えられている。そのため，この地域の研究者は NGO に集まることが多いし，NGO の各グループへの資金もよく集まる。

一方日本の NGO は援助をしたいという理想を持っている点では同じであるが，国際的視野から見るとその思いが具体的な行動となって現れていないとよくいわれる。ヨーロッパでは政府と NGO が国際会議で各自の役割を担っているが，日本では政府がすべての期待される役割を果たす責任を負う傾向がある〉

1．第1パラグラフから北欧では政府よりも NGO が中心になっていて，資金も集めていることがわかる。

2．「政府は人材や資金の提供を NGO に行うこととされている」とは述べられていない。政府を特に介さずに人材や資金が集まっているのである。

3．日本の NGO は自らの思いを行動に移していないと国際的視野からはよくいわれるとある。

4．正しい。第2パラグラフの第1文〜第3文と合っている。

5．枝の後半は本文と逆。日本の政府は全責任を負っていると述べられている。 **正答 4**

地方上級
全国型，関東型，中部・北陸型

No. 303 文章理解 英文（内容把握） 平成6年度

下文の内容と一致するものはどれか。

What is the inevitable result if the increase of population is not checked? There must be a very general lowering of the standard of life in what are now prosperous countries. With that lowering there must go a great decrease in the demand for industrial products. There will be a uniformity of misery, and the Malthusian law will reign unchecked. The world having been technically unified, population will increase when world harvests are good, and diminish by starvation whenever they are bad. Most of the present urban and industrial centres will have become deserted, and their inhabitants, if still alive, will have reverted to the peasant hardships of their mediaeval ancestors. The world will have achieved a new stability, but at the cost of everything that gives value to human life.

1 人口増加がこのまま続くと現在の都市や工業の中心地は荒廃し，生き残った人々の生活水準は著しく低下するだろう。

2 人口が増加していく中で人類の生存がなお可能だとすれば，生き延びるのは豊かな都市生活者ではなく，中世の農民のように不自由な暮らしに耐えている人々だろう。

3 増加する人口を維持するには農業を重視しなければならず，そのため工業は衰退し，現在の都市は荒廃するだろう。

4 人口増加が続いても工業技術が世界的に均質化されれば，現在繁栄している国の生活水準は下がるが，世界は新たな安定を取り戻すだろう。

5 現在食糧と人口のバランスが崩れているが，世界が新しい安定を得るには，飢餓による人口減少という極めて大きな犠牲を払わねばならないだろう。

解説

全訳〈人口増加が抑制されないと，どのような不可避的な帰結が生じるであろうか。今日繁栄している国家において，生活水準の一般的な低下が起こることは間違いない。また，こうした低下とともに，工業製品に対する需要が大きく減少することは間違いないであろう。一様な困窮が出現し，マルサスの法則が跋扈するであろう。世界は技術的に均質化されているため，世界の（農産物の）収穫がいいときは人口は増加するが，悪いときはいつでも飢餓によって減少するであろう。今日の都市や工業の中心地の多くは荒廃し，居住者たちは生き残っているとしても，中世の彼らの祖先のような，小作人的な困窮（状況）に逆戻りしているであろう。世界は新たな安定を獲得することはするであろうが，それは人間生活に価値を付与するようなものすべての犠牲において成し遂げられたものなのである〉

1．正しい。

2．現在中世の農民のように不自由な暮らしに耐えている人々だけが生き延びていくとは述べられていない。

3．「農業の重視」ということは述べられてはいない。「工業」の「衰退」も正確ではなく，指摘されているのは「工業製品」に対する「需要の低下」である。

4．世界が安定を再び取り戻すのは，工業技術の世界的均質化だけに負うのではない。「人口減少」にも触れる必要がある。

5．4と同様に，「犠牲」として指摘されているものとして，「人口減少」だけを挙げるのは適切ではない。すべての「人間生活に価値を付与するようなもの」に触れる必要がある。

正答 **1**

地方上級

全国型，関東型，中部・北陸型

No. 304 文章理解　英文（内容把握）　平成10年度

下文の内容と一致しているものはどれか。

India is not the poorest country in the world, but it may be the most naturally religious. Most Indians believe that this life is followed by another, and so there was almost no weeping at the passing of Mother Teresa. Instead, there was gratitude for a woman many thought heaven-sent to the people of Calcutta. "She sacrificed herself to the poor," said Sandihaya Singha, a 45-year-old Hindu woman. "To do so much, she must have had supernatural power."

If Bengal were a Roman Catholic state, the Virgin Mary would be the reigning icon. In this Hindu center, Kali rules ; even many government Marxists are Kali worshipers. This reverence for a female deity helps explain why a sari-clad Roman Catholic nun from the West could move so easily among the masses — and keep her secular critics at bay. Where Marxists see the poor as a class in need of liberation, Mother Teresa saw only individuals, each with special needs. Like Franz Kafka, she recognized that "the only reality is the concretely real human being, our neighbor, whom God puts in our path."

〔注〕 Kali…ヒンドゥー教のシヴァ神の妃

1　インドのヒンドゥー教徒の女性はだれもが，貧しい人々に一身を捧げて終わったマザー・テレサの死に涙した。

2　インドで異教徒の修道女マザー・テレサが受け入れられた背景には，この国の人々のヒンドゥー教の女神に対する崇拝があった。

3　マザー・テレサは，貧しい人々が現実に抱える問題は認識していたが，貧困の構造的な原因についてまでは関心がなかった。

4　インドの人々は，マザー・テレサをヒンドゥー教の女神の生まれ変わりとして崇拝していたが，これは彼女の誠実さのゆえである。

5　マザー・テレサは，貧しい人々には隣人としての援助が必要であると説き，その実践を通して世界的に女性の支持を得ていた。

318●地方上級＜教養＞過去問500

解 説

全訳〈インドは世界一貧しい国ではなく，世界で一番，宗教が自然に根づいている国かもしれない。インド人の大半が現世は来世に続いていると信じているため，マザー・テレサの死に涙する人はほとんどいなかった。それどころか，天がカルカッタの人々に送ったと多くの人が思ったこの女性への感謝が捧げられた。「彼女は貧者のために自分を捧げました」と，サンデャーハ・スィンハという45歳のヒンドゥー教徒の女性は言った。「その業がよくできるために，彼女は超自然の力を持っていたのに違いありません」

　もし，ベンガルがカトリックの国であったら，処女マリアが主な崇拝の対象となっていたであろう。このヒンドゥー教の中心地では，女神カーリーが崇拝の対象であり，政府のマルキストにでさえその崇拝者が多い。このような女神崇拝があったために，この西洋から来た，サリーをまとったカトリックの修道女が民衆の中で容易に活動できたのであり，世俗的な反対者たちを寄せつけなかったのである。マルキストなら，自由を必要とする階級として貧者を見るところであるが，マザー・テレサはそれぞれが何か特別なことを必要としている個人としてのみ彼らを見た。フランツ・カフカのように彼女は「唯一の現実は，神がわれわれの行く手に置きたもう具体的な現実の人間，すなわち隣人である」ことを知っていたのである〉

1．インド人の大半は，現世と来世が続いていると信じているので，涙した人はほとんどいなかったと述べている。

2．正しい。女神カーリーへの崇拝があったためにマザー・テレサの活動がやりやすかったとある。

3．マルキストなら自由を要する階級として貧者を見るところを，マザー・テレサはそれぞれ何か特別なことを必要としている個人としてのみ見たとある。「貧困の構造的な原因」にまでは話が及んでいないので，誤り。

4．「ヒンドゥー教の女神の生まれ変わりとして」とも「彼女の誠実さのゆえ」とも述べられていない。

5．マザー・テレサがそのようなことを理解していたとはいっているが，"説いた"とまではいっていないし，「世界的に女性の支持を得ていた」とも述べられていない。

正答　**2**

次の英文の要旨として，妥当なものはどれか。

It may be said that somehow man is the ultimate triumph of evolution, that all these millions of years of development have had no purpose other than to put him on earth. There is no scientific evidence whatever to support such a view and no reason to suppose that our stay here will be any more permanent than that of the dinosaur. It is more than likely that if men were to disappear from the face of the earth, for whatever reason, there is a modest, unobtrusive creature somewhere that would develop into a new form and take our place.

But although denying that we have a special position in the natural world might seem becomingly modest in the eye of eternity, it might also be used as an excuse for evading our responsibilities. The fact is that no species has ever had such wholesale control over everything on earth, living or dead, as we now have. That lays upon us, whether we like it or not, an awesome responsibility. In our hands now lies not only our own future, but that of all other living creatures with whom we share the earth.

1 人間は進化の極致であり，長い進化の歴史はすべて人間を地上に送り出すためのものであった。
2 人間もいずれは地上から姿を消して他種にその地位を明け渡す運命にあり，他の生物と平等な立場にある。
3 人間が自然界で特別な地位を占めているという考えを否定して初めて，自然の体系の正しい認識に到達できる。
4 人間は地球上の生き物に対して今後も支配を続け，将来の地球を完全に掌握するであろう。
5 人間は自然界で特別の地位を占めており，地球上のあらゆる生き物に対して大きな責任を負っている。

全訳〈人類はどういうわけか進化の極致であり，この何百万年の進化は地球上に人類を生み出すためだけのものであったといわれているかもしれない。このような見解を支持するような科学的な証拠は何もなく，恐竜と同様，われわれが地上から滅亡してしまわないと思える根拠もない。もし人類がいかなる理由からであれ，地球上から姿を消したら，どこかで地味で目立たない生物が新しい形に進化してわれわれに取って代わるに違いない。
しかし，われわれが自然界で特別な位置にあることを否定することは長い視点から見れば謙遜らしく思えるかもしれないが，それは同時に責任回避のための言い訳にされているかもしれない。人類のように大規模に地球上のすべての生物を支配した生物は，生きているものであれ，死んだものであれ，これまでになかったのは事実である。そのため，好むと好まざるとにかかわらず，われわれには恐るべき責任がかかっているのである。われわれの手には自分たちの未来だけでなく，地球上で共存している他のすべての生物の未来がかかっているのである〉

1．第1パラグラフでこの考えが否定されている。
2．「人間もいずれは地上から姿を消して他種にその地位を明け渡す運命にあ」るとは断定していない。あくまでもその可能性もあるということである。
3．「自然の体系の正しい認識に到達できる」とは，本文では述べられていない。
4．現在支配しているとはいっているが，「今後も支配を続け，将来の地球を完全に掌握するであろう」とはいっていない。われわれが恐竜よりも長く地上に存在すると思える根拠もない，と述べられている。
5．正しい。最後の3つの文の内容と合っている。

正答 5

次の文の内容と一致しているものはどれか。

Fast economic growth based on unusually high employment growth in America cannot continue forever.

America's labour force grew remarkably quickly last year, far faster than its population. Several factors may have lured back some people, particularly women, who had given up looking for work ; welfare reform is forcing poorer women, who may have relied on a federal check, to find a job ; and changes in immigration laws have promoted a sharp rise in the number of Latinos entering the labour force. But these supply increases are probably temporary : once employment growth stabilises, fast job growth would mean bringing the unemployment rate down further, which increases pressure on wages. At that point either corporate profits must be squeezed, or firms must pass on their higher costs through higher prices.

〔注〕 welfare reform　…生活保護改革
　　　federal check　……連邦政府の失業給付金
　　　Latinos　…………ラテン系アメリカ市民

1 女性労働力はいくつかの要因から減少してきているが、アメリカの総労働力人口は昨年急激に伸びた。

2 連邦政府は生活保護政策を変更して失業給付金を増額した。

3 移民法の改正によって、ラテン系の人々の労働力供給が急激に増加し、特に低所得層の女性の雇用市場を圧迫するようになった。

4 雇用が安定的に増加すると失業率は下がり、それは賃金コスト上昇につながるので企業のコストは増す。

5 労働者の賃金が上昇したためコスト増に対応しきれず、多くの企業が価格引上げに走った。

全訳〈アメリカにおける急激な高い雇用促進に基づく迅速な経済成長は、永続的なものではない。

アメリカの昨年の労働力の成長は著しく、人口の増加よりもはるかに速いものであった。いくつかの要因で労働戦線に戻ってきた人々がいる。特に仕事を探すのをあきらめてしまった女性たちがそうで、これまで連邦政府の失業給付金に頼ってきた貧困層の女性たちは、生活保護改革のせいで、仕事を探さねばならなくなっている。また、移民法の改正によってラテン系アメリカ市民がどっと労働力に参入することになった。しかし、このような労働市場の供給の増加はおそらく一時的なものである。いったん雇用の伸び率が安定すると、急速な仕事の増加は失業率を大幅に下げるが、同時に給料にしわ寄せがくることになる。この問題については、企業の利益を抑えるか、企業が値上げによって賃金のコスト増に充てるしかない〉

1．女性労働力が増加したと述べている。

2．これまでそれに頼ってきた女性たちも職を得なければならなくなったのであるから、失業給付金を増額したのではない。

3．前半は正しいが、後半は誤り。ラテン系の労働力供給の増加と女性の雇用市場の関係については特に述べられていない。

4．正しい。

5．「多くの企業が価格引上げに走った」とはいっていない。給料のコストが上がったために、企業は利潤を抑えるか、価格を引き上げるかのいずれかしかない、としているのである。

正答　**4**

下文の内容から判断して妥当なものはどれか。

　Most insects that have become well known have achieved their fame because they are "good" or "bad" by our valuation. Being an entomologist, I tend to admire insects that have been the objects of much valuable research. But if I were a California fruitgrower I would have no love for the medfly!

　Besides "good and bad" insects there are some that have achieved fame simply because they are easy to keep in the laboratory. Drosophila provides the best example. Who would have supposed that stupid little insect would teach us much of what we know about genetics? In nature, the flies merely swarm about overripe fruit and help in the decomposition of decaying organic matter. But when it was found that they could easily be reared through many generations in milk bottles, they became the focus of reserch out of all proportion to their ecological significance.

〔注〕　entomology…昆虫学

1　われわれは人間に役立つかどうかで益虫，害虫の判断を下しがちだが，生態学的に不要な昆虫はいない。
2　昆虫学者である私にとって益虫か害虫かは研究室で飼いやすいかどうかにかかっている。
3　私は昆虫学者なので，カリフォルニアの果樹につく medfly は嫌いである。
4　Drosophila が遺伝学について多くの知識を与えてくれるとは思えない。
5　Drosophila は有機物の分解者というささやかな生態学的役割には不つりあいなほど研究上重視されている。

全訳〈よく知られるようになった昆虫の多くは，人間の価値観によって「益虫」か「害虫」かの評判を得るのである。私は昆虫学者であるため，価値の高い研究の対象とされてきた昆虫を賞賛する傾向がある。しかし，もし私がカリフォルニアの果物栽培者であったら，medfly（地中海ミバエ）に対していささかも愛を感じることはないだろう。
「益虫・害虫」以外に，研究室で飼いやすいというだけの理由で名声を得ている虫もいるが，ショウジョウバエがその最もよい例である。このつまらない小さな虫が，われわれに遺伝学に関する多くの知識を与えてくれるなどとだれが思ったであろうか。本来はそのハエは熟しすぎた果実にたかって，腐敗していく有機物の分解を助けるだけである。ところが，牛乳びんの中で何世代にもわたって容易に飼育できるとわかると，彼らはその生態学的価値とまったく不つりあいなほど研究の中心となった〉

1．前半は正しいが，後半の「生態学的に不要な昆虫はいない」ということは明示されていない。
2．「私」は「価値の高い研究の対象とされてきた昆虫を賞賛する」といっている。「研究室で飼いやすい」昆虫については自分個人のことではなく，もっと広い範囲の研究者たちについての一般論として述べられている。
3．medfly（地中海ミバエ）が嫌いなのは「カリフォルニアの果物栽培者」である。
4．その飼育が容易だとわかるまでは思わなかったということで，今はまったく逆である。
5．正しい。

正答　5

地方上級 東京都
No.308 文章理解　英文（内容把握）　平成6年度

下文の内容と一致するものはどれか。

　Man seeks truth. He attempts to arrive at reality. He is the only animal that laughs, that feels this curiosity and acts on it ; just as he is also the only animal that laughs, that worships, that speaks and thinks rationally*. In other words, he is the only animal that is not an animal. There are many ways by which man arrives at a truth. He arrives at a moral truth by the conscience, he arrives at a mathematical truth by deduction*, he arrives at the truth on beauty and on order by his aesthetic* judgment.　But one special way, applying only to one sort of truth, is by repeated experiment with mathematical objects. Man can learn what are called "The Laws of Nature" by watching how similar objects behave under similar circumstances ; and by repeating the experiment he comfirms his certitude* that the process is invariable.

　*rationally……合理的に　*deduction……演繹法
　*aesthetic………審美的な　*certitude……確信

1　人間は，好奇心を感じながらも，好奇心ではなく合理的な思考に基づいて行動する唯一の動物である。

2　人間は，道徳によって良心的になり，演繹法によって数学的真理に到達し，美とその序列を知ることによって審美的になる。

3　人間は，実験を何度も繰り返すことによって，最適な実験過程を確立し，実験方法に対する確信を固める。

4　人間は，同じような対象が，同じような状況の下でどうなるかを観察することによって，いわゆる「自然法則」を学ぶことができる。

5　人間は，ある特殊な数理的対象についての実験を繰り返すことによって多くの真理を導き出している。

解説

全訳〈人は真理を求める。人は真実であるものに到達しようと試みる。人は，笑い，好奇心を覚え，それにより行動する唯一の動物である。人が笑う唯一の動物であるのと同じように，人は崇拝し，話し，合理的に考える唯一の動物でもある。換言すれば，人は動物ではない唯一の動物なのである。人が真理に到達するのには多くの方法がある。人は良心によって道徳的真理に到達し，演繹によって数学的真理に到達し，審美的な判断によって美や秩序に関する真理に到達する。しかし，ある種類の真理にのみ当てはまる一つの特別な方法は，数理的な対象について実験を繰り返すことである。人は，類似した対象が類似の状況の下でどのように行動するかを観察することにより，「自然法則」と呼ばれるものを学ぶことができる。そして，実験を繰り返すことにより，人はそうした過程が不変であるという自らの確信を固めるのである〉

1．人は好奇心に基づき行動すると述べられている。

2．「道徳によって良心的にな」るのではなく，良心によって道徳的真理に到達するのである。また，「美とその序列を知ることによって審美的になる」のではなく，審美的判断によって美や秩序に関する真理に到達するのである。

3．「実験方法に対する確信を固める」のではなく，類似した対象が類似の状況の下で同じように行動するということ，つまり「自然法則」に対する確信を固めるのである。

4．正しい。

5．「ある特殊な数理的対象」について実験を繰り返すのではなく，数理的な対象であれば，実験を繰り返すことにより真理に到達することができるのである。

正答　**4**

地方上級 全国型，関東型
No.309 文章理解　英文（内容把握）　平成10年度

下文の内容と一致しているものはどれか。

There are many fairy tales in which the disparate aspects of one personality are projected onto different figures, such as one of the stories of the Thousand and One Nights, "Sindbad the Seaman and Sindbad the Porter." Often called simply "Sindbad the Sailor" and occasionally "Sindbad's Marvelous Travels", this story shows how little those who take the true title away from this tale understand what is essential to the story. The altered names stress the story's fantastic content, to the detriment of its psychological meaning. The true title suggests immediately that the story is about the opposite aspects of one and the same person : that which pushes him to escape into a faraway world of adventure and fantasy, and the other part which keeps him bound to common practicality — his id and his ego, the manifestation of the pleasure principle and the reality principle.

1 おとぎ話の主人公はしばしば，複数の人間のいろいろな個性を一身に背負って登場してくる。

2 『シンドバッドの不思議な旅』の物語は，船乗りシンドバッドと荷担ぎシンドバッドの2人が旅をする話である。

3 『船乗りシンドバッドと荷担ぎシンドバッド』の表題から荷担ぎシンドバッドの部分を削ってしまった者は，この物語の本質をほとんど理解していない。

4 この物語の元の表題には，現実の世界から空想の世界へ逃避したいという人間の強い願望が反映されている。

5 この物語の改変された表題は，人間の快楽を求める側面であるイドと現実に適応しようとする側面であるエゴとの葛藤を暗示している。

解説

全訳〈童話には，1人の人物の相反する面が別々の登場人物に投影されているものが多いが，その例として千一夜物語の中にある『船乗りシンドバッドと荷担ぎシンドバッド』がある。この話はしばしば簡単に『船乗りシンドバッド』，また，ときには『シンドバッドの不思議な旅』とも呼ばれるが，この話を読めば原題を削った人々がいかにこの物語の本質を理解していないかがわかる。改題は物語の空想的な内容を強調しすぎて，その心理学的な意味を損ねている。原題なら，その物語が同一人物の相反する側面を描いていると即座にわかる。その側面とは，冒険とファンタジーに満ちた遠くの世界へ逃避するよう駆り立てる面と，他方では平凡な現実に縛りつけておく面とである。すなわちイドとエゴ，快楽原理と現実原理とを表している〉

1．本文では「1人の人物の相反する面が別々の登場人物に」とあるので「複数の人間のいろいろな個性を一身に背負って」が誤り。

2．「2人が旅をする」とは書かれていない。

3．正しい。原文の4〜6行目に該当する。

4．これのみでなく，相反する面も投影しているとある。

5．「改変された表題」ではなく，「元の表題」が暗示しているのである。

正答　3

324●地方上級＜教養＞過去問500

地方上級
No. 310 文章理解 英文（内容把握）
全国型，関東型，大阪府，横浜市　　　平成9年度

次の文の内容と一致するものはどれか。

　The arguments for moving out of Tokyo fall under two broad headings.　First, Tokyo suffers from some very serious disadvantages as the national capital.　Apart from the risk of a major earthquake, the high costs of living and working there now count for more than the advantages of having everything under one roof.　The second reason for shifting the capital is that the move might help break up some of the rigidities in Japan's system of government.　The system as it is today involves intensive personal contacts between bureaucrats, businessmen and politicians.　The web of personal contacts tends to exclude outsiders and arguably makes Japan resistant to change.　Attempts by well-meaning politicians to unravel the network of bureaucratic controls have made some progress in the last few years, but not enough to suggest that Japan is really headed for a more open and flexible system of government.

1 首都移転計画は，近年の行政改革の推進によって，日本の政治システムが柔軟に機能できるようになった結果浮上した。

2 首都移転計画には，災害からの安全確保，地方分権の推進等さまざまな効果が期待されるが，財政の悪化をもたらすおそれもある。

3 首都移転計画には，日本を排他的・保守的にしている政官財の癒着を断ち切り，より開かれた柔軟な政治システムを構築するというねらいも含まれている。

4 首都移転計画の実現には，官界・財界・政界に張り巡らされた緊密なネットワークを解きほぐす強力なリーダーシップが必要である。

5 首都移転計画の実現は，東京への一極集中の分散と硬直的な政治システムからの脱皮の必要性を，国民が十分に認識できるかどうかにかかっている。

解説

全訳〈首都移転論議は2つの大きなテーマに分けられる。第一は，東京が国家の首都として非常に深刻な不利益を被っていることである。大地震の危険は別としても，生活や仕事にかかる高いコストは今や1か所にあらゆる首都の機能があるという便利さでは引き合わない問題である。首都移転の第二の理由は，日本の政治システムの硬直性をいくぶん打破できるのでは，というものである。今日の政治システムには官僚や実業家，政治家の間の強い癒着が付きまとう。人脈の網はアウトサイダーを排除し，必ずや日本の変革を妨げることになる。良心的な政治家たちによって官僚支配のネットワークを解く試みがなされ，ここ数年いくぶんの成果が見られるものの，日本が本当により開かれた柔軟な政治システムに向かって進んでいるというには不十分である〉

1．後半で，日本の政治システムは柔軟性を欠くと述べている。

2．「地方分権の推進」や「財政の悪化」については触れていない。

3．正しい。第二の理由として述べられている。

4．「強力なリーダーシップ」については述べられていない。

5．国民の認識については触れられていない。

正答　3

地方上級 大阪府

No. 311 文章理解　英文（内容把握）　平成22年度

次の英文の中で述べられていることと**内容が一致していない**のはどれか。

Of all the visitors to New York City in recent years, one of the most surprising was a beaver named José*. No one knows exactly where he came from. Speculation is he swam down the Bronx River from suburban Westchester County to the north. He just showed up one wintry morning in 2007 on a riverbank in the Bronx Zoo, where he gnawed* down a few willow trees and built a lodge.

"If you'd asked me at the time what the chances were that there was a beaver in the Bronx, I'd have said zero," said Eric Sanderson, an ecologist at the Wildlife Conservation Society (WCS), headquartered at the Bronx Zoo, "There hasn't been a beaver in New York City in more than 200 years."

During the early 17th century, when the city was the Dutch Village of New Amsterdam, beavers were widely hunted for their pelts*, then fashionable in Europe. The fur trade grew into such a lucrative business that a pair of beavers earned a place on the city's official seal, where they remain today. The real animals vanished.

That's why Sanderson was skeptical when Stephen Sautner, a fellow employee at WCS, told him he'd seen evidence of a beaver during a walk along the river. It's probably just a muskrat*, Sanderson thought. Muskrats are more tolerant* of stressful city life. But when Sautner and he climbed around a chain-link fence separating the river from one of the zoo's parking lots, they found José's lodge right where Sautner had said it was. When they returned a couple of weeks later, they ran into José himself.

(Peter Miller NATIONAL GEOGRAPHIC SOCIETY
「NATIONAL GEOGRAPHIC MAGAZINE, Before New York」による)

*José　ホセ（ビーバーの名）　　　*gnaw　かじる　　　*pelt　毛皮
*muskrat　マスクラット（ビーバーに似た動物）　　　*tolerant　耐性がある

1 ホセという名前のビーバーがどこから来たのか正確には分からないが，2007年の冬のある朝，ブロンクス動物園内の川岸にあらわれヤナギの木をかじって倒し，巣を造った。

2 サンダーソンは，ブロンクス動物園にビーバーが何頭いるかと尋ねられたとき，1頭もいないと誤って答えてしまった。

3 17世紀初頭にビーバーは大量に狩猟され，今日ではニューヨーク市の紋章に2頭のビーバーが描かれているが，本物のビーバーはいなくなった。

4 ビーバーがいる証拠を見つけたとステフェン・サトナーに告げられたとき，サンダーソンは半信半疑であり，ビーバーではなくマスクラットだろうと思った。

5 サトナーとサンダーソンは，川沿いでホセの巣を見つけ，その2週間後に彼らが再びそこを訪れたときにはホセに出くわした。

解説

〈全訳〉〈近年ニューヨークを訪れた訪問者の中でも最も人を驚かせたものの一つは，ホセという名前のビーバーだった。彼がどこから来たのかは正確には誰も知らない。推測だが，北にある郊外のウェストチェスター郡からブロンクス川を泳いできたものと思われる。2007年のある冬の朝に，彼はブロンクス動物園内の川岸に忽然と現れ，そこで何本かのヤナギの木をかじって倒し，巣を造った。

「当時私が，ブロンクスにビーバーがいる確率がどれくらいかと聞かれれば，ゼロと答えたでしょうね」と，ブロンクス動物園内に本拠を構える野生生物保護協会（WCS）に所属する生態学者エリック=サンダーソンは語った。「ニューヨーク市内にビーバーが現れたことなど，200年以上なかったのですから」。

17世紀前半，市がまだオランダ領でニューアムステルダム村と呼ばれていた頃，当時ヨーロッパで流行していた毛皮を求めて，ビーバーの狩猟が盛んだった。毛皮貿易はもうかる商売として発展を遂げたため，市の公式な紋章として2頭のビーバーが採用されるまでになり，今日に至っているが，本物の動物のほうは消えてしまった。

それゆえサンダーソンは，WCSに勤める同僚のステフェン=サトナーから，川を散歩していてビーバーがいる証拠を見つけたと言われたとき，疑わしいと思ったのだ。おそらくただのマスクラットではないか，とサンダーソンは思った。マスクラットのほうがストレスの多い都会の生活にも耐性があるためだ。しかし，サトナーと彼が川と動物園にある駐車場の一つを隔てる（ダイヤモンド型の）網フェンスを伝って登ってみると，ちょうどサトナーが言っていた場所にホセの巣を見つけた。その2週間後に2人が戻ってみたときには，実際にホセに出くわした〉

1．一致する。第1段落の第2文以降に述べられている。

2．一致しない。第2段落で，ブロンクスにビーバーがいる確率はどれくらいかと聞かれて，サンダーソンはゼロと答えたと述べられているが，ブロンクス動物園にビーバーが何頭いるかとは聞かれていない。

3．一致する。第3段落に述べられている。

4．一致する。最終段落第1文および第2文に述べられている。

5．一致する。最終段落の最後の2文に述べられている。

よって，正答は**2**である。

正答 **2**

地方上級＜教養＞過去問500●**327**

次の文の内容と一致するものをすべて挙げてあるものはどれか。

　Recently, questions of how and how much to reduce the emissions of carbon dioxide and other noxious gases are hot topics around the world.
　Amid this debate, T. Motor Corp. has announced the development of a small car that will combine a gasoline-burning engine and an electric motor. Company officials claim the vehicle is extremely fuel-efficient and emits half the carbon-dioxide emissions of its standard gasoline-powered counterparts.
　In August 1996, M. Motor Corp. launched a car mounted with a direct-injection engine that company officials said is roughly 30 per cent more fuel-efficient than conventional engines.
　T.'s new vehicle has doubled fuel efficiency at a stroke. Although a little costlier than conventional vehicles, the company is planning to introduce the system into other vehicle types. Mass production should make such vehicles competitive in terms of cost.
　Competition of this kind is an important pillar supporting the development of technology that transcends the realm of automobiles and is indispensable to preserving the global environment.

　ア　T社はガソリンエンジンと電気モーターを組み合わせ、燃料消費効率が極めてよく、排出する二酸化炭素が半減する小型乗用車を開発したと発表した。
　イ　M社が発売した直接噴射式エンジンを搭載した車は、30％程度燃費効率がよい。
　ウ　T社の新しい車は燃費効率の面でも価格の面でも優れているが、他社もこの種の車の生産に乗り出すと価格競争は激化するであろう。
　エ　燃費効率を上げるための技術革新を企業が競うのはよいことであるが、限度を超す車の量産は環境破壊につながる。

1　ア，イ
2　ア，ウ
3　ア，エ
4　イ，ウ
5　イ，エ

全訳〈二酸化炭素その他の有毒ガスの排出を減らす方法とその量について，最近世界中で激論が交わされている。
　折しもその真っ最中に，T自動車会社はガソリン燃料式のエンジンと電気モーターを組み合わせた小型自動車を開発したと発表した。T社によるとその車は極めて燃費がよく，ガソリン車の標準排出量の半分の CO_2 排出で済むという。
　1996年8月，M自動車会社はその弁によると従来のエンジンより約30％燃費がよいという直接噴射式エンジンを搭載した自動車を発表した。
　T社の新車は燃料効率を一挙に2倍にした。従来の車よりややコストが高くつくが，同社は他の車型にもこの装置を導入する計画である。大量生産すれば価格競争にも対処できるであろう。
　この種の競争は自動車業界にとどまらずテクノロジーの発展を支える重要な柱となるものであり，また，地球環境を守るために不可欠のものである〉
　ア：第2段落と一致する。イ：第3段落と一致する。ウ：価格の面ではいく分高いが，大量生産すれば価格競争にも対処できるとしている。エ：車の量産については述べられていない。また，この種の競争は「環境破壊につながる」のではなく「環境保護に不可欠である」といっている。
　以上から、正答は**1**である。

正答　**1**

地方上級 特別区

No. 313 文章理解　英文（内容把握）　平成9年度

次の英文中の it が示すものとして，妥当なものはどれか。

Two important stages came not so long before the dawn of written history. The first was the domestication of animals; the second was agriculture. Agriculture, which began in the river valleys of Egypt and Mesopotamia, was a step in human progress to which subsequently there was nothing comparable until our own machine age. Agriculture made possible an immense increase in the numbers of the human species in the regions where *it* could be successfully practised*, but at first these regions were few. These were, in fact, only those in which nature fertilized the soil after each harvest.

  ＊ practise＝practice

1 the domestication of animals

2 human progress

3 our own machine age

4 Agriculture

5 an immense increase in the numbers of the human species

解説

全訳〈2つの重要な時代が訪れたのは，歴史時代の幕開けよりそれほど前のことではない。その第一は動物の家畜化であり，第二は農業である。農業は，エジプトやメソポタミアの大河の流域で起こったが，人類の発展においてそれ以後今のわれわれの機械時代に至るまで他に匹敵するもののなかった1ステップであった。農業が成功した地域では人類の数が大幅に増加した。もっとも，初めのうちはそのような地域はごく少なく，収穫が終わると，自然が土を肥やしてくれるような地域だけであった〉

1．〈動物の家畜化〉第3文以降はずっと農業の話題になっているので不適切。

2．〈人類の進歩〉「自然が土地を肥やしてくれるような地域」でだけ人類が進歩したということになり，不自然。

3．〈われわれの機械時代〉「それ」がうまくいった地域はごく少なく，うまくいったわずかな地域とは収穫の後で自然に土地が肥えた地域である，と述べているので，機械とは関係ない。

4．正しい。〈農業〉**2**，**3**の解説を参照。

5．〈人類の数の大幅な増加〉「それ」に当てはめると後ろと重複する。

正答　4

地方上級＜教養＞過去問500●**329**

地方上級 特別区
No. 314 文章理解 英文（内容把握） 平成16年度

次の英文中に述べられていることと一致するものとして，妥当なのはどれか。

　The actual process of writing poetry, then, is rather like the process by which a diamond brooch* is made.　The poet digs into himself, as a miner digs into a hillside*, to find the precious stones-the themes and images of his poems.　However skilful and hard-working a miner is, he will not find any diamonds unless there are some to be found there: and you won't get any poetry out of yourself either unless it's there already-unless your imagination is so hot and strong that is has fused* your experience into the precious stones which are the raw material of poetry, in the same way as certain chemical conditions are necessary for the making of diamonds beneath the earth's surface. You can't, in fact, write a real poem just by wishing to write one.　When the diamonds have been mined, they must be selected, graded and cut before they can be used for an ornament.　This process is equivalent to the work a poet has to do to make a finished poem out of the raw material his imagination yields him.　And, just as the quality and size of the diamonds available to him affect the *design* of the brooch which the jeweller* makes, so the nature and quality of our poetic material help to create the *pattern* of our poem.

（C. Day Lewis：加納秀夫・早乙女忠「詩を読むために」による）

　　brooch……ブローチ　　　hillside……山腹，丘陵の斜面
　　fuse……溶かす　　　　　jeweller……宝石細工人

1　詩人は，鉱山労働者が山腹に穴を掘って宝石を探すように，自分自身を堀り下げて詩のテーマやイメージを探す。

2　山にダイヤモンドがあったとしても，勤勉に山腹を掘らなかったり，技術が優れていなければそれを発見することはできない。

3　誰でも内部に強烈な経験を持っていれば，それだけで詩を生み出すことができる。

4　掘り出したダイヤモンドの中には，等級付けし，磨かなくても装飾品として用いることができるものもある。

5　ダイヤモンドの質と大きさによってブローチのデザインが決まるように，自然の美しさは，詩の素材としての価値を決める。

330●地方上級＜教養＞過去問500

解説

全訳〈そして，詩を書く実際の手順は，ダイヤモンドのブローチが作られる工程にかなり近い。詩人は，鉱山労働者が山腹に穴を掘って宝石を探すように，自分自身を掘り下げて詩のテーマやイメージを探す。どんなに技術のある勤勉な鉱山労働者であっても，そこに見つかるべきダイヤモンドがなければ，見つけることはできない。つまり，自分の中にすでに詩があるのでなければ，そこから詩を探し出すことはできないだろう。もっとも，地面の下でダイヤモンドが生成されるためには一定の化学的条件が必要であるのと同様，自分の経験を溶かして詩の素材となる宝石にしてしまうほど強烈な想像力を持っているのであれば話は別だが。実際のところ，ただ詩を書きたいと願うだけでは本当の詩を書くことはできない。掘り出されたダイヤモンドは，装飾品として用いられるようになるには選別し，等級付けし，磨く必要がある。この工程は，詩人が，自分の想像力がもたらす素材から完成された詩を作り出すためにしなければならない作業に相当する。そして，使えるダイヤモンドの質と大きさによって宝石細工人が作るブローチのデザインが決まるのとちょうど同じように，詩の素材の特性と質によって，詩の形式は決まってくるのである〉

1. 正しい。

2. 第3文の内容と不一致。前提となる部分と，条件に関する記述が逆になっている。

3. 「強烈な想像力で経験を詩の素材に変えられるのであれば」という記述はあるが，「強烈な経験」とはいっていない。また，「誰でも」「それだけで」という表現も本文のニュアンスとは異なる。

4. 第5文の内容と不一致。「掘り出されたダイヤモンドは〜等級付けし，磨く必要がある」とある。

5. 前半は正しいが，後半の「自然の美しさは〜」の部分が誤り。nature は「性質，特性」の意。

正答 **1**

地方上級＜教養＞過去問500●**331**

下文の要旨として妥当なものはどれか。

What scientists discover may shock or anger people —— as did Darwin's theory of evolution. But even an unpleasant truth is worth having; besides one can choose not to believe it! It is otherwise with technology. Science, being pure thought, harms no one; therefore it need not be humanistic. But technology is action, and often potentially dangerous action. Unless it is made to adapt itself to human interests, needs, values and principles, more harm will be done than good. Never before, in all his long life on earth, has man possessed such enormous power to injure himself, his human fellows and his society as has been put in his hands by modern technology.

1 人道主義の立場から科学技術を規制しないと、将来人類は己を滅ぼすことになりかねない。
2 自然科学は思想であるのに対して科学技術は行為であるから、使い方を誤ると大きな害を及ぼすおそれがある。
3 科学技術は人間の欲求に添うようなやり方で使われ続けると、長期的には人間に与える害は利益より大きくなってしまう。
4 自然科学は思想段階では役に立たないが、技術に応用されて初めて人類に有用なものとなる。
5 自然科学には人類にとって好ましくない思想もあるが、科学技術は人類の利益に添うものである。

全訳〈ダーウィンの進化論がそうであったように、科学者の発見は人々にショックを与えたり、人々を怒らせたりすることがある。しかし、たとえ不愉快であっても、真実というものは得るに値するものである。それに、人はそれを信じないことにすることもできるのである。しかし、技術の場合はそうではない。純粋な思考である科学というものは、人々に害を与えない。したがって、人道主義的である必要はない。しかし、技術は行為であり、それはしばしば潜在的に危険な行為である。したがって、それは人類の利益や必要、価値、原則に添うものとされない限り、利益よりもより多くの害をもたらしてしまうのである。地球上の人類の長い歴史において、今日ほど人が自分自身や自分の仲間、そして自分の社会をも滅ぼしてしまうような巨大な力を現代技術によって手にしたときはない〉

1．後半部分は正答に近いともいえるが、科学技術による人類の滅亡に焦点があるわけではない。また、科学と技術の性格が区別してとらえられていない。
2．正しい。
3．科学技術は人間の利益や必要、価値、原則に添う形で使われなければならないと述べられている。
4．科学の有用性ということに関して「思想段階」あるいは「技術」への「応用」ということが区別されて論じられているわけではない。
5．科学は純粋な思考であるから人類にとって有益あるいは有害ということもないとされている。また、技術は潜在的に危険なことが多いと述べられている。

正答 2

地方上級

全国型，関東型，大阪府，横浜市

No.316 文章理解　英文（要旨把握）　平成9年度

次の文の要旨として妥当なものはどれか。

　Even when a first-class author has enjoyed immense success during his lifetime, the majority have never appreciated him so sincerely as they have appreciated second-rate men.　He has always been reinforced by the ardour of the passionate few.　And in the case of an author who has emerged into glory after his death the happy sequel has been due solely to the obstinate perseverance of the few.　They could not leave him alone ; they would not.　They kept on savouring him, and talking about him, and buying him, and they generally behaved with such eager zeal, and they were so authoritative and sure of themselves, that at last the majority grew accustomed to the sound of his name and placidly agreed to the proposition that he was a genius ; the majority really did not care very much either way.

1　作家の真の価値は彼を理解する少数の支持者が存在するかどうかにかかっており，多くの人に人気があるからといって一流とはいえない。

2　一流の作家が評価されその名をとどめるのは，少数の賛美者が熱心に支持し続けるおかげである。

3　真に一流の作家は，少数の熱心な賛美者だけでなく多くの人によって理解され支持されるものである。

4　一流の作家は少数の真の理解者に支持されるのに対し，二流の作家はむしろ多くの人に好まれ支持される。

5　真に一流の作家は初めはだれにも認められないとしても，時代を経るといずれは多くの人の高い評価を受けるものである。

解説

全訳〈一流作家が生涯のうちに大成功を博したときでも，多くの人は二流の作家を評価するほどには彼を心から評価しようとはしない。一流作家を支持してきたのは，常に少数の熱烈なファンの熱意である。ある作家が死後になって栄誉を受けることがあれば，そのような幸いな成行きをもたらしたのは，ひとえに少数のファンの強い忍耐のおかげである。そのようなファンは作家を放っておくことができないし，そうするつもりもない。彼らは作品を読み続け，作家について語り続け，作品を買い続け，いつもそのように熱心に振る舞う。彼らは厳然として揺るぎのない確信を持っているため，ついには大衆もその作家の名前になじみ，彼が天才であったという考えに次第に同意する。どの道大衆は，実のところどちらでも大してかまわないのである〉

1．「作家の真の価値」が「少数の支持者が存在するかどうかにかかっている」とは述べていない。「一流の作家」が少数の人々に支持されることを述べている。

2．正しい。第2文以降で述べられている。

3．多くの人が賛美するのが真に一流の作家であるとは述べていないし，一流の作家について「真」か否かという区別もしていない。

4．冒頭の部分とは合っているが，一流の作家と二流の作家の支持者の比較にポイントがあるのではない。第2文以降は一流の作家を支持する少数者をテーマにしている。

5．少数の人々に支持され続けることによって，やがて多くの人の評価を得ることがあると述べている。

正答　**2**

地方上級＜教養＞過去問500●**333**

地方上級

全国型，茨城県，新潟県，静岡県，札幌市，仙台市

No. 317 文章理解　英文（要旨把握）　平成8年度

次の文は未開地でゴクラクチョウに出会った19世紀の博物学者が書いたものである。要旨として妥当なものはどれか。

I thought of the long ages of the past, during which the successive generations of this little creature had run their course —— year by year being born, and living and dying amid these dark and gloomy woods, with no intelligent eye to gaze upon their loveliness ; to all appearance such a wanton waste of beauty. Such ideas excite a feeling of melancholy. On the other hand, should civilized man ever reach these distant lands, and bring moral, intellectual, and physical light into the recesses of these virgin forests, we may be sure that he will so disturb the nicely-balanced relations of organic and inorganic nature as to cause the disappearance, and finally the extinction, of these very beings whose wonderful structure and beauty he alone is fitted to appreciate and enjoy.

1 原生林の奥で長年にわたって世代を重ねてきたこの美しい生き物が，破壊される自然と運命を共にするようであってはならない。

2 未開の地に人知れず生きてきたこの美しい生き物は文明人の目に触れてこそ意味があるのだから，道徳と知性の光で原生林の奥を照らすべきである。

3 暗い原生林に暮らすこの美しい生き物は世代を重ねるにつれ自然のバランスを破壊し，自ら絶滅への道を歩み始めている。

4 文明人にこそめでられるこの美しい生き物が未開地に生きているのは美の浪費に思われるが，文明人が彼らを見つけたら必ずや絶滅に追い込むことになろう。

5 原生林の奥でひそかに生きてきたこの美しい生き物と同様に，文明人に愛されるすばらしい姿を持つ生き物はいずれも絶滅のふちに立たされている。

解説

全訳〈私はこの小さな生き物が続いて何世代にもわたって生きてきた過去の長い年月を思った。——この長い年月の間に，この暗くうっそうとした森で，その美しさは人の目に触れることなく，毎年生まれ，生き，死んでいった。どう見ても理不尽な美の浪費であった。こう思うと，ゆううつな気分にかき立てられた。一方で，もし文明人がこの遠い地にたどり着き，このだれも足を踏み入れたことのない奥深い森に，道徳的な，知的な，自然科学的な光を持ち込んだら，必ずや人間は有機的，無機的な自然の見事なバランスを崩し，人間のみが観賞し楽しむのにふさわしいすばらしい構造と美をもつこの生き物を消滅させ，最後には絶滅させるであろう〉

1．破壊される自然と運命を共にするという記述はない。

2．文明人の目に触れると絶滅への道をたどると書かれており，まったく逆である。"should civilized man ever reach..." は "if civilized man should ever reach..." ということで，「～べき」という意味ではない。

3．この生き物はまだ絶滅のふちに立たされてはいない。

4．正しい。美の浪費に思われるというのが文章前半の内容，絶滅に追い込むことになるというのが文章後半の内容である。

5．この文章ではゴクラクチョウのことしか述べていない。

正答　4

334●地方上級＜教養＞過去問500

地方上級

No. 318 全国型, 茨城県, 新潟県, 静岡県, 札幌市, 仙台市, 京都市

文章理解　英文（要旨把握）　平成 **8年度**

次の文の要旨として妥当なものはどれか。

　It is constantly urged that men must act in groups and organizations to accomplish anything. This is obviously true. The difficulty is not to get men to act in groups and through organizations, but to have groups and organizations act properly and wisely. Groups and organizations constantly tend to represent the influence and power of one man or a few men who are followed not because they are right but because they lead, and who maintain themselves not so much by the propriety and worth of leadership as by their skill in availing themselves of the indifference of others.

1　集団は少数の指導者の影響を受けやすく，その指導者もそれが適任というより他人の無関心を利用するのがうまい人であることが多いため，集団が適切に行動するのは難しい。

2　人を集団に参加させるのは難しいが，集団は少数の指導的役割を果たす人によって賢明に運営されるため，集団で事を行うのはよいことである。

3　集団は結局指導者のリーダーシップに従って行動することになるから，人は集団のなかで自分の独自性を主張するのは難しい。

4　集団には必ず指導的役割を果たす人物が形成されるが，一般の人はその者の行動に無関心なため，指導者が集団を正しい方向に導くとは限らない。

5　自分への協力者を見つけて集団を形成するのは容易だが，その集団を適切に働かせる力をもった指導者にはなかなかなれない。

解説

全訳〈物事を成し遂げるためには集団や組織の中で行動しなければならないということが常に主張されている。このことは，明らかな事実である。困難な点は，人に集団や組織の中で行動させることではなく，集団や組織に適切で賢明な行動をさせることである。集団や組織は，正しいからではなく指導者であるという理由で従われ，指導者としての適性よりもむしろ他人の無関心を利用するすご腕によって自らを維持している1人の人，あるいは少数の人の影響や力を常に代表する傾向にある〉

1．正しい。後半の文をまとめた内容である。最後の文の not so much *A* as *B* は「*A* よりもむしろ *B*」という意味で，「指導者としての適性よりもむしろ他人の無関心を利用するすご腕によって」と訳せる。

2．人を集団に参加させるのは難しくない。また，集団で行動することをよいこととはいっていない。

3．集団の中で自分の独自性を主張するということは書かれていない。

4．一般の人はその指導者の行動に無関心であるとはいっていない。指導者が他人の無関心を利用すると述べられている。

5．協力者に関する言及はない。

正答　1

地方上級＜教養＞過去問500●**335**

地方上級
全国型，関東型，横浜市
No. 319 文章理解 英文（要旨把握） 平成11年度

次の英文は1998年8月の米国の新聞記事の一節である。要旨として妥当なものはどれか。

Fear of chaos in the world's computer systems in the year 2000 may be hard for most people to take seriously. The temptation is to assume that since technicians created the problem, technicians can solve it. But with only 516 days until the fateful turnover, it is clear that the United States is not moving fast enough to fix its computers. Instead of addressing a potential crisis, many leaders in business and government are complacent.

The so-called millennium bug arises from chips and software coded to mark the years with only two digits. If not adjusted by Jan. 1, 2000, myriad systems will jump back to the year 1900. No one is sure what will happen. The breakdowns could be minor, or they could disable everything from air traffic control systems to financial networks. Some economists warn of a global recession.

millennium：千年

1 世界中のコンピュータが西暦2000年に，1900年に戻ったと認識して大混乱に陥るというおそれは，年を4ケタの数字で表すようにプログラムを変更することで解消できる。

2 米国では，すでに多くの企業がコンピュータのいわゆる2000年問題を深刻に受け止めて対応しているが，多少の混乱は回避できないであろう。

3 コンピュータのいわゆる2000年問題は，技術的にはごく簡単に解決できるものであり，これ以上世間を騒がせるような発言は慎まねばならない。

4 コンピュータのいわゆる2000年問題が，実際にどの程度深刻なものであるかはだれにもわからないが，米国では，この問題に十分対応できているとはいえない。

5 コンピュータのいわゆる2000年問題は，年を2ケタの数字で表していることで生じるものであり，米国では，航空管制や金融機関を中心に深刻な被害が起こるに違いない。

336●地方上級＜教養＞過去問500

全訳〈2000年の世界的なコンピュータ・システムの大混乱の恐怖といっても，多くの人々は深刻に受け止めていないかもしれない。それは，専門家が引き起こした問題なのだから，専門家が解決できるはずだという考えがあるからである。しかし運命の折り返し点まであとわずか516日となった今なお，アメリカでコンピュータの整備が十分迅速に進んでいないのは明らかである。多くの実業界や政界のリーダーたちは，危機の可能性に対応するどころか，のんきに構えている。

いわゆる2000年の誤作動は，2ケタの数字のみで年を表すようにコード化されたチップやソフトウェアから起こる。2000年の1月1日までに調整がなされなければ，おびただしい数のシステムが一気に1900年に戻ってしまう。何が起こるのかだれにも予測がつかない。故障どころか，航空管制から金融ネットワークまですべての機能が麻痺するかもしれないのだ。世界的な不況が起きるかもしれないと警告する経済学者もいる〉

1．「年を4ケタの数字で表すようにプログラムを変更することで解消できる」など，具体的な解決策については述べられていない。

2．「米国では，すでに多くの企業がコンピュータのいわゆる2000年問題を深刻に受け止めて対応している」とは述べられていない。多くの実業界や政界のリーダーは問題に対応するどころかのんきに構えているとある。

3．「技術的にはごく簡単に解決できるもの」，「世間を騒がせるような発言は慎まねばならない」などとは述べられていない。アメリカにおける対応の遅れを警告する内容である。

4．正しい。最後から3つ目の文と初めから4つ目の文の内容に合う。

5．「深刻な被害が起こるに違いない」とは断言していない。couldが用いられていることに注意。このように，一見内容を押さえているように見えても程度（「かもしれない」と「違いない」など）が異なるものに注意しよう。

正答 **4**

地方上級 全国型，関東型，横浜市

No. 320 文章理解 英文（要旨把握） 平成7年度

次の文の要旨として妥当なものは，次のうちどれか。

It has been held that the superior performance of men in solving new problems is due to their having imagination and reason, qualities which animals lack. Recent experiments make this appear improbable. Imagination is the ability to picture in the mind situations which are not present. Reason is the ability to solve problems without going through a physical process of trial and error. Reason would be impossible without imagination, for in reasoning the situation has to be comprehended and the results of certain actions have to be foreseen. The trials are made and the errors eliminated in the mind. If we study human and animal behavior from the same objective standpoint, it seems certain that if we allow these qualities to men we must allow them to animals as well.

1 新しい問題に直面すると人間は想像力と推理力によって解決を図るが，動物は実際に試行錯誤を繰り返してある結果に落ち着く。

2 想像力とは，実在しないものを思い描くことであり，推理力とは実際に起こったことを筋道を立てて説明することであって，共に動物になく人間に固有の資質である。

3 想像力や推理力は動物にはなく人間に固有の資質とされてきたが，推理力とは想像力を働かせて問題を解決する能力だとするならば，動物にもそのような資質があるといえる。

4 想像力や推理力は人間に固有のものでなく，動物でも訓練によって習得することができ，行動の結果を正確に予測することができるようになる。

5 最近の実験によれば動物にも想像力や推理力があり，問題解決の際に人間が優れた能力を発揮するのは，想像力と推理力を同時に働かせるからである。

解説

全訳〈新しい問題の解決に際して人間が優れた能力を発揮するのは想像力と推理力，つまり動物のもたない資質によると考えられてきた。最近の実験ではこのことは本当ではないように思われる。想像力とは存在しない状況を心の中に描く能力である。推理力とは試行錯誤という物理的過程を通らずに問題を解決する能力である。想像力なくしては推理力もありえない。というのは推理において，その状況が把握され，ある行動の結果が予測されなければならないからだ。頭の中で試行がなされ，過ちは除かれるのである。もし同じ客観的観点から人間と動物の行動を研究するなら，これらの資質を人間に認めるとすれば，動物にも同様に認めなければならないのは，確実なようだ〉

1．動物にも想像力と推理力は認められるというのが筆者の主張。

2．推理力は試行錯誤という物理的過程を経ずに問題を解決する能力であり，動物にもこの資質はあると主張している。

3．正しい。

4．想像力や推理力が訓練によって習得できるとはいっていない。

5．想像力と推理力を同時に働かせるのは人間だけでなく動物の場合も同様である。

正答 **3**

338●地方上級＜教養＞過去問500

地方上級 全国型，関東型，大阪府

No. 321 文章理解　英文（要旨把握）　平成6年度

下文の要旨として妥当なものはどれか。

I wish I could impress upon your minds the immense importance of improving your opportunities, and the bitterness of the unavailing regret with which you will look back on the neglect of them ; or convey to you some adequate idea of the price at which such opportunities would be purchased by some of us, for whom they are long since past and over.　There is a time for all things —— a time for preparation and a time for action. When the latter hour has struck for us, we cannot by any device put back the hands of the clock.　Prepared or not prepared, we must face the realities of life.

1　直ちに行動を起こせば容易に解決のつく事柄でも，時を逸すれば後でやり直すのに多大のコストがかかる。

2　行動を起こす機会は1回きりであり，それを利用できるのは周到な準備をしてきた人である。

3　人生には準備の時と行動の時とがあり，行動の時を的確につかんで機会を活用することが大切である。

4　一度行動を起こすと後で後悔しても元に戻らないので，十分な準備のうえで事を起こすべきである。

5　人生に対して十分な備えがあろうがなかろうが，現実の生活では行動を起こさなければならない。

解説

全訳〈私は，機会を活用することの計り知れない重要性と，それらを逸した際に無益な後悔をもって振り返るであろうその苦さというものを，あなたがたの心に銘記することができたらなあと思う。あるいは，こうした機会というものが遠い昔に過去のものとなってしまったようなわれわれのなかのある者によって，それが購われたであろう価値というものに関しての，なんらかの適切な観念を伝えることができたらなあと思う。すべてのものには時というものがある。すなわち，準備のための時と行動のための時である。後者の折というものが到来したときは，われわれはいかなる仕組みによっても時計の針を後戻りさせることはできない。準備していようがいまいが，われわれは人生の現実に直面しなければならないのである〉

1．時を逸すれば後悔することについては述べているが，そのコストについては述べていない。

2．準備していようがいまいが人生の現実に直面すべきこと，すなわち行動を起こすべきことが述べられている。

3．正しい。

4．**2**と同様に，準備していようがいまいが人生の現実に直面しなければならないと述べているし，元に戻らないのは「行動の時」のことである。

5．本文では「準備の時」が軽視されているわけではない。「行動の時」を活用することが重視されている。

正答　**3**

地方上級＜教養＞過去問500●**339**

地方上級

全国型, 関東型, 中部・北陸型, 茨城県, 新潟県, 静岡県, 大阪府, 札幌市, 仙台市, 横浜市, 京都市

No. 322 文章理解　英文（要旨把握）　平成8年度

次の文の要旨として妥当なものはどれか。

I doubt if the English temperament is wholly favourable to the development of the essayist. In the first place, an Anglo-Saxon likes doing things better than thinking about them ; and in his memories, he is apt to recall how a thing was done rather than why it was done. In the next place, we are naturally rather prudent and secretive ; we say that a man must not wear his heart upon his sleeve, and that is just what the essayist must do. We have a horror of giving ourselves away, and we like to keep ourselves to ourselves. "The Englishman's home is his castle," says another proverb. But the essayist must not have a castle, or if he does, both the grounds and the living rooms must be open to the inspection of the public.

1 随筆家は自分の胸にしまっておくべきこともさらけ出さねばならないので，イギリス人が自分の家庭を守るような堅固さで，随筆家が心の秘密を保持するのは難しい。

2 思考型と実行型は往々にして相対立するとされるが，イギリス人は思考型に属し，沈着に事を行うといわれている。

3 イギリス人は必要以上のつきあいを避け，自分の城を守ることを主義としているので，随筆家になろうとするなら，他人に対してもっと心を開く術を身につけねばならない。

4 イギリス人は現象の原因よりもプロセスに価値を置くので，自分の心の軌跡を残す随筆の分野では有利である。

5 イギリス人は思考よりも実行を重んじ，そのうえ心の底を打ち明けるのは好まないので，それが随筆家となるのに不利に働いている。

解説

全訳〈イギリス人の気質が随筆家として成長するのに本当に有利かどうか疑わしい。第一に，アングロ・サクソン人というものは物事を考えることよりも実行することのほうが好きであり，自分の記憶のなかで，なぜあることをしたかということよりもむしろそれをどのようにやったのかを思い出す傾向がある。第二に，われわれは生来かなり慎重で隠しだてをする。人は考えたことをあけすけにいってはならないとよくいわれるが，これこそまさに随筆家がしなければならないことなのである。われわれは自分をさらけ出すことを恐ろしく思い，自分のことは胸の内にしまっておきたいと思う。「英国人の家は自分の城である」ということわざもある。しかし，随筆家は城を持ってはならない。もし，城を持ったら，土地や居間を大衆の検査にさらさねばならないのである〉

1．随筆家は心の秘密をさらけ出すのが仕事なので，秘密を保持するのが難しいというのは矛盾している。

2．イギリス人（アングロ・サクソン人）は実行型と書かれている。

3．必要以上のつきあいを避けるとは書かれていない。また，他人に対して心を開く術を身につけるべきだとも書かれていない。

4．この理由により随筆の分野では不利である。

5．正しい。実行を重んじるというのが文章前半の内容，心の底を打ち明けるのは好まないというのが文章後半の内容である。

正答　**5**

地方上級

全国型，関東型，中部・北陸型，大阪府，横浜市

No. 323 文章理解 英文（要旨把握） 平成7年度

次の文の要旨として妥当なものはどれか。

Light does not travel with infinite velocity. Its speed is indeed so enormous that, compared with every form of motion with which we are familiar, the velocity of light appears infinitely great ; and in travelling from any visible object on the earth to the eye of an observer on the earth, light occupies a space of time indefinitely short. Yet even as regards such objects as these, light has occupied a real interval of time, however small, in reaching the eye ; and so we see objects not as they are at the moment we perceive them, but as they were the smallest fraction of a second before that.

Raising our eyes from the earth to observe the heavenly objects, we find a really considerable space of time occupied by light in carrying to us information about those distant bodies. Thus, if we could at any moment see the whole range of the solar system as distinctly as we see Jupiter or Mars, the scene would not show the real appearance of the solar system at that instant.

1 光の無限大に近い速度と身近な物が動く速度とを比較することは意味がないが，もし太陽系の星を全部見渡せるとすれば，無限大に近い光の速度のおかげである。

2 光の速度は地球上の物を見るときにはほとんど意識されることはないが，天体に目を転じ木星や火星を見る場合には，その速度が実感できる。

3 光の速度は無限大に近いため，地上の物は見ている瞬間の姿が見えるが，宇宙の物は同時に見える現象も，実際には同時に起きているとは限らない。

4 光の速度は速いが無限大ではなく，われわれの目に入ってくる現象は地上の物でも宇宙の物でも，実際にはその瞬間のそれぞれの姿であるとはいえない。

5 無限大に近い速度の光によって，地上の物でも宇宙の物でもわれわれはリアルタイムで見ることができるのであり，光の速度が遅かったら木星や火星を見ることはできないであろう。

解説

全訳〈光は無限大の速度で進むわけではない。実際光の速さは，身近なものの動きと比較するとあまりにも大きいので，光の速度は無限大にみえる。また地上の目に見える物体から地球上の観察者の目に届くのに，光はほんの一瞬間を要するだけだ。しかしこのようなものに関しても光は，目に届くのに，たとえわずかとはいいながら時間的間隔を要するのだ。だからわれわれが見るものは，知覚する瞬間の姿ではなく，その何万分の1秒か前のものである。

地球から天体に目を転じると，それらの遠くの天体に関する情報を運ぶ際に，光がかなりの時間を要していることに気づく。それゆえ，もし木星や火星と同じくらいはっきりと太陽系全体をある瞬間に見渡すことができるとすれば，その景色は，そのときの太陽系の真の姿を示していないことになる〉

1．内容と無関係である。

2．光の速度が実感できるとは書いていない。

3．地上の物でも見ている瞬間の物ではない。

4．正しい。

5．何ものもリアルタイムで見ることはできない。

正答 **4**

地方上級＜教養＞過去問500●**341**

地方上級 全国型，関東型

No. 324 文章理解 英文（要旨把握） 平成6年度

下文の要旨として妥当なものはどれか。

　Passive acceptance of the teacher's wisdom is easy to most boys and girls.　It involves no effort of independent thought, and seems rational because the teacher knows more than his pupils ; it is moreover the way to win the favour of the teacher unless he is a very exceptional man.　Yet the habit of passive acceptance is a disastrous one in later life.　It causes men to seek a leader, and to accept as a leader whoever is established in that position.　It makes the power of Churches, Governments, party caucuses, and all the other organizations by which plain men are misled into supporting old systems which are harmful to the nation and to themselves.

1　学校時代に指導者である教師の言うことを従順に聞き入れていた人は，大人になって指導者になると今度は他の人を自分の考えに従わせ，その結果保守的な制度を守ることになってしまう。

2　教師の指導にそのまま従うことは生徒には容易であり，教師は生徒より経験豊富であるので，事柄によってはそれでもよいが，そういう人は将来も指導者を常に必要とするようになる。

3　学校時代には教師に守られ，その指導に無批判に従っているだけでもすむが，そういう人は大人になっても権威にすがってしまい自立した人間になれない。

4　学校時代に教師の言うことを従順に受け入れて気に入られるように振る舞う人は，大人になると現状を無批判に受け入れて，その行為がいかに有害であるかに気づかない。

5　学校時代に教師の知識を受動的に受け入れる習慣を身に着けた人は，後になっても地位のある人を指導者として受け入れ，古くて有害な制度を支持するようになってしまう。

解説

全訳〈教師の知識を受動的に受け入れることは，ほとんどの少年少女にとってたやすい。なぜなら，それは独立した思考の努力をなんら伴うものではないし，教師は生徒よりも多くを知っているので合理的にもみえるからである。さらに，それは教師が極めて例外的な人でない限り，彼の好意を勝ち取るための方途でもある。しかし，受動的に受け入れる習慣は，後の人生においては有害である。それは，指導者を求めるように人々を仕向け，その地位を確立してさえいればだれであろうが指導者として受け入れるようにするからである。それは，教会や政府，政党の幹部会，そして国家や自らに対して有害な古い制度を支持するように平凡な人を欺くような他のすべての組織の権力を形成するからである〉

1．大人になってから他人の意見を自分に従わせるとか，その結果として保守的な制度を守るということとは述べられてはいない。

2．本文で述べられているのは教師の「指導」ではなく「知識」である。また，「将来も指導者を常に必要とする」だけでは，そのことのもたらす有害な結果がまとめられているとはいえない。

3．**2**と同様に教師の「知識」が取り上げられていない。また，「自立した人間」という点は本文で述べられてはいない。

4．正答にかなり近いといえるが，大人になって現状の有害さに「気づかない」だけでは不十分である。有害な制度を「支持するようになってしまう」ことに触れなければならない。

5．正しい。

正答　5

342●地方上級＜教養＞過去問500

地方上級

東京都

No. 325　文章理解　英文（文章整序）　平成11年度

次のア〜オを並べ替えて一つのまとまった英文にするとき，妥当なものはどれか。

ア　While young couples wonder if they can ever buy their dream house—or any house—people of their parents' generation are sitting on a gold mine.

イ　Another is the growing cleavage* between young and old.

ウ　Over the long run, the trend toward inequality is rife* with the potential for social and political conflict—not just between classes but within the middle class.

エ　Many have paid off low-interest mortgages* on houses bought a quartercentury ago for around $20,000 and now worth perhaps ten times that.

オ　The differing prospects between its college-educated members and those who go no further than high school is one potential source of antagonism*.

　＊cleavage：溝，分裂　　＊rife：（悪いことが）満ちている
　＊mortgage：抵当　　　　＊antagonism：対立

1　ウ―ア―イ―オ―エ
2　ウ―イ―オ―エ―ア
3　ウ―オ―イ―ア―エ
4　オ―ア―イ―ウ―エ
5　オ―ウ―エ―ア―イ

解説

ア「若い夫婦が自分たちの夢の家を，もしくはどのような家であれ持てるかどうかわからないでいるときに，彼らの親の世代は金山の上で暮らしている」。イ「もう一つは若者と老人の間の溝である」。ウ「長い目で見ると，不平等への傾向は社会的政治的対立の可能性に満ちている。それは階級間の対立のみではなく，中間階級内でのものもある」。エ「多くの人々が25年ほど前に2万ドルくらいで買った家の低利の抵当の支払いが済んでいるが，それらの家は今では10倍の価格になっているのである」。オ「大卒者と高卒者との将来性の違いが対立の潜在的一因となっている」。

　文章整序問題はすぐわかるところからつないでいくとスピード・アップできる。イで"another is"とあるのに注目する。「もう一つは」というのだから，その前にはすでに第一のことが並立して述べられているはずである。オに"one potential source of antagonism"とあるので，オが第一の原因について述べたものであるとわかる。ここで即オ→イとつなげる前に，ア〜エの中にオについてさらに説明したもの，もしくはイの前触れになるものがないか確認する。もしあれば，オとイの間にそれが入ることになる。この場合は見られないので，オ→イの順序で即つながる。これでもう**3**が正答ということになるが，念のためさらにチェックする。イの"cleavage between young and old"を受けてその内容をまず概括的に述べたのがア，さらに具体的にその内容を説明したのがエである。これでオ→イ→ア→エがつながる。ウは全体を包括的に述べたものであり，冒頭に来ることがわかる。

　よって正答は**3**である。

正答　3

地方上級＜教養＞過去問500●**343**

地方上級 大阪府
No. 326 文章理解 英文（文章整序） 平成22年度

次の英文につながるよう，ア～オを並べ替えて一つのまとまった英文にする場合の順序として，最も妥当なのはどれか。

　The next day the little girl and her brother stood at the edge of a pool by the sea. They looked into the clear water.

ア　So the boy chased a shrimp* with his net.
　　He imagined the shrimp was a whale.
　　In a short time he caught two shrimps and three small fishes. He dropped them carefully into the bucket and watched them swim around.

イ　The rocks in the pool stood like mountains, their peaks white with old barnacles*.
　　Each time a wave washed through a gap in the rocks, dark forests of weeds waved as though they were trees in the wind. Tiny fish darted into the shadows past sea anemones* like flowers in a secret garden.

ウ　'Look at that tin can,' cried the boy. 'It's a sunken ship full of buried treasure.' And as they watched they saw starfish move slowly amongst a galaxy of shells and pebbles*round as moons. On the surface of the pool, two feathers bobbed in a blob* of oil.
　　The girl dipped her bucket into the pool and half filled it with water. She dropped a little sand into the bucket and watched it drift down to the bottom.

エ　The two children had made their own world. It was a new world with its own forests, its own life.

オ　Her brother found stones covered in seaweed* and put them in the bucket. Together the children watched the leaves swaying in the water. Then they added other kinds of seaweed and coloured stones and shells. They admired their tiny new world. But it still needed something. It needed more life.

(Michael Foreman「ONE WORLD」による)

*shrimp　小エビ　　　*barnacle　フジツボ　　　*sea anemone　イソギンチャク
*pebble　小石　　　　*blob　しみ　　　　　　*seaweed　海藻

1　ア―ウ―イ―エ―オ
2　イ―ウ―オ―ア―エ
3　イ―オ―ウ―エ―ア
4　ウ―エ―ア―イ―オ
5　ウ―オ―エ―イ―ア

解説 ━━━━━━━━━━━━━━━━━━━━━━━━━━━━━━

正しい順序に並べた英文の全訳は以下のとおり。

〈翌日，少女と弟は海辺の水たまりのへりに立ち，透き通った水をのぞき込んだ。

　水たまりの中には岩がいくつか，山のようにそそり立ち，その頂上の部分はフジツボがこびりついて白くなっていた。その岩の間を波が押し寄せるたびに，森のようにうっそうと生い茂った海草が，風に揺れる木のようにゆらゆらと揺れた。まるで秘密の花園のようなイソギンチャクの群れのそばを，小さな魚がさっと通り過ぎては闇に消えていった（イ）。

　「あの空き缶を見て」と男の子のほうが言った。「あれは，お宝がいっぱい埋まった沈没船なんだ」。そうして2人が見つめているところにヒトデが現れ，月のようにまん丸い貝殻や小石の小宇宙の間を星のようにゆっくりと移動していった。水たまりの表面には，石油のしみの中に2枚の羽が揺れていた。女の子はバケツを水たまりに浸して，半分ほど水を入れた。それから少しの砂をバケツに入れ，砂が底まで沈んでいくのを見守った（ウ）。

　弟は海藻に覆われた石を見つけて，いくつかバケツに入れた。2人は一緒になって，バケツの水の中で海藻が揺れているのを見つめた。それから，さらに別の種類の海藻や，色のついた石や貝殻を加えた。2人は新しい小さな世界に見とれていたが，まだ何かが足りなかった。もっと生命が必要だったのだ（オ）。

　そこで，男の子は網を持って小エビを追い回した。小エビをクジラに見立てようと思ったのだ。ほどなくして，彼は小エビ2匹と小魚3匹を捕まえた。そして大事そうにバケツの中に入れると，それらが泳ぐのを見つめた（ア）。

　こうして，2人だけの世界が完成したのだ。そこだけの森と，そこだけの生命が存在する新しい世界だった（エ）。〉

　姉と弟の子ども2人が，海辺の遊びで2人だけの小さな世界を作り上げる話である。冒頭の文に続くものとして，選択枝はア，イ，ウのいずれかで始まっているが，アはSo「だから，それで」という接続詞で始まっており，冒頭の文に続けるとつながりが不自然。したがって選択枝**1**は外れる。アの冒頭の文「それで少年は小エビを追いかけた」がどの文に続くのか，またエの第2文に出てくるforests「森」とlife「生命」が具体的に何をさしているのかがポイントになる。イの文には「海藻の森」という表現があり，2人が見た海辺の様子が描写されている。ウの前半ではやはり海辺の様子が，後半では少女がバケツに水と砂を入れる様子が描かれている。オの文では，少年がバケツに石や海藻や貝殻を入れる様子が描かれ，最後は「しかし，まだ何かが必要だった。もっと生命が必要だったのだ」となっている。以上のことから，バケツにまず植物が，次に動物が入れられ，「森」と「生命」のある独自の世界が出来上がった，という流れが見えてくる。したがって，アはオの直後に続け，イ—ウ—オ—アの順番にすると自然なつながりになる。これを満たす選択枝は**2**のみであり，エは最後にまとめの文として置かれることになる。

　よって，正答は**2**である。

正答　**2**

地方上級＜教養＞過去問500●**345**

地方上級

全国型，関東型，横浜市

No. 327 文章理解　英文（適語補充）　平成9年度

次の文のⅠ，Ⅱの｛　｝内からそれぞれ妥当なものを選んである組合せはどれか。

Strange to say, technology, although of course the product of man, tends to develop by its own laws and principles, and these are very different from those of human nature or of living nature in general.　Nature always, so to speak, knows where and when to stop.　Greater even than the mystery of natural growth is the mystery of the natural cessation of growth.　There is measure in all natural things——in their size, speed, or violence.　As a result, the system of nature, of which man is a part, tends to be self-balancing, self-adjusting, self-cleansing.　Not so with technology, or perhaps I should say : not so with man dominated by technology and specialization.　Technology recognizes

Ⅰ ｛ ア．self-limiting principle
　　 イ．no self-limiting principle ｝——in terms, for instance, of size, speed, or violence.　It therefore does not possess the virtues of being self-balancing, self-adjusting, and self-cleansing. In the subtle system of nature, technology, and in particular the supertechnology of the modern world,

Ⅱ ｛ ア．works in harmony with living nature,
　　 イ．acts like a foreign body,
　　 ウ．brings man better life, ｝ and there are now numerous signs of rejection.

	Ⅰ	Ⅱ
1	ア	ア
2	ア	イ
3	イ	ア
4	イ	イ
5	イ	ウ

解説

全訳〈不思議なことに，テクノロジーはもちろん人間が作り出したものであるにもかかわらず，自らの法則と原理によって発展していくようである。一般的にいえば，この法則と原理は人間や生物のものとは非常に異なっている。自然は常にいわば止まるべき時と場所を知っている。自然の成長の停止は自然の成長よりもはるかに神秘的でさえある。自然にはすべて，大きさやスピード，暴力性における節度がある。人間もその一部である自然のシステムは，結果として，自律的にバランスをとったり，調整をしたり，浄化を行ったりしている。テクノロジーではそうはいかないだろうし，テクノロジーと専門化に支配されている人間にも無理というしかないであろう。テクノロジーには，たとえば，大きさ，スピード，暴力性などに関しての(Ⅰ)自己制御的原理がない。したがって，自律的にバランスをとったり，調整したり，浄化したりなどという長所は持ち合わせていない。微妙な自然のシステムの中でテクノロジー，とりわけ現代のスーパーテクノロジーは(Ⅱ)異物のように振る舞い，今や数多くの拒絶反応の兆候が見られる〉

　Ⅰ：自然とテクノロジーを対比して述べている。自然には自動的な制御原理があるが，テクノロジーにはない，といっているので，イが妥当。Ⅱ：〈ア．生物と調和して作用する。イ．異物のように振る舞う。ウ．人によりよい生活をもたらす〉ここはテクノロジーについて述べている部分である。本文全体で自然にはよい評価を，テクノロジーについては悪い評価をしていることから考えて，アとウはすぐに消去できる。前後の文脈から考えても，前でテクノロジーには自己制御ができないといい，後で拒絶反応があるといっているからイが妥当。以上から，正答は**4**である。

正答　4

346●地方上級＜教養＞過去問500

地方上級

No. 328 文章理解 英文（会話文）

大阪府 平成8年度

次の文の内容に合致しないものはどれか。

(IN THE GARAGE)

SON : Hi, dad. What are you doing?

FATHER : Hi, son. I am about to wash and wax the car.

S : Why? Are you and mom going out tonight?

F : No. The car needs cleaning. That's all.

S : If I do it for you, can I use the car tonight?

F : That sounds like a fair deal. Where are you going?

S : I asked Michelle out to a movie.

F : What time are you going to pick her up?

S : At 6:00. We're going to get something to eat before we go to the movie.

F : Don't stay out too late.

S : I won't. The movie ends around 10:30, so I should be home by 11:00.

1 息子が話しかけたとき，父親は車にワックスをかけ終わったところだった。

2 父親は，その夜妻と出かけるつもりはなかった。

3 父親は，息子の申し出を公平なものと思った。

4 息子は何か食べる物を買ってから映画にいくつもりだった。

5 息子は「映画は10時半頃終わる」と言った。

解説

全訳〈(ガレージで)

息子：パパ，何してるの？

父親：うん，ちょうど車を洗ってワックスがけするところなんだ。

息子：どうして？　今晩ママと外出するの？

父親：いや。車をきれいにしなくちゃならない，それだけだよ。

息子：その仕事を僕がやったら，今晩車を借りてもいい？

父親：それは公平な取引きだね。どこへ行くんだい？

息子：ミッシェルを映画に誘ったんだ。

父親：何時に迎えに行くんだい？

息子：6時。映画の前に何か食べ物を買うつもりなんだ。

父親：帰りが遅くならないようにな。

息子：だいじょうぶ。映画は10時半頃には終わるから，11時には帰るよ〉

1．合致しない。"be about to～"は「いままさに～しようとするところだ」の意。まだ終わっていない。

2．合致する。息子が父親に母親と出かけるのかどうか尋ねると，出かけないと答えている。

3．合致する。a fair deal というのは「公平な取引き」の意。いい交換条件だというのである。

4．合致する。最後から2番目の息子のせりふにある。

5．合致する。最後の息子のせりふにある。

正答　**1**

地方上級＜教養＞過去問500 ●347

地方上級 特別区 No.329 判断推理 暗号 平成9年度

ある暗号で「AcGhEiCcDe」が「ウミノサチ」を表すとき，同じ暗号の法則で「ヒラメ」を表したものはどれか。

1 「AbJjCd」
2 「FjDdDg」
3 「FgIiGj」
4 「FfIlGg」
5 「FgIkGg」

解説

50音表対応が疑われるが，単純な座標型ではない。子音は順に ABCD…に対応していると考えられる。母音は，アルファベットの小文字が一見バラバラに入っているように見える（表1）が，落ち着いて規則性を探せば，表2のようになっていることがわかる。これによって見れば「ヒラメ」は「FgIiGj」となる。

したがって，正答は **3** である。

表1

子音＼暗母	あ	い	う	え	お
A あ			c		
か					
C さ	c				
D た		e			
E な					i
は					
G ま		h			
や					
ら					
わ					

表2

子音＼暗母	あ	い	う	え	お
A あ	a	b	c	d	e
B か	b	c	d	e	f
C さ	c	d	e	f	g
D た	d	e	f	g	h
E な	e	f	g	h	i
F は	f	g	h	i	j
G ま	g	h	i	j	k
H や	h	i	j	k	l
I ら	i	j	k	l	m
J わ	j	k	l	m	n

正答 3

地方上級 特別区

No. 330 判断推理 暗 号 平成10年度

ある暗号で「ヒマワリ」が「15↓04↓15↑04」で表されるとき，同じ暗号の法則で「ナノハナ」はどのように表されるか。

1 04↓04↓01↑05
2 04↓30↑32↓32
3 40↓17↓16↓04
4 41↓03↓22↑22
5 41↓21↑23↓03

解説

50音表対応が疑われるが，余計な矢印がついている。しかもその数は音の数より1つ少ない。矢印を含めて座標式に考えるには無理がありそうである。ここで一応50音表を書き，「ヒマワリ」の「ヒ」に着目して，行と段に数字を振ってみる。その後は，単純な規則性を探す。「マ」はその4つ先にあり，「ワ」は「マ」の15個先にあり，「リ」は「ワ」の4つ後ろにある。「↓」は50音表で前進を，「↑」は後退を，示していることがわかる。「ナ」は座標で04，「ノ」はその4つ先だから，04↓04となるものが正答となる。

	0	1	2	3	4
0	あ	い	う	え	お
1	か				
2	さ				
3	た				
4	な				
5	は	ⓗ	1	2	3
6	ま₄				
7	や				
8	ら	ⓡ			
9	ⓦ				

	0	1	2	3	4
0	あ	い	う	え	お
1	か				
2	さ				
3	た				
4	ⓝ	1	2	3	ⓞ₄
5	は				
6	ま				
7	や				
8	ら				
9	わ				

よって，正答は**1**である。

正答 1

地方上級 全国型，中部・北陸型
No. 331 判断推理 文章条件からの推理 平成30年度

A～Cの3人でオークションを次のような「ラウンド方式」で行った。1ラウンドにつき1人1回入札することができ，そのラウンドで最高入札だった人は，次のラウンドでは入札することができないが，ほかの2人は入札してもしなくてもよい。誰も入札者がいなかった場合に，前のラウンドで最高入札だった人が落札となる。各ラウンドにおいて，同額入札はなかった。以下のことがわかっているとき，確実にいえるのはどれか。

　○1ラウンドは，全員が入札した。
　○Aの入札はBより2回多かった。
　○3ラウンドと4ラウンドでAが入札した。
　○4ラウンドでBが入札した。
　○Cは4回入札して，うち3回は最高入札だった。
　○7ラウンドは誰も入札しなかった。

1 Bは6ラウンドで入札した。　　　　**2** Cは2ラウンドで入札した。
3 1ラウンドでBは最高入札だった。　**4** 5ラウンドでAは最高入札だった。
5 1人だけ入札したラウンドが2回あった。

解 説

入札の状況を表にまとめる。入札を「○」，その中でも最高入札を「◎」とする。最高入札は6ラウンドまで各1人いる。1ラウンドは全員が入札したので全員「○」，7ラウンドは全員「×」となる。また「3ラウンドと4ラウンドでAが入札した」「4ラウンドでBが入札した」こともわかっているので「○」となる。4ラウンドでAとBが入札しているので，3ラウンドの最高入札はCとわかり，Cの4ラウンドは「×」となる。

	1	2	3	4	5	6	7
A	○		○	○			×
B	○			○			×
C	○		◎	×			×

最高入札だった人は，次のラウンドは入札できないので，表では◎×となる。Cは3回最高入札だったので，この組合せがあと2回あることになる。そのうちの1回は表より1ラウンドであり，また，Cは4回入札しているので，5ラウンドと6ラウンドは次のようになる。

	1	2	3	4	5	6	7
A	○		○	○			×
B	○			○			×
C	◎	×	◎	×	○	◎	×

2ラウンドはCが入札できないのでAかBが最高入札であるが，Aは3ラウンドで入札していることから，2ラウンドの最高入札はBとわかる。

4ラウンドの最高入札はAかBであるが，Aだとすると，Aの5ラウンドは「×」となり，5ラウンドの最高入札はBとなる。この場合，Bが4回入札したことになり，Aはそれより2回多いので6回入札したことになるが，Aの5ラウンドは「×」なので，これはありえない。よって，4ラウンドの最高入札はBとわかる。Bの5ラウンドは「×」，5ラウンドの最高入札は残りのAとなる。

	1	2	3	4	5	6	7
A	○		○	○	◎	×	×
B	○	◎	×	◎	×		×
C	◎	×	◎	×	○	◎	×

Bが6ラウンドで入札したとすると，Aは6回入札したことになってしまうので，Bの6ラウンドは「×」となる。Bは合計3回の入札，Aは合計5回の入札となり，Aの2ラウンドは「○」となる。

以上より，正答は**4**である。

	1	2	3	4	5	6	7
A	○	○	○	○	◎	×	×
B	○	◎	×	◎	×	×	×
C	◎	×	◎	×	○	◎	×

正答 **4**

地方上級 No.332 判断推理　集　合　令和2年度

全国型，関東型，中部・北陸型，市役所A日程

あるクラスでA，B，Cの3問のテストを実施し，それぞれの問題の正解者数の関係は図のように表すことができる。次の人数がわかっているとき，3問すべてを正解した人数を求めるには，これ以外に何の人数がわかればよいか。

・Aを正解した人数
・Aのみを正解した人数
・BとCを正解した人数

1　AとBを正解した人数
2　AとCを正解した人数
3　Bを正解した人数
4　2問のみを正解した人数
5　1問のみを正解した人数

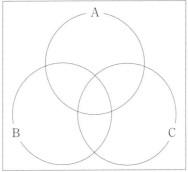

解説

ベン図の一部に以下のように人数を表す文字を置く。

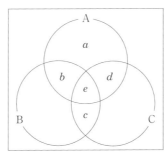

3つの条件を式で表すと以下のようになる。

・Aを正解した人数：$a+b+d+e$　……①
・Aのみを正解した人数：a　……②
・BとCを正解した人数：$c+e$　……③

ここで，①+③-②より

$b+c+d+2e$　……④

となる。3問すべてを正解した人数は e なので，④から e を求めるには，$b+c+d$ がわかればよい。$b+c+d$ はベン図より，2問のみを正解した人数なので，正答は **4** である。

正答　4

地方上級
全国型，関東型

No. 333 判断推理 外国旅行の経験の有無 平成18年度

ある会合の参加者に，外国旅行の経験の有無を尋ねたところ，次のA～Dのことがわかった。
このとき確実に推論できるものはどれか。

　　A　インドに行ったことがある人は，ロシアに行ったことがある。
　　B　エジプトに行ったことがある人は，中国またはインドへ行ったことがある。
　　C　ロシアに行ったことがある人は，タイと中国の両方へ行ったことがある。
　　D　ドイツに行ったことがない人は，タイに行ったことがない。

1　ロシアに行ったことがない人は，エジプトに行ったことがない。
2　ドイツに行ったことがある人は，ロシアに行ったことがある。
3　タイに行ったことがない人は，ドイツに行ったことがない。
4　インドに行ったことがある人は，ドイツに行ったことがある。
5　中国に行ったことがある人は，エジプトに行ったことがある。

解説

A～Dの命題を次のように表してみる。

　　A．インド→ロシア
　　B．エジプト→（中国∨インド）
　　C．ロシア→（タイ∧中国）
　　D．$\overline{ドイツ}$→$\overline{タイ}$

次に，これらの対偶をそれぞれ考えてみる。

　　E．$\overline{ロシア}$→$\overline{インド}$
　　F．$(\overline{中国}∧\overline{インド})$→$\overline{エジプト}$
　　G．$(\overline{タイ}∨\overline{中国})$→$\overline{ロシア}$
　　H．タイ→ドイツ

これらを前提に選択枝を検討してみると，

1．Eより，$\overline{ロシア}$→$\overline{インド}$となるが，Fの$(\overline{中国}∧\overline{インド})$は分割できないので，$\overline{ロシア}$→$\overline{インド}$→$\overline{エジプト}$と推論することはできない。

2．ドイツ→となる命題がないので，判断できない。

3．Gを分割すると，$\overline{タイ}$→$\overline{ロシア}$，$\overline{中国}$→$\overline{ロシア}$となるので，$\overline{タイ}$→$\overline{ロシア}$→$\overline{インド}$となるが，この先の推論ができない。$\overline{タイ}$→$\overline{ドイツ}$はDの命題の逆であるが，原命題の逆は必ずしも正しいとはいえない。

4．インド→ロシア→（タイ∧中国）となるが，ロシア→（タイ∧中国）はロシア→タイ，ロシア→中国と分割することが可能である。したがって，インド→ロシア→タイ→ドイツとなり，「インドに行ったことがある人は，ドイツに行ったことがある」というのは確実に推論できる。

5．中国→となる命題がないので，判断できない
　　　以上から，正答は**4**である。

正答　4

352●地方上級＜教養＞過去問500

地方上級

No. 334　判断推理　論理

全国型，中部・北陸型

平成29年度

ある学校でボールペン，蛍光ペン，腕時計，手帳の所持について調査したところ以下のことがわかった。このとき確実にいえるのはどれか。

　○ボールペンまたは蛍光ペンを持っている人は手帳を持っている。

　○手帳を持っている人は腕時計を持っている。

　○腕時計を持っている人は蛍光ペンを持っている。

1　ボールペンを持っている人は蛍光ペンを持っている。

2　蛍光ペンを持っている人はボールペンを持っている。

3　腕時計を持っている人はボールペンを持っている。

4　蛍光ペンを持っていない人は手帳を持っている。

5　腕時計を持っていない人は手帳を持っている。

解説

3つの命題を論理式にして考える。

　　ボール∨蛍光→手帳

　　手帳→腕時計

　　腕時計→蛍光

1つ目の命題の前半は分解することができる。1つ目の命題を分解してまとめると以下のようになる。

　　ボール→手帳→腕時計→蛍光
　　　蛍光↗

この命題より確実にいえるのは**1**である。

正答　**1**

地方上級＜教養＞過去問500●**353**

地方上級
全国型，関東型，中部・北陸型，市役所Ａ日程
No. 335　判断推理　　　命　題　　　平成30年度

ある期間，Ａ，Ｂ，Ｃの3人について，傘を持っているか持っていないかを調べた。雨が降っているときと雨が降っていないとき，天気予報が雨だったときと天気予報が雨ではなかったときについて，それぞれ傘を持っているか持っていないかを調べたところ，以下のことがわかった。このとき，3人とも傘を持っているといえる条件は次のうちどれか。

　○雨が降っているときは，Ａは傘を持っている。
　○雨が降っていないときは，Ｂは傘を持っていない。
　○天気予報が雨だったときは，Ｂは傘を持っている。
　○天気予報が雨ではなかったときは，Ｃは傘を持っていない。

1　Ａが傘を持っていたとき
2　Ｂが傘を持っていたとき
3　Ｃが傘を持っていたとき
4　雨が降っていたとき
5　天気予報が雨だったとき

解説

4つの命題を論理式にしてつないでいくことを考える。1つ目の命題の「雨が降っているとき」と2つ目の命題をつなげるために，2つ目の命題の対偶をとる。図示すると次のようになる。

　　1つ目　　　　　雨→Ａ　　⇨　　Ｂ→雨→Ａ
　　2つ目の対偶　　Ｂ→雨

　　これに3つ目の命題と4つ目の命題（対偶をとる）をつなげると次のようになる。

　　Ｃ→予報雨→Ｂ→雨→Ａ

　以上より，「Ｃが傘を持っていたとき」に，ＢもＡも傘を持っていることになり，全員が傘を持っているといえるので，正答は**3**である。

正答　**3**

354●地方上級＜教養＞過去問500

地方上級

全国型，関東型，中部・北陸型

No. 336　判断推理　　論　理　　平成28年度

ある会社で，社員を対象に，アメリカ，イタリア，オーストラリア，中国に行ったことがあるかどうかをアンケート調査したところ，次のような結果が得られた。このとき，確実にいえるのはどれか。

　　○アメリカに行ったことのある社員は，全員が中国に行ったことがある。

　　○オーストラリアに行ったことのある社員は，全員が中国に行ったことがない。

　　○オーストラリアに行ったことがない社員は，全員がイタリアに行ったことがある。

　　○社員全員が行ったことがある国はない。

1　アメリカとオーストラリアに行ったことがある社員がいる。

2　イタリアとオーストラリアに行ったことがある社員がいる。

3　イタリアのみに行ったことがある社員がいる。

4　オーストラリアのみに行ったことがある社員がいる。

5　3か国に行ったことがある社員はいない。

解説

1つ目から3つ目の命題を論理式に書き直して考える。

　　アメリカ→中国

　　オーストラリア→$\overline{中国}$

　　$\overline{オーストラリア}$→イタリア

　2つ目の命題の対偶は「中国→$\overline{オーストラリア}$」となりこの対偶を利用して，論理式を1つにつなげる。

　　アメリカ→中国→$\overline{オーストラリア}$→イタリア

　これを表にまとめると次のようになる。

　　　　　　○…行ったことがある
　　　　　　×…行ったことがない

アメリカ	中国	オーストラリア	イタリア	
○	○	×	○	(1)
	○	×	○	(2)
×			○	(3)
	×	○	×	(4)
		×	○	(5)

　この中で確実にいえるのは，1つ目の命題より (1) と，2つ目の命題より (3) と (4) の一方または両方である。ただ，4つ目の命題より，社員全員が行ったことがある国はないので，イタリアに行ったことがない人がいるため，(4) は確実に存在する。よって，2つ目の命題より確実にいえるのは (4) のみ，あるいは (3) と (4) の両方である。

1．表よりアメリカとオーストラリアに行ったことがある社員は存在しない。

2．イタリアとオーストラリアに行った (3) が確実にいるとは限らない。

3．イタリアのみに行ったことがある (5) が存在していることは確実にはいえない。

4．正しい。オーストラリアのみに行ったことがある (4) は確実に存在する。

5．3か国に行ったことがある (1) は確実に存在する。

　よって，正答は**4**である。

正答　**4**

地方上級＜教養＞過去問500●355

地方上級
全国型，中部・北陸型，横浜市

No. 337 判断推理　　命題と論理　　平成23年度

片面にＡまたはＢの文字，もう片面に○または×の記号が書かれた多数のカードが並べられている。今，「Ａの文字が書かれたカードの反対側の面には，必ず○の記号が書かれている」という記述が正しいかどうかについて，次のように考えた。

Ａと書かれたカードの反対側の面は（　ア　）が，Ｂと書かれたカードの反対側の面は（　イ　）。そして，○と書かれたカードの反対側の面は（　ウ　）が，×と書かれたカードの反対側の面は（　エ　）。したがって，上の記述が正しいかどうかを確認するためには（　オ　）をめくってみれば足りる。

上文中の空欄ア～エには，次の①～⑥のうちのいずれかが該当するが，空欄オに入れるべき内容として適切なのは，次のうちどれか。

① 必ず○でなければならない
② 必ず×でなければならない
③ ○でも×でもかまわない
④ 必ずＡでなければならない
⑤ 必ずＢでなければならない
⑥ ＡでもＢでもかまわない

1 Ａと書かれたカード

2 Ｂと書かれたカード

3 Ａと書かれたカードと，×と書かれたカード

4 Ｂと書かれたカードと，○と書かれたカード

5 Ａと書かれたカードと，○と書かれたカード，および×と書かれたカード

解説

全称命題である「ＰならばＱである（Ｐ→Ｑ）」は，ＰでなくてＱであるもの，あるいはＰでなくてＱでないもの，が存在しても偽とはならない（真である）が，ＰであってＱでないものが存在するとき，その命題全体が偽となる（図Ⅰ）。

図Ⅰ

Ｐ	Ｑ	Ｐ→Ｑ
真	真	真
真	偽	偽
偽	真	真
偽	偽	真

つまり，「Ａの文字が書かれたカードの反対側の面には，必ず○の記号が書かれている」という命題は，Ａと書かれた面の反対側に×と書かれたカードが存在するときに偽となる（正しくない）。しかし，Ｂと書かれた面の反対側が○であっても×であってもかまわない（命題は偽とはならない）。要するに，図Ⅱの場合は命題は真であるが，図Ⅲの場合は偽となるのである。

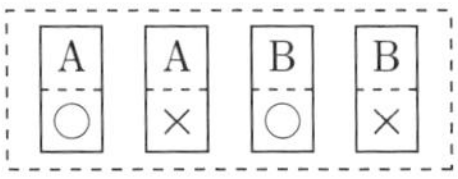

したがって，Ａと書かれた面の反対側は×であってはならず，×と書かれた面の反対側がＡであってはならない。そこで，確認のためには，Ａと書かれたカードと，×と書かれたカー

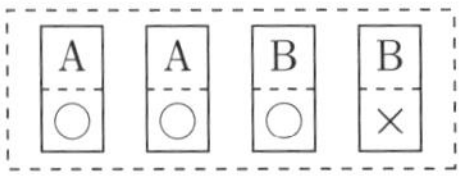

図Ⅱ　　　　　　　　　図Ⅲ

ドの２種類をめくってみればよい。Ｂと書かれたカードの反対側は○でも×でも，逆に○と書かれたカードの反対側がＢであっても，命題が偽となることはないからである。

よって，正答は**3**である。

正答 **3**

地方上級

No. 338 判断推理　会議参加者の交通手段

全国型，関東型，中部・北陸型

平成24年度

ある会議の参加者について，会場への交通手段を調査したところ，以下のことがわかった。

　ア：バスもタクシーも利用しなかった人は，電車を利用した。

　イ：タクシーを利用した人は，電車も利用した。

　このとき，次のうちで確実にいえるのはどれか。

1　バスを利用した人は，電車も利用した。

2　バスを利用した人は，タクシーを利用しなかった。

3　タクシーを利用した人は，バスを利用しなかった。

4　タクシーを利用しなかった人は，電車を利用した。

5　電車を利用しなかった人は，バスを利用した。

解説

与えられているア，イの命題を論理式で表すと，次のようになる。

　ア：$(\overline{バス} \wedge \overline{タクシー}) \rightarrow 電車$

　イ：$タクシー \rightarrow 電車$

　　　それぞれの対偶をウ，エとすると，

　ウ：$\overline{電車} \rightarrow (バス \vee タクシー)$

　エ：$\overline{電車} \rightarrow \overline{タクシー}$

である。ウでは「電車を利用しなかった人は，バスまたはタクシーを利用した」となるが，エでは「電車を利用しなかった人は，タクシーも利用しなかった」となるので，結局，「電車を利用しなかった人は，バスを利用した」となり，**5**は確実にいえる。

　「バス→　」となる命題，「$\overline{タクシー}$→　」となる命題は存在しないので，**1**，**2**，**4**は判断できない。また，「タクシー→電車→　」の先は不明なので，**3**も判断できない。

　よって，正答は**5**である。

正答　**5**

地方上級＜教養＞過去問500●357

地方上級

No. 339 判断推理 順序関係

全国型，中部・北陸型，市役所A日程

令和元年度

A〜Iの9個の穴のあるモグラたたきがある。各穴のモグラは1度だけ出てきて，複数の穴から同時に出ることもある。全部で5回のタイミングでモグラが出てきて，出てきたモグラに関しては次のことがわかっている。このとき，確実にいえるものはどれか。

- ・角のモグラが1か所以上出たタイミングは3回あり，角のモグラは連続して出ることはなかった。
- ・Cのモグラのみ単独で出てきた。
- ・CとFとIのモグラは別々のタイミングで連続して出てきた。
- ・GとHとIのモグラは別々のタイミングで連続して出てきた。
- ・BはDより早く出て，Iよりは遅く出てきた。

A	B	C
D	E	F
G	H	I

1 Cは3回目に出てきた。

2 Eは2回目に出てきた。

3 FとHは同時に出てきた。

4 BとHは連続して出てきた。

5 AよりGのほうが早く出てきた。

解説

角の4個の穴のモグラは3回のタイミングで出てきていて，しかも連続して出ることはなかったので，A，C，G，Iは1回目，3回目，5回目の奇数回で出てきたことがわかる。また，最後の条件より「I＞B＞D」であるので，Iは1回目か3回目に出てきたことがわかる。

(1) Iが1回目のとき

CとFとIは連続して出てきたので，Cは奇数回の3回目に単独で出てきており，Fは2回目となる。

1	2	3	4	5
I	F	C		

このときGとHとIが連続して出ることができないので不適となる。

(2) Iが3回目のとき

CとFとIは連続して出てきたので，Cは奇数回の1回目か5回目となるが，5回目にCが単独で出てきたとする

1	2	3	4	5
C	F	I	B	D

と，「I＞B＞D」の条件が当てはまらないので，Cは1回目となり，BとDも4回目と5回目に決まる。

角の残りのAとGは3回目か5回目のいずれかに出ているが，GとHとIが連続して出てきているので，Gは5回目と決まる。

1	2	3	4	5
C	F	I	B	D
			H	G

残りはAとEであるが，Aは奇数回なので，3回目となる。残るEは2回目となり，次のように確定する。

1	2	3	4	5
C	F	I	B	D
	E	A	H	G

以上より選択肢を検討すると，正答は**2**である。

正答 **2**

358●地方上級＜教養＞過去問500

地方上級

No. 340 全国型，関東型，中部・北陸型，市役所A日程

判断推理 / **順序関係** / 令和 元年度

36人のクラスで走る速さの順位を決めることになったが，ストップウォッチがなかった。そこでまず6人グループを6組作り，競走をして各組の順位を決めた。そして，各組の1位を集めた6人でさらに競走をして順位を決めるとともにクラスの1位を決めた。このとき，クラスで2位か3位の候補は □A□ 人に絞られ，2位の候補は □B□ 人に絞られる。

　AとBに入る数字の組合せとして，妥当なものはどれか。なお，すべての競走において同着の者はいなかった。

	A	B
1	5	2
2	7	2
3	9	5
4	13	5
5	13	7

解説

6人グループをAグループ～Fグループとして，各グループで1位になった6人を，Aグループから順にA1～F1とする。また，この6人の競走結果は1位からA1，B1…F1の順であったとする。

　このクラスの2位は，B1かA2の2人が考えられる。

	Aグループ	Bグループ	Cグループ	Dグループ	Eグループ	Fグループ
1位	A1	B1	C1	D1	E1	F1
2位	A2	B2	C2	D2	E2	F2
3位	A3	B3	C3	D3	E3	F3

　3位は2位がB1のとき，A2かB2かC1の3人の可能性があり，2位がA2のとき，A3かB1の可能性がある。つまり，2位か3位の可能性があるのは，B1，A2，C1，B2，A3の5人となる。

	Aグループ	Bグループ	Cグループ	Dグループ	Eグループ	Fグループ
1位	A1	B1	C1	D1	E1	F1
2位	A2	B2	C2	D2	E2	F2
3位	A3	B3	C3	D3	E3	F3

　よって，Aには5，Bには2が当てはまるので，正答は**1**である。

正答 1

地方上級 No.341 判断推理 順序関係 平成28年度
全国型，関東型，中部・北陸型

ある町には，図のような環状の鉄道があり，矢印の方向にのみ運行している。ある人がA駅から出発して用事のある駅で降り，用事を済ませたら同じ駅から乗り，次の用事のある駅で降りる，ということを繰り返した結果，すべての駅で1回ずつ乗り降りし，最後にA駅で降りた。次のことがわかっているとき，確実にいえるのはどれか。

○B駅で乗ってD駅で降りたことがあった。
○C駅で乗ってG駅で降りたことがあり，乗ってから降りるまでに3駅を通過したことはこの1回のみであった。
○E駅を通過したことが1回だけあった。

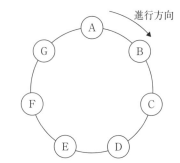

進行方向

1 G駅の次はA駅で降りた。
2 A駅は2回通過した。
3 D駅は3番目に降りた。
4 E駅は5番目に降りた。
5 E駅の次はG駅で降りた。

解説

どの駅で乗って，どの駅で降りたかを矢印でまとめる。乗った駅を「○」，降りた駅を「△」として条件を矢印で記入する。この際，A駅から出発したことをアで，最後にA駅で降りたことをエで図示する。

E駅を通過したことは，1回のみなのでイのD駅で降りた後に乗った「○」はE駅を通過しないでE駅で降りていることになる。

アでA駅から出た矢印はイのB駅か，ウのC駅につながる。

(1) ア＋イ

F駅で乗り降りするためにはア＋イからつなげるしかないが，そうするとF駅からウのC駅につなげると3駅を通過したことになるので，2つ目の条件に反する。

(2) ア＋ウ

これよりイのB駅の「△」はG駅の「○」からつながり，E駅からF駅，F駅からA駅へとつながることになる。

よって，正答は **4** である。

正答 4

地方上級
No. 342 判断推理　全国型，中部・北陸型　コンテストの順位　平成16年度

あるコンテストが行われ，A～Dの4人に1位～4位の賞が与えられることになり，その順位を決定した。ところが，後からもう1人Eにも賞を与えなければならないことが判明したので，1位の上に特賞を設けることにした。そして，A～D4人に関してはすでに決定した順序はそのままとし，そこにEを加えて新たに順位を付け直した。これについて以下のことがわかっているとき，確実にいえるものは次のうちどれか。

- ・Aの順位はEを加える前後とも3位で変わらなかった。
- ・AとBの順位の差はEを加える前後とも1であった。
- ・BとCの順位の差はEを加える前後とも2であった。
- ・Eを加えたことでDは順位が変わった。

1　特賞はEである。
2　Bは4位である。
3　Cは1位である。
4　DはCよりも上位である。
5　Eは2位である。

解説

1位の上に特賞を設けたのだから，Aの順位が3位で変化しないならばEはAより上位であることになる。そこで，AとB，BとCの関係からまずA～Dの4人についてその順序を考えると，

・D－B－A－C
・D－C－A－B

の2通りが考えられる。
　ここにEを加えるが，BとCの順位の差が2で変わらず，Dの順位は変わっているから，

　　特賞－1位－2位－3位－4位
　　D － E － B － A － C　　…①
　　D － E － C － A － B　　…②

のどちらかということになる。ここから確実にいえるのは**4**である。

正答　4

地方上級＜教養＞過去問500●**361**

地方上級 全国型，関東型，中部・北陸型
No. 343 判断推理　試合の勝敗　平成26年度

32人で1回戦16試合，2回戦8試合，3回戦4試合，準決勝2試合，決勝1試合の，腕相撲のトーナメント戦を行い，勝ち数の多い順に1位，2位……と順位をつけた。勝ち数が同じときは，順位が上位の人に負けたほうの人を上位とした。たとえば準決勝で負けた2人は，1位に負けたほうが3位，2位に負けたほうが4位となる。7位の人は2人に勝ったが，その2人の順位の数の和はいくつか。

1 32
2 34
3 36
4 38
5 40

解説

1位は決勝戦で勝った人，2位は決勝戦で負けた人である。3位と4位は，問題文にもあるとおり，1位に負けた人が3位，2位に負けた人が4位である。1〜4位までの4人は，準決勝の前の試合でそれぞれ勝っており，1位に負けた人が5位，2位に負けた人が6位，3位に負けた人が7位，4位に負けた人が8位と決まる。その前の試合についても同様なので，相手の順位も同様に決まる。以上を表にまとめると次のようになる。

順位	1	2	3	4	5	6	7	8
相手の順位		1	1	2	1	2	3	4

9	10	11	12	13	14	15	16	17	18	19	20
1	2	3	4	5	6	7	8	1	2	3	4

21	22	23	24	25	26	27	28	29	30	31	32
5	6	7	8	9	10	11	12	13	14	15	16

　よって，7位の人が勝った相手は15位と23位の人なので，15＋23＝38となり，正答は**4**である。

正答　**4**

地方上級

全国型，関東型，中部・北陸型

No. 344 判断推理 気温についての予想 平成24年度

ある週の月曜日から金曜日までの5日間について，A～Cの3人が気温についての予想をした。予想は「平年より高い（↑）」，「平年並み（―）」，「平年より低い（↓）」の3通りで行われ，実際の結果は表のようであった。

曜日	月	火	水	木	金
気温	↑	―	↓	―	↑

3人の予想について以下のことがわかっているとき，確実にいえるのはどれか。

ア：木曜日のAの予想は，Bと一致していた。

イ：水曜日のBの予想は，Cと一致していた。

ウ：火曜日と金曜日のCの予想は，Aと一致していた。

エ：5日間のうち1日だけ3人の予想が一致していた。

オ：Aの予想は，5日間とも「平年より高い」，「平年並み」のどちらかであり，「平年より低い」と予想した日はなかった。

カ：Bは3日間連続して予想が当たったが，他の2日は予想が外れた。

キ：Cは「平年並み」と予想した日が2日あったが，そのどちらも予想が外れた。

ク：Aが予想を当てた日はCよりも多かった。

1 Aは月曜日の気温を「平年より高い」と予想した。

2 Aは水曜日の気温を「平年並み」と予想した。

3 Bは月曜日の気温を「平年より低い」と予想した。

4 Bは火曜日の気温を「平年並み」と予想した。

5 Cは木曜日の気温を「平年より高い」と予想した。

解説

Bは3日間連続して予想が当たっているので，水曜日の予想は当たっており，「平年より低い」である。水曜日はBとCの予想が一致しているので，Cも当たっている。そうすると，Cが「平年並み」と予想して外れた2日は月曜日と金曜日である（ここからAも金曜日は「平年並み」）。また，火曜日のAとCの予想は，「平年並み」でも「平年より低い」でもないので，2人とも「平年より高い」である。ここまでで表Iとなる。

ここで，3人の予想が1日だけ一致しているという点を考えてみる。可能性があるのは月曜日，火曜日，金曜日のいずれかである。月曜日だとすると，3人とも外れたことになり，ここから，Bの木曜日の予想は当たっていることになる（Aも木曜日は当たり）。しかし，これだとAの予想が当たったのは1日だけしかないこととなり，Cより当てた日が多いという条件を満たせない（表II）。

火曜日の場合はA，Cが「平年より高い」で外れているので，Bが連続3日当てたのは水曜日～金曜日となる。このとき，AはCより多く当てているので，Aは月曜日に「平年より高い」と予想している（表III）。

金曜日の場合は，AがCより多く当たっているので，Aは月曜日と木曜日を当てており，ここからBも木曜日は当たりなので，Bは火曜日～木曜日を当てたことになる（表IV）。

表III，表IVともこれ以上は確定しないが，どちらの場合もAは月曜日に「平年より高い」と予想しており，正答は**1**である。

表I

曜日	月	火	水	木	金
気温	↑	―	↓	―	↑
A		↑			―
B			↓		
C	―	↑	↓		

表II

曜日	月	火	水	木	金
気温	↑	―	↓	―	↑
A	―	↑		―	―
B	―		↓	―	
C	―	↑	↓		

表III

曜日	月	火	水	木	金
気温	↑	―	↓	―	↑
A	↑	↑		―	―
B			↓	―	↑
C	―	↑	↓		

表IV

曜日	月	火	水	木	金
気温	↑	―	↓	―	↑
A	↑	↑		―	―
B		―	↓	―	
C	―	↑	↓		

正答 1

地方上級＜教養＞過去問500●363

地方上級 全国型，関東型，中部・北陸型

No. 345 判断推理 5人の担当料理とシフト 平成23年度

A～Eの5人は，同じ飲食施設の料理担当者である。ある週において，月曜日から金曜日までの間に，5人はそれぞれ昼と夜に計4回料理を担当した。次のア～オのことがわかっているとき，正しいものはどれか。

ア　5人が担当したのは，昼は刺身と煮物，夜は刺身と天ぷらであり，刺身は昼と夜で同一の者が担当し，煮物と天ぷらは別々の者が担当した。

イ　Aは火曜日に刺身，水曜日に煮物を担当した。

ウ　Bが担当するとき，一緒になったのはAとCだけであった。

エ　Cが昼を担当したのは木曜日だけで，このときEと一緒であった。

オ　Dは3日間連続して担当したが，天ぷらは担当しなかった。

1　Aは月曜日に担当した。
2　Bは3種類とも担当した。
3　Cは火曜日に担当した。
4　Dは月曜日に刺身を担当した。
5　Eは1回だけ天ぷらを担当した。

解説

まず，火曜日の刺身（昼と夜），および水曜日の煮物はAが担当している（ア）。Dは3日間連続して担当しているので，水曜日に担当しているのは確実であり，水曜日の刺身はDの担当である（オ＝天ぷらは担当しない）。木曜日の昼はCとEが担当しており，そのうちの一方は刺身の担当で夜も同一の者であるから，Dが木曜日を担当するとすれば天ぷらとなってしまうので，Dは木曜日には担当していない。したがって，Dは月曜日，火曜日に担当している。Dは水曜日に刺身を担当しているので（2回），3日間連続で4回担当しているならば，月曜日，火曜日とも煮物である。ここまでで表Ⅰとなる。

次に，木曜日の昼についてCが煮物を担当したと考えると，木曜日の刺身は昼，夜ともEである。ところが，Bに関する条件ウを考えると，火曜日の天ぷらをB，金曜日は刺身がB，煮物がA，天ぷらをCとしても，Bについてのもう1回の担当でどうしても矛盾が生じてしまう（表Ⅱ－1）。

したがって，木曜日は，刺身（昼と夜）がC，煮物がEでなければならない。これでBに関する条件ウを考えると，火曜日の天ぷら，木曜日の天ぷら，金曜日の刺身（昼と夜）がBの担当で，金曜日の煮物はA，天ぷらはCとなる。Cの残り1回は月曜日の天ぷらで，月曜日の刺身と水曜日の天ぷらがEで，表Ⅱ－2のようにすべて確定する。

表Ⅰ

	月		火		水		木		金	
昼	刺身	煮物	刺身	煮物	刺身	煮物	刺身	煮物	刺身	煮物
		D	A	D	D	A				
夜	刺身	天ぷら	刺身	天ぷら	刺身	天ぷら	刺身	天ぷら	刺身	天ぷら
			A		D					

表Ⅱ－1

	月		火		水		木		金	
昼	刺身	煮物	刺身	煮物	刺身	煮物	刺身	煮物	刺身	煮物
		D	A	D	D	A	E	C	B	A
夜	刺身	天ぷら	刺身	天ぷら	刺身	天ぷら	刺身	天ぷら	刺身	天ぷら
			A	B	D		E		B	C

表Ⅱ－2

	月		火		水		木		金	
昼	刺身	煮物	刺身	煮物	刺身	煮物	刺身	煮物	刺身	煮物
	E	D	A	D	D	A	C	E	B	A
夜	刺身	天ぷら	刺身	天ぷら	刺身	天ぷら	刺身	天ぷら	刺身	天ぷら
	E	C	A	B	D	E	C	B	B	C

正答　5

地方上級 全国型，中部・北陸型

No. 346 判断推理 6人のグループ分け 平成23年度

A〜Fの6人が分担して作業を行うことになり，そのグループ分けをした。最初は2人ずつ3つのグループに分け，その後，3人ずつ2つのグループに分けて，それぞれ作業を行った。6人の中には互いに仲の悪い者がおり，いずれの場合も，仲の悪い者どうしは同じグループにならないようにした。次のア〜エのことがわかっているとき，最初の2人ずつのグループで確実に一緒だった者の組合せはどれか。

ア　AはB，Cと仲が悪い。

イ　Cは，2人ずつのグループで一緒だった者とは，3人ずつのグループでは一緒にならなかった。

ウ　Dは3人と仲が悪い。

エ　EとFは仲が悪い。

1 AとD

2 AとF

3 BとE

4 CとE

5 DとF

解説

最初に3人ずつ2つのグループに分かれた状態から考えたほうがわかりやすい。3人ずつ2つのグループに分ける場合，AはB，Cと仲が悪く，EはFと仲が悪いので，AとB，Cは別々のグループ，EとFは別々のグループとなる。そうすると，3人ずつ2つのグループとしては，①（A，D，E）と（B，C，F）の2グループ，②（A，D，F）と（B，C，E）の2グループ，という2通りの可能性がある。Dは3人と仲が悪いので，①ではB，C，Fと，②ではB，C，Eと仲が悪いことになり，これらの者とは2人ずつのグループの場合も一緒にならない。つまり，Dは2人ずつのグループで一緒だった者とは3人ずつのグループでも一緒である。

　次に，Cについて考えると，3人ずつのグループでは2人ずつのグループのときと異なる相手と一緒になっているが，A，Dとは仲が悪いので，CがA，Dと2人ずつのグループで一緒になっていたことはない。つまり，①の場合，2人ずつ3つのグループは，（A，D），（B，F），（C，E）という組合せであり，②の場合は，（A，D），（B，E），（C，F）という組合せである。

　したがって，最初の2人ずつのグループで確実に一緒だった者の組合せは（A，D）となる。

　よって，正答は**1**である。

正答 **1**

地方上級＜教養＞過去問500●365

地方上級
全国型，中部・北陸型
No. 347 判断推理 かばんと帽子の組合せ 平成17年度

ある店では，かばんと帽子を図のような棚に並べて売っている。かばんも帽子も黒，白，赤，茶の4色あり，同じ段には同じ色のかばんと帽子が並べられていて，1段目は黒である。ある日，A～Eの5人がそれぞれかばんと帽子を1つずつ買ったが，以下のことがわかっているとき，確実にいえるものは次のうちどれか。

- かばんも帽子も，4色とも1つ以上が売れた。
- かばんと帽子を同じ色の組合せで買った者はいない。
- Aは黒の帽子を買った。
- Bは白のかばんを買った。
- Cは茶の帽子と4段目のかばんを買った。
- Dは2段目の帽子と4段目のかばんを買った。
- Eは4段目の帽子を買った。

	かばん	帽子
1段目	黒	黒
2段目		
3段目		
4段目		

1 Aは2段目の茶のかばんを買った。

2 Bは4段目の赤の帽子を買った。

3 Cは2段目の帽子を買った。

4 Dは白の帽子を買った。

5 Eは3段目のかばんを買った。

解説

かばんと帽子を同じ色の組合せで買った者はいないから，Aは黒の帽子を買ったので，かばんは黒でなく，Bは白のかばんを買ったので，帽子は白ではない。C，Dの2人はどちらも4段目のかばんを買っているが，Cの帽子が茶なので4段目のかばんは茶ではなく，黒は1段目なので黒でもない。かばんも帽子も4色すべてが1つ以上売れているので，同じ色のかばんが3つ売れることはなく（3色以下しか売れないことになる），したがって，C，Dが買ったかばんは白でもない。つまり，C，Dが買った4段目のかばんは赤であり，ここからEが買った帽子も赤である。また，黒のかばんはA，B，C，Dのいずれも買っていないので，これはEが買ったことになる。そうすると，茶のかばんを買ったのはAしかいない。白の帽子を買った可能性があるのはDだけであり，これが2段目なので，茶が3段目と決まる。ここまでで以下の表のようになるが，Bが買った帽子は白以外のいずれであるかは判明しない。

以上から，**1，3，5**は誤り，**2**は不明で，確実にいえるのは**4**だけであり，これが正答である。

	かばん				帽子			
	黒	白	赤	茶	黒	白	赤	茶
A	×	×	×	○	○	×	×	×
B	×	○	×	×		×		
C	×	×	○	×	×	×	×	○
D	×	×	○	×	×	○	×	×
E	○	×	×	×	×	×	○	×
	1段目	2段目	4段目	3段目	1段目	2段目	4段目	3段目

正答 **4**

地方上級

No. 348 判断推理　4店の特売日の関係

全国型，関東型，中部・北陸型。

平成15年度

A～D 4店のスーパーマーケットの，ある月における特売日が以下のようであるとき，確実に
いえるものは次のうちどれか。ただし，この月は4店とも休業日はないものとする。
- ・A店が特売日の日は，B店も特売日である。
- ・C店が特売日でない日は，A店は必ず特売日である。
- ・A店とD店には共通の特売日がある。
- ・B店が特売日の日は，C店は特売日ではない。

1 4店のうち3店が特売日の日が必ずある。

2 4店のうち2店が特売日の日が必ずある。

3 B店のみ特売日である日が必ずある。

4 C店のみ特売日である日が必ずある。

5 D店のみ特売日である日が必ずある。

解説

右のような表を作成して考えてみる。各店とも大文字は特売日で
あること，小文字は特売日でないことを表すとすると，表のよう
に全部で16通りの可能性があることになる。

ここで，「A店が特売日の日は，B店も特売日である」から，A
店が特売日でB店が特売日でないことを表す⑤～⑧は可能性がな
い。同様に，「C店が特売日でない日は，A店は必ず特売日であ
る」より，⑪，⑫，⑮，⑯は可能性がなく，「B店が特売日の日
は，C店は特売日ではない」より，①，②，⑨，⑩も可能性がない。

①	A B C D	⑨	a B C D
②	A B C d	⑩	a B C d
③	A B c D	⑪	a B c D
④	A B c d	⑫	a B c d
⑤	A b C D	⑬	a b C D
⑥	A b C d	⑭	a b C d
⑦	A b c D	⑮	a b c D
⑧	A b c d	⑯	a b c d

ここまでで可能性があるのは③，④，⑬，⑭の4通りとなる。ただし，この4通りのうちの
どの組合せが何日あるかは不明で，組合せによっては実際には存在しない可能性もある。した
がって，**2**および**4**は確実とはいえない。

また，B店が特売日となるのは③または④であるが，その場合はAまたはAおよびDも特
売日となるから**3**は誤り。D店が特売日の日は③または⑬で，やはりD店のみが特売日とな
ることはないから**5**も誤り。

これに対し，「A店とD店には共通の特売日があ」り，A店とD店がともに特売日となるの
は③だけだが（したがって③の組合せは必ずある），その場合はB店も特売日となるので，「4
店のうち3店が特売日の日が必ずある」という**1**は確実である。

よって，正答は**1**である。

正答　1

地方上級＜教養＞過去問500●367

地方上級
全国型，関東型

No. 349 判断推理 バッグの種類・色と持ち主 平成16年度

ハンドバッグ，ショルダーバッグ，トートバッグ，ボストンバッグが1つずつある。それらの
バッグはいずれも色が異なっており，赤，青，黒，茶のいずれかである。また，持ち主もすべ
て異なっており，A〜Dのいずれかである。これらのバッグの色と持ち主について以下のこと
がわかっているとき，確実にいえるものは次のうちどれか。

・ボストンバッグの色は赤で，持ち主はBではない。
・ハンドバッグの色は黒または青のどちらかである。
・Aのバッグは黒で，Cのバッグは青である。
・トートバッグの色は茶ではない。

1 Aが持っているのはハンドバッグである。
2 Bが持っているのはショルダーバッグである。
3 Cが持っているのはトートバッグである。
4 Dが持っているのはショルダーバッグである。
5 ハンドバッグの色は青である。

解説

赤いボストンバッグの持ち主はBではなく，また，A（黒），C（青）でもないから，Dが持ち主
である。ここから，Bのバッグは茶と決まる。ハンドバッグの色は黒または青，トートバッグ
の色は茶ではない（黒または青）となるから，A，Cのどちらかがハンドバッグ，他方がトート
バッグということになり，ここからBが持っているのはショルダーバッグとなる。A，Cにつ
いてはこれ以上確定することができない。したがって，確実にいえるのは**2**だけである。

A	B	C	D
	ショルダー		ボストン
黒	茶	青	赤

正答 **2**

368●地方上級＜教養＞過去問500

地方上級

全国型，関東型，中部・北陸型，市役所Ａ日程

No. 350 判断推理　対応関係　令和元年度

ある店ではA～Fの6人がアルバイトをしており，月曜日から金曜日までの5日間に次のようなシフトで勤務していた。このとき，確実にいえるものはどれか。

- 毎日，3人が働いている。
- AとBは同じ日に働き，同じ日に休んでいる。
- Cは3日働いており，そのうち1日は金曜日であった。
- EかFが働いている日はDも働いている。
- Eは木曜日に，Fは水曜日に働いており，あと1日同じ日に働いている。

1 AとFが働いている日がある。　　**2** Bは3日働いている。

3 Cは月曜日に働いている。　　　　**4** Dは火曜日に働いている。

5 Eは月曜日に働いている。

解説

条件を表にまとめる。2つめ以外を反映させると次のようになる。

	月	火	水	木	金	計
A						
B						
C					○	3
D			○	○		
E			×	○		2
F			○	×		2
計	3	3	3	3	3	15

「AとBは同じ日に働き，同じ日に休んでいる」より，AとBで「○」は0個か2個である。よって，合計数より水曜日と木曜日はどちらも働いておらず，水曜日と木曜日のあと1人はCとなる。これより，Cが働いている3日は確定する。

	月	火	水	木	金	計
A			×	×		
B			×	×		
C	×	×	○	○	○	3
D			○	○		
E			×	○		2
F			○	×		2
計	3	3	3	3	3	15

「EかFが働いている日はDも働いている」ので，EとFが働いているあと1日は月曜日か火曜日となり，その日にDも働いていることがわかる。また，EとFが働いていない月曜日もしくは火曜日は，同じ日に働いているAとBが働いている。

	月か火		水	木	金	計
A	×	○	×	×		
B	×	○	×	×		
C	×	×	○	○	○	3
D	○		○	○		
E	○	×	×	○	×	2
F	○	×	○	×	×	2
計	3	3	3	3	3	15

AとBは同じ曜日に働いているので，金曜日のあと2人はAとBとなり，合計数より以下のように決まる。

以上より選択肢を検討すると，正答は**4**である。

	月か火		水	木	金	計
A	×	○	×	×	○	2
B	×	○	×	×	○	2
C	×	×	○	○	○	3
D	○	○	○	○	×	4
E	○	×	×	○	×	2
F	○	×	○	×	×	2
計	3	3	3	3	3	15

正答　4

図のようにつながった9個のマスがあり，右下のマスにはAが，左上のマスにはBが入っている。残りの7マスには1～7の数字が1つずつ入るが，Aの上のマスには「3」が入っている。今，Aを出発してBに到達し（これを①とする），その後Bを出発してAに到達する（これを②とする）ものとする。以下のルールと条件に従って進んだとき，確実にいえるのはどれか。

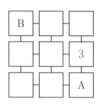

〔ルール〕
・①のときは，この図において上か左にのみ進める。また，2方向に進めるときは数字が大きいほうへ進み，1方向のみに進めるときはその方向へ進む。
・②のときは，この図において下か右にのみ進める。また，2方向に進めるときは数字が小さいほうへ進み，1方向のみに進めるときはその方向へ進む。

〔条件〕
・①と②で重なったマスはなかった。
・①と②で通らなかったマスが1つだけあり，それは「1」のマスだった。
・①のとき「3」を通った。
・「4」の次に「6」を通った。

1 「1」のマスの左隣に「4」のマスがあった。
2 「2」のマスの左隣に「5」のマスがあった。
3 「3」のマスの左隣に「6」のマスがあった。
4 「4」のマスの左隣に「2」のマスがあった。
5 「7」のマスの左隣に「4」のマスがあった。

解説

①のとき「3」を通っているので，「3」からBまでの経路を考えると，以下の3通りがある。

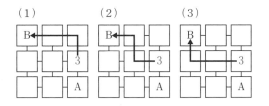

（1）の場合，「1」は通らなかった4マスのいずれかに入るが，いずれの場合も，小さい数字のほうへ進むときに「1」を通ってしまうので誤りである。（3）の場合，②のときに必ず①と重なるマスができてしまうので誤りである。よって（2）のルートと決まり，通らなかった「1」は右上のマスに決定する。②についても，次のように下へ2マス進んで右へ2マスと決定する。

②の最後のマス（Aの左のマス）は，①のスタート時に「3」と比較して「3」より小さい数字だったので，次のように「2」が入る。

「4」の次に「6」を通ったという4つ目の条件について，①のときか②のときかを検討する。①のときだとすると，「4」が中央のマスで，残る「5」と「7」は②のときに通ることになるが，Bの下のマスが「5」でも「7」でも，②のときに「4」のマスを再度通ってしまう。よって，「4」の次に「6」を通ったのは②のときである。その際，②のときに「4」の次に「6」を通るためには，中央のマスは「6」より大きな数でなければならない。つまり，中央のマスには「7」が入り，次のように決定する。

よって，正答は**5**である。

正答　**5**

地方上級
No. 352 判断推理　4店の営業状況

全国型，関東型，中部・北陸型

平成16年度

A〜D4軒の店について，その営業状況を調べたところ，以下のことがわかった。このとき確実にいえるものは次のうちどれか。

・A店が開いているとき，D店は閉まっている。
・B店が開いているとき，C店は閉まっている。
・C店が閉まっているとき，D店も閉まっている。
・B店のみが開いていることはない。

1 A店が開いているときは，C店も開いている。
2 A店が開いているときは，B店は閉まっている。
3 3つの店が同時に開いていることはない。
4 C店が開いているときは，D店は閉まっている。
5 A店とC店が同時に開いていることはない。

解説

論理式で考えてみてもよいが，右のような表（真偽表）を作成して形式的に可能性を判断したほうがわかりやすい。

A〜D4軒の店について，開いていることを大文字で，閉まっていることを小文字で表すと，その組合せは全部で16通りとなる。

ここで，「A店が開いているとき，D店は閉まっている」のだから，A店とD店が同時に開いていることを示す①，③，⑤，⑦は可能性がない。次に，「B店が開いているとき，C店は閉まっている」から，B店とC店が同時に開いていることを示す②，⑨，⑩も可能性がないことになる。さらに，「C店が閉まっているとき，D店も閉まっている」から⑪，⑮も可能性がなく，「B店のみが開いていることはない」から⑫もありえない。

以上から可能性があるのは④，⑥，⑧，⑬，⑭，⑯だけである。そうすると，④，⑧から**1**は誤りで，また④からは**2**も誤りとなる。また，⑬から**4**も誤りで，⑥から**5**も誤りとなる。

3つの店が同時に開いているのは②，③，⑤，⑨であるが，これらはいずれも可能性がないので，**3**は確実で，これが正答である。

	A				a		
①	B	C	D	⑨	B	C	D
②	B	C	d	⑩	B	C	d
③	B	c	D	⑪	B	c	D
④	B	c	d	⑫	B	c	d
⑤	b	C	D	⑬	b	C	D
⑥	b	C	d	⑭	b	C	d
⑦	b	c	D	⑮	b	c	D
⑧	b	c	d	⑯	b	c	d

	A				a		
①	B	C	D	⑨	B	C	D
②	B	C	d	⑩	B	C	d
③	B	c	D	⑪	B	c	D
④	B	c	d	⑫	B	c	d
⑤	b	C	D	⑬	b	C	D
⑥	b	C	d	⑭	b	C	d
⑦	b	c	D	⑮	b	c	D
⑧	b	c	d	⑯	b	c	d

正答 **3**

地方上級 No.353 判断推理 数量相互の関係 平成28年度
全国型，中部・北陸型

図Ⅰのような1つ〜3つの穴の空いた3種類の容器が4つずつある。容器の底の1つの穴からは1分間に1Lの水が流れ出る。今，これらの中から容器A，容器B，容器Cの3つを選んで図Ⅱのように上下に並べ，容器Cに水を入れたところ，容器Aには毎分2Lの水がたまり始めた。さらにもう1つの容器Dを選んで図Ⅲのように容器Cの上に並べ，容器Dに上から水を入れたところ，容器Aには毎分1Lの水がたまり始めた。このとき，容器Bと容器Dに空いている穴の数として正しいのはどれか。ただし，容器はいずれも十分に大きく，穴以外からは水はこぼれ出ないものとする。

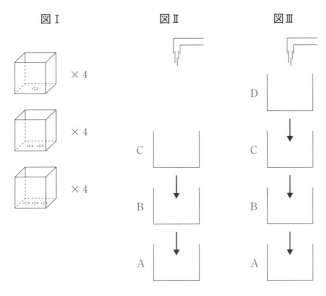

	B	D
1	1	2
2	2	1
3	2	3
4	3	2
5	3	3

解説

C→B→Aと並べたときに，Aに毎分2Lの水がたまるということは，Aの穴とBの穴の差が2つであることがわかる。よってAの穴は1つ，Bの穴は3つである。つまりBからAに毎分3Lの水が入ってきて，Aからは毎分1Lの水が流れ，その差である2Lがたまっていることになる。Bから毎分3Lの水を出すにはBに毎分3L以上の水が入ってこなければならない。よって，Cの容器には3つの穴が開いていることになる。

次にDの容器を置いたときを考える。Dの容器を置くことによって，たまる量が毎分1L減るので，3つの穴が開いているCの容器に毎分2Lの水が入っていることになる。よって，Dの容器には2つの穴が開いていることになる。

よって，A，B，C，Dの順に穴の数は，1つ，3つ，3つ，2つとなり，正答は**4**である。

正答 **4**

地方上級 全国型，関東型，中部・北陸型

No. 354　判断推理　数量推理　平成29年度

ある商店街でクジ引きが行われ，Aさんはクジを1枚持っていた。1等から4等の当せん番号の発表があったがAさんは当選していなかった。しかし，Aさんが持っていたクジと発表された当選番号はケタの数字はいくつか一致しており，数字が一致していたケタの数が表のようにわかっている。Aさんが持っていたクジの左から3番目と5番目のケタの数の和はいくつか。

1　9
2　11
3　13
4　15
5　17

	当選番号	数字が一致したケタの数
1等	2 1 3 6 6	2個
2等	4 1 8 4 5	3個
3等	2 3 7 4 6	3個
4等	3 3 8 6 6	1個

解説

2等で3個，3等で3個一致しているので，この2つの賞で6個一致していることになる。しかし番号は5ケタなので，共通している左から4番目の数字の「4」は共通して一致していることがわかる。また2等と3等の残りのケタはどちらかが当たっていることになる。よって，各等の数字で2等や3等の数字と一致しない数字は一致していないことになる。ここまでをまとめると以下のようになる。

	当選番号	数字が一致したケタの数
1等	2 1 ~~3 6~~ 6	2個
2等	4 1 8 ④ 5	3個
3等	2 3 7 ④ 6	3個
4等	~~3~~ 3 8 ~~6~~ 6	1個

4等は残り3つの数字のうち1つが一致しているが，「8」が一致していると仮定すると，残り「3」と「6」は一致していなかったことになる。しかし，その場合，3等で3個一致していたという条件に反するので，「8」は一致していないことが確定する。

	当選番号	数字が一致したケタの数
1等	2 1 ~~3 6~~ 6	2個
2等	4 1 ~~8~~ ④ 5	3個
3等	2 3 ⑦ ④ 6	3個
4等	~~3~~ 3 ~~8 6~~ 6	1個

4等より残りの「3」と「6」の一方が一致しており，それは3等でもいえる。すると3等の「2」は一致していないことになる。これより，2等より1番左のケタは「4」となり，1等の2個の一致も決まり，以下のように確定する。

	当選番号	数字が一致したケタの数
1等	~~2~~ ① ~~3 6~~ ⑥	2個
2等	④ ① ~~8~~ ④ ~~5~~	3個
3等	~~2 3~~ ⑦ ④ ⑥	3個
4等	~~3 3 8 6~~ ⑥	1個

以上より，持っていたクジの番号は「41746」と決まる。左から3番目の数は「7」，5番目の数は「6」なのでこの和は13になる。

よって，正答は**3**である。

正答　**3**

374●地方上級＜教養＞過去問500

地方上級

No. 355 判断推理 数量条件からの推理

全国型，中部・北陸型，市役所Ａ日程

令和２年度

A，B，Cの3人が，1〜4の数字が書かれた4枚のカードから1枚を引いて，一番小さいカードを引いた人が勝ちで，そのカードの数字が得点になるゲームを3回行った。次のことがわかっているとき，確実にいえるのはどれか。

- ・1回目はAが勝ち，3回目はBが勝った。
- ・Cは1回目に3のカードを引いた。
- ・Aが2回目に引いたカードとCが3回目に引いたカードは同じ数字だった。
- ・Bは3のカードを1回引き，合計得点は2点だった。
- ・合計得点はA，Bともに，Cよりも高かった。

1 Aは1回目に2のカードを引いた。　　**2** Bは1回目に1のカードを引いた。

3 Cは2回目に2のカードを引いた。　　**4** 3人の得点の合計は4点だった。

5 Aの得点は3点だった。

解説

1つ目から3つ目の条件を表にまとめる。表の中の○は勝ちを表し，○の中の数字は得点を表す。また4つ目の条件である，Bが3のカードを引いたのは，Cが3を引いている1回目でも，Bが勝った3回目でもないので，2回目と決まる。

	1回目	2回目	3回目	合計
A	○	x		
B		3	○	2
C	3		x	

　xの数字が何かを考える。2回目のゲームで3が出ているので，xは1か2か4が考えられるが，3回目はBが勝ったので，xは一番小さい数字である1ではない。よって，xは2か4である。xが2の場合，3回目でBが勝った数字は1となるが，2回目はBが勝つことはありえず，合計得点が2にならない。これより，xは4と確定し，2回目はCが勝ったとわかる。

	1回目	2回目	3回目	合計
A	○	4		
B		3	○	2
C	3	○	4	

　合計得点はCが一番低かったので2回目のCは1となり，1回目のAと3回目のBはいずれも2となる。2で勝ったときは，ほかの人は1を引くことはありえないので，Bの1回目は4，Aの3回目は3と決まる。

	1回目	2回目	3回目	合計
A	②	4	3	2
B	4	3	②	2
C	3	①	4	1

　以上より，正答は**1**である。

正答 **1**

地方上級

No. 356 全国型，関東型，中部・北陸型，市役所A日程

判断推理 **試合の勝敗** 平成30年度

A～Dの4チームでバスケットボールの総当たり戦を行った。上位2チームを選出するために勝ち数で決めようとしたが，勝ち数だけでは決めることができなかったので，勝ったチームの得点の総合計で決めることにした。その結果AとDの2チームが選出され，Dが1位だった。対戦結果について次のことがわかっているとき，ア～ウの正誤の組合せとして正しいのはどれか。ただし，引分けはなかったものとする。

〇A対BではAが勝ち，Aの得点は70点だった。
〇A対DではDが勝ち，Dの得点は90点だった。
〇B対CではCが勝ち，Cの得点は76点だった。
〇A対Cでは，勝ったほうの得点が62点だった。
ア　A対Cでは，Cが勝った。
イ　B対Dでは，勝ったほうの得点は42点より多かった。
ウ　C対Dでは，勝ったほうの得点は56点より少なかった。

	ア	イ	ウ
1	正	正	誤
2	正	誤	正
3	誤	正	正
4	誤	誤	正
5	誤	誤	誤

解説

総当たり戦なので，リーグ表を使って検討する。勝ったチームの得点を合計するので，リーグ表の「〇（勝ち）」の代わりに得点を，「×（負け）」の代わりに0を記入していく。A対Cの対戦でAが負けたとすると，Aの合計は70点となり，この時点でC，Dより下なので上位2チームに入ることはありえない。よって，AはCに勝ったとわかるので，アは誤りである。

	A	B	C	D	計
A		70	62	0	132
B	0			0	
C	0	76			
D	90				

次に，Dの残り2試合で，Dが両方負けたとすると，Dが1位という条件に反する。Dが両方の試合で勝ったとすると，Dが3勝，Aが2勝，Cが1勝，Bが0勝となり，上位2チームが決まってしまう。DがBに負けてCに勝ったとすると，AとDが2勝，BとCが1勝となり，上位2チームが決まってしまう。したがって，DはBに勝ってCに負けたとわかる。

	A	B	C	D	計
A		70	62	0	132
B	0		0	0	0
C	0	76			
D	90		0		

B対Dの対戦ではDが勝ったが，このときのDの得点が42点より少ないと，合計点でAを下回るため，Dが1位となることはできない。よって，勝ったDの得点は42点より多かったので，イは正しい。

C対Dの対戦ではCが勝ったが，このときのCの得点が56点より多いと，合計点が132点より多くなりAを超えてしまう。よって，勝ったCの得点は56点より少なかったので，ウは正しい。

以上より，アが誤，イが正，ウが正となるので，正答は**3**である。

正答　3

376●地方上級＜教養＞過去問500

地方上級 No.357 判断推理 対応関係 令和2年度
全国型，関東型，中部・北陸型

A，B，Cの3人が回転寿司屋で図のように座っている。寿司はスタートの位置から5秒間隔で，サーモン3皿，マグロ3皿の合計6皿が順不同で流れてくる。3人は次のルールで寿司を取ったことがわかっている。このとき，確実にいえるのはどれか。

- 3人とも1皿取ったら，次の5秒間は取ることはできない。
- Aは取ることができるサーモンはすべて取り，マグロの1皿目を取る。
- BとCは取ることのできる皿はすべて取る。
- 6皿のうち5皿目を取ったのはBであり，それはマグロであった。

1　3人ともマグロを食べた。
2　Bはサーモンを2皿食べた。
3　1皿目に流れたのはサーモンであった。
4　2皿目に流れたのはマグロであった。
5　Cは2皿食べた。

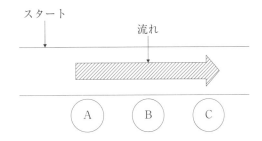

解説

3人がどの皿を取ったかを表にする。Aは1皿目を必ず取ることができるが，次の5秒間は取れないので，2皿目はBが取ったとわかる。また4つ目の条件より5皿目はBが取っている。

3皿目をAが取ったとすると，4皿目をAが取ることはできないので，Bが取ったことになる。しかし，これでは5皿目をBが取ったという条件に反する。よって，3皿目はAが取らなかったとわかる。Aが取れるタイミングだったのに取らなかったということは，3皿目はマグロの2皿目だったということである。つまり，Aが取った1皿目はマグロだったことになり，3皿目はBは取れないのでCが取ったことになる。マグロの3皿はこれで確定し，残りはサーモンということになる。

4皿目と6皿目はサーモンでAが取り，次のように確定する。

表1

	1皿目	2皿目	3皿目	4皿目	5皿目	6皿目
A	○	×			×	
B	×	○			㋮	
C	×	×			×	

表2

	1皿目	2皿目	3皿目	4皿目	5皿目	6皿目
A	㋮	×	×	×		
B	×	㋚	×		㋮	
C	×	×	㋮	×		

表3

	1皿目	2皿目	3皿目	4皿目	5皿目	6皿目
A	㋮	×	×	㋚	×	㋚
B	×	㋚	×	×	㋮	×
C	×	×	㋮	×	×	×

以上より，正答は **1** である。

正答　1

地方上級

No. 358 判断推理 — 対応関係

全国型，関東型，中部・北陸型 平成29年度

A，B，C，Dの4人が黒，紺，茶，白のいずれかの色のコートを着て，装飾品として帽子，マフラー，手袋，耳あてのいずれか1つを身につけている。コートの色と装飾品は4人とも異なっている。以下のことがわかっているとき，正しくいえるものはどれか。

　○AとCは白か紺のコートを着ている。
　○AとBはいずれも手袋を身につけていない。
　○Bは茶のコートを着ていない。
　○Dは帽子を身につけている。
　○黒のコートの人は耳あてを身につけていない。
　○白のコートの人は手袋を身につけていない。

1　Aはマフラーを身につけている。
2　Cは白のコートを着ている。
3　黒のコートを着ている人は帽子を身につけている。
4　紺のコートを着ている人はマフラーを身につけている。
5　白のコートを着ている人は耳あてを身につけている。

解説

コートの色と装飾品の条件を対応表でまとめると以下のようになる（表1）。

表1	コートの色 黒	紺	茶	白	装飾品 帽子	マフ	手袋	耳
A	×		×		×		×	
B			×		×		×	
C	×		×					
D					○	×	×	×
(1)	○	×	×	×				×
(2)	×	×	×	○			×	

表2	コートの色 黒	紺	茶	白	装飾品 帽子	マフ	手袋	耳
A	×		×		×	×	×	○
B	○	×	×	×	×	○	×	×
C	×		×		×	×	○	×
D	×	×	○	×	○	×	×	×
(2)	×	×	×	○			×	

　表1より，Cの装飾品は手袋，Dのコートの色は茶色に決まる。すると，Dは黒のコートを着ていないので，黒のコートを着ているのはBとなり，（1）はBに入ることがわかり，Bの装飾品はマフラー，Aの装飾品は耳あてに決まる（表2）。

　表2より，（2）はAに入り，以下のように確定する（表3）。

表3	コートの色 黒	紺	茶	白	装飾品 帽子	マフ	手袋	耳
A	×	×	×	○	×	×	×	○
B	○	×	×	×	×	○	×	×
C	×	○	×	×	×	×	○	×
D	×	×	○	×	○	×	×	×

　よって，正答は**5**である。

正答　5

No.359 判断推理 パソコンの保有状況 東京都 平成12年度

ある会社の社員数は，男性30人，女性20人である。全員がパソコンを1台ずつ所有しており，それはデスクトップ型かノート型のどちらかである。デスクトップ型パソコンを所有している者は28人で，そのうち17人は男性である。また，インターネットを利用している者は32人で，そのうち15人はノート型パソコンを所有している。インターネットを利用していない者のうち，8人は男性であり，5人はデスクトップ型パソコンを所有している女性である。このとき，ノート型パソコンを所有している男性でインターネットを利用している者は何人いるか。

1　10人
2　11人
3　12人
4　13人
5　14人

解説

性別（男，女），パソコンの種類（デスクトップ型，ノート型），インターネット利用の有無によって，社員は2×2×2＝8〔通り〕の類型に分けられるので，これを図1のように表現することができる。

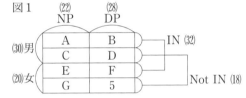

ここで，NPはノート型，DPはデスクトップ型，INはインターネット利用，Not INはインターネット未利用を意味する。また，与えられた条件より，

　B＋D＝17　…①
　C＋D＝8　…②
　A＋E＝15　…③

が成り立つ。
デスクトップ型所有者に注目して，①より，
　F＝28−(B＋D＋5)＝28−(17＋5)＝6
インターネット未利用者に注目して，②より，
　G＝18−(C＋D＋5)＝18−(8＋5)＝5
ここまでの結果は図2のようになる。

図2

A	B
C	D
E	6
5	5

さらに女性に注目して，
　E＝20−(5＋5＋6)＝4
したがって，③より，
　A＝15−E＝15−4＝11

Aは，ノート型パソコンを所有している男性でインターネットを利用している者の人数である。なお，残りのB，C，Dも同様にして容易に決定することができ，最終的には図3のようになる。

図3

11	11
2	6
4	6
5	5

よって，正答は **2** である。

正答　2

地方上級

No. 360 判断推理 武道と球技の履修状況

全国型，関東型 / 平成16年度

ある高校では，男子生徒は体育において武道から1種目，球技から1種目を選択して履修することになっている。武道には柔道，剣道，空手の3種目，球技には野球，サッカー，テニスの3種目がある。A～Hの8人について，その選択した種目を見ると，2人はまったく同じ武道と球技の組合せであり，また，他の3人はこれとは別に同じ武道と球技の組合せであった。残りの3人はいずれもそれぞれ異なる武道と球技の組合せで選択していた。以下のことがわかっているとき，確実にいえるものは次のうちどれか。

- ・柔道，剣道を選択したのは各3人，野球，テニスを選択したのは各2人であった。
- ・Aは柔道とサッカーを選択した。
- ・Bは剣道と野球を選択した。
- ・Cは空手とサッカーを選択した。
- ・Dは剣道，Eはテニス，Fは野球，GとHは柔道をそれぞれ選択した。

1 Dはテニスを選択した。

2 Eは空手を選択した。

3 Fは剣道を選択した。

4 Gはテニスを選択した。

5 BとFは同じ種目の組合せで選択した。

解説

A～H8人が選択した種目について，条件から判明していることを表にしてみると，表Iとなる。

柔道は3人なのでA，G，H以外に選択している者はなく，野球は2人なのでB，F以外に選択している者はいない。

同じ組合せの選択をしている3人は，柔道の3人か剣道の3人のいずれかとなるが，剣道を選択しているB，Dは球技の選択が一致しない。したがって，柔道を選択したA，G，Hの3人がいずれもサッカーを選択していることになる。

この結果，Dが選択している球技はテニス以外にない。EとFが選択している武道については，Eが剣道ならDとEの2人が同じ組合せ，Fが剣道ならBとFが同じ組合せで，どちらも条件を満たすことになり，確定することはできない。

以上から確実にいえるのは**1**だけである。

表I

	柔道	剣道	空手	野球	サッカー	テニス
A	○	×	×	×	○	×
B	×	○	×	○	×	×
C	×	×	○	×	○	×
D	×	○	×	×		
E	×			×	×	○
F	×			○	×	×
G	○	×	×	×		
H	○	×	×	×		
	3人	3人	2人	2人	4人	2人

表II

	柔道	剣道	空手	野球	サッカー	テニス
A	○	×	×	×	○	×
B	×	○	×	○	×	×
C	×	×	○	×	○	×
D	×	○	×	×	×	○
E	×			×	×	○
F	×			○	×	×
G	○	×	×	×	○	×
H	○	×	×	×	○	×
	3人	3人	2人	2人	4人	2人

正答 **1**

地方上級
全国型，関東型，中部・北陸型

No. 361 判断推理 数量条件からの推理 令和2年度

各国代表選手が5人ずつ出場するマラソン大会が開催された。その中の出場選手であるA～Eの5人の結果について以下のことがわかっている。

　・Aより上位の人数と，下位の人数は同じであった。
　・Bは41位でA～Eの中では最下位であった。
　・Cは23位，Dは32位であった。
　・EはAより4つ順位が低かった。

　このとき，確実にいえるのはどれか。ただし，同順位はいなかったとする。

1 出場人数は60人以下であった。
2 A～Eの中ではAが上から2番目であった。
3 A～Eの中ではEが上から3番目であった。
4 AとCの順位は5つ違いであった。
5 AとDの順位は1つ違いであった。

解説

1つ目の条件より，Aの前後の人数が等しいことより，出場人数は奇数となる。また，各国5人ずつ出場しているので，出場者数は5の倍数でかつ2つ目の条件より41人以上の参加者がいなければならない。

（1）出場人数が5×9＝45〔人〕の場合

　Aは真ん中の23位となるが，これでは3つ目の条件よりCと同順位になるので条件に反する。

（2）出場人数が5×11＝55〔人〕の場合

　Aは真ん中の28位となり，4つ目の条件よりEは32位となる。しかしこれでは3つ目の条件よりDと同順位になるので条件に反する。

（3）出場人数が5×13＝65〔人〕の場合

　Aは真ん中の33位となり，4つ目の条件よりEは37位となる。これより，C―D―A―E―Bの順に23位，32位，33位，37位，41位と決まる。

（4）出場人数が5×15＝75〔人〕の場合

　Aは真ん中の38位となり，4つ目の条件よりEは42位となる。しかしこれではBの41位より下位になり2つ目の条件に反する。これ以降の数は同様にすべて2つ目の条件に反する。

　以上より，（3）のときのみが成り立つ。

　よって，正答は**5**である。

正答　**5**

地方上級

No. 362 判断推理　発言内容

全国型，中部・北陸型，大阪府，横浜市

平成20年度

A～Fの6人の生徒と2人の先生で伝言ゲームを行った。まず，1人の先生がAに伝え，Aから先は，A→B→C→D→E→F→もう1人の先生，となるようにそれぞれ伝言した。ところが，A～Fのうち3人は聞いた内容を正しく次の者に伝えたが，3人は聞いた内容と反対の内容を次の者に伝えた。このとき，A→B間の伝言とC→D間の伝言は同じ内容で，A→B間の伝言とE→F間の伝言は反対の内容であったとすると，聞いた内容と反対の内容を伝えた3人の組合せとして何通りが考えられるか。

1 2通り
2 4通り
3 6通り
4 8通り
5 10通り

解説

Aが反対の内容をBに伝えた場合を考えると，（A，D，F）あるいは（A，E，F）の3人が聞いた内容と反対の内容を伝えていれば，A→B間の伝言とC→D間の伝言は同じ内容，A→B間の伝言とE→F間の伝言は反対の内容になる。Aが正しい内容を伝えていた場合は，（B，C，D）あるいは（B，C，E）の3人が聞いた内容と反対の内容を伝えていれば，A→B間の伝言とC→D間の伝言は同じ内容，A→B間の伝言とE→F間の伝言は反対の内容になる。つまり，B，Cとも正しい内容を伝えるか，B，Cとも聞いた内容と反対の内容を伝えたとき，A→B間の伝言とC→D間の伝言は同じ内容になり，D，Eのうちの一方が聞いた内容と反対の内容を伝えたとき，C→D間の伝言とE→F間の伝言は反対の内容になるのである。ここから，A→B間の伝言とC→D間の伝言は同じ内容，A→B間の伝言とE→F間の伝言は反対の内容になるのは，上に述べた4通りしかなく，正答は**2**である。

正答　**2**

地方上級

No. 363　判断推理　発言からの推理

全国型，中部・北陸型

平成25年度

AがB，Cの2人にコインを配った。Aは2人に配ったコインの枚数を知っているが，B，Cは互いに相手に配られたコインの枚数を知らず，自分に配られたコインの枚数だけがわかっている。ここで，A，B，Cの順に次のような発言をした。

A「2人に配ったコインの枚数はいずれも100枚以上です。1人に配ったコインの枚数は，もう1人に配ったコインの枚数の2倍です」

B「Aの発言を聞いても，私とCのどちらがコインを多く配られたのかわかりません」

C「Aの発言を聞いただけでは，私とBのどちらがコインを多く配られたのかわからなかったのですが，Bの発言を聞いたことにより，Bに配られたコインの枚数がわかりました」

3人の発言から，次のように推論することができる。

Aの発言を聞いたBは，Cに配られたコインの枚数について2通りの可能性が考えられたので，Bに配られたコインの枚数は ｛ア．200枚以上，イ．400枚未満｝ である。そして，Bの発言により，CがBに配られた枚数について考えていた2通りのうち，一方は可能性がなくなったのだから，Cに配られたコインの枚数は，｛ウ．100枚以上200枚未満，エ．200枚以上400枚未満，オ．400枚以上｝ である。

文中の ｛ア，イ｝ および ｛ウ，エ，オ｝ のうちから，正しい記述を選んだ組合せとして妥当なものは，次のうちどれか。

1 ア，ウ　　**2** ア，エ　　**3** ア，オ　　**4** イ，エ　　**5** イ，オ

解説

Bに配られたコインの枚数が200枚未満であった場合，Aの発言を聞いたBは，Cに配られたコインの枚数がBの2倍であることがわかる。Bに配られたコインの枚数がCの2倍だとすると，Cに配られたコインの枚数が100枚未満になってしまうからである。つまり，Bに配られたコインの枚数は200枚以上〔ア〕である。

次に，CもAの発言を聞いただけでは，Bに配られたコインの枚数がわからなかったのだから，Cにも200枚以上のコインが配られている。しかし，Bの発言を聞いたことにより，CはBに配られたコインの枚数がわかったと発言している。これは，「BがCの2倍」，「CがBの2倍」という2通りの可能性のうち，一方の可能性がなくなったことによるものである。Bの発言により，Bに配られたコインの枚数が200枚未満ではない（＝200枚以上）ことがわかり，これにより，Cとしては可能性の一方が消滅したのだから，Cに配られたコインの枚数は200枚以上400枚未満〔エ〕でなければならない。このとき，Cに配られたコインの枚数がBの2倍という可能性がなくなり，Bに配られたコインの枚数がCの2倍であると判断することができるからである。Cに配られたコインの枚数が400枚以上の場合，Bに配られたコインの枚数が200枚以上だとわかっても，Cは「BがCの2倍」，「CがBの2倍」のどちらであるか判断できない。

以上から，正しい記述の組合せはアとエであり，正答は**2**である。

正答　**2**

地方上級
全国型，関東型，大阪府，横浜市

No. 364 判断推理 5人姉妹のうそつき問題 平成11年度

A〜Eは5人姉妹で，それぞれ自分自身について次のように話しているが，次女と四女だけがうそをついている。

　A：Bより年下である。

　B：三女である。

　C：Dより年上である。

　D：次女である。

　E：Aより年下である。

　このとき確実にいえるものは，次のうちどれか。

1　Aは本当のことを言っている。

2　Aはうそを言っている。

3　Bは本当のことを言っている。

4　Cは長女である。

5　Eは五女である。

解説

次女はうそをついているのだから，自分のことを「次女である」とはいわない。だから，「次女である」という者がいれば，それはうそつきである。この場合，Dはうそつきである。しかも，もう1人のうそつきは四女とわかっているから，Dは四女と特定される。もう1人のうそつき（＝次女）はだれであるかわからないので，順に仮定して次表のように整理していく。

①次女＝Aの場合。A，Dをまず固定し，B，Eを入れて，Cを残る長女に入れる。Cの発言は他と矛盾しない。

②次女＝Bの場合。B，Dをまず固定する。A，Cに関してはCを年上としないと条件は満たされない。

③次女＝Cの場合。条件を満たす組合せはない。

④次女＝Eの場合。E，D，Bをまず固定する。A，Cは自動的に決まる。

	長女	次女	三女	四女	五女
①	C	A	B	D	E
②	C	B	A	D	E
③		C	B	D	
④	C	E	B	D	A

　よって，正答は**4**である。

正答　4

地方上級

No. 365 判断推理　カードを引いた3人の勝敗

全国型，関東型，中部・北陸型　平成17年度

A，B，Cの3人が次のような手順でゲームを行うことにした。まず，表に1〜5の数字が1つずつ書かれた5枚のカードを数字が見えないように伏せて並べ，3人が1枚ずつ取る。取ったカードは，自分には数字が見えないが他の2人には見えるように頭上に掲げる。各人は他の2人のカードを見て，自分のカードの数字が他の2人より大きいことが確実ならば「勝った」と発言し，自分のカードの数字より大きい数字のカードを持っている者が確実にいるなら「負けた」と発言する。どちらとも判断できないときは「わからない」と発言するものとする。その際，自分より前者の発言を前提にして考えることができる。

今，A，B，Cの順で以下のように発言したとき，各人が持っているカードについて確実にいえるものは，次のうちどれか。

A「わからない」
B「わからない」
C「負けた」

1 Aが持っているカードに書かれた数字は4である。
2 Bが持っているカードに書かれた数字は4である。
3 Bが持っているカードに書かれた数字は3である。
4 Cが持っているカードに書かれた数字は2である。
5 Cが持っているカードに書かれた数字は1である。

解説

まず，Aが「わからない」と発言したことから考えてみる。この場合，B，Cのいずれも5と書かれたカードは持っていない。Aから見て5と書かれたカードがあれば自分は「負け」とわかるはずだからである。また，B，Cの持っている2枚のカードに書かれた数字が1と2であることもない。その場合，Aは「勝った」とわかるからである。

次に，Bの発言を考えてみると，やはりAが5と書かれたカードを持っていることはなく，A，Cの持っている2枚のカードに書かれた数字が1と2であることもない。つまり，3人とも5と書かれたカードを持っていないことになる。そして，A，Bの持っている2枚のカードに書かれた数字が1と2であることもない。もしそうなら，Cは「勝った」と発言するはずだからである。3人とも5と書かれたカードを持っていないので，1，2，3，4のうちのいずれかを持っていることになるが，3人のうちの2人が1と2の書かれたカードを持っていることもないので，3人が持っているカードの数字は（1，3，4）または（2，3，4）のどちらかである。そうすると，3と4の書かれたカードは必ずだれかが持っていることになるが，4と書かれたカードはAもCも持っていないことは確実である。なぜなら，BはAの発言から自分が5と書かれたカードを持っていないことがわかるので，AまたはCが4のカードを持っていれば自分は「負け」とわかるからである。

したがって，Bが持っているカードに書かれた数字は4でなければならず，正答は**2**である。

3人が持っているカードに書かれた数字の組合せは，（A=1，B=4，C=3），（A=2，B=4，C=3）のいずれかである。（A=3，B=4，C=1），（A=3，B=4，C=2）だと，B，C2人の持っているカードの数字が（1，2）でないことをBは知っているので（Aの発言より），Cが1ならBは4，Cが2ならやはりBは4であることをBは判断でき，その場合Bは「勝った」と発言することになるからである。

正答 2

地方上級＜教養＞過去問500●**385**

地方上級

全国型，関東型，中部・北陸型

No. 366 判断推理 ビーチバレーの選手交代 平成25年度

A〜E5人のチームがビーチバレーの試合に参加した。コートに入って試合に出場する選手は2人，ほかの3人はベンチで，試合途中での選手交代が認められる。ア〜オのことがわかっているとき，正しいものは次のうちどれか。

ア 選手交代は3回行われ，毎回1人ずつ交代したが，3回交代した選手はいなかった。

イ Cは，試合開始時にコート内にいた。

ウ コート内のEとベンチにいるBとの交代が1回あった。

エ DとEが同時にベンチにいることはなかった。

オ Dは，試合終了時にベンチにいた。

1 Bは，1回目の選手交代で試合に出場した。

2 Cは，2回目の交代でベンチに下がった。

3 試合に出場しなかった選手は1人もいなかった。

4 Dが行った選手交代は2回だった。

5 DとEが同時に試合に出場することはなかった。

解説

条件イより試合開始時にCがコート内にいるので，もう1人はDまたはEである（そうでないと，条件エに反する）。試合開始時にコート内にいたもう1人をDとすると，1回目の交代でCもしくはDがベンチに下がりEが出場，2回目の交代でEがベンチに下がりBが出場（条件ウ）となるが，これだと3回目の交代でEが出場することになり（条件オより試合終了時にEはベンチにいない），条件アに反する。つまり，試合開始時にコート内にいたのはCとEである。1回目の交代でEがベンチに下がりDが出場すると，やはり条件ウが満たせなくなる。また，Eがベンチに下がりBが出場すると，DとEが同時にベンチにいることになってしまい，やはり条件エに反する。ここから，Eがベンチに下がりBが出場するのは2回目の交代でなければならないが，Eがベンチに下がったときにDはベンチにいないのだから，1回目の交代ではCがベンチに下がりDが出場しなければならない（DとEが同時に出場するのは条件に反しないことに注意）。そして，3回目の交代でDがベンチに下がりEが出場している。図にまとめると次のようになる。

		交代①		交代②		交代③	
コート	Ⓒ Ⓔ		Ⓓ Ⓔ		Ⓑ Ⓓ		Ⓑ Ⓔ
ベンチ	Ⓐ Ⓑ Ⓓ		Ⓐ Ⓑ Ⓒ		Ⓐ Ⓒ Ⓔ		Ⓐ Ⓒ Ⓓ

以上から，正しいのは「Dが行った選手交代は2回だった」となり，正答は**4**である。

正答 4

地方上級 全国型，中部・北陸型

No. 367 判断推理　グラスとコースターの組合せ　平成23年度

白，黒，赤，青のグラスが1個ずつと，やはり白，黒，赤，青のコースターが1枚ずつある。まず，各コースターの上にグラスを1個ずつ，適当に置いた。その後，次の①〜③の手順でグラスの位置を移動させた。

① 赤と青のグラスの位置を入れ換えたところ，一方だけがグラスとコースターの色が一致し，他方は一致しなかった。

② 赤と白のグラスの位置を入れ換えたところ，一方だけがグラスとコースターの色が一致し，他方は一致しなかった。

③ 赤と黒のグラスの位置を入れ換えたところ，どちらもグラスとコースターの色は一致しなかった。

この手順③の後で，青のコースターと白のコースターの上に置かれているグラスの色の組合せとして，正しいものはどれか。

	青のコースター	白のコースター
1	青	白
2	青	赤
3	赤	白
4	赤	黒
5	白	赤

解説

手順①の結果として，赤のグラスが赤のコースターの上に置かれたとすると，手順②で赤と白のグラスの位置を入れ換えた後に，一方だけグラスとコースターの色が一致することはありえない（両者とも一致しないことになる）。したがって，手順①によりグラスとコースターの色が一致したのは青のほうであり，最初の状態で赤のグラスは青のコースターの上に置かれていたことになる。

そうすると，最初の状態で青のグラスが置かれていたのは赤のコースターの上ではなく，また，手順③の結果として赤のグラスも黒のグラスもコースターの色と一致していないのだから，黒のグラスが置かれているのは赤のコースターではない。ここから，最初に赤のコースターの上に置かれているのは白のグラスである。

そして，最初に青のグラスが置かれていたのが白のコースターの上だと，手順①の結果として，赤のグラスが白のコースターの上に置かれることになり，手順②を行うと，赤と白のどちらもグラスとコースターの色が一致してしまう。つまり，青のグラスは最初に黒のコースターの上に置かれてなければならない。

ここまでで，最初の状態でのグラスとコースターの色の組合せは，表Ⅰに決まる。ここから，手順①〜③を行うと，表Ⅰ〜表Ⅳのように移動する。最終的に，青のコースターの上には青のグラス，白のコースターの上には赤のグラスが置かれることになる。

表Ⅰ　最初の状態

グラス	白	黒	赤	青
コースター	赤	白	青	黒

表Ⅱ　手順①の後

グラス	白	黒	青	赤
コースター	赤	白	青	黒

表Ⅲ　手順②の後

グラス	赤	黒	青	白
コースター	赤	白	青	黒

表Ⅳ　手順③の後

グラス	黒	赤	青	白
コースター	赤	白	青	黒

正答 2

地方上級

No. 368 全国型，関東型

判断推理 **ボールの取り出し方** 平成16年度

青，赤，黄，緑，紫，オレンジのボールがそれぞれ1個ずつある。これら6個のボールの中から3個を選んで取り出すが，その際に次のような条件があるものとする。このとき，3個のボールの取り出し方は何通りあることになるか。

・紫のボールを選ぶ場合は，必ず緑のボールも選ばなければならない。

・紫またはオレンジのボールのどちらかを選ぶ場合は，必ず他方のボールも選ばなければならない。

・青のボールを選ぶ場合は，必ず赤のボールも選ばなければならない。

・青のボールを選ばない場合は，緑のボールを選んではならない。

1 1通り

2 2通り

3 3通り

4 4通り

5 5通り

解説

異なる6個の中から3個を選ぶ組合せは全部で，

$$_6C_3 = \frac{6 \times 5 \times 4}{3 \times 2 \times 1} = 20 〔通り〕$$

ある。この中から条件を満たさない組合せを取り除いていけばよい。表にすると，まず，紫とオレンジの一方だけを選ぶことはできないから，3，4，6，7，8，9，12，13，14，15，17，18の12通りは条件を満たさない。次に，紫を選ぶ場合は必ず緑も選ばなければならないから，10，16，19も条件を満たさない。さらに，青を選ばない場合は緑を選ぶことはできないから，11，20も条件を満たさない。そして，青を選ぶ場合は必ず赤も選ばなければならないから，5も条件を満たさないことになる。この結果，条件を満たす3個のボールの組合せは1，2の2通りだけということになる。

	青	赤	黄	緑	紫	オレンジ
1	○	○	○			
2	○	○		○		
3	○	○			○	×
4	○	○				○	×
5	○		○	○		×
6	○		○		○	×
7	○		○			○	×
8	○			○	○	×
9	○			○		○	×
10	○				○	○	×
11		○	○	○		×
12		○	○		○	×
13		○	○			○	×
14		○		○	○	×
15		○		○		○	×
16		○			○	○	×
17			○	○	○	×
18			○	○		○	×
19			○		○	○	×
20				○	○	○	×

正答 **2**

地方上級 No.369 判断推理 対戦ゲーム 平成23年度
全国型，関東型，中部・北陸型

3人で対戦して得点を競い，勝者1人を決めるゲームがある。このゲームを次のようなルールで行い，優勝者1人を決める大会を行った。
① 1回戦は3人1組で対戦し，各組の勝者1人が2回戦に進む。2回戦以降も同様とする。
② 2回戦以降は，3人1組ができない余りの人数が出る場合，得点が下位の1人または2人は不戦敗となる。

このルールにおいて，3回戦で優勝者1人が決定し，ルール②により不戦敗となった者は全部で3人いた。このとき，全対戦の最大数として正しいものはどれか。

1 18
2 19
3 20
4 21
5 22

解説

3回戦で優勝者が1人決まっているので，3回戦がいわゆる決勝戦であり，これに3人が進出している。また，対戦数が最も多くなるのは，2回戦の勝者の中から不戦敗が2人出て（2回戦の勝者から不戦敗が3人出ることはありえない），1回戦の勝者から不戦敗が1人出る場合である。そうすると，2回戦の対戦数は5となる。2回戦の対戦数が5であるならば，2回戦を行ったのは15人ということになり，この15人がそれぞれ1回戦を行っている。さらに，1回戦で勝者となったが不戦敗の者が1人いるので，1回戦の対戦数は合計で16である。したがって，この場合の全対戦数は，1+5+16＝22となる。なお，1回戦の勝者から不戦敗が2人，2回戦の勝者から不戦敗が1人とすると，全対戦数は19にしかならない。

よって，正答は**5**である。

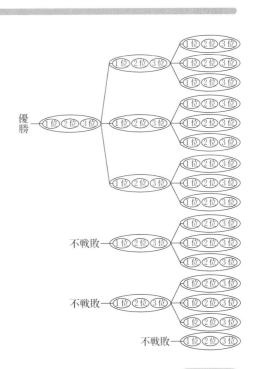

正答 5

地方上級

全国型，関東型，中部・北陸型

No. 370 判断推理 手順（意見調整） 平成21年度

A～Eの5人がある議題について討論したところ，賛成の意見を持つ者と反対の意見を持つ者がいた。そこで，賛成の意見を持つ者と反対の意見を持つ者の両方がそろうようにして3人を選び，意見の調整を行った。メンバーを入れ替えてこれを3回行ったところ，最終的に5人全員が賛成の意見を持つにいたった。3回とも，3人の中で意見の一致する2人の説得により，他の1人が意見を変えることが繰り返されたが，各回のメンバーは次のとおりであった。

　　1回目：A，B，C
　　2回目：A，C，D
　　3回目：B，D，E

　このとき，次のうちで確実にいえるのはどれか。

1 最初は賛成の意見を持つ者が2人，反対の意見を持つ者が3人であった。

2 AとDの最初の意見は同じであった。

3 Bは最初に反対の意見を持っていた。

4 Dは，調整の結果自分の意見を2回変えた。

5 Eの最初の意見が賛成であったか反対であったかはわからない。

解説

最終的に全員が賛成となったのだから，3回目の意見調整を行う段階で，メンバーであるB，D，Eのうち，反対意見を持っていたのは1人である。このとき，Bが反対の意見を持っている者だとすると，1回目の調整の結果としてA，B，Cが反対の意見を持つようになったはずである。そうすると，2回目の意見調整を行う段階で，メンバーであるA，C，Dのうち，A，Cが反対，Dが賛成だったことになり，調整の結果として反対の意見でまとまっていなければならない。この場合，3回目の調整を行う段階で，B，Dの2人が反対，Eが賛成となり，最終的には5人全員が反対の意見を持つことになってしまう。つまり，3回目の意見調整を行う段階で，Bは賛成意見を持っていたはずである。これは，1回目の意見調整の結果であるから，2回目の意見調整を行う段階で，メンバーとなったA，Cは賛成，Dが反対の意見を持っていることになる。ここから，3回目の意見調整を行う段階で，B，Dが賛成，Eが反対の意見を持っていたことになり，最終的には5人全員が賛成の意見を持つことになる。ここまでで，D，Eの2人は最初に反対の意見を持っていたことがわかる。しかし，A，B，C3人のうち，1人は最初に反対の意見を持っていたことになるが，それがだれであるかは判断できない。以上から，A，B，Cのうちの1人とDおよびEの3人が最初は反対の意見を持っていたのであり，正答は**1**となる。**2**，**3**は不明で，**4**，**5**は誤りである。

　なお，賛成者と反対者の両方がいる条件で3回の調整を行い，各回の多数意見に従って最終的に全員賛成となるのであれば，毎回1人だけ反対者がいることになり（2回目はD，3回目はEであることは明らか），最初の反対者は3人であることは確実である。

正答　**1**

390●地方上級＜教養＞過去問500

地方上級 No.371 判断推理 円卓の座り方 平成18年度
全国型，関東型

A〜Eの5人が円卓に等間隔で着席している。5人のうち女性は2人で，この2人の席は隣り合っていない。5人はそれぞれ赤，青，白，黒，緑のシャツを着ており，同じ色のシャツを着ている者はいない。A〜Dの4人が以下のように述べているとき，確実にいえるものはどれか。

- A 私の左隣には黒いシャツを着た人が座っており，その左隣は男性である。
- B 私の右隣には白いシャツを着た人が座っており，その右隣は女性である。
- C 私の左隣には緑のシャツを着た人が座っており，その左隣は男性である。
- D 私の隣には青いシャツを着た人が座っている。私ともう1人の両隣に座っている人のシャツは黒ではない。

1 Aは青いシャツを着ている。
2 Bは女性である。
3 Cは白いシャツを着ている。
4 Dは男性である。
5 Eは赤いシャツを着ている。

解説

A，Bの発言を同時に満たす座席配置は，図Ⅰおよび図Ⅱの2通りである。このそれぞれに対して，Cの発言内容に矛盾しないようなCの座席は1通りしかなく，そこからD，Eの座席，性別，着ているシャツの色も決定する（図Ⅲ，図Ⅳ）。この図Ⅲおよび図Ⅳのどちらにも共通しているのは，選択枝の中で**2**だけである。

図Ⅰ

図Ⅱ

図Ⅲ

図Ⅳ

正答 **2**

地方上級

No. 372 判断推理　大阪市　重りを見つける手順　平成17年度

A〜L 12個の重りがあり，このうち11個は同じ重さだが1個だけが他と重さが異なっている。今，この中から8個を選び，4個ずつ天秤の左右に載せて重さを比較したところ，2回の結果が次のようになった。

①ABCD＜EFGH

②IJKL＜ABFG

　ここから，さらに2個の重りを選んでその重さを比較すれば，重さの異なる1個を見つけ出すことができるが，その2個の重りの組合せとして正しいものは，次のうちどれか。

1　BとK

2　CとJ

3　DとI

4　EとH

5　FとG

解説

①と②で軽いほうの4個は重複している重りがないので，A〜D，I〜Lの中に軽いものがある可能性はない。たとえばI〜Lの中に軽いものが1個あれば，ABCD＝EFGHとならなければならず，A〜Dの中に軽いものが1個あれば，IJKL＝ABFGまたはIJKL＞ABFGとなるはずだからである。したがって，A，B，E，F，G，Hの中に重いものが1個あることになるが，A，Bは①の結果からありえず，重さの違うのは1個だけなので，可能性があるのは①，②で2回とも重いほうにあるF，Gだけである。つまり，FとGの重さを比較して重いほうが1個だけ重さの異なる重りということになり，正答は**5**である。

正答　**5**

No. 373 判断推理　操作手順　平成29年度

地方上級　全国型，中部・北陸型

1～9の番号のついたカードの中から1枚を抜いて，残りの8枚のカードを時計回りに小さい数字のものから順番に並べる。

図Ⅰのように任意のカードの上に石を置き，石を時計回りに1つ飛ばして移動させる。このとき飛ばしたカードは取り除いていき，図Ⅱのように2枚になったら，石が載っていないカードを最後に残ったカードとする。

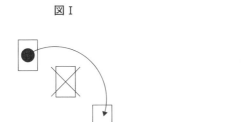

この操作を2回行い，石を最初に置いたカードと最後に残ったカードが表のようにわかっているとき，最初に抜いたカードの番号はどれか。

	最初に石を置いたカード	最後に残ったカード
1回目	1	5
2回目	7	2

1 3　**2** 4　**3** 6　**4** 8　**5** 9

解説

Sの場所に最初に石を置くと①～⑥の順でカードを取り除くことになり，最後のカードはGの場所になる（図1）。

これに1回目の結果を当てはめる。1から5の間は3枚入るので，1から5までの間ではカードは抜かれていないことになる（図2）。

これに2回目の結果を当てはめる。「2」の4枚後がスタートの「7」になる（図3）。

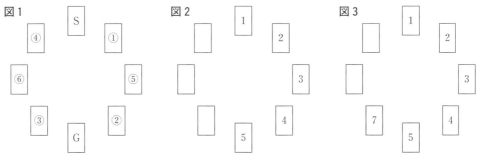

これより，「5」と「7」が連続していることがわかり，「6」が最初に抜いたカードと判断できる。

よって，正答は **3** である。

正答　**3**

No. 374 判断推理 平面図式の構成　平成25年度
（地方上級　全国型，関東型）

図1のように，それぞれ記号の書かれた正方形3枚でできた長方形A～Fがある。ただし，Fについては正方形内に書かれている記号が不明である。この長方形を3枚ずつ2組に分け，図2のような正方形を2枚作る。この2枚の正方形を重ね合わせたところ，すべての位置の記号が一致した。このとき，確実にいえるのは次のうちどれか。

なお，長方形を組み合わせて正方形を作るとき，また，2枚の正方形を重ねるときに，長方形，正方形を回転させることはできるが，裏返すことはしないものとする。

1　正方形の四隅のうち，「□」は2か所である。
2　正方形の四隅のうち，「✧」は1か所もない。
3　正方形の四隅のうち，「○」は2か所である。
4　記号が不明の長方形の中央は「□」である。
5　記号が不明の長方形の中央は「×」である。

解説

A～Eの長方形は，180°回転（上下を逆にする）させても記号の配列が一致するものがない。したがって，2組の正方形を作る際には，長方形を縦に使う組と横に使う組があることになる。そこで，正方形の中央にくる記号としてBとEの「◎」を考えてみる。Eを横にすると図Ⅰのようになる（この段階ではBの上下方向，Eの左右方向はどちらでもよい）。

次に，右端の列（Bの右側）については，Aの上下方向をそのままにして配置することが可能である（図Ⅱ。Aの上下を逆にすると，上段と下段のどちらも整合する長方形がない）。そうすると，左端および下段について，C，Dを図Ⅲのように配置すればよいことになり，図Ⅲの太線部分がFとなる（Fの上下はどちらでもよい）。

一方，B，Eの「◎」を正方形の中央に配置しないとすると，1段目と3段目の中央が「◎」，1列目と3列目の中段が「◎」，2列目または2段目で「◎」が並ぶことになるが，これだと記号の配置が一致する正方形を2組作ることは不可能である。したがって，図Ⅲのように確定する（上下，左右の反転，および回転した場合も可）。

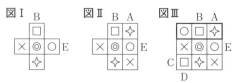

よって，正答は **4** である。

正答　4

地方上級

No. 375 判断推理　位置関係

全国型，関東型，中部・北陸型，市役所Ａ日程

令和２年度

図のような４×４のマス目に，Ａ～Ｆのアルファベットが１つずつ書かれたタイルが敷き詰められている。アルファベットが書かれたタイルは，Ａが５枚，Ｂが４枚，Ｃが３枚，Ｄが２枚，Ｅが１枚，Ｆが１枚である。Ⅱ－ウにはＡが置かれており，これに隣り合うマス目とはⅠ－ウ，Ⅱ－イ，Ⅱ－エ，Ⅲ－ウのことをいう。次のことがわかっているとき，確実にいえるのはどれか。

・同じアルファベットは隣り合っていない。
・ＥはＡ２枚，Ｄ２枚と隣り合っている。
・Ｆは４隅のうちのいずれかである。
・Ⅲ－アはＡ１枚，Ｂ２枚と隣り合っている。

1　Ⅰ－アにはＡが置かれている。
2　Ⅰ－ウにはＢが置かれている。
3　Ⅱ－イにはＥが置かれている。
4　Ⅲ－エにはＡが置かれている。
5　Ⅳ－イにはＤが置かれている。

	ア	イ	ウ	エ
Ⅰ				
Ⅱ			A	
Ⅲ				
Ⅳ				

解説

２つ目の条件より，Ｅは４枚と隣り合っているので，Ⅱ－イ，Ⅲ－イ，Ⅲ－ウのいずれかである。しかし，４つ目の条件にある，Ⅲ－アが接しているマス目の中にＥはないので，Ｅは，Ⅲ－イはありえず，Ⅱ－イ，Ⅲ－ウのいずれかである。ＥがⅡ－イの場合，Ⅱ－アとⅢ－イと隣り合うことになるが，４つ目の条件よりＢがどちらかに必ず入るので条件に合わない。よって２つ目の条件より１枚しかないＥはⅢ－ウと決まる。これにより，４つ目の条件よりⅢ－イにはＡが入るので，Ⅱ－ア，Ⅳ－アはＢとなり，Ｅと接しているほかの２枚もＤと決まる（**図１**）。

同じアルファベットは隣り合っていないので，Ａの可能性がある場所は残り４か所しかなく，Ａは全部で５枚なので，残る３枚の場所を考える。Ⅰ－ア，Ⅰ－イのいずれかと，残りの２か所は確定である。３つ目の条件よりＦは４隅のいずれかなので，それは残っているⅠ－アとなり，Ａの残る１枚はⅠ－イとなる（**図２**）。

残るＢの２枚はⅠ－ウ，Ⅱ－エと決まり，残り３か所には残りのＣが入る。よって，次のように確定する（**図３**）。

以上より，正答は**2**である。

正答　2

図１

	ア	イ	ウ	エ
Ⅰ				
Ⅱ	B		A	
Ⅲ		A	E	D
Ⅳ	B		D	

図２

	ア	イ	ウ	エ
Ⅰ	F	A		A
Ⅱ	B		A	
Ⅲ		A	E	D
Ⅳ	B		D	A

図３

	ア	イ	ウ	エ
Ⅰ	F	A	B	A
Ⅱ	B	C	A	B
Ⅲ	C	A	E	D
Ⅳ	B	C	D	A

地方上級＜教養＞過去問500●395

地方上級 全国型，関東型
No. 376 判断推理　おもりの見分け方　平成18年度

A～E5個のおもりがあり，その重さの合計は150gである。それぞれのおもりには，A＝10g，B＝20g，C＝30g，D＝40g，E＝50gと表示されているが，重さが正確なのは3個だけで，2個については表示と5gの誤差がある。これらのおもりをてんびんに載せて重さを比べたところ，左にA，C，Dの3個，右にB，Eの2個を載せると左右がつりあい，左にA，D，右にB，Cを載せると右のほうが重く，左にA，E，右にB，Dを載せたら左のほうが重かった。表示と誤差のある2個のおもりの組合せとして正しいものはどれか。

1 A，B

2 B，C

3 B，D

4 C，E

5 D，E

解説

A，C，Dのおもりの表示はそれぞれ，10g，30g，40g，B，Eのおもりの表示はそれぞれ20g，50gだから，表示がすべて正しければ，A，C，Dをてんびんの左，B，Eを右に載せると，左が80g，右が70gとなって左のほうが重い。2個について5gの誤差があって，この組合せでつりあっているのだから，A，C，Dの中の1個が5g軽く，B，Eのどちらかが5g重いことになる。つまり，誤差のある2個のおもりの組合せとして考えられるのは，AとB，AとE，CとB，CとE，DとB，DとE（いずれも左が表示より軽いほう）の6通りである。AとBの組合せだと，A＋E＞B＋Dとはならず（A＋E＜B＋Dとなる），AとEの組合せなら，A＋E＝B＋Dとなってしまう。CとBの組合せだと，A＋D＝B＋Cとなり，CとEの組合せの場合は，A＋D＞B＋Cである。また，DとBの組合せだと，これもA＋E＝B＋Dとなってしまい，条件を満たせない。Dが5g軽くEが5g重いという組合せのときだけ，すべての条件を満たすことが可能である。

　以上から，正答は**5**である。

正答　**5**

地方上級

全国型，関東型，中部・北陸型

No. 377　判断推理　交差点間の位置関係　平成16年度

等間隔の碁盤の目状の街路にA～F6か所の交差点がある。これら6か所の交差点の位置は次のようになっている。

・AはBの西隣の交差点で，DはBより1つ北の交差点である。

・BはEの西隣から北に3つ目で，Cより1つ北の交差点である。

・FはAを通る道路とEを通る道路の交差点から南に2つ目の交差点である。

このとき，それぞれの交差点間の関係として確実にいえるものは，次のうちどれか。ただし，交差点間の距離は道路上での最短経路をいうものとする。

1　AからEまでの距離とDからEまでの距離は等しい。

2　Bから最も遠い交差点はFである。

3　CからEまでの距離は，CからFまでの距離より長い。

4　DからFまでの距離は，DからCまでの距離の2倍である。

5　最も南にある交差点はEである。

解説

交差点の位置を示してみると，図のようになる。交差点Fに関しては2通りの可能性があることになり，このため全体の位置関係をすべて確定することはできない。

2～**5**については，交差点Fがどちらにあるかによって結論が異なるので，確実とはいえない。これに対して，AE間，DE間の距離に関する**1**は確実で，距離も等しいので，これが正答である。

正答　**1**

地方上級＜教養＞過去問500●**397**

地方上級 No.378 判断推理 位置関係 平成30年度
全国型，中部・北陸型

A〜Fの6個の玉に糸を通して輪を作る。図Iのように，2個の玉に糸を通したセットを2つ，1個の玉に糸を通したものを2つ用意し，これらの4つのパーツをつなげていく。図II・図IIIは，4つのパーツをすべて使用して輪を作った例，図IVは2個の玉のセットを2つ，1個の玉のものを1つ使用して輪を作った例である。このとき，ア，イに当てはまる玉の組合せとして正しいのはどれか。

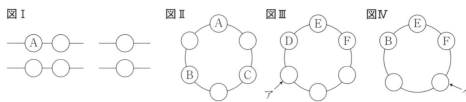

	ア	イ
1	A	C
2	A	D
3	B	A
4	B	C
5	C	A

解説

パーツのつなぎ目がどこにあるかを手掛かりに検討する。まず，図IIIではDとEが，図IVではBとEが隣にあるので，これらの間にはつなぎ目があることがわかる。また，図III・IVではEとFが隣にあるが，図IIを見ると，EとFはセットではないとわかるので，Eは1個の玉のパーツで，Eの両側はつなぎ目だとわかる。図IVは2個の玉のセットを2つ使用しているので，ここまでをまとめると次の図のようになる。

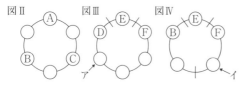

図IVにおいて，Aとセットの玉はBかFだが，図IIを見ると，AとBは隣ではないので，AとFがセットだとわかる。これにより，図IIIのFの隣もAとなる。また，Bとセットの玉は，残るCかDだが，図IIを見ると，BとCは隣ではないので，BとDがセットだとわかる。これより図IIIのDの隣もBとなり，図IIIのBとAの間は，残るCとなる。

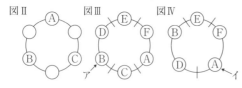

以上より，アにはBが，イにはAが当てはまるので，正答は**3**である。

正答 **3**

地方上級 No.379 判断推理 位相と経路 令和2年度

全国型，中部・北陸型，市役所A日程

すべての間隔が1cmの図のような格子状の線がある。点Pは最初点A上にあり，コインを投げて表面が出たら2cm，裏面が出たら1cm，線上を移動する。移動する方向は，1回コインを投げるたびに変わる。最初，矢印の方向に移動するとき，最短距離でちょうど点Bに到達する方法は何通りあるか。

1　5通り
2　7通り
3　9通り
4　11通り
5　13通り

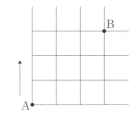

解説

1回コインを投げるたびに方向が変わるので，上右上右…の順に移動する。最短で点Bに移動するためには，上もしくは右の移動距離が3cmを超えてはいけない。合計で何cm移動したかを樹形図で表していく。最初の2回を表すと次のようになる。

```
         上      右
       ┌裏→上1右1
   上1 ─┤
       └表→上1右2
       ┌裏→上2右1
   上2 ─┤
       └表→上2右2
```

同様に「上3右3」を作るように樹形図で表すと次のようになる。

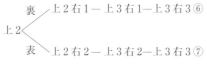

以上より，全部で7通りあるので，正答は **2** である。

正答　2

No. 380 判断推理 平面図形 平成23年度

地方上級 全国型，関東型，中部・北陸型，横浜市

図Ⅰのような正方形の紙がある。この正方形の紙を，縦，横を4等分する破線の位置で，左から順に山折にした後，下から順に山折りにし，図Ⅰの頂点Aが前面の右上の位置となるように折りたたんだ。この折りたたんだ正方形について，図Ⅱのように頂点Aを含む2辺の中点を結ぶ直線に沿ってグレーの部分を切り落としたとき，切り落とされる図形の形状と枚数の組合せとして正しいものはどれか。

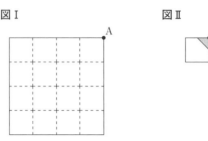

1 三角形8枚
2 三角形9枚
3 三角形4枚と四角形5枚
4 三角形5枚と四角形4枚
5 三角形8枚と四角形1枚

解説

正方形を縦，横に4等分する位置で左から，その後に下から順次山折りにして，右上側を切り落としたのだから，折りたたんだときと逆の手順で開いていけばよい。

次の図のように開いていくと，切り落とされた部分は折り目の線に対して対称な位置に現れ，最終的には三角形8枚と四角形1枚が切り落とされた部分の図形である。

よって，正答は **5** である。

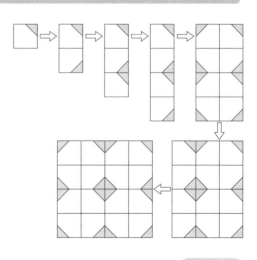

正答 5

地方上級 No.381 判断推理 平面図形（スプリンクラーの設置） 平成21年度

全国型，関東型，中部・北陸型

図のような，半径1mの半円形をした花壇があり，円弧の部分はビニールシートで覆われた壁となっている。半径3mの範囲に散水できるスプリンクラーを1台設置して，この花壇全体に水をまけるようにしたい。このとき，スプリンクラーを設置できる領域を示した図として正しいものは，次のうちどれか。

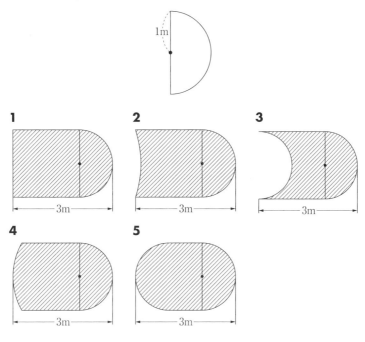

解説

花壇の円弧の部分はビニールシートで覆われた壁になっているので，スプリンクラーを設置できる範囲は，図のように，花壇の内部および，花壇の直径の中点（半円の中心）Pから半径2m（3mから花壇の半径を引いたもの）の範囲と花壇の直径の両端から引いた垂線に囲まれた範囲となる。よって，正答は**4**である。

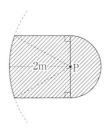

正答 4

No.382 判断推理 平面図形 平成27年度

地方上級 全国型，中部・北陸型

1～3の異なる刻印の3つのはんこがある。いずれのはんこも2本の線を押すことができる。同じ位置に向きを変えて重ねてはんこを押したとき，図Ⅲではどのような模様になるか。

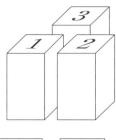

図Ⅰ ⇒

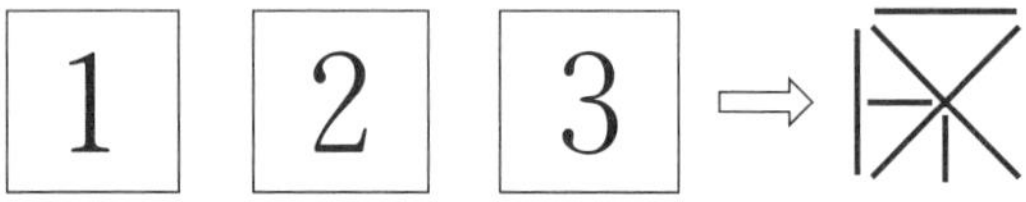

図Ⅱ ⇒

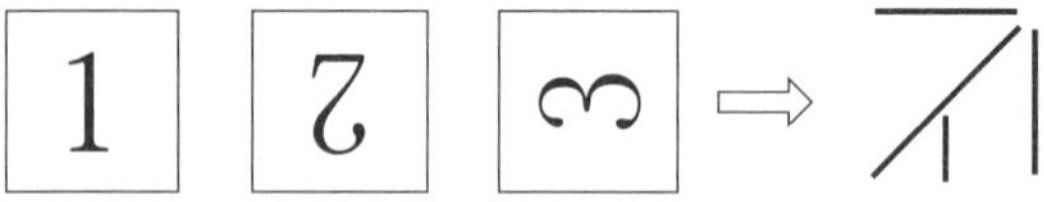

図Ⅲ ⇒ ?

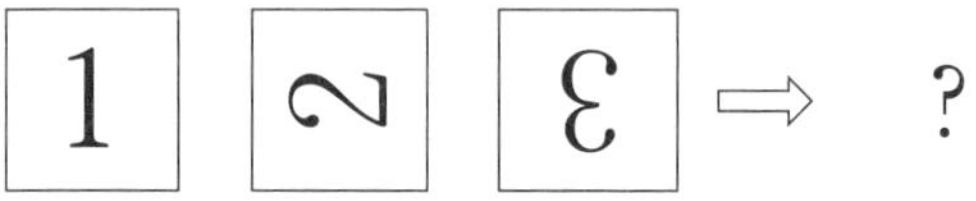

1  2  3  4  5

解説

図Ⅰの模様と図Ⅱの模様から、②と③の線を考える。②は180°回転しているので、図Ⅰの6本の線のうち180°回転したものが図Ⅱの模様にあるのは、以下のaとbの2本のみである。

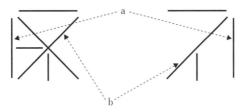

③は90°回転しているので、次に左に90°回転したものが図Ⅱの模様にあるのは、以下のcとdの2本のみである。これにより、残りの上と下の線は①の線に確定する。

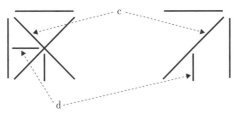

図Ⅲの向きは②（aとb）が左に90°回転して、③（cとd）が180°回転しているものを選ぶ。

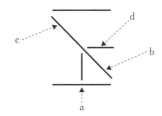

よって、正答は**4**である。

正答　**4**

次の図のように，正五角形の頂点と頂点とを結ぶ対角線をすべて引いたときにできる二等辺三角形の総数はどれか。

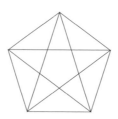

1　20
2　25
3　30
4　35
5　40

解説

正五角形に対角線を引くと，次の図のように，内部にはA～Eの5種類の二等辺三角形ができる。A，D，Eはそれぞれ5個，Bは逆向きもあるので10個，Cは正五角形の対角線だけで構成されるもの（C′）が内部にできるのでやはり10個あり，全部で35個である。

A　　　　B　　　　C　　　　C′　　　D　　　　E

よって，正答は**4**である。

正答　4

No. 384 判断推理 5点を結ぶ線の交わり 平成15年度

図1のように，平面上にある5個の点について，2個の点を選んでそれらを結ぶ線を次々に引いていくと，少なくとも1か所で交わることになる。同じように5個の点が，図2のような球面上にある場合，図3のようなトーラス表面上にある場合に，2個の点を表面上で結ぶ線をすべて引いたときに関する記述として，妥当なものは次のうちどれか。

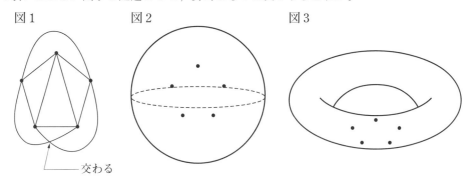

1 図2では1か所も交わらないようにすることが可能だが，図3では少なくとも1か所で交わる。
2 図2では少なくとも1か所で交わるが，図3では1か所も交わらないようにすることが可能である。
3 図2でも図3でも1か所も交わらないようにすることが可能である。
4 図2でも図3でも少なくとも1か所で交わる。
5 図2では少なくとも2か所で交わるが，図3では1か所も交わらないようにすることが可能である。

解説

平面上の点の個数が4個なら，2点を結ぶ線をすべて交わることなく引くことが可能である。しかしこの場合，外領域も含めてすべて3本の線で区切られた平面となっており，どの部分に点を1個加えても，それまでに引いた線と交わらずに新たに線で結べる点は3個しかない。

つまり，点が5個ある場合に，2個の点を選ぶ組合せは10通りあるが，2個の点を結ぶ線は9本しか引けず，10本目の線を引こうとすれば少なくとも1か所で交わることになる。

このことは球の表面上に5個の点を配した場合も同様であり，やはり交わらずに引ける線は9本までで，10本目を引こうとすれば少なくとも1か所で交わることになる。

ところが，トーラス表面上では9本の線を引いても「3本の線で区切られた平面」となっていない領域が存在し，10本目の線を他の線と交わらずに引くことが可能である。

したがって，図2では少なくとも1か所で交わるが，図3では1か所も交わらないようにすることが可能である。

よって，正答は **2** である。

正答 2

No. 385 判断推理 平面構成 令和元年度

地方上級 全国型, 関東型, 中部・北陸型, 市役所A日程

同じ形のひし形を組み合わせて, 図のような大きな平行四辺形を作る。図の黒く塗られた部分にひし形が置かれているとき, 下の1～5のうち4つを組み合わせると, 大きな平行四辺形を作ることができる。このとき不要なものはどれか。ただし, 回転して使用してもよいが, 裏返して使用しないものとする。

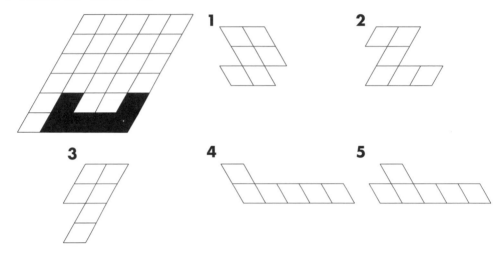

解説

左下の透き間に入る可能性があるのは4か5の形である。5の形を入れると以下のようになる。

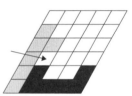

すると, 矢印の箇所の透き間に当てはまる形がないので, 左下の透き間には5は入らないことがわかる。よって, 4の形を入れて他を当てはめていく。

左上の透き間に入るのは2を回転させたものとなる。
残りの形より1と3が入り, 5の形は使用しない。
よって, 正答は5である。

正答 5

No. 386 判断推理 平面図形の構成 平成30年度
全国型, 中部・北陸型, 市役所A日程

青, 白, 黒の3色のタイルを, 同じ色が接しないように図のように置いていく。このとき, アとイの場所に置かれるタイルの色の組合せとして正しいものはどれか。

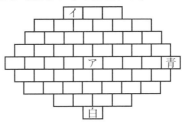

解説

実際に色を配置して検討する。まず, 一番下の白を手掛かりに考える。その上のタイルは, 左右のどちらが青か黒かは判断できないので, △と□で表す。

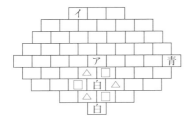

ここまでで, アは白だとわかる。次に, 一番右の青に向けて色を配置していく。

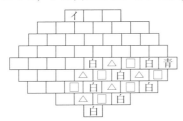

この段階で, △が青だとわかり, □が黒となる。続けて, イに向けて色を配置していく。

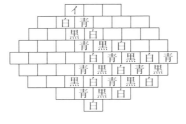

これより, イは黒だとわかる。
よって, 正答は **2** である。

正答 **2**

No.387 判断推理　平面図形　平成27年度

下図のような部品Aと半径rの円である部品Bを用意する。部品Aの中心をリールの一番下につなげて、鉛直上方に部品Bを部品Aに接するようにつなげ、部品Aを回転させるとその回転に連動して部品Bが上下に回転して移動する装置を作る。部品Aを1秒間に10°のペースで時計回りに回転させるとき、部品Bが最高点にいるときと、最低点にいるときの時間の比と、そのときのBの回転速度の比を求めよ。

ただし、部品Bは滑らずに回転するものとし、部品Aは半径rで中心角が90°の扇形と半径$2r$で中心角が150°の扇形を組み合わせた図形で、直線部分の長さは等しいものとする。

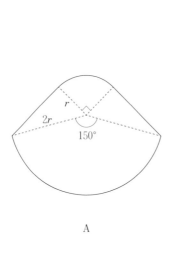
A

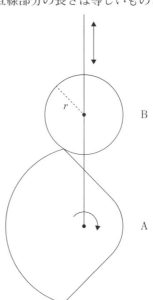
B
A

	時間の比	速度の比
1	5：3	2：1
2	5：3	1：2
3	10：3	2：1
4	3：10	1：2
5	3：10	2：1

解説

Bが最高点にいるときはAとの距離が最も離れているときなので，$2r$の距離で150°の部分が接しているときである。1秒間に10°動くので150°は15秒かかる。また最低点にいるときは，rの距離で90°の部分が接しているときであり，9秒かかる。

以上より，時間の比は15：9＝5：3となる。

最高点にいるときの円周上の距離は，$4\pi r \times \dfrac{150°}{360°} = \dfrac{5}{3}\pi r$なので，円周が$2\pi r$のBは15秒で$\dfrac{5}{3}\pi r \div 2\pi r = \dfrac{5}{6}$回転する。つまり1秒では$\dfrac{5}{6}$回転÷15＝$\dfrac{1}{18}$回転している。

同様に最低点にいるときの円周上の距離は，$2\pi r \times \dfrac{90°}{360°} = \dfrac{1}{2}\pi r$なので，円周が$2\pi r$のBは9秒で$\dfrac{1}{2}\pi r \div 2\pi r = \dfrac{1}{4}$回転する。つまり1秒では$\dfrac{1}{4}$回転÷9＝$\dfrac{1}{36}$回転している。

よって，回転速度の比は$\dfrac{1}{18} : \dfrac{1}{36} = 2 : 1$となり，正答は**1**である。

正答 **1**

地方上級＜教養＞過去問500●**409**

No.388 判断推理　正三角形上の点の軌跡　平成12年度

地方上級　特別区

次の図のような2つの正三角形 ABC と DEF がある。点 P は頂点 A を出発して△ABC の辺上を，点 Q は頂点 D を出発して△DEF の辺上を矢印の方向に動く。点 P の速度が点 Q の速度の4倍であるとき，点 Q が△DEF の辺上を1周する間の点 P と点 Q を結ぶ線分 PQ の中点の軌跡として，妥当なものはどれか。

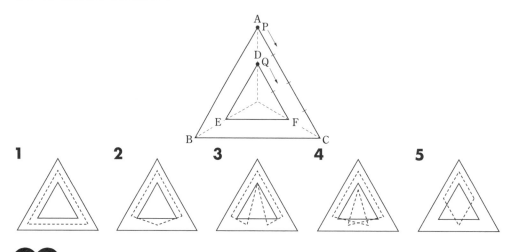

解説

2点 P，Q の速度比が4：1であることに注意して，いくつかの点を考えてみればよい。

△ABC の周の長さは△DEF の周の長さの2倍あるから，P，Q の速度比が4：1だと，点 P が△ABC を2周する間に点 Q は△DEF を1周することになる。

点 P が A から C まで動く間の中点の軌跡は AC および DF に平行である。点 P が頂点 C に到達したとき，点 Q は DF の中点にいるから，2点 P，Q の中点は図の R の位置である。点 Q が頂点 F に到達したとき，点 P は頂点 B にいるから，その中点 S は A，D を通る直線より左側にあり，その後点 Q が EF の中点 M に達したとき，点 P は頂点 A に戻るので，このときの線分 PQ の中点 T は，AD：DM ＝ 2：3 より，AD：DT：TM ＝ 4：1：5 となる位置である。

その後の動きは P と Q を頂点 A，D から逆方向に動かした場合と同じになるので，その軌跡も対称形となる。

以上から，軌跡の前半で三角形の左半分に達していない**1**，**2**，**3**，**5** はいずれも誤りで**4**が正しい。

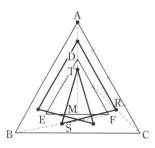

よって，正答は**4**である。

正答　**4**

円Aの内側を円Bが滑ることなく回転すると，回転する円の円周上の点Pは図Iのような軌跡を描く。円Bを図Iと同じように回転させたとき，円Bの円周上の点Qが図IIのような軌跡を描いたとすると，円Bの半径は円Aの半径の何倍か。

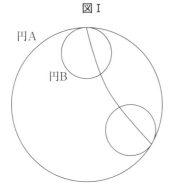

図I

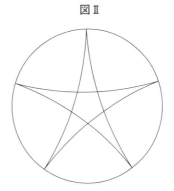

図II

1 　0.2倍
2 　0.25倍
3 　0.3倍
4 　0.4倍
5 　0.5倍

解説

図IIより円Bは5回のサイクロイドを得て元の場所に戻っていることがわかる。2回目と3回目の間で1周しているので，この間に円Bは円Aの内側を2周していることになる。これより，円Bの円周5個と円Aの円周2個が同じ距離と判断できる。これより，半径の比は，

　　円A：円B＝5：2
　　　　　　＝1：0.4

となり，円Bの大きさは円Aの大きさの0.4倍である。
　　よって，正答は**4**である。

正答　4

No. 390 判断推理　移動・回転・軌跡　平成28年度

全国型，中部・北陸型

図のように，正三角形ＡＢＣの辺ＢＣを固定して折り曲げたとき，頂点Ａの通りうる範囲を示したものはどれか。

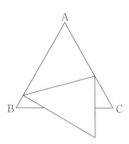

1　　　　　2　　　　　3　　　　　4　　　　　5

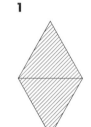  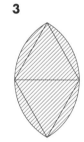 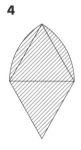 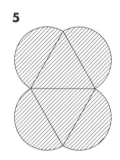

解説

三角形ABCの頂点Bを軸として考えると，頂点Aは辺ABの長さより遠くを移動することはありえないので，ABを半径とした円周上が一番外になる。これは頂点C上を軸として考えても同じである。以上より，頂点Bと頂点Cからそれぞれ，三角形の1辺を半径とした円を描いたものを組み合わせた形になる。

よって，正答は**3**である。

正答　**3**

地方上級 No.391 判断推理　軌　跡　令和元年度

全国型，関東型，中部・北陸型

三角形OPQを，頂点Oを中心として回転させ，頂点QがRの位置まで到達したとき，頂点P，Qは図のように動き，図中の角PORは240°となっていた。このとき三角形の角OQPの範囲として妥当なものはどれか。

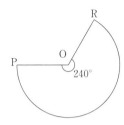

1　0°＜角OQP≦30°
2　0°＜角OQP≦60°
3　30°≦角OQP≦60°
4　30°≦角OQP＜90°
5　60°≦角OQP＜90°

解説

三角形の角POQを考える。角POQが240°の半分である120°を超えると，頂点は図のような円弧を描くことができずに，途中で切れてしまう。

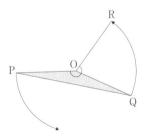

よって，最大でも角POQは240°の半分の120°以下となり，そのとき角OQPは（180°−120°）÷2＝30°以上となる。

また，角POQは三角形の角なので，0°より大きい角度であればよい。このとき角OQPは残りの180°未満の半分なので，90°未満であればよい。

よって，角OQPの角度は，30°≦角OQP＜90°となるので，正答は**4**である。

正答　4

地方上級

No. 392 判断推理 — 菓子の組合せ

大分県 ／ 平成23年度

あめ玉，せんべい，おかき，チョコレート，ガム，クッキーの6種類の菓子が多数ある。これらの中から3種類を選んで袋詰めするとき，次のア〜エの条件を満たす組合せは何通りあるか。

  ア　チョコレートを入れない袋にはガムを入れない。
  イ　おかきを入れる袋にはクッキーを入れる。
  ウ　あめ玉を入れる袋にはガムもせんべいも入れる。
  エ　クッキーを入れない袋にはせんべいを入れない。

1 2通り
2 3通り
3 4通り
4 5通り
5 6通り

解説

異なる6種類の中から3種類を選ぶ組合せは，$_6C_3 = \dfrac{6 \times 5 \times 4}{3 \times 2 \times 1} = 20$ より，20通りあり，これを一覧にすると表Iとなる。この表Iにおける20通りから，条件を満たさない組合せを消去していけばよい。まず，条件ウを考えると，あめ玉を入れる①〜⑩のうち，「あめ玉を入れる袋にはガムもせんべいも入れる」という条件を満たすのは③だけであり，①，②，④〜⑩は条件を満たさないので消去される。残った11通りについて，条件アを満たさないのは③，⑫，⑯，⑲であり，さらに，条件イを満たさない⑪，⑰が消去される。最後に条件エを満たさない組合せとして⑭が消去され，可能な組合せとして，⑬，⑮，⑱，⑳の4通りだけが残る。

表I

	あめ玉	せんべい	おかき	チョコレート	ガム	クッキー
①	○	○	○			
②	○	○		○		
③	○	○			○	
④	○	○				○
⑤	○		○	○		
⑥	○		○		○	
⑦	○		○			○
⑧	○			○	○	
⑨	○			○		○
⑩	○				○	○
⑪		○	○	○		
⑫		○	○		○	
⑬		○	○			○
⑭		○		○	○	
⑮		○		○		○
⑯		○			○	○
⑰			○	○	○	
⑱			○	○		○
⑲			○		○	○
⑳				○	○	○

表II

	あめ玉	せんべい	おかき	チョコレート	ガム	クッキー
①	○	○	○			
②	○	○		○		
③	○	○			○	
④	○	○				○
⑤	○		○	○		
⑥	○		○		○	
⑦	○		○			○
⑧	○			○	○	
⑨	○			○		○
⑩	○				○	○
⑪		○	○	○		
⑫		○	○		○	
⑬		○	○			○
⑭		○		○	○	
⑮		○		○		○
⑯		○			○	○
⑰			○	○	○	
⑱			○	○		○
⑲			○		○	○
⑳				○	○	○

正答 **3**

No. 393 判断推理　2地点間の最短時間　平成15年度

地方上級　全国型，関東型

次の図のようなマス目があり，途中4か所に信号が設置されている。4か所の信号はいずれも3秒間隔で青→赤→青→…，を同時に繰り返すようになっている。今，S地点のマス目から出発し，1秒間に1マスずつ進んでG地点に向かうが，信号が赤のときは青になるまでその手前のマス目で待機するものとすると，S地点からG地点まで最短何秒で行くことができるか。

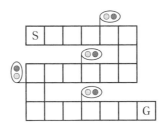

1　21秒
2　22秒
3　23秒
4　24秒
5　25秒

解説

4か所の信号は3秒間隔で青→赤→青→…，を同時に繰り返すのだから，次の図のタイミングで出発すれば最短23秒でG地点に到達することが可能である。

よって，正答は**3**である。

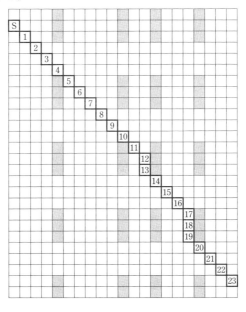

正答　3

No. 394 判断推理 立方体の内部の表面積 平成16年度

下の図は，1辺1cmの小立方体を積み重ねて1辺4cmの大立方体を作ったものである。図の黒い小立方体の部分は，大立方体の表面に見えている面から反対側の面まで貫通して黒い小立方体が並んでいる。この黒い小立方体をすべて取り除いたときの，大立方体の内部の表面積として正しいものは，次のうちどれか。

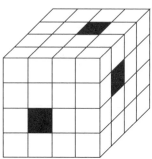

1　38cm²
2　40cm²
3　42cm²
4　44cm²
5　46cm²

解説

図のPに当たる黒い小立方体を反対側の面まですべて取り除くと，そこには，
　$4 \times 4 = 16$ [cm²]
の表面積が現れる。Q，Rについても同様であるが，PとQ，PとR，QとRはそれぞれ内部の1面（$1 \times 1 = 1$ [cm²]）で接している。したがって，P，Q，Rの3方向から黒い小立方体を取り除くと，それぞれが接している部分は空隙であり，1か所について接している両者から1cm²ずつ表面積を減らさなければならない。そうすると，
　$16 \times 3 - 2 \times 3 = 42$ [cm²]
となる。

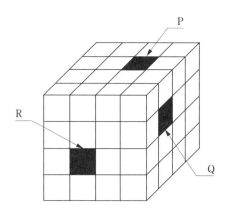

正答　3

地方上級 No. 395 判断推理 立体2個の変形 平成18年度
全国型，関東型，中部・北陸型

2個組み合わせると立方体とすることができる三角柱を，図Ⅰのように360°動かすことができるちょうつがいで止めて立方体を作り，これをもう1組用意して2個の立方体をちょうつがいでつなぎ，図Ⅱのような直方体とした。この直方体をちょうつがいの部分を動かして変形させるとき，変形可能な立体をすべて挙げた組合せとして正しいものはどれか。

図Ⅰ   図Ⅱ

ア   イ   ウ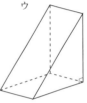

1　ア
2　イ
3　ア，イ
4　ア，ウ
5　ア，イ，ウ

解説

ちょうつがいの部分で動かすと，アとウは変形可能である。これに対しイでは立方体のうちの1個を離さないと無理である。よって，変形可能な立体はアとウであるので，正答は **4** である。

ア   ウ

正答　4

No. 396 判断推理　投影図　平成18年度

地方上級　全国型，関東型，中部・北陸型

次の図Ⅰのような星型をした立体がある。この星型の立体を用いて，図Ⅱのように三角柱の1つの側面から，この側面に垂直に反対側まで三角柱をくり抜いた。このとき，この三角柱を矢印の方向から見た図として正しいものはどれか。

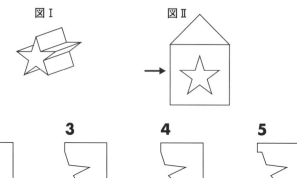

解説

次の図のように，問題における図Ⅱの反対方向から見た図を考えてみればよい。この図の右半分が図Ⅱの矢印方向から見た図となる。

よって，正答は **4** である。

正答　4

地方上級 No. 397 判断推理 正六面体の見取図

名古屋市, 大阪市　平成17年度

6面をそれぞれ赤, 青, 黒, 白, 黄, 緑の各色に塗り分けた正六面体がある。下の5つの図のうち, 4つはこの正六面体を見たものであるが, 1つだけはこの正六面体の配色とは異なる別の正六面体を表している。1～5の図のうち, 異なる正六面体の図であるものはどれか。

解説

1～5の図を見ると, 1と4では赤と白の配置が同じであるにもかかわらず, 手前の面が青と緑で異なっている。つまり, 1と4は同じ配色の正六面体を表したものではありえず, 異なる正六面体の図はこのどちらかである。ここで2と5の図を見ると, 黒の面と隣り合う面に青, 赤, 黄, 緑があることになる（つまり黒と白が向かい合う面になる）。黒の面を中心にして五面図にすると以下の図Ⅰのようになり, 1, 2, 3, 5はこの図と矛盾しないが, 4だけは配置が逆になっており, これが異なる配色の正六面体であることがわかる。

したがって, 正答は4である。

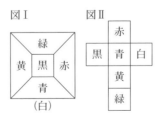

正答　4

No. 398 判断推理 立体図形 平成26年度

一辺の長さが3cmで，内部が空洞になっている図のような箱がある。この箱に，一辺の長さが1cmの小立方体を組み合わせたA～Dの立体を，箱からはみ出さないように1つずつ入れる。次の条件に合わせて入れたとき，CとDのうち，箱の底面に接する小立方体はいくつか。ただし，面の数は小立方体の面を単位として数える。

・A～Dの各立体は，少なくとも1面は他の立体または箱の底面に接している。
・Aの底面はほかの立体の面と2面で接している。
・CはAとDとは面で接していない。
・AとDは1面で接している。

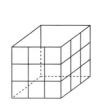
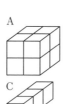

	C	D
1	1	0
2	1	1
3	1	2
4	3	1
5	3	2

解　説

底面に平行に3段にスライスして，上から順に1段目，2段目，3段目とし，図示する。まず，一番大きなAがどこに入るかを考える。Aの底面は，2つ目の条件より箱の底面とは接していないことがわかる。つまり，Aは上から1段目と2段目にある（Aは箱の4隅のいずれでもよいが回転すれば条件は同じなので固定して考える）。

1段目

A	A	
A	A	

2段目

A	A	
A	A	

3段目

3つ目の条件より，CとAは面で接していないので，Aの下にあるのはCではない。AとDは1面で接しているが，2つ目の条件よりAの下にあるのはDではなく，Bである。またCとAは面で接していないので次のようになる（Bは右下隅でも条件は同じ）。

1段目

		C
A	A	
A	A	

2段目

		C
A	A	
A	A	

3段目

B	B	C
B	B	

DはCと面で接しておらず，Aの底面以外と1面で接しているので次のように決まる。

1段目

		C
A	A	
A	A	

2段目

		C
A	A	
A	A	D

3段目

B	B	C
B	B	
		D

以上より，CとDのうち底面に接する小立方体は1個ずつなので，正答は**2**である。

正答　2

No. 399 判断推理　投影図・場合の数　平成25年度

半径はすべて等しいが，高さがすべて異なる6個の円柱が図のように，配置されている。この6個の円柱を矢印の2方向から見ると，すべての円柱を見ることができる。このとき，6個の円柱の配列として何通りが考えられるか。ただし，円柱がすべて見えるのは，見る側の手前から奥方向へ順に円柱が高くなっている場合である。

1　7通り
2　9通り
3　11通り
4　13通り
5　15通り

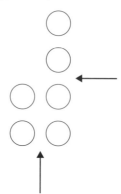

解説

6個の円柱を，低いほうから順に1～6とすると，1の円柱は右側の1番手前（図の右下）でなければならず，2の円柱は1のすぐ隣（図で上または左）でなければならない。また，3の円柱は左側の奥（図の左上）に配置することは不可能である。この条件に従って3～6の円柱の配置を考えると，図のように9通りある。

	4
	3
6	2
5	1

	5
	3
6	2
4	1

	6
	3
5	2
4	1

	5
	4
6	2
3	1

	6
	4
5	2
3	1

	6
	5
4	2
3	1

	5
	4
6	3
2	1

	6
	4
5	3
2	1

	6
	5
4	3
2	1

よって，正答は **2** である。

正答　2

地方上級 No.400 判断推理 軌跡 平成30年度
全国型, 関東型, 中部・北陸型

図Ⅰのように，透明な円柱の上面に，円の直径となるように点A，点Bをとり，点Bから垂直に下ろした底面上の点を点Cとする。点Aにペンの先を置き，円柱を等速度で矢印の方向に回転させながら，ペンを等速度で下に降ろしていくと，20秒後にペンの先が点Cに到着した。このとき，円柱を横から見ると，図Ⅱのような線が見えた。この円柱が1回転するのにかかる時間は何秒か。

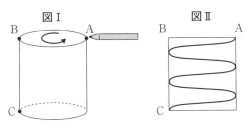

1 4秒
2 5秒
3 6秒
4 8秒
5 10秒

解説

図Ⅱの線はAの下に2回戻ってきて，反対側のBC側で終わっているので，円柱は2.5回転していることになる。20秒で2.5回転＝$\frac{5}{2}$回転しているので，1回転するのにかかる時間は，

$$20 \div \frac{5}{2} = 8 \text{〔秒〕}$$

となる。

よって，正答は **4** である。

正答 **4**

No.401 判断推理　軌跡　平成20年度

次の図は，正方形3個を縦に並べた長方形を直線 l 上に置いたものである。この長方形が直線 l 上を滑ることなく右方向へ1回転するとき，正方形の1辺であるＡＢを2倍に延ばした点Ｃの軌跡として妥当なものは，次のうちどれか。

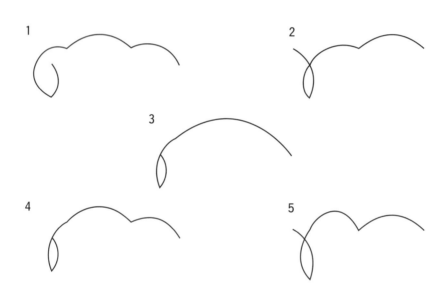

解説

多角形の回転に伴う軌跡を考える場合，軌跡の対象となる点が図形の内外どちらにあっても考え方は同じである。つまり，①回転中心，②回転半径，③回転角度，の3点を考えればよい。この問題における点Ｃの軌跡は次の図のようになり，正答は **4** である。

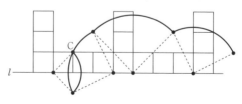

正答　**4**

No. 402 判断推理 立体の辺上の最短経路 平成15年度

地方上級　全国型，関東型，中部・北陸型

次の図は，合同な二等辺三角形16枚を組み合わせて作った立体を示したものである。この立体の辺上を通り，AからBまで同じ辺を2度通らずに往復する最短経路は何通り考えられるか。

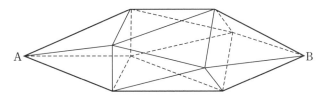

1　28通り
2　32通り
3　36通り
4　40通り
5　44通り

解説

まず，AからBまで最短で行く経路（往路）は全部で8通りである。
　ここで，下の図においてA→C→G→Bという経路を通ったとすると，Bから戻る経路（復路）はH，I，Jのいずれかを経由することになる。
　Hを経由する場合は，H→D→A，H→E→Aの2通り，Iを経由する場合は，I→E→A，I→F→Aの2通りだが，Jを経由する場合は，J→C→Aが通れないのでJ→F→Aの1通りしかなく，往路の1経路に対する復路は5通りということになる。したがって，経路数は全部で，
　8×5＝40〔通り〕
である。
　よって，正答は**4**である。

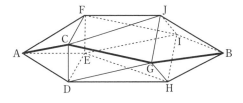

正答　4

No. 403 判断推理 図形の切断 平成17年度

長方形ABDCを，辺ABとCDを貼り合わせるように丸めて円筒形を作り，図のようにAからBまで円筒形の表面に均等に3回転するように印を付けた。これを，長方形の辺ACの中点E，辺BDの中点Fを結ぶ部分で切り開いて長方形に戻し，付けた印に沿ってこの長方形を切り分けた。このとき切り分けられた図形の種類と個数の組合せとして正しいものは，次のうちどれか。

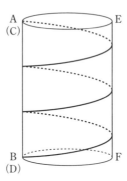

1 三角形＝1個　四角形＝1個　五角形＝2個
2 三角形＝1個　四角形＝2個　五角形＝1個
3 三角形＝2個　四角形＝2個　五角形＝1個
4 三角形＝2個　四角形＝1個　五角形＝2個
5 三角形＝2個　四角形＝2個　五角形＝2個

解説

印を付けた円筒形を，条件に従ってE，Fを結ぶ部分で切り開くと，以下の図のようになる。この図から明らかなように，三角形が2個，四角形が1個，五角形が2個となるので，正答は **4** である。

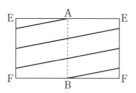

正答　4

地方上級 No.404 判断推理　立体図形　全国型, 関東型, 中部・北陸型　平成23年度

図Ⅰ, 図Ⅱは透明なテープに直線を引いたものである。このテープを図Ⅲのように巻くとき, 引いた直線が図Ⅳのように4段の螺旋を描くように見えるためには, それぞれテープを何回巻けばよいか。ただし, 図Ⅲはテープを2回巻いた状態を表している。

	図Ⅰ	図Ⅱ
1	2回	1回
2	2回	2回
3	2回	4回
4	4回	2回
5	4回	4回

解説

図Ⅰのテープを1回巻くと, 2段の螺旋ができる（図では反対側の線も実線で表している）。これを2回巻くと4段の螺旋となる。

これに対し図Ⅱのテープの場合は, 1回巻くと1段の螺旋が反対向きに2組でき, これを2回巻くと, 1回巻いたときにできた反対向きの螺旋が重なってしまい, 2段の螺旋が1組できることになる。この状態は図Ⅰのテープを1回巻いたときと同じであるから, 図Ⅱのテープの場合は4回巻く必要がある。

よって, 正答は **3** である。

正答　3

No. 405 判断推理　図形の回転　〈改題〉平成23年度

地方上級　全国型，関東型，中部・北陸型

図Ⅰのような展開図となる正八面体がある。この正八面体を，図Ⅱのように△の記号が描かれた面を底面として床に置き，底面のいずれかの1辺を軸として滑らないように回転させる。回転軸となる辺は，必ず直前の回転で軸となった辺以外の辺であることを条件とし，30回の回転を行ったところ，△が描かれた面が底面となったのは，最初を含めて6回であった。このとき，○が描かれた面，×が描かれた面がそれぞれ底面となった回数の組合せとして，正しいものはどれか。

図Ⅰ

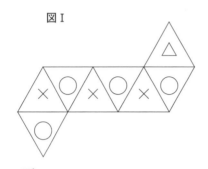

図Ⅱ

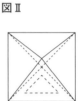

	○の面	×の面
1	15回	10回
2	14回	11回
3	13回	12回
4	12回	13回
5	11回	14回

解説

展開図では，△が描かれた面と×が描かれた面は必ず○が描かれた面と3辺で接している。つまり，△が描かれた面を底面として床に置き，そのいずれかの1辺を軸として回転させれば，必ず○が描かれた面が底面となる。そして，次に回転移動させれば，最初の回転軸と異なる辺を軸とするので，必ず×の面が底面となる。

この場合の規則性は以下のようになる。

「△→○→×→○→×(△)→○→×(△)→○→×(△)→○→……」

△が描かれた面について，仮に×が描かれているとすると，○の面と×の面が互いに辺で接し，それぞれ4面ずつあるので，30回まで回転させれば×の面が16回，○の面が15回，底面となる。ここで，△の面は6回だけ底面となっているのだから，×の面が底面となる16回のうち6回が△の面であり，×の面は10回底面になると考えればよい。

したがって，○の面が15回，×の面が10回となるので，正答は**1**である。

正答　**1**

地方上級 No.406 判断推理 展開図 令和2年度
全国型, 関東型, 中部・北陸型

1辺の長さが1cmと2cmの正三角形を組み合わせた次のような展開図がある。この展開図を点線の箇所で谷折りをして, 点Pが重なるようにして組み立てたとき, できる立体として正しいのはどれか。

1と**2**は正四面体の外側に小さい正四面体がくっついている形で, **3**と**4**は正四面体の内側に小さい正四面体が入っている形である。**5**は正四面体の1つの頂点に集まってくる辺の中心を切り取り, 切断面から内部に小さい正四面体が入っている形である。

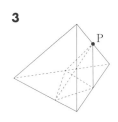

1 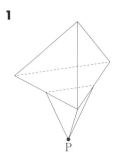 **2**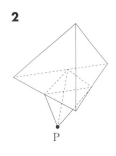

3 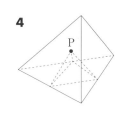 **4** **5**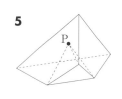

解説

正四面体の展開図においては, 180°で隣り合っている辺は組み立てたときに重なるので, その箇所で面を移動することができる（図1）。

もとの展開図も含めて, 上部に集めたものをまとめると図2のようになる。

図1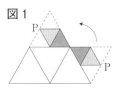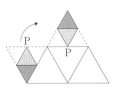

図2

正四面体の中心部分に三角形ができ, Xの箇所は谷折りをするので3面集めると点Pは重なり, 内部に正四面体ができる。

よって, 正答は**4**である。

正答 4

No. 407 判断推理 立体図形 平成27年度

図Ⅰのように各面にA～Dのアルファベットが書かれた正四面体と、図Ⅱのように各面に1～8の番号が書かれた図Ⅰと一辺の長さが等しい正八面体がある。図Ⅲのように、図Ⅰの面Aと図Ⅱの面1をぴったりと合わせ、接する面がB→C→A→B→C→Dとなるように転がした。最後に面Dが接している正八面体の面はどこか。

図Ⅰ

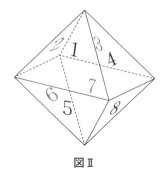

図Ⅱ

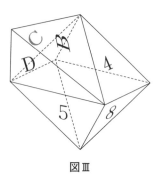

図Ⅲ

1 面1
2 面3
3 面5
4 面6
5 面8

図Ⅱの展開図を作ると以下のようになる。

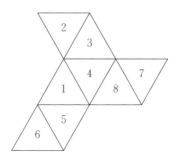

面1の上に図Ⅰの正四面体を合わせた様子を位相図で表す。

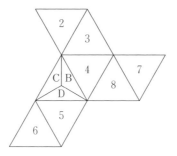

ここから，まず，接する面がB→C→Aとなるように移動する。

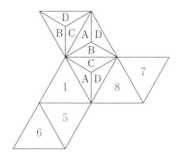

次に2と1はつながっていることを考慮して，接する面がB→C→Dとなるように移動する。

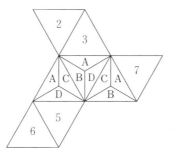

よって，最後にDが接している面は8となり，正答は**5**である。

正答　**5**

地方上級 No.408 判断推理　立体の切断　平成30年度

全国型，関東型，中部・北陸型，市役所Ａ日程

円柱と半球を組み合わせた図Ⅰのようなワイングラスがある。このグラスに図Ⅱのように水を入れ，図Ⅲのように傾けた。このとき，上から見た水面の形として最も妥当なものは，次のうちどれか。

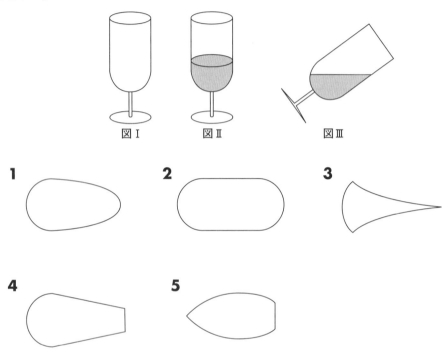

解説

水面を立体の切断面としてとらえればよい。円柱の切断面はだ円を描くため，水面の一部は次の図のように放物線を描く。

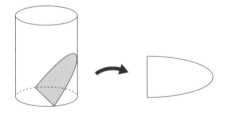

　ここまでで，正答は **1** と判断できる。半球部分の切断面は円を描く。水面は，これを組み合わせた **1** のような形になる。
　よって，正答は **1** である。

正答　**1**

No.409 判断推理　文字の書かれた紙テープを折った様子　平成24年度

地方上級　全国型，関東型，中部・北陸型

図は，長方形の紙テープに等間隔でア～キの破線を書き，できた区画に左からA～Hのアルファベットを記入したものである。この紙テープを，ア～キのうちの2か所を選んで2回折ったところ，BとF，DとHがそれぞれ重なったが，CとFは重ならなかった。ただし，2回目に折るときには，選んだ部分に重なりがある場合は，その重なっている部分も同時に折ったものとする。このとき，次のうちで正しいのはどれか。

ア	イ	ウ	エ	オ	カ	キ
A	B	C	D	E	F	G	H

1　AとEは重なった。
2　CとGは重なった。
3　EとGは重なった。
4　イは1回目に折った。
5　カは2回目に折った。

解説

BとF，DとHはどちらも1回目に折って重なることはない。そのため，1回目にBとD，あるいはFとHが移動するように折る必要がある。その条件を満たすのはエまたはオであるが，1回目にエで折ると，CとFが重なってしまう。そこで，図Iのように1回目はオで折る。この状態から2回目は図IIのようにウで折れば（このときキも折ることになる），BとF，DとHは重なるが，CとFは重ならない。このとき，AとE，EとGは重ならないが，CとGは重なることになる。

よって，正答は**2**である。

図I 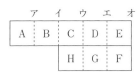　　図II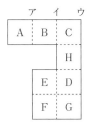

正答　2

No. 410 判断推理　展開図　令和元年度

全国型，関東型，中部・北陸型，市役所A日程

正三角形2つと直角二等辺三角形6つを組み合わせた展開図がある。この展開図を点線の箇所をすべて谷折りにすると，立体を作ることができる。この立体は，立方体の3つの頂点を通る面で切断し三角錐を切り取り，またこれとは別の3つの頂点を通る面で切断して三角錐を切り取ってできた立体と同じ形をしている。このとき，辺ABと平行になる辺をすべて太線で表しているものはどれか。

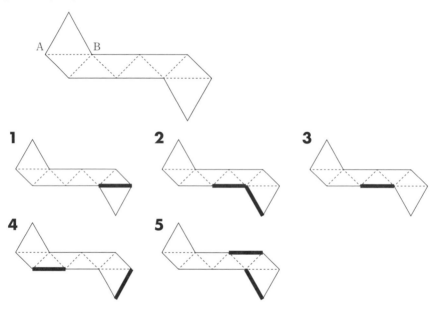

解説

問題の展開図を組み立てた立体は，正三角錐を2個切り取った形と同じなので，下図の2つの対角である●の頂点で三角錐を切り取った形となる。

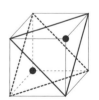

このとき正三角形の1辺の平行線は，平行面の切断線になる。たとえば，次の図の2つの矢印が示すような辺である。

問題の図を立方体の展開図に戻すと次のようになる。よって，立方体の展開図上の平行面の上にある線と，その線と同一の辺である2か所である。

よって，正答は **2** である。

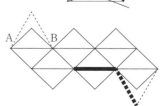

正答　2

No. 411 判断推理 展開図 平成29年度

地方上級 全国型，中部・北陸型

図Ⅰの展開図で点線を山折りで組み立てると図Ⅱのようになる。組み立てたとき面Aと平行になる面はア～オのうちどれか。

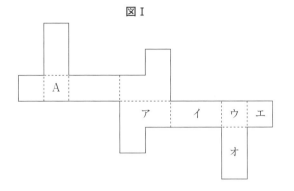

1 ア
2 イ
3 ウ
4 エ
5 オ

解説

大きな面を基準に考える。図Ⅰのアとその上の2つのL字型の面は下図の2か所であることがわかるので，Aの面は図の箇所になる（図1）。
　この面に平行な面は以下の2か所がある（図2）。
　ア～オを当てはめると以下のようになる（図3）。

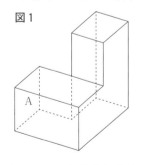
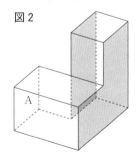
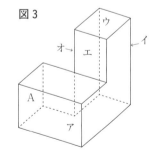

よって，Aと平行な面はオとなり，正答は **5** である。

正答　5

No. 412 判断推理 立体の切断・回転・結合 平成28年度

地方上級 全国型, 関東型, 中部・北陸型

2面はグレーに塗られ、ほかの2面は白く塗られた正四面体の平面図がある。この正四面体を、矢印のように滑ることなく、転がしたとき、最終地点における平面図として正しいのはどれか。

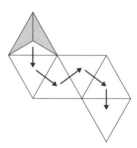

1　　2　　3　　4　　5

解説

位相図で表すと次のように移動させることができる。

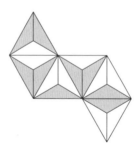

よって、正答は **3** である。

正答　**3**

No. 413 判断推理 立体の切断・回転・結合　平成28年度

全国型，関東型，中部・北陸型

1辺の長さが2の立方体から，図のような円錐台を2つ切り抜き，さらにAFGDを通る平面で切断したとき，その切断面として正しいものはどれか。

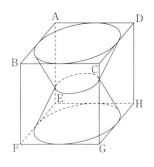
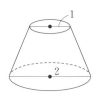

1
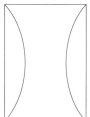

2
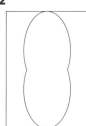

3
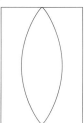

4
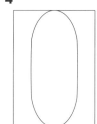

5
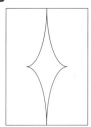

解説

円錐を斜めに切断すると図のような楕円になる。

これを図の位置で切断し，上下逆さまにしたものを組み合わせると切断面の形になる。

よって，正答は**2**である。

正答　2

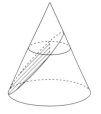

地方上級 No.414 全国型 判断推理 立体図形 平成19年度

同じ大きさのコインを，図Ⅰのようなア～キの位置にそれぞれ1枚～3枚置いた。この状態でキの方向の正面から見たら図Ⅱのように見えた。このとき，確実にいえるものは次のうちどれか。

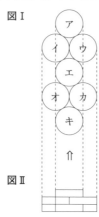

1 アの位置にはコインが3枚積まれている。
2 イの位置にはコインが2枚積まれている。
3 ウの位置にはコインが1枚積まれている。
4 エの位置にはコインが3枚積まれている。
5 オの位置にはコインが2枚積まれている。

解説

図Ⅱで考えると，最下段に見えるのは，中央がキ，左側がオ，右側がカである。2段目については，中央左の後ろに左側，中央左の手前に右側となるので，中央左がエ，左側がイ，右側がカでなければならない。そうすると，オとキはそれぞれ1枚で，イとカは2枚積まれていることになる。ウは見えていないので1枚または2枚である。アは1～3枚，エは2枚または3枚であるが，ア，エのうちの少なくともどちらかが3枚でなくてはならない。

以上から，ア，ウ，エについては積まれている枚数が確定できず，オは1枚で，確実なのは「イの位置にはコインが2枚積まれている」という**2**だけであり，これが正答である。

図Ⅰ   図Ⅱ

正答 **2**

地方上級 No.415 判断推理 平面構成 平成28年度

全国型，関東型，中部・北陸型

正六角形を組み合わせてできた図Ⅰの図形がある。ここに，模様が描かれた図Ⅱのア～エの紙片を置き，一部は重ね合わせて，図Ⅲのような模様を作る。このとき，AとBの模様を含む紙片の組合せとして正しいのはどれか。

図Ⅰ

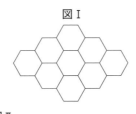

図Ⅱ

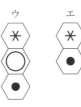

図Ⅲ

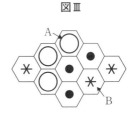

	A	B
1	ア	イ
2	ア	ウ
3	ア	エ
4	ウ	イ
5	ウ	エ

解説

ア～エの正六角形を合計すると，4＋3＋3＋2＝12〔個〕であるが，もとの図形は正六角形9個なので，3個が重なっていることになる。一方で「○」の模様は，ア～エにももとの図形にも3個あるので，「○」は重なっていないことがわかる。よって，「○」の模様を含むア～ウの図をどのように置くかを考える。

Aの箇所にはアかイを置くことができるが，Cの箇所の模様も作ることを考えるとアを置く必要がある。

さらに，B，D，Eの箇所の模様を作ることを考えると，Dの箇所にウを，Bの模様を変えるようにB・Eの箇所にエを置く。

最後にイを空いているところにDの模様が重なるように置く。

これよりAはアの，Bはエの紙片の一部であることがわかるので，正答は**3**である。

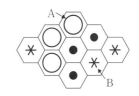

正答 **3**

No.416 判断推理 図形の回転 平成22年度

地方上級 全国型，関東型，中部・北陸型

図のように，左回りに回転する円盤Aの上に，同じように左回りに回転する円盤Bが載っている。円盤Aは1分間に120°回転し，円盤Bには矢印が描かれていて，その矢印は1分ごとに円盤Aの中心をさす。

このとき，円盤Bに描かれた矢印が北方向をさすのは何秒ごとか。

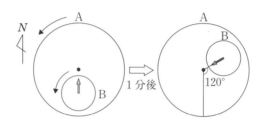

1　30秒
2　35秒
3　40秒
4　45秒
5　50秒

解説

円盤Bの矢印は1分ごとに円盤Bの中心をさすのだから，円盤Bは1分間に360°回転している。そして，円盤Aは1分間に120°回転しているのだから，結局，円盤Bの矢印は1分間に480°回転しているのと同じことである。したがって，円盤Bの矢印は，$1 \times \frac{360}{480} = \frac{3}{4}$ より，$\frac{3}{4}$分＝45秒ごとに同じ方向をさすことになる。

問題図の左側の位置から回転を始めれば，次図のように，円盤Aが1回転する間に，45秒ごと（90°ごと）に円盤Bの矢印は真上（北方向）をさすことになり，正答は **4** である。

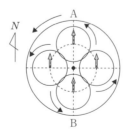

正答　4

地方上級 No. 417 判断推理 立体図形の構成

全国型，関東型，中部・北陸型，市役所A日程　平成30年度

同じ大きさの立方体をいくつか積み上げたところ，上からは図Ⅰのように見え，正面からは図Ⅱのように見えた。このとき，右から見たときの図としてありえるのはどれか。

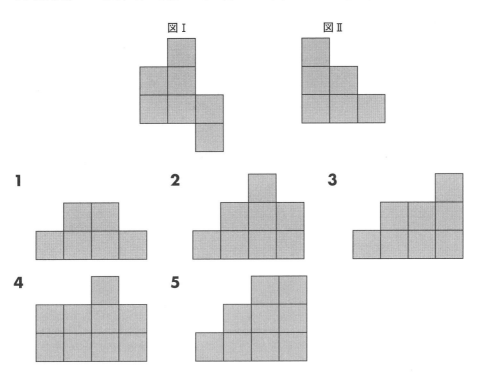

解説

正面から見た場合，図Ⅱのとおり，左から3段，2段，1段となっている。それを平面図である図Ⅰに反映させると次のようになる。

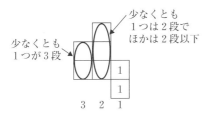

これをもとに，選択肢の図形をチェックしていく。
1．3段の箇所がないため誤り。
2．正しい。条件を満たしている。
3．一番右の3段は，図Ⅰの真ん中の列の一番上に当たる。ここは最大で2段なので誤り。
4．一番左の2段は，図Ⅰより1段なので誤り。
5．3と同様に一番右の3段が誤り。
　以上より，正答は **2** である。

正答　**2**

地方上級 No.418 判断推理 チューブの中のボールの運動 平成25年度
全国型，中部・北陸型

らせん状に20回巻かれた長さ10m，周囲の長さが50cmのチューブがある。このチューブを，図のように右側へ3m転がすとき，チューブ内にボールを {A，B} から入れると，ボールはチューブの内部で {一方向に進む，往復運動を繰り返す}。このとき，チューブ内でボールが移動した距離は {3m，4m，5m} である。

文中3か所の空所の中から，適切な記述を選んだ組合せとして正しいものは，次のうちどれか。

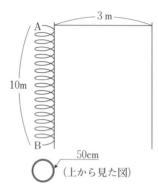

1　A，一方向に進む，3m
2　A，一方向に進む，4m
3　A，往復運動を繰り返す，3m
4　B，一方向に進む，4m
5　B，往復運動を繰り返す，5m

解説

問題図のらせん状のチューブを右側へ回転させると，平面に接するチューブの位置はA方向からB方向へ移動していく。つまり，Aの側からボールを入れれば，チューブが回転することになる。このときボールはらせんの回転に沿って移動していく。チューブの周囲の長さは50cmなので，3m転がすことにより6回転する。らせんは20回巻かれているので，20回転するとボールはAからBまでチューブ内を10m移動する。6回転した場合は，$10 \times \dfrac{6}{20} = 3$ より，

3m移動することになる。

よって，正答は **1** である。

正答　1

No.419 判断推理　操作・手順　平成26年度
地方上級　全国型，関東型，中部・北陸型

白玉1個，黒玉2個をア，イ，ウのいずれかの場所に1個ずつ横1列に置き，AとBの2人に見せた後，中身が見えないようにそれぞれにコップをかぶせた。その後コップをかぶせたまま玉の位置を入れ替える操作を2回行った。1回目の操作はAにだけ，2回目の操作はBにだけ見せて，2人とも，入替えの操作は自分の見た1回だけだと思っている。Aは白玉がイにあると思い，Bは白玉がアにあると思ったが，実際にはウにあった。このとき，正しいのはどれか。

ア

イ

ウ

1　白玉は最初イに入っていた。
2　黒玉と黒玉を入れ替える操作があった。
3　2回とも同じ場所を入れ替えた。
4　アとイを入れ替える操作があった。
5　アとウを入れ替える操作があった。

解説

最初に白玉がどこにあったかで場合分けをする。
（1）アにあった場合
　Aは1回目の操作のみを見てイにあると思ったので，1回目の操作はアとイを入れ替えた。Bは2回目の操作のみを見てアにあると思ったので，2回目の操作はイとウを入れ替えた。1回目にアとイを入れ替えて，2回目にイとウを入れ替えると，アにあった白玉は最終的にはウにある。よってこの場合分けは正しい。
（2）イにあった場合
　Aは1回目の操作のみを見てイにあると思ったので，1回目の操作はアとウを入れ替えた。Bは2回目の操作のみを見てアにあると思ったので，2回目の操作はアとイを入れ替えた。1回目にアとウを入れ替えて，2回目にアとイを入れ替えると，イにあった白玉は最終的にはアにある。よってこの場合分けは誤っている。
（3）ウにあった場合
　Aは1回目の操作のみを見てイにあると思ったので，1回目の操作はイとウを入れ替えた。Bは2回目の操作のみを見てアにあると思ったので，2回目の操作はアとウを入れ替えた。1回目にイとウを入れ替えて，2回目にアとウを入れ替えると，ウにあった白玉は最終的にはイにある。よってこの場合分けは誤っている。

　以上より（1）の場合分けが正しいので，正答は**4**である。

正答　4

No. 420 判断推理 立方体の中心に光源のある投影図 平成24年度

全国型，中部・北陸型 地方上級

針金で作った立方体の中心部分に点光源を置き，薄紙でできた球でこの立方体を覆うと，薄紙の球に立方体の影が映る。これを図のX方向（立方体の面に対して垂直な方向）とY方向（立方体の面に対して45°の方向）から見たとき，立方体の影の見え方の組合せとして，正しいものはどれか。

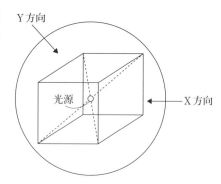

	X方向	Y方向
1	ア	エ
2	ア	カ
3	イ	エ
4	ウ	オ
5	ウ	カ

ア
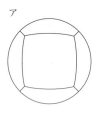

イ

ウ
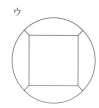

エ
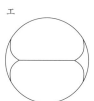

オ
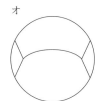

カ
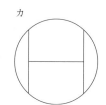

解説

立方体の中心部分に点光源を置いて外側を覆う球面に立方体の辺を投影すると，中心角が90°の弧となって現れる。これをX方向から見た場合，立方体で正面となる正方形の各辺は，球面上の大円（球の中心を通る平面で切断したときの切断面）の一部としての弧には見えず，少し潰れた形状に見えることになる。そして，X方向か

図Ⅰ 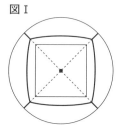 図Ⅱ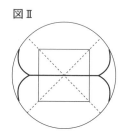

ら見て奥へ向かう辺は45°の角度で投影されているので，大円を真横から見たのと同じことになり，その弧は直線状に見える（図Ⅰ）。Y方向から見た場合は2面を見ることになるが，その2面を結ぶ辺は正面から見ることになるので，この辺を投影した弧は直線状に見える（大円の一部である弧を真横から見ることになる）。その両端から奥へ向かう4本の辺は，それぞれ両端が1点に重ならないので，弧を真横から見ることにならず，こちらは潰れた弧として見える（図Ⅱ）。

図Ⅰと一致するのはア，図Ⅱと一致するのはエであるので，正答は**1**である。

正答 **1**

地方上級 No.421 判断推理 折り紙と重ね合わせ 令和2年度
全国型，中部・北陸型，市役所A日程

図のような正六角形の紙があり，点Pは点Bからスタートして辺上を通り，点C，点Dへと一定の速度で移動する。このとき，APを軸に紙を折り曲げると，もとの正六角形の内部に紙が二重になる部分ができるが，この図形に関するグラフとして正しいのはどれか。ただし，グラフの縦軸は図形の面積を表し，横軸は点Pの場所を表す。

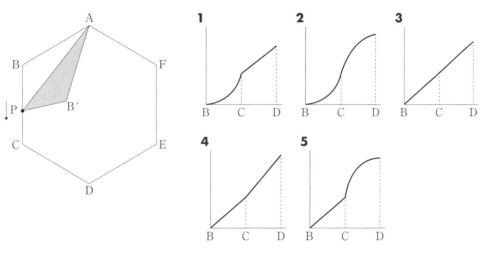

解説

APを軸に折り曲げるので，△ABPと△AB'Pの面積は等しい。よって，高さが判断しやすい△ABPで考える。

PがBC上を通るときは，BPを底辺とすると△ABPの高さは常に一定である。よって△ABPの面積は底辺の長さに比例する。したがって，面接は比例を示すグラフになるので，右上がりの直線になる（図1）。

PがCD上を通るときは，求める図形の面積は，△ABCの面積に△ACPの面積を加えたものになる。CPを底辺とすると△ACPの高さは常に一定である。よって△ACPの面積は底辺の長さに比例する。ここで，PがBC上を通るときの△ABPとPがCD上を通るときの△ACPを比較すると，△ACPの高さは△ABPの2倍になるので，グラフの傾きがCまでの2倍の右上がりの直線になる（図2）。

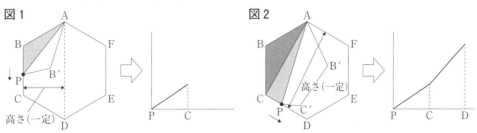

以上より，正答は**4**である。

正答 4

No. 422 判断推理 平面図形 平成26年度

地方上級　全国型，関東型，中部・北陸型

一辺の長さが8cmの正方形がある。半径1cmの円Aがこの正方形の外側を辺に接しながら移動し，半径2cmの円Bがこの正方形の内側を辺に接しながら移動する。このとき円Aが動くことのできる範囲の面積と，円Bが動くことのできる範囲の面積の差はいくらか。

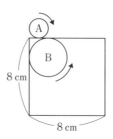

1　16cm^2
2　$16+2\pi\text{cm}^2$
3　24cm^2
4　$24+2\pi\text{cm}^2$
5　48cm^2

解説

円Aと円Bが動く範囲を図示すると次のようになる。円Aが正方形の角を回るときは，正方形の角を頂点に，直径2cmの円を描くことに注意する。

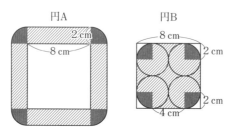

図の4隅の扇形の箇所（グレーの部分）は円Aも円Bも同じなので，斜線部分の差が面積の差になる。斜線部分の面積は，

A：$2\times 8\times 4=64$〔cm^2〕
B：$4\times 8+2\times 4\times 2=48$〔$\text{cm}^2$〕

よって，その差は$64-48=16$〔cm^2〕であり，正答は **1** である。

正答　1

地方上級

No. 423　数的推理

全国型，関東型，中部・北陸型

覆面算

平成 27 年度

電卓Xと電卓Yは壊れている。電卓Xは＋，－，÷のどれを押しても×と入力される。電卓Yは4と7を押すと1と入力され，5と8を押すと2と入力され，6と9を押すと3と入力される。

　これらの電卓で以下の計算をすると，電卓Xでは720，電卓Yでは5.5という計算結果になった。この計算を正しく行った場合，結果はいくつになるか。

7	8	9	÷
4	5	6	×
1	2	3	－
0		=	＋

　　□×□÷□＋□　（□には1ケタの数字が入る）

1　9.6
2　11.2
3　16.4
4　20.8
5　24.5

解　説

電卓Xでは＋，－，÷が×になるので，720を素因数分解して考える。720を素因数分解すると$2^4 \times 3^2 \times 5$となる。1ケタの整数なので，まず，「5」は確定で，残り$2^4 \times 3^2$の組合せは電卓Yとの関係で考える。

　電卓Yの計算では0，1，2，3しか使用しない。よって小数第1位の5を作るには÷の後の数字は2で，÷の前の数字は奇数でなければならない。掛けて奇数になるのは，1×1，1×3，3×3が考えられるが，最後に0～3の数字を足して5.5を作るには3×3で，＋の後ろの数字が1のときのみである。よって，電卓Yの計算は3×3÷2＋1＝5.5と確定する。

　3番目の数字が2と入力されたということは，2，5，8のいずれかの数字を押したことがわかるが，必ず含まれている「5」はここで，使用しなければならない。また，4番目の数字が1と入力されたということは，1，4，7のいずれかを押していることがわかるが，1と考えると残り2つの数字で$2^4 \times 3^2$使い切ることはできないので，「4（＝2^2）」と確定する。

　残り$2^2 \times 3^2$を電卓Yの3×3で当てはめることを考える。3と入力されたということは，3，6，9のいずれかを押したことになるが，2^2を含ませることを考えると6×6であったとわかる。

　以上より，電卓の入力は6×6÷5＋4であったと判明するので，この計算の結果は11.2となる。

　よって，正答は**2**である。

正答　**2**

地方上級＜教養＞過去問500●447

地方上級

No. 424 数的推理　整数問題

全国型，関東型，中部・北陸型

平成 **27年度**

100〜999までの整数で，次の条件を満たす数はいくつあるか。

・1の位が0でない。

・1の位と10の位の数が異なっている。

・10の位と100の位の数が異なっている。

1 549

2 585

3 621

4 657

5 693

解説

「1の位が0でない」ので1の位は1〜9の9通りのいずれかである。100の位が1〜9の9通り，10の位が0〜9の10通りなので，「1の位が0でない」数字は$9 \times 10 \times 9 = 810$〔個〕ある。

　この中で1の位と10の位が同じなのは，11，22，33……99と9通りあり，おのおのの100の位は9通りあるので，$9 \times 9 = 81$〔個〕となる。同様に10の位と100の位が同じなのも81個ある。この中ですべての位が同じ111，222，333……999の9個は重複して数えている。したがって，810個の中で2つ目の条件の「1の位と10の位の数が異なっている」と3つ目の条件の「10の位と100の位の数が異なっている」に該当するのは$810 - (81 + 81 - 9) = 657$〔個〕となる。

　よって，正答は**4**である。

正答　**4**

地方上級 No.425 数的推理　時計算　全国型，中部・北陸型　平成28年度

図のような数字の書かれていない時計がある。長針はAの目盛りをさし，短針はBの目盛りから10°ずれたところをさしている。このとき，Bに当たる数字はいくつか。

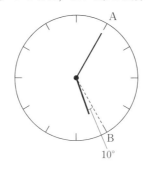

1　2
2　4
3　6
4　8
5　10

解説

短針はBの目盛りより10°ずれている。短針は1分間に0.5°動くので，10°動くには20分かかる。つまり，現在の時間は20分なので，Aの数字は「4」となる。BはAより4目盛り先なので，Bの目盛りは「8」となる。

　よって，正答は**4**である。

正答　4

地方上級 全国型，関東型，中部・北陸型，横浜市

No. 426 数的推理　2ケタの整数の約数　平成23年度

2ケタの整数 a の約数は，1および a とそのほかに3個で，合計5個ある。この a を3倍して $3a$ としたところ，約数は $3a$ だけが増え，合計6個となった。この2ケタの整数 a の十の位と一の位の数の差として，正しいものはどれか。

1　3
2　4
3　5
4　6
5　7

解説

ある整数の約数の個数は，その整数を素因数分解したときの，各素因数の累乗指数に1を加えた数の積で求めることができる。たとえば24ならば，$24＝2^3×3^1$ より，素因数2の累乗指数3と素因数3の累乗指数1にそれぞれ1を加えた $(3+1)$ と $(1+1)$ の積で，

$(3+1)×(1+1)＝4×2＝8$

だから，8個あることになる。整数 a の約数は全部で5個あるが，5は素数なので，2以上の整数の積で表すことはできない。つまり，整数 a は1種類の素因数 n だけでできており，$a＝n^4$ である。素数である2，3，5，……，を n に代入すると，$n＝2$ のとき，$a＝2^4＝16$，$n＝3$ のとき，$a＝3^4＝81$ であるが，$n＝5$ だと，$a＝5^4＝625$ で3ケタとなってしまう。したがって，a は16，81のいずれかである。

16を3倍すると，

$16×3＝48＝2^4×3^1$

となり，その約数の個数は，

$(4+1)×(1+1)＝5×2＝10$

で，約数の個数は10個となってしまう（新たに，3，6，12，24，48が増える）。

$81×3＝243$ の場合は，

$81×3＝243＝3^5$

であり，約数の個数は6個となる。つまり，3倍しても約数が5個から6個へと1個しか増えないのであれば，もとの整数 a が持っている1種類の素因数は3でなければならないのである。

　したがって，$a＝3^4＝81$ であり，その十の位と一の位の数の差は，$8-1＝7$ となる。

　よって，正答は**5**である。

正答　5

450●地方上級＜教養＞過去問500

図のA～Hに1～8の異なった整数が1つずつ入る。図の中の上半分の和と下半分の和，右半分の和と左半分の和，内側の和と外側の和はそれぞれ等しい。1はBに入り，2は上半分に入っている。また，DとHの和は8で，DよりHのほうが大きいことがわかっている。このときCに入る数字は何か。

1 4
2 5
3 6
4 7
5 8

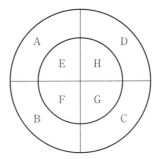

解説

まず，総和を求める。1＋2＋………＋8＝36より，総和は36である。上半分の和と下半分の和が等しいので，上半分の和は18となる。D＋H＝8より，A＋Eは10となる。右半分の和と左半分の和が等しいことより，C＋Gも10となる。これらより，残りのB＋Fは8となる。B＝1より，F＝7となる。

DとHの組合せは，D＜Hより，(D, H)＝(2, 6)(3, 5)のどちらかである。(D, H)＝(2, 6)の場合，残りの数字である3, 4, 5, 8でA＋E＝10を作ることができない。よって，(D, H)＝(3, 5)となる。残りの数字は2, 4, 6, 8となるが，2が上半分に入っていることから，AとEは2と8の組合せである。A＝2とすると，外側の和は1＋2＋3＋Cとなり，「内側の和と外側の和はそれぞれ等しい」を満たすことができない。よって，A＝8，E＝2となる。これにより，外側の和は1＋8＋3＋C＝18より，C＝6となり，残るGは4となる。

よって，Cには6が入るので，正答は**3**である。

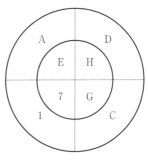

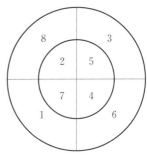

正答 **3**

地方上級

全国型，関東型，中部・北陸型

No. 428 数的推理 **倍数の個数** 平成21年度

1〜100までの数が1つずつ書かれた100枚のカードがある。この中から，ある2ケタの整数 x で割り切れる数の書かれたカードを取り除いたところ，取り除かれたカードは4枚あった。さらに，残ったカードの中から8で割り切れるカードを取り除いたところ，新たに取り除かれたカードは11枚であった。このとき，2ケタの整数 x の十の位と一の位の数の和として正しいものは，次のうちどれか。

1　3
2　4
3　5
4　6
5　7

解説

1〜100までの中に，整数 x で割り切れる数は4個あるということだから，1〜100の中にある整数 x の倍数は4個である。$100 \div 20 = 5$，$100 \div 25 = 4$ より，1〜100の中に倍数を4個持つ整数は，21，22，23，24，25の5個である。

また，$100 \div 8 = 12 \cdots 4$ だから，1〜100の中に8の倍数は12個あるが，8の倍数として取り除かれたカードは11枚しかなかったのだから，1〜100の中に x と8の公倍数が1個だけあるということになる。

21と8，23と8，25と8の最小公倍数はいずれも100を超えてしまうので条件に合わない。24の場合は，いずれも8の倍数ということになり，不適。22と8の最小公倍数は88で，8の倍数として88だけが取り除かれ，カードは11枚残ることになる。

したがって，$x = 22$ であり，$2 + 2 = 4$ より，正答は**2**である。

正答　**2**

地方上級

No. 429 数的推理 | 全国型，関東型，中部・北陸型，市役所Ａ日程 | 商と余り | 令和元年度

ある２ケタの正の整数Ａで，158と204と273を割ったら，いずれも余りが同じになった。正の整数Ａの各位の和はいくつになるか。

1 5

2 8

3 10

4 12

5 15

解説

3つの数の余りが等しくなるので，各々の数の差はＡの倍数になる。各々の差は，

$$273-204=69$$
$$204-158=46$$

である。46と69の公約数は1と23であるため，２ケタの数のＡは23とわかる。つまり，以下のような計算だったことになる。

$$158÷23= 6 \cdots 20$$
$$204÷23= 8 \cdots 20$$
$$273÷23=11 \cdots 20$$

よって，Ａは23なので，各位の和は $2+3=5$ となり，正答は**1**である。

正答 **1**

地方上級

全国型，中部・北陸型

No. 430 数的推理　　整　数　　平成24年度

3ケタの自然数 x がある。x は偶数で，その百の位の数は十の位の数より小さい。x を2倍した数である $2x$ も3ケタであり，百の位の数は一の位の数より4大きく，十の位は奇数である。x の百の位，十の位，一の位の数の和として正しいのはどれか。

1 12

2 13

3 14

4 15

5 16

解 説

x は2倍しても3ケタの数なので，x の百の位は4以下である。また，偶数に限らず整数は2倍すれば必ず偶数となるので，$2x$ の一の位は偶数であり，これより4大きい百の位も偶数である。そして，$2x$ の十の位が奇数になったということは，一の位から1繰り上がってきていることを意味し，さらに，百の位が偶数であるということは，十の位からの繰り上がりがないことを意味している。

ここまでで，x の一の位は5以上なので，6または8，十の位は4以下なので，百の位は3以下となる。x の一の位が8だと $2x$ の一の位は6ということになり，これより4大きい百の位の数が存在しない。したがって，x の一の位は6で，$2x$ の一の位は2，百の位は6である。そうすると，x の百の位は3だから，十の位は4でなければならず，ここから，$x=346$ と決まる。

以上から，$3+4+6=13$ で，正答は**2**である。

正答　**2**

地方上級

No. 431 数的推理　年齢算

全国型，関東型，中部・北陸型，市役所Ａ日程

令和 元年度

ＡとＢは誕生日が同じで年齢が異なり，ＢのほうがＡよりも年上である。ＡがＢの年齢のときに，ＢはＡの年齢の1.2倍になる。またＢが現在のＡの年齢のときは，ＢとＡの年齢の和は42であった。このとき現在のＡとＢの年齢の差はいくつか。

1　4

2　6

3　8

4　12

5　14

解説

現在のＡとＢの年齢をそれぞれ，a と b とする。ＡがＢの年齢のときは今から $b-a$ 年後になるので，そのときＢは，$b+(b-a)$ より，$2b-a$ 歳となる。このときＢ（$2b-a$ 歳）は，Ａ（b 歳）の年齢の1.2倍なので，

$$1.2b=2b-a$$
$$a=0.8\,b \cdots\cdots ①$$

である。また，Ｂが現在のＡの年齢のときは今から $b-a$ 年前なので，そのときＡは，$a-(b-a)$ より，$2a-b$ 歳となる。このときのＡ（$2a-b$ 歳）とＢ（a 歳）の和が42より，

$$2a-b+a=42$$
$$3a-b=42 \cdots\cdots ②$$

である。①②より $a=24$，$b=30$ なので，現在のＡとＢの年齢は24歳と30歳ということになる。

　よって，その差は 6 なので，正答は **2** である。

正答　**2**

地方上級＜教養＞過去問500●**455**

地方上級

全国型，中部・北陸型

No. 432　数的推理　　約数・倍数　　平成28年度

A，B，Cの3人は同じスポーツジムに通っている。3人が同じ日にスポーツジムを利用してから，Aは6日ごとに，Bは b 日ごとに，Cは c 日ごとにスポーツジムを利用して，次に3人が同じ日にスポーツジムを利用したのが30日後であった。その間に，AとBだけが同じ日にスポーツジムを利用したのは4回，BとCだけが同じ日にスポーツジムを利用したのは2回だった。また，Cだけがスポーツジムを利用した日があった。このとき，b と c の差はいくつか。

1　2
2　3
3　4
4　5
5　6

解説

次に3人が同じ日にスポーツジムを利用したのが30日後であったので，A，B，Cの間隔日数の最小公倍数は30となる。30を素因数分解すると $2 \times 3 \times 5$ となり，これを利用して b，c を考える。

AとBだけが同じ日にスポーツジムを利用したのは4回なので，AとBは30日後も含めて，$30 \div 5 = 6$〔日〕ごとに会っていたことになる。つまり6と b の最小公倍数は6となり，b は6より小さくかつ6の約数なので1，2，3のいずれかである。しかし，Cだけがスポーツジムを利用した日があったので1はありえないため，2，3のいずれかである。

BとCだけが同じ日にスポーツジムを利用したのは2回なので，BとCは30日後も含めて，$30 \div 3 = 10$〔日〕ごとに会っていたことになる。つまり b と c の最小公倍数は10となる。b と c は10より小さくて1を除く10の約数なので2，5，10のいずれかである。

以上より，b は共通の2となる。c は5か10であるが，10となると2の倍数なのでCだけがスポーツジムを利用した日がなくなる。したがって，c は5となる。

よって，b と c の差は $5 - 2 = 3$ となり，正答は **2** である。

正答　**2**

地方上級

No. 433 数的推理 全国型，関東型，中部・北陸型 覆面算 平成25年度

次の3つの数式①，②，③のA，B，Cには3，4，5のいずれかの整数が当てはまり，□には「＋」，「×」のいずれかの記号が入る。同じ位置に入る記号は①，②，③とも同じである。①，②，③の計算結果はすべて異なるが，①の計算結果と②，③どちらかの計算結果との差は10である。

A□B□6□C ……①

（A□B）□6□C ……②

A□B□（6□C）……③

次のうち，正しいものはどれか。

1 Aに当てはまる整数は5である。

2 4の左隣の記号は「×」である。

3 Bに当てはまる整数は3である。

4 5の右隣の記号は「×」である。

5 Cに当てはまる整数は4である。

解説 ──────────────────────────

3か所の□に入る記号が「＋」だけ，あるいは「×」だけだと，①，②，③の計算結果はすべて等しくなってしまう。（ ）があることによって計算結果が異なるためには，A□Bと6□Cの部分の□には記号「＋」が，B□6の部分の□には記号「×」が入ることになる。次にA，B，Cに3，4，5のいずれが該当するかを考えると，全部で6通り（＝3！）ある。このうち，A＝4，B＝3，C＝5のときだけが，

$4+3×6+5=27$ ……①

$(4+3)×6+5=47$ ……②

$4+3×(6+5)=37$ ……③

となって，①と③の計算結果の差が10となり，これ以外に該当する組合せはない。

よって，正答は**3**である。

正答 **3**

地方上級＜教養＞過去問500●457

地方上級
全国型，関東型，中部・北陸型，市役所Ａ日程

No. 434 数的推理 方程式 令和2年度

ある店では肉まんを3個入り，5個入り，7個入りの3種類の箱入りで販売している。2日間の販売数を見ると，1日目は3種類とも最低1箱は売れて，合計で8箱売れた。2日目は3個入りと7個入りは1日目と同数が売れ，5個入りは1日目の3倍が売れ，販売個数は1日目の2倍だった。このとき，1日目に3個入りの肉まんは何箱売れたか。

1 1箱

2 2箱

3 3箱

4 4箱

5 5箱

解 説

1日目に売れた箱をそれぞれ，3個入りを x 〔箱〕，5個入りを y 〔箱〕，7個入りを z 〔箱〕と置く。

1日目の売上げの箱数より，

$$x+y+z=8 \quad \cdots\cdots①$$

となる。2日目は，3個入りは x 〔箱〕，5個入りは $3y$ 〔箱〕，7個入りは z 〔箱〕売れているので，販売個数は $3x+15y+7z$ となる。この個数が1日目の販売個数の2倍より，

$$3x+15y+7z=2(3x+5y+7z)$$
$$3x-5y+7z=0 \quad \cdots\cdots②$$

となる。①×5＋②より，

$$2x+3z=10$$

$$x=5-\frac{3}{2}z$$

と x を表すことができる。ここで x は正の整数なので，右辺も正の整数となり，そのためには z は2の倍数でなければならない。z に2，4，6と当てはめていくのだが，z が4以上のときは，x は負の数になってしまう。これより z は2と決まり，そのとき $x=2$ となる。また，①より $y=4$ となる。

以上より，正答は**2**である。

正答 **2**

458●地方上級＜教養＞過去問500

地方上級
全国型，関東型，中部・北陸型

No. 435　数的推理　　　割　合　　　平成29年度

濃縮された2つのめんつゆA，Bがある。Aは同じ量の水（2倍に薄める）で，Bは4倍の量の水（5倍に薄める）で薄めるのが既定の濃さになり，このときの2つの濃さは等しい。

　あるとき，既定の濃さでめんつゆを作ろうとしたが，誤ってAを5倍に薄めて，Bを2倍に薄めてそれぞれ100mLずつ作ってしまった。これを合わせると既定の濃さより ア めんつゆになってしまい，既定の濃さにするには イ を入れなければならない。

　ア，イに入る語句の組合せとして正しいものはどれか。

	ア	イ
1	うすい	Aを15mL
2	うすい	Aを30mL
3	濃い	水を60mL
4	濃い	水を90mL
5	濃い	水を12mL

解説

誤って作った100mLのめんつゆと水の量は以下のようである。

　　①A20mL＋水80mL

　　②B50mL＋水50mL

　①と②を合わせるとA20mL＋B50mL＋水130mLとなる。既定の濃さにする場合，Aが20mLのとき水は同量の20mL，Bが50mLのとき水は4倍の200mL必要となる。合わせると水は220mL必要となる。

　以上より，①と②を合わせたものは，既定より濃く，既定の濃さには水を220−130＝90〔mL〕入れる必要がある。

　よって，正答は**4**である。

正答　**4**

地方上級＜教養＞過去問500●459

地方上級

No. 436 数的推理

全国型，関東型，中部・北陸型，市役所Ａ日程

濃 度

令和元年度

ある濃度の砂糖水を１：２に分けて，それぞれに水を100ｇ加えると，濃度は10％と15％になった。もとの砂糖水の濃度は何％か。

1 20％

2 24％

3 25％

4 27％

5 30％

解説

もとの砂糖水を $3a$〔ｇ〕とすると，a〔ｇ〕と $2a$〔ｇ〕に分けたことになる。もとの砂糖水の濃度を x％とすると，１：２に分けた後の砂糖の量は，それぞれ，$\dfrac{ax}{100}$〔ｇ〕と $\dfrac{2ax}{100}$〔ｇ〕となる。これに水を100〔ｇ〕加えて，濃度が10％と15％になったのだから，濃度の定義より以下の２式を作ることができる。

$$\frac{ax}{100} \div (a+100) = 0.1$$

$$ax = 10(a+100) \quad \cdots\cdots ①$$

$$\frac{2ax}{100} \div (2a+100) = 0.15$$

$$2ax = 15(2a+100) \quad \cdots\cdots ②$$

②－①×２より

$$a = 50$$

これを①に代入すると $x=30$ となる。

よって，正答は**5**である。

正答 **5**

地方上級
No. 437 数的推理 　全国型，関東型，中部・北陸型　　確　率　　平成20年度

ある高速道路に，A，B，Cの順でインターチェンジがある。この高速道路を利用するとき，A－B間で渋滞に巻き込まれる確率は0.3，B－C間で渋滞に巻き込まれる確率は0.2である。この高速道路をAからCまで走るとき，少なくともA－B間，B－C間のどちらか一方で渋滞に巻き込まれる確率として正しいものは，次のうちどれか。

1　0.34

2　0.39

3　0.44

4　0.49

5　0.54

解説

余事象の確率を考えたほうがわかりやすい。A－B間で渋滞に巻き込まれない確率は0.7，B－C間で渋滞に巻き込まれない確率は0.8である。したがって，A－B間でもB－C間でも渋滞に巻き込まれない確率は，0.8×0.7＝0.56である。1－0.56＝0.44より，少なくともどちらか一方で渋滞に巻き込まれる確率は0.44となり，正答は**3**である。

正答　**3**

地方上級＜教養＞過去問500●**461**

地方上級
全国型，関東型，中部・北陸型

No. 438　数的推理　　　　倍　数　　　　平成18年度

夜中に分裂することにより，個体数が翌日には2倍になる生物が容器の中に入れられている。この容器から毎日同数を処分したところ，3日でちょうどすべての個体を処分することができた。1日に処分する数を10匹増やすと，2日でちょうどすべての個体を処分することができるという。このとき，最初に容器の中に入れられていた個体数として可能性があるものはどれか。

1　90匹

2　95匹

3　100匹

4　105匹

5　110匹

解説

3日間ですべて処分する場合の1日に処分する個体数を x としてみる。2日目に処分した残りが夜中に分裂して2倍になり，これが3日目に x となるのだから，2日目に処分した残りは $\frac{1}{2}x$ である。つまり，2日目に処分するときに $\frac{3}{2}x$ いたことになる。

1日目に処分した残りが夜中に2倍になって $\frac{3}{2}x$ となったのだから，1日目に処分した残りは $\frac{3}{4}x$ である。

1日目に x だけ処分して $\frac{3}{4}x$ 残ったのだから，最初にいた個体数は $\frac{3}{4}x+x=\frac{7}{4}x$ である。

したがって，最初にいた個体数と1日に処分する個体数の比は7：4であり，最初にいた個体数は7の倍数，1日に処分する個体数は4の倍数でなければならない。選択枝の中で7の倍数となるのは105匹だけであり，最初に容器に入れられていた個体数は105匹である。

確認してみると，7：4＝105：60だから，1日に60匹処分することになる。1日目に60匹処分すると45匹残って，これが分裂して2日目に90匹となっている。ここから60匹処分すると30匹残って，これが分裂して60匹となり，3日目に60匹処分してちょうどすべて処分できる。1日の処分数を10匹増やして70匹とすると，1日目に残るのが35匹，これが分裂して2日目に70匹となり，2日目に70匹処分してちょうどである。

以上から，正答は**4**である。

正答　**4**

462●地方上級＜教養＞過去問500

地方上級

No. 439 数的推理 数量問題

全国型，関東型，中部・北陸型，市役所Ａ日程

平成 **30**年度

定員20人のエレベーターが，１階から４階に向けて，各階に止まりながら運行した。最初は誰も乗っておらず，１階で何人かが乗った。また，最終的に４階で全員が降りた。各階では，いったん降りた人が再び乗ることはなかった。次のことがわかっているとき，２階から３階の間に乗っていた人数は何人か。

○１階で乗った人について，２階，３階，４階で降りた人数はそれぞれ同じだった。

○２階で乗った人について，３階，４階で降りた人数はそれぞれ同じだった。

○３階で乗った人数は，２階で乗った人数の２倍であった。

○１階から２階の間に乗っていた人数と，３階から４階の間に乗っていた人数は同じだった。

1 7人
2 9人
3 12人
4 14人
5 16人

解説

１階から乗った人について，２階，３階，４階で降りた人数がそれぞれ同じだったので，各階で降りた人数を x とすると，１階で乗った人数は $3x$ と置ける。同様に２階から乗った人について，３階，４階で降りた人数はそれぞれ同じだったので，各階で降りた人数を y とすると，２階で乗った人数は $2y$ と置ける。３つ目の条件より，３階で乗った人数は $4y$ となる。降りた人数をマイナスとして乗降人数をまとめると次のようになる。

１階	２階	３階	４階
$3x$	$-x$	$-x$	$-x$
	$2y$	$-y$	$-y$
		$4y$	$-4y$

このとき，１階から２階の間に乗っている人数は $3x$ である。３階から４階の間で乗っていた人数は，表より，

$$3x+2y+4y-(x+x+y)=x+5y$$

となる。４つ目の条件より，この２つの数が等しいので，

$$3x=x+5y$$

$$2x=5y$$

となる。これより，x は５の倍数，y は２と倍数ということがわかる。x は５，10，15…の可能性があるが，10以上の場合は，１階から乗ったときの人数が定員の20人を超えてしまうので，$x=5$ と確定し，このとき $y=2$ となる。これを表に反映させると次のようになる。

１階	２階	３階	４階
15	-5	-5	-5
	4	-2	-2
		8	-8

１階では15人が乗り，２階では５人が降りて４人が乗ったので，２階から３階の間に乗っていたのは14人である。

よって，正答は**4**である。

正答 **4**

地方上級＜教養＞過去問500●**463**

地方上級 No.440 数的推理 約数・倍数 平成23年度
全国型，関東型，中部・北陸型，横浜市

あるクラスの全生徒を円状に並ばせ，各生徒に対し先生が鉛筆を配っていった。これについて，次のア～エのことがわかっている。
　ア　各人がもらった鉛筆の本数は9本以下である。
　イ　先生が配った鉛筆の総数は91本である。
　ウ　隣り合う3人がもらった鉛筆の合計数はすべて等しい。
　エ　生徒Aがもらった鉛筆の本数は3本で，Aから時計回りに4人目のEがもらった鉛筆の本数は6本である。
このとき，このクラスの生徒の人数として，正しいのはどれか。

1　20人
2　21人
3　22人
4　23人
5　24人

解説

鉛筆を3本もらったAから，時計回りに4人目のEがもらった鉛筆の本数は6本なので，Aから時計回りにB～Fが並んだ状態を考えてみる。隣り合う3人がもらった鉛筆の合計数はすべて等しいから，A＋B＋C＝B＋C＋Dより，AとDがもらった鉛筆の本数は等しく，B＋C＋D＝C＋D＋Eより，BとEがもらった鉛筆の本数は等しい。したがって，Bは6本，Dは3本の鉛筆をもらっている。また，CとFがもらった鉛筆の本数は等しい。つまり，隣り合う3人がもらった鉛筆の合計数がすべて等しいなら，3人おきに同じ本数をもらっていなければならない。ここで，C，Fがもらった鉛筆の本数が3本ずつまたは6本ずつだと，各生徒がもらった鉛筆の本数はすべて3の倍数となるので，その合計数も3の倍数でなければならないが，91は3の倍数ではない（91＝7×13である）ので，C，Fがもらった鉛筆の本数は3，6，9本のいずれでもないことになる。そうすると，隣り合う3人がもらった鉛筆の合計数がすべて等しいという条件を満たすには，生徒数が3の倍数である必要がある。91を素因数分解すると，前述のように，91＝7×13だから，①隣り合う3人の組が7組できて，その3人がもらった鉛筆の合計数が13本の場合，②隣り合う3人の組が13組できて，その3人がもらった鉛筆の合計数が7本の場合，という2通りが考えられる。①の場合は，A，Dが3本，B，Eが6本の鉛筆をもらっているので，C，Fは4本もらったことになる。②の場合だと，隣り合う3人がもらった鉛筆の本数が7本ということになってしまい，A，Dが3本，B，Eが6本の鉛筆をもらっていることと矛盾し，不適となる。

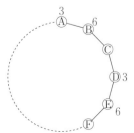

　以上から，生徒数は，3×7＝21より，21人である。
　よって，正答は**2**である。

正答　2

地方上級	全国型，関東型，中部・北陸型		
No. 441	数的推理	場合の数	平成29年度

A〜Dの4人がいて，Aからスタートしてボールを順番に渡していく。ボールは以下の条件で渡すことにする。

　○直前に受け取った人にはボールを渡さない。

　○前に渡した相手には渡すことはできない。

　○A以外は何度受け取ってもよいし，1度も受け取らなくてもよい。

　このとき，再びAにボールが渡るまでに何通りの渡し方があるか。

1　12通り

2　18通り

3　24通り

4　30通り

5　33通り

解説

Aが最初にBに渡したとして，条件に合う渡し方は以下のようになる。このとき，条件にもある「直前に受け取った人にはボールを渡さない」を考慮して2パターンの渡し方を考えるとよい。

A	B	C	A			①
			D	A		②
				B	A	③
		D	A			④
		C	A			⑤
			B	A		⑥

　このように，Aが最初にBに渡したとして6通りある。この数はAが最初にCやDに渡したときも同じなので，6×3＝18〔通り〕となる。

　よって，正答は**2**である。

正答　**2**

No. 442 数的推理　異なるサイコロを持つ3人の勝敗　平成18年度

A，B，Cの3人が，展開すると次の図のようになるサイコロをそれぞれ1個ずつ持っている。3人が同時に1回サイコロを振り，最も大きい目の出た者を勝ちとするとき，3人の勝つ確率についての大小関係を示したものとして正しいのはどれか。

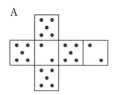
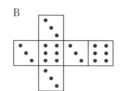
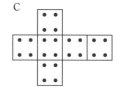

1　A＝B＞C
2　A＞B＞C
3　A＞C＞B
4　B＞C＞A
5　C＞A＝B

解説

Aが勝つのは，（A，B，C）＝(5, 3, 4) となる場合である。Aに5の目が出る確率は $\frac{4}{6}=\frac{2}{3}$，Bに3の目が出る確率は $\frac{4}{6}=\frac{2}{3}$，Cに4の目が出る確率は1だから，Aが勝つ確率は，$\frac{2}{3}\times\frac{2}{3}\times 1=\frac{4}{9}$ である。

Bが勝つのは，Bに6の目が出たときだけで，この場合はA，Cの目より必ず大きくなるのだから，その確率は $\frac{2}{6}=\frac{1}{3}$ である。

Cが勝つのは，（A，B，C）＝(2, 3, 4) となるときで，その確率は，$\frac{1}{3}\times\frac{2}{3}\times 1=\frac{2}{9}$ である。

よって，3人の勝つ確率は，

$$A\left(=\frac{4}{9}\right)>B\left(=\frac{1}{3}=\frac{3}{9}\right)>C\left(=\frac{2}{9}\right)$$

となるので，正答は **2** である。

正答　**2**

地方上級
全国型，関東型，中部・北陸型
No. 443 数的推理　**比・割合**　平成26年度

ある会社には，本社と営業所に合わせて120人の社員がいた。本社の男性社員の割合は30％で，営業所の男性社員は42人であった。今回，人事異動があり，営業所から本社に20人が異動した。これにより，本社の男性社員の割合は40％になり，営業所の男性社員の割合は50％になった。今回人事異動になった男性社員は何人か。

1 10人　　**2** 12人

3 14人　　**4** 16人

5 18人

解説

本社の男性社員は30％だったので，男性：女性＝3：7の比率であったことがわかり，人数はaを自然数とすると，それぞれ$3a$〔人〕，$7a$〔人〕と表すことができる。これらを利用して人事異動前の人数を表にまとめると次のようになる。

	本社	営業所	合計
男	$3a$	42	
女	$7a$		
合計	$10a$		120

このとき，男性社員の合計は$3a+42$〔人〕となるので，女性社員の合計は$120-(3a+42)=78-3a$〔人〕となる。また，本社の合計が$10a$〔人〕なので，営業所の合計は$120-10a$〔人〕となり，営業所の女性の数は$120-10a-42=78-10a$〔人〕となる。

	本社	営業所	合計
男	$3a$	42	$3a+42$
女	$7a$	$78-10a$	$78-3a$
合計	$10a$	$120-10a$	120

同じように，人事異動後の本社の人数は男性：女性＝4：6より，bを自然数とすると，男性$4b$〔人〕，女性$6b$〔人〕と表すことができ，次のようになる。

	本社	営業所	合計
男	$4b$	$60-5b$	$60-b$
女	$6b$	$60-5b$	$60+b$
合計	$10b$	$120-10b$	120

20人が営業所から本社に異動したので，

$10a+20=10b$……①

また，男性の合計数は同じなので，

$3a+42=60-b$……②

と表すことができ，①，②より$(a, b)=(4, 6)$となる。

これより，男性社員の本社の人数は$3a=12$〔人〕から，$4b=24$〔人〕と，12人増えている。

よって，正答は**2**である。

正答　**2**

地方上級＜教養＞過去問500●467

地方上級

全国型，関東型，中部・北陸型

No. 444 数的推理　　　整数問題　　　平成26年度

正の整数 a, b がある。このとき以下の①，②の計算を行う。ただし割り算を1回行うたびに，小数点以下を切り捨てることにする。また，計算式は変形しない。

$(a+b)\div 4$　……①

$a\div 4+b\div 4$　……②

①の計算結果が3のとき，②の計算結果が取りうる値をすべて挙げているのはどれか。

1　0，1，2，3

2　1，2，3

3　2，3

4　2，3，4

5　3，4

解説

①の計算結果が，小数点以下を切り捨てて3なので，切り捨てる前の結果は以下のように不等式で表すことができる。

$3 \leqq (a+b)\div 4 < 4$

$12 \leqq a+b < 16$　……（ア）

また，a, b の値は以下のようにまとめることができる。

グループ	割られる整数	小数点を切り捨てた計算結果
Ⅰ	0，1，2，3	0
Ⅱ	4，5，6，7	1
Ⅲ	8，9，10，11	2
Ⅳ	12，13，14，15	3

（ア）より $a+b$ は12から15の間の数なので，この範囲内で②がどのような計算結果を取りうるかを検討する。

（1）計算結果が0のとき

Ⅰ＋Ⅰしかないが，$a+b$ の値が12から15にならないので不適。

（2）計算結果が1のとき

Ⅰ＋Ⅱしかないが，$a+b$ の値が12から15にならないので不適。

（3）計算結果が2のとき

Ⅰ＋Ⅲ，Ⅱ＋Ⅱがあり，$a+b$ の値が12から15になるものを作ることができる。

（4）計算結果が3のとき

Ⅰ＋Ⅳ，Ⅱ＋Ⅲがあり，$a+b$ の値が12から15になるものを作ることができる。

（5）計算結果が4のとき

Ⅱ＋Ⅳ，Ⅲ＋Ⅲがあるが，$a+b$ の値が12から15にならないので不適。

以上より，計算結果は2か3しか取りえないので，正答は**3**である。

正答　**3**

地方上級

No.445 数的推理　確率

全国型，関東型，中部・北陸型，市役所Ａ日程

令和 元年度

箱の中に10本のくじがあり，そのうち３本が当たりである。くじを順番に引いていき，引いたくじは元に戻さない。当たりくじをすべて引いた時点で終了することにすると，４人目がくじを引いて終わる確率はいくつか。

1 $\dfrac{1}{10}$

2 $\dfrac{1}{15}$

3 $\dfrac{1}{20}$

4 $\dfrac{1}{30}$

5 $\dfrac{1}{40}$

解説

４人目で３本目の当たりくじを引くので，３人目までに２本の当たりくじが引かれている。３人の中で２人当たるのは全部で，${}_3C_2 = 3$〔通り〕ある。たとえば１人目，２人目が当たりで３人目がはずれの確率は，

$$\frac{3}{10} \times \frac{2}{9} \times \frac{7}{8} = \frac{7}{120}$$

となる。３通りすべてが同じ確率なので，３人目までに２本の当たりくじが引かれている確率は，

$$\frac{7}{120} \times 3 = \frac{7}{40}$$

である。

この後４人目が残り７本のくじの中から，最後の１本の当たりくじを引けばよいので，

$$\frac{7}{40} \times \frac{1}{7} = \frac{1}{40}$$

となる。

よって，正答は**5**である。

正答　**5**

No.446 数的推理　数の組合せ　[全国型，関東型，大阪府，横浜市]　平成19年度

長さが200cmの輪状になったロープがある。このロープに，A，A′，B，B′，C，C′と6か所に印をつけた。A，A′でロープを切断すると50cmと150cmの2本になり，さらにC，C′で切断すると10cm，40cm，60cm，90cmの4本になる。また，B，B′で切断すると80cm，120cmの2本になり，さらにC，C′で切断すると，20cm，50cm，60cm，70cmの4本になる。A，A′，B，B′で切断したとき，4本のロープの長さの組合せとして可能性があるものは，次のうちどれか。

1　10cm，20cm，60cm，110cm
2　20cm，40cm，50cm，90cm
3　20cm，40cm，60cm，80cm
4　30cm，40cm，50cm，80cm
5　30cm，40cm，60cm，70cm

解説

A，A′でロープを切断すると50cmと150cmの2本になり，さらにC，C′で切断すると10cm，40cm，60cm，90cmの4本になるA，A′，C，C′について，Aを基準としてAからの長さでそれぞれを示してみると，次の図Ⅰ〜図Ⅳのような4通りが考えられる。このうち，図Ⅰおよび図ⅡではC，C′間が100cmとなるので，B，B′，C，C′で切断して20cm，50cm，60cm，70cmの4本とすることは不可能である（20，50，60，70から2個を選んで100とすることはできない）。図Ⅲ，図Ⅳの場合は，それぞれB，B′の取り方が2通りずつあり，図Ⅲ－1，図Ⅲ－2，図Ⅳ－1，図Ⅳ－2のようになる。A，A′，B，B′で切り分けた4本の長さとしては（10cm，20cm，50cm，120cm），（30cm，40cm，50cm，80cm）の2通りとなり，ここから正答は**4**となる。

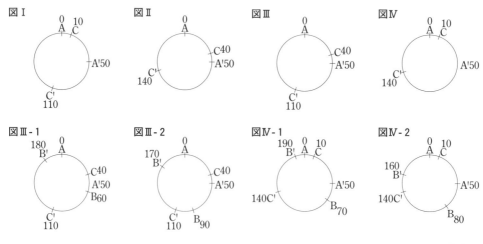

正答　**4**

地方上級

No. 447 数的推理　全国型　ホテルの増築と部屋数　平成16年度

あるホテルには，A，B，C 3タイプの部屋が合計28あり，Aタイプ1部屋の定員はBタイプ1部屋の定員の2倍，Cタイプ1部屋の定員の3倍である。今，Aタイプの部屋数はそのままにして増築し，Bタイプの部屋数を6倍，Cタイプの部屋数を9倍にしたところ，収容できる定員が以前の3倍となった。このホテルにあるAタイプの部屋数として正しいものは，次のうちどれか。

1　11部屋
2　12部屋
3　13部屋
4　14部屋
5　15部屋

解説

A，B，C各タイプの部屋数をそれぞれx，y，zとし，各部屋の定員をそれぞれ6人，3人，2人とすると，

$$x+y+z=28\cdots①$$
$$3(6x+3y+2z)=6x+6\times3y+9\times2z\cdots②$$

である。②より，

$$18x+9y+6z=6x+18y+18z$$
$$12x=9y+12z$$
$$4x=3y+4z\cdots③$$

となる。

　この③式を①×4の$4x+4y+4z=112$に代入すると，

$$7y+8z=112$$

となり，ここから，

$$8z=112-7y \quad さらに，z=14-\frac{7}{8}y \quad となる。$$

　y，zとも自然数なので，これを満たすy，zの値は，$y=8$，$z=7$しかありえない。したがって，Aタイプの部屋数は①式から，

$$x=28-(y+z)=28-(8+7)=13$$

で，正答は**3**である。

正答　**3**

地方上級＜教養＞過去問500●471

地方上級

No. 448 数的推理 整数の組合せ

全国型，関東型，中部・北陸型

平成25年度

1～10までの数字が1つずつ書かれた10枚のカードがある。この10枚のカードの中から1枚を取り除き，他の9枚のカードをA，B，Cの3人に3枚ずつ配ったところ，以下のようになった。

○Bに配られた3枚のうち偶数は2枚で，2番目に大きな数は偶数である。

○3人に配られたカードについて，各人の最大数を比べると，A，B，Cの順に大きい。

○Aには「6」のカードが配られた。

○AとCは，配られた3枚のカードに書かれた数の積が等しい。

次のうち，正しいものはどれか。

1 「2」と書かれたカードはAが持っている。

2 最初に取り除かれた1枚は，「9」と書かれたカードである。

3 「4」と書かれたカードはBが持っている。

4 最も小さい数が書かれたカードはAが持っている。

5 「8」と書かれたカードはCが持っている。

472●地方上級＜教養＞過去問500

解説 ━━━

まず，3人に配られたカードの中で最大数どうしを比較すると，A＞B＞Cなので，Bは「10」のカードを配られておらず，Cは「9」も「10」も配られていない。そして，Aは「9」か「10」のカードのうちの少なくとも1枚は配られている。Aのカードの最大数が「8」だと，BもCも「9」，「10」のカードを配られていないことになり，配られていないカードは1枚だけ，という条件に反するからである。

次に，AとCに配られた3枚ずつのカードに書かれた数の積が等しい，という点を検討する。この場合は素因数分解を利用するとよい。Aが「9」と書かれたカードを持っているとすると，Aは「6」と書かれたカードを持っているので，この2枚で，$6 \times 9 = 2^1 \times 3^3$，となる。ところが，1〜10の中で6，9以外に3という素因数を持つ整数は3だけなので，Cに配られた3枚のカードで3^3とすることは不可能である。したがって，Aに「9」のカードは配られておらず，「10」のカードが配られている。また，Cには「3」のカードが配られていなければならない。そして，7という素因数を持つ整数は1〜10の中では7だけなので，AもCも「7」のカードは配られていない（表Ⅰ）。

表Ⅰ

	1	2	3	4	5	6	7	8	9	10
A			×			○	×			○
B			×			×				×
C			○			×	×		×	×

ここで，Aに「6」と「10」が配られていることを考えると，この2枚だけで，$6 \times 10 = 2^2 \times 3^1 \times 5^1$，となる。そして，Bに偶数のカードが2枚配られているので，Cに配られた偶数のカードは1枚だけ（Aのもう1枚も奇数）であり，$2^2 \times 3^1 \times 5^1$，となるためには，Cには「3」以外に「4」，「5」が配られている必要がある。そして，Aに配られたもう1枚は「1」ということになる。Bに配られた2枚の偶数は「2」，「8」で，2番目に大きな数は偶数である，という条件を満たすためには，Bに「9」のカードが配られている必要がある。

ここまでで，3人に配られた3枚ずつのカードは表Ⅱのように確定し，最初に取り除かれたカードは「7」である。

表Ⅱ

	1	2	3	4	5	6	7	8	9	10
A	○	×	×	×	×	○	×	×	×	○
B	×	○	×	×	×	×	×	○	○	×
C	×	×	○	○	○	×	×	×	×	×

よって，正答は**4**となる。

正答　**4**

地方上級＜教養＞過去問500●**473**

地方上級

全国型，関東型，中部・北陸型，市役所Ａ日程

No. **449** **数的推理** 　**平　均**　 令和 **2年度**

ある試験では合格者の平均点が62点，不合格者の平均点が42点，受験者全体の平均点が46点であった。このとき，この試験の合格率は何％だったか。

1　15%

2　18%

3　20%

4　22%

5　25%

解説

合格者の数を a 人，不合格者の数を b 人とする。受験者全体の平均点が46点より，

$$\frac{62a+42b}{a+b}=46$$

$$b=4a$$

となる。全体の人数は $a+b=a+4a=5a$ 〔人〕となり，そのうち合格者は a 〔人〕なので，

合格率は $\frac{a}{5a}=0.2$，すなわち20％となる。

　以上より，正答は**3**である。

正答　**3**

474●地方上級＜教養＞過去問500

地方上級

No. 450 数的推理 整 数

全国型，関東型，中部・北陸型

平成29年度

2ケタの数A，B，C，D（A＜B＜C＜D）がある。この4つの数字のうち偶数が1個で，奇数は3個であった。このうち2つの数字を足すと全部で6通りの組合せがあり，そのうち小さいほうから4つは43，46，50，55である。このとき，Dの1の位と10の位の和はいくつか。

1 6
2 7
3 8
4 9
5 10

解説

一番小さい組合せと，二番目に小さい組合せはそれぞれ，$A+B$と$A+C$となる。これが，43と46なので，

$A+B=43$ …①
$A+C=46$ …②

と式で表す。このとき偶数は1個なので，和が奇数になっているときのみに使用するBが偶数であると判断できる。

3番目と4番目に小さい50と55は$A+D$と$B+C$のいずれかであるが，Bは偶数なので，

$A+D=50$ …③
$B+C=55$ …④

となる。

①＋②より，

$A+B+A+C=43+46$
$2A+B+C=89$

④を代入して，

$2A+55=89$
$A=17$

③より，

$17+D=50$
$D=33$

よって，Dの1の位と10の位の和は$3+3＝6$となるので，正答は**1**である。

正答 1

数学
物理
化学
生物
地学
同和問題
文章理解
判断推理
数的推理
資料解釈

地方上級＜教養＞過去問500●475

図のような，1面が灰色，残りの3面が白色の正四面体を床に投げる。白色の面が下になった場合は続けてもう1回投げ，灰色の面が下になったら終了とする。このとき，投げる回数が3回以下で終了する確率として正しいのはどれか。ただし，どの面も下になる確率はすべて等しいものとする。

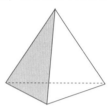

1. $\dfrac{1}{4}$
2. $\dfrac{21}{64}$
3. $\dfrac{7}{16}$
4. $\dfrac{37}{64}$
5. $\dfrac{3}{4}$

解説

投げる回数が3回以下で終了する確率なので，1回で終了する場合，2回で終了する場合，3回で終了する場合に分けて考える。

(1) 1回で終了する場合

1回目で灰色の面が下になればよい。灰色の面が下になる確率は，4面のうちの1面なので $\dfrac{1}{4}$ である。

(2) 2回で終了する場合

1回目は白い面が下になり，2回目で灰色の面が下になればよいので次のようになる。

$$\dfrac{3}{4} \times \dfrac{1}{4} = \dfrac{3}{16}$$

(3) 3回で終了する場合

1回目と2回目は白い面が下になり，3回目で灰色の面が下になればよいので次のようになる。

$$\dfrac{3}{4} \times \dfrac{3}{4} \times \dfrac{1}{4} = \dfrac{9}{64}$$

(1)〜(3)は同時には起こらないので，加法定理より求める確率は，

$$\dfrac{1}{4} + \dfrac{3}{16} + \dfrac{9}{64} = \dfrac{37}{64}$$

となるので，正答は **4** である。

〔別解〕3回以下で終了しない確率を1から引けばよい。

$$1 - \left(\dfrac{3}{4} \times \dfrac{3}{4} \times \dfrac{3}{4}\right) = \dfrac{64-27}{64} = \dfrac{37}{64}$$

正答 **4**

地方上級

No. 452 数的推理 倍数の応用と規則性

全国型，関東型，中部・北陸型

平成22年度

ある生物について，月曜日の朝にその体重を計測したところ2mgであった。この生物は，昼間だけ食料となる植物を食べるが，食べる量は朝の時点での体重に比例し，その日に食べた量の$\frac{1}{2}$だけ体重が増加することがわかっている。この生物が，水曜日の朝には体重が18mgになっていたとすると，水曜日に食べる植物の量として正しいものは，次のうちどれか。

1 36mg

2 45mg

3 54mg

4 63mg

5 72mg

解説

この生物が食べる植物の量はその日の体重に比例し，水曜日には月曜日の9倍の体重になっている。そうすると，18＝2×3×3より，この生物の体重は1日で3倍になっていることがわかる。つまり，朝の段階で月曜日が2mg，火曜

	月	火	水	木
朝の体重	2 mg	6 mg	18mg	54mg
食べる量	8 mg	24mg	72mg	216mg
増加する体重	4 mg	12mg	36mg	108mg

日が6mg，水曜日が18mgである。これは，月曜日から火曜日にかけて4mg，火曜日から水曜日にかけて12mgだけ体重が増加しており，1日に増加する体重は，その日の朝の2倍となっている。食べた量の$\frac{1}{2}$だけ体重が増加するのだから，1日に食べる植物の量は，その日の朝の体重の4倍ということになる。

したがって，水曜日に食べる植物の量は，18×4＝72より，72mgで，正答は**5**である。

正答　**5**

地方上級＜教養＞過去問500●**477**

No. 453 数的推理　速さ　　平成29年度

地方上級　全国型，中部・北陸型

ある作業所ではベルトコンベアの上に一定の間隔で荷物が置かれて動いている。このベルトコンベアの前に人が立っていると1分後には図のように荷物が3個進んでいく。

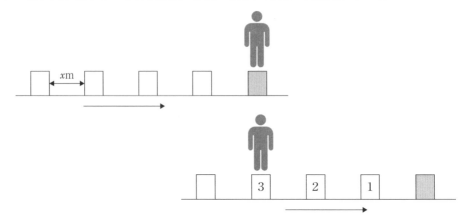

この人が荷物の前からベルトコンベアの進行方向と同じ方向に20m/分で歩くと，1分間の間に荷物を2個追い越すことがわかっている。このとき荷物の間隔の x の値として正しいものはどれか。

1　2
2　4
3　6
4　8
5　12

解説

1分間にベルトコンベアは $3x$ 〔m〕動いているので，ベルトコンベアの速さは分速 $3x$ 〔m〕である。ベルトコンベアと同じ方向に進むと速さは差になるので，分速 $20-3x$ 〔m〕となる。この間に $2x$ 〔m〕進むので，速さの公式「速さ×時間＝距離」より，

$$(20-3x)\times 1 = 2x$$
$$x = 4 \text{〔m〕}$$

となるので，正答は **2** である。

正答　**2**

選手Aはバスケットボールの試合で，2点が入る2ポイントシュートと，3点が入る3ポイントシュートをそれぞれ何本か打った。この試合でのAの得点は60点で，全シュートの成功率は40％，2ポイントシュートの成功率は60％，3ポイントシュートの成功率は30％であった。この試合でAが打ったシュートは全部で何本だったか。

1　50本
2　55本
3　60本
4　65本
5　70本

解説

シュートの成功率を天びん図にまとめると次のようになる。

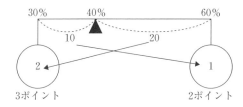

　これより，3ポイントシュートと2ポイントシュートの比率は2：1となり，全体の本数は3の倍数とわかる。選択肢の中で3の倍数なのは**3**のみである。よって，この時点で正答は**3**と判断できる。

　3ポイントシュートの数を$2a$，2ポイントシュートの数をaとすると全体の本数は$3a$である。3ポイントシュートの成功率は30％なので，成功したシュート数は$0.6a$となる。同様に，2ポイントシュートの成功したシュート数も$0.6a$となる。合計の得点が60点なので，

　　$0.6a \times 3 + 0.6a \times 2 = 60$

　　$a = 20$

となる。

　よって，シュート数の合計は$3 \times 20 = 60$〔本〕となるので，正答は**3**である。

正答　3

地方上級

全国型，関東型，中部・北陸型

No. 455　数的推理　　利益算　　平成27年度

雑貨屋で大型の手帳と小型の手帳を販売している。大型の手帳の定価は小型の手帳の定価の2倍である。ある日，1時間限定のタイムセールを行い，大型の手帳を定価の50％，小型の手帳を定価の80％で売ったところ，タイムセール中に合計40冊が売れて，売上げは19,000円であった。もしこれを定価で販売していたとすると，売上げは35,000円であった。

　このとき，小型の手帳の定価はいくらであったか。

1　500円
2　600円
3　700円
4　800円
5　900円

解説

小型の手帳の定価を$5x$円，売れた個数をy個とすると以下のようになる。

	定価	値引き後	個数
大型	$10x$ 円	$10x×0.5$ $=5x$ 円	$40-y$ 個
小型	$5x$ 円	$5x×0.8$ $=4x$ 円	y 個

タイムセール中の売上げは，

$$5x(40-y)+4xy=19000 \quad \cdots\cdots①$$

となる。また，これを定価で売ったときの売上げは，

$$10x(40-y)+5xy=35000 \quad \cdots\cdots②$$

となる。

　①，②よりxyを消すと，$x=100$となり，小型の手帳（$5x$）の定価は500円である。

　よって，正答は**1**である。

正答　1

地方上級 No.456 数的推理　座っている人の割合といすの数　平成23年度
関東型，中部・北陸型

ある会場にいすが何脚か並べられており，最初は並べられた脚数の1割に人が座っていた。毎分5脚のいすを新たに並べ，7人ずつが座っていったところ，10分経過後には，並べられたいすの6割に人が座っていた。これを続けていくと，この後何分経てばすべてのいすに人が座ることになるか。

1　14分
2　18分
3　22分
4　26分
5　30分

解説

初めに並べられていたいすの脚数を x とすると，座っていた人数は $\frac{1}{10}x$ である。ここから毎分5脚を並べ，7人が座っていくと10分後には並べられたいすの6割に人が座っていることになるのだから，

$$\frac{1}{10}x + 7 \times 10 = \frac{6}{10}(x + 5 \times 10)$$

が成り立つ。

$$\frac{1}{10}x + 70 = \frac{6}{10}x + 30$$

$$\frac{5}{10}x = 40$$

より，$x = 80$ で，
最初に並べられていたいすは80脚である。現在は，

　80 + 50 = 130

より，130脚が並べられ，その6割に人が座っているので，

　$130 \times \frac{6}{10} = 78$

より，座っているのは78人で，空いているいすは52脚ということになる。毎分5脚を並べ，7人が座っていけば，空いているいすは1分間に2脚ずつ少なくなっていく。したがって，

　52 ÷ 2 = 26

より，この状態から26分後にすべてのいすに人が座ることになる。
　　よって，正答は **4** である。

正答　**4**

地方上級

No. 457 数的推理 3つの信号機における通過状況

全国型，関東型，中部・北陸型 平成17年度

3つの信号機 X，Y，Z があり，それぞれ60秒間隔で青から赤，赤から青に変わる。信号機 Y は信号機 X が青に変わってから30秒後に青に変わり，信号機 Z は信号機 X が青に変わってから30秒後に赤に変わる。ある朝，A 氏は通勤の途中，信号機 X が青になると同時に通過し，Y，Z の順に赤信号で待たされることなく通過した。A 氏が信号機 Z を通過してから10秒後に信号機 Z が赤になったとすると，この朝，A 氏が信号機 X を通過してから信号機 Y を通過するまでにかかった時間，および信号機 Y を通過してから信号機 Z を通過するまでにかかった時間として可能性があるものは，次のうちどれか。

	X → Y	Y → Z
1	4分20秒	7分20秒
2	4分40秒	7分40秒
3	5分	8分
4	5分20秒	8分20秒
5	5分40秒	8分40秒

解説

A 氏が信号機 X を通過したのは青になると同時なので，その時点から信号機 Y および信号機 Z が青信号になっている時間，A 氏が信号機 Z を通過した時間を表にまとめると以下のようになる。

1 および **5** では信号機 Y を通過するときが赤信号になってしまうので条件を満たさない。**3** では信号機 Z を通過するのが13分後，**4** では信号機 Z を通過するのが13分40秒後で，これも条件を満たさない。**2** の場合は信号機 Y を通過するのは青信号のとき，信号機 Z を通過するのが12分20秒後でこの後10秒で赤信号に変わることになり，条件を満たす。

したがって，正答は **2** である。

Y		Z		Zを通過
30秒後	～ 1分30秒後	1分30秒後	～ 2分30秒後	2分20秒後
2分30秒後	～ 3分30秒後	3分30秒後	～ 4分30秒後	4分20秒後
4分30秒後	～ 5分30秒後	5分30秒後	～ 6分30秒後	6分20秒後
6分30秒後	～ 7分30秒後	7分30秒後	～ 8分30秒後	8分20秒後
8分30秒後	～ 9分30秒後	9分30秒後	～ 10分30秒後	10分20秒後
10分30秒後	～ 11分30秒後	11分30秒後	～ 12分30秒後	12分20秒後
12分30秒後	～ 13分30秒後	13分30秒後	～ 14分30秒後	14分20秒後

正答 **2**

地方上級

No. 458　数的推理　速さ・時間・距離　平成30年度

全国型，関東型，中部・北陸型，市役所Ａ日程

3本の直線コースを3辺とする三角形の形をした1周2,500mのジョギングコースがある。A〜Cの3人がそれぞれ別の頂点から同時に出発して，時計周りに一定のスピードで走り始めた。3人とも，隣の頂点までは同時に到着したが，スタート地点に戻ってくるまでに，Aは9分，Bは10分，Cは15分かかった。この三角形のジョギングコースについて，1番長い辺と1番短い辺の長さの差はいくつか。

1　250m

2　300m

3　350m

4　400m

5　450m

解説

同じ距離を移動する場合，時間と速さの比は逆比となる。1周するのにかかる時間の比がA：B：C＝9：10：15なので，速さはその逆比で，

$$A：B：C＝\frac{1}{9}：\frac{1}{10}：\frac{1}{15}$$

$$＝10：9：6$$

となる。3人は隣の頂点へは同時に到着したので，隣の頂点までは同じ時間走っていたことになる。時間が同じときは，速さと距離の比は等しいので，3人の移動した距離もA：B：C＝10：9：6である。2,500mをこの比率で分けると，A，B，Cの移動距離は順に1,000m，900m，600mとなり，これが各辺の長さとなる。したがって，一番長い辺と一番短い辺の長さの差は，

$$1000－600＝400〔m〕$$

となり，正答は**4**である。

正答　**4**

地方上級＜教養＞過去問500●483

地方上級

全国型，関東型，中部・北陸型

No. 459 数的推理 速さと時間 平成21年度

A，Bの2人が長距離走に参加した。2人は同時にスタートしたが，Aが3kmの地点を通過したとき，BはAの後方300mを走っていた。その後，Aがゴールしたとき，Bはゴールの手前720m地点を走っており，Aがゴールしてから4分後にBもゴールした。2人はスタートからゴールまでそれぞれ一定の速さで走ったが，Aがスタートしてからゴールするまでにかかった時間として正しいものは，次のうちどれか。

1 24分

2 28分

3 32分

4 36分

5 40分

解説

Aが3km走ったとき，Bはその後方300mの地点を走っていたのだから，Aが3km走る間にBは2.7km走っており，同じ時間に走る距離の比は速さの比に等しいから，2人の速さの比は，A：B＝3：2.7＝10：9である。また，Aがゴールしたとき，Bはゴールの手前720m地点を走っており，この場合も2人が走った距離の比は10：9だから，720mが全体の$\frac{1}{10}$に当たり，

スタートからゴールまでの距離は7,200mである。Bはその$\frac{1}{10}$に4分かかっているから，Bがスタートしてからゴールするまでにかかった時間は40分である。AとBの速さに比が，A：B＝10：9なら，速さの比と時間の比は逆比の関係なので，A，Bがスタートからゴールまでにかかった時間の比は，A：B＝9：10である。したがって，Aがスタートからゴールまでにかかった時間は，$40 \times \frac{9}{10} = 36$より36分で，正答は**4**である。

正答 **4**

484●地方上級＜教養＞過去問500

No.460 数的推理 速さ 平成27年度

1周が12kmのランニングコースがあり，X地点とY地点は6km離れている。X地点から出発してAが右回りに，Bが左回りに走り始めた。AのほうがBよりも速く走るが，Bの2倍よりは遅かった。2人は何度か出会ったが，1回目は出発して30分後に出会い，4回目にY地点で出会った。このときのAの速度を求めよ。

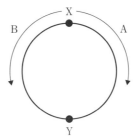

1　時速13km
2　時速14km
3　時速15km
4　時速16km
5　時速17km

解説

Aの速さをa〔km/時〕，Bの速さをb〔km/時〕と置く。出発後，30分($=\frac{1}{2}$時間)で出会っているので，

$$\frac{1}{2}(a+b)=12$$

$$a+b=24 \quad \cdots\cdots ①$$

となる。4回目までにはAとB合わせて$12\times 4=48$〔km〕走っているので，4回目に出会った時間をt時間とすると，

$$t(a+b)=48$$

となり，①を代入すると$t=2$〔時間〕となる。

次に出会った地点を考える。AとBの速さが同じであれば半分の6km地点で出会う。Aが2倍の速さであれば，Aから見て$\frac{2}{3}$走った8km地点で出会うことになるので，1回目に出会った地点はAから見て6～8kmの間になる。これより4回目に出会ったのは24～32kmの間になるので，4回目に出会ったY地点は，Aから見て2周＋$\frac{1}{2}$周＝24＋6＝30〔km〕の地点となる。これを2時間で走っているので，Aの速さは30÷2＝15〔km/時〕（＝時速15km）である。

よって，正答は**3**である。

正答　**3**

地方上級 No.461 数的推理 速さ・距離・時間 令和2年度
全国型，関東型，中部・北陸型

直線道路上に2地点PQがあり，AはPからQに，BはQからPに向かって同時に出発した。2人は中間地点からQのほうに200m離れた地点ですれ違った。そこからAは分速40m減速してQ地点に向かい，Q地点に着くとすぐにP地点へ折り返した。Bはすれ違った後も速度を変えることなくP地点へ向かい，P地点に着くとすぐにQ地点へ折り返した。すると，2人は中間地点からPのほうに200m離れた地点ですれ違った。

このとき，最初に2人がすれ違ったのは，2人が歩き始めてから何分後であったか。

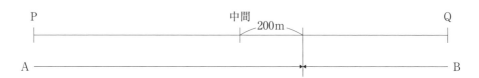

1　8分
2　10分
3　12分
4　14分
5　16分

解説

同じ時刻は同じ記号で表記して，問題文の状況を図示すると以下のようになる。中間地点までの距離から200mを引いた距離は等しいので，a〔m〕と置くことにする。

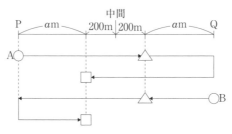

出会った後△から，次に出会う□までの間にAは$2a+400$〔m〕移動し，Bも$2a+400$〔m〕移動している。つまり，Aが分速40m減速した速さとBの速さは同じだったことになる。つまり，最初の○から△まではAのほうが分速40m速かったことになる。このことからAはBより1分間で40m多く移動したことがわかる。Aは○から△までは400m多く移動しているので，出会うまでに$400\div40=10$〔分〕かかっている。

以上より，正答は**2**である。

正答　2

地方上級

No. 462

全国型，関東型，中部・北陸型

数的推理 **整数問題** 平成 26年度

AとBの2人がそれぞれコインを64枚持っている。2人がじゃんけんを行って，勝った人が負けた人の手持ちのコインの半分をもらうことにする。何回かじゃんけんを行った後，コインの枚数はAが50枚，Bが78枚となった。このとき2人は何回じゃんけんを行ったか。

1　3回
2　5回
3　7回
4　9回
5　11回

解説

じゃんけんに勝った人は，負けた人が持っていたコインの半分と，もともと持っていたコインの枚数の和を持っていることになるので，常に勝った人のほうが負けた人よりも多くのコインを持っていることになる。最後の状態がわかっているので，この状態から，64枚ずつになるように戻していく。最後はBが78枚と多いので最後はBが勝ち，このときAは手持ちが50枚なので，BはAから50枚もらったことになる。つまり，最後の1回前はAが100枚，Bが28枚持っていたことがわかる。以降も同様に戻していくと以下のようになる。

	A	B	状況
最後	50枚	78枚	Bが勝ち，AはBに50枚渡した
1回前	100枚	28枚	Aが勝ち，BはAに28枚渡した
2回前	72枚	56枚	Aが勝ち，BはAに56枚渡した
3回前	16枚	112枚	Bが勝ち，AはBに16枚渡した
4回前	32枚	96枚	Bが勝ち，AはBに32枚渡した
最初	64枚	64枚	

　以上より，じゃんけんは5回行ったことになるので，正答は**2**である。

正答　**2**

地方上級

全国型，関東型，中部・北陸型

No. 463 数的推理 **仕事算** 平成27年度

AとBの2台のポンプがある。一定時間当たりの注水量はAはBの2.5倍である。AとBをともに用いると20時間で満水になる水槽がある。この水槽に初めはAとBの2台のポンプで注水を始めたが，途中でポンプAが故障したため，その後はポンプBのみを用いて注水をしたところ30時間で満水になった。このときポンプAが故障したのは注水を開始してから何時間後か。

1 13時間後

2 14時間後

3 15時間後

4 16時間後

5 17時間後

解説

Bの1時間当たりの仕事量を$2x$と置くと，Aの1時間当たりの仕事量は$5x$となる。AとBをともに用いると1時間当たりの仕事量は$7x$なので，この仕事量で20時間注水すると$140x$となり，これが水槽の量となる。

AとBの2台のポンプで注水していた時間をt時間とすると，ポンプBのみで注水していた時間が$30-t$時間となり，これで$140x$の水を入れたことになる。これより，

$$7xt + 2x(30-t) = 140x$$
$$t = 16$$

となり，ポンプAが故障したのは16時間後である。

よって，正答は**4**である。

正答 **4**

488●地方上級＜教養＞過去問500

地方上級 No.464 数的推理 おもりを水に沈めたときの水面の上昇 平成18年度

全国型，関東型，中部・北陸型

深さ15cmの水槽にある深さまで水が入っている。今，高さ7cmの直方体のおもりを一定の速さで水槽の中に沈めていく。おもりの底面が水槽内の水面に接してから30秒後，おもりは水の中にちょうど没し，このとき水面の深さは10cmであった。その後20秒でおもりは水槽の底面まで完全に沈んだ。このとき，最初に水槽に入っていた水の深さとして正しいものはどれか。

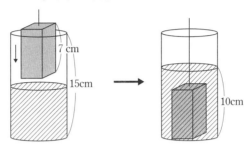

1　6.5cm
2　7.0cm
3　7.5cm
4　8.0cm
5　8.5cm

解説

おもりが水の中にちょうど没したとき，水の深さは10cm，おもりの高さが7cmだから，おもりが底面に接するまで3cmあることになる。これに20秒かかっているから，そこまでの30秒では4.5cm沈んでいる。おもりの底面が水面に接してから底に着くまでの50秒で7.5cm沈んだのだから，最初に入っていた水の深さは7.5cmであり，正答は**3**である。

正答　3

地方上級 全国型，中部・北陸型
No. 465 数的推理　数の性質　平成26年度

ある正の整数 n の約数が8個あり，その約数を小さいものから順に並べると，

　　$P_1,\ P_2,\ \cdots,\ P_7,\ P_8$

となる。このとき，以下の2つの式が成り立つ。

　　$P_1+P_2+\cdots+P_7+P_8=96$ ……①

　　$\dfrac{1}{P_1}+\dfrac{1}{P_2}+\cdots+\dfrac{1}{P_7}+\dfrac{1}{P_8}=\dfrac{16}{7}$……②

①，②の式を用いて，以下の文を完成させたとき，次の空欄の　エ　に入る数字はどれか。

　一般に，約数は小さい順から並べたとき，小さいほうから a 番目のものと大きいほうから a 番目のものの積がその整数に等しくなる。このとき，

　　$\dfrac{n}{P_1}=P_{\boxed{ア}}$　　　$\dfrac{n}{P_2}=P_{\boxed{イ}}$

であるから，②式の両辺に n を掛けると，

　　$\dfrac{n}{P_1}+\dfrac{n}{P_2}+\cdots+\dfrac{n}{P_7}+\dfrac{n}{P_8}=\dfrac{16}{7}n$

となる。したがって，$n=\boxed{ウ}$であり，$P_3=\boxed{エ}$となる。

1　3
2　4
3　5
4　7
5　9

解説

たとえば，12の約数は1，2，3，4，6，12となり「小さいほうから a 番目のものと大きいほうから a 番目のものの積」は $1\times12=2\times6=3\times4$ である。これより，アとイにはそれぞれ8，7が入る。この性質を利用して式を書き換える。

　　$\dfrac{n}{P_1}+\dfrac{n}{P_2}+\cdots+\dfrac{n}{P_7}+\dfrac{n}{P_8}=\dfrac{16}{7}n$

　　$P_8+P_7+\cdots+P_2+P_1=\dfrac{16}{7}n$

　　$96=\dfrac{16}{7}n$

　　$n=42$（ウ）

　42の約数は1，2，3，6，7，14，21，42なので，$P_3=3$（エ）より，正答は**1**である。

正答　**1**

地方上級

No. 466 数的推理

全国型，関東型，大阪府，名古屋市（経験者）

公倍数の利用

平成19年度

ある工場には3種類の機械A，B，Cが設置されている。機械Aは「部品aを1秒間で1個作り1秒休む」という作業を繰り返す。機械Bは「部品bを2秒間で2個作り1秒休む」という作業を繰り返す。機械Cは「部品a，bを2個ずつ使ってx秒間に製品cを1個作り1秒休む」という作業を繰り返す。機械A，Bが同時に作動し始めてから6秒後に機械Cが作動を始めるとすると，常に部品a，bが不足することなく機械Cを作動させるための，xの最小値として妥当なものは，次のうちどれか。

1 1.5

2 2

3 2.5

4 3

5 3.5

解説

機械Aは「部品aを1秒間で1個作り1秒休む」のだから，2秒間で1個作ることになる。機械Bは「部品bを2秒間で2個作り1秒休む」のだから，3秒間で2個作ることになる。2と3の最小公倍数6で考えると，この間に部品aは3個，部品bは4個できる。この結果，機械Cが作動し始めるとき，部品aは3個，部品bは4個あることになり，この後も6秒単位で同様である。機械Cは部品a，bを2個ずつ使って製品cを作るのだから，両部品が不足しないようにするのであれば，ペースの遅い機械A（部品a）について考えればよい。機械Aが部品aを2個作った後，3個目を作るのは5秒後であるから，機械Cは4秒間で部品aを2個使用することができる。機械Cも製品cを1個作ると1秒休むのだから，「3秒間で製品cを1個作り1秒休む」という作業を繰り返せばよい。2，3，4の最小公倍数12（秒間）で考えると，この間に部品aは6個，部品bは8個作られて6個ずつ使われることになるから，いずれの部品も不足することはない。仮に機械Cが2.5秒で製品cを1個作って1秒休むという作業を繰り返すと，42秒間で部品aは21個作られるが24個使われることになり，不足が生じることになる。

以上より，正答は**4**である。

正答 4

地方上級＜教養＞過去問500●491

地方上級
全国型，関東型，中部・北陸型，大阪府
No. 467 数的推理　オンドリの購入数　平成15年度

オンドリが1羽300円，メンドリが1羽500円，ヒヨコが3羽100円で売られている。今，これらを組み合わせて全部で100羽，合計金額がちょうど10,000円となるように買いたい。メンドリをできるだけ多く買うことにすると，オンドリは何羽買うことになるか。

1　4羽
2　5羽
3　6羽
4　7羽
5　8羽

解説

オンドリを x 羽，メンドリを y 羽買うとすると，ヒヨコは（$100-x-y$）羽買うことになる。合計金額を10,000円とするのだから，

$$300x+500y+\frac{100}{3}(100-x-y)=10000$$

である。

$$900x+1500y+100(100-x-y)=30000$$
$$9x+15y+(100-x-y)=300$$
$$8x+14y=200$$
$$4x+7y=100$$

より，

$$y=\frac{100-4x}{7}$$

と表せる。y は x の1次関数で，x の傾きが負なので，y が最大の自然数となるとき x は最小値（ただし $x≧0$）を取る。x が0〜3のとき y は自然数とならず，$x=4$ のとき $y=12$ となる。したがって，オンドリは4羽，ヒヨコは84羽買うことになる。

　よって，正答は**1**である。

正答　**1**

492●地方上級＜教養＞過去問500

地方上級 全国型，関東型，中部・北陸型

No.
468 数的推理 **連立方程式** 平成 **28年度**

ある酒屋で，赤ワイン4本，白ワイン5本のセットを10,000円，赤ワイン2本，白ワイン3本のセットを6,000円で販売している。ある日，両セットの赤ワインは合計で180本売れ，両セットの売上げは全部で50万円であった。この日，2つのセットは合計で何セット売れたか。

1 60

2 65

3 70

4 75

5 80

解　説

10,000円のセットが x セット，6,000円のセットが y セット売れたとする。

　赤ワインの売れた本数より，

　　$4x+2y=180$　…①

　売上げより，

　　$10,000x+6,000y=500,000$

　　$5x+3y=250$　…②

となる。

　①②より，$x+y=70$となり，合計で70セット売れた。

　よって，正答は**3**である。

正答　**3**

地方上級＜教養＞過去問500●**493**

No. 469 数的推理 平面図形 平成26年度

2枚の鏡A，Bを図のように置く。X点から鏡Aに50度の角度で光を当てると，光はAから反射してBに当たり，Bから反射してAと平行になるように進んだ。このときθは何度か。

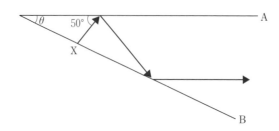

1　15°
2　20°
3　25°
4　30°
5　35°

解説

光が平行になるように進んでいるため，Bから反射した角度は同位角よりθとなる。また鏡で反射しているので，入射角と反射角は等しい。よって，点Q，Rにおける入射光と鏡，反射光と鏡の間の角度も等しくなる。ここまでをまとめると以下のようになる。

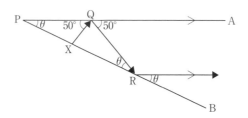

これより，Aに当たって，反射したときの入射角と反射角の和は$180°-(50°+50°)=80°$である。△PQRは∠QPR＝∠QRPの二等辺三角形なので，$\theta=\{180°-(50°+80°)\}\div 2=25°$となり，正答は**3**である。

正答　3

地方上級 No.470 数的推理 平面図形 平成17年度

全国型，中部・北陸型

下の図のように2本の線分 AB，BC があり，AB＝30，∠ABC＝90°である。点 A から垂直に長さ6の線分 AD を，点 C から垂直に長さ10の線分 CE をそれぞれ図のように引き，さらに AB 上に点 P，BC 上に点 Q を DP＋PQ＋QE の長さが最短となるように取ったところ，DP＋PQ＋QE＝50 となった。このとき，線分 BC の長さとして正しいものは，次のうちどれか。

1. 22
2. 24
3. 26
4. 28
5. 30

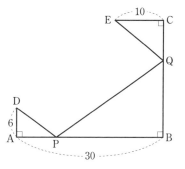

解説

反射や折返しでの最短距離を考える場合には，以下の図のように反対側に図を開いて考えてみるとわかりやすい。点 C の点 B について対称な点を C′とし，長方形 ABC′H を作る。線分 DP を点 P の方向に延長し，辺 HC′の延長との交点を E′とすると，DP＋PQ＋QE＝DP＋PQ′＋Q′E′＝50 である。HE′＝HC′＋C′E′＝AB＋CE＝30＋10＝40 だから，△DHE′は DH：HE′：DE′＝3：4：5 の直角三角形で，DH＝30 である。したがって，BC＝BC′＝AH＝30－6＝24 となり，正答は **2** である。

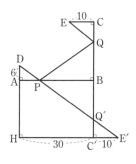

正答 **2**

No.471 数的推理 正方形内の四角形の面積 平成15年度

全国型，関東型 地方上級

次の図の四角形 ABCD は1辺の長さが10の正方形である。EP＝3，FQ＝2のとき，斜線部分の四角形 EFGH の面積として，正しいものは次のうちどれか。

1 47
2 49
3 51
4 53
5 55

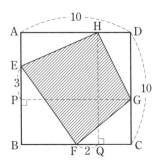

解説

次のように問題の図に補助線を引いてみる。

図において，△HEL＝$\frac{1}{2}$AELH，△EFI＝$\frac{1}{2}$EBFI，△FGJ＝$\frac{1}{2}$JFCG，△GHK＝$\frac{1}{2}$GDHK となる。

ここで，この4つの長方形（AELH，EBFI，JFCG，GDHK）の面積は，正方形 ABCD から長方形 IJKL を除いて求められる。長方形 IJKL において，IJ＝EP＝3，IL＝FQ＝2なので，求める面積は，

四角形 EFGH＝$\frac{1}{2}$×（100−2×3）+2×3

＝47＋6＝53

よって，正答は**4**である。

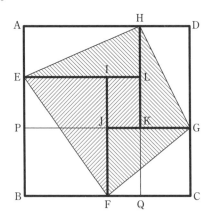

正答 **4**

地方上級 No.472 数的推理 円盤の回転 平成25年度

全国型，関東型，中部・北陸型

図1のように点Oを中心として回転する円盤がある。この円盤の上に，4×6の長方形2枚を重ならないように置いて回転させたところ，2枚の長方形が通過した部分が図2の斜線部分の円になった。この斜線部分の円の半径について，その最小値と最大値の組合せとして正しいのは次のうちどれか。

図1 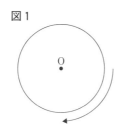 図2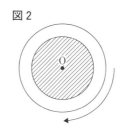

	最小値	最大値
1	4	$4\sqrt{10}$
2	4	$4\sqrt{13}$
3	5	$4\sqrt{10}$
4	5	$4\sqrt{13}$
5	6	$4\sqrt{13}$

解説

長方形が通過した部分を表す斜線円は，内部に抜けた部分がないので，長方形のうちの少なくとも1枚は点Oに接していることが必要である。斜線円の半径が最小となるのは，図Ⅰのように，2枚の長方形の長辺（＝6）の中点が点Oに接している場合である。このとき，図ⅠのABが直径となるので，OA（＝OB）が半径である。OAは3辺の長さが3：4：5となる直角三角形の斜辺なので，その長さは5である。また，斜線円の半径が最大となるのは，図Ⅱのように，1枚の長方形が点Oに接し，2枚の長方形の対角線が1直線になる場合である。4×6の長方形の対角線は，三平方の定理により，$\sqrt{4^2+6^2}=\sqrt{52}=2\sqrt{13}$だから，半径OCはその2倍の長さとなり，$4\sqrt{13}$である。

以上から，斜線円の半径は，最小値＝5，最大値＝$4\sqrt{13}$となる。

図Ⅰ 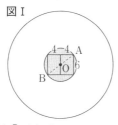 図Ⅱ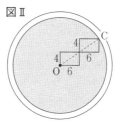

よって，正答は**4**である。

正答 **4**

No.473 数的推理 弧に接する三角形上の線分の長さ 平成18年度

点Oを中心とする半径60cmの弧PQがある。点Oから20cmのところに点Aをとり、∠OAB＝90°となるように弧PQ上に点Bをとった。線分AB上を点Cが、弧PQ上を点DがCD＝20cmとなるように動くものとすると、ACの長さが最も短くなるとき、その長さとして正しいものはどれか。

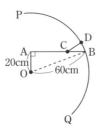

1. $(40\sqrt{2}-20)$ cm
2. $20\sqrt{3}$ cm
3. $(40\sqrt{3}-20)$ cm
4. $20\sqrt{2}$ cm
5. $(20\sqrt{5}-20)$ cm

解説

点Dが点Bと一致するときにACが最も短くなると錯覚しがちであるが、そうでないことに注意する必要がある。

$AB^2=OB^2-OA^2$（三平方の定理）より、
$AB=\sqrt{3600-400}=40\sqrt{2}$ 〔cm〕

である。点Dが点Bと一致するとき、$AC=(40\sqrt{2}-20)$cmとなる。ところが、ODとABの交点が点Cと一致する（CD＝20cm）となるとき、OC＝40cmだから、△OACは$1:\sqrt{3}:2$の直角三角形で、$AC=20\sqrt{3}$cmとなり、このときACが最も短くなる（$40\sqrt{2}-20≒36.57 > 20\sqrt{3}≒34.64$）。点Dが点Bの位置からP方向へ動くとき、点Cは点Aから$(40\sqrt{2}-20)$cmの位置から$20\sqrt{3}$cmの位置まで動き、その後はCD＝20cmの条件が満たせなくなるまで再び点B方向へ動く。

一方、点Dが点BからQ方向へ動くときは、BCが20cmより長くなることはないので、ACの長さが最も短くなるのは$20\sqrt{3}$cmのときで、正答は**2**である。

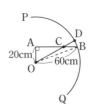

正答 2

No. 474 数的推理　三角錐の体積　平成24年度

地方上級　全国型，関東型，中部・北陸型

図の三角錐ABCDにおいて，AB＝BC＝CD＝6cmである。この三角錐ABCDの体積が最大となるとき，その体積として正しいのはどれか。なお，三角錐の体積は，「底面積×高さ×$\frac{1}{3}$」である。

1. $18\mathrm{cm}^3$
2. $18\sqrt{3}\ \mathrm{cm}^3$
3. $36\mathrm{cm}^3$
4. $27\sqrt{2}\ \mathrm{cm}^3$
5. $36\sqrt{3}\ \mathrm{cm}^3$

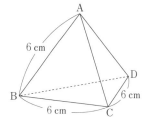

解説

△BCDを底面として考えてみる。△BCDは，BC＝CD＝6cmの二等辺三角形であるが，二等辺三角形において等辺の長さが決まっているならば，その等辺が底辺と高さになる場合，つまり，直角二等辺三角形のときに面積が最大となる。図において，点Dは点Cを中心とする半径6cmの円周上（点Bの位置は除く）にあれば，BC＝CD＝6cmの二等辺三角形という条件を満たすが，その面積が最大となるのは，BC⊥CDのときであり，その面積は，$6 \times 6 \times \frac{1}{2} = 18$より，$18\mathrm{cm}^2$である。高さに関しても同様のことが成り立つ。△BCDを底面としたとき，AB＝6cmは決まっているので，辺ABを三角錐ABCDの高さ（辺ABが底面BCDに対して垂直）とするとき，頂点Aが最も高い位置にくる。辺AB以外を高さとすると，辺ABは底面に対して垂直ではないことになるので，頂点Aの高さは必ず底面から6cm未満となるからである。以上から，この三角錐ABCDの体積が最大となるのは，底面積が$18\mathrm{cm}^2$（＝△BCD）で，高さが6cm（＝辺AB）となるときで，その体積は，$18 \times 6 \times \frac{1}{3} = 36$より，$36\mathrm{cm}^3$であるので正答は**3**である。

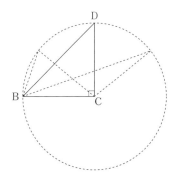

正答　3

No.475 数的推理 面積比 平成30年度

図のように中心角が90°の扇形ABCがある。この扇形の弧ABを5等分して，点D，点EからACに垂線を下ろす。このとき，図の斜線部の面積は扇形ABCの面積の何倍か。

1　$\frac{1}{4}$倍

2　$\frac{4}{15}$倍

3　$\frac{1}{3}$倍

4　$\frac{3}{8}$倍

5　$\frac{2}{5}$倍

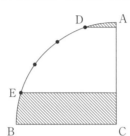

解 説

DからACに下ろした垂線との交点をF，EからACに下ろした垂線との交点をG，BCに下ろした垂線との交点をHとする。

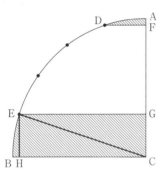
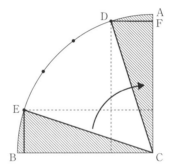

ここで，扇形EBCの面積は扇形ABCの$\frac{1}{5}$である。また扇形EBCの一部である△CEHと△ECGは合同である。この△ECGをDFとCGが重なるように移動させると，扇形ADCを作ることができ，この面積も同様に全体の$\frac{1}{5}$となる。

以上より，求める面積は扇形ABCの$\frac{2}{5}$倍となるので，正答は **5** である。

正答　5

No. 476 数的推理 直方体にかけるヒモの長さ 地方上級 大分県 平成23年度

次の図のように，各辺の長さが4，5，6の直方体があり，点Pは辺の中点である。点Pから直方体のすべての面を通るようにヒモをかけて1周させるとき，ヒモの長さは最短でどれだけになるか。ただし，結び目は考えなくてよい。

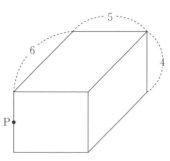

1　$12\sqrt{3}$
2　$15\sqrt{2}$
3　$16\sqrt{3}$
4　$18\sqrt{2}$
5　$21\sqrt{2}$

解説

直方体の6面を1周するようにヒモをかけると，図Ⅰのように六角形を構成することになる。そして，立体表面での最短距離は，展開図上での直線分の長さとなる。そこで，図Ⅰにおける六角形が一直線となるように展開すると，図Ⅱの展開図となる。この直線分は，二等辺の長さが15の直角三角形の斜辺となり，その長さは$15\sqrt{2}$である。

よって，正答は **2** である。

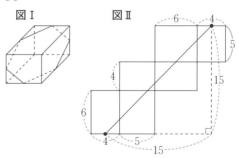

正答　**2**

地方上級 No.477 数的推理 3次元空間の直交座標 平成18年度
全国型，中部・北陸型

x軸，y軸，z軸からなる3次元空間の原点 $(x, y, z)=(0, 0, 0)$ を中心とする球Oを考える。この空間において，x座標，y座標，z座標がすべて整数となる点を格子点と呼ぶとき，球Oの半径が $\frac{1}{3}$ から $\sqrt{2}$ まで変化すると，球の表面および内部にある格子点の数の変化として正しいものはどれか。

1 $1 \to 5 \to 11$
2 $1 \to 5 \to 19$
3 $1 \to 7 \to 11$
4 $1 \to 7 \to 15$
5 $1 \to 7 \to 19$

解説

原点 $(x, y, z)=(0, 0, 0)$ を通る xy 平面で考えてみればよい。

半径が $\frac{1}{2}$ のとき，xy 平面にある格子点は原点 $(0, 0, 0)$ だけで，z 軸方向にも格子点はないから，このときの格子点は1個だけである（図Ⅰ）。半径が1のとき，xy 平面にある格子点は図Ⅱのように5個で，これに z 軸方向の $(x, y, z)=(0, 0, 1)$，$(x, y, z)=(0, 0, -1)$ を加えて合計7個である。半径が $\sqrt{2}$ のときは，xy 平面にある格子点は図Ⅲのように9個で，これに z 座標が1および-1となる格子点が図Ⅱの場合と同様にそれぞれ5個ずつあるので，全部で $9+5\times2=19$〔個〕となる。

よって，格子点の個数の変化は $1 \to 7 \to 19$ となり，正答は **5** である。

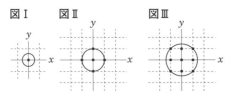

図Ⅰ　図Ⅱ　図Ⅲ

正答 5

地方上級 No.478 数的推理 立体図形
全国型，関東型，中部・北陸型，市役所Ａ日程　令和2年度

同じ長さの12本の棒で立方体を組み立て，その内部には各辺の中点で辺に接するように球が内接している。点P，点Q，点Rは各辺の中心の点であり，球の表面上の弧PQの長さは12cmである。このとき，球の表面の弧QRの長さはいくつかる。

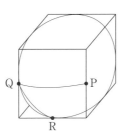

1　4 cm
2　6 cm
3　8 cm
4　9 cm
5　12cm

解説

弦PQの長さは，立方体の切断面が正方形になるように切断したときの正方形の一辺の長さと同じである。よって弧PQは円周の$\frac{1}{4}$である。

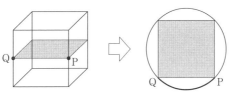

弧PQの長さは12cmなので，上図の円周の長さは12×4＝48〔cm〕となる。
弦QRの長さは，立方体の切断面が正六角形になるように切断したときの，正六角形の一辺の長さと同じである。よって弧QRは円周の$\frac{1}{6}$である。

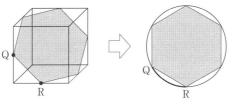

よって，弧QRの長さは48÷6＝8〔cm〕となる。
以上より，正答は**3**である。

正答　**3**

地方上級 No.479 数的推理　立体図形　令和元年度
（全国型，中部・北陸型）

高さが40cmで底面積が1,000cm²の水槽がある。この水槽に高さ20cmの円筒Aと高さ30cmの円筒Bを2つ置く。この円柱にはふたはなく中は空洞である。ここに毎分1,000cm³の水を入れたところ，水の高さはグラフのようになった。水を入れ始めてからAまでの時間を12分，BC間の時間を9分とすると，2つの円柱の底面積の差はいくつか。ただし，円柱の厚さは考えないものとする。

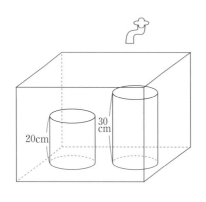 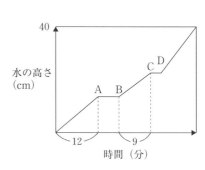

1 100cm²　**2** 150cm²　**3** 200cm²　**4** 250cm²　**5** 300cm²

解説

12分かけて円筒Aの上部（20cm）まで水が入った。12分間で水は，
　　1000〔cm³/分〕×12〔分〕＝12000〔cm³〕
入っている。しかし，水位は20cmまで上がっているので，
　　1000〔cm²〕×20〔cm〕＝20000〔cm³〕
の水が入る高さである。この差である8,000cm³は，円筒Aと円筒Bの20cmまでの体積となる。円筒Aの底面積を$a$cm²，円筒Bの底面積を$b$cm²とすると，以下のようになる。
　　$20(a+b)=8000$
　　$a+b=400$
　また，その後9分かけて円筒Bの上部である30cmの水位まで水が入った。9分間に水は，
　　1000〔cm³/分〕×9〔分〕＝9000〔cm³〕
入っている。しかし，水位は10cm上がっているので，
　　1000〔cm²〕×10〔cm〕＝10000〔cm³〕
の水が入る高さである。この差である1,000cm³は円筒Bの10cm分の体積となる。よって，以下のようになる。
　　$10b=1000$
　　$b=100$
　以上より，$a=300$，$b=100$となるので，その差は200cm²となる。
　よって，正答は**3**である。

正答　**3**

半径10cmの球を，平行な2平面で切断したところ，その2平面の中心の距離は14cmとなった。1つの断面の半径が6cmとすると，もう1つの断面の半径はいくつか。

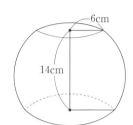

1 　　7 cm
2 　　8 cm
3 　　$5\sqrt{3}$ cm
4 　　9 cm
5 　　$7\sqrt{2}$ cm

解説

切断した球を横から見ると，次のように平面で表すことができる。球の半径が10cmであることを利用して長さを求める。

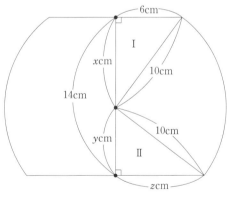

図の三角形Ⅰより，三平方の定理を利用して，
　　$x^2+6^2=10^2$
　　$x=8$
となる。これより $y=14-8=6$ となるので，図の三角形Ⅱより，三平方の定理を利用して，
　　$6^2+z^2=10^2$
　　$z=8$
である。
　　よって，正答は**2**である。

正答　**2**

地方上級 関東型

No. 481 資料解釈 世界各地域の人口推移 平成11年度

次の表は，世界の各地域の人口の推移を表したものである。この表からいえることとして，妥当なものはどれか。

（単位：百万人）

	1960年	1970年	1980年	1990年	2000年
ア ジ ア	1,702	2,149	2,642	3,186	3,489
ア フ リ カ	282	364	476	633	739
ヨ ー ロ ッ パ	605	656	693	722	728
ア メ リ カ	416	509	610	718	783
オ セ ア ニ ア	16	19	23	26	29
世 界 人 口	3,021	3,697	4,444	5,285	5,768

※2000年は推計。

1 世界人口に占めるヨーロッパの人口の割合は，いずれの年も15%を上回っている。

2 10年ごとの人口増加数を見ると，いずれも，最も多いのはアジアであり，次いで多いのはアフリカである。

3 世界人口に占めるアメリカの人口の割合は，いずれの年も10年前に比べて上昇している。

4 2000年におけるヨーロッパの人口は，1960年におけるそれよりも20%以上増加している。

5 世界人口の増加率が最も高いのは1980年から1990年までの10年間であり，次いで高いのは1970年から1980年までの10年間である。

解 説

1. たとえば1990年の世界人口の15%を計算してみると，5285×0.15＝793となり，722人では15%に達していないことがわかる。

2. たとえば60年→70年を見ると，最大はアジアの447百万人だが，次はアメリカの93百万人となっている。

3. 70年は $\frac{509}{3697}=0.1377$ なのに対し80年は $\frac{610}{4444}=0.1372$ であり，構成比は減少している。

4. 正しい。605×1.2＝726より，確かに20%以上増加が見込まれている。

5. 70年→80年は，$\frac{4444}{3697}-1=0.2$ より，20%増であり，80年→90年は，$\frac{5285}{4444}-1=0.19$ より，19%増である。

正答 **4**

地方上級 No.482 資料解釈　増減率　平成30年度
全国型，関東型，中部・北陸型，市役所Ａ日程

図は2015年における月別の登録車と軽自動車の販売台数と対前年同月増減率を示したものである。次のア～エの記述のうち，正しいもののみをすべて挙げているのはどれか。なお，登録車とは軽自動車以外の自動車のことをいう。

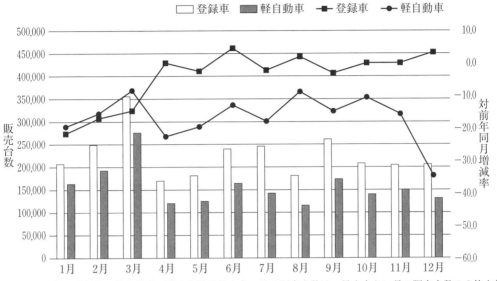

ア　2015年の登録車と軽自動車の販売合計が最も多い月の販売台数は，最も少ない月の販売台数の３倍を超えている。
イ　2015年の１月から６月の登録車の販売台数は，７月から12月の登録車の販売台数よりも多い。
ウ　2014年４月の販売台数は，軽自動車より登録車のほうが多い。
エ　2014年の登録車の販売台数は，11月より12月のほうが多い。

1 ア，イ　　**2** ア，ウ
3 イ，ウ　　**4** イ，エ
5 ウ，エ

解説

ア：棒グラフの高さより，登録車と軽自動車の合計が最も多いのは３月，最も少ないのは４月である。しかし，登録車の３月は，棒グラフから判断して４月の２倍程度であり，同じく軽自動車の３月も４月の２倍程度であるため，合計も明らかに３倍を超えてはいない。
イ：正しい。１月から６月の登録車の販売台数を見ると，２月，３月，６月は20万台を大きく超えており，特に３月は35万台を超えている。一方，７月から12月の登録車の販売台数は20万台を大きく超えているのは７月と９月のみで，ほかは20万台前後である。よって，１月から６月の合計のほうが明らかに多い。
ウ：正しい。2015年４月の軽自動車の対前年同月増減率は，右目盛りを参照すると，マイナス20％程度である。2015年４月は12万台程度なので，12万台÷0.8＝15万台となり，2014年４月の軽自動車の販売台数は15万台程度である。一方，登録車の2015年４月の対前年同月増減率は０％程度なので，2014年４月の登録車の販売台数も17万台程度であり，登録車のほうが多い。
エ：2015年の11月と12月の登録車の販売台数はほぼ同数なので，対前年同月増減率を比較すればよい。対前年同月増減率は12月のほうが明らかに高いので，2014年の登録車の販売台数は12月のほうが少なかったと判断できる。

以上より，イとウが正しいので，正答は**3**である。

正答　**3**

地方上級 関東型

No. 483 資料解釈 海外旅行者数の推移 平成6年度

下表は旅行目的別の海外旅行者数の推移を百分率で表わしたもので，A表は対前年比を，B表は構成比を示している。昭和63年の海外旅行者数を842万人としたとき，この表から判断して正しいといえるものは，次のうちどれか。

A表（前年比）（単位：％）

年	全体	観光	業務等	その他
昭和63	123.4	124.6	116.9	121.4
平成元	114.7	115.3	109.3	119.1
平成2	113.8	112.1	122.8	123.3

B表（構成比）（単位：％）

年	全体	観光	業務等	その他
昭和63	100.0	83.4	13.3	3.3
平成元	100.0	83.9	12.7	3.4
平成2	100.0	I	II	3.7

1 昭和63年の海外旅行者数は，昭和62年と比較して180万人以上増えている。

2 昭和63年に対する平成2年の伸び率は目的別に比較すると観光の伸びが最も大きい。

3 平成元年には，海外旅行者数が1000万人を超えた。

4 観光の占める割合が最も大きかったのは，平成元年である。

5 平成2年の海外旅行者数は，昭和62年と比較して70％以上増えている。

解説

1. 62年の海外旅行者数を x とすると，$1.234x = 842$ 万人。$x = 682$ 万人だから160万人の増加にとどまる。

2. 観光は $1.153 \times 1.121 \fallingdotseq 1.29$。その他は $1.191 \times 1.233 \fallingdotseq 1.47$ で観光をしのぐ。

3. $842万 \times 1.147 \fallingdotseq 966$ 万人にとどまる。

4. B表より，63年より元年のほうが大きいのは明らか。2年を考えると，全体の対前年度伸び率が113.8なのに観光は112.1でそれを下回る。ということは，構成比を低下させているということであり，正しい。

5. $1.234 \times 1.147 \times 1.138 \fallingdotseq 1.61$ で60％強の増加にとどまる。

正答 **4**

地方上級 関東型
No. 484 資料解釈 宅配便取扱個数の推移 平成9年度

次の表は，ある事業所の宅配便取扱個数の変化に関するものである。この表からいえることとして妥当なものは次のうちどれか。

表1　対前年度比　　　　　　　　　　　　　（単位%）

	A社	B社	C社	D社
平成6年度	107.6	100.0	100.9	116.6
平成7年度	106.3	101.0	100.5	119.2
平成8年度	107.4	95.0	111.3	112.1

表2　構成比　　　　　　　　　　　　　　　（単位%）

	A社	B社	C社	D社	その他	合計
平成6年度	43.5	26.9	9.1	7.5	13.0	100.0
平成7年度	44.3	26.2	8.8	8.6	12.1	100.0
平成8年度	44.6	25.2	9.1	9.0	12.1	100.0

1 全体に占めるA社とB社の割合は，毎年漸増している。

2 平成8年度では，C社の宅配便取扱個数は，A社の $\frac{1}{5}$ 倍を下回っている。

3 B社のみ，宅配便取扱個数，構成比ともに前年度を下回り続けている。

4 平成7年度から平成8年度にかけての宅配便取扱個数の増加数は，D社よりもC社のほうが多い。

5 平成8年度のD社の宅配便取扱個数は，平成5年度の1.5倍を上回っている。

解説

1．表2によりA，B両社の構成比を足してみると，
平成7年度：44.3＋26.2＝70.5〔%〕
平成8年度：44.6＋25.2＝69.8〔%〕
となり，減少している。

2．9.1×5＝45.5＞44.6なので， $\frac{1}{5}$ 倍は上回っている。

3．表1の平成7年度の値が101.0と100を超えているので，平成7年度の取扱個数は，前年を上回っている。

4．平成7年度の取扱個数全体を1000個と仮定すると，C社分は88個，D社分は86個となる。
これらにおのおのの増加分をかけてみる。
C：88×(1.113－1)＝88×0.113＝9.94〔個〕
D：86×(1.121－1)＝86×0.121＝10.4〔個〕
で，D社の増加数のほうが多い。

5．正しい。1.166×1.192×1.121≒1.558となっており，1.5倍を上回っている。

正答　**5**

地方上級＜教養＞過去問500●**509**

No.485 資料解釈　従業者規模別の構成比　平成9年度（横浜市・地方上級）

下表は，ある産業について，従業者の規模別に事業所数と従業者数の構成比を表している。この産業の事業所数は全体で1,000か所であったとすると，この産業の全体の従業者数としてありうる人数は次のうちどれか。

従業者規模別事業所数および従業者数（構成比）

従業者規模	事業所数(%)	従業者数(%)
総数	100	100
1～4人	70	20
5～9人	15	15
10～14人	5	10
15～19人	5	15
20人以上	5	40

1　2,500人
2　4,000人
3　5,500人
4　7,000人
5　8,500人

解説

従事者規模に幅が明示されているので，全従業者数の範囲を求める。各従業者規模において制限が求まるので，表の上から順に制限を求める。全従業者数を n とすると，1～4人の従業者規模では，

　　$700 \times 1 \leq 0.2n \leq 700 \times 4$　　$3500 \leq n \leq 14000$

さらに，5～9人の従業員規模では，

　　$150 \times 5 \leq 0.15n \leq 150 \times 9$　　$5000 \leq n \leq 9000$

となる。他の従業員規模から得られる条件を記すと，

　　10～14人…$5000 \leq n \leq 7000$
　　15～19人…$5000 \leq n \leq 6333$
　　20人以上…$2500 \leq n$

以上の条件から，正答は **3** とわかる。

正答　3

次のグラフは，1996年1月から7月までの東海道新幹線の利用状況について，輸送人員の増加率を対94年，95年同月比で示したものである。これに関するア，イ，ウの正誤を正しく示している組合せは次のうちどれか。

ア　1994年6月と95年6月の輸送人員はほぼ等しい。
イ　1995年2月の輸送人員は94年2月に対して10%以上落ち込んでいる。
ウ　1995年の輸送人員は1～7月の各月とも94年の同月よりも増えている。

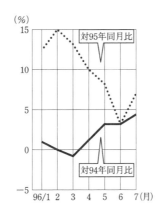

	ア	イ	ウ
1	正	正	正
2	正	正	誤
3	正	誤	正
4	誤	正	誤
5	誤	誤	正

解説

ア：正しい。1994年6月，95年6月，96年6月の各輸送人員を L，M，N とすると，
　$N/L=1.03$　$N/M=1.03$

よって，$L=M$ といえる。イ：正しい。1994年2月，95年2月，96年2月の各輸送人員を L，M，N とすると，

　$N/L=1.00$ より，$L=\dfrac{N}{1.00}$

　$N/M=1.15$ より，$M=\dfrac{N}{1.15}$

　$M/L=\dfrac{1.00}{1.15}≒0.87$

よって，10%以上の減少といえる。ウ：誤り。イで見たように，少なくとも2月は落ち込んでいる。

よって，ア：正，イ：正，ウ：誤となる。したがって，正答は **2** である。

正答　**2**

地方上級

東京都

No. 487 資料解釈　建築物の面積などの推移　平成10年度

次の表から正しくいえるものはどれか。

構造別に見た東京都における居住用着工建築物の床面積の構成

(単位：%)

区　　　　分	平成2年	3年	4年	5年	6年	7年
木　　　　　　造	26.0	29.5	30.6	32.3	31.3	30.9
鉄 骨 鉄 筋 コンクリート造	16.2	13.6	14.1	12.9	14.3	18.7
鉄　　　　筋 コンクリート造	32.8	29.6	27.9	29.9	35.5	33.1
鉄　　骨　　造	25.0	27.1	27.2	24.7	18.8	17.3
そ　　の　　他	0.1	0.2	0.2	0.1	0.1	0.1
合　　　　　計	100 (15,857)	100 (12,088)	100 (11,762)	100 (11,555)	100 (13,210)	100 (12,264)

(注) （　）内は，居住用着工建築物の床面積合計（単位：千m²）を示す。

1　平成2年から7年までの各年とも，鉄筋コンクリート造の床面積は3,600千m²を上回っている。

2　平成3年における「その他」を除く各区分の床面積の対前年増加率がプラスとなっているのは，木造と鉄骨造である。

3　平成5年から7年までの各年とも，木造と鉄骨造の床面積はいずれも前年に比べて減少している。

4　平成6年における鉄骨鉄筋コンクリート造の床面積の対前年増加数は，同年における居住用着工建築物の床面積合計の対前年増加数の30%を上回っている。

5　平成7年における「その他」を除く各区分の床面積は，2年に比べていずれも減少している。

1．総数も小さく構成比も低い4年で計算してみると，11762×0.279≒3282〔千m²〕で3600〔千m²〕に満たない。

2．総数が減っているから構成比の落ちている鉄骨鉄筋コンクリート造と鉄筋コンクリート造は計算するまでもなく対前年増加率はマイナスである。しかし，構成比が増えているが，総数が減っているのだから，対前年増加率がプラスとは限らない。こうした場合実際に計算してみないとプラスかマイナスかはわからない。木造：2年；15857×0.26≒4123，3年；12088×0.295≒3566。木造の対前年増加率はマイナスである。

3．総数も減り構成比も落ちている7年は確かに減っているといえるが，総数が増え構成比の落ちている6年に関しては，計算してみないといけない。木造：5年；11555×0.323≒3732，6年；13210×0.313≒4135。増加している。

4．全体の増加は13210－11555＝1655。その30%は496.5。鉄骨鉄筋コンクリート造で見ると，増加量は，13210×0.143－11555×0.129≒398であり，496.5には届かない。

5．正しい。2年と7年を比較すると，総数は減少しているから，構成比の落ちている鉄骨造は，減少が明らかである。木造等構成比が上がったものは計算しなければならない。計算してみると，木造；4123→3790，鉄骨鉄筋コンクリート造；2569→2293，鉄筋コンクリート；5201→4059，鉄骨造；3964→2122でいずれも減少していることがわかる。

正答 **5**

地方上級 横浜市 No.488 資料解釈 年齢階層別の男女比 平成9年度

下図は，ある国の男女別人口比を，年齢階層別に1960年と1995年について見たものである。この図からいえることとして妥当なものはどれか。

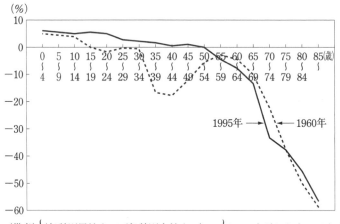

(備考) {(年齢別男性人口／年齢別女性人口) －1} ×100を示したものである。

1. 1960年と1995年とを比較すると総人口に占める男性の割合は増加した。
2. 1960年に15～19歳の年齢階層に属していた人たちのその後35年間の死亡率は男女でほとんど差がない。
3. 60～64歳の年齢階層で男性の死亡率と女性の死亡率を比較すると1960年のほうが1995年よりその差が小さい。
4. 1995年の60歳以上の人たちの死亡率を見ると75歳以上の年齢階層では男性の死亡率が女性の死亡率を下回っている。
5. 75～79歳の年齢階層の男性の死亡率は1960年も1995年もほとんど変わらない。

グラフの下にある定義式の大カッコ内を変形してみると，

$$\frac{年齢別男性人口 - 年齢別女性人口}{年齢別女性人口}$$

となる。このことから，グラフの数値がプラスであればその年齢階層では男性が多く，マイナスであれば女性が多いこと，さらに，数字（絶対値）が大きければ大きいほど構成比が高くなることがわかる。

1．男性のほうが多い年齢階層が増えていることは明らかだが，各年齢階層別の人口が与えられていないので判断できない。

2．正しい。15～19歳層の1960年は0，つまり，ほぼ男女同数である。35年たって，その層は50～54歳層に区分されるが，1995年はやはり0（ほぼ男女同数）。したがって，この層の男女おのおのの死亡率にはほとんど差がないといえる。

3．与えられた資料から判断することはできない。

4．年齢階層が上がっても人口が横ばいかマイナスの場合，男性の構成比が減り続けているのだから，男性の死亡率のほうが高いといえる。しかし，人口の年齢構成がわからないので，与えられた資料からは判断することができない。

5．ほとんど同じなのは男女の人口構成比である。死亡率が同じかどうかは与えられた資料から判断することはできない。

正答 **2**

地方上級

No. 489 東京都 資料解釈 歳入純計決算構成比 平成11年度

次の表からいえることとして，妥当なものはどれか。

地方公共団体の歳入純計決算額の構成比の推移 （単位：％）

区　分	平成５年度	６年度	７年度	８年度
地　　方　　税	35.2	33.9	33.2	34.6
地 方 譲 与 税	2.1	2.0	1.9	2.0
地 方 交 付 税	16.2	16.2	15.9	16.7
小計(一般財源)	53.6	52.1	51.1	53.3
国 庫 支 出 金	14.4	14.4	14.9	14.6
地　　方　　債	14.0	14.9	16.8	15.4
そ　　の　　他	18.0	18.6	17.2	16.7
合　　計	100.0 (953,142)	100.0 (959,945)	100.0 (1,013,156)	100.0 (1,013,505)

(注) （　）内は，歳入純計決算額（単位：億円）を示す。

1 平成５年度に対する８年度の決算額の比率について見ると，地方債の比率は1.1を上回っており，歳入純計決算額の比率の1.2倍を超えている。

2 平成６年度から８年度までの各年度とも，地方交付税は前年度に比べて増加しており，７年度の対前年度増加額は5,000億円を上回っている。

3 平成６年度から８年度までのうち，国庫支出金の対前年度増加率が最も大きいのは７年度であり，その値は10％を上回っている。

4 平成８年度の決算額について見ると，各区分とも前年度に比べて増加しており，歳入純計決算額の対前年度増加率は５％を上回っている。

5 平成８年度の一般財源に占める地方税の割合は，５年度の一般財源に占める地方税の割合より大きい。

解説

1．歳入純計決算額の比率は，$\dfrac{1013505 \times 0.154}{953142 \times 0.14} ≒ 1.1697$ である。

2．正しい。５年度→６年度，７年度→８年度は，歳入純計決算額は年度ごとに増えており，各区分の構成比も減ってはいないから，計算しなくとも増えているといえる。６年度→７年度は，全体は増えているが構成比は減っているので，計算してみる。$959945 \times 0.162 = 155511$，$1013156 \times 0.159 = 161092$，$161092 - 155511 = 5581$〔億円〕。確かに5,000億円以上増えている。

3．７年度の対前年度増加率は，$\dfrac{1013156 \times 0.149}{959945 \times 0.144} - 1 = \dfrac{150960.244}{138232.08} - 1 ≒ 0.092$ より，約９％であり，10％に達していない。

4．$\dfrac{1013505}{1013156} - 1 ≒ 0.000344$ より，対前年増加率は，0.03％程度である。

5．５年度 $\dfrac{35.2}{53.6} ≒ 0.657$，８年度 $\dfrac{34.6}{53.3} ≒ 0.649$ で，５年度のほうが大きい。

正答 **2**

No. 490 資料解釈 所得階層別構成比 平成10年度

地方上級 全国型，関東型，中部・北陸型

A〜Eの5国について，その国の全世帯を所得額に応じて上位〜下位まで5等分し，各階層の世帯の合計所得額がその国の所得全体に占める割合を求めたものである。この図に関する記述ア〜ウの正誤を正しく組み合わせているものはどれか。

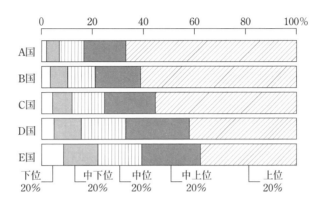

ア　どの国でも，その国の全世帯の平均所得と同額の所得を得ているのは，中上位20%の階層に属する世帯である。
イ　富の偏在の最も著しい国では，上位20%の階層の世帯の平均所得が下位20%の階層の世帯の所得の50倍を超えている。
ウ　所得の下位の世帯から所得を累積していくとき，全世帯の80%を合計しても，その国の全所得の半分に満たない国が3国ある。

	ア	イ	ウ
1	正	正	誤
2	正	誤	正
3	正	誤	誤
4	誤	正	誤
5	誤	誤	正

解説

ア：総所得を $100Y$，全世帯数を $100N$ とすると，全世帯の平均所得は $\dfrac{100Y}{100N}=\dfrac{1}{1}\dfrac{Y}{N}$ となる。各階層の世帯数は $20N$ で一定だから，ある層が全世帯の平均所得額と同額の所得を得ているとすると，その額は $20Y$ でなければならない。中上位20%の層は，確かに各国とも総所得の20%前後を得ているが，A国では20%に満たず，D国では20%を優に超えているように見える。よって誤り。イ：富の偏在が最も著しい国はA国である。同国の下位20%の得ている所得は2%程度はあるように見える。その50倍は100%，つまり，所得全体ということになるから，そうしたことはありえない。よって誤り。ウ：下位20%から中上位20%までの合計所得が全体の50%に満たない国を探せば，A，B，C国がそれに該当している。したがって正しい。

以上より，正答は **5** である。

正答　5

No. 491 資料解釈 地区別の温泉利用状況 東京都 平成16年度

次の図から正しくいえるのはどれか。

全国5地区別の温泉利用状況（平成13年度）

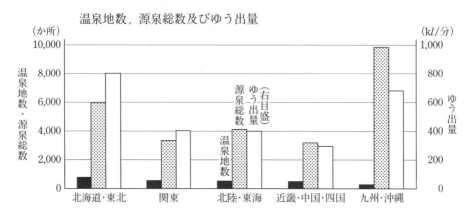

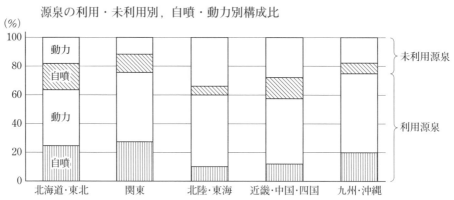

(注)源泉総数は，利用源泉と未利用源泉の数の合計である。

1 温泉地数に対するゆう出量の比率について地区別にみると，最も大きいのは北海道・東北であり，次に大きいのは九州・沖縄である。
2 ゆう出量の5地区の計に占める関東のゆう出量の割合は，温泉地数の5地区の計に占める関東の温泉地数の割合を上回っている。
3 近畿・中国・四国についてみると，温泉地数に対する利用源泉の数の比率は5を上回っている。
4 動力の未利用源泉の数について地区別にみると，最も多いのは北陸・東海であり，次に多いのは近畿・中国・四国である。
5 源泉総数の5地区の計に占める，5地区の自噴の利用源泉の数及び5地区の自噴の未利用源泉の数の計の割合は，25％を上回っている。

解 説

2種類のグラフの組合せ問題であり，ややレベルの高い問題といえる。2つのグラフを連携して考察しなければならない選択枝に注意が必要である。

1. 北海道・東北と九州・沖縄を比較すると，温泉地数では北海道・東北≒九州・沖縄×3，ゆう出量では北海道・東北≒九州・沖縄×1.2 となっているので，温泉地数に対するゆう出量の比率は九州・沖縄のほうが大きい。

2. 5地区の計に占める関東の割合は，ゆう出量の割合$<\dfrac{1}{6}$，温泉地数の割合$>\dfrac{1}{6}$ となっているので，ゆう出量の割合のほうが小さい。

3. 近畿・中国・四国の場合，温泉地数に対する利用源泉の数の比率は$3200×0.58÷500≒3.7<5$ となっている。

4. 動力の未利用源泉の数は，北陸・東海が$4000×0.33≒1300$，九州・沖縄が$9900×0.18≒1800$ であるから，九州・沖縄が北陸・東海を上回っている。

5. 正しい。北陸・東海以外は自噴（利用源泉＋未利用源泉）の割合が25％を上回っていることは明らかである。北陸・東海は，$4000×(0.15-0.25)=-400$ より，25％に400か所ほど足りない。一方，北海道・東北は$6000×(0.4-0.25)=900$ より，25％より900か所ほど多い。そこで，北海道・東北の900か所から400か所だけ北陸・東海に回すと，5地区全体で見た場合，自噴（利用源泉＋未利用源泉）の割合は25％を上回っていることになる。

正答　**5**

No.492 資料解釈 求職者数と求人数 （東京都 平成10年度）

次の図から正しくいえるものはどれか。

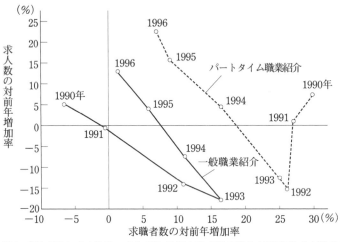

一般職業紹介およびパートタイム職業紹介の求職者数と求人数の対前年増加率

（注）求職者数と求人数は、それぞれ月間有効求職者数と月間有効求人数のことである。

1. 1990年から1996年までのうち、一般職業紹介の求人数が最も多いのは1996年であり、最も少ないのは1993年である。
2. 1991年から1993年までの各年とも、一般職業紹介の求職者数は前年に比べて増加している。
3. 1991年から1996年までのうち、一般職業紹介の求職者数に対する求人数の比率が最も大きいのは1991年である。
4. 1992年から1996年までの各年とも、パートタイム職業紹介の求人数は前年に比べて増加している。
5. 1996年における求職者数に対する求人数の比率は、一般職業紹介とパートタイム職業紹介のいずれも前年を下回っている。

解説

1. 1994年の対前年増加率がマイナスだから、94年の値は93年のそれより小さいはずである。
2. 91年の増加率はマイナスであり、前年より減少している。
3. 正しい。91年の分母分子をいずれも100としてその他の年の概数を出してみる（グラフの数値を読み取り概数で計算）。分子＝求人数；91年：100, 92年：85, 93年：70, 94年：66, 95年：69, 96年：78。分母＝求職者数；91年：100, 92年：111, 93年：129, 94年：142, 95年：149, 96年：152。
4. 92年・93年の増加率はマイナスであり、減っている。
5. 原点を通る右上り45度線の上方にあるから、前年を上回っている。

正答 **3**

地方上級

No. 493 関東型 資料解釈　アジア NIES 地域への輸出状況　平成6年度

下表は，1987年から1992年におけるわが国のアジア NIES 地域（韓国，台湾，香港，シンガポール）への輸出状況に関するものであるが，この表から判断して確実にいえることは，次のうちどれか。

項目　年	アジア NIES 地域への輸出額（単位：100万ドル）	アジア NIES 地域の構成（%）				総輸出額に占めるアジア NIES 地域の割合(%)
		韓　国	台　湾	香　港	シンガポール	
1987	39,456	33.5	28.8	22.5	15.2	17.2
1988	49,813	31.0	28.8	23.5	16.7	18.8
1989	52,747	31.4	29.2	21.9	17.5	19.2
1990	56,667	30.8	27.2	23.1	18.9	19.7
1991	66,850	30.0	27.3	24.4	18.3	21.3
1992	72,638	24.5	29.1	28.5	17.9	21.4

1 1992年における香港への輸出額は，1987年における輸出額の約3倍である。

2 台湾への輸出額は，1987年以降ほとんど変わらない。

3 1988年以降，アジア NIES 地域への輸出額の対前年増加率は，総輸出額の対前年増加率を常に上回る。

4 1990年における総輸出額に占めるシンガポールへの輸出額の割合は，約5%である。

5 1988年以降，輸出額が前年より減少したことがあるのは，韓国だけである。

解説

1．（72638×0.285）÷（39456×0.225）≒2.3倍で3倍には届かない。

2．変わっていないのはアジア NIES に占める台湾の構成比であり，アジア NIES への輸出総額は増加しているのだから，台湾への輸出額も増加している。

3．後に回す。

4．0.197×0.189＝0.037で4%弱である。

5．88年の香港向けは49813×0.235≒11706，89年は52747×0.219≒11552でここでも減少している。

ここまでで正答は**3**と予想できる。正攻法で**3**を計算するとかなりの時間を取られるから，解くときには上のように消去法でいくのがよい。なお確認の意味で以下に対前年増加率の計算結果を記しておく。（全体，NIES）の順に，88年（15.5，26.2），89年（3.7，5.9），90年（4.7，7.4），91年（9.1，18.0），92年（8.2，8.7）。

正答　3

地方上級 大阪府

No. 494 資料解釈 製造業の事業所数等 平成22年度

ある地域の製造業に関して，次の表から正しくいえるのはどれか。ただし，表の事業所数及び従業者数の数値は，その1年間を通じて変動しないものとする。

ある地域の製造業に属する事業所数等の推移

	事業所数 （事業所）	従業者数 （人）	年間製造品出荷額 （百万円）	年間投資額 （百万円）
平成15年	27,227	544,686	15,544,946	340,590
16年	24,822	530,407	15,961,123	459,612
17年	25,454	526,216	16,301,874	499,548
18年	23,564	517,935	16,647,826	422,179
19年	23,553	532,460	17,961,504	500,285
20年	24,188	525,955	18,086,194	468,092

1 平成16年から平成18年までのうち，従業者1人当たりの年間製造品出荷額が最も少ないのは平成17年である。

2 平成16年から平成19年までのうち，年間投資額の対前年増加率が最も大きいのは平成19年である。

3 平成17年における事業所数を100とすると，平成19年における事業所数の指数は90を下回っている。

4 平成18年から平成20年までの3か年の年間製造品出荷額の平均は，平成15年の年間製造品出荷額の1.15倍を上回っている。

5 平成18年から平成20年までの各年についてみると，1事業所当たりの従業者数はいずれも20人を超えている。

解説

1. 平成16年は，平成17年より従業者数は多く，年間製造品出荷額は少ないのだから，従業者1人当たりの年間製造品出荷額は平成17年より平成16年のほうが少ない。

2. 平成19年の年間投資額の対前年増加額は約78,100〔百万円〕，平成16年のそれは約119,000〔百万円〕で，平成16年のほうが多い。平成15年の年間投資額は平成18年より少ないのだから，増加率は平成19年より平成16年のほうが大きい。

3. 指数が90を下回るならば，10％を超える減少率でなければならない。平成17年の事業所数は25,454だから，10％だと2,500を超えることになるが，25,454−2,500＜23,000より，10％を超える減少率なら平成19年の事業所数は23,000未満でなければならない。

4. 平成15年の年間製造品出荷額の1.15倍だと，15,544,946×1.15≒17,880,000〔百万円〕である。平成18年から平成20年までの年間製造品出荷額の合計は53,000,000百万円未満であり，53,000,000÷3＜17,700,000だから，平成15年の年間製造品出荷額の1.15倍には達しない。

5. 正しい。平成18年から平成20年までの間で，事業所数が最も多い平成20年について，1事業所当たりの従業者数が20人であれば，従業者数は483,760人であり，これは従業者数が3か年で最も少ない平成18年を下回る。したがって，1事業所当たりの従業者数は3か年のいずれも20人を超えている。

正答 **5**

地方上級 **特別区**

No. 495 資料解釈　**5業種の販売額の推移**　平成16年度

次の表から確実にいえるのはどれか。

卸売業5業種の販売額の推移

（単位　10億円）

区　　　分	平成9年	10	11	12	13
機　械　器　具	119,101	130,180	132,343	139,067	136,592
各　種　商　品	71,493	66,984	59,842	57,613	53,313
鉱物・金属材料	44,110	44,340	45,676	50,943	50,097
食　料　・　飲　料	45,162	48,464	47,616	46,281	47,159
農畜産物・水産物	49,688	50,225	45,200	40,548	38,285

1　平成13年において，「各種商品」の販売額の対前年減少額は，「農畜産物・水産物」のそれの2倍を上回っている。

2　表中の各業種のうち，平成12年における販売額の対前年減少率が最も大きいのは，「各種商品」である。

3　平成9年から平成13年までの5年の「農畜産物・水産物」の販売額の1年当たりの平均は，45兆円を上回っている。

4　表中の各年とも，「食料・飲料」の販売額は，「機械器具」のそれの35%を超えている。

5　「機械器具」の販売額の平成9年に対する平成12年の増加率は，「鉱物・金属材料」の販売額のそれより大きい。

解説

1. 平成13年の対前年減少額は，各種商品が，57613－53313＝4300〔十億円〕，農畜産物・水産物が，40548－38285＝2263〔十億円〕，4300＜2263×2であるから，2倍を下回っている。

2. 平成12年の対前年減少率は，各種商品が，$1-\dfrac{57600}{59800}≒1-0.963＝0.037$，農畜産物・水産物が，$1-\dfrac{40500}{45200}≒1-0.896＝0.104$であるから，農畜産物・水産物のほうが大きい。

3. 45〔兆円〕＝45000〔十億円〕である。45,000を基準（0）にした農畜産物・水産物の販売額の5年間の合計は，＋4688＋5225＋200＋（－4452）＋（－6715）〔十億円〕であるが，この値は明らかにマイナスとなる。したがって，1年当たりの平均は45兆円を下回っている。

4. 平成12年の販売額を見ると，機械器具が139000十億円，食料・飲料が46300十億円，139000×0.35≒48700＞46300であるから，35%を超えてはいない。

5. 正しい。平成9年の販売額に対する12年のそれの増加率は，機械器具が，$\dfrac{139000}{119000}-1≒1.17-1＝0.17$，鉱物・金属材料が，$\dfrac{50900}{44100}-1≒1.15-1＝0.15$となっている。

正答　**5**

次の図は，ある国の2010年度および2011年度における，A～Hの8種の産業の生産額についての動向を示したものである。横軸は2010年度において各産業が生産額全体に占める割合を，縦軸は2011年度における各産業の生産額の2010年度に対する増減率を示している。この図に関して，下の記述のア～オのうちで，正しいものの組合せはどれか。

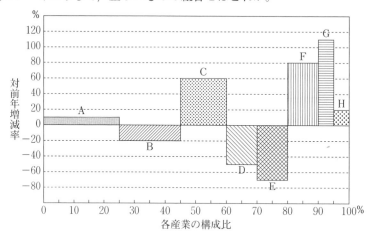

ア：2011年度の生産額が前年度より増加した産業は5種，減少した産業は3種あり，その中で，生産額が前年度の2倍以上となった産業は1種あるが，生産額が前年度の半分以下となった産業は1種もない。
イ：2010年度と比べて，2011年度の生産額が最も増加したのはA産業である。
ウ：2011年度の生産額を比較すると，F産業はB産業より多い。
エ：D産業とG産業の生産額を合計すると，2011年度は2010年度より増加している。
オ：8種の産業全体で見ると，2011年度の生産額は2010年度より20％増加している。

1 ア，ウ
2 ア，エ
3 イ，オ
4 ウ，エ
5 エ，オ

解説

実数値としての生産額は示されていないが，2010年度の構成比を基準として2011年度の増減率を利用すれば，2011年度における各産業の生産額について，その相対的比較をすることは可能である。たとえば，A産業の2010年度における生産額の構成比は25％で，2011年度は増加率が10％だから，25×1.1＝27.5とすればよい。A～Hの8産業について求めると，表のようになる。この表の数値を適宜利用しながらア～オを検討すればよい。

	A	B	C	D	E	F	G	H	計
2010年度	25	20	15	10	10	10	5	5	100
増減率(倍)	1.1	0.8	1.6	0.5	0.3	1.8	2.1	1.2	—
2011年度	27.5	16	24	5	3	18	10.5	6	110

ア：誤り。生産額が前年度の半分以下となった産業については，E産業が70％減少している（生産額は2010年度の0.3倍）ので該当する。

イ：誤り。表の数値から，A産業が2.5の増加であるのに対して，C産業は9，F産業は8，G産業は5.5増加している。

ウ：正しい。2011年度の生産額は，F産業が18，B産業が16である。

エ：正しい。D産業とG産業の生産額合計は，2010年度が15，2011年度が15.5である。

オ：誤り。8種の産業全体では，2011年度の2010年度に対する増加率は10％である。

以上から，正しい記述の組合せはウとエであるので，正答は**4**である。

正答　**4**

地方上級＜教養＞過去問500●**525**

No. 497 資料解釈 最終エネルギー消費量 平成7年度

次のグラフは，日本，アメリカ，ドイツ，イギリス，フランス5か国の最終エネルギー消費の部門別構成比の変化を1971年と1991年について見たものである。グラフからいえることとして正しいものは次のうちどれか。

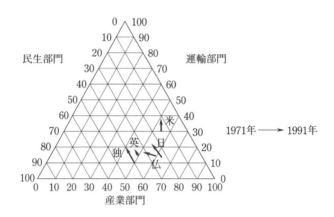

1 1991年のドイツの民生部門の構成比は70%を超えている。
2 フランスの産業部門の構成比は1971年より1991年のほうが上である。
3 すべての国において運輸部門の構成比は1991年より1971年のほうが上である。
4 1971年の運輸部門の構成比が最も低いのはドイツである。
5 イギリスの民生部門の構成比は1971年から1991年にかけてある程度高まった。

解説

グラフの見方は下のようになっている。目盛の振り方（右回りと左回り）に注意が必要である。あとは，矢のつけ根が1971年の値を，先が91年の値を示していることに注意して各選択枝を見てみる。

1. 40%である。
2. 71年は60%，91年は52%である。
3. 日本（71年）14%・（91年）22%，アメリカ30%・39%，ドイツ10%・20%，イギリス15%・18%，フランス15%・17%で，いずれの国でも91年のほうが上である。
4. 正しい（**3**の数値参照）。
5. 71年も91年も36%と不変。

よって，正答は**4**である。

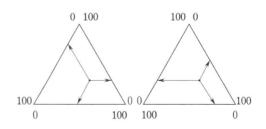

正答 4

No.498 資料解釈 交通量と時刻の関係 平成8年度

地方上級　全国型，中部・北陸型，札幌市，仙台市，横浜市，京都市

ある市で，市内を通る3つの道路A〜Cの車の交通量調査を行った。下図は，各道路の1日の全交通量を100としたときの，各時刻における交通量の累積を表したものである。また，ア〜ウはA〜Cいずれかの道路の各時刻における交通量を示したものである。道路名とグラフの対応が正しい組合せは，次のうちどれか。

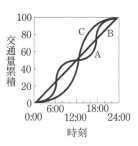

ア
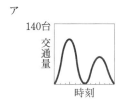

イ
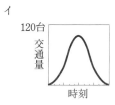

ウ
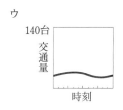

1　A—ア，B—イ
2　A—ア，B—ウ
3　A—ウ，C—イ
4　B—イ，C—ウ
5　B—ウ，C—ア

解説

このような累積グラフでは，曲線の傾きが，各時刻における交通量に対応する。

　まず，道路Bは交通量累積がほぼ直線的に増加しており，傾きはほぼ一定である。これは，道路Bの交通量が時間によって，ほとんど変化しないことを示しているので，ウに対応する。

　次に，道路Cについて見ると，曲線の傾きは0：00には0（水平）であるが，時間とともに傾きが急になって，12：00頃に最大になった後，傾きが緩やかになって，24：00には再び0（水平）になっている。これは，道路Cの交通量は，0：00には0であり，その後増加して12：00頃にピークになり，後は減少して24：00には再び0になることを示している。したがって，イに対応する。

　さらに，道路Aについて見ると，曲線の傾きは，0：00と24：00には0（水平）であるが，6：00と18：00の2回，傾きが最大になっている。これは，道路Aの交通量は，0：00と24：00には0であり，6：00と18：00にピークがあることを示している。したがって，アに対応する。

　以上から，正答は **2** である。

正答　**2**

次の図は，男性労働人口（15～64歳）の雇用失業率と欠員率の推移（1972～97年）を，年齢計と，15～29歳，60～64歳について表したものである。この図に関する記述ア～ウの正誤を正しく示しているものはどれか。

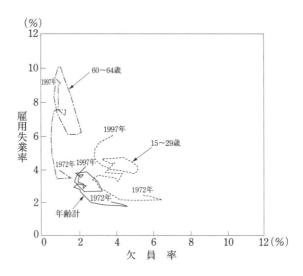

$$雇用失業率 = \frac{完全失業者数}{雇用者数 + 完全失業者数} \times 100$$

$$欠員率 = \frac{有効求人数 - 就職件数}{(有効求人数 - 就職件数) + 雇用者数} \times 100$$

ア　60～64歳の完全失業者では，年齢計の完全失業者と比べて，求人があるにもかかわらず就職しない者の割合が多い傾向にある。

イ　30～59歳の雇用失業率は，15～29歳や60～64歳のそれと比べて相対的に低く，その変化の幅も小さく，全体として安定した動きになっている。

ウ　15～29歳では，年齢計と比べて，求人側と求職側のミスマッチが大きい傾向にある。

	ア	イ	ウ
1	正	正	誤
2	正	誤	正
3	誤	正	正
4	誤	正	誤
5	誤	誤	正

ア：欠員率の定義式から，欠員率とは，産業界が現在の人員数から，あとどれくらい人員を増やしたいと考えているか，を意味する。60〜64歳の欠員率は年齢計のそれよりおしなべて低いから，求人が多いとはいえない。

イ：正しい。年齢計の雇用失業率に比べて，60〜64歳のそれと15〜29歳のそれは高く，調査年による変動幅も大きくなっている。ということは残る30〜59歳の雇用失業率は，比較的低く変動幅も小さく全体として安定的であることになる。

ウ：正しい。15〜29歳の雇用失業率と欠員率はともに年齢計のそれらより高く，全体として，右上方に位置している。ということは，求人側と求職側のミスマッチが大きい傾向にあることを示している。

以上より，正答は**3**である。

正答 3

地方上級 No.500 資料解釈 増減率 平成29年度
全国型，関東型，中部・北陸型

図は，ある製品の2011年から2014年の四半期ごとの出荷量と在庫量の前年同期比のグラフである。ア〜ウの正誤の組合せとして正しいものはどれか。

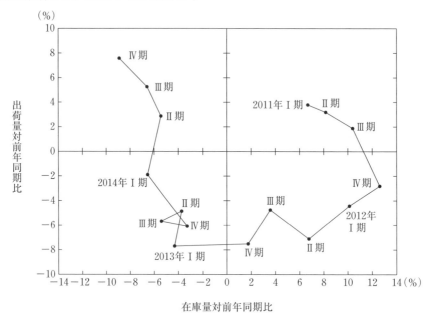

ア　2012年は各期とも前年同期と比べて出荷量は減少したが，在庫量は増加した。
イ　2014年Ⅲ期は2011年Ⅲ期に比べ出荷量は増加した。
ウ　前年同期に比べ，出荷量の増減率のほうが在庫量の増減率よりも高い期が5期ある。

1 ア―正　イ―正　ウ―正　　**2** ア―正　イ―誤　ウ―正
3 ア―正　イ―誤　ウ―誤　　**4** ア―誤　イ―正　ウ―誤
5 ア―誤　イ―誤　ウ―正

解説

増減率のグラフなので，出荷量は0％より高いか低いかで量の増減は判断する。これを踏まえてア〜ウの正誤を考える。

ア：正しい。2012年は各期とも出荷量は0％より低いので減少していると判断でき，在庫量は0％より高いので増加していると判断できる。

イ：誤り。Ⅲ期の出荷量の増減を見ると，2012年は前年より約5％減少し，2013年はさらに前年より約6％減少している。よって，2014年は2013年に比べ約5％の増加になっているが，2011年より減少している。

ウ：誤り。0％と出荷量対前年同期比＝在庫量対前年同期比の点を結ぶ直線の上側を見る。左下の区画は，2014年Ⅰ期で出荷量の伸び率のほうが高い。左上の区画の3期は出荷量がプラスで，在庫量がマイナスなので，出荷量の伸び率のほうが高い。右上の区画はどちらもプラスであるが，出荷量の率のほうが上回っている期はない。よって，出荷量の伸び率のほうが高い期は4期である。

よって，正しいものはアのみなので，正答は**3**である。

正答 **3**

●本書の内容に関するお問合せについて

　本書の内容に誤りと思われるところがありましたら，まずは小社ブックスサイト（jitsumu.hondana.jp）中の本書ページ内にある正誤表・訂正表をご確認ください。正誤表・訂正表がない場合や訂正表に該当箇所が掲載されていない場合は，書名，発行年月日，お客様の名前・連絡先，該当箇所のページ番号と具体的な誤りの内容・理由等をご記入のうえ，郵便，FAX，メールにてお問合せください。

　〒163-8671　東京都新宿区新宿 1-1-12　実務教育出版　第二編集部問合せ窓口
　FAX：03-5369-2237　　　　E-mail：jitsumu_2hen@jitsumu.co.jp

【ご注意】
※電話でのお問合せは，一切受け付けておりません。
※内容の正誤以外のお問合せ（詳しい解説・受験指導のご要望等）には対応できません。

公務員試験　合格の500シリーズ

地方上級〈教養試験〉過去問500 ［2023年度版］

2022年 1 月31日　初版第 1 刷発行　　　　　　　　　　　　　　〈検印省略〉

編　者　資格試験研究会
発行者　小山隆之

発行所　株式会社 実務教育出版
　　　　〒163-8671　東京都新宿区新宿 1-1-12
　　　　☎編集　03-3355-1812　販売　03-3355-1951
　　　　振替　00160-0-78270

印　刷　精興社
製　本　ブックアート

©JITSUMUKYOIKU-SHUPPAN　2022
ISBN 978-4-7889-6477-8 C0030　Printed in Japan
乱丁，落丁本は本社にておとりかえいたします。

本誌掲載の記事および復元問題等は，当社が独自に編集したものであり，一切の無断引用・無断転載を禁じます。

試験情報用紙　　　　　　　　　　　　　　　　　　　　　　　　　　　　　　　　　　　一次情報　1

大卒・短大卒程度公務員一次試験情報をお寄せください

弊社では，次の要領で大卒・短大卒程度公務員試験の一次試験情報を募集しています。受験後ご記憶の範囲でけっこうですので，事務系・技術系問わず，ぜひとも情報提供にご協力ください。

☆**募集内容**　地方上・中級，市役所上・中級，大卒・短大卒警察官，その他各種公務員試験，国立大学法人等職員採用試験の実際問題・科目別出題内訳等

※問題の持ち帰りができる試験については，情報をお寄せいただく必要はありません。ただし，地方公務員試験のうち，東京都，特別区，警視庁，東京消防庁以外の試験問題が持ち帰れた場合には，現物またはコピーをお送りください。

☆**送り先**　〒163-8671　新宿区新宿1-1-12　（株）実務教育出版「試験情報係」
☆**謝礼**　情報内容の程度により，謝礼を進呈いたします。
※ E-mail でも受け付けています。juken-j@jitsumu.co.jp まで。右の二次元コードもご利用ください。
　件名は必ず「試験情報」としてください。内容は下記の項目を参考にしてください（書式は自由です）。
　図やグラフは，手書きしたものをスキャンするか写真に撮って，問題文と一緒に E-mail でお送りください。

〒＿＿＿＿＿＿＿＿　住所＿＿＿＿＿＿＿＿＿＿＿＿＿＿＿＿＿＿＿＿＿＿＿＿＿＿＿＿＿＿
氏名＿＿＿＿＿＿＿＿＿＿＿＿＿＿　TEL または E-mail アドレス＿＿＿＿＿＿＿＿＿＿＿＿＿＿

●**受験した試験名・試験区分**（県・市および上・中級の別も記入してください。例：○○県上級・行政）

　＿＿＿＿＿＿＿＿＿＿＿＿＿＿＿＿＿＿＿＿＿＿＿＿

●**第一次試験日**　＿＿＿＿年＿＿＿＿月＿＿＿＿日

●**試験構成・試験時間・出題数**

・教養＿＿＿＿分＿＿＿＿問（うち必須＿＿＿＿問，選択＿＿＿＿問のうち＿＿＿＿問解答）

・専門（択一式）＿＿＿＿分＿＿＿＿問（うち必須＿＿＿＿問，選択＿＿＿＿問のうち＿＿＿＿問解答

・適性試験（事務適性）＿＿＿＿分＿＿＿＿形式＿＿＿＿題

内容（各形式についてご自由にお書きください）

・適性検査（性格検査）（クレペリン・Y-G 式・そのほか〔　　　　　　〕）＿＿＿＿分＿＿＿＿題
・論文＿＿＿＿分＿＿＿＿題（うち＿＿＿＿題解答）＿＿＿＿字→＿＿＿＿次試験で実施

課題

・その他（SPI3，SCOA など）

内容（試験の名称と試験内容について，わかる範囲でお書きください。例：○○分，○○問。テストセンター方式等）

ご提供いただきました個人情報につきましては，謝礼の進呈にのみ使用いたします。
弊社個人情報の取扱い方針は実務教育出版ホームページをご覧ください（https://www.jitsumu.co.jp）。

●受験した試験名・試験区分 （県・市および上・中級の別も記入してください。例：○○県上級・行政）

一次情報 2

問題文（教養・専門，科目名　　　　　　　　）

選択肢1

2

3

4

5

問題文（教養・専門，科目名　　　　　　　　）

選択肢1

2

3

4

5

きりとり線

一次情報　5

●受験した試験名・試験区分 （県・市および上・中級の別も記入してください。例：○○県上級・行政）

_____

●教養試験の試験時間・出題数

_____分_____問（うち必須：No._____ ～ No._____, 選択：No._____ ～ No._____ のうち_____問解答）

●教養試験科目別出題数　※表中にない科目名は空欄に書き入れてください。

科 目 名	出題数	科 目 名	出題数	科 目 名	出題数	科 目 名	出題数
政　　治	問	世 界 史	問	物　　理	問	判断推理	問
法　　律	問	日 本 史	問	化　　学	問	数的推理	問
経　　済	問	文学・芸術	問	生　　物	問	資料解釈	問
社　　会	問	思　　想	問	地　　学	問		問
地　　理	問	数　　学	問	文章理解	問		問

●教養試験出題内訳

No.	科　目	出 題 内 容	No.	科　目	出 題 内 容
1			31		
2			32		
3			33		
4			34		
5			35		
6			36		
7			37		
8			38		
9			39		
10			40		
11			41		
12			42		
13			43		
14			44		
15			45		
16			46		
17			47		
18			48		
19			49		
20			50		
21			51		
22			52		
23			53		
24			54		
25			55		
26			56		
27			57		
28			58		
29			59		
30			60		

きりとり線

一次情報 6

●受験した試験名・試験区分 (県・市および上・中級の別も記入してください。例：○○県上級・行政)

●専門（択一式）試験の試験時間・出題数

_____分_____問（うち必須：No._____〜No._____，選択：No._____〜No._____のうち_____問解答）

●専門試験科目別出題数　※表中にない科目名は空欄に書き入れてください。

科 目 名	出題数	科 目 名	出題数	科 目 名	出題数	科 目 名	出題数	科 目 名	出題数
政 治 学	問	憲　法	問	労 働 法	問	経済事情	問		問
行 政 学	問	行 政 法	問	経済原論	問	経 営 学	問		問
社会政策	問	民　法	問	財 政 学	問		問		問
国際関係	問	商　法	問	経済政策	問		問		問
社 会 学	問	刑　法	問	経 済 史	問		問		問

●専門試験出題内訳

No.	科　目	出 題 内 容	No.	科　目	出 題 内 容
1			31		
2			32		
3			33		
4			34		
5			35		
6			36		
7			37		
8			38		
9			39		
10			40		
11			41		
12			42		
13			43		
14			44		
15			45		
16			46		
17			47		
18			48		
19			49		
20			50		
21			51		
22			52		
23			53		
24			54		
25			55		
26			56		
27			57		
28			58		
29			59		
30			60		

きりとり線

実務教育出版の通信講座　2022年度試験対応

公務員通信講座

詳細はこちら

通信講座の
お申し込みは
巻末はがきか
インターネットで！

忙しくても
通信講座なら
できる！

通信講座で
公務員に！

 LINE公式アカウント「実務教育出版　公務員」
公務員試験に関する情報を配信中！　お友だち追加をお願いします♪

「公務員合格講座」の特徴

65年の伝統と実績

実務教育出版は、65年間におよび公務員試験の問題集・参考書・情報誌の発行や模擬試験の実施、全国の大学・専門学校などと連携した教室運営などの指導を行っています。その積み重ねをもとに作られた、確かな教材と個人学習を支える指導システムが「公務員合格講座」です。公務員として活躍する数多くの先輩たちも活用した伝統ある「公務員合格講座」です。

時間を有効活用

「公務員合格講座」なら、時間と場所に制約がある通学制のスクールとは違い、生活スタイルに合わせて、限られた時間を有効に活用できます。通勤時間や通学時間、授業の空き時間、会社の休憩時間など、今まで利用していなかったスキマ時間を有効に活用できる学習ツールです。

取りくみやすい教材

「公務員合格講座」の教材は、まずテキストで、テーマ別に整理された頻出事項を理解し、次にワークで、テキストと連動した問題を解くことで、解法のテクニックを確実に身につけていきます。初めて学ぶ科目も、基礎知識から詳しく丁寧に解説しているので、スムーズに理解することができます。

実戦力がつく学習システム

「公務員合格講座」では、習得した知識が実戦で役立つ「合格力」になるよう、数多くの演習問題で重要事項を何度も繰り返し学習できるシステムになっています。特に、eラーニング[Jトレプラス]は、実戦力養成のカギになる豊富な演習問題の中から学習進度に合わせ、テーマや難易度をチョイスしながら学習できるので、効率的に「解ける力」が身につきます。

豊富な試験情報

公務員試験を攻略するには、まず公務員試験のことをよく知ることが必要不可欠です。受講生専用『Jサイト』では、各試験の例年の試験日程、構成（科目）など、試験の全体像を把握でき、ベストな学習プランが立てられます。また、実務教育出版の情報収集力を結集し、最新試験ニュースや学習対策記事などを随時アップ！　さらに直前期には、最新の時事を詳しく解説した「直前対策ブック」もお届けします。

※KCSMのみ

親切丁寧なサポート体制

受験に関する疑問や、学習の進め方や学科内容についての質問には、専門の指導スタッフが一人ひとりに親身になって丁寧にお答えします。模擬試験や添削課題では、客観的な視点からアドバイスをします。そして、受講生専用『Jサイト』やメルマガでの受講生限定の情報提供など、あらゆるサポートシステムであなたの自宅学習を強力にバックアップしていきます。

受講生専用『Jサイト』
受講生を24時間サポート

受講生専用『Jサイト』では、公務員の基礎知識や最新の試験情報など充実のコンテンツが自宅学習を強力にバックアップします。質問や各種お手続きは専用フォームでいつでも送信でき、スピーディな対応が可能です。受講生だけが活用できる『Jサイト』で、安心感もケタちがいです。

受講生専用メルマガも配信中！！

コース選び

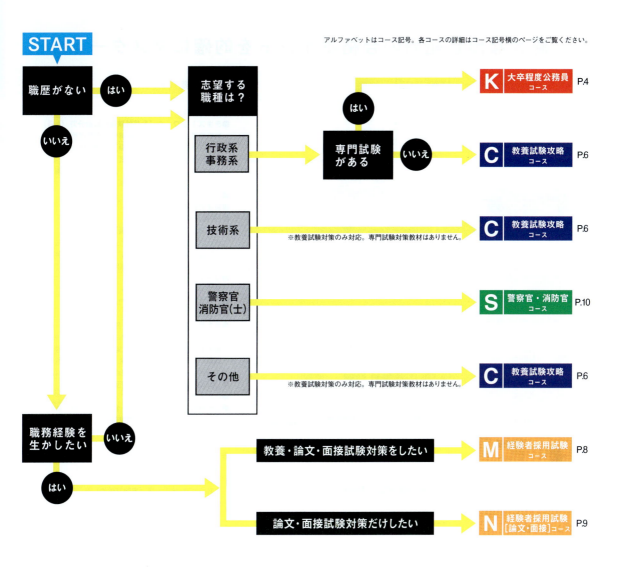

大卒程度公務員コース
[地方上級・国家一般職大卒・市役所上級]

膨大な出題範囲の合格ポイントを的確にマスター！

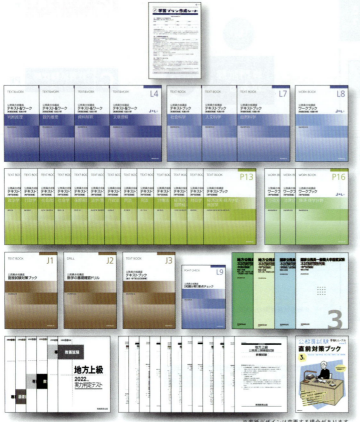

教材一覧
受講ガイド（PDF）
学習プラン作成シート
- ●テキスト＆ワーク［教養試験編］知能分野（4冊）
  判断推理、数的推理、資料解釈、文章理解
- ●テキストブック［教養試験編］知識分野（3冊）
  社会科学［政治、法律、経済、社会］
  人文科学［日本史、世界史、地理、文学・芸術、思想］
  自然科学［数学、物理、化学、生物、地学］
- ●ワークブック［教養試験編］知識分野
- ●数学の基礎確認ドリル
- ●［知識分野］要点チェック
- ●テキストブック［専門試験編］（13冊）
  政治学、行政学、社会政策、社会学、国際関係、法学・憲法、行政法、民法、刑法、労働法、経済原論（経済学）・国際経済学、財政学、経済政策・経済学史・経営学
- ●ワークブック［専門試験編］（3冊）
  行政分野、法律分野、経済・商学分野
- ●テキストブック［論文・専門記述式試験編］
- ●面接試験対策ブック
- ●実力判定テスト★（試験別 各1回）
  ＊教養、専門は自己採点 ＊論文・専門記述式・作文は計6回添削
  地方上級［教養試験、専門試験、論文・専門記述式試験（2回分）］
  国家一般職大卒［基礎能力試験、専門試験、論文試験（2回分）］
  市役所上級［教養試験、専門試験、論・作文試験（2回分）］
- ●［添削課題］面接カード（2回）
- ●自己分析ワークシート
- ●公開模擬試験★（試験別 各1回）＊マークシート提出
  地方上級［教養試験、専門試験］
  国家一般職大卒［基礎能力試験、専門試験］
  市役所上級［教養試験、専門試験］
- ●本試験問題例集（試験別過去問1年分 全4冊）
  ※平成20年度～令和2年度分は、「Jトレプラス」に収録
  令和3年度 地方上級［教養試験編］★
  令和3年度 地方上級［専門試験編］★
  令和3年度 国家一般職大卒［基礎能力試験編］★
  令和3年度 国家一般職大卒［専門試験編］★
- 4年度 直前対策ブック★

★印の教材は、発行時期に合わせて送付（詳細は受講後にお知らせします）。

オプション教材
※受講開始後にご注文できます
国家一般職大卒・国家専門職・市役所試験対策として活用できる、下記オプション教材（有料）を用意しています。
英語／心理学／教育学／会計学セット／適性試験練習ノート

教養・専門・論文・面接まで対応
行政系の大卒程度公務員試験に出題されるすべての教養科目と専門科目、さらに、論文・面接対策教材までを揃え、最終合格するために必要な知識とノウハウをモレなく身につけることができます。また、汎用性の高い教材構成ですから、複数試験の併願対策もスムーズに行うことができます。

出題傾向に沿った効率学習が可能
出題範囲をすべて学ぼうとすると、どれだけ時間があっても足りません。本コースでは過去数十年にわたる過去問研究の成果から、公務員試験で狙われるポイントだけをピックアップ。要点解説と問題演習をバランスよく構成した学習プログラムにより初学者でも着実に合格力を身につけることができます。

受講対象	大卒程度 一般行政系・事務系の教養試験および専門試験対策 [都道府県、政令指定都市、特別区（東京23区）、市役所、国家一般職大卒など]	申込受付期間	2021年4月1日～2022年3月31日
		学習期間のめやす	**6か月** 学習期間のめやすです。個人のスケジュールに合わせて、長くも短くも調整することが可能です。試験本番までの期間を考慮し、ご自分にあった学習計画を立ててください。
受講料	**91,300円** （本体 83,000円＋税 教材費・指導費等を含む総額） ※受講料は2021年4月1日現在のものです。	受講生有効期間	2022年度試験終了まで

★本コースにオプション教材「会計学セット」（有料）をプラスすると、国税専門官、財務専門官の試験にも対応可能です（ただし国税専門官の商法は対応しません）。

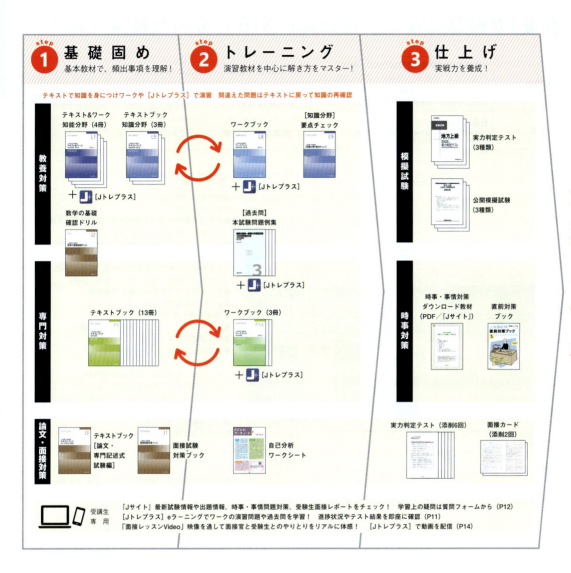

success voice!!

具体的な目標とスケジュールを決めたことで、最後までやり抜くことができました

千葉 真理奈 さん
山梨大学卒業

一関市 上級 一般事務 合格

　私が実務教育出版の通信講座を選んだ理由は、2つあります。1つ目は自分のペースで進められるため、大学の講義やアルバイトとの両立ができると思ったからです。2つ目は大学が実家から遠く、予備校に通うと大学と実家を行き来しなければならないので通信講座を選びました。
　実務教育出版の通信講座は、模擬試験などを除いて教材がはじめにすべて届くので、実際に教材を見てどのくらいのページをどのくらいのスピード感で進めていけばよいのか具体的に決めることができました。第一志望がSPIテストを導入していたため、モチベーションを維持するのが難しいかと思いましたが、具体的な目標とスケジュールを決めたことで、最後までやり抜くことができました。
　私は暗記科目が苦手だったので、苦手な科目から進めました。テキストブックを何度か読み込み、公開模試や「Jトレプラス」の過去問で実力を確認していました。ワークブックや過去問などアウトプットの教材も充実していたので、安心して勉強できました。
　民間企業との併願は勉強時間が削られて大変でしたが、毎日コツコツ続けることで合格できたのだと思います。焦らず継続することが大切だと思うので、みなさんも最後まで諦めず頑張ってください。

C 教養試験攻略コース
[大卒程度]

「教養」が得意になる、得点源にするための攻略コース！

受講対象	大卒程度 教養試験（基礎能力試験）対策 [一般行政（事務系）、技術系、資格免許職を問わず、都道府県、政令指定都市、特別区（東京23区）、市役所、国家総合職、国家一般職大卒など]	申込受付期間	2021年4月1日～2022年3月31日
		学習期間のめやす	**6か月** 学習期間のめやすです。個人のスケジュールに合わせて、長くも短くも調整することが可能です。試験本番までの期間を考慮し、ご自分にあった学習計画を立ててください。
受講料	66,000円 （本体60,000円＋税　教材費・指導費等を含む総額） ※受講料は、2021年4月1日現在のものです。	受講生有効期間	2022年度試験終了まで

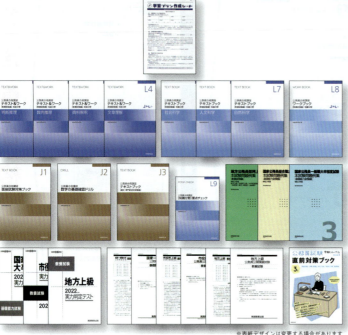

※表紙デザインは変更する場合があります

教材一覧
- 受講ガイド（PDF）
- 学習プラン作成シート
- ●テキスト＆ワーク［教養試験編］知能分野（4冊）
  - 判断推理、数的推理、資料解釈、文章理解
- ●テキストブック［教養試験編］知識分野（3冊）
  - 社会科学［政治、法律、経済、社会］
  - 人文科学［日本史、世界史、地理、文学・芸術、思想］
  - 自然科学［数学、物理、化学、生物、地学］
- ●ワークブック［教養試験編］知識分野
- ●数学の基礎確認ドリル
- ●［知識分野］要点チェック
- ●テキストブック［論文・専門記述式試験編］
- ●面接試験対策ブック
- ●実力判定テスト ★（試験別 各1回）
  - ＊教養は自己採点　＊論文・作文は計6回添削
  - 地方上級［教養試験、論文試験（2回分）］
  - 国家一般職大卒［基礎能力試験、論文試験（2回分）］
  - 市役所上級［教養試験、論・作文試験（2回分）］
- ●［添削課題］面接カード（2回）
- ●自己分析ワークシート
- ●公開模擬試験 ★（試験別 各1回）＊マークシート提出
  - 地方上級［教養試験］
  - 国家一般職大卒［基礎能力試験］
  - 市役所上級［教養試験］
- ●本試験問題例集（試験別過去問1年分 全3冊）
  - ※平成20年度～令和2年度分は、［Jトレプラス］に収録
  - 令和3年度 地方上級［教養試験編］★
  - 令和3年度 国家総合職大卒［基礎能力試験編］★
  - 令和3年度 国家一般職大卒［基礎能力試験編］★
- 4年度 直前対策ブック★

★印の教材は、発行時期に合わせて送付します（詳細は受講後にお知らせします）。

オプション教材
※受講開始後にご注文できます

市役所適性試験対策用オプション教材「適性試験練習ノート」（有料）を用意しています。

success voice!!

面接や論文の対策もでき、JトレプラスやJサイトを有効活用することでより合格に近づけました

伊原 芳則さん
中央大学卒業

千葉県 上級試験 化学 合格

　私が公務員試験に向けて本格的に勉強を始めたのは大学3年生の2月頃で、非常に遅いスタートでした。そのため、自分のペースで勉強を進めていける通信講座を選びました。また、空き時間を有効に活用でき、卒業研究と両立することもできました。
　最初に数的推理の勉強から始め、間違えた問題はきちんと時間をかけて完全に理解するように努めました。それがひと通り終わったら次は専門科目の勉強に取りかかりましたが、こちらは一度大学で勉強した内容だったため、あまり時間をかけずに終わらせました。試験までの期間が非常に短かったため、教養科目の知識分野は範囲を絞り、その内容を確実に覚えるようにしました。また、テキストブックやワークブック以外にも追加で問題集を解いたりもしました。
　この通信講座の特徴として、教養対策だけでなく面接や論文の対策もできることが魅力的でした。送られてくる教材だけでなく、JトレプラスやJサイトを有効活用することで志望先の過去の面接情報などを知ることができ、より合格に近づくことができました。
　技術系の公務員を志望する人は比較的少なく、まわりに同じような人がいなくて不安になることもあるかもしれません。しかし、自分を信じて最後まで粘り強く努力し続けることが何よりも重要です。あきらめなければ必ず結果をつかみ取れます。

L 大卒程度公務員【basic】セット

教養＋専門が効率よく攻略できる

受講対象	大卒程度 一般行政系・事務系の教養試験および専門試験対策 [都道府県、政令指定都市、特別区（東京23区）、市役所、国家一般職大卒など]
受講料	60,500円 （本体55,000円＋税　教材費・指導費等を含む総額） ※受講料は2021年4月1日現在のものです。
申込受付期間	2021年4月1日～2022年3月31日
学習期間のめやす	6か月　学習期間のめやすです。個人のスケジュールに合わせて、長くも短くも調整することが可能です。試験本番までの期間を考慮し、ご自分にあった学習計画を立ててください。

教材一覧
受講ガイド
●テキスト＆ワーク［教養試験編］知能分野（4冊）
　判断推理、数的推理、資料解釈、文章理解
●テキストブック［教養試験編］知識分野（3冊）
　社会科学［政治、法律、経済、社会］
　人文科学［日本史、世界史、地理、文学・芸術、思想］
　自然科学［数学、物理、化学、生物、地学］
●ワークブック［教養試験編］知識分野
●数学の基礎確認ドリル　●［知識分野］要点チェック
●テキストブック［専門試験編］（13冊）
　政治学、行政学、社会政策、社会学、国際関係、法学・憲法、行政法、民法、刑法、労働法、経済原論（経済学）・国際経済学、財政学、経済政策・経済学史・経営学
●ワークブック［専門試験編］（3冊）
　行政分野、法律分野、経済・商学分野
●過去問（10年分）
　［Jトレプラス］に収録

教養・専門の教材は **K**コースの教材と同じものです

※表紙デザインは変更する場合があります

D 教養試験攻略【basic】セット

教養のみ効率よく攻略できる

受講対象	大卒程度 教養試験（基礎能力試験）対策 [一般行政（事務系）、技術系、資格免許職を問わず、都道府県、政令指定都市、特別区（東京23区）、市役所、国家総合職、国家一般職大卒など]
受講料	44,000円 （本体40,000円＋税　教材費・指導費等を含む総額） ※受講料は2021年4月1日現在のものです。
申込受付期間	2021年4月1日～2022年3月31日
学習期間のめやす	6か月　学習期間のめやすです。個人のスケジュールに合わせて、長くも短くも調整することが可能です。試験本番までの期間を考慮し、ご自分にあった学習計画を立ててください。

教材一覧
受講ガイド
●テキスト＆ワーク［教養試験編］知能分野（4冊）
　判断推理、数的推理、資料解釈、文章理解
●テキストブック［教養試験編］知識分野（3冊）
　社会科学［政治、法律、経済、社会］
　人文科学［日本史、世界史、地理、文学・芸術、思想］
　自然科学［数学、物理、化学、生物、地学］
●ワークブック［教養試験編］知識分野
●数学の基礎確認ドリル
●［知識分野］要点チェック
●過去問（10年分）
　［Jトレプラス］に収録

教養の教材は **C**コースの教材と同じものです

※表紙デザインは変更する場合があります

M 経験者採用試験コース J+

職務経験を活かして公務員転職を狙う教養・論文・面接対策コース！

POINT
- 広範囲の教養試験を頻出事項に絞って効率的な対策が可能！
- 8回の添削で論文力をレベルアップ 面接は、本番を想定した準備が可能！

受講対象	民間企業等職務経験者・社会人採用試験対策
受講料	77,000 円（本体 70,000円＋税　教材費・指導費等を含む総額）※受講料は、2021年4月1日現在のものです。
申込受付期間	2021年4月1日～ 2022年3月31日
学習期間のめやす	6か月　学習期間のめやすです。個人のスケジュールに合わせて、長くも短くも調整することが可能です。試験本番までの期間を考慮し、ご自分にあった学習計画を立ててください。
受講生有効期間	2022年度試験終了まで

教材一覧
- 受講ガイド（PDF）
- 学習プラン作成シート／論文試験 実際出題例
- ●テキスト＆ワーク［論文試験編］
- ●テキスト＆ワーク［教養試験編］知能分野（4冊）
  判断推理、数的推理、資料解釈、文章理解
- ●テキストブック［教養試験編］知識分野（3冊）
  社会科学［政治、法律、経済、社会］
  人文科学［日本史、世界史、地理、文学・芸術、思想］
  自然科学［数学、物理、化学、生物、地学］
- ●ワークブック［教養試験編］知識分野
- ●数学の基礎確認ドリル
- ●［知識分野］要点チェック
- ●面接試験対策ブック
- ●提出課題1（全4回）
  ［添削課題］論文スキルアップ No.1（職務経験論文）
  ［添削課題］論文スキルアップ No.2、No.3、No.4（一般課題論文）
- ●提出課題2（以下は初回答案提出後発送　全4回）
  ［添削課題］論文スキルアップ No.1、No.2、No.3、No.4（書き直し or 発展課題）
- ●実力判定テスト［教養試験］★（1回）＊自己採点
- ●［添削課題］面接カード（2回）
- ●本試験問題例集（試験別過去問 1年分 全1冊）
  ※平成20年度～令和2年度分は、「Jトレプラス」に収録
  令和3年度 地方上級［教養試験編］★
- 4年度 直前対策ブック★

★印の教材は、発行時期に合わせて送付します（詳細は受講後にお知らせします）。

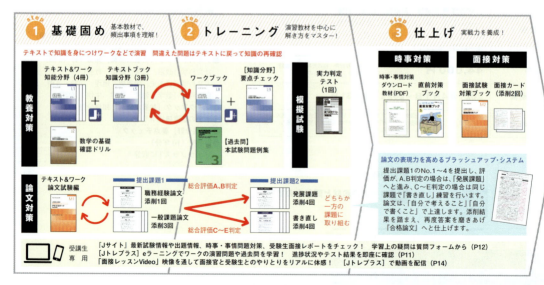

※表紙デザインは変更する場合があります

公務員合格！

N 経験者採用試験 [論文・面接試験対策]コース

経験者採用試験の論文・面接対策に絞って攻略！

POINT
- 8回の添削指導で論文力をレベルアップ！
- 面接試験は、回答例を参考に本番を想定した準備が可能！

受講対象	民間企業等職務経験者・社会人採用試験対策
受講料	38,500円（本体35,000円＋税　教材費・指導費等を含む総額） ※受講料は、2021年4月1日現在のものです。
申込受付期間	2021年4月1日～2022年3月31日
学習期間のめやす	4か月　学習期間のめやすです。個人のスケジュールに合わせて、長くも短くも調整することが可能です。試験本番までの期間を考慮し、ご自分にあった学習計画を立ててください。
受講生有効期間	2022年度試験終了まで

教材一覧

受講のてびき／論文試験 実際出題例
- テキスト＆ワーク［論文試験編］
- 面接試験対策ブック
- 提出課題1（全4回）
  - [添削課題] 論文スキルアップNo.1（職務経験論文）
  - [添削課題] 論文スキルアップNo.2, No.3, No.4（一般課題論文）
- 提出課題2（以下は初回答案提出後発送 全4回）
  - [添削課題] 論文スキルアップNo.1, No.2, No.3, No.4（書き直しor発展課題）
- [添削課題] 面接カード（2回）

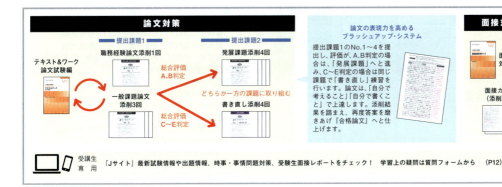

公務員合格！

受講生専用『Jサイト』最新試験情報や出題情報、時事・事情問題対策、受験生面接レポートをチェック！　学習上の疑問は質問フォームから（P12）

※『経験者採用試験コース』と『経験者採用試験[論文・面接試験対策]コース』の論文・面接対策教材は同じものです。両方のコースを申し込む必要はありません。どちらか一方をご受講ください。

success voice!!

市役所 事務職（社会人）合格

短期間の学習でも、ポイントが絞られているこの教材ならしっかり実力がついてきます

　私が公務員を目指そうと決めたのは、移住の検討がきっかけでした。東京の民間企業で働いていましたが、結婚をして子供が産まれると、もっと子育てに恵まれた環境に住みたいと移住を考えるようになりました。その中で移住をするからには仕事を通じてもっとその街を良くしたいと思い、それならば公務員として働くのが一番有効だという話になりました。
　そして、公務員試験に臨むため実務教育出版の通信講座を受講しました。主な理由は3つ、仕事と家庭のために勉強時間が限られること、時間の融通が利きやすいこと、合格実績の多い教材を使いたかったことです。
　勉強を始めて1か月が経った頃、移住希望先の自治体で急遽、民間経験者の募集がありました。筆記試験まで残り1か月とあまり時間がなかったため、その日から、夜は数的推理と判断推理をテキスト＆ワークで、通勤電車の中では知識分野を［知識分野］要点チェックで、会社の昼休みには文章理解と資料解釈をテキスト＆ワークで、それぞれ勉強しました。ほぼ毎日3～4時間はやっていたと思います。
　面接対策には、論文の添削や面接試験対策ブックを使用しました。それを踏まえ、面接試験では素のままの自分を出すことに徹しました。仕事を一緒にやりたいかどうかを見極めてもらうためです。
　お陰さまで、私は短い時間で公務員試験に合格でき、移住が実現しました。仕事さえ決まればすぐに移住したいという方は多いと聞いています。移住先の仕事に公務員をお考えでしたら、実務教育出版の通信講座はとてもお勧めです！

警察官・消防官コース
[大卒程度]

警察官・消防官試験を基礎から効率よく攻略！

受講対象	大卒程度 警察官（男性・女性）、大卒程度 消防官（士）の試験対策	申込受付期間	2021年4月1日～2022年3月31日
		学習期間のめやす	**6か月** 学習期間のめやすです。個人のスケジュールに合わせて、長くも短くも調整することが可能です。試験本番までの期間を考慮し、ご自分にあった学習計画を立ててください。
受講料	60,500円（本体 55,000円＋税　教材費・指導費等を含む総額）※受講料は、2021年4月1日現在のものです。	受講生有効期間	2022年度試験終了まで

※表紙デザインは変更する場合があります

教材一覧
- 受講ガイド（PDF）
- 学習プラン作成シート
- ●テキスト＆ワーク［教養試験編］知能分野（4冊）
  - 判断推理、数的推理、資料解釈、文章理解
- ●テキストブック［教養試験編］知識分野（3冊）
  - 社会科学［政治、法律、経済、社会］
  - 人文科学［日本史、世界史、地理、文学・芸術、思想］
  - 自然科学［数学、物理、化学、生物、地学］
- ●ワークブック［教養試験編］知識分野
- ●テキスト＆ワーク［教養試験編］法学・国語
- ●数学の基礎確認ドリル
- ●［知識分野］要点チェック
- ●論文・面接試験対策ブック
- ●実力判定テスト★（全2回）
  - ＊教養は自己採点　＊論文は計2回添削
  - 警察官・消防官（大卒程度）No.1［教養試験］
  - 警察官・消防官（大卒程度）No.2［教養試験］
  - 警察官・消防官（大卒程度）［論文試験（2回分）］
- ●［添削課題］面接カード（2回）
- ●自己分析ワークシート
- ●公開模擬試験★（全1回）
  - ＊教養はワークシート提出　＊論文は1回添削
  - 警察官・消防官（大卒程度）［教養試験・論文試験］
- ●本試験問題例集（試験別過去問 1年分 全1冊）
  - ※平成20年度～令和2年度分は、［Jトレプラス］に収録
  - 令和3年度 地方上級［教養試験編］★
- 4年度　直前対策ブック★

★印の教材は、発行時期に合わせて送付します（詳細は受講後にお知らせします）。

---

success voice!!

働きながらでもスマートフォンを利用してスキマ時間に効率よく学習を進められます

小林 翔人 さん
名桜大学卒業

大分県 警察官A（大学卒業程度）合格

私は今年の1月頃、働きながら警察官を目指すべきか、退職して地元の公務員予備校に通いながら警察官を目指すのかで迷っていました。そのとき友人や恩師から、自分がやる気があれば働きながらでも警察官を目指せると言われ、たまたまネットで調べていた時に、この通信講座と出会いました。値段も手ごろであったこと、過去問がスマートフォン上でも解ける［Jトレプラス］に魅力を感じ、通信講座を申し込みました。

本格的に勉強を始めたのが1月の終わりだったことに、初めはあせりもありました。しかし、仕事の休憩時間や休日にスマートフォンで問題を手軽に解くことができたり、テキスト自体が初心者でもわかりやすい内容になっていたので、モチベーションを落とすことなく勉強を続けることができました。

一次の対策としては、あれもこれもと色々な参考書に手をつけるのではなく、1つの教材を何度も何度も解くことで、自信にもつながりますし、パターンもわかってきます。また、スマートフォンでゲーム感覚で問題を解くことができたので、飽きることなく進められ、とても良かったと思います。

面接の対策としては、あらかじめ聞かれそうな質問を40個ほど考え、自分の考えを伝えられるように何度も練習しました。近くのハローワークなどでも面接の練習をしてくれるので、有効に活用するといいと思います。

最後に私がこの半年で合格できたのは通信講座のおかげです。そして自分が後悔しないように準備をしっかりすれば自信につながり、それがいい結果につながります。諦めず最後まで走り抜けてください。

いつでもどこでも学べる学習環境を提供！

eラーニング Jトレ+ ［Jトレプラス］

時間や場所を選ばず学べます！

いつでもどこでも学習できるよう、eラーニングサービス「Jトレプラス」を提供しています。公務員試験対策においては、過去問に繰り返し目を通し 、知識や解法を身につけることが最も重要で効果的な学習法です。「Jトレプラス」は、さまざまな試験の過去問を科目別・テーマ別に編成してあるだけでなく、難易度、重要度での抽出も可能なので、学習進度に合った問題に取り組むことができます。また、学習の進捗状況や弱点把握もできるので、明確な目標に向かって学習を続けることができるのです。

▲［Jトレプラス］ホーム画面

教材リスト　ホーム画面に学習できる教材を表示

mobile-learning

スマホで「いつでも・どこでも」学習できるツールを提供します。本番形式の「五肢択一式」のほか、手軽な短答式で重要ポイントの確認・習得が効率的にできる「穴埋めチェック」や短時間でトライできる「ミニテスト」など、さまざまなシチュエーションで活用できるコンテンツをご用意しています。外出先などでも気軽に問題に触れることができ、習熟度がUPします。

ホーム	五肢択一式	穴埋めチェック	ミニテスト

［Jトレプラス］収録問題

●**教養対策** K C L D M S
テキスト＆ワーク［教養試験編］知能分野 判断推理
テキスト＆ワーク［教養試験編］知能分野 数的推理
テキスト＆ワーク［教養試験編］知能分野 資料解釈
テキスト＆ワーク［教養試験編］知能分野 文章理解
ワークブック［教養試験編］知識分野
○×式チェック

●**本試験問題例集（教養試験編）**
（平成20年度～令和2年度　過去問）
穴埋めチェック（短答式問題　教養／時事）
ミニテスト（択一式問題）

●**専門対策** K L
ワークブック［専門試験編］行政分野
ワークブック［専門試験編］法律分野
ワークブック［専門試験編］経済・商学分野
○×式チェック

●**本試験問題例集（専門試験編）**
（平成20年度～令和2年度　過去問）
穴埋めチェック（短答式問題　専門）
ミニテスト（択一式問題）

教材PDFデータ

PC、スマホ、タブレットなどで教材各ページを見ることができますので、外出先でも手軽に教材チェックが可能です。

●**教養試験編** K C L D M S ＊9冊収録
テキスト＆ワーク［教養試験編］知能分野（4冊）
テキストブック［教養試験編］知識分野（3冊）
ワークブック［教養試験編］知識分野（1冊）
［知識分野］要点チェック（1冊）

●**専門試験編** K L ＊16冊収録
テキストブック［専門試験編］（13冊）
ワークブック［専門試験編］（3冊）

※スマホでの教材表示イメージ

対応コースを記号で明記しています。
K…大卒程度公務員コース　C…教養試験攻略コース　L…大卒程度公務員【basic】セット　D…教養試験攻略【basic】セット
M…経験者採用試験コース　N…経験者採用試験［論文・面接試験対策］コース　S…警察官・消防官コース

スムーズに学習を進めるための情報提供と

受講生専用『Jサイト』

受講生を24時間サポートするJサイト

受講生専用『Jサイト』では、充実のコンテンツが自宅学習を強力にバックアップします。最新試験情報や出題情報、時事・事情問題対策用ダウンロード教材、受験生の面接レポートなど、受講生だけが活用できる情報サイトです。
質問や各種手続きも『Jサイト』からいつでもご利用いただけます。

受講生専用メルマガ配信中！

通信講座公式アカウント情報発信中！

※LDセットにメルマガ配信はありません

❶ 学習のヒント
「学習のヒント」には、各コース別に［開始月別　学習のモデルプラン］を掲載しています。試験本番までの期間を考慮し、自分に合った学習計画を立てましょう。

❷ 面接試験情報BOX
これまで面接試験に臨んだ受験者のレポートから、質問項目や実際の様子、感想などを試験別に収録。事前の把握で、的確な準備に役立ちます。

❸ 公務員の基礎知識
国家公務員や地方公務員の種類や組織および待遇、警察官・消防官の仕事内容や待遇などの基礎知識をまとめています。

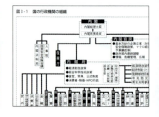

❹ 指導部からのお知らせ
「指導部からのお知らせ」には、受験生に役立つトピックス、学習を進める上での大切なお知らせを掲載します。定期的にチェックしましょう。

❺ 試験情報
「試験情報」では、例年の試験日程や試験構成（科目）など、学習開始時に知っておきたい採用試験情報や、試験日程、申込状況、実施結果、過去の出題情報など、準備に役立つ試験情報をお伝えしています。

❻ 質問・相談／Q&A
学科質問、一般質問の入力フォームはこちらから。また、受講生の皆さまから多く寄せられるQ&Aも掲載していますので、困ったときは、まずご覧ください。

❼ 各種お手続き
住所・氏名・電話番号・Eメールアドレスなど登録内容の変更、「受講生割引書籍注文書」などのご請求はココから。

その他

ダウンロード教材（PDF）［時事・事情対策］　学習ポイント&重要テーマのまとめ
時事対策のスタートに！基礎知識や流れをつかめる！

合格体験記　先輩の体験談には、ためになる情報が詰まっています。

対応コースを記号で明記しています。　**K**…大卒程度公務員コース　**C**…教養試験攻略コース　**L**…大卒程度公務員【basic】セット　**D**…教養試験攻略【basic】セット

サポート体制！

質問回答

学習上の疑問は、指導スタッフが解決！

マイペースで学習が進められる自宅学習ですが、疑問の解決に不安を感じる方も多いはず。
でも「公務員合格講座」なら、学習途上で生じた疑問に、指導スタッフがわかりやすく丁寧に回答します。
手軽で便利な質問回答システムが、通信学習を強力にバックアップします！

質問の種類	学科質問 通信講座教材内容についてわからないこと	一般質問 志望先や学習計画に関することなど
回数制限	10回まで無料 11回目以降は有料となります。 詳細は下記参照	回数制限なし 何度でも質問できます。
質問方法	Jサイト　郵便　FAX Jサイト、郵便、FAXで受け付けます。	Jサイト　電話　郵便　FAX Jサイト、電話、郵便、FAXでどうぞ。

学科質問

教材内容に関する質問は、10回まで無料で受け付けます。11回目以降は有料となります（1回 200円）。受講生専用『Jサイト』の質問フォームから、教材名や問題番号、質問個所を明記の上、指導部までお気軽にご質問ください。
学科質問は、郵便、FAXでも受け付けます。

一般質問

公務員の仕事や試験の内容、あるいは学習途中の疑問や受験勉強の不安などに関する質問については、何回でも受け付けます。
一般質問は、受講生専用『Jサイト』の質問フォームのほか、電話、郵便、FAXでも受け付けます。

受講生特典

受講後、実務教育出版の書籍を当社に直接ご注文いただくとすべて10％割引になります！！

公務員合格講座受講生の方は、当社へ直接ご注文いただく場合に限り、実務教育出版発行の本すべてを10％ OFFでご購入いただけます。もちろん送料は無料です！
書籍の注文方法は、受講生専用『Jサイト』でお知らせします。

面接対策教材も充実！

面接レッスンVideo

面接試験をリアルに体感！

実際の面接試験がどのように行われるのか、自分のアピール点や志望動機をどう伝えたらよいのか？
面接レッスンVideoでは、映像を通して面接試験の緊張感や面接官とのやりとりを実感することができます。面接試験で大きなポイントとなる「第一印象」も、ベテラン指導者が実地で指南。対策が立てにくい集団討論やグループワークなども含め、準備方法や注意点をレクチャーしていきます。
また、動画内の面接官からの質問に対し声に出して回答し、その内容をさらにブラッシュアップする「実践編」では、「質問の意図」「回答の適切な長さ」などを理解し、本番をイメージしながらじっくり練習することができます。
［Jトレプラス］サイト内で動画を配信していますので、何度も見て、自分なりの面接対策を進めましょう。

指導者Profile

坪田まり子先生
有限会社コーディアル代表取締役、東京学芸大学特命教授、プロフェッショナル・キャリア・カウンセラー®。
自己分析、面接対策などの著書を多数執筆し、就職シーズンの講演実績多数。

森下一成先生
東京未来大学モチベーション行動科学部コミュニティ・デザイン研究室 教授。
特別区をはじめとする自治体と協働し、まちづくりの実践に学生を参画させながら、公務員や教員など、公共を担うキャリア開発に携わっている。

自己分析ワークシート

まずは自分を知るところから！

面接試験対策の第一歩であり要となる自己分析。現在までの軌跡を振り返って整理し、自分の「軸」となるものや「特質」を抽出することが、しっかりとした自己PRや志望動機につながります。この作業を、実際に書き込みながら行うワークシートです。今の自分につながる過去の出来事を、順を追って振り返るように設定された設問に添って、思いついたことをどんどん書き込んでいきます。1つの項目が終了するごとに、書き上げた内容を解説に従って丁寧に分析します。後から気づいたことも随時書き加えて、真の自分らしさを発見していきましょう。

お申し込み方法・受講料一覧

インターネット

実務教育出版ウェブサイトの各ページ右上にある「各種お問い合わせ」をクリックし「公務員合格講座 受講申込方法」ページへ進んでください。

● 受講申込についての説明をよくお読みになり【申込フォーム】に必要事項を入力の上［送信］してください。
● 【申込フォーム】送信後、当社から［確認メール］を自動送信しますので、必ずメールアドレスを入力してください。

■お支払方法

コンビニ・郵便局で支払う
教材と同送の「払込取扱票」でお支払いください（払込手数料無料）。お支払い回数は「1回払い」のみです。

クレジットカードで支払う
インターネット上で決済できます。ご利用いただけるクレジットカードは、VISA、Master、JCB、AMEXです。お支払い回数は「1回払い」のみです。
※クレジット決済の詳細は、各カード会社にお問い合わせください。

■複数コース受講特典

コンビニ・郵便局で支払いの場合
以前、公務員合格講座の受講生だった方（現在受講中含む）、または今回複数コースを同時に申し込まれる場合は、受講料から3,000円を差し引いた金額で「払込取扱票」をお送りします。
以前、受講生だった方は、以前の受講生番号を【申込フォーム】の該当欄に入力してください（ご本人様限定）。

クレジットカードで支払いの場合
以前、公務員合格講座の受講生だった方（現在受講中含む）、または今回複数コースを同時に申し込まれる場合は、後日当社より直接ご本人様宛に図書カード3,000円分を進呈いたします。
以前、受講生だった方は、以前の受講生番号を【申込フォーム】の該当欄に入力してください（ご本人様限定）。

詳しくは、実務教育出版ウェブサイトをご覧ください。
「公務員合格講座 受講申込方法　インターネット」

https://www.jitsumu.co.jp/contact/kouza_app/

はがき ／ FAX

はがき
受講申込券に必要事項を記入したら、きりとり線で切り取り、ポストへ投函してください（切手不要）。
● 申込記入例を参考に、必要事項を黒ペンでご記入ください。

■お支払方法
● 教材と同送の「払込取扱票」をお使いください（払込手数料無料）。
● 払込取扱票の納入期日（当社受付日からおおよそ3週間後）までに全国のコンビニエンスストア・ゆうちょ銀行からご送金ください（その他の銀行からの振込はできません）。
● お支払い回数は「1回払い」のみです。

FAX
受講申込券に必要事項を記入し、FAX番号（0120-226099）まで送信してください。送信料は無料です。
● FAX でお申し込みになる場合は申込券を切り取らず指定の方向で送信ください。
● 受付が二重になりますので FAX 送信後は『受講申込券』を投函しないでください。

■複数コース受講特典
以前、公務員合格講座の受講生だった方（現在受講中含む）、または今回複数コースを同時に申し込まれる場合は、受講料から3,000円を差し引いた金額で「払込取扱票」をお送りします。
以前、受講生だった方は、以前の受講生番号を受講申込券にご記入ください（ご本人様限定）。

教材のお届け
あなたからのお申し込みデータにもとづき受講生登録が完了したら、教材の発送手配をいたします。
＊教材一式、受講証などを発送します。　＊通常は当社受付日の翌日に発送します。
＊お申し込み内容に虚偽があった際は、教材の送付を中止させていただく場合があります。

受講料一覧　［インターネット・はがき・FAX の場合］

※大学生協・書店（取扱い店）は、各店舗に備え付けの受講料一覧でご確認ください。

コース記号	コース名	受講料	申込受付期間
K	大卒程度公務員コース［地方上級・国家一般職大卒・市役所上級］	91,300円（本体83,000円＋税）	2021年4月1日 ～ 2022年3月31日
C	教養試験攻略コース［大卒程度］	66,000円（本体60,000円＋税）	
M	経験者採用試験コース	77,000円（本体70,000円＋税）	
N	経験者採用試験［論文・面接試験対策］コース	38,500円（本体35,000円＋税）	
S	警察官・消防官コース［大卒程度］	60,500円（本体55,000円＋税）	
L	大卒程度公務員【basic】セット	60,500円（本体55,000円＋税）	
D	教養試験攻略【basic】セット	44,000円（本体40,000円＋税）	

＊受講料には、教材費・指導費などが含まれております。　＊お支払い方法は、一括払いのみです。　＊受講料は、2021年4月1日現在の税込価格です。

公務員受験生を応援するwebサイト ── www.jitsumu.co.jp

実務教育出版は、65年の伝統を誇る公務員受験指導のパイオニアとして、常に新しい合格メソッドと学習スタイルを提供しています。最新の公務員試験情報や詳しい公務員試験ガイド、国の機関から地方自治体までを網羅した官公庁リンク集、さらに、受験生のバイブル・実務教育出版の公務員受験ブックスや通信講座など役立つ学習ツールを紹介したオリジナルコンテンツも見逃せません。お気軽にご利用ください。

あなたに合った公務員試験と対応コースがわかる！

スマホでも【試験ガイド】を確認できます。まずは公務員試験の仕組みを、よく理解しておきましょう！

【試験ガイド】は、試験別に解説しています。試験区分・受験資格・試験日程・試験内容・各種データ、対応コースや関連書籍など、盛りだくさん！

選択条件を設定するとあなたに合った公務員試験を検索することができます。

この画像をクリック

公務員合格講座に関するお問い合わせ

実務教育出版 公務員指導部

「どのコースを選べばよいか」、「公務員合格講座のシステムのここがわからない」など、公務員合格講座についてご不明な点は、電話かwebのお問い合わせフォームよりお気軽にご質問ください。公務員指導部スタッフがわかりやすくご説明いたします。

スマホもOK！

web各ページ右上［各種お問い合わせ］をクリックして［お問い合わせフォーム］よりお気軽にご相談ください。

 03-3355-1822　（土日祝日を除く 9:00～17:00）
電話

 https://www.jitsumu.co.jp/contact/index.html
web　　　　　　　　　　　　　　　　　（お問い合わせフォーム）

公務員試験のブレーン　実務教育出版

www.jitsumu.co.jp
〒163-8671　東京都新宿区新宿1-1-12 / TEL: 03-3355-1822　（土日祝日を除く 9:00～17:00）

©JITSUMUKYOIKU SHUPPAN　掲載内容の無断転載を禁じます。　2A03-101

公務員 公開模擬試験

2022年度試験対応 **web限定申込**

主催：実務教育出版

自宅で受けられる模擬試験！
直前期の最終チェックにぜひご活用ください！

▼日程・受験料

試験名	申込締切日 ※	問題発送日 当社発送日	答案締切日 当日消印有効	結果発送日 当社発送日	受験料（税込）	受験料[教養のみ]（税込）
地方上級 公務員	2/27	3/14	3/28	4/15	5,100 教養+専門	3,700 教養のみ
国家一般職大卒	2/27	3/14	3/28	4/15	5,100 基礎能力+専門	3,700 基礎能力のみ
[大卒程度] 警察官・消防官	2/27	3/14	3/28	4/15	4,600 教養+論文添削	
市役所上級 公務員	4/4	4/21	5/9	5/25	4,600 教養+専門	3,700 教養のみ
高卒・短大卒程度 公務員	6/7	6/23	7/13	8/1	3,600 教養+適性+作文添削	
[高卒・短大卒程度] 警察官・消防官	6/7	6/23	7/13	8/1	3,600 教養+作文添削	

※申込締切日後は【自己採点セット】を販売予定。詳細は4月上旬以降webサイトをご覧ください。　　＊自宅受験のみになります。

▼試験構成・対象

試験名	試験時間・問題数	対象
地方上級 公務員 *問題は2種類から選択	教養[択一式/2時間30分/全問：50題 or 選択：55題中45題] 専門（行政系）[択一式/2時間/全問：40題 or 選択：50題中40題]	都道府県・政令指定都市・特別区（東京23区）の大卒程度一般行政系
国家一般職大卒	基礎能力試験[択一式/2時間20分/40題] 専門（行政系）[択一式/3時間/16科目（80題）中 8科目（40題）]	行政
[大卒程度] 警察官・消防官	教養[択一式/2時間/50題] 論文[記述式/60分/警察官 or 消防官 いずれか1題]＊添削付き	大卒程度 警察官・消防官（男性・女性）
市役所上級 公務員	教養[択一式/2時間/40題] 専門（行政系）[択一式/2時間/40題]	政令指定都市以外の市役所の大卒程度一般行政系（事務系）
高卒・短大卒程度 公務員	教養[択一式/1時間40分/45題]　適性[択一式/15分/120題] 作文[記述式/50分/1題]＊添削付き	都道府県・市区町村、国家一般職（高卒者、社会人）事務、国家専門職（高卒程度、社会人）、国家特別職（高卒程度）など高卒・短大卒程度試験
[高卒・短大卒程度] 警察官・消防官	教養[択一式/2時間/50題] 作文[記述式/60分/警察官 or 消防官 いずれか1題]＊添削付き	高卒・短大卒程度 警察官・消防官（男性・女性）

実務教育出版webサイトからお申し込みください
https://www.jitsumu.co.jp/

■模擬試験の特徴

● **2022年度（令和4年度）試験対応の予想問題を用いた、実戦形式の試験です！**
試験構成、出題数、試験時間など実際の試験と同形式です。マークシートの解答方法はもちろん時間配分に慣れることができ、本試験直前期に的確な最終チェックが可能です。

● **自宅で本番さながらの実戦練習ができます！**
全国規模の実施ですので、実力を客観的に把握できます。「正答と解説」には、詳しい説明が記述されていますので、周辺知識までが身につき、一層の実力アップがはかれます。

● **全国レベルの実力がわかる、客観的な判定資料をお届けします！**
マークシートご提出後に、個人成績表をお送りいたします。精度の高い合格可能度判定をはじめ、得点、偏差値、正答率などの成績データにより、学習の成果を確認できます。

▼個人成績表
▼マークシート
▼正答と解説
▼教養試験・専門試験

■申込方法

公開模擬試験は、実務教育出版webサイトの公開模擬試験申込フォームからお申し込みください。

1. 受験料のお支払いは、クレジット決済、コンビニ決済の2つの方法から選べます。
2. コンビニ決済の場合、ご利用のコンビニを選択すると、お申込情報（金額や払込票番号など）とお支払い方法が表示されます。その指示に従い指定期日（ネット上でのお申込み手続き完了日から6日目の23時59分59秒）までにコンビニのカウンターにて受験料をお支払いください。この期限を過ぎますと、お申込み自体が無効となりますので、十分ご注意ください。

【ご注意】決済後の受験内容の変更・キャンセル等、受験料の返金を伴うご要望には一切応じることができませんのでご了承ください。

スマホから簡単アクセス

◆**公開模擬試験についてのお問い合わせ先**

問題発送日より1週間経っても問題が届かない場合、下記「公開模擬試験」係までお問い合わせください。
実務教育出版　「公開模擬試験」係　TEL：03-3355-1822（土日祝日を除く9：00～17：00）

当社 2022 年度 通信講座受講生 は下記の該当試験を無料で受験できます。

申込手続きは不要です。問題発送日になりましたら、自動的に問題、正答と解説をご自宅に発送します。
＊無料受験対象以外の試験をご希望の方は、当サイトの公開模擬試験申込フォームからお申し込みください。

▼各コースの無料受験できる公開模擬試験は下記のとおりです。

あなたが受講している通信講座のコース名	無料受験できる公開模擬試験
大卒程度公務員コース	地方上級（教養＋専門）　国家一般職大卒（基礎能力＋専門） 市役所上級（教養＋専門）
教養試験攻略コース ［大卒程度］	地方上級（教養のみ）　国家一般職大卒（基礎能力のみ） 市役所上級（教養のみ）
警察官・消防官コース ［大卒程度］	警察官・消防官［大卒程度］（教養＋論文）